Tabellen

Kostentafeln
und andere Tabellen
für die juristische Praxis

33. Auflage 2014
Stand: 1.8.2013

Herausgegeben von der
Hans Soldan GmbH

Haftungsausschluss
Dieses Werk kann nur ein Hilfsmittel sein. Keinesfalls entbindet es davon, in jedem Fall die gesetzlichen Vorschriften zu Rate zu ziehen. Trotz der gewissenhaften Zusammenstellung übernimmt der Verlag keinerlei Gewähr.

Copyright 2014 by Deutscher Anwaltverlag, Bonn
Satz: Griebsch + Rochol Druck GmbH, Hamm
Druck: Hans Soldan Druck GmbH, Essen
Umschlaggestaltung: gentura, Holger Neumann, Bochum
ISBN 978-3-8240-1258-9

Bibliografische Information der Deutschen Bibliothek
Die Deutsche Bibliothek verzeichnet diese Publikation in der Deutschen Nationalbibliografie; detaillierte bibliografische Daten sind im Internet über http://dnb.ddb.de abrufbar.

Vorbemerkungen zur 33. Auflage

Die 33. Auflage entspricht dem Rechtsstand vom 11.10.2013 unter Berücksichtigung der bis dahin verkündeten (zum Teil auch erst später in Kraft tretenden) Normen.

An Gesetzesänderungen wurden seit der Vorauflage insbesondere berücksichtigt:

- Gesetz gegen unseriöse Geschäftspraktiken vom 1.10.2013 (BGBl I S. 3714);
- Gesetz zur Änderung des Prozesskostenhilfe- und Beratungshilferechts vom 31.8.2013 (BGBl I S. 3533);
- Zweites Gesetz zur Modernisierung des Kostenrechts (2. Kostenrechtsmodernisierungsgesetz – 2. KostRMoG) vom 23.7.2013 (BGBl I S. 2586);
- Gesetz zur Schlichtung im Luftverkehr vom 11.6.2013 (BGBl I S. 1545);
- Gesetz zur Intensivierung des Einsatzes von Videokonferenztechnik in gerichtlichen und staatsanwaltlichen Verfahren vom 25.4.2013 (BGBl I S. 935);
- Bekanntmachung zu § 115 der Zivilprozessordnung (Prozesskostenhilfebekanntmachung 2013 – PKHB 2013) vom 9.1.2013 (BGBl I S. 81);
- Gesetz zur Einführung einer Rechtsbehelfsbelehrung im Zivilprozess und zur Änderung anderer Vorschriften vom 5.12.2012 (BGBl I S. 2418);
- Gesetz zur Einführung einer Rechtsbehelfsbelehrung im Zivilprozess und zur Änderung anderer Vorschriften vom 5.12.2012 (BGBl S. 2418);
- Gesetz zur bundesrechtlichen Umsetzung des Abstandsgebotes im Recht der Sicherungsverwahrung vom 5.12.2012 (BGBl S. 2425);
- Gesetz über Musterverfahren in kapitalmarktrechtlichen Streitigkeiten (Kapitalanleger-Musterverfahrensgesetz – KapMuG) vom 19.10.2012 (BGBl I S. 2182);
- Gesetz zur Demonstration und Anwendung von Technologien zur Abscheidung, zum Transport und zur dauerhaften Speicherung von Kohlendioxid (KSpGEG) vom 17.8.2012 (BGBl I S. 1726);
- Gesetz zur Förderung der Mediation und anderer Verfahren der außergerichtlichen Konfliktbeilegung vom 21.7.2012 (BGBl S. 1577);
- Gesetz zur Neuordnung des Rechts der Sicherungsverwahrung und zu begleitenden Regelungen (SiVerwNOG) vom 22.12.2010 (BGBl I S. 2300);
- Gesetz zur Reform der Sachaufklärung in der Zwangsvollstreckung vom 29.7.2009 (BGBl I S. 2258);
- Gesetz zur Durchführung der Verordnung Nr. 4/2009 und zur Neuordnung bestehender Aus- und Durchführungsbestimmungen auf dem Gebiet des internationalen Unterhaltsverfahrensrechts vom 23.5.2011 (BGBl I S. 898);
- Bekanntmachung zu § 850c der Zivilprozessordnung (Pfändungsfreigrenzenbekanntmachung 2011) vom 9.5.2011 (BGBl I S. 825);
- Zweites Gesetz zur erbrechtlichen Gleichstellung nichtehelicher Kinder, zur Änderung der Zivilprozessordnung und der Abgabenordnung vom 12.4.2011 (BGBl I S. 615);

- Bekanntmachung zu § 115 der Zivilprozessordnung (Prozesskostenhilfebekanntmachung 2011 – PKHB 2011) vom 7.4.2011 (BGBl I S. 606);
- Gesetz zur Ermittlung von Regelbedarfen und zur Änderung des Zweiten und Zwölften Buches Sozialgesetzbuch vom 24.3.2011 (BGBl I S. 453);
- Gesetz zur Umsetzung der Dienstleistungsrichtlinie in der Justiz und zur Änderung weiterer Vorschriften vom 22.12.2010 (BGBl I S. 2248);
- Gesetz zur Restrukturierung und geordneten Abwicklung von Kreditinstituten, zur Errichtung eines Restrukturierungsfonds für Kreditinstitute und zur Verlängerung der Verjährungsfrist der aktienrechtlichen Organhaftung (Restrukturierungsgesetz) vom 9.12.2010 (BGBl I S. 1900);
- Zweite Verordnung zur Änderung der Handelsregistergebührenverordnung vom 29.11.2010 (BGBl I S. 1731);
- Gesetz zur Umsetzung des Rahmenbeschlusses 2005/214/JI des Rates vom 24.2.2005 über die Anwendung des Grundsatzes der gegenseitigen Anerkennung von Geldstrafen und Geldbußen vom 18.10.2010 (BGBl I S. 1408).

Inhaltsverzeichnis

1. Vorbemerkung ... 3
2. Übergangsvorschriften ... 7
3. Rechtsanwaltsgebühren – Schnellübersicht ... 12
4. RVG-VV (Text) ... 80
5. RA-Gebühren nach § 13 RVG ... 136
6. Prozess- und Verfahrenskostenhilfe (Tabelle § 49 RVG) ... 156
7. Prozesskostenhilfe (§ 115 ZPO) ... 158
8. Rechtsanwaltsgebühren in familiengerichtlichen Verfahren ... 161
9. Gegenstandswerte in familiengerichtlichen Verfahren ... 167
10. GKG (Text) ... 173
11. GKG-KV (Text) ... 187
12. FamGKG (Text) ... 267
13. FamGKG-KV (Text) ... 277
14. Gerichtsgebühren nach § 34 GKG/§ 28 FamGKG ... 302
15. Gerichtsgebühren Arbeitsgerichtsbarkeit ... 312
16. KostO – Beurkundungs- und Betreuungsgebühren des Notars – Schnellübersicht ... 321
17. GNotKG – Beurkundungs-, Vollzugs- und Betreuungsgebühren des Notars – Schnellübersicht ... 331
18. KostO – Gerichtskosten (ohne Beurkundung) – Schnellübersicht ... 353
19. GNotKG – Gerichtskosten (ohne Beurkundung) – Schnellübersicht ... 365
20. Gebührentabelle nach § 32 KostO ... 377
21. Gebührentabelle nach § 34 GNotKG ... 390
22. Gebühren des Notars für Anmeldungen zum Handelsregister ... 393
23. Gebühren des Gerichts für Eintragungen in das Handelsregister (HRegGebV) ... 399
24. GvKostG (Text) ... 411
25. JVEG (Text) ... 427
26. JVKostG (Text) ... 455
27. JVKostO (Text) ... 469
28. Kosten in berufsgerichtlichen Verfahren: BRAO, BNotO, PAO (Text) ... 481
29. Lohnpfändungstabellen mit Erläuterungen ... 513
30. Zins- und Lombardsätze ... 545
31. Zins- und Diskonttabellen ... 547
32. Hebegebühr ... 553

Soweit ein Gesetz keine besondere Übergangsregelung enthält, gelten für die Anwendung von altem bzw. neuem Kostenrecht folgende Regelungen

GNotKG § 136 Übergangsvorschrift zum 2. Kostenrechtsmodernisierungsgesetz

(1) Die Kostenordnung in der im Bundesgesetzblatt Teil III, Gliederungsnummer 361–1, veröffentlichten bereinigten Fassung, die zuletzt durch Artikel 8 des Gesetzes vom 26. Juni 2013 (BGBl. I S. 1800) geändert worden ist, und Verweisungen hierauf sind weiter anzuwenden

1. in gerichtlichen Verfahren, die vor dem Inkrafttreten des 2. Kostenrechtsmodernisierungsgesetzes vom 23.7.2013 (BGBl. I S. 2586) anhängig geworden oder eingeleitet worden sind; die Jahresgebühr 12311 wird in diesen Verfahren nicht erhoben;

2. in gerichtlichen Verfahren über ein Rechtsmittel, das vor dem Inkrafttreten des 2. Kostenrechtsmodernisierungsgesetzes vom 23.7.2013 (BGBl. I S. 2586) eingelegt worden ist;

3. hinsichtlich der Jahresgebühren in Verfahren vor dem Betreuungsgericht, die vor dem Inkrafttreten des 2. Kostenrechtsmodernisierungsgesetzes vom 23.7.2013 (BGBl. I S. 2586) fällig geworden sind;

4. in notariellen Verfahren oder bei notariellen Geschäften, für die ein Auftrag vor dem Inkrafttreten des 2. Kostenrechtsmodernisierungsgesetzes vom 23.7.2013 (BGBl. I S. 2586) erteilt worden ist;

5. in allen übrigen Fällen, wenn die Kosten vor dem Inkrafttreten des 2. Kostenrechtsmodernisierungsgesetzes vom 23.7.2013 (BGBl. I S. 2586) fällig geworden sind.

(2) Soweit Gebühren nach diesem Gesetz anzurechnen sind, sind auch nach der Kostenordnung für entsprechende Tätigkeiten entstandene Gebühren anzurechnen.

(3) Soweit für ein notarielles Hauptgeschäft die Kostenordnung nach Absatz 1 weiter anzuwenden ist, gilt dies auch für die damit zusammenhängenden Vollzugs- und Betreuungstätigkeiten sowie für zu Vollzugszwecken gefertigte Entwürfe.

(4) Bis zum Erlass landesrechtlicher Vorschriften über die Höhe des Haftkostenbeitrags, der von einem Gefangenen zu erheben ist, ist anstelle der Nummern 31010 und 31011 des Kostenverzeichnisses § 137 Nummer 12 der Kostenordnung in der bis zum 27.12.2010 geltenden Fassung anzuwenden.

(5) Absatz 1 ist auf die folgenden Vorschriften in ihrer bis zum Inkrafttreten des 2. Kostenrechtsmodernisierungsgesetzes vom 23.7.2013 (BGBl. I S. 2586) geltenden Fassung entsprechend anzuwenden:

1. § 30 des Einführungsgesetzes zum Gerichtsverfassungsgesetz,
2. § 15 des Spruchverfahrensgesetzes,
3. § 12 Absatz 3, die §§ 33 bis 43, 44 Absatz 2 sowie die §§ 45 und 47 des Gesetzes über das gerichtliche Verfahren in Landwirtschaftssachen,
4. § 102 des Gesetzes über Rechte an Luftfahrzeugen,
5. § 100 Absatz 1 und 3 des Sachenrechtsbereinigungsgesetzes,
6. § 39b Absatz 1 und 6 des Wertpapiererwerbs- und Übernahmegesetzes,
7. § 99 Absatz 6, § 132 Absatz 5 und § 260 Absatz 4 des Aktiengesetzes,

8. § 51b des Gesetzes betreffend die Gesellschaften mit beschränkter Haftung,

9. § 62 Absatz 5 und 6 des Bereinigungsgesetzes für deutsche Auslandsbonds,

10. § 138 Absatz 2 des Urheberrechtsgesetzes,

11. die §§ 18 bis 24 der Verfahrensordnung für Höfesachen,

12. § 18 des Gesetzes zur Ergänzung des Gesetzes über die Mitbestimmung der Arbeitnehmer in den Aufsichtsräten und Vorständen der Unternehmen des Bergbaus und der Eisen und Stahl erzeugenden Industrie und

13. § 65 Absatz 3 des Landwirtschaftsanpassungsgesetzes.

An die Stelle der Kostenordnung treten dabei die in Satz 1 genannten Vorschriften.

GNotKG § 134 Übergangsvorschrift

(1) In gerichtlichen Verfahren, die vor dem Inkrafttreten einer Gesetzesänderung anhängig geworden oder eingeleitet worden sind, werden die Kosten nach bisherigem Recht erhoben. Dies gilt nicht im Verfahren über ein Rechtsmittel, das nach dem Inkrafttreten einer Gesetzesänderung eingelegt worden ist. Die Sätze 1 und 2 gelten auch, wenn Vorschriften geändert werden, auf die dieses Gesetz verweist. In Verfahren, in denen Jahresgebühren erhoben werden, und in Fällen, in denen die Sätze 1 und 2 keine Anwendung finden, gilt für Kosten, die vor dem Inkrafttreten einer Gesetzesänderung fällig geworden sind, das bisherige Recht.

(2) Für notarielle Verfahren oder Geschäfte, für die ein Auftrag vor dem Inkrafttreten einer Gesetzesänderung erteilt worden ist, werden die Kosten nach bisherigem Recht erhoben

GKG § 71 Übergangsvorschrift

(1) In Rechtsstreitigkeiten, die vor dem Inkrafttreten einer Gesetzesänderung anhängig geworden sind, werden die Kosten nach bisherigem Recht erhoben. Dies gilt nicht im Verfahren über ein Rechtsmittel, das nach dem Inkrafttreten einer Gesetzesänderung eingelegt worden ist. Die Sätze 1 und 2 gelten auch, wenn Vorschriften geändert werden, auf die dieses Gesetz verweist.

(2) In Strafsachen, in gerichtlichen Verfahren nach dem Gesetz über Ordnungswidrigkeiten und nach dem Strafvollzugsgesetz, auch in Verbindung mit § 92 des Jugendgerichtsgesetzes, werden die Kosten nach dem bisherigen Recht erhoben, wenn die über die Kosten ergehende Entscheidung vor dem Inkrafttreten einer Gesetzesänderung rechtskräftig geworden ist.

(3) In Insolvenzverfahren, Verteilungsverfahren nach der Schifffahrtsrechtlichen Verteilungsordnung und Verfahren der Zwangsversteigerung und Zwangsverwaltung gilt das bisherige Recht für Kosten, die vor dem Inkrafttreten einer Gesetzesänderung fällig geworden sind.

GKG § 73 Übergangsvorschrift für die Erhebung von Haftkosten

Bis zum Erlass landesrechtlicher Vorschriften über die Höhe des Haftkostenbeitrags, der von einem Gefangenen zu erheben ist, sind die Nummern 9010 und 9011 des Kostenverzeichnisses in der bis zum 27.12.2010 geltenden Fassung anzuwenden.

FamGKG Übergangsvorschrift
§ 63

(1) In Verfahren, die vor dem Inkrafttreten einer Gesetzesänderung anhängig geworden oder eingeleitet sind, werden die Kosten nach bisherigem Recht erhoben. Dies gilt nicht im Verfahren über ein Rechtsmittel, das nach dem Inkrafttreten einer Gesetzesänderung eingelegt worden ist. Die Sätze 1 und 2 gelten auch, wenn Vorschriften geändert werden, auf die dieses Gesetz verweist.

(2) In Verfahren, in denen Jahresgebühren erhoben werden, und in Fällen, in denen Absatz 1 keine Anwendung findet, gilt für Kosten, die vor dem Inkrafttreten einer Gesetzesänderung fällig geworden sind, das bisherige Recht.

FamGKG Übergangsvorschrift für die Erhebung von Haftkosten
§ 64

Bis zum Erlass landesrechtlicher Vorschriften über die Höhe des Haftkostenbeitrags, der von einem Gefangenen zu erheben ist, sind die Nummern 2008 und 2009 des Kostenverzeichnisses in der bis zum 27.12.2010 geltenden Fassung anzuwenden.

RVG § 60 Übergangsvorschrift

(1) Die Vergütung ist nach bisherigem Recht zu berechnen, wenn der unbedingte Auftrag zur Erledigung derselben Angelegenheit im Sinne des § 15 vor dem Inkrafttreten einer Gesetzesänderung erteilt oder der Rechtsanwalt vor diesem Zeitpunkt bestellt oder beigeordnet worden ist. Ist der Rechtsanwalt im Zeitpunkt des Inkrafttretens einer Gesetzesänderung in derselben Angelegenheit bereits tätig, ist die Vergütung für das Verfahren über ein Rechtsmittel, das nach diesem Zeitpunkt eingelegt worden ist, nach neuem Recht zu berechnen. Die Sätze 1 und 2 gelten auch, wenn Vorschriften geändert werden, auf die dieses Gesetz verweist.

(2) Sind Gebühren nach dem zusammengerechneten Wert mehrerer Gegenstände zu bemessen, gilt für die gesamte Vergütung das bisherige Recht auch dann, wenn dies nach Absatz 1 nur für einen der Gegenstände gelten würde.

KostO Übergangsvorschrift
§ 161

Für Kosten, die vor dem Inkrafttreten einer Gesetzesänderung fällig geworden sind, gilt das bisherige Recht. Werden Gebühren für ein Verfahren erhoben, so werden die Kosten für die jeweilige Instanz nach bisherigem Recht erhoben, wenn die Instanz vor dem Inkrafttreten einer Gesetzesänderung eingeleitet worden ist. Die Sätze 1 und 2 gelten auch, wenn Vorschriften geändert werden, auf die dieses Gesetz verweist.

KostO § 165	**Übergangsvorschrift für die Erhebung von Haftkosten**

Bis zum Erlass landesrechtlicher Vorschriften über die Höhe des Haftkostenbeitrags, der von einem Gefangenen zu erheben ist, ist § 137 Nummer 12 in der bis zum 27.12.2010 geltenden Fassung anzuwenden.

JVEG § 24	**Übergangsvorschrift**

Die Vergütung und die Entschädigung sind nach bisherigem Recht zu berechnen, wenn der Auftrag an den Sachverständigen, Dolmetscher oder Übersetzer vor dem Inkrafttreten einer Gesetzesänderung erteilt oder der Berechtigte vor diesem Zeitpunkt herangezogen worden ist. Dies gilt auch, wenn Vorschriften geändert werden, auf die dieses Gesetz verweist.

HReg-GebV § 5a	**Übergangsvorschrift**

Für Kosten, die vor dem Inkrafttreten einer Änderung der Rechtsverordnung fällig geworden sind, gilt das bisherige Recht.

§ 39 EGZPO	**Besondere Übergangsvorschrift für die Reform der Sachaufklärung in der Zwangsvollstreckung**

Für das Gesetz zur Reform der Sachaufklärung in der Zwangsvollstreckung vom 29.7.2009 (BGBl I S. 2258) gelten folgende Übergangsvorschriften:

1. Für Vollstreckungsaufträge, die vor dem 1.1.2013 beim Gerichtsvollzieher eingegangen sind, sind anstelle der §§ 754, 755, 758a Abs. 2, von § 788 Abs. 4, der §§ 802a bis 802l, 807, 836 Abs. 3, der §§ 851b, 882b bis 882h, 883 Abs. 2 und von § 933 Satz 1 der Zivilprozessordnung die §§ 754, 806b, 807, 813a, 813b, 836 Abs. 3, der § 845 Abs. 1 Satz 3, die §§ 851b, 883 Abs. 2 und 4, der § 888 Abs. 1 Satz 3, die § 899 bis 915h und § 933 Satz 1 der Zivilprozessordnung in der bis zum 31.12.2012 geltenden Fassung weiter anzuwenden.

2. Für Vollstreckungsaufträge, die vor dem 1.1.2013 beim Vollziehungsbeamten eingegangen sind, sind die §§ 6 und 7 der Justizbeitreibungsordnung und die darin genannten Bestimmungen der Zivilprozessordnung in der bis zum 31.12.2012 geltenden Fassung weiter anzuwenden.

3. § 16 Abs. 3 des Verwaltungs-Vollstreckungsgesetzes, § 15 Satz 1 des Ausführungsgesetzes zum deutsch-österreichischen Konkursvertrag, § 98 Abs. 3 der Insolvenzordnung, § 463b Abs. 3 der Strafprozessordnung, § 35 Abs. 3, § 89 Abs. 3, § 91 Abs. 2 und § 94 des Gesetzes über das Verfahren in Familiensachen und in den Angelegenheiten der freiwilligen Gerichtsbarkeit, § 90 Abs. 3 des Gesetzes über Ordnungswidrigkeiten, §§ 284, 326 Abs. 3, § 334 Abs. 3 der Abgabenordnung und § 25 Abs. 4 des Straßenverkehrsgesetzes sowie die darin genannten Bestimmungen der Zivilprozessordnung sind in der bis zum 31.12.2012 geltenden Fassung weiter anzuwenden, wenn die Auskunftserteilung oder die Haft vor dem 1.1.2013 angeordnet worden ist.

4. Im Rahmen des § 802d Abs. 1 Satz 1 der Zivilprozessordnung und des § 284 Abs. 4 Satz 1 der Abgabenordnung steht die Abgabe einer eidesstattlichen Versicherung nach § 807 der Zivilprozessordnung oder nach § 284 der Abgabenordnung in der bis zum 31.12.2012 geltenden Fassung der Abgabe einer Vermögensauskunft nach § 802c der Zivilprozessordnung oder nach

§ 284 der Abgabenordnung in der ab dem 1.1.2013 geltenden Fassung gleich. Kann ein Gläubiger aus diesem Grund keine Vermögensauskunft verlangen, ist er nach Maßgabe des § 299 Abs. 1 der Zivilprozessordnung dazu befugt, das beim Vollstreckungsgericht verwahrte Vermögensverzeichnis einzusehen, das der eidesstattlichen Versicherung zugrunde liegt, und sich aus ihm Abschriften erteilen zu lassen. Insoweit sind die bis zum 31.12.2012 geltenden Vorschriften des Gerichtskostengesetzes über die Erteilung einer Ablichtung oder eines Ausdrucks des mit eidesstattlicher Versicherung abgegebenen Vermögensverzeichnisses oder den Antrag auf Gewährung der Einsicht in dieses Vermögensverzeichnis weiter anzuwenden.

5. Das Schuldnerverzeichnis nach § 915 der Zivilprozessordnung in der bis zum 31.12.2012 geltenden Fassung wird hinsichtlich der Eintragungen fortgeführt, die vor dem 1.1.2013 vorzunehmen waren oder die nach den Nummern 1 bis 3 nach dem 31.12.2012 vorzunehmen sind. Die §§ 915 bis 915h der Zivilprozessordnung sowie § 26 Absatz 2 der Insolvenzordnung jeweils in der bis zum 31.12.2012 geltenden Fassung sind insoweit weiter anzuwenden. Unbeschadet des § 915a Abs. 2 der Zivilprozessordnung in der bis zum 31.12.2012 geltenden Fassung ist eine Eintragung in dem nach Satz 1 fortgeführten Schuldnerverzeichnis vorzeitig zu löschen, wenn der Schuldner in das Schuldnerverzeichnis nach § 882b der Zivilprozessordnung in der ab dem 1.1.2013 geltenden Fassung eingetragen wird.

6. Soweit eine gesetzliche Bestimmung die Eintragung in das Schuldnerverzeichnis nach § 882b der Zivilprozessordnung in der ab dem 1.1.2013 geltenden Fassung voraussetzt, steht dem die Eintragung in das nach Nummer 5 fortgeführte Schuldnerverzeichnis gleich.

Rechtsanwaltsgebühren

Schnellübersicht

Gebührensätze

Abänderung von Entscheidungen

- aufgrund von Beschwerden nach VV Teil 3, soweit keine besonderen Gebühren bestimmt sind

  Verfahrensgebühr VV 3500 0,5

  Terminsgebühr VV 3513 0,5

- Erinnerung gegen Entscheidungen des Rechtspflegers, u.a. gem. § 11 Abs. 2 RPflG, § 4 Abs. 3 JVEG (vgl. auch §§ 16 Nr. 10 und 17 Abs. 1 Nr. 3); in den Fällen der §§ 573, 766 ZPO nur als Einzelauftrag (vgl. § 19 Abs. 1 S. 2 Nr. 5, Abs. 2 Nr. 2)

  Verfahrensgebühr VV 3500 0,5

  Terminsgebühr VV 3513 0,5

- von Unterhaltstiteln gem. §§ 238, 239, 240 FamFG

  Verfahrensgebühr VV 3100 1,3

  Terminsgebühr VV 3104 1,2

Abschriften siehe Dokumentenpauschale

Abtretung Anspruch auf Erstattung notwendiger Auslagen in Verfahren nach VV Teil 4 – 6, § 43 RVG

Abwesenheitsgeld siehe Reisekosten

Adhäsionsverfahren

Verfahrensgebühr für das erstinstanzliche Verfahren sowie bei Einzeltätigkeit

VV 4143, VV Vorb. 4.3 Abs. 2 2,0

(1) Die Gebühr entsteht auch, wenn der Anspruch erstmalig im Berufungsverfahren geltend gemacht wird.

(2) Die Gebühr wird zu einem Drittel auf die Verfahrensgebühr, die für einen bürgerlichen Rechtsstreit wegen desselben Anspruchs entsteht, angerechnet.

Verfahrensgebühr im Berufungs- und Revisionsverfahren sowie bei Einzeltätigkeit

VV 4144, VV Vorb. 4.3 Abs. 2 2,5

Verfahrensgebühr für das Verfahren über die Beschwerde gegen den Beschluss, mit dem nach § 406 Abs. 5 S. 2 StPO von einer Entscheidung abgesehen wird

VV 4145, VV Vorb. 4.3 Abs. 2 0,5

Allgemeine Geschäftskosten

VV Vorbem. 7 Abs. 1 S. 1

Anhörungsrüge siehe Gehörsrüge

Anrechnung

Beachte bei den verschiedenen Anrechnungsvorschriften den zum 5.8.2009 in das RVG eingefügten § 15a:

§ 15a

Anrechnung einer Gebühr

(1) Sieht dieses Gesetz die Anrechnung einer Gebühr auf eine andere Gebühr vor, kann der Rechtsanwalt beide Gebühren fordern, jedoch nicht mehr als den um den Anrechnungsbetrag verminderten Gesamtbetrag der beiden Gebühren.

(2) Ein Dritter kann sich auf die Anrechnung nur berufen, soweit er den Anspruch auf eine der beiden Gebühren erfüllt hat, wegen eines dieser Ansprüche gegen ihn ein Vollstreckungstitel besteht oder beide Gebühren in demselben Verfahren gegen ihn geltend gemacht werden.

Arbeitssachen

Gebühren grundsätzlich wie im Prozessverfahren, vgl. VV Vorb. 3.1 Abs. 1 S. 1, u.a. mit folgenden Ausnahmen:

– In Verfahren über Beschwerden oder Rechtsbeschwerden gegen die den Rechtszug beendenden Entscheidungen im Beschlussverfahren vor den Gerichten für Arbeitssachen ist jedoch VV Teil 3 Abschnitt 2 Unterabschnitt 1 anzuwenden, vgl. VV Vorb. 3.2.1 Nr. 2 c)

– Verfahren vor den Gerichten für Arbeitssachen, wenn sich die Tätigkeit auf eine gerichtliche Entscheidung über die Bestimmung einer Frist (§ 102 Abs. 3 ArbGG), die Ablehnung eines Schiedsrichters (§ 103 Abs. 3 ArbGG) oder die Vornahme einer Beweisaufnahme oder einer Vereidigung (§ 106 Abs. 2 ArbGG) beschränkt:

Verfahrensgebühr VV 3326 0,75

Vorzeitige Beendigung des Auftrags: Gebühr VV 3326 reduziert sich gem. VV 3337 auf..................... 0,5

Terminsgebühr VV 3332 0,5

Arrest Grundsätzlich Gebühren wie im Prozessverfahren 1. und 2. Instanz (VV Teil 3 Abschnitt 1 und 2).

Wenn im Verfahren über einen Antrag auf Anordnung, Abänderung oder Aufhebung eines Arrests oder einer einstweiligen Verfügung das Rechtsmittelgericht als Gericht der Hauptsache anzusehen ist (§ 943 ZPO), bestimmen sich die Gebühren nach den für die erste Instanz geltenden Vorschriften (VV Teil 3 Abschnitt 1), vgl. VV Vorb. 3.2. Abs. 2 S. 1.

Im Beschwerdeverfahren gegen die Zurückweisung des Arrestantrags erhält der Rechtsanwalt eine

Verfahrensgebühr VV 3500	0,5
Terminsgebühr VV 3513	0,5

Wenn das Beschwerdegericht im Verfahren über eine Beschwerde gegen die Zurückweisung des Antrags auf Anordnung eines Arrests oder einer einstweiligen Verfügung Termin zur mündlichen Verhandlung bestimmt – ob der Verhandlung tatsächlich ein Urteil folgt oder das Verfahren ohne Entscheidung durch Zurücknahme des Antrags oder durch Vergleich erledigt wird ist unerheblich –, beträgt die Gebühr VV 3513 gem. VV 3514 1,2

Beachte auch § 15 Abs. 2, § 17 Nr. 1, Nr. 4 und § 16 Nr. 5 zur Frage derselben Angelegenheit.

Asylverfahren

Grundsätzlich Gebühren im gerichtlichen Verfahren nach dem Asylverfahrensgesetz (Klageverfahren) wie im Prozessverfahren 1. und 2. Instanz (VV Teil 3 Abschnitt 1 und 2).
Gegenstandswert § 30 RVG.

Aufgebotsverfahren

Verfahrensgebühr VV 3324	1,0
Bei vorzeitiger Beendigung des Auftrags reduziert sich die Verfahrensgebühr VV 3324 gem. VV 3337 auf.	0,5
Terminsgebühr VV 3332	0,5

Aufwendungen

  VV Vorbem. 7 Abs. 1 S. 2

Auskunft siehe Beratung

Auslagen VV Teil 7

Auslagen aus der Staatskasse

  VV Teil 7, § 46 RVG

Auslandsunterhaltsgesetz

Jedes Verfahren über Anträge nach § 31 des Auslandsunterhaltsgesetzes auf Verweigerung, Beschränkung oder Aussetzung der Vollstreckung nach Artikel 21 der Verordnung (EG) Nr. 4/2009 stellt gem. § 18 Abs. 1 Nr. 6 eine besondere Angelegenheit dar. In diesen Verfahren erwachsen Gebühren für eine Tätigkeit in der Zwangsvollstreckung nach VV 3309, 3310.

Soweit es in diesem Rahmen einstweilige Anordnungsverfahren gibt, wird die Tätigkeit des Rechtsanwalts durch die Vergütung für das Verfahren als solches mitumfasst. Nur wenn darüber eine abgesonderte mündliche Verhandlung stattfindet, entstehen zusätzliche Gebühren nach VV 3328, 3332 (§ 19 Abs. 1 S. 2 Nr. 11).

Für die Ausstellung des Formblatts oder der Bescheinigung nach § 71 Abs. 1 des Auslandsunterhaltsgesetzes zum Zwecke der Vollstreckung eines inländischen Titels im Ausland erhält der Rechtsanwalt, der bereits im Erkenntnisverfahren tätig war, keine gesonderte Gebühr, weil diese Tätigkeit zum Rechtszug gehört, § 19 Abs. 1 S. 2 Nr. 9. Für den nur mit der Durchführung der Zwangsvollstreckung im Ausland beauftragten Rechtsanwalt gehören die vorgenannten Tätigkeiten zum Rechtszug des Vollstreckungsverfahrens, können also ebenfalls nicht gesondert berechnet werden.

Entsprechendes gilt, wenn für die Geltendmachung im Ausland eine Vervollständigung der Entscheidung und die Bezifferung eines dynamisierten Unterhaltstitels vorgesehen ist, § 19 Abs. 1 S. 2 Nr. 8.

Auslieferungssachen siehe Internationale Rechtshilfe in Strafsachen

Außergerichtliche Vertretung siehe Vertretung für außergerichtliche Tätigkeiten

Aussöhnung von Ehegatten/eingetragenen Lebenspartnern

Aussöhnungsgebühr VV 1001	1,5

Der dem Antragsgegner gem. § 138 FamFG beigeordnete Rechtsanwalt kann von diesem die Vergütung eines zum Verfahrensbevollmächtigten bestellten Rechtsanwalts und einen Vorschuss verlangen. Bei Zahlungsverzug des Zahlungsverpflichteten Vergütung aus der Landeskasse (§ 45 Abs. 2).

Über die Ehesache ist ein anderes gerichtliches Verfahren als ein selbstständiges Beweisverfahren anhängig:

Gebühr 1001 beträgt gem. VV 1003	1,0

Über den Gegenstand ist ein Beschwerde- oder Rechtsbeschwerdeverfahren, ein Verfahren über die Beschwerde gegen die Nichtzulassung eines dieser Rechtsmittel oder ein Verfahren vor dem Rechtsmittelgericht über die Zulassung des Rechtsmittels anhängig:

Gebühr 1001 beträgt gem. VV 1004 1,3

Beratung, Auskunft, Gutachten, Mediation

Seit dem 1.7.2006 soll der Rechtsanwalt nach § 34 für einen mündlichen oder schriftlichen Rat oder eine Auskunft (Beratung), die nicht mit einer anderen gebührenpflichtigen Tätigkeit zusammenhängen, für die Ausarbeitung eines schriftlichen Gutachtens und für die Tätigkeit als Mediator auf eine Gebührenvereinbarung hinwirken, soweit in Teil 2 Abschnitt 1 des VV (2100 – 2103) keine Gebühren bestimmt sind.

Ist keine Vereinbarung getroffen worden, erhält der Rechtsanwalt Gebühren nach §§ 612, 632 BGB. Ist keine Vereinbarung getroffen und ist der Auftraggeber Verbraucher, beträgt die Gebühr für die Beratung oder für die Ausarbeitung eines schriftlichen Gutachtens jeweils höchstens 250 €; § 14 Abs. 1 gilt entsprechend; für ein erstes Beratungsgespräch beträgt die Gebühr jedoch höchstens 190 €.

Wenn nichts anderes vereinbart ist, ist die Gebühr für die Beratung auf eine Gebühr für eine sonstige Tätigkeit, die mit der Beratung zusammenhängt, anzurechnen.

Beratungshilfe

Nach dem Beratungshilfegesetz (BerHG) vom 18.6.1980, BGBl. I S. 689, zuletzt geändert durch Gesetz zur Änderung des Prozesskostenhilfe- und Beratungshilferechts vom 31.8.2013, BGBl. I S. 3533.

VV 2500: Dem Rechtsanwalt steht gegen den Rechtsuchenden, dem er Beratungshilfe gewährt, eine Gebühr von ...... 15,00 €

zu, die er nach dessen Verhältnissen erlassen kann. Neben der Gebühr werden keine Auslagen erhoben.

Vereinbarungen über eine Vergütung sind nichtig, § 8 BerHG.

Aus der Landeskasse erhält der Rechtsanwalt für seine Tätigkeit nach VV Teil 2 Abschnitt 5 folgende Vergütung:

Beratungsgebühr VV 2501 .... 35,00 €

(1) Die Gebühr entsteht für eine Beratung, wenn die Beratung nicht mit einer anderen gebührenpflichtigen Tätigkeit zusammenhängt.

(2) Die Gebühr ist auf eine Gebühr für eine sonstige Tätigkeit anzurechnen, die mit der Beratung zusammenhängt.

Beratungstätigkeit mit dem Ziel einer außergerichtlichen Einigung mit den Gläubigern über die Schuldenbereinigung auf der Grundlage eines Plans (§ 305 Abs. 1 Nr. 1 InsO):

Die Gebühr VV 2501 beträgt gem. VV 2502...............	70,00 €
Geschäftsgebühr VV 2503............................	85,00 €

(1) Die Gebühr entsteht für das Betreiben des Geschäfts einschließlich der Information oder die Mitwirkung bei der Gestaltung eines Vertrags.

(2) Auf die Gebühren für ein anschließendes gerichtliches oder behördliches Verfahren ist diese Gebühr zur Hälfte anzurechnen. Auf die Gebühren für ein Verfahren auf Vollstreckbarerklärung eines Vergleichs nach den §§ 796a, 796b und 796c Abs. 2 Satz 2 ZPO ist die Gebühr zu einem Viertel anzurechnen.

Tätigkeit mit dem Ziel einer außergerichtlichen Einigung mit den Gläubigern über die Schuldenbereinigung auf der Grundlage eines Plans (§ 305 Abs. 1 Nr. 1 InsO): Die Geschäftsgebühr VV 2503 beträgt bei

– bis zu 5 Gläubigern, VV 2504......................	270,00 €
– es sind 6 bis 10 Gläubiger, VV 2505.................	405,00 €
– es sind 11 bis 15 Gläubiger, VV 2506................	540,00 €
– es sind mehr als 15 Gläubiger, VV 2507.............	675,00 €
Einigungs- und Erledigungsgebühr VV 2508.............	150,00 €

(1) Die Anmerkungen zu VV 1000 und 1002 sind anzuwenden.

(2) Die Gebühr entsteht auch für die Mitwirkung bei einer außergerichtlichen Einigung mit den Gläubigern über die Schuldenbereinigung auf der Grundlage eines Plans (§ 305 Abs. 1 Nr. 1 InsO).

Beratungshilfegebühr

VV 2500

Berufungsverfahren in Zivilsachen und in verwaltungsgerichtlichen Verfahren

Verfahrensgebühr VV 3200.........................	1,6
Bei vorzeitiger Beendigung des Auftrags reduziert sich die Gebühr VV 3200 gem. VV 3201 auf.......................	1,1
Terminsgebühr VV 3202	1,2
Reduzierte Terminsgebühr VV 3203...................	0,5

Zu den Gebühren in Berufungsverfahren in Strafsachen siehe Strafsachen

Beschwerde

Gebühren in unterschiedlicher Höhe je nach Art der Beschwerde, siehe u.a.

- VV Vorb. 3.1 Abs. 2
- VV Vorb. 3.2.1
- VV Vorb. 3.2.2
- VV Teil 3 Abschnitt 5

Beschwerde in Familiensachen siehe die Stichworte zu den in § 111 FamFG aufgeführten Familiensachen sowie die Aufstellung über Rechtsanwaltsgebühren in Familiensachen S. 161 ff.

Beweisgebühr siehe Zusatzgebühr für besonders umfangreiche Beweisaufnahmen

Bußgeldsachen – Gebühren des Anwalts (VV Teil 5 Abschnitt 1)

Gebührentatbestand[1]	VV	Wahlanwalt				Gerichtlich bestellter oder beigeordneter RA	
		Mindestgebühr €	Höchstgebühr €	Mittelgebühr €	Zusätzliche Gebühr[2] €	Gebühr €	Zusätzliche Gebühr[2] €
1. Grundgebühr	5100	30,00	170,00	100,00		80,00	
2. Vorbereitende Verfahren							
a) Verfahrensgebühr							
Bußgeld weniger als 40 €	5101	20,00	110,00	65,00	65,00	52,00	52,00
Bußgeld von 40 bis 5.000 €	5103	30,00	290,00	160,00	160,00	126,00	126,00
Bußgeld über 5.000 €	5105	40,00	300,00	170,00	170,00	136,00	136,00
b) Terminsgebühr							
Bußgeld weniger als 40 €	5102	20,00	110,00	65,00		52,00	
Bußgeld von 40 bis 5.000 €	5104	30,00	290,00	160,00		128,00	
Bußgeld über 5.000 €	5106	40,00	300,00	170,00		136,00	
3. Gerichtliches Verfahren im ersten Rechtszug							
a) Verfahrensgebühr							
Bußgeld weniger als 40 €	5107	20,00	110,00	65,00	65,00	52,00	52,00
Bußgeld von 40 bis 5.000 €	5109	30,00	290,00	160,00	160,00	128,00	128,00
Bußgeld über 5.000 €	5111	50,00	350,00	200,00	200,00	160,00	160,00
b) Terminsgebühr							
Bußgeld weniger als 40 €	5108	20,00	240,00	130,00		104,00	
Bußgeld von 40 bis 5.000 €	5110	40,00	470,00	255,00		204,00	
Bußgeld über 5.000 €	5112	80,00	560,00	320,00		256,00	
4. Rechtsbeschwerde und Verfahren auf Zulassung der Rechtsbeschwerde							
a) Verfahrensgebühr	5113	80,00	560,00	320,00	320,00	256,00	256,00
b) Terminsgebühr	5114	80,00	560,00	320,00		256,00	
5. Einzeltätigkeiten							
Verfahrensgebühr	5200	20,00	110,00	65,00		52,00	

1 Auf die Ausrechnung der Auslagen wurde verzichtet, da durch mögliche Anrechnung bzw. Addition mit anderen Gebühren die Berechnung unzutreffend wäre.
2 Zusätzliche Gebühr bei Erledigung des Verfahrens gem. VV 5115 in Höhe der jeweiligen Verfahrensmittelgebühr des Rechtszugs, in dem die Hauptverhandlung vermieden wurde. Zusätzliche Gebühr bei Einziehung und verwandten Maßnahmen gem. VV 5116 für Wahl- wie Pflichtverteidiger in Höhe von 1,0 (Wertgebühr); für Pflichtverteidiger allerdings nur aus den Beträgen des § 49 RVG.

Disziplinarmaßnahme für das Verfahren nach der WDO vor einem Disziplinarvorgesetzten auf Aufhebung oder Änderung einer Disziplinarmaßnahme und im gerichtlichen Verfahren vor dem Wehrdienstgericht; Einzeltätigkeit

VV	Gebührentatbestand	Wahlverteidiger oder Verfahrensbevollmächtigter			Gerichtlich bestellter oder beigeordneter RA €
		Mindestgebühr €	Höchstgebühr €	Mittelgebühr €	
6500	Verfahrensgebühr	20,00	300,00	160,00	128,00
	(1) Für eine Einzeltätigkeit entsteht die Gebühr, wenn dem Rechtsanwalt nicht die Verteidigung oder Vertretung übertragen ist.				
	(2) Die Gebühr entsteht für jede einzelne Tätigkeit gesondert, soweit nichts anderes bestimmt ist. § 15 RVG bleibt unberührt.				
	(3) Wird dem Rechtsanwalt die Verteidigung oder Vertretung für das Verfahren übertragen, werden die nach dieser Nummer entstandenen Gebühren auf die für die Verteidigung oder Vertretung entstehenden Gebühren angerechnet.				
	(4) Eine Gebühr nach dieser Vorschrift entsteht jeweils auch für das Verfahren nach der WDO vor einem Disziplinarvorgesetzten auf Aufhebung oder Änderung einer Disziplinarmaßnahme und im gerichtlichen Verfahren vor dem Wehrdienstgericht.				

Disziplinarverfahren nach der WBO, auch i.V.m. § 42 WDO, wenn das Verfahren vor dem Truppendienstgericht oder vor dem BVerwG an die Stelle des Verwaltungsrechtswegs gemäß § 82 SG tritt siehe Wehrbeschwerdeverfahren

Disziplinarverfahren und berufsgerichtliche Verfahren wegen der Verletzung einer Berufspflicht – Gebühren des Rechtsanwalts (VV Teil 6 Abschnitt 2)

Gebührentatbestand[1]	VV	Wahlverteidiger oder Verfahrensbevollmächtigter				Gerichtlich bestellter oder beigeordneter RA	
		Mindest- gebühr €	Höchst- gebühr €	Mittel- gebühr €	Zusätz- liche Gebühr[2] €	Gebühr €	Zusätz- liche Gebühr[2] €
Allgemeine Gebühren							
1. Grundgebühr	6200	40,00	350,00	195,00	156,00		
2. Terminsgebühr	6201	40,00	370,00	205,00	164,00		
Außergerichtliches Verfahren							
Verfahrensgebühr	6202	40,00	290,00	165,00	165,00	132,00	132,00
Gerichtliches Verfahren							
1. Instanz							
Verfahrensgebühr	6203	50,00	320,00	185,00	185,00	184,00	148,00
Terminsgebühr je Verhandlungstag	6204	80,00	560,00	320,00		256,00	
Der gerichtlich bestellte Rechtsanwalt nimmt mehr als 5 und bis 8 Stunden an der Hauptverhandlung teil: Zusätz- liche Gebühr neben der Ge- bühr 6204	6205					128,00	
Der gerichtlich bestellte Rechtsanwalt nimmt mehr als 8 Stunden an der Hauptver- handlung teil: Zusätzliche Ge- bühr neben der Gebühr 6204	6206					256,00	

1 Auf die Ausrechnung der Auslagen wurde verzichtet, da durch mögliche Anrechnung bzw. Addition mit anderen Gebühren die Berechnung unzutreffend wäre.
2 Wird durch die anwaltliche Mitwirkung die mündliche Verhandlung entbehrlich, erhält der Anwalt eine zusätzliche Gebühr gem. VV 6216 in Höhe der jeweiligen Verfahrensgebühr für den jeweiligen Rechtszug, wobei sich für den Wahlanwalt die Gebühr nach der Rahmenmitte bemisst.Die Gebühr entsteht, wenn eine gerichtliche Entschei- dung mit Zustimmung der Beteiligten ohne mündliche Verhandlung ergeht oder einer beabsichtigten Entschei- dung ohne Hauptverhandlungstermin nicht widersprochen wird.Die Gebühr entsteht nicht, wenn eine auf die För- derung des Verfahrens gerichtete Tätigkeit nicht ersichtlich ist.Die Gebühr entsteht auch im außergerichtlichen Verfahren (vgl. *Schneider*, AGS 2007, 225; AnwK-RVG/*Wahlen*, 6. Aufl., VV 6216 Rn 2; Gerold/Schmidt-*Mayer*, RVG, 20. Aufl., VV 6216 Rn 1; Burhoff-*Volpert*, RVG Straf- und Bußgeldsachen, 3. Aufl., VV 6216 Rn 4).

Disziplinarverfahren und berufsgerichtliche Verfahren wegen der Verletzung einer Berufspflicht – Gebühren des Rechtsanwalts (VV Teil 6 Abschnitt 2)

Gebührentatbestand[1]	VV	Wahlverteidiger oder Verfahrensbevollmächtigter				Gerichtlich bestellter oder beigeordneter RA	
		Mindest-gebühr €	Höchst-gebühr €	Mittel-gebühr €	Zusätz-liche Gebühr[2] €	Gebühr €	Zusätz-liche Gebühr[2] €
2. Instanz							
Verfahrensgebühr	6207	80,00	560,00	320,00	320,00	256,00	256,00
Terminsgebühr je Verhandlungstag	6208	80,00	560,00	320,00		256,00	
Der gerichtlich bestellte Rechtsanwalt nimmt mehr als 5 und bis 8 Stunden an der Hauptverhandlung teil: Zusätzliche Gebühr neben der Gebühr 6208	6209					128,00	
Der gerichtlich bestellte Rechtsanwalt nimmt mehr als 8 Stunden an der Hauptverhandlung teil: Zusätzliche Gebühr neben der Gebühr 6208	6210					256,00	
3. Instanz							
Verfahrensgebühr	6211	120,00	1.110,00	615,00	615,00	492,00	492,00
Terminsgebühr je Verhandlungstag	6212	120,00	550,00	335,00		268,00	
Der gerichtlich bestellte Rechtsanwalt nimmt mehr als 5 und bis 8 Stunden an der Hauptverhandlung teil: Zusätzliche Gebühr neben der Gebühr 6212	6213					134,00	
Der gerichtlich bestellte Rechtsanwalt nimmt mehr als 8 Stunden an der Hauptverhandlung teil: Zusätzliche Gebühr neben der Gebühr 6212	6214					268,00	
Verfahrensgebühr für das Verfahren über die Beschwerde gegen die Nichtzulassung der Revision	6215	70,00	1.110,00	590,00		472,00	

1 Auf die Ausrechnung der Auslagen wurde verzichtet, da durch mögliche Anrechnung bzw. Addition mit anderen Gebühren die Berechnung unzutreffend wäre.
2 Wird durch die anwaltliche Mitwirkung die mündliche Verhandlung entbehrlich, erhält der Anwalt eine zusätzliche Gebühr gem. VV 6216 in Höhe der jeweiligen Verfahrensgebühr für den jeweiligen Rechtszug, wobei sich für den Wahlanwalt die Gebühr nach der Rahmenmitte bemisst.Die Gebühr entsteht, wenn eine gerichtliche Entscheidung mit Zustimmung der Beteiligten ohne mündliche Verhandlung ergeht oder einer beabsichtigten Entscheidung ohne Hauptverhandlungstermin nicht widersprochen wird.Die Gebühr entsteht nicht, wenn eine auf die Förderung des Verfahrens gerichtete Tätigkeit nicht ersichtlich ist.Die Gebühr entsteht auch im außergerichtlichen Verfahren (vgl. *Schneider*, AGS 2007, 225; AnwK-RVG/*Wahlen*, 6. Aufl., VV 6216 Rn 2; Gerold/Schmidt-*Mayer*, RVG, 20. Aufl., VV 6216 Rn 1; Burhoff-*Volpert*, RVG Straf- und Bußgeldsachen, 3. Aufl., VV 6216 Rn 4).

Dokumentenpauschale

Der Rechtsanwalt erhält nach VV 7000 eine Dokumentenpauschale für die Herstellung und Überlassung von Dokumenten:

1. für Kopien und Ausdrucke

    a) aus Behörden- und Gerichtsakten, soweit deren Herstellung zur sachgemäßen Bearbeitung der Rechtssache geboten war,

    b) zur Zustellung oder Mitteilung an Gegner oder Beteiligte und Verfahrensbevollmächtigte auf Grund einer Rechtsvorschrift oder nach Aufforderung durch das Gericht, die Behörde oder die sonst das Verfahren führende Stelle, soweit hierfür mehr als 100 Seiten zu fertigen waren,

    c) zur notwendigen Unterrichtung des Auftraggebers, soweit hierfür mehr als 100 Seiten zu fertigen waren,

    d) in sonstigen Fällen nur, wenn sie im Einverständnis mit dem Auftraggeber zusätzlich, auch zur Unterrichtung Dritter, angefertigt worden sind:

für die ersten 50 abzurechnenden Seiten je Seite	0,50 €
für jede weitere Seite	0,15 €
für die ersten 50 abzurechnenden Seiten in Farbe je Seite	1,00 €
für jede weitere Seite in Farbe	0,30 €

2. für die Überlassung von elektronisch gespeicherten Dateien oder deren Bereitstellung zum Abruf anstelle der in Nummer 1 Buchstabe d genannten Ablichtungen und Ausdrucke:

je Datei	1,50 €
für die in einem Arbeitsgang überlassenen, bereitgestellten oder in einem Arbeitsgang auf denselben Datenträger übertragenen Dokumente höchstens	5,00 €

(1) Die Höhe der Dokumentenpauschale nach Nummer 1 ist in derselben Angelegenheit und in gerichtlichen Verfahren in demselben Rechtszug einheitlich zu berechnen. Eine Übermittlung durch den Rechtsanwalt per Telefax steht der Herstellung einer Kopie gleich.

(2) Werden zum Zweck der Überlassung von elektronisch gespeicherten Dateien Dokumente im Einverständnis mit dem Auftraggeber zuvor von der Papierform in die elektronische Form übertragen, beträgt die Dokumentenpauschale nach Nummer 2 nicht weniger, als die Dokumentenpauschale im Fall der Nummer 1 betragen würde.

Dolmetscherkosten

VV Vorb. 7 Abs. 1 S. 2, § 46 Abs. 2 S. 3 RVG

Durchschriften siehe Dokumentenpauschale

Ehesachen (§ 121 FamFG)

1. Scheidungs- und Scheidungsfolgesachen

Gebühren wie im Prozessverfahren gem. Teil 3 Abschnitt 1 und 2

Scheidungssachen und Folgesachen (§ 137 FamFG) gelten als **dieselbe Angelegenheit**, § 16 Nr. 4.

Die Gebühren sind nach dem zusammengerechneten Wert der Gegenstände zu berechnen (§ 22 Abs. 1).

Zum **Gegenstandswert** siehe Tabelle Gegenstandswerte in familiengerichtlichen Verfahren S. 167 ff.

In Verfahren über **Beschwerden** gegen Endentscheidungen in Familiensachen wegen des Hauptgegenstands findet Teil 3 Abschnitt 2 Unterabschnitt 1 – VV 3200 ff. – Anwendung, vgl. VV Vorb. 3.2.1 Nr. 2 b; u.a. also:

Verfahrensgebühr VV 3200	1,6
Ermäßigte Verfahrensgebühr VV 3201	1,1
Terminsgebühr VV 3202	1,2

In Verfahren über **Rechtsbeschwerden** gegen Endentscheidungen in Familiensachen wegen des Hauptgegenstands findet Teil 3 Abschnitt 2 Unterabschnitt 2 – VV 3206 ff. – Anwendung, vgl. VV Vorb. 3.2.2 Nr. 1 a;

u.a. also:

Verfahrensgebühr VV 3206, 3208	2,3
Ermäßigte Verfahrensgebühr VV 3209	1,8
Terminsgebühr VV 3210	1,5

2. Aussöhnung von Ehegatten

Aussöhnungsgebühr VV 1001	1,5

Der dem Antragsgegner gem. § 138 FamFG beigeordnete Rechtsanwalt kann von diesem die Vergütung eines zum Prozessbevollmächtigten bestellten Rechtsanwalts und einen Vorschuss verlangen (§ 39 S. 1). Bei Zahlungsverzug des Zahlungsverpflichteten Vergütung aus der Landeskasse (§ 45 Abs. 2).

Über die Ehesache ist ein anderes gerichtliches Verfahren anhängig:

Gebühr 1001 beträgt gem. VV 1003 1,0

Über den Gegenstand ist ein Beschwerde- oder Rechtsbeschwerdeverfahren, ein Verfahren über die Beschwerde gegen die Nichtzulassung eines dieser Rechtsmittel oder ein Verfahren vor dem Rechtsmittelgericht über die Zulassung des Rechtsmittels anhängig:

Gebühr 1001 beträgt gem. VV 1004 1,3

Ehren- und berufsgerichtliche Verfahren siehe Disziplinarverfahren

Eidesstattliche Versicherung

Nach §§ 807, 900, 901 ZPO a.F. (bis 31.12.2012, siehe Vermögensauskunft):

Verfahrensgebühr VV 3309 0,3

Terminsgebühr VV 3310 0,3

Einfaches Schreiben

enthält weder schwierige rechtliche Ausführungen noch größere sachliche Auseinandersetzungen, VV 2301 und VV 3404 .. 0,3

Einigungsgebühr

Unter den Voraussetzungen der Anmerkung Abs. 1 bis 5 des VV 1000 1,5

Über den Gegenstand ist ein anderes gerichtliches Verfahren als ein selbstständiges Beweisverfahren anhängig:

Gebühr 1000 beträgt gem. VV 1003 1,0

(1) Die Anmeldung eines Anspruchs zum Musterverfahren nach dem KapMuG steht einem anhängigen gerichtlichen Verfahren gleich. Dies gilt auch, wenn ein Verfahren über die Prozesskostenhilfe anhängig ist, soweit nicht lediglich Prozesskostenhilfe für ein selbstständiges Beweisverfahren oder die gerichtliche Protokollierung des Vergleichs beantragt wird oder sich die Beiordnung auf den Abschluss eines Vertrags im Sinne der Nummer 1000 erstreckt (§ 48 Abs. 3 RVG). Das Verfahren vor dem Gerichtsvollzieher steht einem gerichtlichen Verfahren gleich.

(2) In Kindschaftssachen entsteht die Gebühr auch für die Mitwirkung am Abschluss eines gerichtlich gebilligten Vergleichs (§ 156 Abs. 2 FamFG) und an einer Vereinbarung, über deren Gegenstand nicht vertraglich verfügt werden kann, wenn hierdurch eine gerichtliche Entscheidung entbehrlich wird oder wenn die Entscheidung der getroffenen Vereinbarung folgt.

Über den Gegenstand ist ein Berufungs- oder Revisionsverfahren, ein Verfahren über die Beschwerde gegen die Nichtzulassung eines dieser Rechtsmittel oder ein Verfahren vor dem Rechtsmittelgericht über die Zulassung des Rechtsmittels anhängig:

Gebühr 1000 bis 1002 betragen gem. VV 1004............ 1,3

(1) Dies gilt auch in den in den Vorbemerkungen 3.2.1 und 3.2.2 genannten Beschwerde- und Rechtsbeschwerdeverfahren.

(2) Absatz 2 der Anmerkung zu Nummer 1003 ist anzuwenden.

Einigungsgebühr in sozialrechtlichen Angelegenheiten mit Betragsrahmengebühren siehe Erledigungsgebühr

Einstweilige Anordnungen in Ehe-, Abstammungs- und Lebenspartnerschaftssachen

Verfahren nach

a) § 49 FamFG,

b) § 246 FamFG,

c) § 247 FamFG,

d) § 248 FamFG,

e) § 214 FamFG

sind im Verhältnis zueinander wie auch im Verhältnis zum Hauptverfahren verschiedene Angelegenheiten (§ 17 Nr. 4 b und d). Das gilt auch für einstweilige Anordnungen, die nicht auf Antrag, sondern von Amts wegen ergehen.

Gem. VV Vorb. 3.1 Abs. 1 Gebühren wie im Prozessverfahren.

Einstweilige Verfügung siehe Arrest

Einvernehmen nach § 28 EuRAG

Der Rechtsanwalt erhält nach VV 2200 für die Herstellung des Einvernehmens nach § 28 EuRAG eine Geschäftsgebühr in Höhe der einem Bevollmächtigten oder Verteidiger zustehenden Verfahrensgebühr. Kann das beabsichtigte Einvernehmen nicht hergestellt werden, ermäßigt sich die Gebühr VV 2200 auf 0,1 bis 0,5 oder den Mindestbetrag der einem Bevollmächtigten oder Verteidiger zustehenden Verfahrensgebühr, VV 2201.

Einzeltätigkeiten des nicht zum Prozessbevollmächtigten bestellten Rechtsanwalts in Zivilsachen

Der **Verkehrsanwalt** erhält gem. VV 3400 eine Verfahrensgebühr in Höhe der dem Verfahrensbevollmächtigten zustehenden Verfahrensgebühr, höchstens.................... 1,0

bei Betragsrahmengebühren........................... höchstens 420,00 €

Der **Terminsvertreter** erhält gem. VV 3401 eine Verfahrensgebühr in Höhe der Hälfte der dem Verfahrensbevollmächtigten zustehenden Verfahrensgebühr sowie gem. VV 3402 zudem eine Terminsgebühr in Höhe der einem Verfahrensbevollmächtigten zustehenden Terminsgebühr.

Gebühr für **sonstige Einzeltätigkeiten** in einem gerichtlichen Verfahren, wenn der Rechtsanwalt nicht zum Prozess- oder Verfahrensbevollmächtigten bestellt ist, soweit in VV Teil 3 Abschnitt 4 nichts anderes bestimmt ist, VV 3403............. 0,8

Der Auftrag beschränkt sich auf ein **Schreiben einfacher Art**: Die Gebühr VV 3403 beträgt gem. VV 3404................ 0,3

Endet der Auftrag im Falle der Nummer 3400, **bevor** der Verfahrensbevollmächtigte beauftragt oder der Rechtsanwalt gegenüber dem Verfahrensbevollmächtigten tätig geworden ist, oder im Falle der Nummer 3401, bevor der Termin begonnen hat, gilt gem. VV 3405:

Die Gebühren VV 3400 und VV 3401 betragen höchstens 0,5

bei Betragsrahmengebühren........................... höchstens 210,00 €

Energiewirtschaftsgesetz

In Beschwerdeverfahren nach dem EnWG erwachsen für den Rechtsanwalt gem. VV Vorb. 3.2.1 Nr. 2 f Gebühren nach VV Teil 3 Abschnitt 2 Unterabschnitt 1 (VV 3200 ff.).

In Rechtsbeschwerdeverfahren ist Unterabschnitt 2 (VV 3206 ff.) anwendbar, VV Vorb. 3.2.2 Nr. 1 a), VV Vorb. 3.2.1 Nr. 2 f). Die Anwendung von VV 3208 f. und VV scheidet aus, weil die dafür notwendige Voraussetzung – Vertretung der Parteien nur durch einen beim BGH zugelassenen Rechtsanwalt – nicht erfüllt wird (vgl. § 80 EnWG).

Entgelte für Post- und Telekommunikationsdienstleistungen

Auslagenersatz nach VV 7001 .... in voller Höhe der tatsächlich angefallenen Beträge

Stattdessen kann nach VV 7002 auch eine Pauschale verlangt werden. Diese beträgt .... 20 % der gesetzlichen Gebühren, jedoch höchstens 20,00 € je Angelegenheit

Werden Gebühren aus der Staatskasse gezahlt, sind diese maßgebend (Abs. 2 der Anm. zu VV 7002).

Entscheidung nach Lage der Akten

Terminsgebühr

1. Instanz VV 3104 1,2
2. Instanz VV 3202 1,2

Erfolgshonorar siehe § 4a

Erfolgsunabhängige Vergütung siehe § 4

Erinnerung

Gegen Entscheidungen des Rechtspflegers, u.a. gem. § 11 Abs. 2 RPflG, § 4 Abs. 3 JVEG (vgl. auch §§ 16 Nr. 10 und 17 Abs. 1 Nr. 3); in den Fällen der §§ 573, 766 ZPO nur als Einzelauftrag (vgl. § 19 Abs. 1 S. 2 Nr. 5, Abs. 2 Nr. 2)

Verfahrensgebühr VV 3500 0,5

Terminsgebühr VV 3513 0,5

Erledigungsgebühr

Erledigungsgebühr, soweit nicht Nummer 1005, 1006 gilt, VV 1002 1,5

Die Gebühr entsteht, wenn sich eine Rechtssache ganz oder teilweise nach Aufhebung oder Änderung des mit einem Rechtsbehelf angefochtenen Verwaltungsakts durch die anwaltliche Mitwirkung erledigt. Das Gleiche gilt, wenn sich eine Rechtssache ganz oder teilweise durch Erlass eines bisher abgelehnten Verwaltungsakts erledigt.

Über den Gegenstand ist ein anderes gerichtliches Verfahren als ein selbstständiges Beweisverfahren anhängig:

Die Gebühr 1002 beträgt nach VV 1003 1,0

Die Anmeldung eines Anspruchs zum Musterverfahren nach dem KapMuG steht einem anhängigen gerichtlichen Verfahren gleich. Dies gilt auch, wenn ein Verfahren über die Prozesskostenhilfe anhängig ist, soweit nicht lediglich Prozesskostenhilfe für ein selbständiges Beweisverfahren oder die gerichtliche Protokollierung des Vergleichs beantragt wird oder sich die Beiordnung auf den Abschluss eines Vertrags im Sinne der Nummer 1000 erstreckt (§ 48

Abs. 3 RVG). Das Verfahren vor dem Gerichtsvollzieher steht einem gerichtlichen Verfahren gleich.

Über den Gegenstand ist ein Berufungs- oder Revisionsverfahren, ein Verfahren über die Beschwerde gegen die Nichtzulassung eines dieser Rechtsmittel oder ein Verfahren vor dem Rechtsmittelgericht über die Zulassung des Rechtsmittels anhängig:

Die Gebühr 1002 beträgt nach VV 1004 1,3

(1) Dies gilt auch in den in den Vorbemerkungen 3.2.1 und 3.2.2 genannten Beschwerde- und Rechtsbeschwerdeverfahren.

(2) Absatz 2 der Anmerkung zu Nummer 1003 ist anzuwenden.

Erledigungsgebühr oder Einigungsgebühr in sozialrechtlichen Angelegenheiten mit Betragsrahmengebühren

Einigung oder Erledigung in sozialrechtlichen Angelegenheiten, in denen im gerichtlichen Verfahren Betragsrahmengebühren entstehen (§ 3 RVG):

Die Gebühren 1000 und 1002 entstehen nach VV 1005 ...... in Höhe der Geschäftsgebühr

(1) Die Gebühr bestimmt sich einheitlich nach dieser Vorschrift, wenn in die Einigung Ansprüche aus anderen Verwaltungsverfahren einbezogen werden. Ist über einen Gegenstand ein gerichtliches Verfahren anhängig, bestimmt sich die Gebühr nach VV 1006. Maßgebend ist die höchste entstandene Geschäftsgebühr ohne Berücksichtigung einer Erhöhung nach VV 1008. Steht dem Rechtsanwalt eine Gebühr nach § 34 RVG zu (Beratung), beträgt die Gebühr die Hälfte des in der Anm. zu VV 2302 genannten Betrages (= 150,00 €).

(2) Betrifft die Einigung oder Erledigung nur einen Teil der Angelegenheit, ist der auf diesen Teil der Angelegenheit entfallende Anteil an der Geschäftsgebühr unter Berücksichtigung der in § 14 Abs. 1 RVG genannten Umstände zu schätzen.

Über den Gegenstand ist ein gerichtliches Verfahren anhängig:

Die Gebühr 1005 entsteht .... in Höhe der Verfahrensgebühr

(1) Die Gebühr bestimmt sich auch dann einheitlich nach dieser Vorschrift, wenn in die Einigung Ansprüche einbezogen werden, die nicht in diesem Verfahren rechtshängig sind. Maßgebend für die Höhe der Gebühr ist die im Einzelfall bestimmte Verfahrensgebühr in der Angelegenheit, in der die Einigung erfolgt. Eine Erhöhung nach VV 1008 ist nicht zu berücksichtigen.

(2) Betrifft die Einigung oder Erledigung nur einen Teil der Angelegenheit, ist der auf diesen Teil der Angelegenheit entfallende Anteil an der Verfahrensgebühr unter Berücksichtigung der in § 14 Abs. 1 RVG genannten Umstände zu schätzen.

Erörterungsgebühr ersetzt durch Terminsgebühr, siehe dort

Erstberatung siehe Beratung

Europäische Geldsanktionen (§§ 86 ff. IRG) siehe Internationale Rechtshilfe in Strafsachen

Europäischer Gerichtshof (EuGH) siehe Gerichtshof der Europäischen Gemeinschaft

Europäischer Gerichtshof für Menschenrechte

Gem. § 38a S. 1 RVG gelten die Vorschriften in VV Teil 3 Abschnitt 2 Unterabschnitt 2, also

Verfahrensgebühr (VV 3206) mit einem Gebührensatz von. . . .	1,6
Terminsgebühr (VV 3210) mit einem Gebührensatz von	1,5

Der Gegenstandswert ist gem. § 38a S. 2 RVG unter Berücksichtigung der in § 14 Abs. 1 RVG genannten Umstände nach billigem Ermessen zu bestimmen. Der Mindestwert beträgt 5.000,00 €.

Europäischer Vollstreckungstitel über unbestrittene Forderungen / Europäischer Zahlungsbefehl / Verfahren über geringfügige Forderungen

Jedes Verfahren über Anträge nach § 1084 Abs. 1, §§ 1096 oder 1109 auf Verweigerung, Aussetzung oder Beschränkung der Zwangsvollstreckung aus einem Europäischen Vollstreckungstitel, einem Europäischen Zahlungsbefehl einem Titel über geringfügige Forderungen stellt gem. § 18 Abs. 1 Nr. 6 eine besondere Angelegenheit dar. In diesen Verfahren erwachsen Gebühren für eine Tätigkeit in der Zwangsvollstreckung nach VV 3309, 3310.

Soweit es in diesem Rahmen einstweilige Anordnungsverfahren gibt, wird die Tätigkeit des Rechtsanwalts durch die Vergütung für das Verfahren als solches mitumfasst. Nur wenn darüber eine abgesonderte mündliche Verhandlung stattfindet, entstehen zusätzliche Gebühren nach VV 3328, 3332 (§ 19 Abs. 1 S. 2 Nr. 11).

Fahrtkosten Auslagen nach VV 7003 bzw. VV 7004, siehe Reisekosten

Familiensachen

- Gebühren siehe Übersicht „Rechtsanwaltsgebühren in familiengerichtlichen Verfahren", S. 161 ff.
- Gegenstandswerte siehe Übersicht „Die wichtigsten Gegenstandswerte in familiengerichtlichen Verfahren", S. 167 ff.

Farbkopien siehe Dokumentenpauschale

Finanzgerichtsbarkeit

In Verfahren vor dem Finanzgericht richten sich die Gebühren gem. VV Vorb. 3.2.1 Nr. 1 nach VV Teil 3 Abschnitt 2 Unterabschnitt 1, also nach den für das Berufungsverfahren vorgesehenen Gebühren (VV 3200 ff.).

Im Revisionsverfahren bestimmen sich die Gebühren nach VV Teil 3 Abschnitt 2 Unterabschnitt 2.

Für das Verfahren über die **Beschwerde gegen die Nichtzulassung der Revision** durch das Finanzgericht erhält der Rechtsanwalt eine gesonderte Verfahrensgebühr nach VV 3506 mit einem Gebührensatz von 1,6. Bei vorzeitiger Beendigung des Auftrags reduziert sich die Verfahrensgebühr gem. VV 3505 auf 1,0. Ferner kann eine Terminsgebühr nach VV 3516 von 1,2 anfallen. Kommt es zur Durchführung der Revision, ist diese Gebühr auf die Verfahrensgebühr des Revisionsverfahrens anzurechnen.

Es kann ferner eine **Erledigungsgebühr** nach VV 1002 entstehen; siehe „Erledigungsgebühr".

Eine wegen desselben Gegenstands entstandene **Geschäftsgebühr** nach VV Teil 2 wird gem. VV Vorb. 3 Abs. 4 zur Hälfte, jedoch höchstens mit einem Gebührenansatz von 0,75, auf die Verfahrensgebühr des gerichtlichen Verfahrens angerechnet. Sind mehrere Geschäftsgebühren entstanden, ist für die Anrechnung die zuletzt entstandene Gebühr maßgebend. Die Anrechnung erfolgt nach dem Wert des Gegenstands, der auch Gegenstand des gerichtlichen Verfahrens ist.

Vgl. zur Anrechnung auch § 15a!

Fotokopien siehe Dokumentenpauschale

Freiheitsentziehungen

VV	Gebührentatbestand	Wahlverteidiger oder Verfahrensbevollmächtigter			gerichtlich bestellter oder beigeordneter RA €
		Mindestgebühr €	Höchstgebühr €	Mittelgebühr €	
6300	Verfahrensgebühr in Freiheitsentziehungssachen nach § 415 FamFG, in Unterbringungssachen nach § 312 FamFG und bei Unterbringungsmaßnahmen nach § 151 Nr. 6 und 7 FamFG Die Gebühr entsteht für jeden Rechtszug.	40,00	470,00	255,00	204,00
6301	Terminsgebühr in den Fällen der Nummer 6300. Die Gebühr entsteht für die Teilnahme an gerichtlichen Terminen.	40,00	470,00	255,00	204,00
6302	Verfahrensgebühr in sonstigen Fällen Die Gebühr entsteht für jeden Rechtszug des Verfahrens über die Verlängerung oder Aufhebung einer Freiheitsentziehung nach den §§ 425 und 426 FamFG oder einer Unterbringungsmaßnahme nach den §§ 329 und 330 FamFG.	20,00	300,00	160,00	128,00
6303	Terminsgebühr in den Fällen der Nummer 6302. Die Gebühr entsteht für die Teilnahme an gerichtlichen Terminen.	20,00	300,00	160,00	128,00

Gehörsrüge

Gebühr für Verfahren über eine Rüge wegen Verletzung des Anspruchs auf rechtliches Gehör, soweit nicht nach § 19 Abs. 1 S. 2 Nr. 5 b) zur Hauptsache gehörig

Verfahrensgebühr VV 3330 .... In Höhe der Verfahrensgebühr für das Verfahren, in dem die Rüge erhoben wird, höchstens 0,5, bei Betragsrahmengebühren höchstens 220,00 €

Terminsgebühr VV 3331	In Höhe der Terminsgebühr für das Verfahren, in dem die Rüge erhoben wird, höchstens 0,5, bei Betragsrahmengebühren höchstens 220,00 €

Gerichtshof der Europäischen Gemeinschaften (EuGH)

In Vorabentscheidungsverfahren vor dem EuGH (§ 38)

Verfahren mit Wertgebühren: Es gelten die Vorschriften in VV Teil 3 Abschnitt 2 Unterabschnitt 2 (vgl. § 38 Abs. 1 S. 1), also:

Verfahrensgebühr (VV 3206) mit einem Gebührensatz von...	1,6
Terminsgebühr (VV 3210) mit einem Gebührensatz von.....	1,5

Der Gegenstandswert bestimmt sich nach den Wertvorschriften, die für die Gerichtsgebühren des Verfahrens gelten, in dem vorgelegt wird.

Sozialgerichtliche Verfahren, in denen das GKG nicht gilt: Auch hier gelten die Vorschriften in VV Teil 3 Abschnitt 2; der Rechtsanwalt erhält

als Verfahrensgebühr (VV 3212)	80,00 bis 880,00 € Mittelgebühr 480,00 €
als Terminsgebühr (VV 3213)	80,00 bis 830,00 € Mittelgebühr 455,00 €

Verfahren nach VV Teil 4, 5 oder 6: VV 4130 und VV 4132 sind entsprechend anzuwenden. Gem. § 38 Abs. 3 wird die Verfahrensgebühr des Verfahrens, in dem vorgelegt worden ist, auf die Verfahrensgebühr des Verfahrens vor dem EuGH **angerechnet**, wenn nicht eine im Verfahrensrecht vorgesehene schriftliche Stellungnahme gegenüber dem EuGH abgegeben wird.

Geschäftsgebühr siehe Vertretung für außergerichtliche Tätigkeiten

Güteverfahren

Geschäftsgebühr gem. VV 2303 mit einem Gebührensatz von... 1,5

für

1. Güteverfahren vor einer durch die Landesjustizverwaltung eingerichteten oder anerkannten Gütestelle (§ 794 Abs. 1 Nr. 1 ZPO) oder, wenn die Parteien den Einigungsversuch einvernehmlich unternehmen, vor einer Gütestelle, die Streitbeilegung betreibt (§ 15a Abs. 3 EGZPO),
2. Verfahren vor einem Ausschuss der in § 111 Abs. 2 ArbGG bezeichneten Art,
3. Verfahren vor dem Seemannsamt zur vorläufigen Entscheidung von Arbeitssachen und
4. Verfahren vor sonstigen gesetzlich eingerichteten Einigungsstellen, Gütestellen oder Schiedsstellen.

Soweit wegen desselben Gegenstands eine Geschäftsgebühr nach VV 2300 entstanden ist, wird die Hälfte dieser Gebühr nach dem Wert des Gegenstands, der auch Gegenstand des Verfahrens ist, jedoch höchstens mit einem Gebührensatz von 0,75, angerechnet (VV Vorb. 2.3 Abs. 6)

Vgl. zur Anrechnung auch § 15a!

Gutachten siehe Beratung

Haushaltssachen (§ 200 Abs. 2 FamFG)

Es fallen erstinstanzlich Gebühren nach Teil 3 Abschnitt 1 an, also u.a.

Verfahrensgebühr VV 3100 mit einem Gebührensatz von.... 1,3

Terminsgebühr VV 3104 mit einem Gebührensatz von...... 1,2

Soweit wegen desselben Gegenstands eine Geschäftsgebühr nach VV Teil 2 entstanden ist, wird diese Gebühr zur Hälfte, jedoch höchstens mit einem Gebührensatz von 0,75, auf die Verfahrensgebühr des gerichtlichen Verfahrens angerechnet.

Vgl. zur Anrechnung auch § 15a!

In Verfahren über **Beschwerden** gegen Endentscheidungen wegen des Hauptgegenstands in Familien- und Lebenspartnerschaftssachen findet Teil 3 Abschnitt 2 Unterabschnitt 1 – VV 3200 ff. – Anwendung, vgl. VV Vorb. 3.2.1 Abs. 1 Nr. 2 b; u.a. also:

Verfahrensgebühr VV 3200 1,6

Terminsgebühr VV 3202 1,2

In Verfahren über **Rechtsbeschwerden** gegen Endentscheidungen wegen des Hauptgegenstands in Familien- und Lebenspartnerschaftssachen findet Teil 3 Abschnitt 2 Unterabschnitt 2 – VV 3206 ff. – Anwendung, vgl. VV Vorb. 3.2.2 Nr. 1 a); u.a. also:

Verfahrensgebühr VV 3206, 3208 2,3
Ermäßigte Verfahrensgebühr VV 3209 1,8
Terminsgebühr VV 3210 1,5

Hebegebühr VV 1009, siehe Berechnungsbeispiele S. 553

Herstellung des Einvernehmens siehe Einvernehmen

Insolvenzverfahren

VV	Gebührentatbestand	Gebührensatz
3313	Verfahrensgebühr für die Vertretung des Schuldners im Eröffnungsverfahren	1,0
3314	Verfahrensgebühr für die Vertretung des Gläubigers im Eröffnungsverfahren	0,5
3315	Tätigkeit auch im Verfahren über den Schuldenbereinigungsplan: Die Verfahrensgebühr 3313 beträgt	1,5
3316	Tätigkeit auch im Verfahren über den Schuldenbereinigungsplan: Die Verfahrensgebühr 3314 beträgt	1,0
3317	Verfahrensgebühr für das Insolvenzverfahren	1,0
3318	Verfahrensgebühr für das Verfahren über einen Insolvenzplan	1,0
3319	Vertretung des Schuldners, der den Plan vorgelegt hat: Die Verfahrensgebühr 3318 beträgt	3,0
3320	Die Tätigkeit beschränkt sich auf die Anmeldung einer Insolvenzforderung: Die Verfahrensgebühr 3317 beträgt	0,5
3321	Verfahrensgebühr für das Verfahren über einen Antrag auf Versagung oder Widerruf der Restschuldbefreiung (1) Das Verfahren über mehrere gleichzeitig anhängige Anträge ist eine Angelegenheit. (2) Die Gebühr entsteht auch gesondert, wenn der Antrag bereits vor Aufhebung des Insolvenzverfahrens gestellt wird.	0,5

VV Vorb. 3.3.5:

(1) ...

(2) Bei der Vertretung mehrerer Gläubiger, die verschiedene Forderungen geltend machen, entstehen die Gebühren jeweils besonders.

(3) Für die Vertretung des ausländischen Insolvenzverwalters im Sekundärinsolvenzverfahren entstehen die gleichen Gebühren wie für die Vertretung des Schuldners.

Insolvenzverwalter   Gebührensätze

Der Insolvenzverwalter erhält nach der Insolvenzrechtlichen Vergütungsverordnung (InsVV) vom 19.8.1998 – (BGBl I S. 2205), zuletzt geändert durch Gesetz vom 7.12.2011 (BGBl. I S. 2582), in der Regel (§ 2 InsVV):

– von den ersten 25.000,00 € der Insolvenzmasse........	40 v.H.
– von dem Mehrbetrag bis zu 50.000,00 €..............	25 v.H.
– von dem Mehrbetrag bis zu 250.000,00 €.............	7 v.H.
– von dem Mehrbetrag bis zu 500.000,00 €.............	3 v.H.
– von dem Mehrbetrag bis zu 25.000.000,00 €...........	2 v.H.
– von dem Mehrbetrag bis zu 50.000.000,00 €...........	1 v.H.
– von dem darüber hinausgehenden Betrag.............	0,5 v.H.

Haben in dem Verfahren nicht mehr als 10 Gläubiger ihre Forderungen angemeldet, so soll die Vergütung in der Regel mindestens 1.000 € betragen. Von 11 bis zu 30 Gläubigern erhöht sich die Vergütung für je angefangene 5 Gläubiger um 150 €. Ab 31 Gläubiger erhöht sich die Vergütung je angefangene 5 Gläubiger um 100 €. Das Insolvenzgericht kann die Vergütung abweichend vom Regelsatz festsetzen, insbesondere im Hinblick auf die detaillierte Auflistung von Zu- und Abschlägen in § 3 InsVV.

Vorläufiger Insolvenzverwalter. Dessen Tätigkeit wird besonders vergütet. Die Vergütung soll in der Regel einen angemessenen Bruchteil der Vergütung des Insolvenzverwalters nicht überschreiten. Art, Dauer und Umfang sind bei der Festsetzung durch das Insolvenzgericht zu berücksichtigen (§ 11 InsVV).

Internationale Rechtshilfe in Strafsachen und Verfahren nach dem Gesetz über die Zusammenarbeit mit dem Internationalen Strafgerichtshof

Vergütungsverzeichnis (VV)

Nr.	Gebührentatbestand	Gebühr	
		Wahlverteidiger oder Verfahrensbevollmächtigter	gerichtlich bestellter oder beigeordneter Rechtsanwalt

Teil 6: Sonstige Verfahren

Vorbemerkung 6:

(1) Für die Tätigkeit als Beistand für einen Zeugen oder Sachverständigen in einem Verfahren, für das sich die Gebühren nach diesem Teil bestimmen, entstehen die gleichen Gebühren wie für einen Verfahrensbevollmächtigten in diesem Verfahren.

(2) Die Verfahrensgebühr entsteht für das Betreiben des Geschäfts einschließlich der Information.

(3) Die Terminsgebühr entsteht für die Teilnahme an gerichtlichen Terminen, soweit nichts anderes bestimmt ist. Der Rechtsanwalt erhält die Terminsgebühr auch, wenn er zu einem anberaumten Termin erscheint, dieser aber aus Gründen, die er nicht zu vertreten hat, nicht stattfindet. Dies gilt nicht, wenn er rechtzeitig von der Aufhebung oder Verlegung des Termins in Kenntnis gesetzt worden ist.

Abschnitt 1:
Verfahren nach dem Gesetz über die internationale Rechtshilfe in Strafsachen und Verfahren nach dem Gesetz über die Zusammenarbeit mit dem Internationalen Strafgerichtshof

Unterabschnitt 1: Verfahren vor der Verwaltungsbehörde

Vorbemerkung 6.1.1:

Die Gebühr nach diesem Unterabschnitt entsteht für die Tätigkeit gegenüber der Bewilligungsbehörde in Verfahren nach Abschnitt 2 Unterabschnitt 2 des Neunten Teils des Gesetzes über die internationale Rechtshilfe in Strafsachen.

6100	Verfahrensgebühr.................	50,00 bis 340,00 €	156,00 €

Unterabschnitt 2: Gerichtliches Verfahren

6101	Verfahrensgebühr.................	100,00 bis 690,00 €	316,00 €
6102	Terminsgebühr je Verhandlungstag........	130,00 bis 930,00 €	424,00 €

Internationales Unterhaltsverfahren siehe Auslandsunterhaltsgesetz

Kapitalanleger-Musterverfahren

Zur Minimierung des Prozesskostenrisikos der geschädigten Kapitalanleger bilden das erstinstanzliche Prozessverfahren und der erste Rechtszug des Musterverfahrens nach dem KapMuG **dieselbe gebührenrechtliche Angelegenheit,** in der die Gebühren nur einmal anfallen, obwohl das OLG über das Musterverfahren entscheidet, § 16 Nr. 13.

Für den Rechtsanwalt eines Anmelders im Musterverfahren entsteht eine 0,8 Verfahrensgebühr nach VV 3338. Wegen § 16 Nr. 13 geht diese Verfahrensgebühr ggf. in der Verfahrensgebühr VV 3100 für ein sich anschließendes Prozessverfahren auf.

Gem. § 15 Abs. 5 S. 3 RVG entsteht aber eine **neue Angelegenheit**, wenn mehr als zwei Kalenderjahre nach Zustellung eines Beschlusses nach § 23 Abs. 3 S. 1 KapMuG der Kläger einen Antrag nach § 23 Abs. 4 KapMuG auf Wiedereröffnung des Verfahrens stellt.

Die Dokumentenpauschale ist jedoch auch im erstinstanzlichen Musterverfahren nach dem KapMuG gesondert zu berechnen (VV 7000 Anm. S. 1).

Wird gegen die Entscheidung Rechtsbeschwerde zum BGH eingelegt, entstehen im Verfahren über die Rechtsbeschwerde gem. VV Vorb. 3.2.2 Nr. 1b) Gebühren nach Teil 3 Abschnitt 2 Unterabschnitt 2, also nach VV 3206 ff.

Für das erstinstanzliche Musterverfahren nach dem KapMuG kann das Oberlandesgericht gem. § 41a RVG dem Rechtsanwalt, der den Musterkläger vertritt, auf Antrag eine **besondere Gebühr** (Satz 0,3) bewilligen, wenn sein Aufwand im Vergleich zu dem Aufwand der Vertreter der beigeladenen Kläger höher ist. Die Gebühr ist einschließlich der anfallenden Umsatzsteuer aus der Landeskasse zu zahlen. Ein Vorschuss kann nicht gefordert werden.

Gegenstandswert gem. § 23b RVG im Musterverfahren nach dem KapMuG: Höhe des von dem Auftraggeber oder gegen diesen im Ausgangsverfahren geltend gemachten Anspruchs, soweit dieser Gegenstand des Musterverfahrens ist.

Kappungsgrenze

Anm. zu VV 2300 und 2302, siehe Vertretung außergerichtliche Tätigkeiten

Kontaktperson

Gebühr für den als Kontaktperson beigeordneten Rechtsanwalt (§ 34a EGGVG) VV 4304 .... 3.500,00 €

Kostenfestsetzungsverfahren

Antrag auf Festsetzung: keine gesonderte Gebühr, soweit es sich nicht um eine Einzeltätigkeit handelt (vgl. § 19 Abs. 1 S. 2 Nr. 14); anderenfalls VV 3403.

Erinnerung bzw. **Beschwerde** in Angelegenheiten, in denen sich die Gebühren nach VV Teil 3 richten: Jedes Beschwerdeverfahren, jedes Verfahren über eine Erinnerung gegen einen

Kostenfestsetzungsbeschluss und jedes sonstige Verfahren über eine Erinnerung gegen eine Entscheidung des Rechtspflegers ist eine besondere Angelegenheit, § 18 Abs. 1 Nr. 3; Entsprechendes gilt für Straf- und Bußgeldsachen gem. VV Vorb. 4 Abs. 5 und VV Vorb. 5 Abs. 4. Bei mehreren Verfahren in demselben Rechtszug handelt es sich jedoch um dieselbe Angelegenheit, § 16 Nr. 10.

Verfahrensgebühr VV 3500	0,5
Terminsgebühr VV 3513	0,5

Korrespondenzanwalt siehe Verkehrsanwalt

Landwirtschaftssachen

Es fallen erstinstanzlich Gebühren nach Teil 3 Abschnitt 1 an, also

Verfahrensgebühr VV 3100 mit einem Gebührensatz von	1,3
Terminsgebühr VV 3104 mit einem Gebührensatz von	1,2

Soweit wegen desselben Gegenstands eine Geschäftsgebühr nach VV Teil 2 entstanden ist, wird diese Gebühr zur Hälfte, jedoch höchstens mit einem Gebührensatz von 0,75, auf die Verfahrensgebühr des gerichtlichen Verfahrens angerechnet.

Vgl. zur Anrechnung auch § 15a!

In Verfahren über **Beschwerden** gegen Endentscheidungen in Verfahren nach dem Gesetz über das gerichtliche Verfahren in Landwirtschaftssachen findet Teil 3 Abschnitt 2 Unterabschnitt 1 – VV 3200 ff. – Anwendung, vgl. VV Vorb. 3.2.1 Nr. 2 b; u.a. also:

Verfahrensgebühr VV 3200	1,6
Terminsgebühr VV 3202	1,2

In Verfahren über **Rechtsbeschwerden** gegen Endentscheidungen in Verfahren nach dem Gesetz über das gerichtliche Verfahren in Landwirtschaftssachen findet Teil 3 Abschnitt 2 Unterabschnitt 2 – VV 3206 ff. – Anwendung, vgl. VV Vorb. 3.2.2 Nr. 1 a; u.a. also:

Verfahrensgebühr VV 3206, 3208	2,3
Ermäßigte Verfahrensgebühr VV 3209	1,8
Terminsgebühr VV 3210	1,5

Lebenspartnerschaft

1. Aufhebung der Lebenspartnerschaft und Folgesachen

Gebühren wie im Prozessverfahren gem. Teil 3 Abschnitt 1 und 2

Aufhebung und Folgesachen (§ 137 Abs. 2, §§ 269 ff. FamFG) gelten als **dieselbe Angelegenheit**, § 16 Nr. 4.

Die Gebühren sind nach dem zusammengerechneten Wert der Gegenstände zu berechnen (§ 22 Abs. 1).

Zum **Gegenstandswert** siehe Übersicht „Die wichtigsten Gegenstandswerte in familiengerichtlichen Verfahren" S. 167 ff.

In Verfahren über **Beschwerden** gegen Endentscheidungen wegen des Hauptgegenstands in Lebenspartnerschaftssachen findet Teil 3 Abschnitt 2 Unterabschnitt 1 – VV 3200 ff. – Anwendung, vgl. VV Vorb. 3.2.1 Nr. 2 b; u.a. also:

Verfahrensgebühr VV 3200	1,6
Terminsgebühr VV 3202	1,2

In Verfahren über **Rechtsbeschwerden** gegen Endentscheidungen in Lebenspartnerschaftssachen findet Teil 3 Abschnitt 2 Unterabschnitt 2 – VV 3206 ff. – Anwendung, vgl. VV Vorb. 3.2.2 Nr. 2 b (Familiensachen, vgl. § 111 Nr. 11 FamFG); u.a. also:

Verfahrensgebühr VV 3206, 3208	2,3
Ermäßigte Verfahrensgebühr VV 3209	1,8
Terminsgebühr VV 3210	1,5

2. Aussöhnung von Lebenspartnern

Aussöhnungsgebühr VV 1001	1,5

Der dem Antragsgegner gem. § 138 FamFG beigeordnete Rechtsanwalt kann von diesem die Vergütung eines zum Prozessbevollmächtigten bestellten Rechtsanwalts und einen Vorschuss verlangen (§ 39 S. 1). Bei Zahlungsverzug des Zahlungsverpflichteten Vergütung aus der Landeskasse (§ 45 Abs. 2).

Über den Gegenstand ist ein anderes gerichtliches Verfahren anhängig:

Gebühr 1001 beträgt gem. VV 1003	1,0

Über den Gegenstand ist ein Beschwerde- oder Rechtsbeschwerdeverfahren, ein Verfahren über die Beschwerde gegen die Nichtzulassung eines dieser Rechtsmittel oder ein

Verfahren vor dem Rechtsmittelgericht über die Zulassung des Rechtsmittels anhängig:

Gebühr 1001 beträgt gem. VV 1004 1,3

Mahnverfahren

Verfahrensgebühr für die Vertretung des Antragstellers VV 3305 1,0

> Die Gebühr wird auf die Verfahrensgebühr für einen nachfolgenden Rechtsstreit angerechnet.

Beendigung des Auftrags, bevor der Rechtsanwalt den verfahrenseinleitenden Antrag oder einen Schriftsatz, der Sachanträge, Sachvortrag oder die Zurücknahme des Antrags enthält, eingereicht hat, VV 3306:

Die Gebühr VV 3305 beträgt 0,5

Verfahrensgebühr für die Vertretung des Antragsgegners, VV 3307 0,5

> Die Gebühr wird auf die Verfahrensgebühr für einen nachfolgenden Rechtsstreit angerechnet.

Verfahrensgebühr für die Vertretung des Antragstellers im Verfahren über den Antrag auf Erlass eines Vollstreckungsbescheids, VV 3308 0,5

> Die Gebühr entsteht neben der Gebühr VV 3305 nur, wenn innerhalb der Widerspruchsfrist kein Widerspruch erhoben oder der Widerspruch gemäß § 703a Abs. 2 Nr. 4 ZPO beschränkt worden ist. VV 1008 ist nicht anzuwenden, wenn sich bereits die Gebühr VV 3305 erhöht.

Terminsgebühr für die Vertretung des Antragstellers bzw. des Antragsgegners, VV Vorb. 3.3.2, VV 3104 1,2

Nach § 4 Abs. 2 kann sich der Rechtsanwalt für gerichtliche Mahnverfahren verpflichten, dass er, wenn der Anspruch des Auftraggebers auf Erstattung der gesetzlichen Vergütung nicht beigetrieben werden kann, einen Teil des Erstattungsanspruchs an Erfüllungs statt annehmen werde. Der nicht durch Abtretung zu erfüllende Teil der gesetzlichen Vergütung muss in einem angemessenen Verhältnis zu Leistung, Verantwortung und Haftungsrisiko des Rechtsanwalts stehen.

Mediation siehe Beratung (§ 34 RVG)

Mehrere Anwälte

§ 6 RVG

Mehrere Auftraggeber, § 7, VV 1008

Wird der Rechtsanwalt in derselben Angelegenheit für mehrere Auftraggeber tätig, erhält er die Gebühren nur einmal (§ 7 Abs. 1). Jeder der Auftraggeber schuldet die Gebühren und Auslagen, die er schulden würde, wenn der Rechtsanwalt nur in seinem Auftrag tätig geworden wäre; die Dokumentenpauschale nach VV 7000 schuldet er auch insoweit, wie diese nur durch die Unterrichtung mehrerer Auftraggeber entstanden ist (§ 7 Abs. 2 S. 1). Der Rechtsanwalt kann aber insgesamt nicht mehr als die nach Absatz 1 berechneten Gebühren und die insgesamt entstandenen Auslagen fordern (§ 7 Abs. 2 S. 2).

Sind Auftraggeber in derselben Angelegenheit mehrere Personen, erhöht sich gem. VV 1008 die Verfahrens- oder Geschäftsgebühr

für jede weitere Person um 0,3
oder
30 % bei
Festgebühren, bei
Betragsrahmen-
gebühren erhöhen
sich der Mindest-
und Höchstbetrag
um 30 %

(1) Dies gilt bei Wertgebühren nur, soweit der Gegenstand der anwaltlichen Tätigkeit derselbe ist.

(2) Die Erhöhung wird nach dem Betrag berechnet, an dem die Personen gemeinschaftlich beteiligt sind.

(3) Mehrere Erhöhungen dürfen einen Gebührensatz von 2,0 nicht übersteigen; bei Festgebühren dürfen die Erhöhungen das Doppelte der Festgebühr und bei Betragsrahmengebühren das Doppelte des Mindest- und Höchstbetrags nicht übersteigen.

(4) Im Fall der Gebühren VV 2300 und 2302 erhöht sich der Gebührensatz oder Betrag dieser Gebühren entsprechend.

Mindestgebühr

§ 13 Abs. 2 .... 15,00 €

Gebühren werden auf den nächstliegenden Cent auf- oder abgerundet; 0,5 Cent werden aufgerundet (§ 2 Abs. 2 S. 2).

Nachprüfungsverfahren siehe Vertretung für außergerichtliche Tätigkeiten

Nebenkläger

Gem. VV Vorb. 4 Abs. 1 erhält der Rechtsanwalt dieselben Gebühren wie ein Verteidiger in Strafsachen; siehe daher die Tabelle auf S. 58 ff.

Bei Vertretung mehrerer Nebenkläger Erhöhung nach VV 1008, aber nur der Geschäfts- oder Verfahrensgebühr des Nebenkläger-Vertreters.

Pauschgebühr gem. § 51 RVG

Gem. § 51 RVG kann dem gerichtlich bestellten oder beigeordneten Rechtsanwalt auf Antrag vom OLG in
- Straf- und Bußgeldsachen,
- In Verfahren nach dem Gesetz über die internationale Rechtshilfe in Strafsachen und in Verfahren nach dem IStGH-Gesetz
- In Freiheitsentziehungs- und Unterbringungssachen sowie bei
- Unterbringungsmaßnahmen nach § 151 Nr. 6 und 7 FamFG

für das ganze Verfahren oder für einzelne Verfahrensabschnitte auf Antrag eine Pauschgebühr bewilligt werden, die über die Gebühren nach dem VV RVG hinausgeht, wenn die in den VV Teilen 4 bis 6 bestimmten Gebühren wegen des besonderen Umfangs oder der besonderen Schwierigkeit nicht zumutbar sind.

Die Pauschgebühr ist aus der Staatskasse zu zahlen.

Pauschgebühr gem. § 42 RVG

Gem. § 42 RVG stellt das OLG auf Antrag in
- Straf- und Bußgeldsachen,
- In Verfahren nach dem Gesetz über die internationale Rechtshilfe in Strafsachen und in Verfahren nach dem IStGH-Gesetz
- In Freiheitsentziehungs- und Unterbringungssachen sowie bei
- Unterbringungsmaßnahmen nach § 151 Nr. 6 und 7 FamFG

eine Pauschgebühr für das ganze Verfahren oder für einzelne Verfahrensabschnitte fest, wenn die in den VV Teilen 4 bis 6 bestimmten Gebühren eines Wahlanwalts wegen des besonderen Umfangs oder der besonderen Schwierigkeit nicht zumutbar sind.

Die Feststellung ist für das Kostenfestsetzungsverfahren, das Vergütungsfestsetzungsverfahren gem. § 11 RVG und für einen Vergütungsprozess bindend.

Pflichtverteidiger siehe hierzu die Tabellen auf S. 19 und 58 ff.

Postgebühren siehe Entgelte für Post- und Telekommunikationsdienstleistungen

Privatklageverfahren

Gem. VV Vorb. 4 Abs. 1 erhält der Rechtsanwalt dieselben Gebühren wie ein Verteidiger in Strafsachen; siehe daher die Tabelle auf S. 58 ff.

Bei Vertretung mehrerer Privatkläger Erhöhung nach VV 1008, aber nur der Geschäfts- oder Verfahrensgebühr des Nebenkläger-Vertreters.

Sühneterminsgebühr VV 4102 Nr. 5

– für den Wahlanwalt............................	40,00 bis 300,00 €
– für den gerichtlich bestellten oder beigeordneten Rechtsanwalt...	136,00 €

Einigungsgebühr VV 4147

– für den Wahlanwalt............................	in Höhe der jeweiligen Verfahrensgebühr (ohne Zuschlag)
– für den gerichtlich bestellten oder beigeordneten Rechtsanwalt...	

Prozesskostenhilfesachen

§§ 45 ff.; die Tabelle zu § 49 befindet sich auf S. 156 f.

Prozesskostenhilfeverfahren

Im Verfahren über die Prozesskostenhilfe erhält der Rechtsanwalt gem. VV 3335 eine Gebühr in Höhe der Verfahrensgebühr für das Verfahren, für das die Prozesskostenhilfe beantragt wird, höchstens............................	1,0, bei Betragsrahmengebühren höchstens 420,00 €
Im Falle vorzeitiger Beendigung gem. VV 3337 beträgt die Verfahrensgebühr höchstens...........................	0,5

Terminsgebühr VV Vorb. 3.3.6 .... Die Termingebühr bestimmt sich nach den für dasjenige Verfahren geltenden Vorschriften, für das die PKH beantragt wird.

Für das Verfahren über die Prozesskostenhilfe vor Gerichten der Sozialgerichtsbarkeit, wenn in dem Verfahren, für das Prozesskostenhilfe beantragt wird, Betragsrahmengebühren entstehen (§ 3 RVG), gilt VV 3335 (höchstens 420,00 €)

Gegenstandswert gem. § 23a RVG:
Im Verfahren über die Bewilligung der Prozesskostenhilfe oder die Aufhebung der Bewilligung nach § 124 Nr. 1 ZPO bestimmt sich der Gegenstandswert nach dem für die Hauptsache maßgebenden Wert. In den übrigen Verfahren (§ 124 Nr. 2-4 ZPO, § 120 Abs. 4 ZPO) ist er nach dem Kosteninteresse nach billigem Ermessen zu bestimmen. Der Wert nach § 23a Abs. 1 RVG und der Wert für das Verfahren, für das die Prozesskostenhilfe beantragt worden ist, werden nicht zusammengerechnet (vgl. auch § 22 Abs. 1 RVG). Das PKH-Verfahren und das Verfahren, für das die Prozesskostenhilfe beantragt worden ist, bilden gem. § 16 Nr. 2 RVG dieselbe Angelegenheit (Gebühren entstehen nur einmal).

Angelegenheit:
Gem. § 16 Nr. 2 sind das Verfahren über die Prozesskostenhilfe und das Verfahren, für das die Prozesskostenhilfe beantragt worden ist, dieselbe Angelegenheit (vgl. § 15 Abs. 1 und 2).

Prüfung der Erfolgsaussicht eines Rechtsmittels

1. Abrechnung nach Wertgebühren
   - eines Rechtsmittels VV 2100 (soweit nicht VV 2102) .... 0,5 bis 1,0

   Die Gebühr ist auf eine Gebühr für das Rechtsmittelverfahren anzurechnen.

   - eines Rechtsmittels, verbunden mit der Ausarbeitung eines schriftlichen Gutachtens, VV 2101 1,3

2. Abrechnung nach Betragsrahmengebühren
   - eines Rechtsmittels VV 2102 .... 30,00 bis 320,00 €

Die Gebühr ist auf eine Gebühr für das Rechtsmittelverfahren anzurechnen.

- eines Rechtsmittels, verbunden mit der Ausarbeitung eines schriftlichen Gutachtens, VV 2103 .... 50,00 bis 550,00 €

Rat, Auskunft, Erstberatung siehe Beratung

Räumungsfrist

Für Verfahren vor dem Prozessgericht oder dem Amtsgericht auf Bewilligung, Verlängerung oder Verkürzung einer Räumungsfrist (§§ 721, 794a ZPO), wenn das Verfahren mit dem Verfahren über die Hauptsache nicht verbunden ist,

Verfahrensgebühr VV 3334	1,0
Bei vorzeitiger Beendigung des Auftrags reduziert sich gem. VV 3337 die Verfahrensgebühr auf	0,5
Terminsgebühr VV Vorb. 3.3.6, VV 3104.	1,2

Rechtsdienstleister

Dazu bestimmt das Einführungsgesetz zum Rechtsdienstleistungsgesetz (RDGEG):

§ 4 Vergütung der registrierten Personen

(1) Das Rechtsanwaltsvergütungsgesetz gilt für die Vergütung der Rentenberaterinnen und Rentenberater (registrierte Personen nach § 10 Abs. 1 Satz 1 Nr. 2 des Rechtsdienstleistungsgesetzes) sowie der registrierten Erlaubnisinhaber mit Ausnahme der Frachtprüferinnen und Frachtprüfer entsprechend. Richtet sich ihre Vergütung nach dem Gegenstandswert, haben sie den Auftraggeber vor Übernahme des Auftrags hierauf hinzuweisen.

(2) Den in Absatz 1 Satz 1 genannten Personen ist es untersagt, geringere Gebühren und Auslagen zu vereinbaren oder zu fordern, als das Rechtsanwaltsvergütungsgesetz vorsieht, soweit dieses nichts anderes bestimmt. Die Vereinbarung eines Erfolgshonorars (§ 49b Abs. 2 Satz 1 der Bundesrechtsanwaltsordnung) ist unzulässig, soweit das Rechtsanwaltsvergütungsgesetz nichts anderes bestimmt; Verpflichtungen, die Gerichtskosten, Verwaltungskosten oder Kosten anderer Beteiligter zu tragen, sind unzulässig. Im Einzelfall darf besonderen Umständen in der Person des Auftraggebers, insbesondere dessen Bedürftigkeit, Rechnung getragen werden durch Ermäßigung oder Erlass von Gebühren oder Auslagen nach Erledigung des Auftrags.

(3) Für die Erstattung der Vergütung der in Absatz 1 Satz 1 genannten Personen und der Kammerrechtsbeistände in einem gerichtlichen Verfahren gelten die Vorschriften der Verfahrensordnungen über die Erstattung der Vergütung eines Rechtsanwalts entsprechend.

(4) Die Erstattung der Vergütung von Personen, die Inkassodienstleistungen erbringen (registrierte Personen nach § 10 Abs. 1 Satz 1 Nr. 1 des Rechtsdienstleistungsgesetzes), für die Vertretung im Zwangsvollstreckungsverfahren richtet sich nach § 788 der Zivilprozessordnung. Ihre Vergütung für die Vertretung im gerichtlichen Mahnverfahren ist bis zu einem Betrag von 25 € nach § 91 Abs. 1 der Zivilprozessordnung erstattungsfähig.

Rechtsbeschwerden in den nicht in VV Vorb. 3.1 Abs. 2, Vorb. 3.2.1 und 3.2.2 genannten Verfahren

Verfahrensgebühr VV 3502	1,0
Bei vorzeitiger Beendigung des Auftrags reduziert sich diese Gebühr gem. VV 3503 auf	0,5

Die Anmerkung zu VV 3201 ist entsprechend anzuwenden.

Terminsgebühr VV 3516	1,2

Wegen weiterer Rechtsbeschwerden siehe VV 3500, VV Vorb. 3.2.1 und 3.2.2 sowie VV 5113, 5114

Regelgebühr Anm. zu VV 2300 und 2302, siehe Vertretung außergerichtliche Tätigkeiten

Rehabilitierung

VV Vorb. 4 Abs. 1 bestimmt **generell**, dass der Rechtsanwalt im Verfahren nach dem Strafrechtlichen Rehabilitierungsgesetz (StRehaG) dieselben Gebühren wie ein Verteidiger in Strafsachen erhält; siehe daher die Tabelle auf S. 58 ff.

Bei Vertretung mehrerer Beteiligter Erhöhung nach VV 1008, aber nur der Geschäfts- oder Verfahrensgebühr.

Nach VV 4112 beträgt im Rehabilitierungsverfahren nach Abschnitt 2 StRehaG die Verfahrensgebühr für den **ersten Rechtszug** für den Wahlanwalt 50,00 bis 320,00 €, für den gerichtlich bestellten oder beigeordneten Rechtsanwalt 148,00 €.

Im **Beschwerdeverfahren** nach § 13 StRehaG erhält der Wahlanwalt eine Verfahrensgebühr (VV 4124) und eine Terminsgebühr (VV 4126) von jeweils 80,00 bis 560,00 €, der gerichtlich bestellte oder beigeordnete Rechtsanwalt erhält jeweils 256,00 €.

Für das Verfahren über einen Antrag auf gerichtliche Entscheidung oder über die Beschwerde gegen eine den Rechtszug beendende Entscheidung nach § 25 Abs. 1 S. 3 bis 5, § 13 StrRehaG erwächst sowohl für den Wahlanwalt als auch den gerichtlich bestellten oder beigeordneten Rechtsanwalt eine zusätzliche Verfahrensgebühr nach VV 4146 mit einem Gebührensatz von 1,5

Der Wahlanwalt entnimmt die Höhe der Wertgebühr der Tabelle zu § 13 RVG, der gerichtlich bestellte oder beigeordnete Rechtsanwalt dagegen aus der Tabelle zu § 49 RVG.

Reisekosten

Für Geschäftsreisen sind zu erstatten:

1. Fahrtkosten

   a) Benutzung eines eigenen Kfz, VV 7003 für jeden gefahrenen Kilometer .... 0,30 €

   Mit den Fahrtkosten sind die Anschaffungs-, Unterhaltungs- und Betriebskosten sowie die Abnutzung des Kraftfahrzeugs abgegolten.

   b) Benutzung eines anderen Verkehrsmittels, soweit sie angemessen sind, VV 7004 .... in voller Höhe

2. Tage- und Abwesenheitsgeld, VV 7005

   a) von nicht mehr als 4 Stunden .... 25,00 €

   b) von mehr als 4 bis 8 Stunden .... 40,00 €

   c) von mehr als 8 Stunden .... 70,00 €

   Bei Auslandsreisen kann zu diesen Beträgen ein Zuschlag von 50 % berechnet werden.

3. Sonstige Auslagen (z.B. Übernachtungskosten), soweit sie angemessen sind, VV 7006 .... in voller Höhe

Revisionsverfahren in Zivilsachen

– Verfahrensgebühr VV 3206 1,6

– Bei vorzeitiger Beendigung des Auftrags reduziert sich die Gebühr VV 3206 gem. VV 3207 auf 1,1

– Im Verfahren können sich die Parteien nur durch einen beim BGH zugelassenen Rechtsanwalt vertreten lassen:

   Gebühr VV 3206 beträgt gem. VV 3208 2,3

– Vorzeitige Beendigung des Auftrags, wenn sich die Parteien nur durch einen beim BGH zugelassenen Rechtsanwalt vertreten lassen können:

Gebühr VV 3206 beträgt gem. VV 3209.............	1,8
– Terminsgebühr VV 3210	1,5
– Reduzierte Terminsgebühr VV 3211................	0,8

Zu den Gebühren in Revisionsverfahren betr. Strafsachen siehe unter „Strafsachen".

Sachwalter Gem. § 12 InsVV erhält der Sachwalter in der Regel 60 vom Hundert der für den Insolvenzverwalter bestimmten Vergütung. Eine den Regelsatz übersteigende Vergütung ist insbesondere festzusetzen, wenn das Insolvenzgericht gemäß § 277 Abs. 1 InsO angeordnet hat, dass bestimmte Rechtsgeschäfte des Schuldners nur mit Zustimmung des Sachwalters wirksam sind.

Der Sachwalter kann nach seiner Wahl anstelle der tatsächlich entstandenen Auslagen einen Pauschsatz fordern, der im ersten Jahr 15 vom Hundert, danach 10 vom Hundert der gesetzlichen Vergütung, höchstens jedoch 125,00 € je angefangenen Monat der Dauer der Tätigkeit des Sachwalters beträgt. Der Pauschsatz darf 30 vom Hundert der Regelvergütung nicht übersteigen.

Schiedsrichterliches Verfahren

Gem. § 36 erhält der Rechtsanwalt Gebühren nach VV Teil 3 Abschnitt 1 und 2 im schiedsrichterlichen Verfahren nach dem Zehnten Buch der ZPO. Die Terminsgebühr erwächst auch dann, wenn der Schiedsspruch ohne mündliche Verhandlung erlassen wird.

Im Verfahren der **Rechtsbeschwerde** nach § 1065 ZPO richten sich die Gebühren nach VV Teil 3 Abschnitt 1, vgl. VV Vorb. 3.1 Abs. 2.

Für die Tätigkeit als Verfahrensbevollmächtigter im Verfahren über die **Vollstreckbarerklärung** eines Schiedsspruchs erhält der Rechtsanwalt die Gebühren nach VV Teil 3.

Gerichtliche Verfahren über die **Bestellung** eines Schiedsrichters oder Ersatzschiedsrichters, über die **Ablehnung** eines Schiedsrichters oder über die **Beendigung** des Schiedsrichteramts, zur **Unterstützung** bei der Beweisaufnahme oder bei der **Vornahme** sonstiger richterlicher Handlungen anlässlich eines schiedsrichterlichen Verfahrens:

Verfahrensgebühr VV 3327	0,75
Terminsgebühr VV 3332	0,5

Im Falle der **vorzeitigen Beendigung** nach Maßgabe der VV 3337 reduziert sich die Verfahrensgebühr auf 0,5

Zur **Frage derselben Angelegenheit** vgl. § 16 Nr. 7 und 8 sowie § 17 Nr. 6.

Schlichtungsverfahren

Geschäftsgebühr VV 2303

Schreibauslagen siehe Dokumentenpauschale

Schriftliches Verfahren siehe Terminsgebühr schriftliches Verfahren

Schwellengebühr

Anm. zu VV 2300 und 2302, siehe Vertretung außergerichtliche Tätigkeiten

Selbständiges Beweisverfahren

Der Rechtsanwalt erhält für eine Tätigkeit im selbständigen Beweisverfahren nach §§ 485 ff. ZPO Gebühren nach VV Teil 3 Abschnitt 1 und 2 (VV Vorbem. 3.1 Abs. 1).

Es kann auch eine **Einigungsgebühr** nach VV 1000 mit einem Gebührensatz von 1,5 entstehen. Die Anhängigkeit des selbständigen Beweisverfahrens führt nicht zu deren Reduzierung auf 1,0, vgl. VV 1003.

Nach VV Vorb. 3 Abs. 5 werden, soweit der Gegenstand eines selbständigen Beweisverfahrens auch Gegenstand eines Rechtsstreits ist oder wird, die Verfahrensgebühr des selbstständigen Beweisverfahrens auf die Verfahrensgebühr des Rechtszugs (Hauptsacheverfahrens) **angerechnet**.

Sofortige Beschwerde siehe Beschwerde

Sonstige Angelegenheiten siehe Vertretung beschränkt sich auf die Vertretung in einem Termin bzw. Vertretung für außergerichtliche Tätigkeiten einschl. Verwaltungsverfahren, jedoch ohne Verwaltungszwangsverfahren und ohne Bußgeldsachen.

Sozialgerichtsverfahren – Gebühren nach § 3 RVG*

Gebührentatbestand	VV-Nr.	Mindestgebühr €	Höchstgebühr €	Mittelgebühr €
1. Beratung und Gutachten				
Beratung	§ 34 Abs. 1 S. 1 RVG		Vereinbarung	
Beratung eines Unternehmers ohne Gebührenvereinbarung	§ 34 Abs. 1 S. 2 RVG	Vergütung nach BGB	Keine Höchstgebühr	Vergütung nach BGB
Beratung eines Verbrauchers ohne Gebührenvereinbarung	§ 34 Abs. 1 S. 3 RVG	Vergütung nach BGB	250,00	Vergütung nach BGB
Beratung eines Verbrauchers in einem ersten Beratungsgespräch ohne Gebührenvereinbarung	§ 34 Abs. 1 S. 3 RVG	Vergütung nach BGB	190,00	Vergütung nach BGB
Einigungs- oder Erledigungsgebühr	1005, 1006		150,00**	
2. Rechtsmittelprüfung				
Rechtsmittelprüfung	2102	30,00	320,00	175,00
Auslagen	7002			20,00
Zwischensumme				195,00
Umsatzsteuer	7008			37,05
Endsumme				232,05
Rechtsmittelprüfung mit Gutachten	2103	50,00	550,00	300,00
Auslagen	7002			20,00
Zwischensumme				320,00
Umsatzsteuer	7008			60,80
Endsumme				380,80

* Sozialsachen, in denen das GKG nicht anzuwenden ist. Soweit sich die Gebühren in Sozialsachen nach dem Gegenstandswert richten, berechnen sich die Gebühren nach den Tabellen zu § 13 RVG (S. 136) bzw. bei PKH zu § 49 RVG (S. 156).

** Die Hälfte des in der Anm. zu Nr. 2302 VV genannten Betrages i.H.v. 300 €, Abs. 1 S. 4 der Anm. zu Nr. 1005 VV.

Gebührentatbestand	VV-Nr.	Mindestgebühr €	Höchstgebühr €	Mittelgebühr €
3. Außergerichtliche Vertretung				
Geschäftsgebühr*	2302	50,00	640,00	345,00
Auslagen	7002			20,00
Zwischensumme				365,00
Umsatzsteuer	7008			69,35
Endsumme				434,35
Geschäftsgebühr* **	Anm. zu 2302		300,00	
Auslagen	7002		20,00	
Zwischensumme			320,00	
Umsatzsteuer	7008		60,80	
Endsumme			380,80	
Einigungs- oder Erledigungsgebühr***	1005	In Höhe der konkret abgerechneten (höchsten entstandenen) Geschäftsgebühr Nr. 2302 VV ohne Erhöhung nach Nr. 1008 VV.		
	2302			345,00
Umsatzsteuer	7008			65,55
Endsumme				410,55
	Anm. zu 2302			300,00
Umsatzsteuer	7008			57,00
Endsumme				357,00
4. Einigung				
a) nicht anhängig***	1005	In Höhe der konkret abgerechneten (höchsten entstandenen) Geschäftsgebühr ohne Erhöhung nach Nr. 1008 VV.		
b) erstinstanzlich anhängig***	1006	In Höhe der konkret abgerechneten bzw. der im Einzelfall bestimmten Verfahrensgebühr ohne Erhöhung nach Nr. 1008 VV.		
c) Berufungs- oder Revisionsverfahren anhängig***	1006	In Höhe der konkret abgerechneten bzw. der im Einzelfall bestimmten Verfahrensgebühr ohne Erhöhung nach Nr. 1008 VV.		

   * Die Geschäftsgebühr nach Nr. 2302 VV wird gem. Vorbem. 2.3 Abs. 4 VV zur Hälfte, höchstens mit 175,00 € auf eine Geschäftsgebühr für eine Tätigkeit im weiteren Verwaltungsverfahren, das der Nachprüfung des Verwaltungsakts dient, angerechnet.

 ** Wenn die Sache weder umfangreich noch schwierig war, beträgt die Höchstgebühr 300 € (Anm. zu Nr. 2302 VV).

*** Die Auslagenpauschale entsteht nur, soweit nach der Verfahrensgebühr/Geschäftsgebühr der Höchstbetrag i.H.v. 20 € noch nicht erreicht ist.

Gebührentatbestand	VV-Nr.	Mindestgebühr €	Höchstgebühr €	Mittelgebühr €
5. PKH-Prüfungsverfahren				
a) Verfahrensgebühr	3335	In Höhe der Verfahrensgebühr für das Verfahren, für das PKH beantragt wird, höchstens 420,00.		
b) Terminsgebühr	Vorbem. 3.3.6	In Höhe der Terminsgebühr des zugrunde liegenden Verfahrens, für das PKH beantragt wird.		
6. Zusatzgebühr für besonders umfangreiche Beweisaufnahmen	1010	Der Mindest- und der Höchstbetrag der Terminsgebühr erhöhen sich um 30 %.		
7. Verfahren 1. Instanz				
a) Verfahrensgebühr	3102	50,00	550,00	300,00
Auslagen	7002			20,00
Zwischensumme				320,00
Umsatzsteuer	7008			60,80
Endsumme				380,80
b) Terminsgebühr*	3106	50,00	510,00	280,00
Umsatzsteuer	7008			53,20
Endsumme				333,20
c) Terminsgebühr ohne mündliche Verhandlung (Anm. zu VV 3106)*	3106	90 % der in derselben Angelegenheit dem Rechtsanwalt zustehenden Verfahrensgebühr Nr. 3102 VV ohne Erhöhung nach Nr. 1008 VV.		
	3102			300,00
Davon 90 %	3106			270,00
Umsatzsteuer	7008			51,30
Endsumme				321.30
d) Zusatzgebühr für besonders umfangreiche Beweisaufnahmen* **	1010	Der Mindest- und der Höchstbetrag der Terminsgebühr erhöhen sich um 30 %.		
Erhöhter Gebührenrahmen der Terminsgebühr	3106, 1010	65,00	663,00	364,00
Terminsgebühr	3106			– 280,00
Zwischensumme				84,00
Umsatzsteuer	7008			15,96
Endsumme				99,96

*   Die Auslagenpauschale entsteht nur, soweit nach der Verfahrensgebühr der Höchstbetrag i.H.v. 20 € noch nicht erreicht ist.
** Die Zusatzgebühr entsteht für den durch besonders umfangreiche Beweisaufnahmen anfallenden Mehraufwand, wenn mindestens drei gerichtliche Termine stattfinden, in denen Sachverständige oder Zeugen vernommen werden.

Gebührentatbestand	VV-Nr.	Mindestgebühr €	Höchstgebühr €	Mittelgebühr €
e) Einigungs- oder Erledigungsgebühr*	1006	In Höhe der konkret abgerechneten bzw. der im Einzelfall bestimmten Verfahrensgebühr Nr. 3102 VV ohne Erhöhung nach Nr. 1008 VV.		
	3102			300,00
Umsatzsteuer	7008			57,00
Endsumme				357,00
8. Berufung				
a) Verfahrensgebühr	3204	60,00	680,00	370,00
Auslagen	7002			20,00
Zwischensumme				390,00
Umsatzsteuer	7008			74,10
Endsumme				464,10
b) Terminsgebühr*	3205	50,00	510,00	280,00
Umsatzsteuer	7008			53,20
Endsumme				333,20
c) Terminsgebühr ohne mündliche Verhandlung (Anm. zu VV 3205)*	3205	75 % der in derselben Angelegenheit dem Rechtsanwalt zustehenden Verfahrensgebühr Nr. 3204 VV ohne Erhöhung nach Nr. 1008 VV.		
	3204			370,00
Davon 75 %	3205			277,50
Umsatzsteuer	7008			52,73
Endsumme				330,23
d) Zusatzgebühr für besonders umfangreiche Beweisaufnahmen* **	1010	Der Mindest- und der Höchstbetrag der Terminsgebühr erhöhen sich um 30 %.		
Erhöhter Gebührenrahmen der Terminsgebühr	3205, 1010	65,00	663,00	364,00
Terminsgebühr	3205			280,00
Zwischensumme				84,00
Umsatzsteuer	7008			15,96
Endsumme				99,96

* Die Auslagenpauschale entsteht nur, soweit nach der Verfahrensgebühr der Höchstbetrag i.H.v. 20 € noch nicht erreicht ist.

** Die Zusatzgebühr entsteht für den durch besonders umfangreiche Beweisaufnahmen anfallenden Mehraufwand, wenn mindestens drei gerichtliche Termine stattfinden, in denen Sachverständige oder Zeugen vernommen werden.

Gebührentatbestand	VV-Nr.	Mindestgebühr €	Höchstgebühr €	Mittelgebühr €
e) Einigungs- oder Erledigungsgebühr*	1006	In Höhe der konkret abgerechneten bzw. der im Einzelfall bestimmten Verfahrensgebühr Nr. 3204 VV ohne Erhöhung nach Nr. 1008 VV.		
	3204			370,00
Umsatzsteuer	7008			70,30
Endsumme				440,30
9. Revision				
a) Verfahrensgebühr	3212	80,00	880,00	480,00
Auslagen	7002			20,00
Zwischensumme				500,00
Umsatzsteuer	7008			95,00
Endsumme				595,00
b) Terminsgebühr*	3213	80,00	830,00	455,00
Umsatzsteuer	7008			86,45
Endsumme				541,45
c) Terminsgebühr ohne mündliche Verhandlung (Anm. zu VV 3213)*	3213	90 % der in derselben Angelegenheit dem Rechtsanwalt zustehenden Verfahrensgebühr Nr. 3212 VV ohne Erhöhung nach Nr. 1008 VV.		
	3212			480,00
Davon 90 %	3213			432,00
Umsatzsteuer	7008			82,08
Endsumme				514,08
d) Zusatzgebühr für besonders umfangreiche Beweisaufnahmen* **	1010	Der Mindest- und der Höchstbetrag der Terminsgebühr erhöhen sich um 30 %.		
Erhöhter Gebührenrahmen der Terminsgebühr	3213, 1010	104,00	1.079,00	591,50
Terminsgebühr	3213			– 455,00
Zwischensumme				136,50
Umsatzsteuer	7008			25,94
Endsumme				162,44

* Die Auslagenpauschale entsteht nur, soweit nach der Verfahrensgebühr der Höchstbetrag i.H.v. 20 € noch nicht erreicht ist.
** Die Zusatzgebühr entsteht für den durch besonders umfangreiche Beweisaufnahmen anfallenden Mehraufwand, wenn mindestens drei gerichtliche Termine stattfinden, in denen Sachverständige oder Zeugen vernommen werden.

Gebührentatbestand	VV-Nr.	Mindestgebühr €	Höchstgebühr €	Mittelgebühr €
e) Einigungs- oder Erledigungsgebühr*	1006	In Höhe der konkret abgerechneten bzw. der im Einzelfall bestimmten Verfahrensgebühr Nr. 3212 VV ohne Erhöhung nach Nr. 1008 VV.		
	3212			480,00
Umsatzsteuer	7008			91,20
Endsumme				571,20
10. Beschwerde (vgl. aber Vorbem. 3.2.1 Nr. 3a)				
a) Verfahrensgebühr	3501	20,00	210,00	115,00
Auslagen	7002			20,00
Zwischensumme				135,00
Umsatzsteuer	7008			25,65
Endsumme				160,65
b) Terminsgebühr*	3515	20,00	210,00	115,00
Umsatzsteuer	7008			21,85
Endsumme				136,85
c) Einigungs- oder Erledigungsgebühr*	1006	In Höhe der konkret abgerechneten bzw. der im Einzelfall bestimmten Verfahrensgebühr Nr. 3501 VV ohne Erhöhung nach Nr. 1008 VV.		
	3501			115,00
Umsatzsteuer	7008			21,85
Endsumme				136,85
11. Beschwerde gegen die Nichtzulassung der Berufung				
a) Verfahrensgebühr	3511	60,00	680,00	370,00
Auslagen	7002			20,00
Zwischensumme				390,00
Umsatzsteuer	7008			74,10
Endsumme				464,10
b) Terminsgebühr*	3517	50,00	510,00	280,00
Umsatzsteuer	7008			53,20
Endsumme				333,20
c) Einigungs- oder Erledigungsgebühr*	1006	In Höhe der konkret abgerechneten Verfahrensgebühr Nr. 3511 VV ohne Erhöhung nach Nr. 1008 VV.		

* Die Auslagenpauschale entsteht nur, soweit nach der Verfahrensgebühr der Höchstbetrag i.H.v. 20 € noch nicht erreicht ist.

Gebührentatbestand	VV-Nr.	Mindestgebühr €	Höchstgebühr €	Mittelgebühr €
12. Beschwerde gegen die Nichtzulassung der Revision				
a) Verfahrensgebühr	3512	80,00	880,00	480,00
Auslagen	7002			20,00
Zwischensumme				500,00
Umsatzsteuer	7008			95,00
Endsumme				595,00
b) Terminsgebühr*	3518	60,00	660,00	360,00
Umsatzsteuer	7008			68,40
Endsumme				428,40
c) Einigungs- oder Erledigungsgebühr*	1006	In Höhe der konkret abgerechneten Verfahrensgebühr Nr. 3512 VV ohne Erhöhung nach Nr. 1008 VV.		
13. Einzeltätigkeiten				
Verfahrensgebühr	3406	30,00	340,00	185,00
Auslagen	7002			20,00
Zwischensumme				205,00
Umsatzsteuer	7008			38,95
Endsumme				243,95

* Die Auslagenpauschale entsteht nur, soweit nach der Verfahrensgebühr der Höchstbetrag i.H.v. 20 € noch nicht erreicht ist.

Strafsachen – Gebühren des Anwalts (VV Teil 4 Abschnitt 1)

Gebührentatbestand[1]	VV	Wahlanwalt				Gerichtlich bestellter oder beigeordneter Rechtsanwalt	
		Mindest-gebühr €	Höchst-gebühr €	Mittel-gebühr €	Zusätz-liche Gebühr[2] €	Gebühr €	Zusätz-liche Gebühr[2] €
1. Allgemeine Gebühren							
a) Grundgebühr	4100	40,00	360,00	200,00		160,00	
mit Haftzuschlag	4101	40,00	450,00	245,00		192,00	
b) Terminsgebühr[3]	4102	40,00	300,00	170,00		136,00	
mit Haftzuschlag	4103	40,00	375,00	207,50		166,00	
2. Vorbereitendes Verfahren							
a) Verfahrensgebühr	4104	40,00	290,00	165,00	165,00	132,00	132,00
mit Haftzuschlag	4105	40,00	362,50	201,25	165,00	161,00	132,00
3. Verfahren 1. Instanz							
a) Verfahrensgebühr							
Amtsgericht	4106	40,00	290,00	165,00	165,00	132,00	132,00
mit Haftzuschlag	4107	40,00	362,50	201,25	165,00	161,00	132,00
Strafkammer; Jugendkammer, soweit nicht VV 4118	4112	50,00	320,00	185,00	185,00	148,00	148,00
mit Haftzuschlag	4113	50,00	400,00	225,00	185,00	180,00	148,00
OLG, Schwurgericht (auch Jugendkammer), Strafkammer nach §§ 74a und 74c GVG	4118	100,00	690,00	395,00	395,00	316,00	316,00
mit Haftzuschlag	4119	100,00	862,50	481,25	395,00	385,00	316,00

1 Auf die Ausrechnung der Auslagen wurde verzichtet, da durch mögliche Anrechnung bzw. Addition mit anderen Gebühren die Berechnung unzutreffend wäre.
2 Zusätzliche Gebühr bei Erledigung des Verfahrens gem. Nr. 4141 VV in Höhe der jeweiligen Verfahrensmittelgebühr des Rechtszugs (ohne Zuschlag und ohne Erhöhung nach Nr. 1008 VV), in dem die Hauptverhandlung vermieden wurde. Wertgebühren: Zusätzliche Gebühr bei Einziehung und verwandten Maßnahmen gem. Nr. 4142 VV in Höhe von 1,0, im Verfahren über vermögensrechtliche Ansprüche des Verletzten oder seines Erben gem. Nr. 4143 VV i.H.v. 2,0 und Nr. 4144 VV i.H.v. 2,5 für Wahlanwälte (z.B. Wahlverteidiger, Nebenkläger-Vertreter) und gerichtlich beigeordnete oder bestellte Rechtsanwälte (z.B. Pflichtverteidiger, im Wege der PKH beigeordnete Nebenkläger-Vertreter); für gerichtlich beigeordnete oder bestellte Rechtsanwälte allerdings nur aus den Beträgen des § 49 RVG. Im vorbereitenden Verfahren richtet sich die Höhe der zusätzlichen Gebühr nach Nr. 4141 VV nach dem Rechtszug, der eingeleitet worden wäre, wenn sich das Verfahren nicht erledigt hätte.
3 Die Gebühr entsteht im vorbereitenden Verfahren und in jedem Rechtszug für die Teilnahme an jeweils bis zu drei Terminen einmal.

Gebührentatbestand[1]	VV	Wahlanwalt				Gerichtlich bestellter oder beigeordneter Rechtsanwalt	
		Mindestgebühr €	Höchstgebühr €	Mittelgebühr €	Zusätzliche Gebühr[2] €	Gebühr €	Zusätzliche Gebühr[2] €
b) Terminsgebühr							
Amtsgericht	4108	70,00	480,00	275,00		220,00	
mit Haftzuschlag	4109	70,00	600,00	335,00		268,00	
Zuschlag bei Dauer 5 bis 8 Std.	4110					110,00	
Zuschlag bei Dauer über 8 Std.	4111					220,00	
Strafkammer; Jugendkammer, soweit nicht VV 4118	4114	80,00	560,00	320,00		266,00	
mit Haftzuschlag	4115	80,00	700,00	390,00		312,00	
Zuschlag bei Dauer 5 bis 8 Std.	4116					128,00	
Zuschlag bei Dauer über 8 Std.	4117					256,00	
OLG, Schwurgericht (auch Jugendkammer), Strafkammer nach §§ 74a und 74c GVG	4120	130,00	930,00	53,00		424,00	
mit Haftzuschlag	4121	130,00	1.162,50	646,25		517,00	
Zuschlag bei Dauer 5 bis 8 Std.	4122					212,00	
Zuschlag bei Dauer über 8 Std.	4123					424,00	
4. Berufung							
a) Verfahrensgebühr	4124	80,00	560,00	320,00	320,00	256,00	256,00
mit Haftzuschlag	4125	80,00	700,00	390,00	320,00	312,00	256,00
b) Terminsgebühr	4126	80,00	560,00	320,00		256,00	
mit Haftzuschlag	4127	80,00	700,00	390,00		312,00	
Zuschlag bei Dauer 5 bis 8 Std.	4128					128,00	
Zuschlag bei Dauer über 8 Std.	4129					256,00	

1 Auf die Ausrechnung der Auslagen wurde verzichtet, da durch mögliche Anrechnung bzw. Addition mit anderen Gebühren die Berechnung unzutreffend wäre.
2 Zusätzliche Gebühr bei Erledigung des Verfahrens gem. Nr. 4141 VV in Höhe der jeweiligen Verfahrensmittelgebühr des Rechtszugs (ohne Zuschlag und ohne Erhöhung nach Nr. 1008 VV), in dem die Hauptverhandlung vermieden wurde. Wertgebühren: Zusätzliche Gebühr bei Einziehung und verwandten Maßnahmen gem. Nr. 4142 VV in Höhe von 1,0, im Verfahren über vermögensrechtliche Ansprüche des Verletzten oder seines Erben gem. Nr. 4143 VV i.H.v. 2,0 und Nr. 4144 VV i.H.v. 2,5 für Wahlanwälte (z.B. Wahlverteidiger, Nebenkläger-Vertreter) und gerichtlich beigeordnete oder bestellte Rechtsanwälte (z.B. Pflichtverteidiger, im Wege der PKH beigeordnete Nebenkläger-Vertreter); für gerichtlich beigeordnete oder bestellte Rechtsanwälte allerdings nur aus den Beträgen des § 49 RVG. Im vorbereitenden Verfahren richtet sich die Höhe der zusätzlichen Gebühr nach Nr. 4141 VV nach dem Rechtszug, der eingeleitet worden wäre, wenn sich das Verfahren nicht erledigt hätte.

Gebührentatbestand[1]	VV	Wahlanwalt				Gerichtlich bestellter oder beigeordneter Rechtsanwalt	
		Mindest-gebühr €	Höchst-gebühr €	Mittel-gebühr €	Zusätzliche Gebühr[2] €	Gebühr €	Zusätzliche Gebühr[2] €
5. Revision							
a) Verfahrensgebühr	4130	120,00	1.110,00	615,00	615,00	492,00	492,00
mit Haftzuschlag	4131	120,00	1.387,50	753,75	615,00	603,00	492,00
b) Terminsgebühr	4132	120,00	560,00	340,00		272,00	
mit Haftzuschlag	4133	120,00	700,00	410,00		328,00	
Zuschlag bei Dauer 5 bis 8 Std.	4134					136,00	
Zuschlag bei Dauer über 8 Std.	4135					272,00	
6. Strafvollstreckung							
a) Verfahren nach VV 4200							
Verfahrensgebühr	4200	60,00	670,00	365,00		292,00	
mit Haftzuschlag	4201	60,00	837,50	448,75		359,00	
Terminsgebühr	4202	60,00	300,00	180,00		144,00	
mit Haftzuschlag	4203	60,00	375,00	217,50		174,00	
b) Sonstige Verfahren							
Verfahrensgebühr	4204	30,00	300,00	165,00		132,00	
mit Haftzuschlag	4205	30,00	375,00	202,50		162,00	
Terminsgebühr	4206	30,00	300,00	165,00		132,00	
mit Haftzuschlag	4207	30,00	375,00	101,50		161,00	
7. Einzeltätigkeiten							
Verfahren nach	4300	60,00	670,00	365,00		292,00	
Verfahren nach	4301	40,00	460,00	250,00		200,00	
Verfahren nach	4302	30,00	290,00	160,00		128,00	

1 Auf die Ausrechnung der Auslagen wurde verzichtet, da durch mögliche Anrechnung bzw. Addition mit anderen Gebühren die Berechnung unzutreffend wäre.
2 Zusätzliche Gebühr bei Erledigung des Verfahrens gem. Nr. 4141 VV in Höhe der jeweiligen Verfahrensmittelgebühr des Rechtszugs (ohne Zuschlag und ohne Erhöhung nach Nr. 1008 VV), in dem die Hauptverhandlung vermieden wurde. Wertgebühren: Zusätzliche Gebühr bei Einziehung und verwandten Maßnahmen gem. Nr. 4142 VV in Höhe von 1,0, im Verfahren über vermögensrechtliche Ansprüche des Verletzten oder seines Erben gem. Nr. 4143 VV i.H.v. 2,0 und Nr. 4144 VV i.H.v. 2,5 für Wahlanwälte (z.B. Wahlverteidiger, Nebenkläger-Vertreter) und gerichtlich beigeordnete oder bestellte Rechtsanwälte (z.B. Pflichtverteidiger, im Wege der PKH beigeordnete Nebenkläger-Vertreter); für gerichtlich beigeordnete oder bestellte Rechtsanwälte allerdings nur aus den Beträgen des § 49 RVG. Im vorbereitenden Verfahren richtet sich die Höhe der zusätzlichen Gebühr nach Nr. 4141 VV nach dem Rechtszug, der eingeleitet worden wäre, wenn sich das Verfahren nicht erledigt hätte.

Gebührentatbestand[1]	VV	Wahlanwalt				Gerichtlich bestellter oder beigeordneter Rechtsanwalt	
		Mindest-gebühr €	Höchst-gebühr €	Mittel-gebühr €	Zusätz-liche Gebühr[2] €	Gebühr €	Zusätz-liche Gebühr[2] €
8. Gnadensachen	4303	30,00	300,00	165,00			
9. Zusätzliche Verfahrensgebühr (Wertgebühren)							
a) bei Einziehung und verwandten Maßnahmen[3]	4142	1,0[4]				1,0[5]	
b) für das erstinstanzliche Verfahren über vermögensrechtliche Ansprüche des Verletzten oder seines Erben (§§ 403 ff. StPO)	4143	2,0[4]				2,0[5]	
für das Berufungs- und Revisionsverfahren über vermögensrechtliche Ansprüche des Verletzten oder seines Erben	4144	2,5[4]				2,5[5]	
für das Verfahren über die Beschwerde gegen den Beschluss, mit dem nach § 406 Abs. 5 Satz 2 StPO von einer Entscheidung abgesehen wird	4145	0,5[4]				0,5[5]	
c) für das Verfahren über einen Antrag auf gerichtliche Entscheidung oder über die Beschwerde gegen eine den Rechtszug beendende Entscheidung nach § 25 Abs. 1 Satz 3 bis 5, § 13 StrRehaG	4146	1,5[4]				1,5[5]	

Gebühren im Adhäsionsverfahren siehe Adhäsionsverfahren

1 Auf die Ausrechnung der Auslagen wurde verzichtet, da durch mögliche Anrechnung bzw. Addition mit anderen Gebühren die Berechnung unzutreffend wäre.
2 Zusätzliche Gebühr bei Erledigung des Verfahrens gem. Nr. 4141 VV in Höhe der jeweiligen Verfahrensmittelgebühr des Rechtszugs (ohne Zuschlag und ohne Erhöhung nach Nr. 1008 VV), in dem die Hauptverhandlung vermieden wurde. Wertgebühren: Zusätzliche Gebühr bei Einziehung und verwandten Maßnahmen gem. Nr. 4142 VV in Höhe von 1,0, im Verfahren über vermögensrechtliche Ansprüche des Verletzten oder seines Erben gem. Nr. 4143 VV i.H.v. 2,0 und Nr. 4144 VV i.H.v. 2,5 für Wahlanwälte (z.B. Wahlverteidiger, Nebenkläger-Vertreter) und gerichtlich beigeordnete oder bestellte Rechtsanwälte (z.B. Pflichtverteidiger, im Wege der PKH beigeordnete Nebenkläger-Vertreter); für gerichtlich beigeordnete oder bestellte Rechtsanwälte allerdings nur aus den Beträgen des § 49 RVG. Im vorbereitenden Verfahren richtet sich die Höhe der zusätzlichen Gebühr nach Nr. 4141 VV nach dem Rechtszug, der eingeleitet worden wäre, wenn sich das Verfahren nicht erledigt hätte.
3 Zusätzliche Verfahrensgebühr als Wertgebühr bei Einziehung und verwandten Maßnahmen bei Gegenstandswert ab 30,00 €. Die Gebühr entsteht für das Verfahren des ersten Rechtszugs einschließlich des vorbereitenden Verfahrens und für jeden weiteren Rechtszug.
4 Aus der Tabelle zu § 13 RVG.
5 Aus der Tabelle zu § 49 RVG.

Strafvollstreckung siehe Strafsachen, VV 4200 ff.

Steuersachen

Hilfeleistung in Steuersachen, § 35 RVG

Tagegeld siehe Reisekosten

Teilungsversteigerung

Gebühren wie Zwangsversteigerung; siehe dort

Terminsgebühr

Die Höhe ist in den einzelnen Verfahren unterschiedlich.

Die Terminsgebühr **entsteht** in **Bürgerlichen Rechtsstreitigkeiten, Verfahren der freiwilligen Gerichtsbarkeit, der öffentlich-rechtlichen Gerichtsbarkeit, Verfahren nach dem Strafvollzugsgesetz und ähnlichen Verfahren** (VV Teil 3) gem. VV Vorb. 3 Abs. 3 sowohl für die Wahrnehmung von gerichtlichen Terminen als auch für die Wahrnehmung von außergerichtlichen Terminen und Besprechungen, soweit nichts anderes bestimmt ist. Sie entsteht jedoch nicht für die Wahrnehmung eines gerichtlichen Termins zur Verkündung einer Entscheidung. Die Terminsgebühr für außergerichtliche Termine und Besprechungen entsteht für

1. Die Wahrnehmung eines von einem gerichtlich bestellten Sachverständigen anberaumten Termins und

2. die Mitwirkung an Besprechungen, die auf die Vermeidung oder Erledigung des Verfahrens gerichtet sind; dies gilt nicht für Besprechungen mit dem Auftraggeber.

In **Straf-** und **Bußgeldsachen** sowie in **sonstigen Verfahren** (VV Teil 4–6) entsteht die Terminsgebühr gem. VV Vorb. 4 Abs. 3, Vorb. 5 Abs. 3 und Vorb. 6 Abs. 3 für die Teilnahme an gerichtlichen Terminen, soweit nichts anderes bestimmt ist. Der Rechtsanwalt erhält die Terminsgebühr auch, wenn er zu einem anberaumten Termin erscheint, dieser aber aus Gründen, die er nicht zu vertreten hat, nicht stattfindet. Dies gilt nicht, wenn er rechtzeitig von der Aufhebung oder Verlegung des Termins in Kenntnis gesetzt worden ist.

Terminsgebühr im schriftlichen Verfahren

Die Terminsgebühr **entsteht** in den von VV Teil 3 erfassten Angelegenheiten in der ersten Instanz nach Abs. 1 der Anm. zu VV 3104, wenn

1. in einem Verfahren, für das mündliche Verhandlung vorgeschrieben ist, im Einverständnis den Parteien oder Beteiligten oder gemäß § 307 oder § 495a ZPO ohne mündliche Ver-

handlung entschieden oder in einem solchen Verfahren ein schriftlicher Vergleich geschlossen wird,

2. nach § 84 Abs. 1 Satz 1 VwGO oder § 105 Abs. 1 SGG ohne mündliche Verhandlung durch Gerichtsbescheid entschieden wird oder

3. das Verfahren vor dem Sozialgericht nach angenommenem Anerkenntnis ohne mündliche Verhandlung endet.

Für die Rechtsmittelinstanzen finden sich vergleichbare Regelungen in den Anm. zu VV 3202 und 3210.

Bei schriftlichen Versäumnisurteilen bzw. Versäumnisentscheidungen gelten in der ersten Instanz Abs. 1 der Anm. zu VV 3105 und in den Rechtsmittelinstanzen die Anm. zu VV 3203 und 3211.

Für die Terminsgebühr bei schriftlichen Entscheidungen oder schriftlichen Vergleichen in Verfahren vor den Sozialgerichten, in denen Betragsrahmengebühren entstehen (§ 3 RVG), gilt in der ersten Instanz die Anm. zu VV 3106. Diese Terminsgebühr beträgt nach Satz 2 der Anm. zu VV 3106 allerdings lediglich 90 % der in derselben Angelegenheit dem Rechtsanwalt zustehenden Verfahrensgebühr VV 3102 ohne Berücksichtigung einer Erhöhung nach VV 1008 für mehrere Auftraggeber.

Für das Berufungsverfahren vor dem LSG gilt insoweit VV 3205. Diese Terminsgebühr beträgt nach Satz 2 der Anm. zu VV 3205 lediglich 75 % der in derselben Angelegenheit dem Rechtsanwalt zustehenden Verfahrensgebühr VV 3204 ohne Berücksichtigung einer Erhöhung nach VV 1008 für mehrere Auftraggeber.

Im Revisionsverfahren gilt VV 3213. Diese Terminsgebühr beträgt nach der Anm. zu VV 3106 wie in der ersten Instanz lediglich 90 % der in derselben Angelegenheit dem Rechtsanwalt zustehenden Verfahrensgebühr VV 3212 ohne Berücksichtigung einer nach VV 1008 für mehrere Auftraggeber.

Terminsvertreter siehe Vertretung beschränkt sich auf die Vertretung in einem Termin

Therapieunterbringung

In Verfahren nach dem Therapieunterbringungsgesetz (ThUG) bleiben dessen Regelungen zur Rechtsanwaltsvergütung gem. § 62 RVG unberührt. In Verfahren nach dem ThuG über die Anordnung, Verlängerung oder Aufhebung der Therapieunterbringung erhält der Rechtsanwalt gem. § 20 ThUG Gebühren in entsprechender Anwendung von VV Teil 6 Abschnitt 3 (siehe Freiheitsentziehungen).

§ 52 Abs. 1 bis 3 und 5 RVG ist auf den beigeordneten Rechtsanwalt (§ 7 ThUG) entsprechend anzuwenden. Der beigeordnete Rechtsanwalt erhält für seine Tätigkeit nach rechtskräftigem Abschluss eines Verfahrens nach § 20 Abs. 1 ThUG bis zur ersten Tätigkeit in einem weiteren Verfahren eine Verfahrensgebühr nach VV 6302 (besondere Angelegenheit).

Treuhänder im vereinfachten Insolvenzverfahren

Er erhält gem. § 13 InsVV in der Regel 15 v.H. der Insolvenzmasse, jedoch insbesondere dann weniger, wenn das vereinfachte Insolvenzverfahren vorzeitig beendigt wird.

Die Vergütung soll mindestens 600,00 € betragen.

Treuhänder nach § 293 InsO (Restschuldbefreiung)

Die Vergütung wird gem. § 14 InsVV nach der Summe der Beträge berechnet, die auf Grund der Abtretungserklärung des Schuldners (§ 287 Abs. 2 InsO) oder auf andere Weise zur Befriedigung der Gläubiger des Schuldners beim Treuhänder eingehen.

Der Treuhänder erhält

1. von den ersten 25.000,00 €........................	5 v. H.,
2. von dem Mehrbetrag bis 50.000,00 €................	3 v. H.,
3. von dem darüber hinausgehenden Betrag............	1 v. H.

Die Vergütung beträgt mindestens 100,00 € für jedes Jahr der Tätigkeit des Treuhänders. Hat er die durch Abtretung eingehenden Beträge an mehr als 5 Gläubiger verteilt, so erhöht sich diese Vergütung je 5 Gläubiger um 50 €.

Hat der Treuhänder die Aufgabe, die Erfüllung der Obliegenheiten des Schuldners zu **überwachen** (§ 292 Abs. 2 InsO), so erhält er gem. § 15 InsVV eine zusätzliche Vergütung. Diese beträgt regelmäßig 35,00 € je Stunde. Der Gesamtbetrag der zusätzlichen Vergütung darf den Gesamtbetrag der Vergütung nach § 14 InsVV nicht überschreiten. Die Gläubigerversammlung kann eine abweichende Regelung treffen.

Übergangsrecht siehe S. 7 f. und § 60 RVG

Unterbevollmächtigter siehe Vertretung beschränkt sich auf die Vertretung in einem Termin

Unterbringungssachen siehe Freiheitsentziehungen, VV 6300 ff.

Unterhalt, international siehe Auslandsunterhaltsgesetz und Vollstreckung inländischer Titel im Ausland

Urheberrechtsverfahren vor dem OLG

Verfahrensgebühr VV 3300	1,6
Vorzeitige Beendigung des Auftrags VV 3301	1,0
Terminsgebühr VV Vorb. 3.3.1, VV 3104.	1,2

Verbraucherschutzdurchsetzungsgesetz

In Beschwerde- und Rechtsbeschwerdeverfahren nach dem VSchDG erwachsen für den Rechtsanwalt gem. VV Vorb. 3.2.1 Nr. 2 h) Gebühren nach VV Teil 3 Abschnitt 2 Unterabschnitt 1 (VV 3200 ff.).

In Rechtsbeschwerdeverfahren ist Unterabschnitt 2 (VV 3206 ff.) anwendbar, VV Vorb. 3.2.2 Nr. 1 a), VV Vorb. 3.2.1 Nr. 2 h). Die Anwendung von VV 3208 f. und VV scheidet aus, weil die dafür notwendige Voraussetzung – Vertretung der Parteien nur durch einen beim BGH zugelassenen Rechtsanwalt – nicht erfüllt sind (vgl. § 17 VSchDG i.V.m. § 26 Abs. 5 VSchDG).

Vereinfachtes Verfahren über den Unterhalt Minderjähriger

Verfahren über einen Antrag auf Festsetzung des Unterhalts nach § 249 FamFG

Verfahrensgebühr VV 3100	1,3

(1) Die Verfahrensgebühr für ein vereinfachtes Verfahren über den Unterhalt Minderjähriger wird auf die Verfahrensgebühr angerechnet, die in dem nachfolgenden Rechtsstreit entsteht (§ 255 FamFG).

(2) ...

(3) ...

Bei vorzeitiger Beendigung des Auftrags reduziert sich die Gebühr der VV 3100 gem. VV 3301 auf	0,8

Der Wert bestimmt sich nach § 51 FamFG.

Verfahren auf Vollstreckbarerklärung der durch Rechtsmittelanträge nicht angefochtenen Teile eines Urteils (§§ 537, 558 ZPO), soweit nicht nach § 19 Abs. 1 S. 2 Nr. 9 zum Rechtszug gehörig

Verfahrensgebühr VV 3329	0,5
Terminsgebühr VV 3332	0,5

Verfahrenskostenhilfeverfahren siehe Prozesskostenhilfeverfahren

Vergleichsgebühr ersetzt durch Einigungsgebühr, siehe dort

Vergütungsvereinbarung siehe § 3a

Verhandlungsgebühr ersetzt durch Terminsgebühr, siehe dort

Verkehrsanwalt

Der Auftrag beschränkt sich auf die Führung des Verkehrs der Partei mit dem Verfahrensbevollmächtigten:

Verfahrensgebühr VV 3400	in Höhe der dem Verfahrensbevollmächtigten zustehenden Verfahrensgebühr, höchstens 1,0, bei Betragsrahmengebühren höchstens 420,00 €
Bei vorzeitiger Beendigung beträgt die Gebühr VV 3400 gem. VV 3405	höchstens 0,5, bei Betragsrahmengebühren höchstens 210,00 €

Verkehrsanwalt in Strafsachen

Der Auftrag beschränkt sich auf die Führung des Verkehrs der Partei mit dem Verteidiger:

Verfahrensgebühr VV 4301 Wahlverteidiger...............	40,00 bis 460,00 €
Verfahrensgebühr VV 4301 gerichtlich bestellter oder beigeordneter Rechtsanwalt............................	200,00 €

Vermittlung nach § 165 FamFG siehe Rechtsanwaltsgebühren in familiengerichtlichen Verfahren S. 161 ff.

Vermögensauskunft nach §§ 802c und 802g ZPO

Verfahrensgebühr VV 3309	0,3
Terminsgebühr VV 3310	0,3

Gegenstandswert höchstens 2.000,00 € (§ 25 Abs. 1 Nr. 4 RVG)

Siehe auch Zwangsvollstreckung

Versäumnisurteil/Versäumnisentscheidung

Verminderte Terminsgebühr unter den in VV 3105, 3203 und 3211 aufgeführten Voraussetzungen.

Verteilungsverfahren außerhalb der Zwangsversteigerung und Zwangsverwaltung

Verfahrensgebühr VV 3333	0,4

Der Wert bestimmt sich nach § 26 Nr. 1 und 2. Eine Terminsgebühr entsteht nicht.

Vertretung beschränkt auf die Vertretung in einem Termin

Ein gerichtliches Verfahren ist anhängig, der Auftrag an den anderen Rechtsanwalt beschränkt sich auf die Vertretung in einem Termin im Sinne der VV Vorb. 3 Abs. 3:

Verfahrensgebühr VV 3401	in Höhe der Hälfte der dem Verfahrensbevollmächtigten zustehenden Verfahrensgebühr
Terminsgebühr VV 3402	in Höhe der einem Verfahrensbevollmächtigten zustehenden Terminsgebühr
Bei vorzeitiger Beendigung betragen die Gebühren VV 3400 und 3401 gem. VV 3405	höchstens 0,5, bei Betragsrahmengebühren höchstens 210,00 €

Vertretung für außergerichtliche Tätigkeiten einschl. Verwaltungsverfahren, jedoch ohne: Verwaltungszwangsverfahren, Straf- und Bußgeldsachen sowie die in Teil 6 geregelten sonstigen Verfahren

Für die außergerichtliche Vertretung erhält der Rechtsanwalt nach VV 2300 eine Geschäftsgebühr mit einem Gebührensatz von... 0,5 bis 2,5

Anm. zu VV 2300

Eine Gebühr von mehr als 1,3 kann nur gefordert werden, wenn die Tätigkeit umfangreich oder schwierig war.

Gem. § 17 Nr. 1a RVG bilden das Verwaltungsverfahren und das einem gerichtlichen Verfahren vorausgehende und der Nachprüfung des Verwaltungsakts dienende weitere Verwaltungsverfahren (Vorverfahren, Einspruchsverfahren, Beschwerdeverfahren, Abhilfeverfahren) **verschiedene Angelegenheiten**, in denen die Geschäftsgebühr VV 2300 jeweils gesondert entsteht................................. 0,3

Anrechnung mehrerer Geschäftsgebühren VV 2300:
Soweit wegen desselben Gegenstands eine Geschäftsgebühr für eine Tätigkeit im Verwaltungsverfahren entstanden ist, wird diese Gebühr nach VV Vorbem. 2.3 Abs. 4 zur Hälfte, bei Wertgebühren jedoch höchstens mit einem Gebührensatz von 0,75, auf eine Geschäftsgebühr für eine Tätigkeit im weiteren Verwaltungsverfahren, das der Nachprüfung des Verwaltungsakts dient, angerechnet. Bei der Bemessung einer weiteren Geschäftsgebühr innerhalb eines Rahmens ist nicht zu berücksichtigen, dass der Umfang der Tätigkeit infolge der vorangegangenen Tätigkeit geringer ist. Bei einer Wertgebühr

erfolgt die Anrechnung nach dem Wert des Gegenstands, der auch Gegenstand des weiteren Verfahrens ist.

VV 2301
Der Auftrag beschränkt sich auf ein Schreiben einfacher Art:
Die Gebühr 2300 beträgt 10,3

Es handelt sich um ein Schreiben einfacher Art, wenn dieses weder schwierige rechtliche Ausführungen noch größere sachliche Auseinandersetzungen enthält.

Anrechnung der Geschäftsgebühren VV 2300 auf die Verfahrensgebühr des gerichtlichen Verfahrens:
Ist wegen desselben Gegenstands eine Geschäftsgebühr entstanden, wird diese Gebühr gem. VV Vorb. 3 Abs. 4 zur Hälfte, jedoch höchstens mit einem Gebührensatz von 0,75, auf die Verfahrensgebühr des **gerichtlichen Verfahrens** angerechnet. Sind mehrere Gebühren entstanden, ist für die Anrechnung die zuletzt entstandene Gebühr maßgebend. Bei einer wertabhängigen Gebühr erfolgt die Anrechnung nach dem Wert des Gegenstands, der auch Gegenstand des gerichtlichen Verfahrens ist.

Vgl. zur Anrechnung auch § 15a!

Geschäftsgebühr VV 2302 in

1. sozialrechtlichen Angelegenheiten, in denen im gerichtlichen Verfahren Betragsrahmengebühren entstehen (§ 3 RVG), und

2. Verfahren nach der Wehrbeschwerdeordnung (WBO), wenn im gerichtlichen Verfahren das Verfahren vor dem Truppendienstgericht oder vor dem Bundesverwaltungsgericht an die Stelle des Verwaltungsrechtswegs gemäß § 82 SG tritt . . . 50,00 bis 640,00 €

Eine Gebühr von mehr als 300,00 EUR kann nur gefordert werden, wenn die Tätigkeit umfangreich oder schwierig war.

Gem. § 17 Nr. 1a RVG bilden das Verwaltungsverfahren und das einem gerichtlichen Verfahren vorausgehende und der Nachprüfung des Verwaltungsakts dienende weitere Verwaltungsverfahren (Vorverfahren, Einspruchsverfahren, Beschwerdeverfahren, Abhilfeverfahren) **verschiedene Angelegenheiten**, in denen die Geschäftsgebühr VV 2302 jeweils gesondert entsteht.

Anrechnung mehrerer Geschäftsgebühren VV 2302:
Soweit wegen desselben Gegenstands eine Geschäftsgebühr für eine Tätigkeit im Verwaltungsverfahren entstanden ist, wird diese Gebühr nach VV Vorbem. 2.3 Abs. 4 zur Hälfte, höchstens aber i.H.v. 175,00 € auf eine Geschäftsgebühr für eine Tätigkeit im weiteren Verwaltungsverfahren, das der Nachprü-

fung des Verwaltungsakts dient, angerechnet. Bei der Bemessung einer weiteren Geschäftsgebühr innerhalb eines Rahmens ist nicht zu berücksichtigen, dass der Umfang der Tätigkeit infolge der vorangegangenen Tätigkeit geringer ist.

Anrechnung der Geschäftsgebühren VV 2302 auf die Verfahrensgebühr des gerichtlichen Verfahrens:

Ist wegen desselben Gegenstands eine Geschäftsgebühr entstanden, wird diese Gebühr gem. VV Vorb. 3 Abs. 4 zur Hälfte, jedoch höchstens mit 175,00 € auf die Verfahrensgebühr des **gerichtlichen Verfahrens** angerechnet. Sind mehrere Gebühren entstanden, ist für die Anrechnung die zuletzt entstandene Gebühr maßgebend. Bei einer Betragsrahmengebühr ist nicht zu berücksichtigen, dass der Umfang der Tätigkeit im gerichtlichen Verfahren infolge der vorangegangenen Tätigkeit geringer ist.

Verwaltungsgerichtsbarkeit

In Verfahren vor den Verwaltungsgerichten bestimmen sich die Gebühren grundsätzlich nach **VV Teil 3 Abschnitt 1 und 2** (VV 3100, 3200 ff.).

Für das **erstinstanzliche Verfahren vor dem Bundesverwaltungsgericht und dem Oberverwaltungsgericht** (Verwaltungsgerichtshof) beträgt die

Verfahrensgebühr VV 3300	1,6
Vorzeitige Beendigung des Auftrags VV 3301:	
Die Gebühr 3300 beträgt	1,0

Die Anmerkung zu Nummer 3201 gilt entsprechend.

Terminsgebühr VV Vorb. 3.3.1, 3104...................	1,2

Beschwerde gegen Entscheidungen der Verwaltungsgerichte, bei denen es sich nicht um Urteile oder Rechtsentscheide handelt:

Verfahrensgebühr VV 3500	0,5
Terminsgebühr VV 3513	0,5

Für das Verfahren über die **Beschwerde gegen die Nichtzulassung der Revision** durch das OVG/den VGH erhält der Rechtsanwalt eine gesonderte Verfahrensgebühr nach VV 3506 mit einem Gebührensatz von 1,6. Bei vorzeitiger Beendigung des Auftrags reduziert sich die Verfahrensgebühr gem. VV 3507 auf 1,1. Ferner kann eine Terminsgebühr nach VV 3516 von 1,2 anfallen. Kommt es zur Durchführung der Revision, ist diese Gebühr auf die Verfahrensgebühr des Revisionsverfahrens anzurechnen.

Eine wegen desselben Gegenstandes entstandene **Geschäftsgebühr** nach VV Teil 2 wird gem. VV Vorb. 3 Abs. 4 zur Hälfte, jedoch höchstens mit einem Gebührenansatz von 0,75 auf die Verfahrensgebühr des gerichtlichen Verfahrens angerechnet. Sind mehrere Geschäftsgebühren entstanden, ist für die Anrechnung die zuletzt entstandene Gebühr maßgebend. Bei einer wertabhängigen Gebühr erfolgt die Anrechnung nach dem Wert des Gegenstands, der auch Gegenstand des gerichtlichen Verfahrens ist.

Vgl. zur Anrechnung auch § 15a!

Verwaltungszwangsverfahren

Sowohl für das außergerichtliche Verwaltungszwangsverfahren (VV Vorb. 2.3 Abs. 1) als auch für das gerichtliche Verfahren über einen Akt der Zwangsvollstreckung (des Verwaltungszwangs, vgl. VV Vorb. 3.3.3 Nr. 3) bestimmen sich die Gebühren nach VV Teil 3 Abschnitt 3 Unterabschnitt 3, also

Verfahrensgebühr VV 3309	0,3
Terminsgebühr VV 3310	0,3

Die Gebühr entsteht nur für die Teilnahme an einem gerichtlichen Termin, einem Termin zur Abgabe der Vermögensauskunft oder zur Abnahme der eidesstattlichen Versicherung.

Der Gegenstandswert ist nach § 25 RVG zu ermitteln.

Verweisung, Abgabe

§ 20 RVG

Vollstreckbarerklärung von Schiedssprüchen und Anwaltsvergleichen

Für die Tätigkeit als Verfahrensbevollmächtigter im Verfahren über die Vollstreckbarerklärung eines Schiedsspruchs oder Anwaltsvergleichs erhält der Rechtsanwalt die Gebühren nach VV Teil 3.

Gerichtliche Verfahren über die **Bestellung** eines Schiedsrichters oder Ersatzschiedsrichters, über die **Ablehnung** eines Schiedsrichters oder über die **Beendigung** des Schiedsrichteramts, zur **Unterstützung** bei der Beweisaufnahme oder bei der **Vornahme** sonstiger richterlicher Handlungen anlässlich eines schiedsrichterlichen Verfahrens

Verfahrensgebühr VV 3327	0,75
Terminsgebühr VV 3332	0,5

Im Falle der **vorzeitigen Beendigung** nach Maßgabe der VV 3337 reduziert sich die Verfahrensgebühr auf 0,5

Vollstreckbarerklärung ausländischer Titel

Für die Tätigkeit als Verfahrensbevollmächtigter im Verfahren über die Vollstreckbarerklärung eines ausländischen Urteils erhält der Rechtsanwalt die Gebühren nach **VV Teil 3 Abschnitt 1**.

In **Beschwerdeverfahren** gegen Endentscheidungen über Anträge auf Vollstreckbarerklärung ausländischer Titel oder auf Erteilung der Vollstreckungsklausel zu ausländischen Titeln sowie Anträge auf Aufhebung oder Abänderung der Vollstreckbarerklärung oder der Vollstreckungsklausel richten sich die Gebühren gem. VV Vorb. 3.2.1 Nr. 2 a) nach VV Teil 3 Abschnitt 2 Unterabschnitt 1, also nach den VV 3200 ff.

In den entsprechenden **Rechtsbeschwerdeverfahren** findet Teil 3 Abschnitt 2 Unterabschnitt 2 – VV 3206 ff. – Anwendung, vgl. VV Vorb. 3.2.2 Nr. 1 a).

Vollstreckung europäischer Geldsanktionen (§§ 86 ff. IRG) siehe Internationale Rechtshilfe in Strafsachen

Vollstreckung inländischer Titel im Ausland

Für die Ausstellung einer Bescheinigung nach § 48 des Internationalen Familienrechtsverfahrensgesetzes oder § 56 AVAG bzw. die Ausstellung, die Berechtigung oder den Widerruf einer Bestätigung nach § 1079 ZPO sowie die Ausstellung des Formblatts oder der Bescheinigung nach § 71 Abs. 1 des Auslandsunterhaltsgesetzes zum Zwecke der Vollstreckung eines inländischen Titels im Ausland erhält der Rechtsanwalt, der bereits im Erkenntnisverfahren tätig war, keine gesonderte Gebühr, weil diese Tätigkeit zum Rechtszug gehört, § 19 Abs. 1 S. 2 Nr. 9. Für den nur mit der Durchführung der Zwangsvollstreckung im Ausland beauftragten Rechtsanwalt gehören die vorgenannten Tätigkeiten zum Rechtszug des Vollstreckungsverfahrens, können also ebenfalls nicht gesondert berechnet werden (§ 18 Abs. 1 Nr. 1).

Entsprechendes gilt, wenn für die Geltendmachung im Ausland eine Vervollständigung der Entscheidung und die Bezifferung eines dynamisierten Unterhaltstitels vorgesehen ist, § 19 Abs. 1 S. 2 Nr. 8.

siehe auch Auslandsunterhaltsgesetz und Europäische Vollstreckungstitel

Vorläufiger Insolvenzverwalter siehe Insolvenzverwalter

Wehrbeschwerdeverfahren

Gem. VV Vorb. 6.4 Abs. 1 richten sich die Gebühren in Verfahren auf gerichtliche Entscheidung nach der WBO, auch i. V. m. § 42 WDO, wenn das Verfahren vor dem Truppendienstgericht oder vor dem Bundesverwaltungsgericht an die Stelle des Verwaltungsrechtswegs gemäß § 82 SG tritt, nach Teil 6 Abschnitt 4.

VV	Gebührentatbestand	Gleiche Gebühr für Wahlverteidiger, Verfahrensbevollmächtigten, gerichtlich bestellten oder beigeordneten Rechtsanwalt
6400	Verfahrensgebühr für das Verfahren auf gerichtliche Entscheidung vor dem Truppendienstgericht	80,00 bis 680,00 €
6401	Terminsgebühr je Verhandlungstag in den in Nummer 6400 genannten Verfahren	80,00 bis 680,00 €
6402	Verfahrensgebühr für das Verfahren auf gerichtliche Entscheidung vor dem Bundesverwaltungsgericht, im Verfahren über die Rechtsbeschwerde oder im Verfahren über die Beschwerde gegen die Nichtzulassung der Rechtsbeschwerde Die Gebühr für ein Verfahren über die Beschwerde gegen die Nichtzulassung der Rechtsbeschwerde wird auf die Gebühr für ein nachfolgendes Verfahren über die Rechtsbeschwerde angerechnet.	100,00 bis 790,00 €
6403	Terminsgebühr je Verhandlungstag in den in Nummer 6402 genannten Verfahren	100,00 bis 790,00 €

Zur Anrechnung der Geschäftsgebühr vgl. VV Vorbem. 6.4 Abs. 2:

> Soweit wegen desselben Gegenstands eine Geschäftsgebühr nach VV 2302 für eine Tätigkeit im Verfahren über die Beschwerde oder über die weitere Beschwerde vor einem Disziplinarvorgesetzten entstanden ist, wird diese Gebühr zur Hälfte, höchstens jedoch mit einem Betrag von 175,00 €, auf die Verfahrensgebühr des gerichtlichen Verfahrens vor dem Truppendienstgericht (VV 6400) oder dem Bundesverwaltungsgericht (VV 6402) angerechnet. Sind mehrere Gebühren entstanden, ist für die Anrechnung die zuletzt entstandene Gebühr maßgebend. Bei der Bemessung der Verfahrensgebühr ist nicht zu berücksichtigen, dass der Umfang der Tätigkeit infolge der vorangegangenen Tätigkeit geringer ist.

Zur Anrechnung mehrerer Geschäftsgebühren nach VV 2302 aufeinander vgl. VV Vorb. 2.3 Abs. 5.

Wertpapiererwerbs- und Übernahmegesetz (WpÜG)

In **Beschwerdeverfahren** nach dem WpÜG erwachsen für den Rechtsanwalt gem. VV Vorb. 3.2.1 Nr. 3 b) Gebühren nach VV Teil 3 Abschnitt 2 Unterabschnitt 1 (VV 3200 ff.).

In **Rechtsbeschwerdeverfahren** nach dem WpÜG (Bußgeldsache gem. § 63 WpÜG) findet VV Teil 5 (Bußgeldsachen) Anwendung.

Wertpapierhandelsgesetz (WpHG)

In Beschwerde- und Rechtsbeschwerdeverfahren nach dem WpHG erwachsen für den Rechtsanwalt gem. VV Vorb. 3.2.1 Nr. 3 c) Gebühren nach VV Teil 3 Abschnitt 2 Unterabschnitt 1 (VV 3200 ff.).

Wettbewerbsbeschränkungen

In **Beschwerdeverfahren** nach dem GWB erwachsen für den Rechtsanwalt gem. Vorb. 3.2.1 Nr. 2 e) Gebühren nach VV Teil 3 Abschnitt 2 Unterabschnitt 1 (VV 3200 ff.).

In **Rechtsbeschwerdeverfahren** ist Unterabschnitt 2 (VV 3206 ff.) anwendbar, VV Vorb. 3.2.2 Nr. 1 a), VV Vorb. 3.2.1 Nr. 2 e). Die Anwendung von VV 3208 f. und VV scheidet aus, weil die dafür notwendige Voraussetzung – Vertretung der Parteien nur durch einen beim BGH zugelassenen Rechtsanwalt – nicht erfüllt wird (vgl. §§ 68, 75 Abs. 4, 76 Abs. 5 GWB).

Für das Verfahren über einen Antrag nach **§ 115 Abs. 2 S. 2 und 3, § 118 Abs. 1 S. 3** oder nach **§ 121 GWB** bestimmen sich die Gebühren nach VV Vorb. 3.2 Abs. 2 S. 3 nach VV Teil 3 Abschnitt 1.

Wohnungseigentumssachen

Wegen § 43 WEG (ZPO-Verfahren) ergeben sich gebührenrechtlich keine Besonderheiten. Die erstinstanzlichen Gebühren richten sich nach VV Teil 3 Abschnitt 1, die in Verfahren über Berufungen, Beschwerden und Revisionen gegen die den ersten Rechtszug beendenden Entscheidungen nach VV Teil 3 Abschnitt 2.

Zahlungsvereinbarung

1. Einigungsgebühr; Anm. Abs. 1 Nr. 2 zu VV 1000:

Die Einigungsgebühr entsteht für die Mitwirkung beim Abschluss eines Vertrags, durch den die Erfüllung des Anspruchs bei gleichzeitigem vorläufigen Verzicht auf die gerichtliche Geltendmachung und, wenn bereits ein zur Zwangsvollstreckung geeigneter Titel vorliegt, bei gleichzeitigem vorläufigen Verzicht auf Vollstreckungsmaßnahmen geregelt wird (Zahlungsvereinbarung).

Die Gebühr entsteht nicht, wenn sich der Vertrag ausschließlich auf ein Anerkenntnis oder einen Verzicht beschränkt.

2. **Gegenstandswert bei der Zahlungsvereinbarung, § 31b RVG:**

Ist Gegenstand einer Einigung **nur** eine Zahlungsvereinbarung (VV 1000), beträgt der Gegenstandswert der Einigungsgebühr 20 Prozent des Anspruchs.

Zeugenbeistand

In Strafsachen erhält der Zeugenbeistand gem. VV Vorb. 4 Abs. 1 die gleichen Gebühren wie ein Verteidiger in Strafsachen; siehe daher die Tabelle auf S. 58 ff.

In Angelegenheiten nach VV Teil 3 vgl. VV Vorbem. 3 Abs. 1 S. 2: Der Zeugenbeistand erhält die gleichen Gebühren wie ein Verfahrensbevollmächtigter.

Zeugenbeistand in Bußgeldsachen: VV Vorbem. 5 Abs. 1.

Zeugenbeistand in sonstigen Verfahren nach VV Teil 6: VV Vorbem. 6 Abs. 1.

Zusatzgebühr für besonders umfangreiche Beweisaufnahmen

Zusatzgebühr für besonders umfangreiche Beweisaufnahmen in Angelegenheiten, in denen sich die Gebühren nach VV Teil 3 richten und mindestens drei gerichtliche Termine stattfinden, in denen Sachverständige oder Zeugen vernommen werden . 0,3 oder bei Betragsrahmengebühren erhöhen sich der Mindest- und Höchstbetrag der Termingebühr um 30 %

Die Gebühr entsteht für den durch besonders umfangreiche Beweisaufnahmen anfallenden Mehraufwand

Zurückverweisung § 21 RVG, VV Vorb. 3 Abs. 6

Zusätzliche Verfahrensgebühr siehe Strafsachen (VV 4141 – 4147), Bußgeldsachen (VV 5115 und 5116) und Disziplinarverfahren und berufsgerichtliche Verfahren (VV 6216).

Zwangsversteigerung

Verfahrensgebühr VV 3311 0,4

Die Gebühr entsteht jeweils gesondert

1. für die Tätigkeit im Zwangsversteigerungsverfahren bis zur Einleitung des Verteilungsverfahrens;
2. im Zwangsversteigerungsverfahren für die Tätigkeit im Verteilungsverfahren, und zwar auch für eine Mitwirkung an einer außergerichtlichen Verteilung;
3. ...
4. ...
5. ...
6. für die Tätigkeit im Verfahren über Anträge auf einstweilige Einstellung oder Beschränkung der Zwangsvollstreckung und einstweilige Einstellung des Verfahrens sowie für Verhandlungen zwischen Gläubiger und Schuldner mit dem Ziel der Aufhebung des Verfahrens.

Terminsgebühr VV 3312 0,4

Die Gebühr entsteht nur für die Wahrnehmung eines Versteigerungstermins für einen Beteiligten. Im Übrigen entsteht im Verfahren der Zwangsversteigerung und der Zwangsverwaltung keine Terminsgebühr.

Der **Gegenstandswert** bestimmt sich gemäß § 26 RVG:

1. bei der Vertretung des Gläubigers oder eines anderen nach § 9 Nr. 1 und 2 ZVG Beteiligten nach dem Wert des dem Gläubiger oder dem Beteiligten zustehenden Rechts; wird das Verfahren wegen einer Teilforderung betrieben, ist der Teilbetrag nur maßgebend, wenn es sich um einen nach § 10 Abs. 1 Nr. 5 ZVG zu befriedigenden Anspruch handelt; Nebenforderungen sind mitzurechnen; der Wert des Gegenstands der Zwangsversteigerung (§ 66 Abs. 1, § 74a Abs. 5 ZVG), im Verteilungsverfahren der zur Verteilung kommende Erlös, sind maßgebend, wenn sie geringer sind;

2. bei der Vertretung eines anderen Beteiligten, insbesondere des Schuldners, nach dem Wert des Gegenstands der Zwangsversteigerung, im Verteilungsverfahren nach dem zur Verteilung kommenden Erlös; bei Miteigentümern oder sonstigen Mitberechtigten ist der Anteil maßgebend;

3. bei der Vertretung eines Bieters, der nicht Beteiligter ist, nach dem Betrag des höchsten für den Auftraggeber abgegebenen Gebots, wenn ein solches Gebot nicht abgegeben ist, nach dem Wert des Gegenstands der Zwangsversteigerung.

Zwangsverwalter

Zwangsverwalterverordnung (ZwVwV) vom 19.12.2003 (BGBl I S. 2804)

Gem. § 17 hat der Verwalter Anspruch auf eine **angemessene Vergütung** für seine Geschäftsführung sowie auf Erstattung seiner **Auslagen** nach Maßgabe des § 21. Die Höhe der Vergütung ist an der Art und dem Umfang der Aufgabe sowie an der Leistung des Zwangsverwalters auszurichten. Zusätzlich zur Vergütung und zur Erstattung der Auslagen wird ein Betrag in Höhe der vom Verwalter zu zahlenden Umsatzsteuer festgesetzt. Ist der Verwalter als Rechtsanwalt zugelassen, so kann er für Tätigkeiten, die ein nicht als Rechtsanwalt zugelassener Verwalter einem Rechtsanwalt übertragen hätte, die gesetzliche Vergütung eines Rechtsanwalts abrechnen. Ist der Verwalter Steuerberater oder besitzt er eine andere besondere Qualifikation, gilt dies sinngemäß.

§ 18 Regelvergütung

(1) Bei der Zwangsverwaltung von Grundstücken, die durch Vermieten oder Verpachten genutzt werden, erhält der Verwalter als Vergütung in der Regel 10 Prozent des für den Zeitraum der Verwaltung an Mieten oder Pachten eingezogenen Bruttobetrags. Für vertraglich geschuldete, nicht eingezogene Mieten oder Pachten erhält er 20 Prozent der Vergütung, die er erhalten hätte, wenn diese Mieten eingezogen worden wären. Soweit Mietrückstände eingezogen werden, für die der Verwalter bereits eine Vergütung nach Satz 2 erhalten hat, ist diese anzurechnen.

(2) Ergibt sich im Einzelfall ein **Missverhältnis** zwischen der Tätigkeit des Verwalters und der Vergütung nach Absatz 1, so kann der in Absatz 1 Satz 1 genannte Prozentsatz bis auf 5 vermindert oder bis auf 15 angehoben werden.

(3) Für die **Fertigstellung von Bauvorhaben** erhält der Verwalter 6 Prozent der von ihm verwalteten Bausumme. Planungs-, Ausführungs- und Abnahmekosten sind Bestandteil der Bausumme und finden keine Anrechnung auf die Vergütung des Verwalters.

§ 19 Abweichende Berechnung der Vergütung

(1) Wenn dem Verwalter eine Vergütung nach § 18 nicht zusteht, bemisst sich die Vergütung nach Zeitaufwand. In diesem Fall erhält er für jede Stunde der für die Verwaltung erforderlichen Zeit, die er oder einer seiner Mitarbeiter aufgewendet hat, eine Vergütung von mindestens 35,00 € und höchstens 95,00 €. Der Stundensatz ist für den jeweiligen Abrechnungszeitraum einheitlich zu bemessen.

(2) Der Verwalter kann für den Abrechnungszeitraum einheitlich nach Absatz 1 abrechnen, wenn die Vergütung nach § 18 Abs. 1 und 2 offensichtlich unangemessen ist.

§ 20 Mindestvergütung

(1) Ist das Zwangsverwaltungsobjekt von dem Verwalter in Besitz genommen, so beträgt die Vergütung des Verwalters mindestens 600,00 €.

(2) Ist das Verfahren der Zwangsverwaltung aufgehoben worden, bevor der Verwalter das Grundstück in Besitz genommen hat, so erhält er eine Vergütung von 200,00 €, sofern er bereits tätig geworden ist.

Zwangsverwaltung

Verfahrensgebühr VV 3311 0,4

Die Gebühr entsteht jeweils gesondert

1. ...

2. ...

3. im Verfahren der Zwangsverwaltung für die Vertretung des Antragstellers im Verfahren über den Antrag auf Anordnung der Zwangsverwaltung oder auf Zulassung des Beitritts;

4. im Verfahren der Zwangsverwaltung für die Vertretung des Antragstellers im weiteren Verfahren einschließlich des Verteilungsverfahrens;

5. im Verfahren der Zwangsverwaltung für die Vertretung eines sonstigen Beteiligten im ganzen Verfahren einschließlich des Verteilungsverfahrens und

6. für die Tätigkeit im Verfahren über Anträge auf einstweilige Einstellung oder Beschränkung der Zwangsvollstreckung und einstweilige Einstellung des Verfahrens sowie für Verhandlungen zwischen Gläubiger und Schuldner mit dem Ziel der Aufhebung des Verfahrens.

Terminsgebühr VV 3312 0,4

Die Gebühr entsteht nur für die Wahrnehmung eines Versteigerungstermins für einen Beteiligten. Im Übrigen entsteht im Verfahren der Zwangsversteigerung und der Zwangsverwaltung keine Terminsgebühr.

Der **Gegenstandswert** bestimmt sich gemäß § 27:

In der Zwangsverwaltung bestimmt sich der Gegenstandswert bei der Vertretung des Antragstellers nach dem Anspruch, wegen dessen das Verfahren beantragt ist; Nebenforderungen sind mitzurechnen; bei Ansprüchen auf wiederkehrende Leistungen ist der Wert der Leistungen eines Jahres maßgebend. Bei der Vertretung des Schuldners bestimmt sich der Gegenstandswert nach dem zusammengerechneten Wert aller Ansprüche, wegen derer das Verfahren beantragt ist, bei der Vertretung eines sonstigen Beteiligten nach § 23 Abs. 3 S. 2.

Zwangsvollstreckung

Verfahrensgebühr VV 3309 0,3

Terminsgebühr VV 3310 0,3

> Die Gebühr entsteht nur für die Teilnahme an einem gerichtlichen Termin, einem Termin zur Abgabe der Vermögensauskunft oder zur Abnahme der eidesstattlichen Versicherung.

Verfahrensgebühr für Verfahren über die vorläufige Einstellung, Beschränkung oder Aufhebung der Zwangsvollstreckung VV 3328 0,5

> Die Gebühr entsteht nur, wenn eine abgesonderte mündliche Verhandlung hierüber stattfindet. Wird der Antrag beim Vollstreckungsgericht und beim Prozessgericht gestellt, entsteht die Gebühr nur einmal.

Terminsgebühr VV 3332 0,5

Bei Vertretung **mehrerer Auftraggeber** Erhöhung nach VV 1008.

Nach § 4 Abs. 2 kann sich der Rechtsanwalt für Zwangsvollstreckungsverfahren nach den §§ 802a bis 863 und 882b bis 882f ZPO verpflichten, dass er, wenn der Anspruch des Auftraggebers auf Erstattung der gesetzlichen Vergütung nicht beigetrieben werden kann, einen Teil des **Erstattungsanspruchs** an Erfüllungs statt annehmen werde. Der nicht durch Abtretung zu erfüllende Teil der gesetzlichen Vergütung muss in einem angemessenen Verhältnis zu Leistung, Verantwortung und Haftungsrisiko des Rechtsanwalts stehen.

Der **Gegenstandswert** bestimmt sich gemäß § 25 Abs. 1:

1. nach dem Betrag der zu vollstreckenden Geldforderung einschließlich der Nebenforderungen; soll ein bestimmter Gegenstand gepfändet werden und hat dieser einen geringeren Wert, ist der geringere Wert maßgebend; wird künftig fällig werdendes Arbeitseinkommen nach § 850d Abs. 3 ZPO gepfändet, sind die noch nicht fälligen Ansprüche nach § 51 Abs. 1 S. 1 FamGKG und § 9 ZPO zu bewerten; im Verteilungsverfahren (§ 858 Abs. 5, §§ 872 bis 877 und 882 ZPO) ist höchstens der zu verteilende Geldbetrag maßgebend;

2. nach dem Wert der herauszugebenden oder zu leistenden Sachen; der Gegenstandswert darf jedoch den Wert nicht übersteigen, mit dem der Herausgabe- oder Räumungs-

anspruch nach den für die Berechnung von Gerichtskosten maßgeblichen Vorschriften zu bewerten ist;

3. nach dem Wert, den die zu erwirkende Handlung, Duldung oder Unterlassung für den Gläubiger hat, und

4. in Verfahren über die Erteilung der Vermögensauskunft nach § 802c ZPO nach dem Betrag, der einschließlich der Nebenforderungen aus dem Vollstreckungstitel noch geschuldet wird; der Wert beträgt jedoch höchstens 2.000 €.

In Verfahren über Anträge des Schuldners ist der Wert nach dem Interesse des Antragstellers nach billigem Ermessen zu bestimmen (§ 25 Abs. 2).

Vergütungsverzeichnis zum Rechtanwaltsvergütungsgesetz

Anlage 1 (zu § 2 Abs. 2)

Gliederung

Teil 1   Allgemeine Gebühren

Teil 2   Außergerichtliche Tätigkeiten einschließlich der Vertretung im Verwaltungsverfahren

Abschnitt 1	Prüfung der Erfolgsaussicht eines Rechtsmittels
Abschnitt 2	Herstellung des Einvernehmens
Abschnitt 3	Vertretung
Abschnitt 4	*(aufgehoben)*
Abschnitt 5	Beratungshilfe

Teil 3   Zivilsachen, Verfahren der öffentlich- rechtlichen Gerichtsbarkeiten, Verfahren nach dem Strafvollzugsgesetz, auch in Verbindung mit § 92 des Jugendgerichtsgesetzes, und ähnliche Verfahren

Abschnitt 1	Erster Rechtszug	
Abschnitt 2	Berufung, Revision, bestimmte Beschwerden und Verfahren vor dem Finanzgericht	
	Unterabschnitt 1	Berufung, bestimmte Beschwerden und Verfahren vor dem Finanzgericht
	Unterabschnitt 2	Revision, bestimmte Beschwerden und Rechtsbeschwerden
Abschnitt 3	Gebühren für besondere Verfahren	
	Unterabschnitt 1	Besondere erstinstanzliche Verfahren
	Unterabschnitt 2	Mahnverfahren
	Unterabschnitt 3	Vollstreckung und Vollziehung
	Unterabschnitt 4	Zwangsversteigerung und Zwangsverwaltung
	Unterabschnitt 5	Insolvenzverfahren, Verteilungsverfahren nach der Schifffahrtsrechtlichen Verteilungsordnung
	Unterabschnitt 6	Sonstige besondere Verfahren
Abschnitt 4	Einzeltätigkeiten	
Abschnitt 5	Beschwerde, Nichtzulassungsbeschwerde und Erinnerung	

Teil 4 Strafsachen

Abschnitt 1 Gebühren des Verteidigers
- Unterabschnitt 1   Allgemeine Gebühren
- Unterabschnitt 2   Vorbereitendes Verfahren
- Unterabschnitt 3   Gerichtliches Verfahren
  - *Erster Rechtszug*
  - *Berufung*
  - *Revision*
- Unterabschnitt 4   Wiederaufnahmeverfahren
- Unterabschnitt 5   Zusätzliche Gebühren

Abschnitt 2 Gebühren in der Strafvollstreckung
Abschnitt 3 Einzeltätigkeiten

Teil 5 Bußgeldsachen

Abschnitt 1 Gebühren des Verteidigers
- Unterabschnitt 1   Allgemeine Gebühr
- Unterabschnitt 2   Verfahren vor der Verwaltungsbehörde
- Unterabschnitt 3   Gerichtliches Verfahren im ersten Rechtszug
- Unterabschnitt 4   Verfahren über die Rechtsbeschwerde
- Unterabschnitt 5   Zusätzliche Gebühren

Abschnitt 2 Einzeltätigkeiten

Teil 6 Sonstige Verfahren

Abschnitt 1 Verfahren nach dem Gesetz über die internationale Rechtshilfe in Strafsachen und Verfahren nach dem Gesetz über die Zusammenarbeit mit dem Internationalen Strafgerichtshof
- Unterabschnitt 1   Verfahren vor der Verwaltungsbehörde
- Unterabschnitt 2   Gerichtliches Verfahren

Abschnitt 2 Disziplinarverfahren, berufsgerichtliche Verfahren wegen der Verletzung einer Berufspflicht
- Unterabschnitt 1   Allgemeine Gebühren
- Unterabschnitt 2   Außergerichtliches Verfahren
- Unterabschnitt 3   Gerichtliches Verfahren
  - *Erster Rechtszug*
  - *Zweiter Rechtszug*
  - *Dritter Rechtszug*
- Unterabschnitt 4   Zusatzgebühr

Abschnitt 3 Gerichtliche Verfahren bei Freiheitsentziehung und in Unterbringungssachen
Abschnitt 4 Gerichtliche Verfahren nach der Wehrbeschwerdeordnung
Abschnitt 5 Einzeltätigkeiten und Verfahren auf Aufhebung oder Änderung einer Disziplinarmaßnahme

Teil 7 Auslagen

Vergütungsverzeichnis (VV)

Nr.	Gebührentatbestand	Gebühr oder Satz der Gebühr nach § 13 RVG
	Teil 1: **Allgemeine Gebühren**	
1000	Einigungsgebühr.............................	1,5

(1) Die Gebühr entsteht für die Mitwirkung beim Abschluss eines Vertrags, durch den
1. der Streit oder die Ungewissheit über ein Rechtsverhältnis beseitigt wird oder
2. die Erfüllung des Anspruchs bei gleichzeitigem vorläufigem Verzicht auf die gerichtliche Geltendmachung und, wenn bereits ein zur Zwangsvollstreckung geeigneter Titel vorliegt, bei gleichzeitigem vorläufigem Verzicht auf Vollstreckungsmaßnahmen geregelt wird (Zahlungsvereinbarung).
Die Gebühr entsteht nicht, wenn sich der Vertrag ausschließlich auf ein Anerkenntnis oder einen Verzicht beschränkt. Im Privatklageverfahren ist Nummer 4147 anzuwenden.
(2) Die Gebühr entsteht auch für die Mitwirkung bei Vertragsverhandlungen, es sei denn, dass diese für den Abschluss des Vertrags im Sinne des Absatzes 1 nicht ursächlich war.
(3) Für die Mitwirkung bei einem unter einer aufschiebenden Bedingung oder unter dem Vorbehalt des Widerrufs geschlossenen Vertrag entsteht die Gebühr, wenn die Bedingung eingetreten ist oder der Vertrag nicht mehr widerrufen werden kann.
(4) Soweit über die Ansprüche vertraglich verfügt werden kann, gelten die Absätze 1 und 2 auch bei Rechtsverhältnissen des öffentlichen Rechts.
(5) Die Gebühr entsteht nicht in Ehesachen und in Lebenspartnerschaftssachen (§ 269 Abs. 1 Nr. 1 und 2 FamFG). Wird ein Vertrag, insbesondere über den Unterhalt, im Hinblick auf die in Satz 1 genannten Verfahren geschlossen, bleibt der Wert dieser Verfahren bei der Berechnung der Gebühr außer Betracht. In Kindschaftssachen ist Absatz 1 Satz 1 und 2 auch für die Mitwirkung an einer Vereinbarung, über deren Gegenstand nicht vertraglich verfügt werden kann, entsprechend anzuwenden.

1001	Aussöhnungsgebühr	1,5

Die Gebühr entsteht für die Mitwirkung bei der Aussöhnung, wenn der ernstliche Wille eines Ehegatten, eine Scheidungssache oder ein Verfahren auf Aufhebung der Ehe anhängig zu machen, hervorgetreten ist und die Ehegatten die eheliche Lebensgemeinschaft fortsetzen oder die eheliche Lebensgemeinschaft wieder aufnehmen. Dies gilt entsprechend bei Lebenspartnerschaften.

Vergütungsverzeichnis (VV)

Nr.	Gebührentatbestand	Gebühr oder Satz der Gebühr nach § 13 RVG
1002	Erledigungsgebühr, soweit nicht Nummer 1005 gilt ...	1,5
	Die Gebühr entsteht, wenn sich eine Rechtssache ganz oder teilweise nach Aufhebung oder Änderung des mit einem Rechtsbehelf angefochtenen Verwaltungsakts durch die anwaltliche Mitwirkung erledigt. Das Gleiche gilt, wenn sich eine Rechtssache ganz oder teilweise durch Erlass eines bisher abgelehnten Verwaltungsakts erledigt.	
1003	Über den Gegenstand ist ein anderes gerichtliches Verfahren als ein selbstständiges Beweisverfahren anhängig:	
	Die Gebühren 1000 bis 1002 betragen............	1,0
	(1) Dies gilt auch, wenn ein Verfahren über die Prozesskostenhilfe anhängig ist, soweit nicht lediglich Prozesskostenhilfe für ein selbständiges Beweisverfahren oder die gerichtliche Protokollierung des Vergleichs beantragt wird oder sich die Beiordnung auf den Abschluss eines Vertrags im Sinne der Nummer 1000 erstreckt (§ 48 Abs. 3 RVG). Die Anmeldung eines Anspruchs zum Musterverfahren nach dem KapMuG steht einem anhängigen gerichtlichen Verfahren gleich. Das Verfahren vor dem Gerichtsvollzieher steht einem gerichtlichen Verfahren gleich.	
	(2) In Kindschaftssachen entsteht die Gebühr auch für die Mitwirkung am Abschluss eines gerichtlich gebilligten Vergleichs (§ 156 Abs. 2 FamFG) und an einer Vereinbarung, über deren Gegenstand nicht vertraglich verfügt werden kann, wenn hierdurch eine gerichtliche Entscheidung entbehrlich wird oder wenn die Entscheidung der getroffenen Vereinbarung folgt.	
1004	Über den Gegenstand ist ein Berufungs- oder Revisionsverfahren, ein Verfahren über die Beschwerde gegen die Nichtzulassung eines dieser Rechtsmittel oder ein Verfahren vor dem Rechtsmittelgericht über die Zulassung des Rechtsmittels anhängig:	
	Die Gebühren 1000 bis 1002 betragen............	1,3
	(1) Dies gilt auch in den in den Vorbemerkungen 3.2.1 und 3.2.2 genannten Beschwerde- und Rechtsbeschwerdeverfahren.	
	(2) Absatz 2 der Anmerkung zu Nummer 1003 ist anzuwenden.	
1005	Einigung oder Erledigung in einem Verwaltungsverfahren in sozialrechtlichen Angelegenheiten, in denen im gerichtlichen Verfahren Betragsrahmengebühren entstehen (§ 3 RVG):	
	Die Gebühren 1000 und 1002 entstehen	in Höhe der Geschäftsgebühr

Vergütungsverzeichnis (VV)

Nr.	Gebührentatbestand	Gebühr oder Satz der Gebühr nach § 13 RVG
	(1) Die Gebühr bestimmt sich einheitlich nach dieser Vorschrift, wenn in die Einigung Ansprüche aus anderen Verwaltungsverfahren einbezogen werden. Ist über einen Gegenstand ein gerichtliches Verfahren anhängig, bestimmt sich die Gebühr nach Nummer 1006. Maßgebend für die Höhe der Gebühr ist die höchste entstandene Geschäftsgebühr ohne Berücksichtigung einer Erhöhung nach Nummer 1008. Steht dem Rechtsanwalt ausschließlich eine Gebühr nach § 34 RVG zu, beträgt die Gebühr die Hälfte des in der Anmerkung zu Nummer 2302 genannten Betrags. (2) Betrifft die Einigung oder Erledigung nur einen Teil der Angelegenheit, ist der auf diesen Teil der Angelegenheit entfallende Anteil an der Geschäftsgebühr unter Berücksichtigung der in § 14 Abs. 1 RVG genannten Umstände zu schätzen.	
1006	Über den Gegenstand ist ein gerichtliches Verfahren anhängig: Die Gebühr 1005 entsteht . . . . (1) Die Gebühr bestimmt sich auch dann einheitlich nach dieser Vorschrift, wenn in die Einigung Ansprüche einbezogen werden, die nicht in diesem Verfahren rechtshängig sind. Maßgebend für die Höhe der Gebühr ist die im Einzelfall bestimmte Verfahrensgebühr in der Angelegenheit, in der die Einigung erfolgt. Eine Erhöhung nach Nummer 1008 ist nicht zu berücksichtigen. (2) Betrifft die Einigung oder Erledigung nur einen Teil der Angelegenheit, ist der auf diesen Teil der Angelegenheit entfallende Anteil an der Verfahrensgebühr unter Berücksichtigung der in § 14 Abs. 1 RVG genannten Umstände zu schätzen.	in Höhe der Verfahrensgebühr
1007	*(aufgehoben)*	
1008	Auftraggeber sind in derselben Angelegenheit mehrere Personen: Die Verfahrens- oder Geschäftsgebühr erhöht sich für jede weitere Person um . . . . (1) Dies gilt bei Wertgebühren nur, soweit der Gegenstand der anwaltlichen Tätigkeit derselbe ist. (2) Die Erhöhung wird nach dem Betrag berechnet, an dem die Personen gemeinschaftlich beteiligt sind. (3) Mehrere Erhöhungen dürfen einen Gebührensatz von 2,0 nicht übersteigen; bei Festgebühren dürfen die Erhöhungen das Doppelte der Festgebühr und bei Betragsrahmengebühren das Doppelte des Mindest- und Höchstbetrags nicht übersteigen.	0,3 oder 30 % bei Festgebühren, bei Betragsrahmengebühren erhöhen sich der Mindest- und Höchstbetrag um 30 %

Vergütungsverzeichnis (VV)

Nr.	Gebührentatbestand	Gebühr oder Satz der Gebühr nach § 13 RVG
	(4) Im Fall der Anmerkung zu den Gebühren 2300 und 2302 erhöht sich der Gebührensatz oder Betrag dieser Gebühren entsprechend.	
1009	Hebegebühr	
	1. bis einschließlich 2 500,00 EUR	1,0 %
	2. von dem Mehrbetrag bis einschließlich 10 000,00 EUR	0,5 %
	3. von dem Mehrbetrag über 10 000,00 EUR	0,25 % des aus- oder zurückgezahlten Betrags – mindestens 1,00 EUR
	(1) Die Gebühr wird für die Auszahlung oder Rückzahlung von entgegengenommenen Geldbeträgen erhoben.	
	(2) Unbare Zahlungen stehen baren Zahlungen gleich. Die Gebühr kann bei der Ablieferung an den Auftraggeber entnommen werden.	
	(3) Ist das Geld in mehreren Beträgen gesondert ausgezahlt oder zurückgezahlt, wird die Gebühr von jedem Betrag besonders erhoben.	
	(4) Für die Ablieferung oder Rücklieferung von Wertpapieren und Kostbarkeiten entsteht die in den Absätzen 1 bis 3 bestimmte Gebühr nach dem Wert.	
	(5) Die Hebegebühr entsteht nicht, soweit Kosten an ein Gericht oder eine Behörde weitergeleitet oder eingezogene Kosten an den Auftraggeber abgeführt oder eingezogene Beträge auf die Vergütung verrechnet werden.	
1010	Zusatzgebühr für besonders umfangreiche Beweisaufnahmen in Angelegenheiten, in denen sich die Gebühren nach Teil 3 richten und mindestens drei gerichtliche Termine stattfinden, in denen Sachverständige oder Zeugen vernommen werden	0,3 oder bei Betragsrahmengebühren erhöhen sich der Mindest- und Höchstbetrag der Terminsgebühr um 30 %
	Die Gebühr entsteht für den durch besonders umfangreiche Beweisaufnahmen anfallenden Mehraufwand.	

Teil 2:
Außergerichtliche Tätigkeiten einschließlich der Vertretung im Verwaltungsverfahren

Vorbemerkung 2:

(1) Die Vorschriften dieses Teils sind nur anzuwenden, soweit nicht die §§ 34 bis 36 RVG etwas anderes bestimmen.

(2) Für die Tätigkeit als Beistand für einen Zeugen oder Sachverständigen in einem Verwaltungsverfahren, für das sich die Gebühren nach diesem Teil bestimmen, entstehen die gleichen Gebühren wie

Vergütungsverzeichnis (VV)

Nr.	Gebührentatbestand	Gebühr oder Satz der Gebühr nach § 13 RVG

für einen Bevollmächtigten in diesem Verfahren. Für die Tätigkeit als Beistand eines Zeugen oder Sachverständigen vor einem parlamentarischen Untersuchungsausschuss entstehen die gleichen Gebühren wie für die entsprechende Beistandsleistung in einem Strafverfahren des ersten Rechtszugs vor dem Oberlandesgericht.

Abschnitt 1:
Prüfung der Erfolgsaussicht eines Rechtsmittels

2100 Gebühr für die Prüfung der Erfolgsaussicht eines Rechtsmittels, soweit in Nummer 2102 nichts anderes bestimmt ist. .... 0,5 bis 1,0

Die Gebühr ist auf eine Gebühr für das Rechtsmittelverfahren anzurechnen.

2101 Die Prüfung der Erfolgsaussicht eines Rechtsmittels ist mit der Ausarbeitung eines schriftlichen Gutachtens verbunden:
Die Gebühr 2100 beträgt 1,3

2102 Gebühr für die Prüfung der Erfolgsaussicht eines Rechtsmittels in sozialrechtlichen Angelegenheiten, in denen im gerichtlichen Verfahren Betragsrahmengebühren entstehen (§ 3 RVG), und in den Angelegenheiten, für die nach den Teilen 4 bis 6 Betragsrahmengebühren entstehen .... 30,00 bis 320,00 EUR

Die Gebühr ist auf eine Gebühr für das Rechtsmittelverfahren anzurechnen.

2103 Die Prüfung der Erfolgsaussicht eines Rechtsmittels ist mit der Ausarbeitung eines schriftlichen Gutachtens verbunden:
Die Gebühr 2102 beträgt .... 50,00 bis 550,00 EUR

Abschnitt 2:
Herstellung des Einvernehmens

2200 Geschäftsgebühr für die Herstellung des Einvernehmens nach § 28 EuRAG .... in Höhe der einem Bevollmächtigten oder Verteidiger zustehenden Verfahrensgebühr

Vergütungsverzeichnis (VV)

Nr.	Gebührentatbestand	Gebühr oder Satz der Gebühr nach § 13 RVG
2201	Das Einvernehmen wird nicht hergestellt: Die Gebühr 2200 beträgt	0,1 bis 0,5 oder Mindestbetrag der einem Bevollmächtigten oder Verteidiger zustehenden Verfahrensgebühr

Abschnitt 3:
Vertretung

Vorbemerkung 2.3:

(1) Im Verwaltungszwangsverfahren ist Teil 3 Abschnitt 3 Unterabschnitt 3 entsprechend anzuwenden.

(2) Dieser Abschnitt gilt nicht für die in den Teilen 4 bis 6 geregelten Angelegenheiten.

(3) Die Geschäftsgebühr entsteht für das Betreiben des Geschäfts einschließlich der Information und für die Mitwirkung bei der Gestaltung eines Vertrags.

(4) Soweit wegen desselben Gegenstands eine Geschäftsgebühr für eine Tätigkeit im Verwaltungsverfahren entstanden ist, wird diese Gebühr zur Hälfte, bei Wertgebühren jedoch höchstens mit einem Gebührensatz von 0,75, auf eine Geschäftsgebühr für eine Tätigkeit im weiteren Verwaltungsverfahren, das der Nachprüfung des Verwaltungsakts dient, angerechnet. Bei einer Betragsrahmengebühr beträgt der Anrechnungsbetrag höchstens 175,00 EUR. Bei der Bemessung einer weiteren Geschäftsgebühr innerhalb eines Rahmens ist nicht zu berücksichtigen, dass der Umfang der Tätigkeit infolge der vorangegangenen Tätigkeit geringer ist. Bei einer Wertgebühr erfolgt die Anrechnung nach dem Wert des Gegenstands, der auch Gegenstand des weiteren Verfahrens ist.

(5) Absatz 4 gilt entsprechend bei einer Tätigkeit im Verfahren nach der Wehrbeschwerdeordnung, wenn darauf eine Tätigkeit im Beschwerdeverfahren oder wenn der Tätigkeit im Beschwerdeverfahren eine Tätigkeit im Verfahren der weiteren Beschwerde vor den Disziplinarvorgesetzten folgt.

(6) Soweit wegen desselben Gegenstands eine Geschäftsgebühr nach Nummer 2300 entstanden ist, wird diese Gebühr zur Hälfte, jedoch höchstens mit einem Gebührensatz von 0,75, auf eine Geschäftsgebühr nach Nummer 2303 angerechnet. Absatz 4 Satz 4 gilt entsprechend.

2300	Geschäftsgebühr, soweit in den Nummern 2302 und 2303 nichts anderes bestimmt ist	0,5 bis 2,5
	Eine Gebühr von mehr als 1,3 kann nur gefordert werden, wenn die Tätigkeit umfangreich oder schwierig war.	
2301	Der Auftrag beschränkt sich auf ein Schreiben einfacher Art: Die Gebühr 2300 beträgt	0,3
	Es handelt sich um ein Schreiben einfacher Art, wenn dieses weder schwierige rechtliche Ausführungen noch größere sachliche Auseinandersetzungen enthält.	

Vergütungsverzeichnis (VV)

Nr.	Gebührentatbestand	Gebühr oder Satz der Gebühr nach § 13 RVG
2302	Geschäftsgebühr in	
	1. sozialrechtlichen Angelegenheiten, in denen im gerichtlichen Verfahren Betragsrahmengebühren entstehen (§ 3 RVG), und	
	2. Verfahren nach der Wehrbeschwerdeordnung, wenn im gerichtlichen Verfahren das Verfahren vor dem Truppendienstgericht oder vor dem Bundesverwaltungsgericht an die Stelle des Verwaltungsrechtswegs gemäß § 82 SG tritt	50,00 bis 640,00 EUR
	Eine Gebühr von mehr als 300,00 EUR kann nur gefordert werden, wenn die Tätigkeit umfangreich oder schwierig war.	
2303	Geschäftsgebühr für	
	1. Güteverfahren vor einer durch die Landesjustizverwaltung eingerichteten oder anerkannten Gütestelle (§ 794 Abs. 1 Nr. 1 ZPO) oder, wenn die Parteien den Einigungsversuch einvernehmlich unternehmen, vor einer Gütestelle, die Streitbeilegung betreibt (§ 15a Abs. 3 EGZPO),	
	2. Verfahren vor einem Ausschuss der in § 111 Abs. 2 des Arbeitsgerichtsgesetzes bezeichneten Art,	
	3. Verfahren vor dem Seemannsamt zur vorläufigen Entscheidung von Arbeitssachen und	
	4. Verfahren vor sonstigen gesetzlich eingerichteten Einigungsstellen, Gütestellen oder Schiedsstellen	1,5
	Abschnitt 4: *(aufgehoben)*	
	Abschnitt 5: **Beratungshilfe**	
	Vorbemerkung 2.5: Im Rahmen der Beratungshilfe entstehen Gebühren ausschließlich nach diesem Abschnitt.	
2500	Beratungshilfegebühr	15,00 EUR
	Neben der Gebühr werden keine Auslagen erhoben. Die Gebühr kann erlassen werden.	

Vergütungsverzeichnis (VV)

Nr.	Gebührentatbestand	Gebühr oder Satz der Gebühr nach § 13 RVG
2501	Beratungsgebühr	35,00 EUR
	(1) Die Gebühr entsteht für eine Beratung, wenn die Beratung nicht mit einer anderen gebührenpflichtigen Tätigkeit zusammenhängt.	
	(2) Die Gebühr ist auf eine Gebühr für eine sonstige Tätigkeit anzurechnen, die mit der Beratung zusammenhängt.	
2502	Beratungstätigkeit mit dem Ziel einer außergerichtlichen Einigung mit den Gläubigern über die Schuldenbereinigung auf der Grundlage eines Plans (§ 305 Abs. 1 Nr. 1 InsO):	
	Die Gebühr 2501 beträgt	70,00 EUR
2503	Geschäftsgebühr	85,00 EUR
	(1) Die Gebühr entsteht für das Betreiben des Geschäfts einschließlich der Information oder die Mitwirkung bei der Gestaltung eines Vertrags.	
	(2) Auf die Gebühren für ein anschließendes gerichtliches oder behördliches Verfahren ist diese Gebühr zur Hälfte anzurechnen. Auf die Gebühren für ein Verfahren auf Vollstreckbarerklärung eines Vergleichs nach den §§ 796a, 796b und 796c Abs. 2 Satz 2 ZPO ist die Gebühr zu einem Viertel anzurechnen.	
2504	Tätigkeit mit dem Ziel einer außergerichtlichen Einigung mit den Gläubigern über die Schuldenbereinigung auf der Grundlage eines Plans (§ 305 Abs. 1 Nr. 1 InsO):	
	Die Gebühr 2503 beträgt bei bis zu 5 Gläubigern	270,00 EUR
2505	Es sind 6 bis 10 Gläubiger vorhanden:	
	Die Gebühr 2503 beträgt	405,00 EUR
2506	Es sind 11 bis 15 Gläubiger vorhanden:	
	Die Gebühr 2503 beträgt	540,00 EUR
2507	Es sind mehr als 15 Gläubiger vorhanden:	
	Die Gebühr 2503 beträgt	675,00 EUR
2508	Einigungs- und Erledigungsgebühr	150,00 EUR
	(1) Die Anmerkungen zu Nummern 1000 und 1002 sind anzuwenden.	
	(2) Die Gebühr entsteht auch für die Mitwirkung bei einer außergerichtlichen Einigung mit den Gläubigern über die Schuldenbereinigung auf der Grundlage eines Plans (§ 305 Abs. 1 Nr. 1 InsO).	

Vergütungsverzeichnis (VV)

Nr.	Gebührentatbestand	Gebühr oder Satz der Gebühr nach § 13 RVG

Teil 3:
Zivilsachen, Verfahren der öffentlich-rechtlichen Gerichtsbarkeiten, Verfahren nach dem Strafvollzugsgesetz, auch in Verbindung mit § 92 des Jugendgerichtsgesetzes, und ähnliche Verfahren

Vorbemerkung 3:

(1) Gebühren nach diesem Teil erhält der Rechtsanwalt, dem ein unbedingter Auftrag als Prozess- oder Verfahrensbevollmächtigter, als Beistand für einen Zeugen oder Sachverständigen oder für eine sonstige Tätigkeit in einem gerichtlichen Verfahren erteilt worden ist. Der Beistand für einen Zeugen oder Sachverständigen erhält die gleichen Gebühren wie ein Verfahrensbevollmächtigter.

(2) Die Verfahrensgebühr entsteht für das Betreiben des Geschäfts einschließlich der Information.

(3) Die Terminsgebühr entsteht sowohl für die Wahrnehmung von gerichtlichen Terminen als auch für die Wahrnehmung von außergerichtlichen Terminen und Besprechungen, wenn nichts anderes bestimmt ist. Sie entsteht jedoch nicht für die Wahrnehmung eines gerichtlichen Termins nur zur Verkündung einer Entscheidung. Die Gebühr für außergerichtliche Termine und Besprechungen entsteht für

1. die Wahrnehmung eines von einem gerichtlich bestellten Sachverständigen anberaumten Termins und
2. die Mitwirkung an Besprechungen, die auf die Vermeidung oder Erledigung des Verfahrens gerichtet sind; dies gilt nicht für Besprechungen mit dem Auftraggeber.

(4) Soweit wegen desselben Gegenstands eine Geschäftsgebühr nach Teil 2 entsteht, wird diese Gebühr zur Hälfte, bei Wertgebühren jedoch höchstens mit einem Gebührensatz von 0,75, auf die Verfahrensgebühr des gerichtlichen Verfahrens angerechnet. Bei Betragsrahmengebühren beträgt der Anrechnungsbetrag höchstens 175,00 EUR. Sind mehrere Gebühren entstanden, ist für die Anrechnung die zuletzt entstandene Gebühr maßgebend. Bei einer Betragsrahmengebühr ist nicht zu berücksichtigen, dass der Umfang der Tätigkeit im gerichtlichen Verfahren infolge der vorangegangenen Tätigkeit geringer ist. Bei einer wertabhängigen Gebühr erfolgt die Anrechnung nach dem Wert des Gegenstands, der auch Gegenstand des gerichtlichen Verfahrens ist.

(5) Soweit der Gegenstand eines selbstständigen Beweisverfahrens auch Gegenstand eines Rechtsstreits ist oder wird, wird die Verfahrensgebühr des selbstständigen Beweisverfahrens auf die Verfahrensgebühr des Rechtszugs angerechnet.

(6) Soweit eine Sache an ein untergeordnetes Gericht zurückverwiesen wird, das mit der Sache bereits befasst war, ist die vor diesem Gericht bereits entstandene Verfahrensgebühr auf die Verfahrensgebühr für das erneute Verfahren anzurechnen.

(7) Die Vorschriften dieses Teils sind nicht anzuwenden, soweit Teil 6 besondere Vorschriften enthält.

Abschnitt 1:
Erster Rechtszug

Vorbemerkung 3.1:

(1) Die Gebühren dieses Abschnitts entstehen in allen Verfahren, für die in den folgenden Abschnitten dieses Teils keine Gebühren bestimmt sind.

(2) Dieser Abschnitt ist auch für das Rechtsbeschwerdeverfahren nach § 1065 ZPO anzuwenden.

3100	Verfahrensgebühr, soweit in Nummer 3102 nichts anderes bestimmt ist	1,3

Vergütungsverzeichnis (VV)

Nr.	Gebührentatbestand	Gebühr oder Satz der Gebühr nach § 13 RVG
	(1) Die Verfahrensgebühr für ein vereinfachtes Verfahren über den Unterhalt Minderjähriger wird auf die Verfahrensgebühr angerechnet, die in dem nachfolgenden Rechtsstreit entsteht (§ 255 FamFG). (2) Die Verfahrensgebühr für einen Urkunden- oder Wechselprozess wird auf die Verfahrensgebühr für das ordentliche Verfahren angerechnet, wenn dieses nach Abstandnahme vom Urkunden- oder Wechselprozess oder nach einem Vorbehaltsurteil anhängig bleibt (§§ 596, 600 ZPO). (3) Die Verfahrensgebühr für ein Vermittlungsverfahren nach § 165 FamFG wird auf die Verfahrensgebühr für ein sich anschließendes Verfahren angerechnet.	
3101	1. Endigt der Auftrag, bevor der Rechtsanwalt die Klage, den ein Verfahren einleitenden Antrag oder einen Schriftsatz, der Sachanträge, Sachvortrag, die Zurücknahme der Klage oder die Zurücknahme des Antrags enthält, eingereicht oder bevor er einen gerichtlichen Termin wahrgenommen hat; 2. soweit Verhandlungen vor Gericht zur Einigung der Parteien oder der Beteiligten oder mit Dritten über in diesem Verfahren nicht rechtshängige Ansprüche geführt werden; der Verhandlung über solche Ansprüche steht es gleich, wenn beantragt ist, eine Einigung zu Protokoll zu nehmen oder das Zustandekommen einer Einigung festzustellen (§ 278 Abs. 6 ZPO); oder 3. soweit in einer Familiensache, die nur die Erteilung einer Genehmigung oder die Zustimmung des Familiengerichts zum Gegenstand hat, oder in einem Verfahren der freiwilligen Gerichtsbarkeit lediglich ein Antrag gestellt und eine Entscheidung entgegengenommen wird, beträgt die Gebühr 3100	0,8
	(1) Soweit in den Fällen der Nummer 2 der sich nach § 15 Abs. 3 RVG ergebende Gesamtbetrag der Verfahrensgebühren die Gebühr 3100 übersteigt, wird der übersteigende Betrag auf eine Verfahrensgebühr angerechnet, die wegen desselben Gegenstands in einer anderen Angelegenheit entsteht. (2) Nummer 3 ist in streitigen Verfahren der freiwilligen Gerichtsbarkeit, insbesondere in Verfahren nach dem Gesetz über das gerichtliche Verfahren in Landwirtschaftssachen, nicht anzuwenden.	

Vergütungsverzeichnis (VV)

Nr.	Gebührentatbestand	Gebühr oder Satz der Gebühr nach § 13 RVG
3102	Verfahrensgebühr für Verfahren vor den Sozialgerichten, in denen Betragsrahmengebühren entstehen (§ 3 RVG)	50,00 bis 550,00 EUR
3103	*(aufgehoben)*	
3104	Terminsgebühr, soweit in Nummer 3106 nichts anderes bestimmt ist	1,2
	(1) Die Gebühr entsteht auch, wenn	
	1. in einem Verfahren, für das mündliche Verhandlung vorgeschrieben ist, im Einverständnis mit den Parteien oder Beteiligten oder gemäß § 307 oder § 495a ZPO ohne mündliche Verhandlung entschieden oder in einem solchen Verfahren ein schriftlicher Vergleich geschlossen wird,	
	2. nach § 84 Abs. 1 Satz 1 VwGO oder § 105 Abs. 1 Satz 1 SGG durch Gerichtsbescheid entschieden wird und eine mündliche Verhandlung beantragt werden kann oder	
	3. das Verfahren vor dem Sozialgericht, für das mündliche Verhandlung vorgeschrieben ist, nach angenommenem Anerkenntnis ohne mündliche Verhandlung endet.	
	(2) Sind in dem Termin auch Verhandlungen zur Einigung über in diesem Verfahren nicht rechtshängige Ansprüche geführt worden, wird die Terminsgebühr, soweit sie den sich ohne Berücksichtigung der nicht rechtshängigen Ansprüche ergebenden Gebührenbetrag übersteigt, auf eine Terminsgebühr angerechnet, die wegen desselben Gegenstands in einer anderen Angelegenheit entsteht.	
	(3) Die Gebühr entsteht nicht, soweit lediglich beantragt ist, eine Einigung der Parteien oder der Beteiligten oder mit Dritten über nicht rechtshängige Ansprüche zu Protokoll zu nehmen.	
	(4) Eine in einem vorausgegangenen Mahnverfahren oder vereinfachten Verfahren über den Unterhalt Minderjähriger entstandene Terminsgebühr wird auf die Terminsgebühr des nachfolgenden Rechtsstreits angerechnet.	
3105	Wahrnehmung nur eines Termins, in dem eine Partei oder ein Beteiligter nicht erschienen oder nicht ordnungsgemäß vertreten ist und lediglich ein Antrag auf Versäumnisurteil, Versäumnisentscheidung oder zur Prozess-, Verfahrens- oder Sachleitung gestellt wird: Die Gebühr 3104 beträgt	0,5

Vergütungsverzeichnis (VV)

Nr.	Gebührentatbestand	Gebühr oder Satz der Gebühr nach § 13 RVG
	(1) Die Gebühr entsteht auch, wenn 1. das Gericht bei Säumnis lediglich Entscheidungen zur Prozess-, Verfahrens- oder Sachleitung von Amts wegen trifft oder 2. eine Entscheidung gemäß § 331 Abs. 3 ZPO ergeht. (2) § 333 ZPO ist nicht entsprechend anzuwenden.	
3106	Terminsgebühr in Verfahren vor den Sozialgerichten, in denen Betragsrahmengebühren entstehen (§ 3 RVG)	50,00 bis 510,00 EUR
	Die Gebühr entsteht auch, wenn 1. in einem Verfahren, für das mündliche Verhandlung vorgeschrieben ist, im Einverständnis mit den Parteien ohne mündliche Verhandlung entschieden oder in einem solchen Verfahren ein schriftlicher Vergleich geschlossen wird, 2. nach § 105 Abs. 1 Satz 1 SGG durch Gerichtsbescheid entschieden wird und eine mündliche Verhandlung beantragt werden kann oder 3. das Verfahren, für das mündliche Verhandlung vorgeschrieben ist, nach angenommenem Anerkenntnis ohne mündliche Verhandlung endet. In den Fällen des Satzes 1 beträgt die Gebühr 90 % der in derselben Angelegenheit dem Rechtsanwalt zustehenden Verfahrensgebühr ohne Berücksichtigung einer Erhöhung nach Nummer 1008.	

Abschnitt 2:
Berufung, Revision, bestimmte Beschwerden und Verfahren vor dem Finanzgericht

Vorbemerkung 3.2:

(1) Dieser Abschnitt ist auch in Verfahren vor dem Rechtsmittelgericht über die Zulassung des Rechtsmittels anzuwenden.

(2) Wenn im Verfahren über einen Antrag auf Anordnung, Abänderung oder Aufhebung eines Arrests oder einer einstweiligen Verfügung das Rechtsmittelgericht als Gericht der Hauptsache anzusehen ist (§ 943 ZPO), bestimmen sich die Gebühren nach den für die erste Instanz geltenden Vorschriften. Dies gilt entsprechend im Verfahren der einstweiligen Anordnung und im Verfahren auf Anordnung oder Wiederherstellung der aufschiebenden Wirkung, auf Aussetzung oder Aufhebung der Vollziehung oder Anordnung der sofortigen Vollziehung eines Verwaltungsakts. Satz 1 gilt ferner entsprechend in Verfahren über einen Antrag nach § 115 Abs. 2 Satz 5 und 6, § 118 Abs. 1 Satz 3 oder nach § 121 GWB.

Vergütungsverzeichnis (VV)

Nr.	Gebührentatbestand	Gebühr oder Satz der Gebühr nach § 13 RVG

Unterabschnitt 1:
Berufung, bestimmte Beschwerden und Verfahren vor dem Finanzgericht

Vorbemerkung 3.2.1:
Dieser Unterabschnitt ist auch anzuwenden in Verfahren
1. vor dem Finanzgericht,
2. über Beschwerden
   a) gegen die den Rechtszug beendenden Entscheidungen in Verfahren über Anträge auf Vollstreckbarerklärung ausländischer Titel oder auf Erteilung der Vollstreckungsklausel zu ausländischen Titeln sowie über Anträge auf Aufhebung oder Abänderung der Vollstreckbarerklärung oder der Vollstreckungsklausel,
   b) gegen die Endentscheidung wegen des Hauptgegenstands in Familiensachen und in den Angelegenheiten der freiwilligen Gerichtsbarkeit,
   c) gegen die den Rechtszug beendenden Entscheidungen im Beschlussverfahren vor den Gerichten für Arbeitssachen,
   d) gegen die den Rechtszug beendenden Entscheidungen im personalvertretungsrechtlichen Beschlussverfahren vor den Gerichten der Verwaltungsgerichtsbarkeit,
   e) nach dem GWB,
   f) nach dem EnWG,
   g) nach dem KSpG,
   h) nach dem VSchDG,
   i) nach dem SpruchG,
   j) nach dem WpÜG,
3. über Beschwerden
   a) gegen die Entscheidung des Verwaltungs- oder Sozialgerichts wegen des Hauptgegenstands in Verfahren des vorläufigen oder einstweiligen Rechtsschutzes,
   b) nach dem WpHG,
4. in Rechtsbeschwerdeverfahren nach dem StVollzG, auch i.V.m. § 92 JGG.

3200	Verfahrensgebühr, soweit in Nummer 3204 nichts anderes bestimmt ist	1,6
3201	Vorzeitige Beendigung des Auftrags oder eingeschränkte Tätigkeit des Anwalts: Die Gebühr 3200 beträgt	1,1

(1) Eine vorzeitige Beendigung liegt vor,
1. wenn der Auftrag endigt, bevor der Rechtsanwalt das Rechtsmittel eingelegt oder einen Schriftsatz, der Sachanträge, Sachvortrag, die Zurücknahme der Klage oder die Zurücknahme des Rechtsmittels enthält, eingereicht oder bevor er einen gerichtlichen Termin wahrgenommen hat, oder
2. soweit Verhandlungen vor Gericht zur Einigung der Parteien oder der Beteiligten oder mit Dritten über in diesem

Vergütungsverzeichnis (VV)

Nr.	Gebührentatbestand	Gebühr oder Satz der Gebühr nach § 13 RVG
	Verfahren nicht rechtshängige Ansprüche geführt werden; der Verhandlung über solche Ansprüche steht es gleich, wenn beantragt ist, eine Einigung zu Protokoll zu nehmen oder das Zustandekommen einer Einigung festzustellen (§ 278 Abs. 6 ZPO). Soweit in den Fällen der Nummer 2 der sich nach § 15 Abs. 3 RVG ergebende Gesamtbetrag der Verfahrensgebühren die Gebühr 3200 übersteigt, wird der übersteigende Betrag auf eine Verfahrensgebühr angerechnet, die wegen desselben Gegenstands in einer anderen Angelegenheit entsteht. (2) Eine eingeschränkte Tätigkeit des Anwalts liegt vor, wenn sich seine Tätigkeit 1. in einer Familiensache, die nur die Erteilung einer Genehmigung oder die Zustimmung des Familiengerichts zum Gegenstand hat, oder 2. in einer Angelegenheit der freiwilligen Gerichtsbarkeit auf die Einlegung und Begründung des Rechtsmittels und die Entgegennahme der Rechtsmittelentscheidung beschränkt.	
3202	Terminsgebühr, soweit in Nummer 3205 nichts anderes bestimmt ist	1,2
	(1) Absatz 1 Nr. 1 und 3 sowie die Absätze 2 und 3 der Anmerkung zu Nummer 3104 gelten entsprechend. (2) Die Gebühr entsteht auch, wenn nach § 79a Abs. 2, § 90a oder § 94a FGO ohne mündliche Verhandlung durch Gerichtsbescheid entschieden wird.	
3203	Wahrnehmung nur eines Termins, in dem eine Partei oder ein Beteiligter, im Berufungsverfahren der Berufungskläger, im Beschwerdeverfahren der Beschwerdeführer, nicht erschienen oder nicht ordnungsgemäß vertreten ist und lediglich ein Antrag auf Versäumnisurteil, Versäumnisentscheidung oder zur Prozess-, Verfahrens- oder Sachleitung gestellt wird: Die Gebühr 3202 beträgt	0,5
	Die Anmerkung zu Nummer 3105 und Absatz 2 der Anmerkung zu Nummer 3202 gelten entsprechend.	
3204	Verfahrensgebühr für Verfahren vor den Landessozialgerichten, in denen Betragsrahmengebühren entstehen (§ 3 RVG)................................	60,00 bis 680,00 EUR
3205	Terminsgebühr in Verfahren vor den Landessozialgerichten, in denen Betragsrahmengebühren entstehen (§ 3 RVG)	50,00 bis 510,00 EUR

Vergütungsverzeichnis (VV)

Nr.	Gebührentatbestand	Gebühr oder Satz der Gebühr nach § 13 RVG
	Satz 1 Nr. 1 und 3 der Anmerkung zu Nummer 3106 gilt entsprechend. In den Fällen des Satzes 1 beträgt die Gebühr 75 % der in derselben Angelegenheit dem Rechtsanwalt zustehenden Verfahrensgebühr ohne Berücksichtigung einer Erhöhung nach Nummer 1008.	
	Unterabschnitt 2: *Revision, bestimmte Beschwerden und Rechtsbeschwerden*	

	Vorbemerkung 3.2.2:
	Dieser Unterabschnitt ist auch anzuwenden in Verfahren
	1. über Rechtsbeschwerden
	   a) in den in der Vorbemerkung 3.2.1 Nr. 2 genannten Fällen und
	   b) nach § 20 KapMuG,
	2. vor dem Bundesgerichtshof über Berufungen, Beschwerden oder Rechtsbeschwerden gegen Entscheidungen des Bundespatentgerichts und
	3. vor dem Bundesfinanzhof über Beschwerden nach § 128 Abs. 3 FGO.	

3206	Verfahrensgebühr, soweit in Nummer 3212 nichts anderes bestimmt ist	1,6
3207	Vorzeitige Beendigung des Auftrags oder eingeschränkte Tätigkeit des Anwalts: Die Gebühr 3206 beträgt	1,1
	Die Anmerkung zu Nummer 3201 gilt entsprechend.	
3208	Im Verfahren können sich die Parteien oder die Beteiligten nur durch einen beim Bundesgerichtshof zugelassenen Rechtsanwalt vertreten lassen: Die Gebühr 3206 beträgt	2,3
3209	Vorzeitige Beendigung des Auftrags, wenn sich die Parteien oder die Beteiligten nur durch einen beim Bundesgerichtshof zugelassenen Rechtsanwalt vertreten lassen können: Die Gebühr 3206 beträgt	1,8
	Die Anmerkung zu Nummer 3201 gilt entsprechend.	
3210	Terminsgebühr, soweit in Nummer 3213 nichts anderes bestimmt ist	1,5
	Absatz 1 Nr. 1 und 3 sowie die Absätze 2 und 3 der Anmerkung zu Nummer 3104 und Absatz 2 der Anmerkung zu Nummer 3202 gelten entsprechend.	

Vergütungsverzeichnis (VV)

Nr.	Gebührentatbestand	Gebühr oder Satz der Gebühr nach § 13 RVG
3211	Wahrnehmung nur eines Termins, in dem der Revisionskläger oder Beschwerdeführer nicht ordnungsgemäß vertreten ist und lediglich ein Antrag auf Versäumnisurteil, Versäumnisentscheidung oder zur Prozess-, Verfahrens- oder Sachleitung gestellt wird: Die Gebühr 3210 beträgt	0,8
	Die Anmerkung zu Nummer 3105 und Absatz 2 der Anmerkung zu Nummer 3202 gelten entsprechend.	
3212	Verfahrensgebühr für Verfahren vor dem Bundessozialgericht, in denen Betragsrahmengebühren entstehen (§ 3 RVG)	80,00 bis 880,00 EUR
3213	Terminsgebühr in Verfahren vor dem Bundessozialgericht, in denen Betragsrahmengebühren entstehen (§ 3 RVG)	80,00 bis 830,00 EUR
	Satz 1 Nr. 1 und 3 sowie Satz 2 der Anmerkung zu Nummer 3106 gelten entsprechend.	

Abschnitt 3:
Gebühren für besondere Verfahren

Unterabschnitt 1:
Besondere erstinstanzliche Verfahren

Vorbemerkung 3.3.1:
Die Terminsgebühr bestimmt sich nach Abschnitt 1.

3300	Verfahrensgebühr	
	1. für das Verfahren vor dem Oberlandesgericht nach § 16 Abs. 4 des Urheberrechtswahrnehmungsgesetzes,	
	2. für das erstinstanzliche Verfahren vor dem Bundesverwaltungsgericht, dem Bundessozialgericht, dem Oberverwaltungsgericht (Verwaltungsgerichtshof) und dem Landessozialgericht sowie	
	3. für das Verfahren bei überlangen Gerichtsverfahren und strafrechtlichen Ermittlungsverfahren vor den Oberlandesgerichten, den Landessozialgerichten, den Oberverwaltungsgerichten, den Landesarbeitsgerichten oder einem obersten Gerichtshof des Bundes	1,6
3301	Vorzeitige Beendigung des Auftrags: Die Gebühr 3300 beträgt	1,0
	Die Anmerkung zu Nummer 3201 gilt entsprechend.	

Vergütungsverzeichnis (VV)

Nr.	Gebührentatbestand	Gebühr oder Satz der Gebühr nach § 13 RVG

Unterabschnitt 2:
Mahnverfahren

Vorbemerkung 3.3.2:
Die Terminsgebühr bestimmt sich nach Abschnitt 1.

3305	Verfahrensgebühr für die Vertretung des Antragstellers....................................	1,0
	Die Gebühr wird auf die Verfahrensgebühr für einen nachfolgenden Rechtsstreit angerechnet.	
3306	Beendigung des Auftrags, bevor der Rechtsanwalt den verfahrenseinleitenden Antrag oder einen Schriftsatz, der Sachanträge, Sachvortrag oder die Zurücknahme des Antrags enthält, eingereicht hat: Die Gebühr 3305 beträgt	0,5
3307	Verfahrensgebühr für die Vertretung des Antragsgegners......................................	0,5
	Die Gebühr wird auf die Verfahrensgebühr für einen nachfolgenden Rechtsstreit angerechnet.	
3308	Verfahrensgebühr für die Vertretung des Antragstellers im Verfahren über den Antrag auf Erlass eines Vollstreckungsbescheids	0,5
	Die Gebühr entsteht neben der Gebühr 3305 nur, wenn innerhalb der Widerspruchsfrist kein Widerspruch erhoben oder der Widerspruch gemäß § 703a Abs. 2 Nr. 4 ZPO beschränkt worden ist. Nummer 1008 ist nicht anzuwenden, wenn sich bereits die Gebühr 3305 erhöht.	

Unterabschnitt 3:
Vollstreckung und Vollziehung

Vorbemerkung 3.3.3:
Dieser Unterabschnitt gilt für
1. die Zwangsvollstreckung,
2. die Vollstreckung,
3. Verfahren des Verwaltungszwangs und
4. die Vollziehung eines Arrestes oder einstweiligen Verfügung,

soweit nachfolgend keine besonderen Gebühren bestimmt sind. Er gilt auch für Verfahren auf Eintragung einer Zwangshypothek (§§ 867 und 870a ZPO).

3309	Verfahrensgebühr.............................	0,3

Vergütungsverzeichnis (VV)

Nr.	Gebührentatbestand	Gebühr oder Satz der Gebühr nach § 13 RVG
3310	Terminsgebühr	0,3

Die Gebühr entsteht für die Teilnahme an einem gerichtlichen Termin, einem Termin zur Abgabe der Vermögensauskunft oder zur Abnahme der eidesstattlichen Versicherung.

Unterabschnitt 4:
Zwangsversteigerung und Zwangsverwaltung

3311	Verfahrensgebühr	0,4

Die Gebühr entsteht jeweils gesondert
1. für die Tätigkeit im Zwangsversteigerungsverfahren bis zur Einleitung des Verteilungsverfahrens;
2. im Zwangsversteigerungsverfahren für die Tätigkeit im Verteilungsverfahren, und zwar auch für eine Mitwirkung an einer außergerichtlichen Verteilung;
3. im Verfahren der Zwangsverwaltung für die Vertretung des Antragstellers im Verfahren über den Antrag auf Anordnung der Zwangsverwaltung oder auf Zulassung des Beitritts;
4. im Verfahren der Zwangsverwaltung für die Vertretung des Antragstellers im weiteren Verfahren einschließlich des Verteilungsverfahrens;
5. im Verfahren der Zwangsverwaltung für die Vertretung eines sonstigen Beteiligten im ganzen Verfahren einschließlich des Verteilungsverfahrens und
6. für die Tätigkeit im Verfahren über Anträge auf einstweilige Einstellung oder Beschränkung der Zwangsvollstreckung und einstweilige Einstellung des Verfahrens sowie für Verhandlungen zwischen Gläubiger und Schuldner mit dem Ziel der Aufhebung des Verfahrens.

3312	Terminsgebühr	0,4

Die Gebühr entsteht nur für die Wahrnehmung eines Versteigerungstermins für einen Beteiligten. Im Übrigen entsteht im Verfahren der Zwangsversteigerung und der Zwangsverwaltung keine Terminsgebühr.

Vergütungsverzeichnis (VV)

Nr.	Gebührentatbestand	Gebühr oder Satz der Gebühr nach § 13 RVG

Unterabschnitt 5:
Insolvenzverfahren, Verteilungsverfahren nach der Schifffahrtsrechtlichen Verteilungsordnung

Vorbemerkung 3.3.5:
(1) Die Gebührenvorschriften gelten für die Verteilungsverfahren nach der SVertO, soweit dies ausdrücklich angeordnet ist.
(2) Bei der Vertretung mehrerer Gläubiger, die verschiedene Forderungen geltend machen, entstehen die Gebühren jeweils besonders.
(3) Für die Vertretung des ausländischen Insolvenzverwalters im Sekundärinsolvenzverfahren entstehen die gleichen Gebühren wie für die Vertretung des Schuldners.

3313	Verfahrensgebühr für die Vertretung des Schuldners im Eröffnungsverfahren	1,0
	Die Gebühr entsteht auch im Verteilungsverfahren nach der SVertO.	
3314	Verfahrensgebühr für die Vertretung des Gläubigers im Eröffnungsverfahren	0,5
	Die Gebühr entsteht auch im Verteilungsverfahren nach der SVertO.	
3315	Tätigkeit auch im Verfahren über den Schuldenbereinigungsplan: Die Verfahrensgebühr 3313 beträgt...............	1,5
3316	Tätigkeit auch im Verfahren über den Schuldenbereinigungsplan: Die Verfahrensgebühr 3314 beträgt...............	1,0
3317	Verfahrensgebühr für das Insolvenzverfahren........	1,0
	Die Gebühr entsteht auch im Verteilungsverfahren nach der SVertO.	
3318	Verfahrensgebühr für das Verfahren über einen Insolvenzplan	1,0
3319	Vertretung des Schuldners, der den Plan vorgelegt hat: Die Verfahrensgebühr 3318 beträgt...............	3,0
3320	Die Tätigkeit beschränkt sich auf die Anmeldung einer Insolvenzforderung: Die Verfahrensgebühr 3317 beträgt...............	0,5
	Die Gebühr entsteht auch im Verteilungsverfahren nach der SVertO.	

Vergütungsverzeichnis (VV)

Nr.	Gebührentatbestand	Gebühr oder Satz der Gebühr nach § 13 RVG
3321	Verfahrensgebühr für das Verfahren über einen Antrag auf Versagung oder Widerruf der Restschuldbefreiung	0,5
	(1) Das Verfahren über mehrere gleichzeitig anhängige Anträge ist eine Angelegenheit. (2) Die Gebühr entsteht auch gesondert, wenn der Antrag bereits vor Aufhebung des Insolvenzverfahrens gestellt wird.	
3322	Verfahrensgebühr für das Verfahren über Anträge auf Zulassung der Zwangsvollstreckung nach § 17 Abs. 4 SVertO	0,5
3323	Verfahrensgebühr für das Verfahren über Anträge auf Aufhebung von Vollstreckungsmaßregeln (§ 8 Abs. 5 und § 41 SVertO)	0,5

Unterabschnitt 6:
Sonstige besondere Verfahren

Vorbemerkung 3.3.6:
Die Terminsgebühr bestimmt sich nach Abschnitt 1, soweit in diesem Unterabschnitt nichts anderes bestimmt ist. Im Verfahren über die Prozesskostenhilfe bestimmt sich die Terminsgebühr nach den für dasjenige Verfahren geltenden Vorschriften, für das die Prozesskostenhilfe beantragt wird.

Nr.	Gebührentatbestand	Gebühr
3324	Verfahrensgebühr für das Aufgebotsverfahren	1,0
3325	Verfahrensgebühr für Verfahren nach § 148 Abs. 1 und 2, §§ 246a, 319 Abs. 6 AktG auch i.V.m. § 327e Abs. 2 AktG, oder nach § 16 Abs. 3 UmwG	0,75
3326	Verfahrensgebühr für Verfahren vor den Gerichten für Arbeitssachen, wenn sich die Tätigkeit auf eine gerichtliche Entscheidung über die Bestimmung einer Frist (§ 102 Abs. 3 des Arbeitsgerichtsgesetzes), die Ablehnung eines Schiedsrichters (§ 103 Abs. 3 des Arbeitsgerichtsgesetzes) oder die Vornahme einer Beweisaufnahme oder einer Vereidigung (§ 106 Abs. 2 des Arbeitsgerichtsgesetzes) beschränkt	0,75
3327	Verfahrensgebühr für gerichtliche Verfahren über die Bestellung eines Schiedsrichters oder Ersatzschiedsrichters, über die Ablehnung eines Schiedsrichters oder über die Beendigung des Schiedsrichteramts, zur Unterstützung bei der Beweisaufnahme oder bei der Vornahme sonstiger richterlicher Handlungen anlässlich eines schiedsrichterlichen Verfahrens	0,75

Vergütungsverzeichnis (VV)

Nr.	Gebührentatbestand	Gebühr oder Satz der Gebühr nach § 13 RVG
3328	Verfahrensgebühr für Verfahren über die vorläufige Einstellung, Beschränkung oder Aufhebung der Zwangsvollstreckung oder die einstweilige Einstellung oder Beschränkung der Vollstreckung und die Anordnung, dass Vollstreckungsmaßnahmen aufzuheben sind	0,5
	Die Gebühr entsteht nur, wenn eine abgesonderte mündliche Verhandlung hierüber oder ein besonderer gerichtlicher Termin stattfindet. Wird der Antrag beim Vollstreckungsgericht und beim Prozessgericht gestellt, entsteht die Gebühr nur einmal.	
3329	Verfahrensgebühr für Verfahren auf Vollstreckbarerklärung der durch Rechtsmittelanträge nicht angefochtenen Teile eines Urteils (§§ 537, 558 ZPO)	0,5
3330	Verfahrensgebühr für Verfahren über eine Rüge wegen Verletzung des Anspruchs auf rechtliches Gehör .	in Höhe der Verfahrensgebühr für das Verfahren, in dem die Rüge erhoben wird, höchstens 0,5, bei Betragsrahmengebühren höchstens 220,00 EUR
3331	Terminsgebühr in Verfahren über eine Rüge wegen Verletzung des Anspruchs auf rechtliches Gehör	in Höhe der Terminsgebühr für das Verfahren, in dem die Rüge erhoben wird, höchstens 0,5, bei Betragsrahmengebühren höchstens 220,00 EUR
3332	Terminsgebühr in den in Nummern 3324 bis 3329 genannten Verfahren	0,5
3333	Verfahrensgebühr für ein Verteilungsverfahren außerhalb der Zwangsversteigerung und der Zwangsverwaltung	0,4
	Der Wert bestimmt sich nach § 26 Nr. 1 und 2 RVG. Eine Terminsgebühr entsteht nicht.	
3334	Verfahrensgebühr für Verfahren vor dem Prozessgericht oder dem Amtsgericht auf Bewilligung, Verlängerung oder Verkürzung einer Räumungsfrist (§§ 721, 794a ZPO), wenn das Verfahren mit dem Verfahren über die Hauptsache nicht verbunden ist	1,0

Vergütungsverzeichnis (VV)

Nr.	Gebührentatbestand	Gebühr oder Satz der Gebühr nach § 13 RVG
3335	Verfahrensgebühr für das Verfahren über die Prozesskostenhilfe	in Höhe der Verfahrensgebühr für das Verfahren, für das die Prozesskostenhilfe beantragt wird, höchstens 1,0, bei Betragsrahmengebühren höchstens 420,00 EUR
3336	*(aufgehoben)*	
3337	Vorzeitige Beendigung des Auftrags im Fall der Nummern 3324 bis 3327, 3334 und 3335: Die Gebühren 3324 bis 3327, 3334 und 3335 betragen höchstens	0,5
	Eine vorzeitige Beendigung liegt vor,	
	1. wenn der Auftrag endigt, bevor der Rechtsanwalt den das Verfahren einleitenden Antrag oder einen Schriftsatz, der Sachanträge, Sachvortrag oder die Zurücknahme des Antrags enthält, eingereicht oder bevor er einen gerichtlichen Termin wahrgenommen hat, oder	
	2. soweit lediglich beantragt ist, eine Einigung der Parteien oder der Beteiligten zu Protokoll zu nehmen oder soweit lediglich Verhandlungen vor Gericht zur Einigung geführt werden.	
3338	Verfahrensgebühr für die Tätigkeit als Vertreter des Anmelders eines Anspruchs zum Musterverfahren (§ 10 Abs. 2 KapMuG)	0,8

Abschnitt 4:
Einzeltätigkeiten

Vorbemerkung 3.4:
Für in diesem Abschnitt genannte Tätigkeiten entsteht eine Terminsgebühr nur, wenn dies ausdrücklich bestimmt ist.

3400	Der Auftrag beschränkt sich auf die Führung des Verkehrs der Partei oder des Beteiligten mit dem Verfahrensbevollmächtigten: Verfahrensgebühr	in Höhe der dem Verfahrensbevollmächtigten zustehenden Verfahrensgebühr, höchstens 1,0, bei Betragsrahmengebühren höchstens 420,00 EUR
	Die gleiche Gebühr entsteht auch, wenn im Einverständnis mit dem Auftraggeber mit der Übersendung der Akten an den Rechtsanwalt des höheren Rechtszugs gutachterliche Äußerungen verbunden sind.	

Vergütungsverzeichnis (VV)

Nr.	Gebührentatbestand	Gebühr oder Satz der Gebühr nach § 13 RVG
3401	Der Auftrag beschränkt sich auf die Vertretung in einem Termin im Sinne der Vorbemerkung 3 Abs. 3: Verfahrensgebühr.............................	in Höhe der Hälfte der dem Verfahrensbevollmächtigten zustehenden Verfahrensgebühr
3402	Terminsgebühr in dem in Nummer 3401 genannten Fall...	in Höhe der einem Verfahrensbevollmächtigten zustehenden Terminsgebühr
3403	Verfahrensgebühr für sonstige Einzeltätigkeiten, soweit in Nummer 3406 nichts anderes bestimmt ist....	0,8
	Die Gebühr entsteht für sonstige Tätigkeiten in einem gerichtlichen Verfahren, wenn der Rechtsanwalt nicht zum Prozess- oder Verfahrensbevollmächtigten bestellt ist, soweit in diesem Abschnitt nichts anderes bestimmt ist.	
3404	Der Auftrag beschränkt sich auf ein Schreiben einfacher Art: Die Gebühr 3403 beträgt......................	0,3
	Die Gebühr entsteht insbesondere, wenn das Schreiben weder schwierige rechtliche Ausführungen noch größere sachliche Auseinandersetzungen enthält.	
3405	Endet der Auftrag	
	1. im Fall der Nummer 3400, bevor der Verfahrensbevollmächtigte beauftragt oder der Rechtsanwalt gegenüber dem Verfahrensbevollmächtigten tätig geworden ist,	
	2. im Fall der Nummer 3401, bevor der Termin begonnen hat:	
	Die Gebühren 3400 und 3401 betragen............. Im Fall der Nummer 3403 gilt die Vorschrift entsprechend.	höchstens 0,5, bei Betragsrahmengebühren höchstens 210,00 EUR
3406	Verfahrensgebühr für sonstige Einzeltätigkeiten in Verfahren vor Gerichten der Sozialgerichtsbarkeit, wenn Betragsrahmengebühren entstehen (§ 3 RVG).......	30,00 bis 340,00 EUR
	Die Anmerkung zu Nummer 3403 gilt entsprechend.	

Vergütungsverzeichnis (VV)

Nr.	Gebührentatbestand	Gebühr oder Satz der Gebühr nach § 13 RVG

Abschnitt 5:
Beschwerde, Nichtzulassungsbeschwerde und Erinnerung

Vorbemerkung 3.5:
Die Gebühren nach diesem Abschnitt entstehen nicht in den in Vorbemerkung 3.1 Abs. 2 und in den Vorbemerkungen 3.2.1 und 3.2.2 genannten Beschwerdeverfahren.

Nr.	Gebührentatbestand	Gebühr
3500	Verfahrensgebühr für Verfahren über die Beschwerde und die Erinnerung, soweit in diesem Abschnitt keine besonderen Gebühren bestimmt sind............	0,5
3501	Verfahrensgebühr für Verfahren vor den Gerichten der Sozialgerichtsbarkeit über die Beschwerde und die Erinnerung, wenn in den Verfahren Betragsrahmengebühren entstehen (§ 3 RVG), soweit in diesem Abschnitt keine besonderen Gebühren bestimmt sind ...	20,00 bis 210,00 EUR
3502	Verfahrensgebühr für das Verfahren über die Rechtsbeschwerde	1,0
3503	Vorzeitige Beendigung des Auftrags: Die Gebühr 3502 beträgt	0,5
	Die Anmerkung zu Nummer 3201 ist entsprechend anzuwenden.	
3504	Verfahrensgebühr für das Verfahren über die Beschwerde gegen die Nichtzulassung der Berufung, soweit in Nummer 3511 nichts anderes bestimmt ist	1,6
	Die Gebühr wird auf die Verfahrensgebühr für ein nachfolgendes Berufungsverfahren angerechnet.	
3505	Vorzeitige Beendigung des Auftrags: Die Gebühr 3504 beträgt	1,0
	Die Anmerkung zu Nummer 3201 ist entsprechend anzuwenden.	
3506	Verfahrensgebühr für das Verfahren über die Beschwerde gegen die Nichtzulassung der Revision oder über die Beschwerde gegen die Nichtzulassung einer der in der Vorbemerkung 3.2.2 genannten Rechtsbeschwerden, soweit in Nummer 3512 nichts anderes bestimmt ist	1,6
	Die Gebühr wird auf die Verfahrensgebühr für ein nachfolgendes Revisions- oder Rechtsbeschwerdeverfahren angerechnet.	

Vergütungsverzeichnis (VV)

Nr.	Gebührentatbestand	Gebühr oder Satz der Gebühr nach § 13 RVG
3507	Vorzeitige Beendigung des Auftrags: Die Gebühr 3506 beträgt	1,1
	Die Anmerkung zu Nummer 3201 ist entsprechend anzuwenden.	
3508	In dem Verfahren über die Beschwerde gegen die Nichtzulassung der Revision können sich die Parteien nur durch einen beim Bundesgerichtshof zugelassenen Rechtsanwalt vertreten lassen: Die Gebühr 3506 beträgt	2,3
3509	Vorzeitige Beendigung des Auftrags, wenn sich die Parteien nur durch einen beim Bundesgerichtshof zugelassenen Rechtsanwalt vertreten lassen können: Die Gebühr 3506 beträgt	1,8
	Die Anmerkung zu Nummer 3201 ist entsprechend anzuwenden.	
3510	Verfahrensgebühr für Beschwerdeverfahren vor dem Bundespatentgericht	

    1. nach dem Patentgesetz, wenn sich die Beschwerde gegen einen Beschluss richtet,

        a) durch den die Vergütung bei Lizenzbereitschaftserklärung festgesetzt wird oder Zahlung der Vergütung an das Deutsche Patent- und Markenamt angeordnet wird,

        b) durch den eine Anordnung nach § 50 Abs. 1 PatG oder die Aufhebung dieser Anordnung erlassen wird,

        c) durch den die Anmeldung zurückgewiesen oder über die Aufrechterhaltung, den Widerruf oder die Beschränkung des Patents entschieden wird,

    2. nach dem Gebrauchsmustergesetz, wenn sich die Beschwerde gegen einen Beschluss richtet,

        a) durch den die Anmeldung zurückgewiesen wird,

        b) durch den über den Löschungsantrag entschieden wird,

    3. nach dem Markengesetz, wenn sich die Beschwerde gegen einen Beschluss richtet,

Vergütungsverzeichnis (VV)

Nr.	Gebührentatbestand	Gebühr oder Satz der Gebühr nach § 13 RVG

a) durch den über die Anmeldung einer Marke, einen Widerspruch oder einen Antrag auf Löschung oder über die Erinnerung gegen einen solchen Beschluss entschieden worden ist oder

b) durch den ein Antrag auf Eintragung einer geographischen Angabe oder einer Ursprungsbezeichnung zurückgewiesen worden ist,

4. nach dem Halbleiterschutzgesetz, wenn sich die Beschwerde gegen einen Beschluss richtet,

    a) durch den die Anmeldung zurückgewiesen wird,

    b) durch den über den Löschungsantrag entschieden wird,

5. nach dem Geschmacksmustergesetz, wenn sich die Beschwerde gegen einen Beschluss richtet, durch den die Anmeldung eines Geschmacksmusters zurückgewiesen oder durch den über einen Löschungsantrag entschieden worden ist,

6. nach dem Sortenschutzgesetz, wenn sich die Beschwerde gegen einen Beschluss des Widerspruchsausschusses richtet................ 1,3

3511 Verfahrensgebühr für das Verfahren über die Beschwerde gegen die Nichtzulassung der Berufung vor dem Landessozialgericht, wenn Betragsrahmengebühren entstehen (§ 3 RVG) .... 60,00 bis 680,00 EUR

Die Gebühr wird auf die Verfahrensgebühr für ein nachfolgendes Berufungsverfahren angerechnet.

3512 Verfahrensgebühr für das Verfahren über die Beschwerde gegen die Nichtzulassung der Revision vor dem Bundessozialgericht, wenn Betragsrahmengebühren entstehen (§ 3 RVG) .... 80,00 bis 880,00 EUR

Die Gebühr wird auf die Verfahrensgebühr für ein nachfolgendes Revisionsverfahren angerechnet.

3513 Terminsgebühr in den in Nummer 3500 genannten Verfahren.................................... 0,5

Vergütungsverzeichnis (VV)

Nr.	Gebührentatbestand	Gebühr oder Satz der Gebühr nach § 13 RVG
3514	In dem Verfahren über die Beschwerde gegen die Zurückweisung des Antrags auf Anordnung eines Arrests oder des Antrags auf Erlass einer einstweiligen Verfügung bestimmt das Beschwerdegericht Termin zur mündlichen Verhandlung: Die Gebühr 3513 beträgt	1,2
3515	Terminsgebühr in den in Nummer 3501 genannten Verfahren.................................	20,00 bis 210,00 EUR
3516	Terminsgebühr in den in Nummern 3502, 3504, 3506 und 3510 genannten Verfahren..................	1,2
3517	Terminsgebühr in den in Nummer 3511 genannten Verfahren.................................	50,00 bis 510,00 EUR
3518	Terminsgebühr in den in Nummer 3512 genannten Verfahren.................................	60,00 bis 660,00 EUR

Vergütungsverzeichnis (VV)

Nr.	Gebührentatbestand	Gebühr oder Satz der Gebühr nach § 13 oder § 49 RVG	
		Wahlanwalt	gerichtlich bestellter oder beigeordneter Rechtsanwalt

Teil 4:
Strafsachen

Vorbemerkung 4:

(1) Für die Tätigkeit als Beistand oder Vertreter eines Privatklägers, eines Nebenklägers, eines Einziehungs- oder Nebenbeteiligten, eines Verletzten, eines Zeugen oder Sachverständigen und im Verfahren nach dem Strafrechtlichen Rehabilitierungsgesetz sind die Vorschriften entsprechend anzuwenden.

(2) Die Verfahrensgebühr entsteht für das Betreiben des Geschäfts einschließlich der Information.

(3) Die Terminsgebühr entsteht für die Teilnahme an gerichtlichen Terminen, soweit nichts anderes bestimmt ist. Der Rechtsanwalt erhält die Terminsgebühr auch, wenn er zu einem anberaumten Termin erscheint, dieser aber aus Gründen, die er nicht zu vertreten hat, nicht stattfindet. Dies gilt nicht, wenn er rechtzeitig von der Aufhebung oder Verlegung des Termins in Kenntnis gesetzt worden ist.

(4) Befindet sich der Beschuldigte nicht auf freiem Fuß, entsteht die Gebühr mit Zuschlag.

(5) Für folgende Tätigkeiten entstehen Gebühren nach den Vorschriften des Teils 3:

1. im Verfahren über die Erinnerung oder die Beschwerde gegen einen Kostenfestsetzungsbeschluss (§ 464b StPO) und im Verfahren über die Erinnerung gegen den Kostenansatz und im Verfahren über die Beschwerde gegen die Entscheidung über diese Erinnerung,

2. in der Zwangsvollstreckung aus Entscheidungen, die über einen aus der Straftat erwachsenen vermögensrechtlichen Anspruch oder die Erstattung von Kosten ergangen sind (§§ 406b, 464b StPO), für die Mitwirkung bei der Ausübung der Veröffentlichungsbefugnis und im Beschwerdeverfahren gegen eine dieser Entscheidungen.

Abschnitt 1:
Gebühren des Verteidigers

Vorbemerkung 4.1:

(1) Dieser Abschnitt ist auch anzuwenden auf die Tätigkeit im Verfahren über die im Urteil vorbehaltene Sicherungsverwahrung und im Verfahren über die nachträgliche Anordnung der Sicherungsverwahrung.

(2) Durch die Gebühren wird die gesamte Tätigkeit als Verteidiger entgolten. Hierzu gehören auch Tätigkeiten im Rahmen des Täter-Opfer-Ausgleichs, soweit der Gegenstand nicht vermögensrechtlich ist.

Unterabschnitt 1:
Allgemeine Gebühren

4100	Grundgebühr	40,00 bis 360,00 EUR	160,00 EUR
	(1) Die Gebühr entsteht neben der Verfahrensgebühr für die erstmalige Einarbeitung in den Rechtsfall nur einmal, unabhängig davon, in welchem Verfahrensabschnitt sie erfolgt.		

Vergütungsverzeichnis (VV)

Nr.	Gebührentatbestand	Gebühr oder Satz der Gebühr nach § 13 oder § 49 RVG	
		Wahlanwalt	gerichtlich bestellter oder beigeordneter Rechtsanwalt
	(2) Eine wegen derselben Tat oder Handlung bereits entstandene Gebühr 5100 ist anzurechnen.		
4101	Gebühr 4100 mit Zuschlag	40,00 bis 450,00 EUR	192,00 EUR
4102	Terminsgebühr für die Teilnahme an 1. richterlichen Vernehmungen und Augenscheinseinnahmen, 2. Vernehmungen durch die Staatsanwaltschaft oder eine andere Strafverfolgungsbehörde, 3. Terminen außerhalb der Hauptverhandlung, in denen über die Anordnung oder Fortdauer der Untersuchungshaft oder der einstweiligen Unterbringung verhandelt wird, 4. Verhandlungen im Rahmen des Täter-Opfer-Ausgleichs sowie 5. Sühneterminen nach § 380 StPO ..... Mehrere Termine an einem Tag gelten als ein Termin. Die Gebühr entsteht im vorbereitenden Verfahren und in jedem Rechtszug für die Teilnahme an jeweils bis zu drei Terminen einmal.	40,00 bis 300,00 EUR	136,00 EUR
4103	Gebühr 4102 mit Zuschlag	40,00 bis 375,00 EUR	166,00 EUR

Unterabschnitt 2:
Vorbereitendes Verfahren

Vorbemerkung 4.1.2:
Die Vorbereitung der Privatklage steht der Tätigkeit im vorbereitenden Verfahren gleich.

4104	Verfahrensgebühr	40,00 bis 290,00 EUR	132,00 EUR
	Die Gebühr entsteht für eine Tätigkeit in dem Verfahren bis zum Eingang der Anklageschrift, des Antrags auf Erlass eines Strafbefehls bei Gericht		

Vergütungsverzeichnis (VV)

Nr.	Gebührentatbestand	Gebühr oder Satz der Gebühr nach § 13 oder § 49 RVG	
		Wahlanwalt	gerichtlich bestellter oder beigeordneter Rechtsanwalt
	oder im beschleunigten Verfahren bis zum Vortrag der Anklage, wenn diese nur mündlich erhoben wird.		
4105	Gebühr 4104 mit Zuschlag	40,00 bis 362,50 EUR	161,00 EUR

Unterabschnitt 3:
Gerichtliches Verfahren
Erster Rechtszug

Nr.	Gebührentatbestand	Wahlanwalt	gerichtlich bestellter oder beigeordneter Rechtsanwalt
4106	Verfahrensgebühr für den ersten Rechtszug vor dem Amtsgericht	40,00 bis 290,00 EUR	132,00 EUR
4107	Gebühr 4106 mit Zuschlag	40,00 bis 362,50 EUR	161,00 EUR
4108	Terminsgebühr je Hauptverhandlungstag in den in Nummer 4106 genannten Verfahren	70,00 bis 480,00 EUR	220,00 EUR
4109	Gebühr 4108 mit Zuschlag	70,00 bis 600,00 EUR	268,00 EUR
4110	Der gerichtlich bestellte oder beigeordnete Rechtsanwalt nimmt mehr als 5 und bis 8 Stunden an der Hauptverhandlung teil: Zusätzliche Gebühr neben der Gebühr 4108 oder 4109		110,00 EUR
4111	Der gerichtlich bestellte oder beigeordnete Rechtsanwalt nimmt mehr als 8 Stunden an der Hauptverhandlung teil: Zusätzliche Gebühr neben der Gebühr 4108 oder 4109		220,00 EUR
4112	Verfahrensgebühr für den ersten Rechtszug vor der Strafkammer...................	50,00 bis 320,00 EUR	148,00 EUR
	Die Gebühr entsteht auch für Verfahren 1. vor der Jugendkammer, soweit sich die Gebühr nicht nach Nummer 4118 bestimmt, 2. im Rehabilitierungsverfahren nach Abschnitt 2 StrRehaG.		

Vergütungsverzeichnis (VV)

Nr.	Gebührentatbestand	Gebühr oder Satz der Gebühr nach § 13 oder § 49 RVG	
		Wahlanwalt	gerichtlich bestellter oder beigeordneter Rechtsanwalt
4113	Gebühr 4112 mit Zuschlag	50,00 bis 400,00 EUR	180,00 EUR
4114	Terminsgebühr je Hauptverhandlungstag in den in Nummer 4112 genannten Verfahren	80,00 bis 560,00 EUR	256,00 EUR
4115	Gebühr 4114 mit Zuschlag	80,00 bis 700,00 EUR	312,00 EUR
4116	Der gerichtlich bestellte oder beigeordnete Rechtsanwalt nimmt mehr als 5 und bis 8 Stunden an der Hauptverhandlung teil: Zusätzliche Gebühr neben der Gebühr 4114 oder 4115		128,00 EUR
4117	Der gerichtlich bestellte oder beigeordnete Rechtsanwalt nimmt mehr als 8 Stunden an der Hauptverhandlung teil: Zusätzliche Gebühr neben der Gebühr 4114 oder 4115		256,00 EUR
4118	Verfahrensgebühr für den ersten Rechtszug vor dem Oberlandesgericht, dem Schwurgericht oder der Strafkammer nach den §§ 74a und 74c GVG .... Die Gebühr entsteht auch für Verfahren vor der Jugendkammer, soweit diese in Sachen entscheidet, die nach den allgemeinen Vorschriften zur Zuständigkeit des Schwurgerichts gehören.	100,00 bis 690,00 EUR	316,00 EUR
4119	Gebühr 4118 mit Zuschlag	100,00 bis 862,50 EUR	385,00 EUR
4120	Terminsgebühr je Hauptverhandlungstag in den in Nummer 4118 genannten Verfahren	130,00 bis 930,00 EUR	424,00 EUR
4121	Gebühr 4120 mit Zuschlag	130,00 bis 1 162,50 EUR	517,00 EUR

Vergütungsverzeichnis (VV)

Nr.	Gebührentatbestand	Gebühr oder Satz der Gebühr nach § 13 oder § 49 RVG	
		Wahlanwalt	gerichtlich bestellter oder beigeordneter Rechtsanwalt
4122	Der gerichtlich bestellte oder beigeordnete Rechtsanwalt nimmt mehr als 5 und bis 8 Stunden an der Hauptverhandlung teil: Zusätzliche Gebühr neben der Gebühr 4120 oder 4121		212,00 EUR
4123	Der gerichtlich bestellte oder beigeordnete Rechtsanwalt nimmt mehr als 8 Stunden an der Hauptverhandlung teil: Zusätzliche Gebühr neben der Gebühr 4120 oder 4121		424,00 EUR
	Berufung		
4124	Verfahrensgebühr für das Berufungsverfahren	80,00 bis 560,00 EUR	256,00 EUR
	Die Gebühr entsteht auch für Beschwerdeverfahren nach § 13 StrRehaG.		
4125	Gebühr 4124 mit Zuschlag	80,00 bis 700,00 EUR	312,00 EUR
4126	Terminsgebühr je Hauptverhandlungstag im Berufungsverfahren	80,00 bis 560,00 EUR	256,00 EUR
	Die Gebühr entsteht auch für Beschwerdeverfahren nach § StrRehaG.		
4127	Gebühr 4126 mit Zuschlag	80,00 bis 700,00 EUR	312,00 EUR
4128	Der gerichtlich bestellte oder beigeordnete Rechtsanwalt nimmt mehr als 5 und bis 8 Stunden an der Hauptverhandlung teil: Zusätzliche Gebühr neben der Gebühr 4126 oder 4127		128,00 EUR
4129	Der gerichtlich bestellte oder beigeordnete Rechtsanwalt nimmt mehr als 8 Stunden an der Hauptverhandlung teil:		

Vergütungsverzeichnis (VV)

Nr.	Gebührentatbestand	Gebühr oder Satz der Gebühr nach § 13 oder § 49 RVG	
		Wahlanwalt	gerichtlich bestellter oder beigeordneter Rechtsanwalt
	Zusätzliche Gebühr neben der Gebühr 4126 oder 4127		256,00 EUR
	Revision		
4130	Verfahrensgebühr für das Revisionsverfahren	120,00 bis 1 110,00 EUR	492,00 EUR
4131	Gebühr 4130 mit Zuschlag	120,00 bis 1 387,50 EUR	603,00 EUR
4132	Terminsgebühr je Hauptverhandlungstag im Revisionsverfahren	120,00 bis 560,00 EUR	272,00 EUR
4133	Gebühr 4132 mit Zuschlag	120,00 bis 700,00 EUR	328,00 EUR
4134	Der gerichtlich bestellte oder beigeordnete Rechtsanwalt nimmt mehr als 5 und bis 8 Stunden an der Hauptverhandlung teil: Zusätzliche Gebühr neben der Gebühr 4132 oder 4133		136,00 EUR
4135	Der gerichtlich bestellte oder beigeordnete Rechtsanwalt nimmt mehr als 8 Stunden an der Hauptverhandlung teil: Zusätzliche Gebühr neben der Gebühr 4132 oder 4133		272,00 EUR

Unterabschnitt 4:
Wiederaufnahmeverfahren

Vorbemerkung 4.1.4:
Eine Grundgebühr entsteht nicht.

| 4136 | Geschäftsgebühr für die Vorbereitung eines Antrags .... Die Gebühr entsteht auch, wenn von der Stellung eines Antrags abgeraten wird. | in Höhe der Verfahrensgebühr für den ersten Rechtszug ||

Vergütungsverzeichnis (VV)

Nr.	Gebührentatbestand	Gebühr oder Satz der Gebühr nach § 13 oder § 49 RVG	
		Wahlanwalt	gerichtlich bestellter oder beigeordneter Rechtsanwalt
4137	Verfahrensgebühr für das Verfahren über die Zulässigkeit des Antrags	in Höhe der Verfahrensgebühr für den ersten Rechtszug	
4138	Verfahrensgebühr für das weitere Verfahren	in Höhe der Verfahrensgebühr für den ersten Rechtszug	
4139	Verfahrensgebühr für das Beschwerdeverfahren (§ 372 StPO)	in Höhe der Verfahrensgebühr für den ersten Rechtszug	
4140	Terminsgebühr für jeden Verhandlungstag .	in Höhe der Terminsgebühr für den ersten Rechtszug	
	Unterabschnitt 5: *Zusätzliche Gebühren*		
4141	Durch die anwaltliche Mitwirkung wird die Hauptverhandlung entbehrlich: Zusätzliche Gebühr	in Höhe der Verfahrensgebühr	
	(1) Die Gebühr entsteht, wenn		
	1. das Strafverfahren nicht nur vorläufig eingestellt wird oder		
	2. das Gericht beschließt, das Hauptverfahren nicht zu eröffnen oder		
	3. sich das gerichtliche Verfahren durch Rücknahme des Einspruchs gegen den Strafbefehl, der Berufung oder der Revision des Angeklagten oder eines anderen Verfahrensbeteiligten erledigt; ist bereits ein Termin zur Hauptverhandlung bestimmt, entsteht die Gebühr nur, wenn der Einspruch, die Berufung oder die Revision früher als zwei Wochen vor Beginn des Tages, der für die Hauptverhandlung vorgesehen war, zurückgenommen wird; oder		
	4. das Verfahren durch Beschluss nach § 411 Abs. 1 Satz 3 StPO endet.		
	Nummer 3 ist auf den Beistand oder Vertreter eines Privatklägers entsprechend anzuwenden, wenn die Privatklage zurückgenommen wird.		

Vergütungsverzeichnis (VV)

Nr.	Gebührentatbestand	Gebühr oder Satz der Gebühr nach § 13 oder § 49 RVG	
		Wahlanwalt	gerichtlich bestellter oder beigeordneter Rechtsanwalt
	(2) Die Gebühr entsteht nicht, wenn eine auf die Förderung des Verfahrens gerichtete Tätigkeit nicht ersichtlich ist. Sie entsteht nicht neben der Gebühr 4147.		
	(3) Die Höhe der Gebühr richtet sich nach dem Rechtszug, in dem die Hauptverhandlung vermieden wurde. Für den Wahlanwalt bemisst sich die Gebühr nach der Rahmenmitte. Eine Erhöhung nach Nummer 1008 und der Zuschlag (Vorbemerkung 4 Abs. 4) sind nicht zu berücksichtigen.		
4142	Verfahrensgebühr bei Einziehung und verwandten Maßnahmen	1,0	1,0
	(1) Die Gebühr entsteht für eine Tätigkeit für den Beschuldigten, die sich auf die Einziehung, dieser gleichstehende Rechtsfolgen (§ 442 StPO), die Abführung des Mehrerlöses oder auf eine diesen Zwecken dienende Beschlagnahme bezieht.		
	(2) Die Gebühr entsteht nicht, wenn der Gegenstandswert niedriger als 30,00 EUR ist.		
	(3) Die Gebühr entsteht für das Verfahren des ersten Rechtszugs einschließlich des vorbereitenden Verfahrens und für jeden weiteren Rechtszug.		
4143	Verfahrensgebühr für das erstinstanzliche Verfahren über vermögensrechtliche Ansprüche des Verletzten oder seines Erben .	2,0	2,0
	(1) Die Gebühr entsteht auch, wenn der Anspruch erstmalig im Berufungsverfahren geltend gemacht wird.		
	(2) Die Gebühr wird zu einem Drittel auf die Verfahrensgebühr, die für einen bürgerlichen Rechtsstreit wegen desselben Anspruchs entsteht, angerechnet.		
4144	Verfahrensgebühr im Berufungs- und Revisionsverfahren über vermögensrechtliche Ansprüche des Verletzten oder seines Erben .	2,5	2,5
4145	Verfahrensgebühr für das Verfahren über die Beschwerde gegen den Beschluss, mit dem nach § 406 Abs. 5 Satz 2 StPO von einer Entscheidung abgesehen wird	0,5	0,5

Vergütungsverzeichnis (VV)

Nr.	Gebührentatbestand	Gebühr oder Satz der Gebühr nach § 13 oder § 49 RVG	
		Wahlanwalt	gerichtlich bestellter oder beigeordneter Rechtsanwalt
4146	Verfahrensgebühr für das Verfahren über einen Antrag auf gerichtliche Entscheidung oder über die Beschwerde gegen eine den Rechtszug beendende Entscheidung nach § 25 Abs. 1 Satz 3 bis 5, § 13 StrRehaG ...	1,5	1,5
4147	Einigungsgebühr im Privatklageverfahren bezüglich des Strafanspruchs und des Kostenerstattungsanspruchs: Die Gebühr 1000 entsteht	in Höhe der Verfahrensgebühr	
	Für einen Vertrag über sonstige Ansprüche entsteht eine weitere Einigungsgebühr nach Teil 1. Maßgebend für die Höhe der Gebühr ist die im Einzelfall bestimmte Verfahrensgebühr in der Angelegenheit, in der die Einigung erfolgt. Eine Erhöhung nach Nummer 1008 und der Zuschlag (Vorbemerkung 4 Abs. 4) sind nicht zu berücksichtigen.		

Abschnitt 2:
Gebühren in der Strafvollstreckung

Vorbemerkung 4.2:
Im Verfahren über die Beschwerde gegen die Entscheidung in der Hauptsache entstehen die Gebühren besonders.

4200	Verfahrensgebühr als Verteidiger für ein Verfahren über		
	1. die Erledigung oder Aussetzung der Maßregel der Unterbringung		
	a) in der Sicherungsverwahrung,		
	b) in einem psychiatrischen Krankenhaus oder		
	c) in einer Entziehungsanstalt,		
	2. die Aussetzung des Restes einer zeitigen Freiheitsstrafe oder einer lebenslangen Freiheitsstrafe oder		

Vergütungsverzeichnis (VV)

Nr.	Gebührentatbestand	Gebühr oder Satz der Gebühr nach § 13 oder § 49 RVG	
		Wahlanwalt	gerichtlich bestellter oder beigeordneter Rechtsanwalt
	3. den Widerruf einer Strafaussetzung zur Bewährung oder den Widerruf der Aussetzung einer Maßregel der Besserung und Sicherung zur Bewährung	60,00 bis 670,00 EUR	292,00 EUR
4201	Gebühr 4200 mit Zuschlag	60,00 bis 837,50 EUR	359,00 EUR
4202	Terminsgebühr in den in Nummer 4200 genannten Verfahren	60,00 bis 300,00 EUR	144,00 EUR
4203	Gebühr 4202 mit Zuschlag	60,00 bis 375,00 EUR	174,00 EUR
4204	Verfahrensgebühr für sonstige Verfahren in der Strafvollstreckung.................	30,00 bis 300,00 EUR	132,00 EUR
4205	Gebühr 4204 mit Zuschlag	30,00 bis 375,00 EUR	162,00 EUR
4206	Terminsgebühr für sonstige Verfahren.....	30,00 bis 300,00 EUR	132,00 EUR
4207	Gebühr 4206 mit Zuschlag	30,00 bis 375,00 EUR	162,00 EUR

Abschnitt 3:
Einzeltätigkeiten

Vorbemerkung 4.3:

(1) Die Gebühren entstehen für einzelne Tätigkeiten, ohne dass dem Rechtsanwalt sonst die Verteidigung oder Vertretung übertragen ist.

(2) Beschränkt sich die Tätigkeit des Rechtsanwalts auf die Geltendmachung oder Abwehr eines aus der Straftat erwachsenen vermögensrechtlichen Anspruchs im Strafverfahren, so erhält er die Gebühren nach den Nummern 4143 bis 4145.

(3) Die Gebühr entsteht für jede der genannten Tätigkeiten gesondert, soweit nichts anderes bestimmt ist. § 15 RVG bleibt unberührt. Das Beschwerdeverfahren gilt als besondere Angelegenheit.

(4) Wird dem Rechtsanwalt die Verteidigung oder die Vertretung für das Verfahren übertragen, werden die nach diesem Abschnitt entstandenen Gebühren auf die für die Verteidigung oder Vertretung entstehenden Gebühren angerechnet.

Vergütungsverzeichnis (VV)

Nr.	Gebührentatbestand	Gebühr oder Satz der Gebühr nach § 13 oder § 49 RVG	
		Wahlanwalt	gerichtlich bestellter oder beigeordneter Rechtsanwalt

4300	Verfahrensgebühr für die Anfertigung oder Unterzeichnung einer Schrift		
	1. zur Begründung der Revision,		
	2. zur Erklärung auf die von dem Staatsanwalt, Privatkläger oder Nebenkläger eingelegte Revision oder		
	3. in Verfahren nach den §§ 57a und 67e StGB............................	60,00 bis 670,00 EUR	292,00 EUR

Neben der Gebühr für die Begründung der Revision entsteht für die Einlegung der Revision keine besondere Gebühr.

4301	Verfahrensgebühr für		
	1. die Anfertigung oder Unterzeichnung einer Privatklage,		
	2. die Anfertigung oder Unterzeichnung einer Schrift zur Rechtfertigung der Berufung oder zur Beantwortung der von dem Staatsanwalt, Privatkläger oder Nebenkläger eingelegten Berufung,		
	3. die Führung des Verkehrs mit dem Verteidiger,		
	4. die Beistandsleistung für den Beschuldigten bei einer richterlichen Vernehmung, einer Vernehmung durch die Staatsanwaltschaft oder eine andere Strafverfolgungsbehörde oder in einer Hauptverhandlung, einer mündlichen Anhörung oder bei einer Augenscheinseinnahme,		
	5. die Beistandsleistung im Verfahren zur gerichtlichen Erzwingung der Anklage (§ 172 Abs. 2 bis 4, § 173 StPO) oder		
	6. sonstige Tätigkeiten in der Strafvollstreckung.........................	40,00 bis 460,00 EUR	200,00 EUR

Vergütungsverzeichnis (VV)

Nr.	Gebührentatbestand	Gebühr oder Satz der Gebühr nach § 13 oder § 49 RVG	
		Wahlanwalt	gerichtlich bestellter oder beigeordneter Rechtsanwalt
	Neben der Gebühr für die Rechtfertigung der Berufung entsteht für die Einlegung der Berufung keine besondere Gebühr.		
4302	Verfahrensgebühr für 1. die Einlegung eines Rechtsmittels, 2. die Anfertigung oder Unterzeichnung anderer Anträge, Gesuche oder Erklärungen oder 3. eine andere nicht in Nummer 4300 oder 4301 erwähnte Beistandsleistung.....	30,00 bis 290,00 EUR	128,00 EUR
4303	Verfahrensgebühr für die Vertretung in einer Gnadensache......................	30,00 bis 300,00 EUR	
	Der Rechtsanwalt erhält die Gebühr auch, wenn ihm die Verteidigung übertragen war.		
4304	Gebühr für den als Kontaktperson beigeordneten Rechtsanwalt (§ 34a EGGVG)		3 500,00 EUR

Teil 5:
Bußgeldsachen

Vorbemerkung 5:

(1) Für die Tätigkeit als Beistand oder Vertreter eines Einziehungs- oder Nebenbeteiligten, eines Zeugen oder eines Sachverständigen in einem Verfahren, für das sich die Gebühren nach diesem Teil bestimmen, entstehen die gleichen Gebühren wie für einen Verteidiger in diesem Verfahren.

(2) Die Verfahrensgebühr entsteht für das Betreiben des Geschäfts einschließlich der Information.

(3) Die Terminsgebühr entsteht für die Teilnahme an gerichtlichen Terminen, soweit nichts anderes bestimmt ist. Der Rechtsanwalt erhält die Terminsgebühr auch, wenn er zu einem anberaumten Termin erscheint, dieser aber aus Gründen, die er nicht zu vertreten hat, nicht stattfindet. Dies gilt nicht, wenn er rechtzeitig von der Aufhebung oder Verlegung des Termins in Kenntnis gesetzt worden ist.

(4) Für folgende Tätigkeiten entstehen Gebühren nach den Vorschriften des Teils 3:
1. für das Verfahren über die Erinnerung oder die Beschwerde gegen einen Kostenfestsetzungsbeschluss, für das Verfahren über die Erinnerung gegen den Kostenansatz, für das Verfahren über die Beschwerde gegen die Entscheidung über diese Erinnerung und für Verfahren über den Antrag auf gerichtliche Entscheidung gegen einen Kostenfestsetzungsbescheid und den Ansatz der Gebühren und Auslagen (§ 108 OWiG), dabei steht das Verfahren über den Antrag auf gerichtliche Entschei-

Vergütungsverzeichnis (VV)

Nr.	Gebührentatbestand	Gebühr oder Satz der Gebühr nach § 13 oder § 49 RVG	
		Wahlanwalt	gerichtlich bestellter oder beigeordneter Rechtsanwalt

dung dem Verfahren über die Erinnerung oder die Beschwerde gegen einen Kostenfestsetzungsbeschluss gleich,

2. in der Zwangsvollstreckung aus Entscheidungen, die über die Erstattung von Kosten ergangen sind, und für das Beschwerdeverfahren gegen die gerichtliche Entscheidung nach Nummer 1.

Abschnitt 1:
Gebühren des Verteidigers

Vorbemerkung 5.1:
(1) Durch die Gebühren wird die gesamte Tätigkeit als Verteidiger entgolten.
(2) Hängt die Höhe der Gebühren von der Höhe der Geldbuße ab, ist die zum Zeitpunkt des Entstehens der Gebühr zuletzt festgesetzte Geldbuße maßgebend. Ist eine Geldbuße nicht festgesetzt, richtet sich die Höhe der Gebühren im Verfahren vor der Verwaltungsbehörde nach dem mittleren Betrag der in der Bußgeldvorschrift angedrohten Geldbuße. Sind in einer Rechtsvorschrift Regelsätze bestimmt, sind diese maßgebend. Mehrere Geldbußen sind zusammenzurechnen.

Unterabschnitt 1:
Allgemeine Gebühr

5100	Grundgebühr	30,00 bis 170,00 EUR	80,00 EUR
	(1) Die Gebühr entsteht neben der Verfahrensgebühr für die erstmalige Einarbeitung in den Rechtsfall nur einmal, unabhängig davon, in welchem Verfahrensabschnitt sie erfolgt. (2) Die Gebühr entsteht nicht, wenn in einem vorangegangenen Strafverfahren für dieselbe Handlung oder Tat die Gebühr 4100 entstanden ist.		

Unterabschnitt 2:
Verfahren vor der Verwaltungsbehörde

Vorbemerkung 5.1.2:
(1) Zu dem Verfahren vor der Verwaltungsbehörde gehört auch das Verwarnungsverfahren und das Zwischenverfahren (§ 69 OWiG) bis zum Eingang der Akten bei Gericht.
(2) Die Terminsgebühr entsteht auch für die Teilnahme an Vernehmungen vor der Polizei oder der Verwaltungsbehörde.

5101	Verfahrensgebühr bei einer Geldbuße von weniger als 40,00 EUR.................	20,00 bis 110,00 EUR	52,00 EUR

Vergütungsverzeichnis (VV)

Nr.	Gebührentatbestand	Gebühr oder Satz der Gebühr nach § 13 oder § 49 RVG	
		Wahlanwalt	gerichtlich bestellter oder beigeordneter Rechtsanwalt
5102	Terminsgebühr für jeden Tag, an dem ein Termin in den in Nummer 5101 genannten Verfahren stattfindet	20,00 bis 110,00 EUR	52,00 EUR
5103	Verfahrensgebühr bei einer Geldbuße von 40,00 EUR bis 5 000,00 EUR	30,00 bis 290,00 EUR	128,00 EUR
5104	Terminsgebühr für jeden Tag, an dem ein Termin in den in Nummer 5103 genannten Verfahren stattfindet	30,00 bis 290,00 EUR	128,00 EUR
5105	Verfahrensgebühr bei einer Geldbuße von mehr als 5 000,00 EUR	40,00 bis 300,00 EUR	136,00 EUR
5106	Terminsgebühr für jeden Tag, an dem ein Termin in den in Nummer 5105 genannten Verfahren stattfindet	40,00 bis 300,00 EUR	136,00 EUR

Unterabschnitt 3:
Gerichtliches Verfahren im ersten Rechtszug

Vorbemerkung 5.1.3:
(1) Die Terminsgebühr entsteht auch für die Teilnahme an gerichtlichen Terminen außerhalb der Hauptverhandlung.
(2) Die Gebühren dieses Unterabschnitts entstehen für das Wiederaufnahmeverfahren einschließlich seiner Vorbereitung gesondert; die Verfahrensgebühr entsteht auch, wenn von der Stellung eines Wiederaufnahmeantrags abgeraten wird.

Nr.	Gebührentatbestand	Wahlanwalt	gerichtlich
5107	Verfahrensgebühr bei einer Geldbuße von weniger als 40,00 EUR.	20,00 bis 110,00 EUR	52,00 EUR
5108	Terminsgebühr je Hauptverhandlungstag in den in Nummer 5107 genannten Verfahren	20,00 bis 240,00 EUR	104,00 EUR
5109	Verfahrensgebühr bei einer Geldbuße von 40,00 bis 5 000,00 EUR	30,00 bis 290,00 EUR	128,00 EUR

Vergütungsverzeichnis (VV)

Nr.	Gebührentatbestand	Gebühr oder Satz der Gebühr nach § 13 oder § 49 RVG	
		Wahlanwalt	gerichtlich bestellter oder beigeordneter Rechtsanwalt
5110	Terminsgebühr je Hauptverhandlungstag in den in Nummer 5109 genannten Verfahren	40,00 bis 470,00 EUR	204,00 EUR
5111	Verfahrensgebühr bei einer Geldbuße von mehr als 5 000,00 EUR	50,00 bis 350,00 EUR	160,00 EUR
5112	Terminsgebühr je Hauptverhandlungstag in den in Nummer 5111 genannten Verfahren	80,00 bis 560,00 EUR	256,00 EUR

Unterabschnitt 4:
Verfahren über die Rechtsbeschwerde

5113	Verfahrensgebühr	80,00 bis 560,00 EUR	256,00 EUR
5114	Terminsgebühr je Hauptverhandlungstag ..	80,00 bis 560,00 EUR	256,00 EUR

Unterabschnitt 5:
Zusätzliche Gebühren

5115	Durch die anwaltliche Mitwirkung wird das Verfahren vor der Verwaltungsbehörde erledigt oder die Hauptverhandlung entbehrlich: Zusätzliche Gebühr		in Höhe der jeweiligen Verfahrensgebühr

(1) Die Gebühr entsteht, wenn
1. das Verfahren nicht nur vorläufig eingestellt wird oder
2. der Einspruch gegen den Bußgeldbescheid zurückgenommen wird oder
3. der Bußgeldbescheid nach Einspruch von der Verwaltungsbehörde zurückgenommen und gegen einen neuen Bußgeldbescheid kein Einspruch eingelegt wird oder
4. sich das gerichtliche Verfahren durch Rücknahme des Einspruchs gegen den Bußgeldbescheid oder der Rechtsbeschwerde des Betroffenen oder eines anderen Verfahrens-

Vergütungsverzeichnis (VV)

Nr.	Gebührentatbestand	Gebühr oder Satz der Gebühr nach § 13 oder § 49 RVG	
		Wahlanwalt	gerichtlich bestellter oder beigeordneter Rechtsanwalt
	beteiligten erledigt; ist bereits ein Termin zur Hauptverhandlung bestimmt, entsteht die Gebühr nur, wenn der Einspruch oder die Rechtsbeschwerde früher als zwei Wochen vor Beginn des Tages, der für die Hauptverhandlung vorgesehen war, zurückgenommen wird, oder		
	5. das Gericht nach § 72 Abs. 1 Satz 1 OWiG durch Beschluss entscheidet.		
	(2) Die Gebühr entsteht nicht, wenn eine auf die Förderung des Verfahrens gerichtete Tätigkeit nicht ersichtlich ist.		
	(3) Die Höhe der Gebühr richtet sich nach dem Rechtszug, in dem die Hauptverhandlung vermieden wurde. Für den Wahlanwalt bemisst sich die Gebühr nach der Rahmenmitte.		
5116	Verfahrensgebühr bei Einziehung und verwandten Maßnahmen	1,0	1,0
	(1) Die Gebühr entsteht für eine Tätigkeit für den Betroffenen, die sich auf die Einziehung oder dieser gleichstehende Rechtsfolgen (§ 46 Abs. 1 OWiG, § 442 StPO) oder auf eine diesen Zwecken dienende Beschlagnahme bezieht.		
	(2) Die Gebühr entsteht nicht, wenn der Gegenstandswert niedriger als 30,00 EUR ist.		
	(3) Die Gebühr entsteht nur einmal für das Verfahren vor der Verwaltungsbehörde und für das gerichtliche Verfahren im ersten Rechtszug. Im Rechtsbeschwerdeverfahren entsteht die Gebühr besonders.		
	Abschnitt 2: *Einzeltätigkeiten*		
5200	Verfahrensgebühr	20,00 bis 110,00 EUR	52,00 EUR
	(1) Die Gebühr entsteht für einzelne Tätigkeiten, ohne dass dem Rechtsanwalt sonst die Verteidigung übertragen ist.		
	(2) Die Gebühr entsteht für jede Tätigkeit gesondert, soweit nichts anderes bestimmt ist. § 15 RVG bleibt unberührt.		
	(3) Wird dem Rechtsanwalt die Verteidigung für		

Vergütungsverzeichnis (VV)

Nr.	Gebührentatbestand	Gebühr oder Satz der Gebühr nach § 13 oder § 49 RVG	
		Wahlanwalt	gerichtlich bestellter oder beigeordneter Rechtsanwalt
	das Verfahren übertragen, werden die nach dieser Nummer entstandenen Gebühren auf die für die Verteidigung entstehenden Gebühren angerechnet. (4) Der Rechtsanwalt erhält die Gebühr für die Vertretung in der Vollstreckung und in einer Gnadensache auch, wenn ihm die Verteidigung übertragen war.		

Teil 6:
Sonstige Verfahren

Nr.	Gebührentatbestand	Gebühr	
		Wahlverteidiger oder Verfahrensbevollmächtigter	gerichtlich bestellter oder beigeordneter Rechtsanwalt

Vorbemerkung 6:
(1) Für die Tätigkeit als Beistand für einen Zeugen oder Sachverständigen in einem Verfahren, für das sich die Gebühren nach diesem Teil bestimmen, entstehen die gleichen Gebühren wie für einen Verfahrensbevollmächtigten in diesem Verfahren.
(2) Die Verfahrensgebühr entsteht für das Betreiben des Geschäfts einschließlich der Information.
(3) Die Terminsgebühr entsteht für die Teilnahme an gerichtlichen Terminen, soweit nichts anderes bestimmt ist. Der Rechtsanwalt erhält die Terminsgebühr auch, wenn er zu einem anberaumten Termin erscheint, dieser aber aus Gründen, die er nicht zu vertreten hat, nicht stattfindet. Dies gilt nicht, wenn er rechtzeitig von der Aufhebung oder Verlegung des Termins in Kenntnis gesetzt worden ist.

Abschnitt 1:
Verfahren nach dem Gesetz über die internationale Rechtshilfe in Strafsachen und Verfahren nach dem Gesetz über die Zusammenarbeit mit dem Internationalen Strafgerichtshof

Unterabschnitt 1:
Verfahren vor der Verwaltungsbehörde

Vorbemerkung 6.1.1:
Die Gebühr nach diesem Unterabschnitt entsteht für die Tätigkeit gegenüber der Bewilligungsbehörde in Verfahren nach Abschnitt 2 Unterabschnitt 2 des Neunten Teils des Gesetzes über die internationale Rechtshilfe in Strafsachen.

Vergütungsverzeichnis (VV)

Nr.	Gebührentatbestand	Gebühr	
		Wahlverteidiger oder Verfahrensbevollmächtigter	gerichtlich bestellter oder beigeordneter Rechtsanwalt
6100	Verfahrensgebühr....................	50,00 bis 340,00 EUR	156,00 EUR

Unterabschnitt 2:
Gerichtliches Verfahren

6101	Verfahrensgebühr....................	100,00 bis 690,00 EUR	316,00 EUR
6102	Terminsgebühr je Verhandlungstag.......	130,00 bis 930,00 EUR	424,00 EUR

Abschnitt 2:
Disziplinarverfahren, berufsgerichtliche Verfahren wegen der Verletzung einer Berufspflicht

Vorbemerkung 6.2:

(1) Durch die Gebühren wird die gesamte Tätigkeit im Verfahren abgegolten.

(2) Für die Vertretung gegenüber der Aufsichtsbehörde außerhalb eines Disziplinarverfahrens entstehen Gebühren nach Teil 2.

(3) Für folgende Tätigkeiten entstehen Gebühren nach Teil 3:

1. für das Verfahren über die Erinnerung oder die Beschwerde gegen einen Kostenfestsetzungsbeschluss, für das Verfahren über die Erinnerung gegen den Kostenansatz und für das Verfahren über die Beschwerde gegen die Entscheidung über diese Erinnerung,

2. in der Zwangsvollstreckung aus einer Entscheidung, die über die Erstattung von Kosten ergangen ist, und für das Beschwerdeverfahren gegen diese Entscheidung.

Unterabschnitt 1:
Allgemeine Gebühren

6200	Grundgebühr	40,00 bis 350,00 EUR	156,00 EUR
	Die Gebühr entsteht neben der Verfahrensgebühr für die erstmalige Einarbeitung in den Rechtsfall nur einmal, unabhängig davon, in welchem Verfahrensabschnitt sie erfolgt.		

Vergütungsverzeichnis (VV)

Nr.	Gebührentatbestand	Gebühr	
		Wahlverteidiger oder Verfahrensbevollmächtigter	gerichtlich bestellter oder beigeordneter Rechtsanwalt
6201	Terminsgebühr für jeden Tag, an dem ein Termin stattfindet	40,00 bis 370,00 EUR	164,00 EUR
	Die Gebühr entsteht für die Teilnahme an außergerichtlichen Anhörungsterminen und außergerichtlichen Terminen zur Beweiserhebung.		

Unterabschnitt 2:
Außergerichtliches Verfahren

6202	Verfahrensgebühr	40,00 bis 290,00 EUR	132,00 EUR
	(1) Die Gebühr entsteht gesondert für eine Tätigkeit in einem dem gerichtlichen Verfahren vorausgehenden und der Überprüfung der Verwaltungsentscheidung dienenden weiteren außergerichtlichen Verfahren.		
	(2) Die Gebühr entsteht für eine Tätigkeit in dem Verfahren bis zum Eingang des Antrags oder der Anschuldigungsschrift bei Gericht.		

Unterabschnitt 3:
Gerichtliches Verfahren

Erster Rechtszug

Vorbemerkung 6.2.3:
Die nachfolgenden Gebühren entstehen für das Wiederaufnahmeverfahren einschließlich seiner Vorbereitung gesondert.

6203	Verfahrensgebühr	50,00 bis 320,00 EUR	148,00 EUR
6204	Terminsgebühr je Verhandlungstag	80,00 bis 560,00 EUR	256,00 EUR
6205	Der gerichtlich bestellte Rechtsanwalt nimmt mehr als 5 und bis 8 Stunden an der Hauptverhandlung teil:		
	Zusätzliche Gebühr neben der Gebühr 6204		128,00 EUR
6206	Der gerichtlich bestellte Rechtsanwalt nimmt mehr als 8 Stunden an der Hauptverhandlung teil:		256,00 EUR

Vergütungsverzeichnis (VV)

Nr.	Gebührentatbestand	Gebühr	
		Wahlverteidiger oder Verfahrensbevollmächtigter	gerichtlich bestellter oder beigeordneter Rechtsanwalt
	Zusätzliche Gebühr neben der Gebühr 6204		
	Zweiter Rechtszug		
6207	Verfahrensgebühr.....................	80,00 bis 560,00 EUR	256,00 EUR
6208	Terminsgebühr je Verhandlungstag.......	80,00 bis 560,00 EUR	256,00 EUR
6209	Der gerichtlich bestellte Rechtsanwalt nimmt mehr als 5 und bis 8 Stunden an der Hauptverhandlung teil: Zusätzliche Gebühr neben der Gebühr 6208		128,00 EUR
6210	Der gerichtlich bestellte Rechtsanwalt nimmt mehr als 8 Stunden an der Hauptverhandlung teil: Zusätzliche Gebühr neben der Gebühr 6208		256,00 EUR
	Dritter Rechtszug		
6211	Verfahrensgebühr.....................	120,00 bis 1 110,00 EUR	492,00 EUR
6212	Terminsgebühr je Verhandlungstag.......	120,00 bis 550,00 EUR	268,00 EUR
6213	Der gerichtlich bestellte Rechtsanwalt nimmt mehr als 5 und bis 8 Stunden an der Hauptverhandlung teil: Zusätzliche Gebühr neben der Gebühr 6212		134,00 EUR
6214	Der gerichtlich bestellte Rechtsanwalt nimmt mehr als 8 Stunden an der Hauptverhandlung teil: Zusätzliche Gebühr neben der Gebühr 6212		268,00 EUR

Vergütungsverzeichnis (VV)

Nr.	Gebührentatbestand	Gebühr	
		Wahlverteidiger oder Verfahrensbevollmächtigter	gerichtlich bestellter oder beigeordneter Rechtsanwalt
6215	Verfahrensgebühr für das Verfahren über die Beschwerde gegen die Nichtzulassung der Revision .... Die Gebühr wird auf die Verfahrensgebühr für ein nachfolgendes Revisionsverfahren angerechnet.	70,00 bis 1 110,00 EUR	472,00 EUR

Unterabschnitt 4:
Zusatzgebühr

| 6216 | Durch die anwaltliche Mitwirkung wird die mündliche Verhandlung entbehrlich:
 Zusätzliche Gebühr ....

 (1) Die Gebühr entsteht, wenn eine gerichtliche Entscheidung mit Zustimmung der Beteiligten ohne mündliche Verhandlung ergeht oder einer beabsichtigten Entscheidung ohne Hauptverhandlungstermin nicht widersprochen wird.
 (2) Die Gebühr entsteht nicht, wenn eine auf die Förderung des Verfahrens gerichtete Tätigkeit nicht ersichtlich ist.
 (3) Die Höhe der Gebühr richtet sich nach dem Rechtszug, in dem die Hauptverhandlung vermieden wurde. Für den Wahlanwalt bemisst sich die Gebühr nach der Rahmenmitte. | in Höhe der jeweiligen Verfahrensgebühr | |

Abschnitt 3:
Gerichtliche Verfahren bei Freiheitsentziehung und in Unterbringungssachen

| 6300 | Verfahrensgebühr in Freiheitsentziehungssachen nach §415 FamFG, in Unterbringungssachen nach §312 FamFG und bei Unterbringungsmaßnahmen nach §151 Nr. 6 und 7 FamFG...................

 Die Gebühr entsteht für jeden Rechtszug. | 40,00 bis 470,00 EUR | 204,00 EUR |

Vergütungsverzeichnis (VV)

Nr.	Gebührentatbestand	Gebühr	
		Wahlverteidiger oder Verfahrensbevollmächtigter	gerichtlich bestellter oder beigeordneter Rechtsanwalt
6301	Terminsgebühr in den Fällen der Nummer 6300............................	40,00 bis 470,00 EUR	204,00 EUR
	Die Gebühr entsteht für die Teilnahme an gerichtlichen Terminen.		
6302	Verfahrensgebühr in sonstigen Fällen.....	20,00 bis 300,00 EUR	128,00 EUR
	Die Gebühr entsteht für jeden Rechtszug des Verfahrens über die Verlängerung oder Aufhebung einer Freiheitsentziehung nach den §§ 425 und 426 FamFG oder einer Unterbringungsmaßnahme nach den §§ 329 und 330 FamFG.		
6303	Terminsgebühr in den Fällen der Nummer 6302............................	20,00 bis 300,00 EUR	128,00 EUR
	Die Gebühr entsteht für die Teilnahme an gerichtlichen Terminen.		

Abschnitt 4:
Gerichtliche Verfahren nach der Wehrbeschwerdeordnung

Vorbemerkung 6.4:

(1) Die Gebühren nach diesem Abschnitt entstehen in Verfahren auf gerichtliche Entscheidung nach der WBO, auch i.V.m. § 42 WDO, wenn das Verfahren vor dem Truppendienstgericht oder vor dem Bundesverwaltungsgericht an die Stelle des Verwaltungsrechtswegs gemäß § 82 SG tritt.

(2) Soweit wegen desselben Gegenstands eine Geschäftsgebühr nach Nummer 2302 für eine Tätigkeit im Verfahren über die Beschwerde oder über die weitere Beschwerde vor einem Disziplinarvorgesetzten entstanden ist, wird diese Gebühr zur Hälfte, höchstens jedoch mit einem Betrag von 175,00 EUR, auf die Verfahrensgebühr des gerichtlichen Verfahrens vor dem Truppendienstgericht oder dem Bundesverwaltungsgericht angerechnet. Sind mehrere Gebühren entstanden, ist für die Anrechnung die zuletzt entstandene Gebühr maßgebend. Bei der Bemessung der Verfahrensgebühr ist nicht zu berücksichtigen, dass der Umfang der Tätigkeit infolge der vorangegangenen Tätigkeit geringer ist.

6400	Verfahrensgebühr für das Verfahren auf gerichtliche Entscheidung vor dem Truppendienstgericht........................	80,00 bis 680,00 EUR	
6401	Terminsgebühr je Verhandlungstag in den in Nummer 6400 genannten Verfahren......	80,00 bis 680,00 EUR	

Vergütungsverzeichnis (VV)

Nr.	Gebührentatbestand	Gebühr	
		Wahlverteidiger oder Verfahrensbevollmächtigter	gerichtlich bestellter oder beigeordneter Rechtsanwalt
6402	Verfahrensgebühr für das Verfahren auf gerichtliche Entscheidung vor dem Bundesverwaltungsgericht, im Verfahren über die Rechtsbeschwerde oder im Verfahren über die Beschwerde gegen die Nichtzulassung der Rechtsbeschwerde	100,00 bis 790,00 EUR	
	Die Gebühr für ein Verfahren über die Beschwerde gegen die Nichtzulassung der Rechtsbeschwerde wird auf die Gebühr für ein nachfolgendes Verfahren über die Rechtsbeschwerde angerechnet.		
6403	Terminsgebühr je Verhandlungstag in den in Nummer 6402 genannten Verfahren	100,00 bis 790,00 EUR	

Abschnitt 5:
Einzeltätigkeiten und Verfahren auf Aufhebung oder Änderung einer Disziplinarmaßnahme

Nr.	Gebührentatbestand	Wahlverteidiger oder Verfahrensbevollmächtigter	gerichtlich bestellter oder beigeordneter Rechtsanwalt
6500	Verfahrensgebühr	20,00 bis 300,00 EUR	128,00 EUR
	(1) Für eine Einzeltätigkeit entsteht die Gebühr, wenn dem Rechtsanwalt nicht die Verteidigung oder Vertretung übertragen ist.		
	(2) Die Gebühr entsteht für jede einzelne Tätigkeit gesondert, soweit nichts anderes bestimmt ist. § 15 RVG bleibt unberührt.		
	(3) Wird dem Rechtsanwalt die Verteidigung oder Vertretung für das Verfahren übertragen, werden die nach dieser Nummer entstandenen Gebühren auf die für die Verteidigung oder Vertretung entstehenden Gebühren angerechnet.		
	(4) Eine Gebühr nach dieser Vorschrift entsteht jeweils auch für das Verfahren nach der WDO vor einem Disziplinarvorgesetzten auf Aufhebung oder Änderung einer Disziplinarmaßnahme und im gerichtlichen Verfahren vor dem Wehrdienstgericht.		

Teil 7:
Auslagen

Nr.	Auslagentatbestand	Höhe

Vorbemerkung 7:
(1) Mit den Gebühren werden auch die allgemeinen Geschäftskosten entgolten. Soweit nachfolgend nichts anderes bestimmt ist, kann der Rechtsanwalt Ersatz der entstandenen Aufwendungen (§ 675 i.V.m. § 670 BGB) verlangen.
(2) Eine Geschäftsreise liegt vor, wenn das Reiseziel außerhalb der Gemeinde liegt, in der sich die Kanzlei oder die Wohnung des Rechtsanwalts befindet.
(3) Dient eine Reise mehreren Geschäften, sind die entstandenen Auslagen nach den Nummern 7003 bis 7006 nach dem Verhältnis der Kosten zu verteilen, die bei gesonderter Ausführung der einzelnen Geschäfte entstanden wären. Ein Rechtsanwalt, der seine Kanzlei an einen anderen Ort verlegt, kann bei Fortführung eines ihm vorher erteilten Auftrags Auslagen nach den Nummern 7003 bis 7006 nur insoweit verlangen, als sie auch von seiner bisherigen Kanzlei aus entstanden wären.

7000 Pauschale für die Herstellung und Überlassung von Dokumenten:

    1. für Kopien und Ausdrucke

        a) aus Behörden- und Gerichtsakten, soweit deren Herstellung zur sachgemäßen Bearbeitung der Rechtssache geboten war,

        b) zur Zustellung oder Mitteilung an Gegner oder Beteiligte und Verfahrensbevollmächtigte aufgrund einer Rechtsvorschrift oder nach Aufforderung durch das Gericht, die Behörde oder die sonst das Verfahren führende Stelle, soweit hierfür mehr als 100 Seiten zu fertigen waren,

        c) zur notwendigen Unterrichtung des Auftraggebers, soweit hierfür mehr als 100 Seiten zu fertigen waren,

        d) in sonstigen Fällen nur, wenn sie im Einverständnis mit dem Auftraggeber zusätzlich, auch zur Unterrichtung Dritter, angefertigt worden sind:

für die ersten 50 abzurechnenden Seiten je Seite	0,50 EUR
für jede weitere Seite	0,15 EUR
für die ersten 50 abzurechnenden Seiten in Farbe je Seite	1,00 EUR
für jede weitere Seite in Farbe	0,30 EUR

Vergütungsverzeichnis (VV)

Nr.	Auslagentatbestand	Höhe
	2. Überlassung von elektronisch gespeicherten Dateien oder deren Bereitstellung zum Abruf anstelle der in Nummer 1 Buchstabe d genannten Kopien und Ausdrucke:	
	je Datei	1,50 EUR
	für die in einem Arbeitsgang überlassenen, bereitgestellten oder in einem Arbeitsgang auf denselben Datenträger übertragenen Dokumente insgesamt höchstens	5,00 EUR
	(1) Die Höhe der Dokumentenpauschale nach Nummer 1 ist in derselben Angelegenheit und in gerichtlichen Verfahren in demselben Rechtszug einheitlich zu berechnen. Eine Übermittlung durch den Rechtsanwalt per Telefax steht der Herstellung einer Kopie gleich.	
	(2) Werden zum Zweck der Überlassung von elektronisch gespeicherten Dateien Dokumente im Einverständnis mit dem Auftraggeber zuvor von der Papierform in die elektronische Form übertragen, beträgt die Dokumentenpauschale nach Nummer 2 nicht weniger, als die Dokumentenpauschale im Fall der Nummer 1 betragen würde.	
7001	Entgelte für Post- und Telekommunikationsdienstleistungen	in voller Höhe
	Für die durch die Geltendmachung der Vergütung entstehenden Entgelte kann kein Ersatz verlangt werden.	
7002	Pauschale für Entgelte für Post- und Telekommunikationsdienstleistungen	20 % der Gebühren – höchstens 20,00 EUR
	Die Pauschale kann in jeder Angelegenheit anstelle der tatsächlichen Auslagen nach Nummer 7001 gefordert werden.	
	Fassung ab 1.1.2014:	
	(1) Die Pauschale kann in jeder Angelegenheit anstelle der tatsächlichen Auslagen nach Nummer 7001 gefordert werden.	
	(2) Werden Gebühren aus der Staatskasse gezahlt, sind diese maßgebend.	
7003	Fahrtkosten für eine Geschäftsreise bei Benutzung eines eigenen Kraftfahrzeugs für jeden gefahrenen Kilometer	0,30 EUR
	Mit den Fahrtkosten sind die Anschaffungs-, Unterhaltungs- und Betriebskosten sowie die Abnutzung des Kraftfahrzeugs abgegolten.	
7004	Fahrtkosten für eine Geschäftsreise bei Benutzung eines anderen Verkehrsmittels, soweit sie angemessen sind	in voller Höhe

Vergütungsverzeichnis (VV)

Nr.	Auslagentatbestand	Höhe
7005	Tage- und Abwesenheitsgeld bei einer Geschäftsreise	
	1. von nicht mehr als 4 Stunden	25,00 EUR
	2. von mehr als 4 bis 8 Stunden	40,00 EUR
	3. von mehr als 8 Stunden	70,00 EUR
	Bei Auslandsreisen kann zu diesen Beträgen ein Zuschlag von 50 % berechnet werden.	
7006	Sonstige Auslagen anlässlich einer Geschäftsreise, soweit sie angemessen sind	in voller Höhe
7007	Im Einzelfall gezahlte Prämie für eine Haftpflichtversicherung für Vermögensschäden, soweit die Prämie auf Haftungsbeträge von mehr als 30 Mio. EUR entfällt...	in voller Höhe
	Soweit sich aus der Rechnung des Versicherers nichts anderes ergibt, ist von der Gesamtprämie der Betrag zu erstatten, der sich aus dem Verhältnis der 30 Millionen EUR übersteigenden Versicherungssumme zu der Gesamtversicherungssumme ergibt.	
7008	Umsatzsteuer auf die Vergütung	in voller Höhe
	Dies gilt nicht, wenn die Umsatzsteuer nach § 19 Abs. 1 UStG unerhoben bleibt.	

Rechtsanwaltsgebühren nach § 13 RVG

Wert bis ... €	0,1 €	0,2 €	0,3 €	0,4 €	0,5 €	0,55 €	0,6 €
500	15,00	15,00	15,00[1]	18,00	22,50	24,75	27,00
1.000	15,00	16,00	24,00	32,00	40,00	44,00	48,00
1.500	15,00	23,00	34,50	46,00	57,50	63,25	69,00
2.000	15,00	30,00	45,00	60,00	75,00	82,50	90,00
3.000	20,10	40,20	60,30	80,40	100,50	110,55	120,60
4.000	25,20	50,40	75,60	100,80	126,00	138,60	151,20
5.000	30,30	60,60	90,90	121,20	151,50	166,65	181,80
6.000	35,40	70,80	106,20	141,60	177,00	194,70	212,40
7.000	40,50	81,00	121,50	162,00	202,50	222,75	243,00
8.000	45,60	91,20	136,80	182,40	228,00	250,80	273,60
9.000	50,70	101,40	152,10	202,80	253,50	278,85	304,20
10.000	55,80	111,60	167,40	223,20	279,00	306,90	334,80
13.000	60,40	120,80	181,20	241,60	302,00	332,20	362,40
16.000	65,00	130,00	195,00	260,00	325,00	357,50	390,00
19.000	69,60	139,20	208,80	278,40	348,00	382,80	417,60
22.000	74,20	148,40	222,60	296,80	371,00	408,10	445,20
25.000	78,80	157,60	236,40	315,20	394,00	433,40	472,80
30.000	86,30	172,60	258,90	345,20	431,50	474,65	517,80
35.000	93,80	187,60	281,40	375,20	469,00	515,90	562,80
40.000	101,30	202,60	303,90	405,20	506,50	557,15	607,80
45.000	108,80	217,60	326,40	435,20	544,00	598,40	652,80
50.000	116,30	232,60	348,90	465,20	581,50	639,65	697,80
65.000	124,80	249,60	374,40	499,20	624,00	686,40	748,80
80.000	133,30	266,60	399,90	533,20	666,50	733,15	799,80
95.000	141,80	283,60	425,40	567,20	709,00	779,90	850,80
110.000	150,30	300,60	450,90	601,20	751,50	826,65	901,80
125.000	158,80	317,60	476,40	635,20	794,00	873,40	952,80
140.000	167,30	334,60	501,90	669,20	836,50	920,15	1.003,80
155.000	175,80	351,60	527,40	703,20	879,00	966,90	1.054,80
170.000	184,30	368,60	552,90	737,20	921,50	1.013,65	1.105,80
185.000	192,80	385,60	578,40	771,20	964,00	1.060,40	1.156,80
200.000	201,30	402,60	603,90	805,20	1.006,50	1.107,15	1.207,80
230.000	213,30	426,60	639,90	853,20	1.066,50	1.173,15	1.279,80
260.000	225,30	450,60	675,90	901,20	1.126,50	1.239,15	1.351,80
290.000	237,30	474,60	711,90	949,20	1.186,50	1.305,15	1.423,80

1   Mindestgebühr nach § 13 Abs. 2 RVG. Als Erhöhungswert für mehrere Auftraggeber (Nr. 1008 VV) sind 13,50 € anzusetzen (0,3 Ausgangsgebühr in Höhe von 13,50 € [und nicht die Mindestgebühr in Höhe von 15,00 €] + 0,3 Erhöhung pro weiterem Auftraggeber in Höhe von 13,50 € = 0,6 von 500,00 € = 27,00 €).

Rechtsanwaltsgebühren nach § 13 RVG

Wert bis €	0,65 €	0,7 €	0,75 €	0,8 €	0,9 €	1,0 €	1,1 €
500	29,25	31,50	33,75	36,00	40,50	45,00	49,50
1.000	52,00	56,00	60,00	64,00	72,00	80,00	88,00
1.500	74,75	80,50	86,25	92,00	103,50	115,00	126,50
2.000	97,50	105,00	112,50	120,00	135,00	150,00	165,00
3.000	130,65	140,70	150,75	160,80	180,90	201,00	221,10
4.000	163,80	176,40	189,00	201,60	226,80	252,00	277,20
5.000	196,95	212,10	227,25	242,40	272,70	303,00	333,30
6.000	230,10	247,80	265,50	283,20	318,60	354,00	389,40
7.000	263,25	283,50	303,75	324,00	364,50	405,00	445,50
8.000	296,40	319,20	342,00	364,80	410,40	456,00	501,60
9.000	329,55	354,90	380,25	405,60	456,30	507,00	557,70
10.000	362,70	390,60	418,50	446,40	502,20	558,00	613,80
13.000	392,60	422,80	453,00	483,20	543,60	604,00	664,40
16.000	422,50	455,00	487,50	520,00	585,00	650,00	715,00
19.000	452,40	487,20	522,00	556,80	626,40	696,00	765,60
22.000	482,30	519,40	556,50	593,60	667,80	742,00	816,20
25.000	512,20	551,60	591,00	630,40	709,20	788,00	866,80
30.000	560,95	604,10	647,25	690,40	776,70	863,00	949,30
35.000	609,70	656,60	703,50	750,40	844,20	938,00	1.031,80
40.000	658,45	709,10	759,75	810,40	911,70	1.013,00	1.114,30
45.000	707,20	761,60	816,00	870,40	979,20	1.088,00	1.196,80
50.000	755,95	814,10	872,25	930,40	1.046,70	1.163,00	1.279,30
65.000	811,20	873,60	936,00	998,40	1.123,20	1.248,00	1.372,80
80.000	866,45	933,10	999,75	1.066,40	1.199,70	1.333,00	1.466,30
95.000	921,70	992,60	1.063,50	1.134,40	1.276,20	1.418,00	1.559,80
110.000	976,95	1.052,10	1.127,25	1.202,40	1.352,70	1.503,00	1.653,30
125.000	1.032,20	1.111,60	1.191,00	1.270,40	1.429,20	1.588,00	1.746,80
140.000	1.087,45	1.171,10	1.254,75	1.338,40	1.505,70	1.673,00	1.840,30
155.000	1.142,70	1.230,60	1.318,50	1.406,40	1.582,20	1.758,00	1.933,80
170.000	1.197,95	1.290,10	1.382,25	1.474,40	1.658,70	1.843,00	2.027,30
185.000	1.253,20	1.349,60	1.446,00	1.542,40	1.735,20	1.928,00	2.120,80
200.000	1.308,45	1.409,10	1.509,75	1.610,40	1.811,70	2.013,00	2.214,30
230.000	1.386,45	1.493,10	1.599,75	1.706,40	1.919,70	2.133,00	2.346,30
260.000	1.464,45	1.577,10	1.689,75	1.802,40	2.027,70	2.253,00	2.478,30
290.000	1.542,45	1.661,10	1.779,75	1.898,40	2.135,70	2.373,00	2.610,30

RA-Gebühren
Tabelle § 13 RVG
Werte 0,1-1,1/1

Rechtsanwaltsgebühren nach § 13 RVG

Wert bis €	0,1 €	0,2 €	0,3 €	0,4 €	0,5 €	0,55 €	0,6 €
320.000	249,30	498,60	747,90	997,20	1.246,50	1.371,15	1.495,80
350.000	261,30	522,60	783,90	1.045,20	1.306,50	1.437,15	1.567,80
380.000	273,30	546,60	819,90	1.093,20	1.366,50	1.503,15	1.639,80
410.000	285,30	570,60	855,90	1.141,20	1.426,50	1.569,15	1.711,80
440.000	297,30	594,60	891,90	1.189,20	1.486,50	1.635,15	1.783,80
470.000	309,30	618,60	927,90	1.237,20	1.546,50	1.701,15	1.855,80
500.000	321,30	642,60	963,90	1.285,20	1.606,50	1.767,15	1.927,80
550.000	336,30	672,60	1.008,90	1.345,20	1.681,50	1.849,65	2.017,80
600.000	351,30	702,60	1.053,90	1.405,20	1.756,50	1.932,15	2.107,80
650.000	366,30	732,60	1.098,90	1.465,20	1.831,50	2.014,65	2.197,80
700.000	381,30	762,60	1.143,90	1.525,20	1.906,50	2.097,15	2.287,80
750.000	396,30	792,60	1.188,90	1.585,20	1.981,50	2.179,65	2.377,80
800.000	411,30	822,60	1.233,90	1.645,20	2.056,50	2.262,15	2.467,80
850.000	426,30	852,60	1.278,90	1.705,20	2.131,50	2.344,65	2.557,80
900.000	441,30	882,60	1.323,90	1.765,20	2.206,50	2.427,15	2.647,80
950.000	456,30	912,60	1.368,90	1.825,20	2.281,50	2.509,65	2.737,80
1.000.000	471,30	942,60	1.413,90	1.885,20	2.356,50	2.592,15	2.827,80
1.050.000	486,30	972,60	1.458,90	1.945,20	2.431,50	2.674,65	2.917,80
1.100.000	501,30	1.002,60	1.503,90	2.005,20	2.506,50	2.757,15	3.007,80
1.150.000	516,30	1.032,60	1.548,90	2.065,20	2.581,50	2.839,65	3.097,80
1.200.000	531,30	1.062,60	1.593,90	2.125,20	2.656,50	2.922,15	3.187,80
1.250.000	546,30	1.092,60	1.638,90	2.185,20	2.731,50	3.004,65	3.277,80
1.300.000	561,30	1.122,60	1.683,90	2.245,20	2.806,50	3.087,15	3.367,80
1.350.000	576,30	1.152,60	1.728,90	2.305,20	2.881,50	3.169,65	3.457,80
1.400.000	591,30	1.182,60	1.773,90	2.365,20	2.956,50	3.252,15	3.547,80
1.450.000	606,30	1.212,60	1.818,90	2.425,20	3.031,50	3.334,65	3.637,80
1.500.000	621,30	1.242,60	1.863,90	2.485,20	3.106,50	3.417,15	3.727,80
1.550.000	636,30	1.272,60	1.908,90	2.545,20	3.181,50	3.499,65	3.817,80
1.600.000	651,30	1.302,60	1.953,90	2.605,20	3.256,50	3.582,15	3.907,80
1.650.000	666,30	1.332,60	1.998,90	2.665,20	3.331,50	3.664,65	3.997,80
1.700.000	681,30	1.362,60	2.043,90	2.725,20	3.406,50	3.747,15	4.087,80
1.750.000	696,30	1.392,60	2.088,90	2.785,20	3.481,50	3.829,65	4.177,80
1.800.000	711,30	1.422,60	2.133,90	2.845,20	3.556,50	3.912,15	4.267,80
1.850.000	726,30	1.452,60	2.178,90	2.905,20	3.631,50	3.994,65	4.357,80
1.900.000	741,30	1.482,60	2.223,90	2.965,20	3.706,50	4.077,15	4.447,80
1.950.000	756,30	1.512,60	2.268,90	3.025,20	3.781,50	4.159,65	4.537,80
2.000.000	771,30	1.542,60	2.313,90	3.085,20	3.856,50	4.242,15	4.627,80
2.050.000	786,30	1.572,60	2.358,90	3.145,20	3.931,50	4.324,65	4.717,80
2.100.000	801,30	1.602,60	2.403,90	3.205,20	4.006,50	4.407,15	4.807,80
2.150.000	816,30	1.632,60	2.448,90	3.265,20	4.081,50	4.489,65	4.897,80

Rechtsanwaltsgebühren nach § 13 RVG

Wert bis €	0,65 €	0,7 €	0,75 €	0,8 €	0,9 €	1,0 €	1,1 €
320.000	1.620,45	1.745,10	1.869,75	1.994,40	2.243,70	2.493,00	2.742,30
350.000	1.698,45	1.829,10	1.959,75	2.090,40	2.351,70	2.613,00	2.874,30
380.000	1.776,45	1.913,10	2.049,75	2.186,40	2.459,70	2.733,00	3.006,30
410.000	1.854,45	1.997,10	2.139,75	2.282,40	2.567,70	2.853,00	3.138,30
440.000	1.932,45	2.081,10	2.229,75	2.378,40	2.675,70	2.973,00	3.270,30
470.000	2.010,45	2.165,10	2.319,75	2.474,40	2.783,70	3.093,00	3.402,30
500.000	2.088,45	2.249,10	2.409,75	2.570,40	2.891,70	3.213,00	3.534,30
550.000	2.185,95	2.354,10	2.522,25	2.690,40	3.026,70	3.363,00	3.699,30
600.000	2.283,45	2.459,10	2.634,75	2.810,40	3.161,70	3.513,00	3.864,30
650.000	2.380,95	2.564,10	2.747,25	2.930,40	3.296,70	3.663,00	4.029,30
700.000	2.478,45	2.669,10	2.859,75	3.050,40	3.431,70	3.813,00	4.194,30
750.000	2.575,95	2.774,10	2.972,25	3.170,40	3.566,70	3.963,00	4.359,30
800.000	2.673,45	2.879,10	3.084,75	3.290,40	3.701,70	4.113,00	4.524,30
850.000	2.770,95	2.984,10	3.197,25	3.410,40	3.836,70	4.263,00	4.689,30
900.000	2.868,45	3.089,10	3.309,75	3.530,40	3.971,70	4.413,00	4.854,30
950.000	2.965,95	3.194,10	3.422,25	3.650,40	4.106,70	4.563,00	5.019,30
1.000.000	3.063,45	3.299,10	3.534,75	3.770,40	4.241,70	4.713,00	5.184,30
1.050.000	3.160,95	3.404,10	3.647,25	3.890,40	4.376,70	4.863,00	5.349,30
1.100.000	3.258,45	3.509,10	3.759,75	4.010,40	4.511,70	5.013,00	5.514,30
1.150.000	3.355,95	3.614,10	3.872,25	4.130,40	4.646,70	5.163,00	5.679,30
1.200.000	3.453,45	3.719,10	3.984,75	4.250,40	4.781,70	5.313,00	5.844,30
1.250.000	3.550,95	3.824,10	4.097,25	4.370,40	4.916,70	5.463,00	6.009,30
1.300.000	3.648,45	3.929,10	4.209,75	4.490,40	5.051,70	5.613,00	6.174,30
1.350.000	3.745,95	4.034,10	4.322,25	4.610,40	5.186,70	5.763,00	6.339,30
1.400.000	3.843,45	4.139,10	4.434,75	4.730,40	5.321,70	5.913,00	6.504,30
1.450.000	3.940,95	4.244,10	4.547,25	4.850,40	5.456,70	6.063,00	6.669,30
1.500.000	4.038,45	4.349,10	4.659,75	4.970,40	5.591,70	6.213,00	6.834,30
1.550.000	4.135,95	4.454,10	4.772,25	5.090,40	5.726,70	6.363,00	6.999,30
1.600.000	4.233,45	4.559,10	4.884,75	5.210,40	5.861,70	6.513,00	7.164,30
1.650.000	4.330,95	4.664,10	4.997,25	5.330,40	5.996,70	6.663,00	7.329,30
1.700.000	4.428,45	4.769,10	5.109,75	5.450,40	6.131,70	6.813,00	7.494,30
1.750.000	4.525,95	4.874,10	5.222,25	5.570,40	6.266,70	6.963,00	7.659,30
1.800.000	4.623,45	4.979,10	5.334,75	5.690,40	6.401,70	7.113,00	7.824,30
1.850.000	4.720,95	5.084,10	5.447,25	5.810,40	6.536,70	7.263,00	7.989,30
1.900.000	4.818,45	5.189,10	5.559,75	5.930,40	6.671,70	7.413,00	8.154,30
1.950.000	4.915,95	5.294,10	5.672,25	6.050,40	6.806,70	7.563,00	8.319,30
2.000.000	5.013,45	5.399,10	5.784,75	6.170,40	6.941,70	7.713,00	8.484,30
2.050.000	5.110,95	5.504,10	5.897,25	6.290,40	7.076,70	7.863,00	8.649,30
2.100.000	5.208,45	5.609,10	6.009,75	6.410,40	7.211,70	8.013,00	8.814,30
2.150.000	5.305,95	5.714,10	6.122,25	6.530,40	7.346,70	8.163,00	8.979,30

Rechtsanwaltsgebühren nach § 13 RVG

Wert bis €	0,1 €	0,2 €	0,3 €	0,4 €	0,5 €	0,55 €	0,6 €
2.200.000	831,30	1.662,60	2.493,90	3.325,20	4.156,50	4.572,15	4.987,80
2.250.000	846,30	1.692,60	2.538,90	3.385,20	4.231,50	4.654,65	5.077,80
2.300.000	861,30	1.722,60	2.583,90	3.445,20	4.306,50	4.737,15	5.167,80
2.350.000	876,30	1.752,60	2.628,90	3.505,20	4.381,50	4.819,65	5.257,80
2.400.000	891,30	1.782,60	2.673,90	3.565,20	4.456,50	4.902,15	5.347,80
2.450.000	906,30	1.812,60	2.718,90	3.625,20	4.531,50	4.984,65	5.437,80
2.500.000	921,30	1.842,60	2.763,90	3.685,20	4.606,50	5.067,15	5.527,80
2.550.000	936,30	1.872,60	2.808,90	3.745,20	4.681,50	5.149,65	5.617,80
2.600.000	951,30	1.902,60	2.853,90	3.805,20	4.756,50	5.232,15	5.707,80
2.650.000	966,30	1.932,60	2.898,90	3.865,20	4.831,50	5.314,65	5.797,80
2.700.000	981,30	1.962,60	2.943,90	3.925,20	4.906,50	5.397,15	5.887,80
2.750.000	996,30	1.992,60	2.988,90	3.985,20	4.981,50	5.479,65	5.977,80
2.800.000	1.011,30	2.022,60	3.033,90	4.045,20	5.056,50	5.562,15	6.067,80
2.850.000	1.026,30	2.052,60	3.078,90	4.105,20	5.131,50	5.644,65	6.157,80
2.900.000	1.041,30	2.082,60	3.123,90	4.165,20	5.206,50	5.727,15	6.247,80
2.950.000	1.056,30	2.112,60	3.168,90	4.225,20	5.281,50	5.809,65	6.337,80
3.000.000	1.071,30	2.142,60	3.213,90	4.285,20	5.356,50	5.892,15	6.427,80
3.050.000	1.086,30	2.172,60	3.258,90	4.345,20	5.431,50	5.974,65	6.517,80
3.100.000	1.101,30	2.202,60	3.303,90	4.405,20	5.506,50	6.057,15	6.607,80
3.150.000	1.116,30	2.232,60	3.348,90	4.465,20	5.581,50	6.139,65	6.697,80
3.200.000	1.131,30	2.262,60	3.393,90	4.525,20	5.656,50	6.222,15	6.787,80
3.250.000	1.146,30	2.292,60	3.438,90	4.585,20	5.731,50	6.304,65	6.877,80
3.300.000	1.161,30	2.322,60	3.483,90	4.645,20	5.806,50	6.387,15	6.967,80
3.350.000	1.176,30	2.352,60	3.528,90	4.705,20	5.881,50	6.469,65	7.057,80
3.400.000	1.191,30	2.382,60	3.573,90	4.765,20	5.956,50	6.552,15	7.147,80
3.450.000	1.206,30	2.412,60	3.618,90	4.825,20	6.031,50	6.634,65	7.237,80
3.500.000	1.221,30	2.442,60	3.663,90	4.885,20	6.106,50	6.717,15	7.327,80
3.550.000	1.236,30	2.472,60	3.708,90	4.945,20	6.181,50	6.799,65	7.417,80
3.600.000	1.251,30	2.502,60	3.753,90	5.005,20	6.256,50	6.882,15	7.507,80
3.650.000	1.266,30	2.532,60	3.798,90	5.065,20	6.331,50	6.964,65	7.597,80
3.700.000	1.281,30	2.562,60	3.843,90	5.125,20	6.406,50	7.047,15	7.687,80
3.750.000	1.296,30	2.592,60	3.888,90	5.185,20	6.481,50	7.129,65	7.777,80
3.800.000	1.311,30	2.622,60	3.933,90	5.245,20	6.556,50	7.212,15	7.867,80
3.850.000	1.326,30	2.652,60	3.978,90	5.305,20	6.631,50	7.294,65	7.957,80
3.900.000	1.341,30	2.682,60	4.023,90	5.365,20	6.706,50	7.377,15	8.047,80
3.950.000	1.356,30	2.712,60	4.068,90	5.425,20	6.781,50	7.459,65	8.137,80
4.000.000	1.371,30	2.742,60	4.113,90	5.485,20	6.856,50	7.542,15	8.227,80
4.050.000	1.386,30	2.772,60	4.158,90	5.545,20	6.931,50	7.624,65	8.317,80
4.100.000	1.401,30	2.802,60	4.203,90	5.605,20	7.006,50	7.707,15	8.407,80
4.150.000	1.416,30	2.832,60	4.248,90	5.665,20	7.081,50	7.789,65	8.497,80

Rechtsanwaltsgebühren nach § 13 RVG

Wert bis €	0,65 €	0,7 €	0,75 €	0,8 €	0,9 €	1,0 €	1,1 €
2.200.000	5.403,45	5.819,10	6.234,75	6.650,40	7.481,70	8.313,00	9.144,30
2.250.000	5.500,95	5.924,10	6.347,25	6.770,40	7.616,70	8.463,00	9.309,30
2.300.000	5.598,45	6.029,10	6.459,75	6.890,40	7.751,70	8.613,00	9.474,30
2.350.000	5.695,95	6.134,10	6.572,25	7.010,40	7.886,70	8.763,00	9.639,30
2.400.000	5.793,45	6.239,10	6.684,75	7.130,40	8.021,70	8.913,00	9.804,30
2.450.000	5.890,95	6.344,10	6.797,25	7.250,40	8.156,70	9.063,00	9.969,30
2.500.000	5.988,45	6.449,10	6.909,75	7.370,40	8.291,70	9.213,00	10.134,30
2.550.000	6.085,95	6.554,10	7.022,25	7.490,40	8.426,70	9.363,00	10.299,30
2.600.000	6.183,45	6.659,10	7.134,75	7.610,40	8.561,70	9.513,00	10.464,30
2.650.000	6.280,95	6.764,10	7.247,25	7.730,40	8.696,70	9.663,00	10.629,30
2.700.000	6.378,45	6.869,10	7.359,75	7.850,40	8.831,70	9.813,00	10.794,30
2.750.000	6.475,95	6.974,10	7.472,25	7.970,40	8.966,70	9.963,00	10.959,30
2.800.000	6.573,45	7.079,10	7.584,75	8.090,40	9.101,70	10.113,00	11.124,30
2.850.000	6.670,95	7.184,10	7.697,25	8.210,40	9.236,70	10.263,00	11.289,30
2.900.000	6.768,45	7.289,10	7.809,75	8.330,40	9.371,70	10.413,00	11.454,30
2.950.000	6.865,95	7.394,10	7.922,25	8.450,40	9.506,70	10.563,00	11.619,30
3.000.000	6.963,45	7.499,10	8.034,75	8.570,40	9.641,70	10.713,00	11.784,30
3.050.000	7.060,95	7.604,10	8.147,25	8.690,40	9.776,70	10.863,00	11.949,30
3.100.000	7.158,45	7.709,10	8.259,75	8.810,40	9.911,70	11.013,00	12.114,30
3.150.000	7.255,95	7.814,10	8.372,25	8.930,40	10.046,70	11.163,00	12.279,30
3.200.000	7.353,45	7.919,10	8.484,75	9.050,40	10.181,70	11.313,00	12.444,30
3.250.000	7.450,95	8.024,10	8.597,25	9.170,40	10.316,70	11.463,00	12.609,30
3.300.000	7.548,45	8.129,10	8.709,75	9.290,40	10.451,70	11.613,00	12.774,30
3.350.000	7.645,95	8.234,10	8.822,25	9.410,40	10.586,70	11.763,00	12.939,30
3.400.000	7.743,45	8.339,10	8.934,75	9.530,40	10.721,70	11.913,00	13.104,30
3.450.000	7.840,95	8.444,10	9.047,25	9.650,40	10.856,70	12.063,00	13.269,30
3.500.000	7.938,45	8.549,10	9.159,75	9.770,40	10.991,70	12.213,00	13.434,30
3.550.000	8.035,95	8.654,10	9.272,25	9.890,40	11.126,70	12.363,00	13.599,30
3.600.000	8.133,45	8.759,10	9.384,75	10.010,40	11.261,70	12.513,00	13.764,30
3.650.000	8.230,95	8.864,10	9.497,25	10.130,40	11.396,70	12.663,00	13.929,30
3.700.000	8.328,45	8.969,10	9.609,75	10.250,40	11.531,70	12.813,00	14.094,30
3.750.000	8.425,95	9.074,10	9.722,25	10.370,40	11.666,70	12.963,00	14.259,30
3.800.000	8.523,45	9.179,10	9.834,75	10.490,40	11.801,70	13.113,00	14.424,30
3.850.000	8.620,95	9.284,10	9.947,25	10.610,40	11.936,70	13.263,00	14.589,30
3.900.000	8.718,45	9.389,10	10.059,75	10.730,40	12.071,70	13.413,00	14.754,30
3.950.000	8.815,95	9.494,10	10.172,25	10.850,40	12.206,70	13.563,00	14.919,30
4.000.000	8.913,45	9.599,10	10.284,75	10.970,40	12.341,70	13.713,00	15.084,30
4.050.000	9.010,95	9.704,10	10.397,25	11.090,40	12.476,70	13.863,00	15.249,30
4.100.000	9.108,45	9.809,10	10.509,75	11.210,40	12.611,70	14.013,00	15.414,30
4.150.000	9.205,95	9.914,10	10.622,25	11.330,40	12.746,70	14.163,00	15.579,30

Rechtsanwaltsgebühren nach § 13 RVG

Wert bis €	0,1 €	0,2 €	0,3 €	0,4 €	0,5 €	0,55 €	0,6 €
4.450.000	1.506,30	3.012,60	4.518,90	6.025,20	7.531,50	8.284,65	9.037,80
4.500.000	1.521,30	3.042,60	4.563,90	6.085,20	7.606,50	8.367,15	9.127,80
4.550.000	1.536,30	3.072,60	4.608,90	6.145,20	7.681,50	8.449,65	9.217,80
4.600.000	1.551,30	3.102,60	4.653,90	6.205,20	7.756,50	8.532,15	9.307,80
4.650.000	1.566,30	3.132,60	4.698,90	6.265,20	7.831,50	8.614,65	9.397,80
4.700.000	1.581,30	3.162,60	4.743,90	6.325,20	7.906,50	8.697,15	9.487,80
4.750.000	1.596,30	3.192,60	4.788,90	6.385,20	7.981,50	8.779,65	9.577,80
4.800.000	1.611,30	3.222,60	4.833,90	6.445,20	8.056,50	8.862,15	9.667,80
4.850.000	1.626,30	3.252,60	4.878,90	6.505,20	8.131,50	8.944,65	9.757,80
4.900.000	1.641,30	3.282,60	4.923,90	6.565,20	8.206,50	9.027,15	9.847,80
4.950.000	1.656,30	3.312,60	4.968,90	6.625,20	8.281,50	9.109,65	9.937,80
5.000.000	1.671,30	3.342,60	5.013,90	6.685,20	8.356,50	9.192,15	10.027,80

Von dem Mehrbetrag über 5.000.000 € entstehen für je 50.000 € Gebühren in Höhe von 150 € (bei der 1,0 Gebühr). Gegenstandswerte über 5.000.000 € sind auf volle 50.000 € aufzurunden.

Die Errechnung der Gebühren aus Werten von über 5.000.000 bis 12.500.000 € kann auch anhand der nachfolgenden Tabellen vorgenommen werden. Dabei sind jeweils die Zwischenwerte (S. 144, 145) hinzuzurechnen.

5.500.000	1.821,30	3.642,60	5.463,90	7.285,20	9.106,50	10.017,15	10.927,80
6.000.000	1.971,30	3.942,60	5.913,90	7.885,20	9.856,50	10.842,15	11.827,80
6.500.000	2.121,30	4.242,60	6.363,90	8.485,20	10.606,50	11.667,15	12.727,80
7.000.000	2.271,30	4.542,60	6.813,90	9.085,20	11.356,50	12.492,15	13.627,80
7.500.000	2.421,30	4.842,60	7.263,90	9.685,20	12.106,50	13.317,15	14.527,80
8.000.000	2.571,30	5.142,60	7.713,90	10.285,20	12.856,50	14.142,15	15.427,80
8.500.000	2.721,30	5.442,60	8.163,90	10.885,20	13.606,50	14.967,15	16.327,80
9.000.000	2.871,30	5.742,60	8.613,90	11.485,20	14.356,50	15.792,15	17.227,80
9.500.000	3.021,30	6.042,60	9.063,90	12.085,20	15.106,50	16.617,15	18.127,80
10.000.000	3.171,30	6.342,60	9.513,90	12.685,20	15.856,50	17.442,15	19.027,80
10.500.000	3.321,30	6.642,60	9.963,90	13.285,20	16.606,50	18.267,15	19.927,80
11.000.000	3.471,30	6.942,60	10.413,90	13.885,20	17.356,50	19.092,15	20.827,80
11.500.000	3.621,30	7.242,60	10.863,90	14.485,20	18.106,50	19.917,15	21.727,80
12.000.000	3.771,30	7.542,60	11.313,90	15.085,20	18.856,50	20.742,15	22.627,80
12.500.000	3.921,30	7.842,60	11.763,90	15.685,20	19.606,50	21.567,15	23.527,80

Rechtsanwaltsgebühren nach § 13 RVG

Wert bis €	0,65 €	0,7 €	0,75 €	0,8 €	0,9 €	1,0 €	1,1 €
4.450.000	9.790,95	10.544,10	11.297,25	12.050,40	13.556,70	15.063,00	16.569,30
4.500.000	9.888,45	10.649,10	11.409,75	12.170,40	13.691,70	15.213,00	16.734,30
4.550.000	9.985,95	10.754,10	11.522,25	12.290,40	13.826,70	15.363,00	16.899,30
4.600.000	10.083,45	10.859,10	11.634,75	12.410,40	13.961,70	15.513,00	17.064,30
4.650.000	10.180,95	10.964,10	11.747,25	12.530,40	14.096,70	15.663,00	17.229,30
4.700.000	10.278,45	11.069,10	11.859,75	12.650,40	14.231,70	15.813,00	17.394,30
4.750.000	10.375,95	11.174,10	11.972,25	12.770,40	14.366,70	15.963,00	17.559,30
4.800.000	10.473,45	11.279,10	12.084,75	12.890,40	14.501,70	16.113,00	17.724,30
4.850.000	10.570,95	11.384,10	12.197,25	13.010,40	14.636,70	16.263,00	17.889,30
4.900.000	10.668,45	11.489,10	12.309,75	13.130,40	14.771,70	16.413,00	18.054,30
4.950.000	10.765,95	11.594,10	12.422,25	13.250,40	14.906,70	16.563,00	18.219,30
5.000.000	10.863,45	11.699,10	12.534,75	13.370,40	15.041,70	16.713,00	18.384,30

Von dem Mehrbetrag über 5.000.000 € entstehen für je 50.000 € Gebühren in Höhe von 150 € (bei der 1,0 Gebühr). Gegenstandswerte über 5.000.000 € sind auf volle 50.000 € aufzurunden.

Die Errechnung der Gebühren aus Werten von über 5.000.000 bis 12.500.000 € kann auch anhand der nachfolgenden Tabellen vorgenommen werden. Dabei sind jeweils die Zwischenwerte (S. 144, 145) hinzuzurechnen.

Wert bis €	0,65 €	0,7 €	0,75 €	0,8 €	0,9 €	1,0 €	1,1 €
5.500.000	11.838,45	12.749,10	13.659,75	14.570,40	16.391,70	18.213,00	20.034,30
6.000.000	12.813,45	13.799,10	14.784,75	15.770,40	17.741,70	19.713,00	21.684,30
6.500.000	13.788,45	14.849,10	15.909,75	16.970,40	19.091,70	21.213,00	23.334,30
7.000.000	14.763,45	15.899,10	17.034,75	18.170,40	20.441,70	22.713,00	24.984,30
7.500.000	15.738,45	16.949,10	18.159,75	19.370,40	21.791,70	24.213,00	26.634,30
8.000.000	16.713,45	17.999,10	19.284,75	20.570,40	23.141,70	25.713,00	28.284,30
8.500.000	17.688,45	19.049,10	20.409,75	21.770,40	24.491,70	27.213,00	29.934,30
9.000.000	18.663,45	20.099,10	21.534,75	22.970,40	25.841,70	28.713,00	31.584,30
9.500.000	19.638,45	21.149,10	22.659,75	24.170,40	27.191,70	30.213,00	33.234,30
10.000.000	20.613,45	22.199,10	23.784,75	25.370,40	28.541,70	31.713,00	34.884,30
10.500.000	21.588,45	23.249,10	24.909,75	26.570,40	29.891,70	33.213,00	36.534,30
11.000.000	22.563,45	24.299,10	26.034,75	27.770,40	31.241,70	34.713,00	38.184,30
11.500.000	23.538,45	25.349,10	27.159,75	28.970,40	32.591,70	36.213,00	39.834,30
12.000.000	24.513,45	26.399,10	28.284,75	30.170,40	33.941,70	37.713,00	41.484,30
12.500.000	25.488,45	27.449,10	29.409,75	31.370,40	35.291,70	39.213,00	43.134,30

Rechtsanwaltsgebühren nach § 13 RVG

Wert bis €	0,1 €	0,2 €	0,3 €	0,4 €	0,5 €	0,55 €	0,6 €
Zwischenwerte (bei Werten über 5.000.000 €)							
50.000	15,00	30,00	45,00	60,00	75,00	82,50	90,00
100.000	30,00	60,00	90,00	120,00	150,00	165,00	180,00
150.000	45,00	90,00	135,00	180,00	225,00	247,50	270,00
200.000	60,00	120,00	180,00	240,00	300,00	330,00	360,00
250.000	75,00	150,00	225,00	300,00	375,00	412,50	450,00
300.000	90,00	180,00	270,00	360,00	450,00	495,00	540,00
350.000	105,00	210,00	315,00	420,00	525,00	577,50	630,00
400.000	120,00	240,00	360,00	480,00	600,00	660,00	720,00
450.000	135,00	270,00	405,00	540,00	675,00	742,50	810,00
500.000	150,00	300,00	450,00	600,00	750,00	825,00	900,00
550.000	165,00	330,00	495,00	660,00	825,00	907,50	990,00
600.000	180,00	360,00	540,00	720,00	900,00	990,00	1.080,00
650.000	195,00	390,00	585,00	780,00	975,00	1.072,50	1.170,00
700.000	210,00	420,00	630,00	840,00	1.050,00	1.155,00	1.260,00
750.000	225,00	450,00	675,00	900,00	1.125,00	1.237,50	1.350,00
800.000	240,00	480,00	720,00	960,00	1.200,00	1.320,00	1.440,00
850.000	255,00	510,00	765,00	1.020,00	1.275,00	1.402,50	1.530,00
900.000	270,00	540,00	810,00	1.080,00	1.350,00	1.485,00	1.620,00
950.000	285,00	570,00	855,00	1.140,00	1.425,00	1.567,50	1.710,00
1.000.000	300,00	600,00	900,00	1.200,00	1.500,00	1.650,00	1.800,00

Die Vorschrift des § 13 Abs. 1 RVG sieht für Gegenstandswerte von über 5.000.000 € Stufen von jeweils 50.000 € vor. So sind z.B. Gebühren nach einem Wert von 5.562.500 € auf 5.600.000 € aufzurunden. Nachfolgende Schritte ermitteln zunächst die Gebühren für 5.000.000 € und anschließend für 600.000 €

5.000.000	1.671,30	3.342,60	5.013,90	6.685,20	8.356,50	9.192,15	10.027,80
+ 600.000	180,00	360,00	540,00	720,00	900,00	990,00	1.080,00
	1.851,30	3.702,60	5.553,90	7.405,20	9.256,50	10.182,15	11.107,80

Außerdem können die Gebühren für Werte über 5.000.000 € wie folgt errechnet werden.

‰	0,30	0,60	0,90	1,20	1,50	1,65	1,80
von dem auf 50.000 € aufgerundeten Wert							
+ €	171,30	342,60	513,90	685,20	856,50	942,15	1.027,80

Bei einem angenommenen Gegenstandswert von 5.562.500 € erfolgt zunächst die Rundung auf den nächsten Wert, der durch 50.000 € teilbar ist. Dies wäre hier 5.600.000 €. Anschließend erfolgt die Multiplikation mit dem Promillewert und die Addition des vorgenannten Festbetrages.

	5.600.000	5.600.000	5.600.000	5.600.000	5.600.000	5.600.000	5.600.000
x	0,00030	0,00060	0,00090	0,00120	0,00150	0,00165	0,00180
=	1.680,00	3.360,00	5.040,00	6.720,00	8.400,00	9.240,00	10.080,00
+	171,30	342,60	513,90	685,20	856,50	942,15	1.027,80
=	1.851,30	3.702,60	5.553,90	7.405,20	9.256,50	10.182,15	11.107,80

Rechtsanwaltsgebühren nach § 13 RVG

Wert bis €	0,65 €	0,7 €	0,75 €	0,8 €	0,9 €	1,0 €	1,1 €
Zwischenwerte (bei Werten über 5.000.000 €)							
50.000	97,50	105,00	112,50	120,00	135,00	150,00	165,00
100.000	195,00	210,00	225,00	240,00	270,00	300,00	330,00
150.000	292,50	315,00	337,50	360,00	405,00	450,00	495,00
200.000	390,00	420,00	450,00	480,00	540,00	600,00	660,00
250.000	487,50	525,00	562,50	600,00	675,00	750,00	825,00
300.000	585,00	630,00	675,00	720,00	810,00	900,00	990,00
350.000	682,50	735,00	787,50	840,00	945,00	1.050,00	1.155,00
400.000	780,00	840,00	900,00	960,00	1.080,00	1.200,00	1.320,00
450.000	877,50	945,00	1.012,50	1.080,00	1.215,00	1.350,00	1.485,00
500.000	975,00	1.050,00	1.125,00	1.200,00	1.350,00	1.500,00	1.650,00
550.000	1.072,50	1.155,00	1.237,50	1.320,00	1.485,00	1.650,00	1.815,00
600.000	1.170,00	1.260,00	1.350,00	1.440,00	1.620,00	1.800,00	1.980,00
650.000	1.267,50	1.365,00	1.462,50	1.560,00	1.755,00	1.950,00	2.145,00
700.000	1.365,00	1.470,00	1.575,00	1.680,00	1.890,00	2.100,00	2.310,00
750.000	1.462,50	1.575,00	1.687,50	1.800,00	2.025,00	2.250,00	2.475,00
800.000	1.560,00	1.680,00	1.800,00	1.920,00	2.160,00	2.400,00	2.640,00
850.000	1.657,50	1.785,00	1.912,50	2.040,00	2.295,00	2.550,00	2.805,00
900.000	1.755,00	1.890,00	2.025,00	2.160,00	2.430,00	2.700,00	2.970,00
950.000	1.852,50	1.995,00	2.137,50	2.280,00	2.565,00	2.850,00	3.135,00
1.000.000	1.950,00	2.100,00	2.250,00	2.400,00	2.700,00	3.000,00	3.300,00

Die Vorschrift des § 13 Abs. 1 RVG sieht für Gegenstandswerte von über 5.000.000 € Stufen von jeweils 50.000 € vor. So sind z.B. Gebühren nach einem Wert von 5.562.500 € auf 5.600.000 € aufzurunden. Nachfolgende Schritte ermitteln zunächst die Gebühren für 5.000.000 € und anschließend für 600.000 €

5.000.000	10.863,45	11.699,10	12.534,75	13.370,40	15.041,70	16.713,00	18.384,30
600.000	1.170,00	1.260,00	1.350,00	1.440,00	1.620,00	1.800,00	1.980,00
	12.033,45	12.959,10	13.884,75	14.810,40	16.661,70	18.513,00	20.364,30

Außerdem können die Gebühren für Werte über 5.000.000 € wie folgt errechnet werden.

‰	1,95	2,10	2,25	2,40	2,70	3,00	3,30
von dem auf 50.000 € aufgerundeten Wert							
+ €	1.113,45	1.199,10	1.284,75	1.370,40	1.541,70	1.713,00	1.884,30

Bei einem angenommenen Gegenstandswert von 5.562.500 € erfolgt zunächst die Rundung auf den nächsten Wert, der durch 50.000 € teilbar ist. Dies wäre hier 5.600.000 €. Anschließend erfolgt die Multiplikation mit dem Promillewert und die Addition des vorgenannten Festbetrages.

	5.600.000	5.600.000	5.600.000	5.600.000	5.600.000	5.600.000	5.600.000
x	0,00195	0,00210	0,00225	0,00240	0,00270	0,00300	0,00330
=	10.920,00	11.760,00	12.600,00	13.440,00	15.120,00	16.800,00	18.480,00
+	1.113,45	1.199,10	1.284,75	1.370,40	1.541,70	1.713,00	1.884,30
=	12.033,45	12.959,10	13.884,75	14.810,40	16.661,70	18.513,00	20.364,30

Rechtsanwaltsgebühren nach § 13 RVG

Wert bis €	1,2 €	1,3 €	1,4 €	1,5 €	1,6 €	1,7 €
500	54,00	58,50	63,00	67,50	72,00	76,50
1.000	96,00	104,00	112,00	120,00	128,00	136,00
1.500	138,00	149,50	161,00	172,50	184,00	195,50
2.000	180,00	195,00	210,00	225,00	240,00	255,00
3.000	241,20	261,30	281,40	301,50	321,60	341,70
4.000	302,40	327,60	352,80	378,00	403,20	428,40
5.000	363,60	393,90	424,20	454,50	484,80	515,10
6.000	424,80	460,20	495,60	531,00	566,40	601,80
7.000	486,00	526,50	567,00	607,50	648,00	688,50
8.000	547,20	592,80	638,40	684,00	729,60	775,20
9.000	608,40	659,10	709,80	760,50	811,20	861,90
10.000	669,60	725,40	781,20	837,00	892,80	948,60
13.000	724,80	785,20	845,60	906,00	966,40	1.026,80
16.000	780,00	845,00	910,00	975,00	1.040,00	1.105,00
19.000	835,20	904,80	974,40	1.044,00	1.113,60	1.183,20
22.000	890,40	964,60	1.038,80	1.113,00	1.187,20	1.261,40
25.000	945,60	1.024,40	1.103,20	1.182,00	1.260,80	1.339,60
30.000	1.035,60	1.121,90	1.208,20	1.294,50	1.380,80	1.467,10
35.000	1.125,60	1.219,40	1.313,20	1.407,00	1.500,80	1.594,60
40.000	1.215,60	1.316,90	1.418,20	1.519,50	1.620,80	1.722,10
45.000	1.305,60	1.414,40	1.523,20	1.632,00	1.740,80	1.849,60
50.000	1.395,60	1.511,90	1.628,20	1.744,50	1.860,80	1.977,10
65.000	1.497,60	1.622,40	1.747,20	1.872,00	1.996,80	2.121,60
80.000	1.599,60	1.732,90	1.866,20	1.999,50	2.132,80	2.266,10
95.000	1.701,60	1.843,40	1.985,20	2.127,00	2.268,80	2.410,60
110.000	1.803,60	1.953,90	2.104,20	2.254,50	2.404,80	2.555,10
125.000	1.905,60	2.064,40	2.223,20	2.382,00	2.540,80	2.699,60
140.000	2.007,60	2.174,90	2.342,20	2.509,50	2.676,80	2.844,10
155.000	2.109,60	2.285,40	2.461,20	2.637,00	2.812,80	2.988,60
170.000	2.211,60	2.395,90	2.580,20	2.764,50	2.948,80	3.133,10
185.000	2.313,60	2.506,40	2.699,20	2.892,00	3.084,80	3.277,60
200.000	2.415,60	2.616,90	2.818,20	3.019,50	3.220,80	3.422,10
230.000	2.559,60	2.772,90	2.986,20	3.199,50	3.412,80	3.626,10
260.000	2.703,60	2.928,90	3.154,20	3.379,50	3.604,80	3.830,10
290.000	2.847,60	3.084,90	3.322,20	3.559,50	3.796,80	4.034,10

Rechtsanwaltsgebühren nach § 13 RVG

Wert bis €	1,8 €	1,9 €	2,0 €	2,2 €	2,3 €	2,5 €	2,6 €
500	81,00	85,50	90,00	99,00	103,50	112,50	117,00
1.000	144,00	152,00	160,00	176,00	184,00	200,00	208,00
1.500	207,00	218,50	230,00	253,00	264,50	287,50	299,00
2.000	270,00	285,00	300,00	330,00	345,00	375,00	390,00
3.000	361,80	381,90	402,00	442,20	462,30	502,50	522,60
4.000	453,60	478,80	504,00	554,40	579,60	630,00	655,20
5.000	545,40	575,70	606,00	666,60	696,90	757,50	787,80
6.000	637,20	672,60	708,00	778,80	814,20	885,00	920,40
7.000	729,00	769,50	810,00	891,00	931,50	1.012,50	1.053,00
8.000	820,80	866,40	912,00	1.003,20	1.048,80	1.140,00	1.185,60
9.000	912,60	963,30	1.014,00	1.115,40	1.166,10	1.267,50	1.318,20
10.000	1.004,40	1.060,20	1.116,00	1.227,60	1.283,40	1.395,00	1.450,80
13.000	1.087,20	1.147,60	1.208,00	1.328,80	1.389,20	1.510,00	1.570,40
16.000	1.170,00	1.235,00	1.300,00	1.430,00	1.495,00	1.625,00	1.690,00
19.000	1.252,80	1.322,40	1.392,00	1.531,20	1.600,80	1.740,00	1.809,60
22.000	1.335,60	1.409,80	1.484,00	1.632,40	1.706,60	1.855,00	1.929,20
25.000	1.418,40	1.497,20	1.576,00	1.733,60	1.812,40	1.970,00	2.048,80
30.000	1.553,40	1.639,70	1.726,00	1.898,60	1.984,90	2.157,50	2.243,80
35.000	1.688,40	1.782,20	1.876,00	2.063,60	2.157,40	2.345,00	2.438,80
40.000	1.823,40	1.924,70	2.026,00	2.228,60	2.329,90	2.532,50	2.633,80
45.000	1.958,40	2.067,20	2.176,00	2.393,60	2.502,40	2.720,00	2.828,80
50.000	2.093,40	2.209,70	2.326,00	2.558,60	2.674,90	2.907,50	3.023,80
65.000	2.246,40	2.371,20	2.496,00	2.745,60	2.870,40	3.120,00	3.244,80
80.000	2.399,40	2.532,70	2.666,00	2.932,60	3.065,90	3.332,50	3.465,80
95.000	2.552,40	2.694,20	2.836,00	3.119,60	3.261,40	3.545,00	3.686,80
110.000	2.705,40	2.855,70	3.006,00	3.306,60	3.456,90	3.757,50	3.907,80
125.000	2.858,40	3.017,20	3.176,00	3.493,60	3.652,40	3.970,00	4.128,80
140.000	3.011,40	3.178,70	3.346,00	3.680,60	3.847,90	4.182,50	4.349,80
155.000	3.164,40	3.340,20	3.516,00	3.867,60	4.043,40	4.395,00	4.570,80
170.000	3.317,40	3.501,70	3.686,00	4.054,60	4.238,90	4.607,50	4.791,80
185.000	3.470,40	3.663,20	3.856,00	4.241,60	4.434,40	4.820,00	5.012,80
200.000	3.623,40	3.824,70	4.026,00	4.428,60	4.629,90	5.032,50	5.233,80
230.000	3.839,40	4.052,70	4.266,00	4.692,60	4.905,90	5.332,50	5.545,80
260.000	4.055,40	4.280,70	4.506,00	4.956,60	5.181,90	5.632,50	5.857,80
290.000	4.271,40	4.508,70	4.746,00	5.220,60	5.457,90	5.932,50	6.169,80

Rechtsanwaltsgebühren nach § 13 RVG

Wert bis €	1,2 €	1,3 €	1,4 €	1,5 €	1,6 €	1,7 €
320.000	2.991,60	3.240,90	3.490,20	3.739,50	3.988,80	4.238,10
350.000	3.135,60	3.396,90	3.658,20	3.919,50	4.180,80	4.442,10
380.000	3.279,60	3.552,90	3.826,20	4.099,50	4.372,80	4.646,10
410.000	3.423,60	3.708,90	3.994,20	4.279,50	4.564,80	4.850,10
440.000	3.567,60	3.864,90	4.162,20	4.459,50	4.756,80	5.054,10
470.000	3.711,60	4.020,90	4.330,20	4.639,50	4.948,80	5.258,10
500.000	3.855,60	4.176,90	4.498,20	4.819,50	5.140,80	5.462,10
550.000	4.035,60	4.371,90	4.708,20	5.044,50	5.380,80	5.717,10
600.000	4.215,60	4.566,90	4.918,20	5.269,50	5.620,80	5.972,10
650.000	4.395,60	4.761,90	5.128,20	5.494,50	5.860,80	6.227,10
700.000	4.575,60	4.956,90	5.338,20	5.719,50	6.100,80	6.482,10
750.000	4.755,60	5.151,90	5.548,20	5.944,50	6.340,80	6.737,10
800.000	4.935,60	5.346,90	5.758,20	6.169,50	6.580,80	6.992,10
850.000	5.115,60	5.541,90	5.968,20	6.394,50	6.820,80	7.247,10
900.000	5.295,60	5.736,90	6.178,20	6.619,50	7.060,80	7.502,10
950.000	5.475,60	5.931,90	6.388,20	6.844,50	7.300,80	7.757,10
1.000.000	5.655,60	6.126,90	6.598,20	7.069,50	7.540,80	8.012,10
1.050.000	5.835,60	6.321,90	6.808,20	7.294,50	7.780,80	8.267,10
1.100.000	6.015,60	6.516,90	7.018,20	7.519,50	8.020,80	8.522,10
1.150.000	6.195,60	6.711,90	7.228,20	7.744,50	8.260,80	8.777,10
1.200.000	6.375,60	6.906,90	7.438,20	7.969,50	8.500,80	9.032,10
1.250.000	6.555,60	7.101,90	7.648,20	8.194,50	8.740,80	9.287,10
1.300.000	6.735,60	7.296,90	7.858,20	8.419,50	8.980,80	9.542,10
1.350.000	6.915,60	7.491,90	8.068,20	8.644,50	9.220,80	9.797,10
1.400.000	7.095,60	7.686,90	8.278,20	8.869,50	9.460,80	10.052,10
1.450.000	7.275,60	7.881,90	8.488,20	9.094,50	9.700,80	10.307,10
1.500.000	7.455,60	8.076,90	8.698,20	9.319,50	9.940,80	10.562,10
1.550.000	7.635,60	8.271,90	8.908,20	9.544,50	10.180,80	10.817,10
1.600.000	7.815,60	8.466,90	9.118,20	9.769,50	10.420,80	11.072,10
1.650.000	7.995,60	8.661,90	9.328,20	9.994,50	10.660,80	11.327,10
1.700.000	8.175,60	8.856,90	9.538,20	10.219,50	10.900,80	11.582,10
1.750.000	8.355,60	9.051,90	9.748,20	10.444,50	11.140,80	11.837,10
1.800.000	8.535,60	9.246,90	9.958,20	10.669,50	11.380,80	12.092,10
1.850.000	8.715,60	9.441,90	10.168,20	10.894,50	11.620,80	12.347,10
1.900.000	8.895,60	9.636,90	10.378,20	11.119,50	11.860,80	12.602,10
1.950.000	9.075,60	9.831,90	10.588,20	11.344,50	12.100,80	12.857,10
2.000.000	9.255,60	10.026,90	10.798,20	11.569,50	12.340,80	13.112,10
2.050.000	9.435,60	10.221,90	11.008,20	11.794,50	12.580,80	13.367,10
2.100.000	9.615,60	10.416,90	11.218,20	12.019,50	12.820,80	13.622,10
2.150.000	9.795,60	10.611,90	11.428,20	12.244,50	13.060,80	13.877,10

Rechtsanwaltsgebühren nach § 13 RVG

Wert bis €	1,8 €	1,9 €	2,0 €	2,2 €	2,3 €	2,5 €	2,6 €
320.000	4.487,40	4.736,70	4.986,00	5.484,60	5.733,90	6.232,50	6.481,80
350.000	4.703,40	4.964,70	5.226,00	5.748,60	6.009,90	6.532,50	6.793,80
380.000	4.919,40	5.192,70	5.466,00	6.012,60	6.285,90	6.832,50	7.105,80
410.000	5.135,40	5.420,70	5.706,00	6.276,60	6.561,90	7.132,50	7.417,80
440.000	5.351,40	5.648,70	5.946,00	6.540,60	6.837,90	7.432,50	7.729,80
470.000	5.567,40	5.876,70	6.186,00	6.804,60	7.113,90	7.732,50	8.041,80
500.000	5.783,40	6.104,70	6.426,00	7.068,60	7.389,90	8.032,50	8.353,80
550.000	6.053,40	6.389,70	6.726,00	7.398,60	7.734,90	8.407,50	8.743,80
600.000	6.323,40	6.674,70	7.026,00	7.728,60	8.079,90	8.782,50	9.133,80
650.000	6.593,40	6.959,70	7.326,00	8.058,60	8.424,90	9.157,50	9.523,80
700.000	6.863,40	7.244,70	7.626,00	8.388,60	8.769,90	9.532,50	9.913,80
750.000	7.133,40	7.529,70	7.926,00	8.718,60	9.114,90	9.907,50	10.303,80
800.000	7.403,40	7.814,70	8.226,00	9.048,60	9.459,90	10.282,50	10.693,80
850.000	7.673,40	8.099,70	8.526,00	9.378,60	9.804,90	10.657,50	11.083,80
900.000	7.943,40	8.384,70	8.826,00	9.708,60	10.149,90	11.032,50	11.473,80
950.000	8.213,40	8.669,70	9.126,00	10.038,60	10.494,90	11.407,50	11.863,80
1.000.000	8.483,40	8.954,70	9.426,00	10.368,60	10.839,90	11.782,50	12.253,80
1.050.000	8.753,40	9.239,70	9.726,00	10.698,60	11.184,90	12.157,50	12.643,80
1.100.000	9.023,40	9.524,70	10.026,00	11.028,60	11.529,90	12.532,50	13.033,80
1.150.000	9.293,40	9.809,70	10.326,00	11.358,60	11.874,90	12.907,50	13.423,80
1.200.000	9.563,40	10.094,70	10.626,00	11.688,60	12.219,90	13.282,50	13.813,80
1.250.000	9.833,40	10.379,70	10.926,00	12.018,60	12.564,90	13.657,50	14.203,80
1.300.000	10.103,40	10.664,70	11.226,00	12.348,60	12.909,90	14.032,50	14.593,80
1.350.000	10.373,40	10.949,70	11.526,00	12.678,60	13.254,90	14.407,50	14.983,80
1.400.000	10.643,40	11.234,70	11.826,00	13.008,60	13.599,90	14.782,50	15.373,80
1.450.000	10.913,40	11.519,70	12.126,00	13.338,60	13.944,90	15.157,50	15.763,80
1.500.000	11.183,40	11.804,70	12.426,00	13.668,60	14.289,90	15.532,50	16.153,80
1.550.000	11.453,40	12.089,70	12.726,00	13.998,60	14.634,90	15.907,50	16.543,80
1.600.000	11.723,40	12.374,70	13.026,00	14.328,60	14.979,90	16.282,50	16.933,80
1.650.000	11.993,40	12.659,70	13.326,00	14.658,60	15.324,90	16.657,50	17.323,80
1.700.000	12.263,40	12.944,70	13.626,00	14.988,60	15.669,90	17.032,50	17.713,80
1.750.000	12.533,40	13.229,70	13.926,00	15.318,60	16.014,90	17.407,50	18.103,80
1.800.000	12.803,40	13.514,70	14.226,00	15.648,60	16.359,90	17.782,50	18.493,80
1.850.000	13.073,40	13.799,70	14.526,00	15.978,60	16.704,90	18.157,50	18.883,80
1.900.000	13.343,40	14.084,70	14.826,00	16.308,60	17.049,90	18.532,50	19.273,80
1.950.000	13.613,40	14.369,70	15.126,00	16.638,60	17.394,90	18.907,50	19.663,80
2.000.000	13.883,40	14.654,70	15.426,00	16.968,60	17.739,90	19.282,50	20.053,80
2.050.000	14.153,40	14.939,70	15.726,00	17.298,60	18.084,90	19.657,50	20.443,80
2.100.000	14.423,40	15.224,70	16.026,00	17.628,60	18.429,90	20.032,50	20.833,80
2.150.000	14.693,40	15.509,70	16.326,00	17.958,60	18.774,90	20.407,50	21.223,80

Rechtsanwaltsgebühren nach § 13 RVG

Wert bis €	1,2 €	1,3 €	1,4 €	1,5 €	1,6 €	1,7 €
2.200.000	9.975,60	10.806,90	11.638,20	12.469,50	13.300,80	14.132,10
2.250.000	10.155,60	11.001,90	11.848,20	12.694,50	13.540,80	14.387,10
2.300.000	10.335,60	11.196,90	12.058,20	12.919,50	13.780,80	14.642,10
2.350.000	10.515,60	11.391,90	12.268,20	13.144,50	14.020,80	14.897,10
2.400.000	10.695,60	11.586,90	12.478,20	13.369,50	14.260,80	15.152,10
2.450.000	10.875,60	11.781,90	12.688,20	13.594,50	14.500,80	15.407,10
2.500.000	11.055,60	11.976,90	12.898,20	13.819,50	14.740,80	15.662,10
2.550.000	11.235,60	12.171,90	13.108,20	14.044,50	14.980,80	15.917,10
2.600.000	11.415,60	12.366,90	13.318,20	14.269,50	15.220,80	16.172,10
2.650.000	11.595,60	12.561,90	13.528,20	14.494,50	15.460,80	16.427,10
2.700.000	11.775,60	12.756,90	13.738,20	14.719,50	15.700,80	16.682,10
2.750.000	11.955,60	12.951,90	13.948,20	14.944,50	15.940,80	16.937,10
2.800.000	12.135,60	13.146,90	14.158,20	15.169,50	16.180,80	17.192,10
2.850.000	12.315,60	13.341,90	14.368,20	15.394,50	16.420,80	17.447,10
2.900.000	12.495,60	13.536,90	14.578,20	15.619,50	16.660,80	17.702,10
2.950.000	12.675,60	13.731,90	14.788,20	15.844,50	16.900,80	17.957,10
3.000.000	12.855,60	13.926,90	14.998,20	16.069,50	17.140,80	18.212,10
3.050.000	13.035,60	14.121,90	15.208,20	16.294,50	17.380,80	18.467,10
3.100.000	13.215,60	14.316,90	15.418,20	16.519,50	17.620,80	18.722,10
3.150.000	13.395,60	14.511,90	15.628,20	16.744,50	17.860,80	18.977,10
3.200.000	13.575,60	14.706,90	15.838,20	16.969,50	18.100,80	19.232,10
3.250.000	13.755,60	14.901,90	16.048,20	17.194,50	18.340,80	19.487,10
3.300.000	13.935,60	15.096,90	16.258,20	17.419,50	18.580,80	19.742,10
3.350.000	14.115,60	15.291,90	16.468,20	17.644,50	18.820,80	19.997,10
3.400.000	14.295,60	15.486,90	16.678,20	17.869,50	19.060,80	20.252,10
3.450.000	14.475,60	15.681,90	16.888,20	18.094,50	19.300,80	20.507,10
3.500.000	14.655,60	15.876,90	17.098,20	18.319,50	19.540,80	20.762,10
3.550.000	14.835,60	16.071,90	17.308,20	18.544,50	19.780,80	21.017,10
3.600.000	15.015,60	16.266,90	17.518,20	18.769,50	20.020,80	21.272,10
3.650.000	15.195,60	16.461,90	17.728,20	18.994,50	20.260,80	21.527,10
3.700.000	15.375,60	16.656,90	17.938,20	19.219,50	20.500,80	21.782,10
3.750.000	15.555,60	16.851,90	18.148,20	19.444,50	20.740,80	22.037,10
3.800.000	15.735,60	17.046,90	18.358,20	19.669,50	20.980,80	22.292,10
3.850.000	15.915,60	17.241,90	18.568,20	19.894,50	21.220,80	22.547,10
3.900.000	16.095,60	17.436,90	18.778,20	20.119,50	21.460,80	22.802,10
3.950.000	16.275,60	17.631,90	18.988,20	20.344,50	21.700,80	23.057,10
4.000.000	16.455,60	17.826,90	19.198,20	20.569,50	21.940,80	23.312,10
4.050.000	16.635,60	18.021,90	19.408,20	20.794,50	22.180,80	23.567,10
4.100.000	16.815,60	18.216,90	19.618,20	21.019,50	22.420,80	23.822,10
4.150.000	16.995,60	18.411,90	19.828,20	21.244,50	22.660,80	24.077,10

Rechtsanwaltsgebühren nach § 13 RVG

Wert bis €	1,8 €	1,9 €	2,0 €	2,2 €	2,3 €	2,5 €	2,6 €
2.200.000	14.963,40	15.794,70	16.626,00	18.288,60	19.119,90	20.782,50	21.613,80
2.250.000	15.233,40	16.079,70	16.926,00	18.618,60	19.464,90	21.157,50	22.003,80
2.300.000	15.503,40	16.364,70	17.226,00	18.948,60	19.809,90	21.532,50	22.393,80
2.350.000	15.773,40	16.649,70	17.526,00	19.278,60	20.154,90	21.907,50	22.783,80
2.400.000	16.043,40	16.934,70	17.826,00	19.608,60	20.499,90	22.282,50	23.173,80
2.450.000	16.313,40	17.219,70	18.126,00	19.938,60	20.844,90	22.657,50	23.563,80
2.500.000	16.583,40	17.504,70	18.426,00	20.268,60	21.189,90	23.032,50	23.953,80
2.550.000	16.853,40	17.789,70	18.726,00	20.598,60	21.534,90	23.407,50	24.343,80
2.600.000	17.123,40	18.074,70	19.026,00	20.928,60	21.879,90	23.782,50	24.733,80
2.650.000	17.393,40	18.359,70	19.326,00	21.258,60	22.224,90	24.157,50	25.123,80
2.700.000	17.663,40	18.644,70	19.626,00	21.588,60	22.569,90	24.532,50	25.513,80
2.750.000	17.933,40	18.929,70	19.926,00	21.918,60	22.914,90	24.907,50	25.903,80
2.800.000	18.203,40	19.214,70	20.226,00	22.248,60	23.259,90	25.282,50	26.293,80
2.850.000	18.473,40	19.499,70	20.526,00	22.578,60	23.604,90	25.657,50	26.683,80
2.900.000	18.743,40	19.784,70	20.826,00	22.908,60	23.949,90	26.032,50	27.073,80
2.950.000	19.013,40	20.069,70	21.126,00	23.238,60	24.294,90	26.407,50	27.463,80
3.000.000	19.283,40	20.354,70	21.426,00	23.568,60	24.639,90	26.782,50	27.853,80
3.050.000	19.553,40	20.639,70	21.726,00	23.898,60	24.984,90	27.157,50	28.243,80
3.100.000	19.823,40	20.924,70	22.026,00	24.228,60	25.329,90	27.532,50	28.633,80
3.150.000	20.093,40	21.209,70	22.326,00	24.558,60	25.674,90	27.907,50	29.023,80
3.200.000	20.363,40	21.494,70	22.626,00	24.888,60	26.019,90	28.282,50	29.413,80
3.250.000	20.633,40	21.779,70	22.926,00	25.218,60	26.364,90	28.657,50	29.803,80
3.300.000	20.903,40	22.064,70	23.226,00	25.548,60	26.709,90	29.032,50	30.193,80
3.350.000	21.173,40	22.349,70	23.526,00	25.878,60	27.054,90	29.407,50	30.583,80
3.400.000	21.443,40	22.634,70	23.826,00	26.208,60	27.399,90	29.782,50	30.973,80
3.450.000	21.713,40	22.919,70	24.126,00	26.538,60	27.744,90	30.157,50	31.363,80
3.500.000	21.983,40	23.204,70	24.426,00	26.868,60	28.089,90	30.532,50	31.753,80
3.550.000	22.253,40	23.489,70	24.726,00	27.198,60	28.434,90	30.907,50	32.143,80
3.600.000	22.523,40	23.774,70	25.026,00	27.528,60	28.779,90	31.282,50	32.533,80
3.650.000	22.793,40	24.059,70	25.326,00	27.858,60	29.124,90	31.657,50	32.923,80
3.700.000	23.063,40	24.344,70	25.626,00	28.188,60	29.469,90	32.032,50	33.313,80
3.750.000	23.333,40	24.629,70	25.926,00	28.518,60	29.814,90	32.407,50	33.703,80
3.800.000	23.603,40	24.914,70	26.226,00	28.848,60	30.159,90	32.782,50	34.093,80
3.850.000	23.873,40	25.199,70	26.526,00	29.178,60	30.504,90	33.157,50	34.483,80
3.900.000	24.143,40	25.484,70	26.826,00	29.508,60	30.849,90	33.532,50	34.873,80
3.950.000	24.413,40	25.769,70	27.126,00	29.838,60	31.194,90	33.907,50	35.263,80
4.000.000	24.683,40	26.054,70	27.426,00	30.168,60	31.539,90	34.282,50	35.653,80
4.050.000	24.953,40	26.339,70	27.726,00	30.498,60	31.884,90	34.657,50	36.043,80
4.100.000	25.223,40	26.624,70	28.026,00	30.828,60	32.229,90	35.032,50	36.433,80
4.150.000	25.493,40	26.909,70	28.326,00	31.158,60	32.574,90	35.407,50	36.823,80

Rechtsanwaltsgebühren nach § 13 RVG

Wert bis €	1,2 €	1,3 €	1,4 €	1,5 €	1,6 €	1,7 €
4.200.000	17.175,60	18.606,90	20.038,20	21.469,50	22.900,80	24.332,10
4.250.000	17.355,60	18.801,90	20.248,20	21.694,50	23.140,80	24.587,10
4.300.000	17.535,60	18.996,90	20.458,20	21.919,50	23.380,80	24.842,10
4.350.000	17.715,60	19.191,90	20.668,20	22.144,50	23.620,80	25.097,10
4.400.000	17.895,60	19.386,90	20.878,20	22.369,50	23.860,80	25.352,10
4.450.000	18.075,60	19.581,90	21.088,20	22.594,50	24.100,80	25.607,10
4.500.000	18.255,60	19.776,90	21.298,20	22.819,50	24.340,80	25.862,10
4.550.000	18.435,60	19.971,90	21.508,20	23.044,50	24.580,80	26.117,10
4.600.000	18.615,60	20.166,90	21.718,20	23.269,50	24.820,80	26.372,10
4.650.000	18.795,60	20.361,90	21.928,20	23.494,50	25.060,80	26.627,10
4.700.000	18.975,60	20.556,90	22.138,20	23.719,50	25.300,80	26.882,10
4.750.000	19.155,60	20.751,90	22.348,20	23.944,50	25.540,80	27.137,10
4.800.000	19.335,60	20.946,90	22.558,20	24.169,50	25.780,80	27.392,10
4.850.000	19.515,60	21.141,90	22.768,20	24.394,50	26.020,80	27.647,10
4.900.000	19.695,60	21.336,90	22.978,20	24.619,50	26.260,80	27.902,10
4.950.000	19.875,60	21.531,90	23.188,20	24.844,50	26.500,80	28.157,10
5.000.000	20.055,60	21.726,90	23.398,20	25.069,50	26.740,80	28.412,10

Von dem Mehrbetrag über 5.000.000 € entstehen für je 50.000 € Gebühren in Höhe von 150 € (bei der 1,0 Gebühr). Gegenstandswerte über 5.000.000 € sind auf volle 50.000 € aufzurunden.

Die Errechnung der Gebühren aus Werten von über 5.000.000 bis 12.500.000 € kann auch anhand der nachfolgenden Tabellen vorgenommen werden. Dabei sind jeweils die Zwischenwerte (S. 154, 155) hinzuzurechnen.

5.500.000	21.855,60	23.676,90	25.498,20	27.319,50	29.140,80	30.962,10
6.000.000	23.655,60	25.626,90	27.598,20	29.569,50	31.540,80	33.512,10
6.500.000	25.455,60	27.576,90	29.698,20	31.819,50	33.940,80	36.062,10
7.000.000	27.255,60	29.526,90	31.798,20	34.069,50	36.340,80	38.612,10
7.500.000	29.055,60	31.476,90	33.898,20	36.319,50	38.740,80	41.162,10
8.000.000	30.855,60	33.426,90	35.998,20	38.569,50	41.140,80	43.712,10
8.500.000	32.655,60	35.376,90	38.098,20	40.819,50	43.540,80	46.262,10
9.000.000	34.455,60	37.326,90	40.198,20	43.069,50	45.940,80	48.812,10
9.500.000	36.255,60	39.276,90	42.298,20	45.319,50	48.340,80	51.362,10
10.000.000	38.055,60	41.226,90	44.398,20	47.569,50	50.740,80	53.912,10
10.500.000	39.855,60	43.176,90	46.498,20	49.819,50	53.140,80	56.462,10
11.000.000	41.655,60	45.126,90	48.598,20	52.069,50	55.540,80	59.012,10
11.500.000	43.455,60	47.076,90	50.698,20	54.319,50	57.940,80	61.562,10
12.000.000	45.255,60	49.026,90	52.798,20	56.569,50	60.340,80	64.112,10
12.500.000	47.055,60	50.976,90	54.898,20	58.819,50	62.740,80	66.662,10

Rechtsanwaltsgebühren nach § 13 RVG

Wert bis €	1,8 €	1,9 €	2,0 €	2,2 €	2,3 €	2,5 €	2,6 €
4.200.000	25.763,40	27.194,70	28.626,00	31.488,60	32.919,90	35.782,50	37.213,80
4.250.000	26.033,40	27.479,70	28.926,00	31.818,60	33.264,90	36.157,50	37.603,80
4.300.000	26.303,40	27.764,70	29.226,00	32.148,60	33.609,90	36.532,50	37.993,80
4.350.000	26.573,40	28.049,70	29.526,00	32.478,60	33.954,90	36.907,50	38.383,80
4.400.000	26.843,40	28.334,70	29.826,00	32.808,60	34.299,90	37.282,50	38.773,80
4.450.000	27.113,40	28.619,70	30.126,00	33.138,60	34.644,90	37.657,50	39.163,80
4.500.000	27.383,40	28.904,70	30.426,00	33.468,60	34.989,90	38.032,50	39.553,80
4.550.000	27.653,40	29.189,70	30.726,00	33.798,60	35.334,90	38.407,50	39.943,80
4.600.000	27.923,40	29.474,70	31.026,00	34.128,60	35.679,90	38.782,50	40.333,80
4.650.000	28.193,40	29.759,70	31.326,00	34.458,60	36.024,90	39.157,50	40.723,80
4.700.000	28.463,40	30.044,70	31.626,00	34.788,60	36.369,90	39.532,50	41.113,80
4.750.000	28.733,40	30.329,70	31.926,00	35.118,60	36.714,90	39.907,50	41.503,80
4.800.000	29.003,40	30.614,70	32.226,00	35.448,60	37.059,90	40.282,50	41.893,80
4.850.000	29.273,40	30.899,70	32.526,00	35.778,60	37.404,90	40.657,50	42.283,80
4.900.000	29.543,40	31.184,70	32.826,00	36.108,60	37.749,90	41.032,50	42.673,80
4.950.000	29.813,40	31.469,70	33.126,00	36.438,60	38.094,90	41.407,50	43.063,80
5.000.000	30.083,40	31.754,70	33.426,00	36.768,60	38.439,90	41.782,50	43.453,80

Von dem Mehrbetrag über 5.000.000 € entstehen für je 50.000 € Gebühren in Höhe von 150 € (bei der 1,0 Gebühr). Gegenstandswerte über 5.000.000 € sind auf volle 50.000 € aufzurunden.

Die Errechnung der Gebühren aus Werten von über 5.000.000 bis 12.500.000 € kann auch anhand den nachfolgenden Tabellen vorgenommen werden. Dabei sind jeweils die Zwischenwerte (S. 154, 155) hinzuzurechnen.

Wert bis €	1,8 €	1,9 €	2,0 €	2,2 €	2,3 €	2,5 €	2,6 €
5.500.000	32.783,40	34.604,70	36.426,00	40.068,60	41.889,90	45.532,50	47.353,80
6.000.000	35.483,40	37.454,70	39.426,00	43.368,60	45.339,90	49.282,50	51.253,80
6.500.000	38.183,40	40.304,70	42.426,00	46.668,60	48.789,90	53.032,50	55.153,80
7.000.000	40.883,40	43.154,70	45.426,00	49.968,60	52.239,90	56.782,50	59.053,80
7.500.000	43.583,40	46.004,70	48.426,00	53.268,60	55.689,90	60.532,50	62.953,80
8.000.000	46.283,40	48.854,70	51.426,00	56.568,60	59.139,90	64.282,50	66.853,80
8.500.000	48.983,40	51.704,70	54.426,00	59.868,60	62.589,90	68.032,50	70.753,80
9.000.000	51.683,40	54.554,70	57.426,00	63.168,60	66.039,90	71.782,50	74.653,80
9.500.000	54.383,40	57.404,70	60.426,00	66.468,60	69.489,90	75.532,50	78.553,80
10.000.000	57.083,40	60.254,70	63.426,00	69.768,60	72.939,90	79.282,50	82.453,80
10.500.000	59.783,40	63.104,70	66.426,00	73.068,60	76.389,90	83.032,50	86.353,80
11.000.000	62.483,40	65.954,70	69.426,00	76.368,60	79.839,90	86.782,50	90.253,80
11.500.000	65.183,40	68.804,70	72.426,00	79.668,60	83.289,90	90.532,50	94.153,80
12.000.000	67.883,40	71.654,70	75.426,00	82.968,60	86.739,90	94.282,50	98.053,80
12.500.000	70.583,40	74.504,70	78.426,00	86.268,60	90.189,90	98.032,50	101.953,80

Rechtsanwaltsgebühren nach § 13 RVG

Wert bis €	1,2 €	1,3 €	1,4 €	1,5 €	1,6 €	1,7 €
Zwischenwerte (bei Werten über 5.000.000 €)						
50.000	180,00	195,00	210,00	225,00	240,00	255,00
100.000	360,00	390,00	420,00	450,00	480,00	510,00
150.000	540,00	585,00	630,00	675,00	720,00	765,00
200.000	720,00	780,00	840,00	900,00	960,00	1.020,00
250.000	900,00	975,00	1.050,00	1.125,00	1.200,00	1.275,00
300.000	1.080,00	1.170,00	1.260,00	1.350,00	1.440,00	1.530,00
350.000	1.260,00	1.365,00	1.470,00	1.575,00	1.680,00	1.785,00
400.000	1.440,00	1.560,00	1.680,00	1.800,00	1.920,00	2.040,00
450.000	1.620,00	1.755,00	1.890,00	2.025,00	2.160,00	2.295,00
500.000	1.800,00	1.950,00	2.100,00	2.250,00	2.400,00	2.550,00
550.000	1.980,00	2.145,00	2.310,00	2.475,00	2.640,00	2.805,00
600.000	2.160,00	2.340,00	2.520,00	2.700,00	2.880,00	3.060,00
650.000	2.340,00	2.535,00	2.730,00	2.925,00	3.120,00	3.315,00
700.000	2.520,00	2.730,00	2.940,00	3.150,00	3.360,00	3.570,00
750.000	2.700,00	2.925,00	3.150,00	3.375,00	3.600,00	3.825,00
800.000	2.880,00	3.120,00	3.360,00	3.600,00	3.840,00	4.080,00
850.000	3.060,00	3.315,00	3.570,00	3.825,00	4.080,00	4.335,00
900.000	3.240,00	3.510,00	3.780,00	4.050,00	4.320,00	4.590,00
950.000	3.420,00	3.705,00	3.990,00	4.275,00	4.560,00	4.845,00
1.000.000	3.600,00	3.900,00	4.200,00	4.500,00	4.800,00	5.100,00

Die Vorschrift des § 13 Abs. 1 RVG sieht für Gegenstandswerte von über 5.000.000 € Stufen von jeweils 50.000 € vor. So sind z.B. Gebühren nach einem Wert von 5.562.500 € auf 5.600.000 € aufzurunden. Nachfolgende Schritte ermitteln zunächst die Gebühren für 5.000.000 € und anschließend für 600.000 €

5.000.000	20.055,60	21.726,90	23.398,20	25.069,50	26.740,80	28.412,10
+ 600.000	2.160,00	2.340,00	2.520,00	2.700,00	2.880,00	3.060,00
	22.215,60	24.066,90	25.918,20	27.769,50	29.620,80	31.472,10

Außerdem können die Gebühren für Werte über 5.000.000 € wie folgt errechnet werden.

‰	3,60	3,90	4,20	4,50	4,80	5,10
von dem auf 50.000 € aufgerundeten Wert						
+ €	2.055,60	2.226,90	2.398,20	2.569,50	2.740,80	2.912,10

Bei einem angenommenen Gegenstandswert von 5.562.500 € erfolgt zunächst die Rundung auf den nächsten Wert, der durch 50.000 € teilbar ist. Dies wäre hier 5.600.000 €. Anschließend erfolgt die Multiplikation mit dem Promillewert und die Addition des vorgenannten Festbetrages.

	5.600.000	5.600.000	5.600.000	5.600.000	5.600.000	5.600.000
x	0,00360	0,00390	0,00420	0,00450	0,00480	0,00510
=	20.160,00	21.840,00	23.520,00	25.200,00	26.880,00	28.560,00
+	2.055,60	2.226,90	2.398,20	2.569,50	2.740,80	2.912,10
=	22.215,60	24.066,90	25.918,20	27.769,50	29.620,80	31.472,10

Rechtsanwaltsgebühren nach § 13 RVG

Wert bis €	1,8 €	1,9 €	2,0 €	2,2 €	2,3 €	2,5 €	2,6 €
Zwischenwerte (bei Werten über 5.000.000 €)							
50.000	270,00	285,00	300,00	330,00	345,00	375,00	390,00
100.000	540,00	570,00	600,00	660,00	690,00	750,00	780,00
150.000	810,00	855,00	900,00	990,00	1.035,00	1.125,00	1.170,00
200.000	1.080,00	1.140,00	1.200,00	1.320,00	1.380,00	1.500,00	1.560,00
250.000	1.350,00	1.425,00	1.500,00	1.650,00	1.725,00	1.875,00	1.950,00
300.000	1.620,00	1.710,00	1.800,00	1.980,00	2.070,00	2.250,00	2.340,00
350.000	1.890,00	1.995,00	2.100,00	2.310,00	2.415,00	2.625,00	2.730,00
400.000	2.160,00	2.280,00	2.400,00	2.640,00	2.760,00	3.000,00	3.120,00
450.000	2.430,00	2.565,00	2.700,00	2.970,00	3.105,00	3.375,00	3.510,00
500.000	2.700,00	2.850,00	3.000,00	3.300,00	3.450,00	3.750,00	3.900,00
550.000	2.970,00	3.135,00	3.300,00	3.630,00	3.795,00	4.125,00	4.290,00
600.000	3.240,00	3.420,00	3.600,00	3.960,00	4.140,00	4.500,00	4.680,00
650.000	3.510,00	3.705,00	3.900,00	4.290,00	4.485,00	4.875,00	5.070,00
700.000	3.780,00	3.990,00	4.200,00	4.620,00	4.830,00	5.250,00	5.460,00
750.000	4.050,00	4.275,00	4.500,00	4.950,00	5.175,00	5.625,00	5.850,00
800.000	4.320,00	4.560,00	4.800,00	5.280,00	5.520,00	6.000,00	6.240,00
850.000	4.590,00	4.845,00	5.100,00	5.610,00	5.865,00	6.375,00	6.630,00
900.000	4.860,00	5.130,00	5.400,00	5.940,00	6.210,00	6.750,00	7.020,00
950.000	5.130,00	5.415,00	5.700,00	6.270,00	6.555,00	7.125,00	7.410,00
1.000.000	5.400,00	5.700,00	6.000,00	6.600,00	6.900,00	7.500,00	7.800,00

Die Vorschrift des § 13 Abs. 1 RVG sieht für Gegenstandswerte von über 5.000.000 € Stufen von jeweils 50.000 € vor. So sind z.B. Gebühren nach einem Wert von 5.562.500 € auf 5.600.000 € aufzurunden. Nachfolgende Schritte ermitteln zunächst die Gebühren für 5.000.000 € und anschließend für 600.000 €

5.000.000	30.083,40	31.754,70	33.426,00	36.768,60	38.439,90	41.782,50	43.453,80
600.000	3.240,00	3.420,00	3.600,00	3.960,00	4.140,00	4.500,00	4.680,00
	33.323,40	35.174,70	37.026,00	40.728,60	42.579,90	46.282,50	48.133,80

Außerdem können die Gebühren für Werte über 5.000.000 € wie folgt errechnet werden.

‰	5,40	5,70	6,00	6,60	6,90	7,50	7,80
von dem auf 50.000 € aufgerundeten Wert							
+ €	3.083,40	3.254,70	3.426,00	3.768,60	3.939,90	4.282,50	4.453,80

Bei einem angenommenen Gegenstandswert von 5.562.500 € erfolgt zunächst die Rundung auf den nächsten Wert, der durch 50.000 € teilbar ist. Dies wäre hier 5.600.000 €. Anschließend erfolgt die Multiplikation mit dem Promillewert und die Addition des vorgenannten Festbetrages.

	5.600.000	5.600.000	5.600.000	5.600.000	5.600.000	5.600.000	5.600.000
x	0,00540	0,00570	0,00600	0,00660	0,00690	0,00750	0,00780
=	30.240,00	31.920,00	33.600,00	36.960,00	38.640,00	42.000,00	43.680,00
+	3.083,40	3.254,70	3.426,00	3.768,60	3.939,90	4.282,50	4.453,80
=	33.323,40	35.174,70	37.026,00	40.728,60	42.579,90	46.282,50	48.133,80

Prozess- und Verfahrenskostenhilfe (§ 49 RVG)[1)]

Wert bis ...€	0,3	0,4	0,5	0,6	0,8	1,0	1,1	1,2
500	15,00[2)]	18,00	22,50	29,25	36,00	45,00	49,50	54,00
1.000	24,00	32,00	40,00	52,00	64,00	80,00	88,00	96,00
1.500	34,50	46,00	57,50	74,75	92,00	115,00	126,50	138,00
2.000	45,00	60,00	75,00	97,50	120,00	150,00	165,00	180,00
3.000	60,30	80,40	100,50	130,65	160,80	201,00	221,10	241,20
4.000	75,60	100,80	126,00	163,80	201,60	252,00	277,20	302,40
5.000	77,10	102,80	128,50	167,05	205,60	257,00	282,70	308,40
6.000	80,10	106,80	133,50	173,55	213,60	267,00	293,70	320,40
7.000	83,10	110,80	138,50	180,05	221,60	277,00	304,70	332,40
8.000	86,10	114,80	143,50	186,55	229,60	287,00	315,70	344,40
9.000	89,10	118,80	148,50	193,05	237,60	297,00	326,70	356,40
10.000	92,10	122,80	153,50	199,55	245,60	307,00	337,70	368,40
13.000	96,30	128,40	160,50	208,65	256,80	321,00	353,10	385,20
16.000	100,50	134,00	167,50	217,75	268,00	335,00	368,50	402,00
19.000	104,70	139,60	174,50	226,85	279,20	349,00	383,90	418,80
22.000	108,90	145,20	181,50	235,95	290,40	363,00	399,30	435,60
25.000	113,10	150,80	188,50	245,05	301,60	377,00	414,70	452,40
30.000	123,60	164,80	206,00	267,80	329,60	412,00	453,20	494,40
über 30.000	134,10	178,80	223,50	290,55	357,60	447,00	491,70	536,40

1) Die Tabelle betrifft Wertgebühren aus der Staatskasse für im Wege der Prozess- und Verfahrenskostenhilfe (§ 12 RVG) beigeordnete sowie gerichtlich bestellte Rechtsanwälte (vgl. § 45 RVG). Bis zu einem Gegenstandswert von 4.000 € entsprechen die Anwaltsgebühren den Regelgebühren; bei mehr als 4.000 € treten die in der Tabelle aufgeführten Gebühren an die Stelle der Regelgebühren (§ 49 RVG). Die Auslagenpauschale (VV 7002) bemisst sich nach den aus der Staatskasse zu zahlenden Gebühren. Zu § 115 ZPO und den Raten siehe S. 158 ff.

2) Mindestgebühr nach § 13 Abs. 2 RVG. Als Erhöhungswert für mehrere Auftraggeber (Nr. 1008 VV) sind 13,50 € anzusetzen (0,3 Ausgangsgebühr in Höhe von 13,50 € [nicht die Mindestgebühr in Höhe von 15,00 €] + 0,3 Erhöhung pro weiterem Auftraggeber in Höhe von 13,50 € = 0,6 von 500,00 €).

Prozess- und Verfahrenskostenhilfe (§ 49 RVG)

Wert bis … €	1,3	1,4	1,5	1,6	1,8	1,9	2,3	2,6
500	58,50	63,00	67,50	72,00	81,00	85,50	90,00	103,50
1.000	104,00	112,00	120,00	128,00	144,00	152,00	160,00	179,40
1.500	149,50	161,00	172,50	184,00	207,00	218,50	230,00	264,50
2.000	195,00	210,00	225,00	240,00	270,00	285,00	300,00	345,00
3.000	261,30	281,40	301,50	321,60	361,80	381,90	402,00	462,30
4.000	327,60	352,80	378,00	403,20	453,60	478,80	504,00	579,60
5.000	334,10	359,80	385,50	411,20	462,60	488,30	514,00	591,10
6.000	347,10	373,80	400,50	427,20	480,60	507,30	534,00	614,10
7.000	360,10	387,80	415,50	443,20	498,60	526,30	554,00	637,10
8.000	373,10	401,80	430,50	459,20	516,60	545,30	574,00	660,10
9.000	386,10	415,80	445,50	475,20	534,60	564,30	594,00	683,10
10.000	399,10	429,80	460,50	491,20	552,60	583,30	614,00	706,10
13.000	417,30	449,40	481,50	513,60	577,80	609,90	642,00	738,30
16.000	435,50	469,00	502,50	536,00	603,00	636,50	670,00	770,50
19.000	453,70	488,60	523,50	558,40	628,20	663,10	698,00	802,70
22.000	471,90	508,20	544,50	580,80	653,40	689,70	726,00	834,90
25.000	490,10	527,80	565,50	603,20	678,60	716,30	754,00	867,10
30.000	535,60	576,80	618,00	659,20	741,60	782,80	824,00	947,60
über 30.000	581,10	625,80	670,50	715,20	804,60	849,30	894,00	1.028,10

PKH-Gebühren
Tabelle § 49 RVG
§ 115 ZPO

Prozesskostenhilfe – Einsatz von Einkommen und Vermögen, § 115 ZPO

§ 115 ZPO in der Fassung der Neubekanntmachung der ZPO vom 5.12.2005 (BGBl. I S. 3203), ergänzt durch Prozesskostenhilfebekanntmachung 2013 – PKHB 2013 vom 9.1.2013 (BGBl. I S. 81)

§ 115 ZPO Einsatz von Einkommen und Vermögen

(1) ¹Die Partei hat ihr Einkommen einzusetzen. ²Zum Einkommen gehören alle Einkünfte in Geld oder Geldeswert. ³Von ihm sind abzusetzen:

1. a) die in § 82 Abs. 2 des Zwölften Buches Sozialgesetzbuch bezeichneten Beträge[1];
   b) bei Parteien, die ein Einkommen aus Erwerbstätigkeit erzielen, ein Betrag in Höhe von 50 vom Hundert des höchsten Regelsatzes, der für den alleinstehenden oder alleinerziehenden Leistungsberechtigten gemäß der Regelbedarfsstufe 1 nach der Anlage zu § 28 des Zwölften Buches Sozialgesetzbuch festgesetzt oder fortgeschrieben worden ist[2];
2. a) für die Partei und ihren Ehegatten oder ihren Lebenspartner jeweils ein Betrag in Höhe des um 10 vom Hundert erhöhten höchsten Regelsatzes, der für den alleinstehenden oder alleinerziehenden Leistungsberechtigten gemäß der Regelbedarfsstufe 1 nach der Anlage zu § 28 des Zwölften Buches Sozialgesetzbuch festgesetzt oder fortgeschrieben worden ist[2];
   b) bei weiteren Unterhaltsleistungen auf Grund gesetzlicher Unterhaltspflicht für jede unterhaltsberechtigte Person ein Betrag in Höhe des um 10 vom Hundert erhöhten höchsten Regelsatzes, der für eine Person ihres Alters gemäß den Regelbedarfsstufen 3 bis 6 nach der Anlage zu § 28 des Zwölften Buches Sozialgesetzbuch festgesetzt oder fortgeschrieben worden ist[2];
3. die Kosten der Unterkunft und Heizung, soweit sie nicht in einem auffälligen Missverhältnis zu den Lebensverhältnissen der Partei stehen;
4. weitere Beträge, soweit dies mit Rücksicht auf besondere Belastungen angemessen ist; § 1610a des Bürgerlichen Gesetzbuchs gilt entsprechend.

⁴Maßgeblich sind die Beträge, die zum Zeitpunkt der Bewilligung der Prozesskostenhilfe gelten. ⁵Das Bundesministerium der Justiz gibt bei jeder Neufestsetzung oder jeder Fortschreibung die maßgebenden Beträge nach Satz 3 Nummer 1 Buchstabe b und Nummer 2 im Bundesgesetzblatt bekannt[2].

---

1) § 82 SGB XII Begriff des Einkommens
   (1) ...
   (2) ¹Von dem Einkommen sind abzusetzen
   1. auf das Einkommen entrichtete Steuern,
   2. Pflichtbeiträge zur Sozialversicherung einschließlich der Beiträge zur Arbeitsförderung,
   3. Beiträge zu öffentlichen oder privaten Versicherungen oder ähnlichen Einrichtungen, soweit diese Beiträge gesetzlich vorgeschrieben oder nach Grund und Höhe angemessen sind, sowie geförderte Altersvorsorgebeiträge nach § 82 des Einkommensteuergesetzes, soweit sie den Mindesteigenbeitrag nach § 86 des Einkommensteuergesetzes nicht überschreiten,
   4. die mit der Erzielung des Einkommens verbundenen notwendigen Ausgaben,
   5. das Arbeitsförderungsgeld und Erhöhungsbeträge des Arbeitsentgelts im Sinne von § 43 Satz 4 des Neunten Buches.
   (3)–(4) ...

2) Die ab dem 1. Januar 2013 maßgebenden Beträge, die nach § 115 Abs. 1 S. 3 Nr. 1 Buchst. b und Nr. 2 ZPO vom Einkommen der Partei abzusetzen sind, betragen:
   1. für Parteien, die ein Einkommen aus Erwerbstätigkeit erzielen (§ 115 Abs. 1 S. 3 Nr. 1 Buchst. b ZPO) 201 Euro,
   2. für die Partei und ihren Ehegatten oder ihren Lebenspartner (§ 115 Abs. 1 S. 3 Nr. 2 Buchst. a ZPO) 442 Euro,
   3. für jede weitere Person, der die Partei auf Grund gesetzlicher Unterhaltspflicht Unterhalt leistet, in Abhängigkeit von ihrem Alter (§ 115 Abs. 1 S. 3 Nr. 2 Buchst. b ZPO):
      a) Erwachsene 354 Euro,
      b) Jugendliche vom Beginn des 15. bis zur Vollendung des 18. Lebensjahres 338 Euro,
      c) Kinder vom Beginn des siebten bis zur Vollendung des 14. Lebensjahres 296 Euro,
      d) Kinder bis zur Vollendung des sechsten Lebensjahres 257 Euro.

[6]Diese Beträge sind, soweit sie nicht volle Euro ergeben, bis zu 0,49 Euro abzurunden und von 0,50 Euro an aufzurunden. [7]Die Unterhaltsfreibeträge nach Satz 3 Nr. 2 vermindern sich um eigenes Einkommen der unterhaltsberechtigten Person. [8]Wird eine Geldrente gezahlt, so ist sie anstelle des Freibetrages abzusetzen, soweit dies angemessen ist.

(2) [1]Von dem nach den Abzügen verbleibenden, auf volle Euro abzurundenden Teil des monatlichen Einkommens (einzusetzendes Einkommen) sind unabhängig von der Zahl der Rechtszüge höchstens 48 Monatsraten aufzubringen, und zwar bei einem

einzusetzenden Einkommen bis zu ... Euro	eine Monatsrate von ... Euro
bis 15	0
50	15
100	30
150	45
200	60
250	75
300	95
350	115
400	135
450	155
500	175
550	200
600	225
650	250
700	275
750	300
über 750	300 zuzüglich des 750 Euro übersteigenden Teils des einzusetzenden Einkommens.

Geplante Fassung von § 115 Abs. 2 ZPO ab 1.1.2014:[1)]

(...)

(2) [1]Von dem nach den Abzügen verbleibenden Teil des monatlichen Einkommens (einzusetzendes Einkommen) sind Monatsraten in Höhe der Hälfte des einzusetzenden Einkommens festzusetzen; die Monatsraten sind auf volle Euro abzurunden. [2]Beträgt die Höhe einer Monatsrate weniger als 10 Euro, ist von der Festsetzung von Monatsraten abzusehen. [3]Bei einem einzusetzenden Einkommen von mehr als 600 Euro beträgt die Monatsrate 300 Euro zuzüglich des Teils des einzusetzenden Einkommens, der 600 Euro übersteigt. [4]Unabhängig von der Zahl der Rechtszüge sind höchstens **48** Monatsraten aufzubringen.

(3) [1]Die Partei hat ihr Vermögen einzusetzen, soweit dies zumutbar ist. [2]§ 90 des Zwölften Buches Sozialgesetzbuch gilt entsprechend.

(4) [1]Prozesskostenhilfe wird nicht bewilligt, wenn die Kosten der Prozessführung der Partei vier Monatsraten und die aus dem Vermögen aufzubringenden Teilbeträge voraussichtlich nicht übersteigen.

Nach § 30 EGZPO, eingeführt durch Art. 15e des Justizkommunikationsgesetzes vom 22.3.2005 (BGBl. I S. 837), gilt für die Prozesskostenhilfe folgende Übergangsvorschrift:

§ 30 EGZPO

[1]Ist einer Partei vor dem Inkrafttreten dieses Gesetzes für einen Rechtszug Prozesskostenhilfe bewilligt worden, so ist für diesen Rechtszug insoweit das bisherige Recht anzuwenden. [2]Maßgebend ist das Datum des Bewilligungsbeschlusses. [3]Eine Maßnahme der Zwangsvollstreckung gilt als besonderer Rechtszug.

1) Gesetz zur Änderung des Prozesskostenhilfe- und Beratungshilferechts vom 31.8.2013 (BGBl. I S. 3533).

§ 37a EGZPO – Übergangsbestimmung zur Prozesskostenhilfe

¹Führt die Änderung der nach § 115 Absatz 1 Satz 3 der Zivilprozessordnung maßgebenden Beträge durch Artikel 6 des Gesetzes zur Ermittlung von Regelbedarfen und zur Änderung des Zweiten und Zwölften Buches Sozialgesetzbuch vom 24. März 2011 (BGBl. I S. 453) dazu, dass keine Monatsrate zu zahlen ist, so ist dies auf Antrag bereits ab dem 1. Januar 2011 zu berücksichtigen.

Wichtige Rechtsanwaltsgebühren in familiengerichtlichen Verfahren

Angelegenheit	Nr. des VV	Gebühren-satz
I. Verbundverfahren		
1. Erste Instanz		
a) Verfahrensgebühr	3100	1,3
b) Ermäßigte Verfahrensgebühr	3100, 3101	0,8
c) Terminsgebühr	3104	1,2
d) Ermäßigte Terminsgebühr[1]	3104, 3105	0,5
e) Einigungsgebühr	1000, 1003	1,0[2]
f) Aussöhnungsgebühr	1001, 1003	1,0[2]
2. Beschwerde gegen Endentscheidung wegen des Hauptgegenstands[3] in Scheidungs- und/oder Folgesachen	Vorb. 3.2.1 Nr. 2b):	
a) Verfahrensgebühr	3200	1,6
b) Ermäßigte Verfahrensgebühr	3200, 3201	1,1
c) Terminsgebühr	3202	1,2
d) Ermäßigte Terminsgebühr[4]	3202, 3203	0,5
e) Einigungsgebühr	1000, 1004	1,3[5]
f) Aussöhnungsgebühr	1001, 1004	1,3[5]
3. Rechtsbeschwerde gegen Endentscheidung wegen des Hauptgegenstands[3] in Scheidungs- und/oder Folgesachen	Vorb. 3.2.2 Nr. 1a):	
a) Verfahrensgebühr		
aa) BGH-Anwalt erforderlich[6]	3206, 3208	2,3
bb) BGH-Anwalt nicht erforderlich[7]	3206	1,6
b) Ermäßigte Verfahrensgebühr		
aa) BGH-Anwalt erforderlich[8]	3206, 3207, 3209	1,8
bb) BGH-Anwalt nicht erforderlich[9]	3206, 3207	1,1

Familiensachen
RA-Gebühren
Gegenstandswerte

1 Beachte § 130 FamFG.
2 Wenn über den Gegenstand der Einigung ein erstinstanzliches gerichtliches Verfahren (ohne selbständiges Beweisverfahren) oder ein Verfahren über die Verfahrenskostenhilfe anhängig ist; sonst beträgt der Satz 1,5.
3 Gilt nicht für Beschwerden gegen Zwischen- oder Nebenentscheidungen.
4 Beachte § 130 FamFG.
5 Wenn über den Gegenstand der Einigung ein Beschwerde- oder Rechtsbeschwerdeverfahren oder insoweit ein Verfahren über die Verfahrenskostenhilfe anhängig ist; sonst beträgt der Satz 1,5.
6 Grundsätzlich erforderlich, vgl. § 114 Abs. 2 FamFG.
7 In den Ausnahmefällen des § 114 Abs. 4 FamFG.
8 Grundsätzlich erforderlich, vgl. § 114 Abs. 2 FamFG.
9 In den Ausnahmefällen des § 114 Abs. 4 FamFG.

Angelegenheit	Nr. des VV	Gebührensatz
c) Terminsgebühr		
aa) BGH-Anwalt erforderlich[10]	3210	1,5
bb) BGH-Anwalt nicht erforderlich[11]	3210	1,5
d) Ermäßigte Terminsgebühr[12]		
aa) BGH-Anwalt erforderlich[13]	3211	0,8
bb) BGH-Anwalt nicht erforderlich[14]	3211	0,8
e) Einigungsgebühr	1000, 1004	1,3[15]
II. Isolierte Verfahren		
1. Erste Instanz		
a) Verfahrensgebühr	3100	1,3
b) Ermäßigte Verfahrensgebühr	3100, 3101	0,8
c) Terminsgebühr	3104	1,2
d) Ermäßigte Terminsgebühr	3104, 3105	0,5
e) Einigungsgebühr	1000, 1003	1,0[16]
f) Aussöhnungsgebühr	1001, 1003	1,0[16]
2. Beschwerde gegen Endentscheidung wegen des Hauptgegenstands[17] in Scheidungs- und/oder Folgesachen	Vorb. 3.2.1 Nr. 2b):	
a) Verfahrensgebühr	3200	1,6
b) Ermäßigte Verfahrensgebühr	3200, 3201	1,1
c) Terminsgebühr	3202	1,2
d) Ermäßigte Terminsgebühr	3202, 3203	0,5
e) Einigungsgebühr	1000, 1004	1,3[18]
f) Aussöhnungsgebühr	1000, 1004	1,3[19]

---

10 Grundsätzlich erforderlich, vgl. § 114 Abs. 2 FamFG.
11 In den Ausnahmefällen des § 114 Abs. 4 FamFG.
12 Beachte § 130 FamFG.
13 Grundsätzlich erforderlich, vgl. § 114 Abs. 2 FamFG.
14 In den Ausnahmefällen des § 114 Abs. 4 FamFG.
15 Wenn über den Gegenstand der Einigung ein Beschwerde- oder Rechtsbeschwerdeverfahren oder insoweit ein Verfahren über die Verfahrenskostenhilfe anhängig ist; sonst beträgt der Satz 1,5.
16 Wenn über den Gegenstand der Einigung ein erstinstanzliches gerichtliches Verfahren (ohne selbständiges Beweisverfahren) oder ein Verfahren über die Verfahrenskostenhilfe anhängig ist; sonst beträgt der Satz 1,5.
17 Gilt nicht für Beschwerden gegen Zwischen- oder Nebenentscheidungen.
18 Wenn über den Gegenstand der Einigung ein Beschwerde- oder Rechtsbeschwerdeverfahren oder insoweit ein Verfahren über die Verfahrenskostenhilfe anhängig ist; sonst beträgt der Satz 1,5.
19 Wenn über den Gegenstand der Einigung ein Beschwerde- oder Rechtsbeschwerdeverfahren oder insoweit ein Verfahren über die Verfahrenskostenhilfe anhängig ist; sonst beträgt der Satz 1,5.

Angelegenheit	Nr. des VV	Gebühren-satz
3. Rechtsbeschwerde gegen Endentscheidung wegen des Hauptgegenstands[20] in Scheidungs- und/oder Folgesachen	Vorb. 3.2.2 Nr. 1a):	
a) Verfahrensgebühr		
aa) BGH-Anwalt erforderlich[21]	3206, 3208	2,3
bb) BGH-Anwalt nicht erforderlich[22]	3206	1,6
b) Ermäßigte Verfahrensgebühr		
aa) BGH-Anwalt erforderlich[23]	3206, 3207, 3209	1,8
bb) BGH-Anwalt nicht erforderlich[24]	3206, 3207	1,1
c) Terminsgebühr		
aa) BGH-Anwalt erforderlich[25]	3210	1,5
bb) BGH-Anwalt nicht erforderlich[26]	3210	1,5
d) Ermäßigte Terminsgebühr[27]		
aa) BGH-Anwalt erforderlich[28]	3211	0,8
bb) BGH-Anwalt nicht erforderlich[29]	3211	0,8
e) Einigungsgebühr	1000, 1004	1,3[30]
III. Besondere Verfahren		
1. Mahnverfahren		
a) Verfahrensgebühr	3305	1,0[31]
b) Ermäßigte Verfahrensgebühr	3305, 3306	0,5
c) Verfahrensgebühr Antragsgegner	3307	0,5[32]
d) Verfahrensgebühr Vollstreckungsbescheid	3308	0,5
e) Terminsgebühr	Vorb. 3.3.2, 3104	1,2
f) Einigungsgebühr	1000, 1003	1,0

20 Gilt nicht für Beschwerden gegen Zwischen- oder Nebenentscheidungen.
21 Grundsätzlich erforderlich, vgl. § 114 Abs. 2 FamFG.
22 In den Ausnahmefällen des § 114 Abs. 4 FamFG.
23 Grundsätzlich erforderlich, vgl. § 114 Abs. 2 FamFG.
24 In den Ausnahmefällen des § 114 Abs. 4 FamFG.
25 Grundsätzlich erforderlich, vgl. § 114 Abs. 2 FamFG.
26 In den Ausnahmefällen des § 114 Abs. 4 FamFG.
27 Beachte § 130 FamFG.
28 Grundsätzlich erforderlich, vgl. § 114 Abs. 2 FamFG.
29 In den Ausnahmefällen des § 114 Abs. 4 FamFG.
30 Wenn über den Gegenstand der Einigung ein Beschwerde- oder Rechtsbeschwerdeverfahren oder insoweit ein Verfahren über die Verfahrenskostenhilfe anhängig ist; sonst beträgt der Satz 1,5.
31 Gem. Anm. zu VV 3305 anzurechnen auf die Verfahrensgebühr des streitigen Verfahrens.
32 Gem. Anm. zu VV 3307 anzurechnen auf die Verfahrensgebühr des streitigen Verfahrens.

Angelegenheit	Nr. des VV	Gebühren-satz
2. Vereinfachtes Verfahren über den Unterhalt Minderjähriger		
a) Verfahrensgebühr	3100	1,3[33]
b) Ermäßigte Verfahrensgebühr	3100, 3101	0,8
c) Terminsgebühr	3104	1,2
d) Einigungsgebühr	1000, 1003	1,0
3. Sofortige Beschwerde gegen den Unterhaltsfestsetzungsbeschluss gem. § 256 FamFG[34]	Vorb. 3.2.1 Nr. 2b):	
a) Verfahrensgebühr	3200	1,6
b) Ermäßigte Verfahrensgebühr	3200, 3201	1,1
c) Terminsgebühr	3202	1,2
d) Ermäßigte Terminsgebühr	3202, 3203	0,5
e) Einigungsgebühr	1000, 1004	1,3[35]
4. Vermittlungsverfahren nach § 165 FamFG		
a) Verfahrensgebühr	3100	1,3[36]
b) Ermäßigte Verfahrensgebühr	3100, 3101	0,8
c) Terminsgebühr	3104	1,2
d) Einigungsgebühr	1000, 1003	1,0

IV. Einstweilige Anordnungen

1. **Hauptsache ist nicht anhängig**

   Zuständig ist immer das Gericht erster Instanz, also das AG. Gebühren daher wie unter Ziff. I. 1. Das Verfahren bildet gem. § 17 Nr. 4b RVG eine besondere Angelegenheit, und zwar unabhängig davon, ob die einstweilige Anordnung auf Antrag oder von Amts wegen erlassen wird.

2. **Hauptsache ist anhängig**

   a) **Einstweilige Anordnung in erster Instanz**

   Gebühren wie in Ziff. I. 1

   b) **Einstweilige Anordnung im Beschwerdeverfahren**

   Gebühren wie in Ziff. I. 1[37]

---

[33] Gem. Anm. 1 Abs. 1 zu VV 3100 anzurechnen auf die Verfahrensgebühr des streitigen Verfahrens.
[34] Vorb. 3.2.1 Nr. 2 b) ist anzuwenden, weil eine die Instanz abschließende Entscheidung vorliegt.
[35] Wenn über den Gegenstand der Einigung ein Beschwerde- oder Rechtsbeschwerdeverfahren oder insoweit ein Verfahren über die Verfahrenskostenhilfe anhängig ist; sonst beträgt der Satz 1,5.
[36] Gem. Anm. Abs. 3 zu VV 3100 anzurechnen auf die Verfahrensgebühr des streitigen Verfahrens.
[37] Das Verfahren über die einstweilige Anordnung ist ein erstinstanzliches Verfahren, in dem gem. VV Vorb. 3.2.1 Abs. 2 S. 2 die erstinstanzlichen Gebühren nach VV 3100 ff. entstehen.

Angelegenheit	Nr. des VV	Gebührensatz
c) Einstweilige Anordnung im Rechtsbeschwerdeverfahren Gebühren daher wie unter Ziff. I. 1[38]		
3. Beschwerde gegen einstweilige Anordnung[39] Gebühren wie in Ziff. I. 2		
V. Verfahrenskostenhilfe (Prozesskostenhilfe)-Prüfungsverfahren		
1. Verfahrensgebühr	3335	Höchstens 1,0[40]
2. Ermäßigte Verfahrensgebühr	3337	Höchstens 0,5[41]
3. Terminsgebühr	Vorb. 3.3.6, 3104[42]	1,2[43]
4. Einigungsgebühr	1000, 1003	1,0
5. Aussöhnungsgebühr	1001, 1003	1,0
VI. Einzeltätigkeiten		
1. Terminsvertreter		
a) Erste Instanz		
aa) Verfahrensgebühr	3401, 3100	0,65
bb) Ermäßigte Verfahrensgebühr	3401, 3405	Höchstens 0,5
cc) Terminsgebühr	3402, 3104	1,2
dd) Ermäßigte Terminsgebühr	3402, 3105	0,5
ee) Einigungsgebühr	1000, 1003	1,0
b) Beschwerdeverfahren		
aa) Verfahrensgebühr	3401, 3200	0,8
bb) Ermäßigte Verfahrensgebühr	3401, 3405	Höchstens 0,5
cc) Terminsgebühr	3402, 3202	1,2
dd) Ermäßigte Terminsgebühr	3402, 3203	0,5
ee) Einigungsgebühr	1000, 1004	1,3

38 Das Verfahren über die einstweilige Anordnung ist ein erstinstanzliches Verfahren, in dem gem. VV Vorb. 3.2.1 Abs. 2 S. 2 die erstinstanzlichen Gebühren nach VV 3100 ff. entstehen.
39 Eine Beschwerde ist nur beschränkt zulässig, vgl. § 57 FamFG.
40 Kommt es nachfolgend zum Verfahren, geht die Gebühr in der Verfahrensgebühr des betreffenden Verfahrens auf (dieselbe Angelegenheit § 16 Nr. 2 RVG).
41 Kommt es nachfolgend zum Verfahren, geht die Gebühr in der Verfahrensgebühr des betreffenden Verfahrens auf (dieselbe Angelegenheit § 16 Nr. 2 RVG).
42 VV Vorbem. 3.3.6 S. 2: Die Terminsgebühr bestimmt sich nach den für dasjenige Verfahren geltenden Vorschriften, für das die VKH beantragt wird (in Familiensachen erste Instanz: VV 3104).
43 Kommt es nachfolgend zum Verfahren, geht die Gebühr in der Verfahrensgebühr des betreffenden Verfahrens auf (§ 16 Nr. 2 RVG).

Angelegenheit	Nr. des VV	Gebührensatz
2. Verkehrsanwalt		
a) Erste Instanz		
aa) Verfahrensgebühr	3400, 3100	1,0
bb) Ermäßigte Verfahrensgebühr	3400, 3405	Höchstens 0,5
cc) Einigungsgebühr	1000, 1003	1,0
b) Beschwerdeverfahren		
aa) Verfahrensgebühr	3400, 3200	1,0
bb) Ermäßigte Verfahrensgebühr	3400, 3405	Höchstens 0,5
cc) Einigungsgebühr	1000, 1004	1,3
c) Rechtsbeschwerdeverfahren		
aa) Verfahrensgebühr	3400, 3206	1,0
bb) Ermäßigte Verfahrensgebühr	3400, 3405	Höchstens 0,5
cc) Einigungsgebühr	1000, 1004	1,3
3. Sonstige Einzeltätigkeiten, insbes. Protokollierung einer Einigung oder Erklärung eines Rechtsmittelverzichts (Fluranwalt)		
a) Verfahrensgebühr	3403	0,8
b) Ermäßigte Verfahrensgebühr	3403, 3405	Höchstens 0,5
c) Schreiben einfacher Art	3403, 3404	0,3
d) Einigungsgebühr	1000, 1003	1,0
VII. Vollstreckung von Endentscheidungen, verfahrensabschließenden Entscheidungen und von Zwischenentscheidungen gem. § 35 FamFG. Ohne Bedeutung ist insoweit, ob die Vollstreckung sich nach der ZPO oder nach dem FamFG richtet, vgl. VV Vorb. 3.3.3.		
1. Verfahrensgebühr	3309	0,3
2. Terminsgebühr	3310	0,3
3. Einigungsgebühr	1000, 1003	1,0[44]

---

[44] Gem. Abs. 1 S. 3 der Anm. zu VV 1003 auch im Verfahren vor dem Gerichtsvollzieher.

Die wichtigsten Gegenstandswerte in familiengerichtlichen Verfahren[1]

Gegenstand	Vorschrift	Bemessung
I. Verbundverfahren		
1. Ehesache	§ 43 FamGKG	Abs. 1: Berücksichtigung aller Umstände des Einzelfalls, insbesondere des Umfangs und der Bedeutung der Sache und der Vermögens- und Einkommensverhältnisse der Ehegatten; Wert nicht unter 3.000 € und nicht über 1.000.000 €.
		Abs. 2: Für die Einkommensverhältnisse ist das in drei Monaten erzielte Nettoeinkommen der Ehegatten einzusetzen.
2. Elterliche Sorge	§ 44 Abs. 2 und 3 FamGKG	Abs. 2: Der Verfahrenswert nach § 43 erhöht sich für jede Kindschaftssache (§ 151 Nr. 1–3 FamFG) um 20 %, höchstens um jeweils 3.000 €; eine Kindschaftssache ist auch dann als ein Gegenstand zu bewerten, wenn sie mehrere Kinder betrifft. Die Werte der übrigen Folgesachen werden hinzugerechnet. § 33 Abs. 1 S. 2 ist nicht anzuwenden.
		Abs. 3: Ist der Betrag, um den sich der Verfahrenswert der Ehesache erhöht (Abs. 2), nach den besonderen Umständen des Einzelfalls unbillig, kann das Gericht einen höheren oder einen niedrigeren Betrag berücksichtigen.
3. Umgangsrecht	§ 44 Abs. 2 und 3 FamGKG	wie Ziff. 2
4. Kindesherausgabe	§ 44 Abs. 2 und 3 FamGKG	wie Ziff. 2
5. Kindesunterhalt	§ 44 Abs. 2 S. 2 FamGKG	Der Verfahrenswert nach § 43 erhöht sich:
	§ 51 Abs. 1 S. 1, Abs. 2 FamGKG	Abs. 1 S. 1: Geforderter Betrag der auf die Antragseinreichung folgenden 12 Monate, max. der Gesamtbetrag.[2]
	§ 51 Abs. 1 S. 2, Abs. 2 FamGKG	Abs. 1 S. 2: Wird Unterhalt als Prozentsatz des jeweiligen Mindestunterhalts verlangt, ist dem Wert nach Satz 1 der Monatsbetrag des zum Zeitpunkt der Einreichung des Antrags geltenden Mindestunterhalts nach der zu diesem Zeitpunkt maßgebenden Altersstufe zugrunde zu legen.

---

1   Die Wertvorschriften gelten entsprechend für Lebenspartnerschaftssachen.
2   Rückstände gem. Abs. 2 sind nicht denkbar. Als Folgesache kann nur Kindesunterhalt für die Zeit ab Rechtskraft der Scheidung verlangt werden (vgl. §§ 148 FamFG, 1569 ff. BGB; OLG Koblenz, FamRZ 2002, 965).

Gegenstand	Vorschrift	Bemessung
6. Ehegattenunterhalt, nachehelicher[3]	§ 44 Abs. 2 S. 2 FamGKG	Der Verfahrenswert nach § 43 erhöht sich:
	§ 51 Abs. 1 FamGKG	Geforderter Betrag der auf die Rechtskraft der Scheidung folgenden 12 Monate, max. der Gesamtbetrag.[4]
7. Versorgungsausgleich	§ 44 Abs. 2 S. 2 FamGKG	Der Verfahrenswert nach § 43 erhöht sich:
	§ 50 FamGKG	Abs. 1: Verfahrenswert für jedes Anrecht 10 %, bei Ausgleichsansprüchen nach der Scheidung für jedes Anrecht 20 % des in 3 Monaten erzielten Nettoeinkommens der Ehegatten. Der Wert nach Satz 1 beträgt insgesamt mindestens 1.000 €.
		Abs. 2: In Verfahren über einen Auskunftsanspruch oder über die Abtretung von Versorgungsansprüchen beträgt der Verfahrenswert 500 €.
		Abs. 3: Ist der nach den Absätzen 1 und 2 bestimmte Wert nach den besonderen Umständen des Einzelfalls unbillig, kann das Gericht einen höheren oder einen niedrigeren Wert festsetzen.
8. Zuweisung Ehewohnung	§ 44 Abs. 2 S. 2 FamGKG	Der Verfahrenswert nach § 43 erhöht sich:
	§ 48 Abs. 1 Hs. 1, Abs. 3 FamGKG	Festwert: 4.000 €
		Abs. 3: Ist der Wert nach den besonderen Umständen des Einzelfalls unbillig, kann das Gericht einen höheren oder einen niedrigeren Wert festsetzen; das gilt z.B. bei Zuweisung nur eines Teils der Ehewohnung oder besonders teuren Wohnungen.
9. Zuweisung von Haushaltsgegenständen	§ 44 Abs. 2 S. 2 FamGKG	Der Verfahrenswert nach § 43 erhöht sich:
	§ 48 Abs. 2 Hs. 1, Abs. 3 FamGKG	Regelwert: 3.000 €
		Abs. 3: Ist der Wert nach den besonderen Umständen des Einzelfalls unbillig, kann das Gericht einen höheren oder einen niedrigeren Wert festsetzen, so z.B. bei Zuweisung von nur einzelnen, geringwertigen Sachen.

3 Trennungsunterhalt ist nicht verbundfähig (vgl. § 137 FamFG).
4 Rückstände gem. Abs. 2 sind nicht denkbar.

Gegenstand	Vorschrift	Bemessung
10. Zugewinnausgleich	§ 44 Abs. 2 S. 2 FamGKG	Der Verfahrenswert nach § 43 erhöht sich:
	§ 35, § 44 Abs. 2 S. 3, Abs. 3 FamGKG	Wert des verlangten Ausgleichsanspruchs. Bei wechselseitigen Anträgen auf Zugewinn wird addiert. Es liegt nicht derselbe Verfahrenswert i.S.v. § 39 Abs. 1 S. 3 FamGKG vor.[5]
11. Stundung einer Ausgleichsforderung	§ 44 Abs. 2 S. 2 FamGKG	Der Verfahrenswert nach § 43 erhöht sich:
	§§ 42, 52 FamGKG	§ 42: Kosten der ersparten Finanzierung.[6] Ohne Anhaltspunkte beträgt der Wert 5.000 €, max. 500.000 €. § 52: Der Wert von Stundungs- und Zahlungsantrag wird zusammengerechnet.
II. Isolierte Verfahren		
1. Elterliche Sorge	§ 45 Abs. 1 Nr. 1, Abs. 2 und 3 FamGKG	Abs. 1 Nr. 1: Regelwert: 3.000 €. Abs. 2: Auch nur ein Gegenstand, wenn mehrere Kinder betroffen sind. Abs. 3: Höherer oder niedrigerer Wert bei Unbilligkeit.
2. Umgangsrecht	§ 45 Abs. 1 Nr. 2, Abs. 2 und 3 FamGKG	Abs. 1 Nr. 2: Regelwert: 3.000 €. Abs. 2: Auch nur ein Gegenstand, wenn mehrere Kinder betroffen sind. Abs. 3: Höherer oder niedrigerer Wert bei Unbilligkeit.
3. Kindesherausgabe	§ 45 Abs. 1 Nr. 3, Abs. 2 und 3 FamGKG	Abs. 1 Nr. 3: Regelwert: 3.000 €. Abs. 2: Auch nur ein Gegenstand, wenn mehrere Kinder betroffen sind. Abs. 3: Höherer oder niedrigerer Wert bei Unbilligkeit.
4. Kindesunterhalt		
a) Hauptsacheverfahren	§ 51 Abs. 1 S. 1 und Abs. 2 FamGKG	Abs. 1 S. 1: Geforderter Betrag der auf die Antragseinreichung folgenden 12 Monate, max. der Gesamtbetrag.
	§ 51 Abs. 1 S. 2 und Abs. 2 FamGKG	Abs. 1 S. 2: Wird Unterhalt als Prozentsatz des jeweiligen Mindestunterhalts verlangt, ist dem Wert nach Satz 1 der Monatsbetrag des zum Zeitpunkt der Einreichung des Antrags geltenden Mindestunterhalts nach der zu diesem Zeitpunkt maßgebenden Altersstufe zugrunde zu legen.

---

[5] So zu den entsprechenden §§ 48 Abs. 1, 45 Abs. 1 S. 3 GKG: OLG Köln FamRZ 2001, 1386 = MDR 2001, 941.
[6] OLG Köln AGS 2003, 362 m. Anm. *N. Schneider.*

Gegenstand	Vorschrift	Bemessung
b) Vereinfachtes Verfahren nach §§ 249 ff. FamFG	§ 51 Abs. 1 S. 2 und Abs. 2 FamGKG	Abs. 2: Bei Einreichung fällige Beträge werden hinzugerechnet.
		Abs. 1 S. 2: Prozentsatz des verlangten Mindestunterhalts; maßgebend ist der Wert des Monatsbetrag des zum Zeitpunkt der Einreichung des Antrags geltenden Mindestunterhalts nach der zu diesem Zeitpunkt maßgebenden Altersstufe.
		Abs. 2: Bei Einreichung fällige Beträge werden hinzugerechnet.
		Kindergeld ist abzuziehen (OLG München FamRZ 2005, 1766).
5. Ehegattenunterhalt, nachehelicher	§ 51 Abs. 1 S. 1 und Abs. 2 FamGKG	Abs. 1 S. 1: Geforderter Betrag der auf die Antragseinreichung folgenden 12 Monate, max. der Gesamtbetrag.
		Abs. 2: Bei Einreichung fällige Beträge werden hinzugerechnet.
6. Trennungsunterhalt	wie Ziff. 5	wie Ziff. 5
7. Unterhaltssachen, die nicht Familienstreitsachen sind (Kindergeldverfahren gem. § 3 Abs. 3 S. 3 BKKG, § 64 Abs. 2 S. 3 EStG)	§ 51 Abs. 3 FamGKG	500 €. Bei Unbilligkeit kann ein höherer Wert festgesetzt werden.
8. Versorgungsausgleich	§ 50 FamGKG	Abs. 1: Verfahrenswert für jedes Anrecht 10 %, bei Ausgleichsansprüchen nach der Scheidung für jedes Anrecht 20 % des in 3 Monaten erzielten Nettoeinkommens der Ehegatten. Der Wert nach Satz 1 beträgt insgesamt mindestens 1.000 €.
		Abs. 2: In Verfahren über einen Auskunftsanspruch oder über die Abtretung von Versorgungsansprüchen beträgt der Verfahrenswert 500 €.
		Abs. 3: Ist der nach den Absätzen 1 und 2 bestimmte Wert nach den besonderen Umständen des Einzelfalls unbillig, kann das Gericht einen höheren oder einen niedrigeren Wert festsetzen.
9. Zuweisung Ehewohnung	§ 48 Abs. 1 Hs. 2, Abs. 3 FamGKG	Regelwert: 3.000 €
		Abs. 3: Ist der Wert nach den besonderen Umständen des Einzelfalls unbillig, kann das Gericht einen höheren oder einen niedrigeren Wert festsetzen; das gilt z.B. bei Zuweisung nur eines Teils der Ehewohnung oder besonders teuren Wohnungen.

Gegenstand	Vorschrift	Bemessung
10. Zuweisung von Haushaltsgegenständen	§ 48 Abs. 2 Hs. 2, Abs. 3 FamGKG	Regelwert: 2.000 €
		Abs. 3: Ist der Wert nach den besonderen Umständen des Einzelfalls unbillig, kann das Gericht einen höheren oder einen niedrigeren Wert festsetzen; das gilt z.B. bei Zuweisung von nur einzelnen, geringwertigen Sachen.
11. Zugewinnausgleich	§ 35, § 44 Abs. 2 S. 3, Abs. 3 FamGKG	Wert des verlangten Ausgleichsanspruchs. Bei wechselseitigen Anträgen auf Zugewinn wird addiert.
		Es liegt nicht derselbe Verfahrenswert i.S.v. § 39 Abs. 1 S. 3 FamGKG vor.[7]
12. Stundung einer Ausgleichsforderung	§§ 42, 52 FamGKG	§ 42: Kosten der ersparten Finanzierung.[8] Ohne Anhaltspunkte beträgt der Wert 3.000 €, max. 500.000 €.
		§ 52: Der Wert von Stundungs- und Zahlungsantrag wird zusammengerechnet.
13. Abstammungssachen	§ 47 FamGKG	Solche nach § 169 Nr. 1 und 4 FamFG: Regelwert: 2.000 €, in den übrigen 1.000 €.
		Abs. 2: Bei Unbilligkeit höher oder niedriger.
14. Gewaltschutzsachen	§ 49 FamGKG	Abs. 1: In Gewaltschutzsachen nach § 1 GewSchG: 2.000 €, nach § 2 GewSchG: 3.000 €.
		Abs. 2: Bei Unbilligkeit höher oder niedriger.
15. Zustimmung zu einer bestimmten steuerlichen Veranlagung	§§ 35, 42 FamGKG	Wert des zu erwartenden Steuervorteils ohne Abschlag.[9]
16. Verfahrenskostenvorschuss	§ 35 FamGKG	Wert des verlangten Vorschusses.

III. Einstweilige Anordnungsverfahren

Diese sind nach dem FamFG nunmehr unabhängig von der Anhängigkeit einer entsprechenden Hauptsache möglich, §§ 49 ff. FamFG. Einer gesonderten Regelung für die Werte der verschiedenen Verfahren bedarf es daher nicht mehr.

Der Wert für die einstweilige Anordnung ist in der Regel unter Berücksichtigung der geringeren Bedeutung gegenüber der Hauptsache zu ermäßigen. Dabei ist grundsätzlich von der Hälfte des für die Hauptsache bestimmten Werts auszugehen.

Die in der vorstehenden Tabelle aufgeführten Werte ermäßigen sich daher regelmäßig auf die jeweilige Hälfte der dort angegebenen Werte.

---

[7] So zu den entsprechenden §§ 48 Abs. 1, 45 Abs. 1 S. 3 GKG: OLG Köln FamRZ 2001, 1386 = MDR 2001, 941.
[8] OLG Köln AGS 2003, 362 m. Anm. *N. Schneider.*
[9] OLG Düsseldorf JurBüro 1995, 254.

IV. Verfahrenskostenhilfe-Prüfungsverfahren

Die erstinstanzlichen Verfahren sind gerichtsgebührenfrei. Für die Zurückweisung oder Verwerfung der sofortigen Beschwerde entsteht aber eine Gebühr nach Nr. 1912 FamGKG KV in Höhe von 60 €.

Der Gegenstandswert für die Anwaltsgebühren ergibt sich aus § 23a RVG (Hauptsachewert bzw. Kosteninteresse).

Gerichtskostengesetz (GKG)

vom 5.5.2004, BGBl. I S. 718, BGBl. III 360–7

zuletzt geändert durch Gesetz zur Intensivierung des Einsatzes von Videokonferenztechnik in gerichtlichen und staatsanwaltlichen Verfahren vom 25.4.2013, BGBl. I 2013, S. 935

– Auszug –

Abschnitt 6 Gebührenvorschriften

§ 34 Wertgebühren

(1) [1]Wenn sich die Gebühren nach dem Streitwert richten, beträgt die Gebühr bei einem Streitwert bis 500 Euro 35 Euro. [2]Die Gebühr erhöht sich bei einem

Streitwert bis ... Euro	für jeden angefangenen Betrag von weiteren ... Euro	um ... Euro
2 000	500	18
10 000	1 000	19
25 000	3 000	26
50 000	5 000	35
200 000	15 000	120
500 000	30 000	179
über 500 000	50 000	180

[3]Eine Gebührentabelle für Streitwerte bis 500 000 Euro ist diesem Gesetz als Anlage 2 beigefügt.

(2) Der Mindestbetrag einer Gebühr ist 15 Euro.

§ 35 Einmalige Erhebung der Gebühren

Die Gebühr für das Verfahren im Allgemeinen und die Gebühr für eine Entscheidung werden in jedem Rechtszug hinsichtlich eines jeden Teils des Streitgegenstands nur einmal erhoben.

§ 36 Teile des Streitgegenstands

(1) Für Handlungen, die einen Teil des Streitgegenstands betreffen, sind die Gebühren nur nach dem Wert dieses Teils zu berechnen.

(2) Sind von einzelnen Wertteilen in demselben Rechtszug für gleiche Handlungen Gebühren zu berechnen, darf nicht mehr erhoben werden, als wenn die Gebühr von dem Gesamtbetrag der Wertteile zu berechnen wäre.

(3) Sind für Teile des Gegenstands verschiedene Gebührensätze anzuwenden, sind die Gebühren für die Teile gesondert zu berechnen; die aus dem Gesamtbetrag der Wertteile nach dem höchsten Gebührensatz berechnete Gebühr darf jedoch nicht überschritten werden.

§ 37 Zurückverweisung

Wird eine Sache zur anderweitigen Verhandlung an das Gericht des unteren Rechtszugs zurückverwiesen, bildet das weitere Verfahren mit dem früheren Verfahren vor diesem Gericht im Sinne des § 35 einen Rechtszug.

§ 38 Verzögerung des Rechtsstreits

[1]Wird außer im Fall des § 335 der Zivilprozessordnung durch Verschulden des Klägers, des Beklagten oder eines Vertreters die Vertagung einer mündlichen Verhandlung oder die Anberaumung eines neuen Termins zur mündlichen Verhandlung nötig oder ist die Erledigung des Rechtsstreits durch nachträgliches Vorbringen von Angriffs- oder Verteidigungsmitteln, Beweismitteln oder Beweiseinreden, die früher vorgebracht werden konnten, verzögert worden, kann das Gericht dem Kläger oder dem Beklagten von Amts wegen eine besondere Gebühr mit einem Gebührensatz von 1,0 auferlegen. [2]Die Gebühr kann bis auf einen Gebührensatz von 0,3 ermäßigt werden. [3]Dem Kläger, dem Beklagten oder dem Vertreter stehen gleich der Nebenintervenient, der Beigeladene, der Vertreter des Bundesinteresses beim Bundesverwaltungsgericht und der Vertreter des öffentlichen Interesses sowie ihre Vertreter.

Abschnitt 7 Wertvorschriften

Unterabschnitt 1 Allgemeine Wertvorschriften

§ 39 Grundsatz

(1) In demselben Verfahren und in demselben Rechtszug werden die Werte mehrerer Streitgegenstände zusammengerechnet, soweit nichts anderes bestimmt ist.

(2) Der Streitwert beträgt höchstens 30 Millionen Euro, soweit kein niedrigerer Höchstwert bestimmt ist.

§ 40 Zeitpunkt der Wertberechnung

Für die Wertberechnung ist der Zeitpunkt der den jeweiligen Streitgegenstand betreffenden Antragstellung maßgebend, die den Rechtszug einleitet.

§ 41 Miet-, Pacht- und ähnliche Nutzungsverhältnisse

(1) [1]Ist das Bestehen oder die Dauer eines Miet-, Pacht- oder ähnlichen Nutzungsverhältnisses streitig, ist der Betrag des auf die streitige Zeit entfallenden Entgelts und, wenn das einjährige Entgelt geringer ist, dieser Betrag für die Wertberechnung maßgebend. [2]Das Entgelt nach Satz 1 umfasst neben dem Nettogrundentgelt Nebenkosten dann, wenn diese als Pauschale vereinbart sind und nicht gesondert abgerechnet werden.

(2) [1]Wird wegen Beendigung eines Miet-, Pacht- oder ähnlichen Nutzungsverhältnisses die Räumung eines Grundstücks, Gebäudes oder Gebäudeteils verlangt, ist ohne Rücksicht darauf, ob über das Bestehen des Nutzungsverhältnisses Streit besteht, das für die Dauer eines Jahres zu zahlende Entgelt maßgebend, wenn sich nicht nach Absatz 1 ein geringerer Streitwert ergibt. [2]Wird die Räumung oder Herausgabe auch aus einem anderen Rechtsgrund verlangt, ist der Wert der Nutzung eines Jahres maßgebend.

(3) Werden der Anspruch auf Räumung von Wohnraum und der Anspruch nach den §§ 574 bis 574b des Bürgerlichen Gesetzbuchs auf Fortsetzung des Mietverhältnisses über diesen Wohnraum in demselben Prozess verhandelt, werden die Werte nicht zusammengerechnet.

(4) Bei Ansprüchen nach den §§ 574 bis 574b des Bürgerlichen Gesetzbuchs ist auch für die Rechtsmittelinstanz der für den ersten Rechtszug maßgebende Wert zugrunde zu legen, sofern nicht die Beschwer geringer ist.

(5) ¹Bei Ansprüchen auf Erhöhung der Miete für Wohnraum ist der Jahresbetrag der zusätzlich geforderten Miete, bei Ansprüchen des Mieters auf Durchführung von Instandsetzungsmaßnahmen der Jahresbetrag einer angemessenen Mietminderung und bei Ansprüchen des Vermieters auf Duldung einer Durchführung von Modernisierungs- oder Erhaltungsmaßnahmen der Jahresbetrag einer möglichen Mieterhöhung, in Ermangelung dessen einer sonst möglichen Mietminderung durch den Mieter maßgebend. ²Endet das Mietverhältnis vor Ablauf eines Jahres, ist ein entsprechend niedrigerer Betrag maßgebend.

§ 42 Wiederkehrende Leistungen

(1) ¹Bei Ansprüchen auf wiederkehrende Leistungen aus einem öffentlich-rechtlichen Dienst- oder Amtsverhältnis, einer Dienstpflicht oder einer Tätigkeit, die anstelle einer gesetzlichen Dienstpflicht geleistet werden kann, bei Ansprüchen von Arbeitnehmern auf wiederkehrende Leistungen sowie in Verfahren vor Gerichten der Sozialgerichtsbarkeit, in denen Ansprüche auf wiederkehrende Leistungen dem Grunde oder der Höhe nach geltend gemacht oder abgewehrt werden, ist der dreifache Jahresbetrag der wiederkehrenden Leistungen maßgebend, wenn nicht der Gesamtbetrag der geforderten Leistungen geringer ist. ²Ist im Verfahren vor den Gerichten der Verwaltungs- und Sozialgerichtsbarkeit die Höhe des Jahresbetrags nicht nach dem Antrag des Klägers bestimmt oder nach diesem Antrag mit vertretbarem Aufwand bestimmbar, ist der Streitwert nach § 52 Abs. 1 und 2 zu bestimmen.

(2) ¹Für die Wertberechnung bei Rechtsstreitigkeiten vor den Gerichten für Arbeitssachen über das Bestehen, das Nichtbestehen oder die Kündigung eines Arbeitsverhältnisses ist höchstens der Betrag des für die Dauer eines Vierteljahres zu leistenden Arbeitsentgelts maßgebend; eine Abfindung wird nicht hinzugerechnet. ²Bei Rechtsstreitigkeiten über Eingruppierungen ist der Wert des dreijährigen Unterschiedsbetrags zur begehrten Vergütung maßgebend, sofern nicht der Gesamtbetrag der geforderten Leistungen geringer ist.

(3) ¹Die bei Einreichung der Klage fälligen Beträge werden dem Streitwert hinzugerechnet; dies gilt nicht in Rechtsstreitigkeiten vor den Gerichten für Arbeitssachen. ²Der Einreichung der Klage steht die Einreichung eines Antrags auf Bewilligung der Prozesskostenhilfe gleich, wenn die Klage alsbald nach Mitteilung der Entscheidung über den Antrag oder über eine alsbald eingelegte Beschwerde eingereicht wird.

§ 43 Nebenforderungen

(1) Sind außer dem Hauptanspruch auch Früchte, Nutzungen, Zinsen oder Kosten als Nebenforderungen betroffen, wird der Wert der Nebenforderungen nicht berücksichtigt.

(2) Sind Früchte, Nutzungen, Zinsen oder Kosten als Nebenforderungen ohne den Hauptanspruch betroffen, ist der Wert der Nebenforderungen maßgebend, soweit er den Wert des Hauptanspruchs nicht übersteigt.

(3) Sind die Kosten des Rechtsstreits ohne den Hauptanspruch betroffen, ist der Betrag der Kosten maßgebend, soweit er den Wert des Hauptanspruchs nicht übersteigt.

§ 44 Stufenklage

Wird mit der Klage auf Rechnungslegung oder auf Vorlegung eines Vermögensverzeichnisses oder auf Abgabe einer eidesstattlichen Versicherung die Klage auf Herausgabe desjenigen verbunden, was der Beklagte aus dem zugrunde liegenden Rechtsverhältnis schuldet, ist für die Wertberechnung nur einer der verbundenen Ansprüche, und zwar der höhere, maßgebend.

§ 45 Klage und Widerklage, Hilfsanspruch, wechselseitige Rechtsmittel, Aufrechnung

(1) [1]In einer Klage und in einer Widerklage geltend gemachte Ansprüche, die nicht in getrennten Prozessen verhandelt werden, werden zusammengerechnet. [2]Ein hilfsweise geltend gemachter Anspruch wird mit dem Hauptanspruch zusammengerechnet, soweit eine Entscheidung über ihn ergeht. [3]Betreffen die Ansprüche im Fall des Satzes 1 oder 2 denselben Gegenstand, ist nur der Wert des höheren Anspruchs maßgebend.

(2) Für wechselseitig eingelegte Rechtsmittel, die nicht in getrennten Prozessen verhandelt werden, ist Absatz 1 Satz 1 und 3 entsprechend anzuwenden.

(3) Macht der Beklagte hilfsweise die Aufrechnung mit einer bestrittenen Gegenforderung geltend, erhöht sich der Streitwert um den Wert der Gegenforderung, soweit eine der Rechtskraft fähige Entscheidung über sie ergeht.

(4) Bei einer Erledigung des Rechtsstreits durch Vergleich sind die Absätze 1 bis 3 entsprechend anzuwenden.

§ 46 (aufgehoben)

§ 47 Rechtsmittelverfahren

(1) [1]Im Rechtsmittelverfahren bestimmt sich der Streitwert nach den Anträgen des Rechtsmittelführers. [2]Endet das Verfahren, ohne dass solche Anträge eingereicht werden, oder werden, wenn eine Frist für die Rechtsmittelbegründung vorgeschrieben ist, innerhalb dieser Frist Rechtsmittelanträge nicht eingereicht, ist die Beschwer maßgebend.

(2) [1]Der Streitwert ist durch den Wert des Streitgegenstands des ersten Rechtszugs begrenzt. [2]Das gilt nicht, soweit der Streitgegenstand erweitert wird.

(3) Im Verfahren über den Antrag auf Zulassung des Rechtsmittels und im Verfahren über die Beschwerde gegen die Nichtzulassung des Rechtsmittels ist Streitwert der für das Rechtsmittelverfahren maßgebende Wert.

Unterabschnitt 2 Besondere Wertvorschriften

§ 48 Bürgerliche Rechtsstreitigkeiten

(1) [1]In bürgerlichen Rechtsstreitigkeiten richten sich die Gebühren nach den für die Zuständigkeit des Prozessgerichts oder die Zulässigkeit des Rechtsmittels geltenden Vor-

schriften über den Wert des Streitgegenstands, soweit nichts anderes bestimmt ist. ²In Rechtsstreitigkeiten aufgrund des Unterlassungsklagengesetzes darf der Streitwert 250 000 Euro nicht übersteigen.

(2) ¹In nichtvermögensrechtlichen Streitigkeiten ist der Streitwert unter Berücksichtigung aller Umstände des Einzelfalls, insbesondere des Umfangs und der Bedeutung der Sache und der Vermögens- und Einkommensverhältnisse der Parteien, nach Ermessen zu bestimmen. ²Der Wert darf nicht über eine Million Euro angenommen werden.

(3) Ist mit einem nichtvermögensrechtlichen Anspruch ein aus ihm hergeleiteter vermögensrechtlicher Anspruch verbunden, ist nur ein Anspruch, und zwar der höhere, maßgebend.

§ 49 (aufgehoben)

§ 49a Wohnungseigentumssachen

(1) ¹Der Streitwert ist auf 50 Prozent des Interesses der Parteien und aller Beigeladenen an der Entscheidung festzusetzen. ²Er darf das Interesse des Klägers und der auf seiner Seite Beigetretenen an der Entscheidung nicht unterschreiten und das Fünffache des Wertes ihres Interesses nicht überschreiten. ³Der Wert darf in keinem Fall den Verkehrswert des Wohnungseigentums des Klägers und der auf seiner Seite Beigetretenen übersteigen.

(2) ¹Richtet sich eine Klage gegen einzelne Wohnungseigentümer, darf der Streitwert das Fünffache des Wertes ihres Interesses sowie des Interesses der auf ihrer Seite Beigetretenen nicht übersteigen. ²Absatz 1 Satz 3 gilt entsprechend.

§ 50 Bestimmte Beschwerdeverfahren

(1) ¹In folgenden Verfahren bestimmt sich der Wert nach § 3 der Zivilprozessordnung:
1. über Beschwerden gegen Verfügungen der Kartellbehörden und über Rechtsbeschwerden (§§ 63 und 74 des Gesetzes gegen Wettbewerbsbeschränkungen),
2. über Beschwerden gegen Entscheidungen der Regulierungsbehörde und über Rechtsbeschwerden (§§ 75 und 86 des Energiewirtschaftsgesetzes oder § 35 Absatz 3 und 4 des Kohlendioxid-Speicherungsgesetzes),
3. über Beschwerden gegen Verfügungen der Bundesanstalt für Finanzdienstleistungsaufsicht (§ 48 des Wertpapiererwerbs- und Übernahmegesetzes) und § 37u Abs. 1 des Wertpapierhandelsgesetzes und
4. über Beschwerden gegen Entscheidungen der zuständigen Behörde und über Rechtsbeschwerden (§§ 13 und 24 des EG-Verbraucherschutzdurchsetzungsgesetzes).

²Im Verfahren über Beschwerden eines Beigeladenen (§ 54 Abs. 2 Nr. 3 des Gesetzes gegen Wettbewerbsbeschränkungen, § 79 Abs. 1 Nr. 3 des Energiewirtschaftsgesetzes und § 16 Nr. 3 des EG-Verbraucherschutzdurchsetzungsgesetzes) ist der Streitwert unter Berücksichtigung der sich für den Beigeladenen ergebenden Bedeutung der Sache nach Ermessen zu bestimmen.

(2) Im Verfahren über die Beschwerde gegen die Entscheidung der Vergabekammer (§ 116 des Gesetzes gegen Wettbewerbsbeschränkungen) einschließlich des Verfahrens über den Antrag nach § 115 Absatz 2 Satz 5 und 6, Absatz 4 Satz 2, § 118 Abs. 1 Satz 3

und nach § 121 des Gesetzes gegen Wettbewerbsbeschränkungen beträgt der Streitwert 5 Prozent der Bruttoauftragssumme.

§ 51 Gewerblicher Rechtsschutz

(1) In Rechtsmittelverfahren des gewerblichen Rechtsschutzes (§ 1 Absatz 1 Satz 1 Nummer 14) und in Verfahren über Ansprüche nach dem Patentgesetz, dem Gebrauchsmustergesetz, dem Markengesetz, dem Geschmacksmustergesetz, dem Halbleiterschutzgesetz und dem Sortenschutzgesetz ist der Wert nach billigem Ermessen zu bestimmen.

(2) In Verfahren über Ansprüche nach dem Gesetz gegen den unlauteren Wettbewerb ist, soweit nichts anderes bestimmt ist, der Streitwert nach der sich aus dem Antrag des Klägers für ihn ergebenden Bedeutung der Sache nach Ermessen zu bestimmen.

(3) [1]Ist die Bedeutung der Sache für den Beklagten erheblich geringer zu bewerten als der nach Absatz 2 ermittelte Streitwert, ist dieser angemessen zu mindern. [2]Bietet der Sach- und Streitstand für die Bestimmung des Streitwerts hinsichtlich des Beseitigungs- oder Unterlassungsanspruchs keine genügenden Anhaltspunkte, ist insoweit ein Streitwert von 1.000 Euro anzunehmen, auch wenn diese Ansprüche nebeneinander geltend gemacht werden.

(4) Im Verfahren des einstweiligen Rechtsschutzes ist der sich aus den Absätzen 2 und 3 ergebende Wert in der Regel unter Berücksichtigung der geringeren Bedeutung gegenüber der Hauptsache zu ermäßigen.

(5) Die Vorschriften über die Anordnung der Streitwertbegünstigung (§ 12 Absatz 4 des Gesetzes gegen den unlauteren Wettbewerb, § 144 des Patentgesetzes, § 26 des Gebrauchsmustergesetzes, § 142 des Markengesetzes, § 54 des Geschmacksmustergesetzes) sind anzuwenden.

§ 51a Verfahren nach dem Kapitalanleger-Musterverfahrensgesetz

(1) Für die Anmeldung eines Anspruchs zum Musterverfahren (§ 10 Absatz 2 des Kapitalanleger- Musterverfahrensgesetzes) bestimmt sich der Wert nach der Höhe des Anspruchs.

(2) Im Rechtsbeschwerdeverfahren ist bei der Bestimmung des Streitwerts von der Summe der in sämtlichen nach § 8 des Kapitalanleger-Musterverfahrensgesetzes ausgesetzten Verfahren geltend gemachten Ansprüche auszugehen, soweit diese von den Feststellungszielen des Musterverfahrens betroffen sind.

(3) Der Musterkläger und die Beigeladenen schulden im Rechtsbeschwerdeverfahren Gerichtsgebühren jeweils nur nach dem Wert, der sich aus den von ihnen im Ausgangsverfahren geltend gemachten Ansprüchen, die von den Feststellungszielen des Musterverfahrens betroffen sind, ergibt.

(4) Die Musterbeklagten schulden im Rechtsbeschwerdeverfahren Gerichtsgebühren jeweils nur nach dem Wert, der sich aus den gegen sie im Ausgangsverfahren geltend gemachten Ansprüchen, die von den Feststellungszielen des Musterverfahrens betroffen sind, ergibt.

§ 52 Verfahren vor Gerichten der Verwaltungs-, Finanz- und Sozialgerichtsbarkeit

(1) In Verfahren vor den Gerichten der Verwaltungs-, Finanz- und Sozialgerichtsbarkeit ist, soweit nichts anderes bestimmt ist, der Streitwert nach der sich aus dem Antrag des Klägers für ihn ergebenden Bedeutung der Sache nach Ermessen zu bestimmen.

(2) Bietet der Sach- und Streitstand für die Bestimmung des Streitwerts keine genügenden Anhaltspunkte, ist ein Streitwert von 5 000 Euro anzunehmen.

(3) [1]Betrifft der Antrag des Klägers eine bezifferte Geldleistung oder einen hierauf bezogenen Verwaltungsakt, ist deren Höhe maßgebend. [2]Hat der Antrag des Klägers offensichtlich absehbare Auswirkungen auf künftige Geldleistungen oder auf noch zu erlassende, auf derartige Geldleistungen bezogene Verwaltungsakte, ist die Höhe des sich aus Satz 1 ergebenden Streitwerts um den Betrag der offensichtlich absehbaren zukünftigen Auswirkungen für den Kläger anzuheben, wobei die Summe das Dreifache des Werts nach Satz 1 nicht übersteigen darf.

(4) In Verfahren
1. vor den Gerichten der Finanzgerichtsbarkeit, mit Ausnahme der Verfahren nach § 155 Satz 2 der Finanzgerichtsordnung und der Verfahren in Kindergeldangelegenheiten, darf der Streitwert nicht unter 1 500 Euro,
2. vor den Gerichten der Sozialgerichtsbarkeit und bei Rechtsstreitigkeiten nach dem Krankenhausfinanzierungsgesetz nicht über 2 500 000 Euro und
3. vor den Gerichten der Verwaltungsgerichtsbarkeit über Ansprüche nach dem Vermögensgesetz nicht über 500 000 Euro

angenommen werden.

(5) [1]In Verfahren, die die Begründung, die Umwandlung, das Bestehen, das Nichtbestehen oder die Beendigung eines besoldeten öffentlich-rechtlichen Dienst- oder Amtsverhältnisses betreffen, ist Streitwert
1. die Summe der für ein Kalenderjahr zu zahlenden Bezüge mit Ausnahme nicht ruhegehaltsfähiger Zulagen, wenn Gegenstand des Verfahrens ein Dienst- oder Amtsverhältnis auf Lebenszeit ist,
2. im Übrigen die Hälfte der für ein Kalenderjahr zu zahlenden Bezüge mit Ausnahme nicht ruhegehaltsfähiger Zulagen.

[2]Maßgebend für die Berechnung ist das laufende Kalenderjahr. [3]Bezügebestandteile, die vom Familienstand oder von Unterhaltsverpflichtungen abhängig sind, bleiben außer Betracht. [4]Betrifft das Verfahren die Verleihung eines anderen Amts oder den Zeitpunkt einer Versetzung in den Ruhestand, ist Streitwert die Hälfte des sich nach den Sätzen 1 bis 3 ergebenden Betrags.

(6) Ist mit einem in Verfahren nach Absatz 5 verfolgten Klagebegehren ein aus ihm hergeleiteter vermögensrechtlicher Anspruch verbunden, ist nur ein Klagebegehren, und zwar das wertmäßig höhere, maßgebend.

(7) Dem Kläger steht gleich, wer sonst das Verfahren des ersten Rechtszugs beantragt hat.

§ 53 Einstweiliger Rechtsschutz und Verfahren nach § 148 Abs. 1 und 2 des Aktiengesetze

(1) In folgenden Verfahren bestimmt sich der Wert nach § 3 der Zivilprozessordnung:
1. über einen Antrag auf Anordnung, Abänderung oder Aufhebung eines Arrests oder einer einstweiligen Verfügung, soweit nichts anderes bestimmt ist,
2. über den Antrag auf Zulassung der Vollziehung einer vorläufigen oder sichernden Maßnahme des Schiedsgerichts,
3. auf Aufhebung oder Abänderung einer Entscheidung auf Zulassung der Vollziehung (§ 1041 der Zivilprozessordnung) und
4. nach § 148 Abs. 1 und 2 des Aktiengesetzes; er darf jedoch ein Zehntel des Grundkapitals oder Stammkapitals des übertragenden oder formwechselnden Rechtsträgers oder, falls der übertragende oder formwechselnde Rechtsträger ein Grundkapital oder Stammkapital nicht hat, ein Zehntel des Vermögens dieses Rechtsträgers, höchstens jedoch 500 000 Euro, nur insoweit übersteigen, als die Bedeutung der Sache für die Parteien höher zu bewerten ist.

(2) In folgenden Verfahren bestimmt sich der Wert nach § 52 Abs. 1 und 2:
1. über einen Antrag auf Erlass, Abänderung oder Aufhebung einer einstweiligen Anordnung nach § 123 der Verwaltungsgerichtsordnung oder § 114 der Finanzgerichtsordnung,
2. nach § 47 Abs. 6, § 80 Abs. 5 bis 8, § 80a Abs. 3 oder § 80b Abs. 2 und 3 der Verwaltungsgerichtsordnung,
3. nach § 69 Abs. 3, 5 der Finanzgerichtsordnung,
4. nach § 86b des Sozialgerichtsgesetzes und
5. nach § 50 Abs. 3 bis 5 des Wertpapiererwerbs- und Übernahmegesetzes.

§ 53a Sanierungs- und Reorganisationsverfahren nach dem Kreditinstitute-Reorganisationsgesetz

Die Gebühren im Sanierungs- und Reorganisationsverfahren werden nach der Bilanzsumme des letzten Jahresabschlusses vor der Stellung des Antrags auf Durchführung des Sanierungs- oder Reorganisationsverfahrens erhoben.

§ 54 Zwangsversteigerung

(1) [1]Bei der Zwangsversteigerung von Grundstücken sind die Gebühren für das Verfahren im Allgemeinen und für die Abhaltung des Versteigerungstermins nach dem gemäß § 74a Abs. 5 des Gesetzes über die Zwangsversteigerung und die Zwangsverwaltung festgesetzten Wert zu berechnen. [2]Ist ein solcher Wert nicht festgesetzt, ist der Einheitswert maßgebend. [3]Weicht der Gegenstand des Verfahrens vom Gegenstand der Einheitsbewertung wesentlich ab oder hat sich der Wert infolge bestimmter Umstände, die nach dem Feststellungszeitpunkt des Einheitswerts eingetreten sind, wesentlich verändert oder ist ein Einheitswert noch nicht festgestellt, ist der nach den Grundsätzen der Einheitsbewertung geschätzte Wert maßgebend. [4]Wird der Einheitswert nicht nachgewiesen, ist das Finanzamt um Auskunft über die Höhe des Einheitswerts zu ersuchen; § 30 der Abgabenordnung steht der Auskunft nicht entgegen.

(2) [1]Die Gebühr für die Erteilung des Zuschlags bestimmt sich nach dem Gebot ohne Zinsen, für das der Zuschlag erteilt ist, einschließlich des Werts der nach den Versteigerungsbedingungen bestehen bleibenden Rechte zuzüglich des Betrags, in dessen Höhe der Ersteher nach § 114a des Gesetzes über die Zwangsversteigerung und die Zwangs-

verwaltung als aus dem Grundstück befriedigt gilt. ²Im Fall der Zwangsversteigerung zur Aufhebung einer Gemeinschaft vermindert sich der Wert nach Satz 1 um den Anteil des Erstehers an dem Gegenstand des Verfahrens; bei Gesamthandeigentum ist jeder Mitberechtigte wie ein Eigentümer nach dem Verhältnis seines Anteils anzusehen.

(3) ¹Die Gebühr für das Verteilungsverfahren bestimmt sich nach dem Gebot ohne Zinsen, für das der Zuschlag erteilt ist, einschließlich des Werts der nach den Versteigerungsbedingungen bestehen bleibenden Rechte. ²Der Erlös aus einer gesonderten Versteigerung oder sonstigen Verwertung (§ 65 des Gesetzes über die Zwangsversteigerung und die Zwangsverwaltung) wird hinzugerechnet.

(4) Sind mehrere Gegenstände betroffen, ist der Gesamtwert maßgebend.

(5) ¹Bei Zuschlägen an verschiedene Ersteher wird die Gebühr für die Erteilung des Zuschlags von jedem Ersteher nach dem Wert der auf ihn entfallenden Gegenstände erhoben. ²Eine Bietergemeinschaft gilt als ein Ersteher.

§ 55 Zwangsverwaltung

Die Gebühr für die Durchführung des Zwangsverwaltungsverfahrens bestimmt sich nach dem Gesamtwert der Einkünfte.

§ 56 Zwangsversteigerung von Schiffen, Schiffsbauwerken, Luftfahrzeugen und grundstücksgleichen Rechten

Die §§ 54 und 55 gelten entsprechend für die Zwangsversteigerung von Schiffen, Schiffsbauwerken und Luftfahrzeugen sowie für die Zwangsversteigerung und die Zwangsverwaltung von Rechten, die den Vorschriften der Zwangsvollstreckung in das unbewegliche Vermögen unterliegen, einschließlich der unbeweglichen Kuxe.

§ 57 Zwangsliquidation einer Bahneinheit

Bei der Zwangsliquidation einer Bahneinheit bestimmt sich die Gebühr für das Verfahren nach dem Gesamtwert der Bestandteile der Bahneinheit.

§ 58 Insolvenzverfahren

(1) ¹Die Gebühren für den Antrag auf Eröffnung des Insolvenzverfahrens und für die Durchführung des Insolvenzverfahrens werden nach dem Wert der Insolvenzmasse zur Zeit der Beendigung des Verfahrens erhoben. ²Gegenstände, die zur abgesonderten Befriedigung dienen, werden nur in Höhe des für diese nicht erforderlichen Betrags angesetzt.

(2) Ist der Antrag auf Eröffnung des Insolvenzverfahrens von einem Gläubiger gestellt, wird die Gebühr für das Verfahren über den Antrag nach dem Betrag seiner Forderung, wenn jedoch der Wert der Insolvenzmasse geringer ist, nach diesem Wert erhoben.

(3) ¹Bei der Beschwerde des Schuldners oder des ausländischen Insolvenzverwalters gegen die Eröffnung des Insolvenzverfahrens oder gegen die Abweisung des Eröffnungsantrags mangels Masse gilt Absatz 1. ²Bei der Beschwerde eines sonstigen Antragstellers gegen die Abweisung des Eröffnungsantrags gilt Absatz 2.

§ 59 Verteilungsverfahren nach der Schifffahrtsrechtlichen Verteilungsordnung

¹Die Gebühren für den Antrag auf Eröffnung des Verteilungsverfahrens nach der Schifffahrtsrechtlichen Verteilungsordnung und für die Durchführung des Verteilungsverfahrens richten sich nach dem Betrag der festgesetzten Haftungssumme. ²Ist diese höher als der Gesamtbetrag der Ansprüche, für deren Gläubiger das Recht auf Teilnahme an dem Verteilungsverfahren festgestellt wird, richten sich die Gebühren nach dem Gesamtbetrag der Ansprüche.

§ 60 Gerichtliche Verfahren nach dem Strafvollzugsgesetz, auch in Verbindung mit § 92 des Jugendgerichtsgesetzes

Für die Bestimmung des Werts in gerichtlichen Verfahren nach dem Strafvollzugsgesetz, auch in Verbindung mit § 92 des Jugendgerichtsgesetzes, ist § 52 Abs. 1 bis 3 entsprechend anzuwenden; im Verfahren über den Antrag auf Aussetzung des Vollzugs einer Maßnahme der Vollzugsbehörde oder auf Erlass einer einstweiligen Anordnung gilt § 52 Abs. 1 und 2 entsprechend.

Unterabschnitt 3 Wertfestsetzung

§ 61 Angabe des Werts

¹Bei jedem Antrag ist der Streitwert, sofern dieser nicht in einer bestimmten Geldsumme besteht, kein fester Wert bestimmt ist oder sich nicht aus früheren Anträgen ergibt, und nach Aufforderung auch der Wert eines Teils des Streitgegenstands schriftlich oder zu Protokoll der Geschäftsstelle anzugeben. ²Die Angabe kann jederzeit berichtigt werden.

§ 62 Wertfestsetzung für die Zuständigkeit des Prozessgerichts oder die Zulässigkeit des Rechtsmittels

¹Ist der Streitwert für die Entscheidung über die Zuständigkeit des Prozessgerichts oder die Zulässigkeit des Rechtsmittels festgesetzt, ist die Festsetzung auch für die Berechnung der Gebühren maßgebend, soweit die Wertvorschriften dieses Gesetzes nicht von den Wertvorschriften des Verfahrensrechts abweichen. ²Satz 1 gilt nicht in Verfahren vor den Gerichten für Arbeitssachen.

§ 63 Wertfestsetzung für die Gerichtsgebühren

(1) ¹Sind Gebühren, die sich nach dem Streitwert richten, mit der Einreichung der Klage-, Antrags-, Einspruchs- oder Rechtsmittelschrift oder mit der Abgabe der entsprechenden Erklärung zu Protokoll fällig, setzt das Gericht sogleich den Wert ohne Anhörung der Parteien durch Beschluss vorläufig fest, wenn Gegenstand des Verfahrens nicht eine bestimmte Geldsumme in Euro ist oder gesetzlich kein fester Wert bestimmt ist. ²Einwendungen gegen die Höhe des festgesetzten Werts können nur im Verfahren über die Beschwerde gegen den Beschluss, durch den die Tätigkeit des Gerichts aufgrund dieses Gesetzes von der vorherigen Zahlung von Kosten abhängig gemacht wird, geltend gemacht werden. ³Die Sätze 1 und 2 gelten nicht in Verfahren vor den Gerichten der Finanzgerichtsbarkeit. ⁴Die Gebühren sind in diesen Verfahren vorläufig nach dem in § 52 Abs. 4 bestimmten Mindestwert zu bemessen.

(2) ¹Soweit eine Entscheidung nach § 62 Satz 1 nicht ergeht oder nicht bindet, setzt das Prozessgericht den Wert für die zu erhebenden Gebühren durch Beschluss fest, sobald

eine Entscheidung über den gesamten Streitgegenstand ergeht oder sich das Verfahren anderweitig erledigt. ²In Verfahren vor den Gerichten für Arbeitssachen oder der Finanzgerichtsbarkeit gilt dies nur dann, wenn ein Beteiligter oder die Staatskasse die Festsetzung beantragt oder das Gericht sie für angemessen hält.

(3) ¹Die Festsetzung kann von Amts wegen geändert werden
1. von dem Gericht, das den Wert festgesetzt hat, und
2. von dem Rechtsmittelgericht, wenn das Verfahren wegen der Hauptsache oder wegen der Entscheidung über den Streitwert, den Kostenansatz oder die Kostenfestsetzung in der Rechtsmittelinstanz schwebt.

²Die Änderung ist nur innerhalb von sechs Monaten zulässig, nachdem die Entscheidung in der Hauptsache Rechtskraft erlangt oder das Verfahren sich anderweitig erledigt hat.

§ 64 Schätzung des Werts

¹Wird eine Abschätzung durch Sachverständige erforderlich, ist in dem Beschluss, durch den der Wert festgesetzt wird (§ 63), über die Kosten der Abschätzung zu entscheiden. ²Diese Kosten können ganz oder teilweise der Partei auferlegt werden, welche die Abschätzung durch Unterlassen der ihr obliegenden Wertangabe, durch unrichtige Angabe des Werts, durch unbegründetes Bestreiten des angegebenen Werts oder durch eine unbegründete Beschwerde veranlasst hat.

§ 65 Wertfestsetzung in gerichtlichen Verfahren nach dem Strafvollzugsgesetz, auch in Verbindung mit § 92 des Jugendgerichtsgesetzes

¹In gerichtlichen Verfahren nach dem Strafvollzugsgesetz, auch in Verbindung mit § 92 des Jugendgerichtsgesetzes, ist der Wert von Amts wegen festzusetzen. ²§ 63 Abs. 3 gilt entsprechend.

Abschnitt 8 Erinnerung und Beschwerde

§ 66 Erinnerung gegen den Kostenansatz, Beschwerde

(1) ¹Über Erinnerungen des Kostenschuldners und der Staatskasse gegen den Kostenansatz entscheidet das Gericht, bei dem die Kosten angesetzt sind. ²Sind die Kosten bei der Staatsanwaltschaft angesetzt, ist das Gericht des ersten Rechtszugs zuständig. ³War das Verfahren im ersten Rechtszug bei mehreren Gerichten anhängig, ist das Gericht, bei dem es zuletzt anhängig war, auch insoweit zuständig, als Kosten bei den anderen Gerichten angesetzt worden sind. ⁴Soweit sich die Erinnerung gegen den Ansatz der Auslagen des erstinstanzlichen Musterverfahrens nach dem Kapitalanleger-Musterverfahrensgesetz richtet, entscheidet hierüber das für die Durchführung des Musterverfahrens zuständige Oberlandesgericht.

(2) ¹Gegen die Entscheidung über die Erinnerung findet die Beschwerde statt, wenn der Wert des Beschwerdegegenstands 200 Euro übersteigt. ²Die Beschwerde ist auch zulässig, wenn sie das Gericht, das die angefochtene Entscheidung erlassen hat, wegen der grundsätzlichen Bedeutung der zur Entscheidung stehenden Frage in dem Beschluss zulässt.

(3) ¹Soweit das Gericht die Beschwerde für zulässig und begründet hält, hat es ihr abzuhelfen; im Übrigen ist die Beschwerde unverzüglich dem Beschwerdegericht vorzulegen. ²Beschwerdegericht ist das nächsthöhere Gericht. ³Eine Beschwerde an einen obersten

Gerichtshof des Bundes findet nicht statt. [4]Das Beschwerdegericht ist an die Zulassung der Beschwerde gebunden; die Nichtzulassung ist unanfechtbar.

(4) [1]Die weitere Beschwerde ist nur zulässig, wenn das Landgericht als Beschwerdegericht entschieden und sie wegen der grundsätzlichen Bedeutung der zur Entscheidung stehenden Frage in dem Beschluss zugelassen hat. [2]Sie kann nur darauf gestützt werden, dass die Entscheidung auf einer Verletzung des Rechts beruht; die §§ 546 und 547 der Zivilprozessordnung gelten entsprechend. [3]Über die weitere Beschwerde entscheidet das Oberlandesgericht. Absatz 3 Satz 1 und 4 gilt entsprechend.

(5) [1]Anträge und Erklärungen können ohne Mitwirkung eines Bevollmächtigten schriftlich eingereicht oder zu Protokoll der Geschäftsstelle abgegeben werden; § 129a der Zivilprozessordnung gilt entsprechend. [2]Die Erinnerung ist bei dem Gericht einzulegen, das für die Entscheidung über die Erinnerung zuständig ist. [3]Für die Bevollmächtigung gelten die Regelungen der für das zugrunde liegende Verfahren geltenden Verfahrensordnung entsprechend. [4]Die Erinnerung kann auch bei der Staatsanwaltschaft eingelegt werden, wenn die Kosten bei dieser angesetzt worden sind. [5]Die Beschwerde ist bei dem Gericht einzulegen, dessen Entscheidung angefochten wird.

(6) [1]Das Gericht entscheidet über die Erinnerung durch eines seiner Mitglieder als Einzelrichter; dies gilt auch für die Beschwerde, wenn die angefochtene Entscheidung von einem Einzelrichter oder einem Rechtspfleger erlassen wurde. [2]Der Einzelrichter überträgt das Verfahren der Kammer oder dem Senat, wenn die Sache besondere Schwierigkeiten tatsächlicher oder rechtlicher Art aufweist oder die Rechtssache grundsätzliche Bedeutung hat. [3]Das Gericht entscheidet jedoch immer ohne Mitwirkung ehrenamtlicher Richter. [4]Auf eine erfolgte oder unterlassene Übertragung kann ein Rechtsmittel nicht gestützt werden.

(7) [1]Erinnerung und Beschwerde haben keine aufschiebende Wirkung. [2]Das Gericht oder das Beschwerdegericht kann auf Antrag oder von Amts wegen die aufschiebende Wirkung ganz oder teilweise anordnen; ist nicht der Einzelrichter zur Entscheidung berufen, entscheidet der Vorsitzende des Gerichts.

(8) [1]Die Verfahren sind gebührenfrei. [2]Kosten werden nicht erstattet.

§ 67 Beschwerde gegen die Anordnung einer Vorauszahlung

(1) [1]Gegen den Beschluss, durch den die Tätigkeit des Gerichts nur aufgrund dieses Gesetzes von der vorherigen Zahlung von Kosten abhängig gemacht wird, und wegen der Höhe des in diesem Fall im Voraus zu zahlenden Betrags findet stets die Beschwerde statt. [2]§ 66 Abs. 3 Satz 1 bis 3, Abs. 4, 5 Satz 1 und 5, Abs. 6 und 8 ist entsprechend anzuwenden. [3]Soweit sich die Partei in dem Hauptsacheverfahren vor dem Gericht, dessen Entscheidung angefochten werden soll, durch einen Prozessbevollmächtigten vertreten lassen muss, gilt dies auch im Beschwerdeverfahren.

(2) Im Fall des § 17 Abs. 2 ist § 66 entsprechend anzuwenden.

§ 68 Beschwerde gegen die Festsetzung des Streitwerts

(1) [1]Gegen den Beschluss, durch den der Wert für die Gerichtsgebühren festgesetzt worden ist (§ 63 Abs. 2), findet die Beschwerde statt, wenn der Wert des Beschwerdegegenstands 200 Euro übersteigt. [2]Die Beschwerde findet auch statt, wenn sie das Gericht, das die angefochtene Entscheidung erlassen hat, wegen der grundsätzlichen Bedeutung der

zur Entscheidung stehenden Frage in dem Beschluss zulässt. ³Die Beschwerde ist nur zulässig, wenn sie innerhalb der in § 63 Abs. 3 Satz 2 bestimmten Frist eingelegt wird; ist der Streitwert später als einen Monat vor Ablauf dieser Frist festgesetzt worden, kann sie noch innerhalb eines Monats nach Zustellung oder formloser Mitteilung des Festsetzungsbeschlusses eingelegt werden. ⁴Im Fall der formlosen Mitteilung gilt der Beschluss mit dem dritten Tage nach Aufgabe zur Post als bekannt gemacht. ⁵§ 66 Abs. 3, 4, 5 Satz 1, 2 und 5 sowie Abs. 6 ist entsprechend anzuwenden. ⁶Die weitere Beschwerde ist innerhalb eines Monats nach Zustellung der Entscheidung des Beschwerdegerichts einzulegen.

(2) ¹War der Beschwerdeführer ohne sein Verschulden verhindert, die Frist einzuhalten, ist ihm auf Antrag von dem Gericht, das über die Beschwerde zu entscheiden hat, Wiedereinsetzung in den vorigen Stand zu gewähren, wenn er die Beschwerde binnen zwei Wochen nach der Beseitigung des Hindernisses einlegt und die Tatsachen, welche die Wiedereinsetzung begründen, glaubhaft macht. Ein Fehlen des Verschuldens wird vermutet, wenn eine Rechtsbehelfsbelehrung unterblieben oder fehlerhaft ist.¹ ²Nach Ablauf eines Jahres, von dem Ende der versäumten Frist an gerechnet, kann die Wiedereinsetzung nicht mehr beantragt werden. ³Gegen die Ablehnung der Wiedereinsetzung findet die Beschwerde statt. ⁴Sie ist nur zulässig, wenn sie innerhalb von zwei Wochen eingelegt wird. ⁵Die Frist beginnt mit der Zustellung der Entscheidung. ⁶§ 66 Abs. 3 Satz 1 bis 3, Abs. 5 Satz 1, 2 und 5 sowie Abs. 6 ist entsprechend anzuwenden.

(3) ¹Die Verfahren sind gebührenfrei. ²Kosten werden nicht erstattet.

§ 69 Beschwerde gegen die Auferlegung einer Verzögerungsgebühr

¹Gegen den Beschluss nach § 38 findet die Beschwerde statt, wenn der Wert des Beschwerdegegenstands 200 Euro übersteigt oder das Gericht, das die angefochtene Entscheidung erlassen hat, die Beschwerde wegen der grundsätzlichen Bedeutung in dem Beschluss der zur Entscheidung stehenden Frage zugelassen hat. ²§ 66 Abs. 3, 4, 5 Satz 1, 2 und 5, Abs. 6 und 8 ist entsprechend anzuwenden.

§ 69a Abhilfe bei Verletzung des Anspruchs auf rechtliches Gehör

(1) Auf die Rüge eines durch die Entscheidung beschwerten Beteiligten ist das Verfahren fortzuführen, wenn
1. ein Rechtsmittel oder ein anderer Rechtsbehelf gegen die Entscheidung nicht gegeben ist und
2. das Gericht den Anspruch dieses Beteiligten auf rechtliches Gehör in entscheidungserheblicher Weise verletzt hat.

(2) ¹Die Rüge ist innerhalb von zwei Wochen nach Kenntnis von der Verletzung des rechtlichen Gehörs zu erheben; der Zeitpunkt der Kenntniserlangung ist glaubhaft zu machen. ²Nach Ablauf eines Jahres seit Bekanntmachung der angegriffenen Entscheidung kann die Rüge nicht mehr erhoben werden. ³Formlos mitgeteilte Entscheidungen gelten mit dem dritten Tage nach Aufgabe zur Post als bekannt gemacht. ⁴Die Rüge ist bei dem Gericht zu erheben, dessen Entscheidung angegriffen wird; § 66 Abs. 5 Satz 1 und 2 gilt entsprechend. ⁵Die Rüge muss die angegriffene Entscheidung bezeichnen und das Vorliegen der in Absatz 1 Nr. 2 genannten Voraussetzungen darlegen.

1 Eingefügt mit Wirkung zum 1.1.2014.

(3) Den übrigen Beteiligten ist, soweit erforderlich, Gelegenheit zur Stellungnahme zu geben.

(4) ¹Das Gericht hat von Amts wegen zu prüfen, ob die Rüge an sich statthaft und ob sie in der gesetzlichen Form und Frist erhoben ist. ²Mangelt es an einem dieser Erfordernisse, so ist die Rüge als unzulässig zu verwerfen. ³Ist die Rüge unbegründet, weist das Gericht sie zurück. ⁴Die Entscheidung ergeht durch unanfechtbaren Beschluss. ⁵Der Beschluss soll kurz begründet werden.

(5) Ist die Rüge begründet, so hilft ihr das Gericht ab, indem es das Verfahren fortführt, soweit dies aufgrund der Rüge geboten ist.

(6) Kosten werden nicht erstattet.

Abschnitt 9 Schluss- und Übergangsvorschriften

§ 69b Verordnungsermächtigung

¹Die Landesregierungen werden ermächtigt, durch Rechtsverordnung zu bestimmen, dass die von den Gerichten der Länder zu erhebenden Verfahrensgebühren über die in den Nummern 1211, 1411, 5111, 5113, 5211, 5221, 6111, 6211, 7111, 7113 und 8211 des Kostenverzeichnisses bestimmte Ermäßigung hinaus weiter ermäßigt werden oder entfallen, wenn das gesamte Verfahren nach einer Mediation oder nach einem anderen Verfahren der außergerichtlichen Konfliktbeilegung durch Zurücknahme der Klage oder des Antrags beendet wird und in der Klage- oder Antragsschrift mitgeteilt worden ist, dass eine Mediation oder ein anderes Verfahren der außergerichtlichen Konfliktbeilegung unternommen wird oder beabsichtigt ist, oder wenn das Gericht den Parteien die Durchführung einer Mediation oder eines anderen Verfahrens der außergerichtlichen Konfliktbeilegung vorgeschlagen hat. ²Satz 1 gilt entsprechend für die in den Rechtsmittelzügen von den Gerichten der Länder zu erhebenden Verfahrensgebühren; an die Stelle der Klage- oder Antragsschrift tritt der Schriftsatz, mit dem das Rechtsmittel eingelegt worden ist.

§ 70 (aufgehoben)

§ 70a Bekanntmachung von Neufassungen

¹Das Bundesministerium der Justiz kann nach Änderungen den Wortlaut des Gesetzes feststellen und als Neufassung im Bundesgesetzblatt bekannt machen. ²Die Bekanntmachung muss auf diese Vorschrift Bezug nehmen und angeben
1. den Stichtag, zu dem der Wortlaut festgestellt wird,
2. die Änderungen seit der letzten Veröffentlichung des vollständigen Wortlauts im Bundesgesetzblatt sowie
3. das Inkrafttreten der Änderungen.

Kostenverzeichnis zum Gerichtskostengesetz

(Anlage 1 zu § 3 Abs. 2 GKG)

Gliederung

Teil 1   Zivilrechtliche Verfahren vor den ordentlichen Gerichten

Hauptabschnitt 1   Mahnverfahren

Hauptabschnitt 2   Prozessverfahren

Abschnitt 1   Erster Rechtszug
- Unterabschnitt 1   Verfahren vor dem Amts- oder Landgericht
- Unterabschnitt 2   Verfahren vor dem Oberlandesgericht
- Unterabschnitt 3   Verfahren vor dem Bundesgerichtshof

Abschnitt 2   Berufung und bestimmte Beschwerden

Abschnitt 3   Revision, Rechtsbeschwerden nach § 74 GWB, § 86 EnWG, § 35 KSpG und § 24 VSchDG

Abschnitt 4   Zulassung der Sprungrevision, Beschwerde gegen die Nichtzulassung der Revision sowie der Rechtsbeschwerden nach § 74 GWB, § 86 EnWG, § 35 KSpG und § 24 VSchDG

Abschnitt 5   Rechtsmittelverfahren des gewerblichen Rechtsschutzes vor dem Bundesgerichtshof
- Unterabschnitt 1   Berufungsverfahren
- Unterabschnitt 2   Beschwerdeverfahren und Rechtsbeschwerdeverfahren

Hauptabschnitt 3   *(weggefallen)*

Hauptabschnitt 4   Arrest und einstweilige Verfügung

Abschnitt 1   Erster Rechtszug

Abschnitt 2   Berufung

Abschnitt 3   Beschwerde

Hauptabschnitt 5   Vorbereitung der grenzüberschreitenden Zwangsvollstreckung

Abschnitt 1   Erster Rechtszug

Abschnitt 2   Rechtsmittelverfahren

Hauptabschnitt 6   Sonstige Verfahren

Abschnitt 1   Selbstständiges Beweisverfahren

Abschnitt 2   Schiedsrichterliches Verfahren
- Unterabschnitt 1   Erster Rechtszug
- Unterabschnitt 2   Rechtsbeschwerde

Abschnitt 3	Besondere Verfahren nach dem Gesetz gegen Wettbewerbsbeschränkungen, dem Wertpapiererwerbs und Übernahmegesetz und dem Wertpapierhandelsgesetz
Abschnitt 4	Besondere Verfahren nach dem Aktiengesetz und dem Umwandlungsgesetz
Unterabschnitt 1	Erster Rechtszug
Unterabschnitt 2	Beschwerde
Abschnitt 5	Sanierungs- und Reorganisationsverfahren nach dem Kreditinstitute-Reorganisationsgesetz

Hauptabschnitt 7   Rüge wegen Verletzung des Anspruchs auf rechtliches Gehör

Hauptabschnitt 8   Sonstige Beschwerden und Rechtsbeschwerden

Abschnitt 1	Sonstige Beschwerden
Abschnitt 2	Sonstige Rechtsbeschwerden

Hauptabschnitt 9   Besondere Gebühren

Teil 2 Zwangsvollstreckung nach der Zivilprozessordnung, Insolvenzverfahren und ähnliche Verfahren

Hauptabschnitt 1   Zwangsvollstreckung nach der Zivilprozessordnung

Abschnitt 1	Erster Rechtszug
Abschnitt 2	Beschwerden
Unterabschnitt 1	Beschwerde
Unterabschnitt 2	Rechtsbeschwerde

Hauptabschnitt 2   Verfahren nach dem Gesetz über die Zwangsversteigerung und die Zwangsverwaltung; Zwangsliquidation einer Bahneinheit

Abschnitt 1	Zwangsversteigerung
Abschnitt 2	Zwangsverwaltung
Abschnitt 3	Zwangsliquidation einer Bahneinheit
Abschnitt 4	Beschwerden
Unterabschnitt 1	Beschwerde
Unterabschnitt 2	Rechtsbeschwerde

Hauptabschnitt 3   Insolvenzverfahren

Abschnitt 1	Eröffnungsverfahren
Abschnitt 2	Durchführung des Insolvenzverfahrens auf Antrag des Schuldners
Abschnitt 3	Durchführung des Insolvenzverfahrens auf Antrag eines Gläubigers

Abschnitt 4	Besonderer Prüfungstermin und schriftliches Prüfungsverfahren (§ 177 InsO)
Abschnitt 5	Restschuldbefreiung
Abschnitt 6	Beschwerden
Unterabschnitt 1	Beschwerde
Unterabschnitt 2	Rechtsbeschwerde

Hauptabschnitt 4 Schifffahrtsrechtliches Verteilungsverfahren

Abschnitt 1	Eröffnungsverfahren
Abschnitt 2	Verteilungsverfahren
Abschnitt 3	Besonderer Prüfungstermin und schriftliches Prüfungsverfahren (§ 18 Satz 3 SVertO, § 177 InsO)
Abschnitt 4	Beschwerde und Rechtsbeschwerde

Hauptabschnitt 5 Rüge wegen Verletzung des Anspruchs auf rechtliches Gehör

Teil 3 Strafsachen und gerichtliche Verfahren nach dem Strafvollzugsgesetz, auch in Verbindung mit § 92 des Jugendgerichtsgesetzes, sowie Verfahren nach dem Gesetz über die internationale Rechtshilfe in Strafsachen

Hauptabschnitt 1 Offizialverfahren

Abschnitt 1	Erster Rechtszug
Abschnitt 2	Berufung
Abschnitt 3	Revision
Abschnitt 4	Wiederaufnahmeverfahren

Hauptabschnitt 2 Klageerzwingungsverfahren, unwahre Anzeige und Zurücknahme des Strafantrags

Hauptabschnitt 3 Privatklage

Abschnitt 1	Erster Rechtszug
Abschnitt 2	Berufung
Abschnitt 3	Revision
Abschnitt 4	Wiederaufnahmeverfahren

Hauptabschnitt 4 Einziehung und verwandte Maßnahmen

Abschnitt 1	Antrag des Privatklägers nach § 440 StPO
Abschnitt 2	Beschwerde
Abschnitt 3	Berufung
Abschnitt 4	Revision
Abschnitt 5	Wiederaufnahmeverfahren

Hauptabschnitt 5   Nebenklage

Abschnitt 1   Berufung

Abschnitt 2   Revision

Abschnitt 3   Wiederaufnahmeverfahren

Hauptabschnitt 6   **Sonstige Beschwerden**

Hauptabschnitt 7   **Entschädigungsverfahren**

Hauptabschnitt 8   **Gerichtliche Verfahren nach dem Strafvollzugsgesetz, auch in Verbindung mit § 92 des Jugendgerichtsgesetzes**

Abschnitt 1   Antrag auf gerichtliche Entscheidung

Abschnitt 2   Beschwerde und Rechtsbeschwerde

Abschnitt 3   Vorläufiger Rechtsschutz

Hauptabschnitt 9   **Sonstige Verfahren**

Abschnitt 1   Vollstreckungshilfeverfahren wegen einer im Ausland rechtskräftig verhängten Geldsanktion

Abschnitt 2   Rüge wegen Verletzung des Anspruchs auf rechtliches Gehör

Teil 4   **Verfahren nach dem Gesetz über Ordnungswidrigkeiten**

Hauptabschnitt 1   **Bußgeldverfahren**

Abschnitt 1   Erster Rechtszug

Abschnitt 2   Rechtsbeschwerde

Abschnitt 3   Wiederaufnahmeverfahren

Hauptabschnitt 2   **Einziehung und verwandte Maßnahmen**

Abschnitt 1   Beschwerde

Abschnitt 2   Rechtsbeschwerde

Abschnitt 3   Wiederaufnahmeverfahren

Hauptabschnitt 3   **Besondere Gebühren**

Hauptabschnitt 4   **Sonstige Beschwerden**

Hauptabschnitt 5   **Rüge wegen Verletzung des Anspruchs auf rechtliches Gehör**

Teil 5   **Verfahren vor den Gerichten der Verwaltungsgerichtsbarkeit**

Hauptabschnitt 1   **Prozessverfahren**

Abschnitt 1   Erster Rechtszug

    Unterabschnitt 1   Verwaltungsgericht

Unterabschnitt 2 Oberverwaltungsgericht (Verwaltungsgerichtshof)
Unterabschnitt 3 Bundesverwaltungsgericht
Abschnitt 2 Zulassung und Durchführung der Berufung
Abschnitt 3 Revision

Hauptabschnitt 2 Vorläufiger Rechtsschutz
Abschnitt 1 Verwaltungsgericht sowie Oberverwaltungsgericht (Verwaltungsgerichtshof) und Bundesverwaltungsgericht als Rechtsmittelgerichte in der Hauptsache
Abschnitt 2 Oberverwaltungsgericht (Verwaltungsgerichtshof)
Abschnitt 3 Bundesverwaltungsgericht
Abschnitt 4 Beschwerde

Hauptabschnitt 3 Besondere Verfahren

Hauptabschnitt 4 Rüge wegen Verletzung des Anspruchs auf rechtliches Gehör

Hauptabschnitt 5 Sonstige Beschwerden

Hauptabschnitt 6 Besondere Gebühren

Teil 6 Verfahren vor den Gerichten der Finanzgerichtsbarkeit

Hauptabschnitt 1 Prozessverfahren
Abschnitt 1 Erster Rechtszug
  Unterabschnitt 1 Verfahren vor dem Finanzgericht
  Unterabschnitt 2 Verfahren vor dem Bundesfinanzhof
Abschnitt 2 Revision

Hauptabschnitt 2 Vorläufiger Rechtsschutz
Abschnitt 1 Erster Rechtszug
Abschnitt 2 Beschwerde

Hauptabschnitt 3 Besondere Verfahren

Hauptabschnitt 4 Rüge wegen Verletzung des Anspruchs auf rechtliches Gehör

Hauptabschnitt 5 Sonstige Beschwerden

Hauptabschnitt 6 Besondere Gebühr

Teil 7 Verfahren vor den Gerichten der Sozialgerichtsbarkeit

Hauptabschnitt 1 Prozessverfahren
Abschnitt 1 Erster Rechtszug

	Unterabschnitt 1	Verfahren vor dem Sozialgericht
	Unterabschnitt 2	Verfahren vor dem Landessozialgericht
	Unterabschnitt 3	Verfahren vor dem Bundessozialgericht

Abschnitt 2　Berufung
Abschnitt 3　Revision

Hauptabschnitt 2　Vorläufiger Rechtsschutz

Abschnitt 1　Erster Rechtszug
Abschnitt 2　Beschwerde

Hauptabschnitt 3　Beweissicherungsverfahren

Hauptabschnitt 4　Rüge wegen Verletzung des Anspruchs auf rechtliches Gehör

Hauptabschnitt 5　Sonstige Beschwerden

Hauptabschnitt 6　Besondere Gebühren

Teil 8　Verfahren vor den Gerichten der Arbeitsgerichtsbarkeit

Hauptabschnitt 1　Mahnverfahren

Hauptabschnitt 2　Urteilsverfahren

Abschnitt 1　Erster Rechtszug
Abschnitt 2　Berufung
Abschnitt 3　Revision

Hauptabschnitt 3　Arrest und einstweilige Verfügung

Abschnitt 1　Erster Rechtszug
Abschnitt 2　Berufung
Abschnitt 3　Beschwerde

Hauptabschnitt 4　Besondere Verfahren

Hauptabschnitt 5　Rüge wegen Verletzung des Anspruchs auf rechtliches Gehör

Hauptabschnitt 6　Sonstige Beschwerden und Rechtsbeschwerden

Abschnitt 1　Sonstige Beschwerden
Abschnitt 2　Sonstige Rechtsbeschwerden

Hauptabschnitt 7　Besondere Gebühr

Teil 9　Auslagen

Kostenverzeichnis (GKG-KV)

Nr.	Gebührentatbestand	Gebühr oder Satz der Gebühr nach § 34 GKG

Teil 1:
Zivilrechtliche Verfahren vor den ordentlichen Gerichten

Vorbemerkung 1:
Die Vorschriften dieses Teils gelten nicht für die in Teil 2 geregelten Verfahren.

Hauptabschnitt 1:
Mahnverfahren

1100	Verfahren über den Antrag auf Erlass eines Mahnbescheids oder eines Europäischen Zahlungsbefehls	0,5 – mindestens 32,00 €

Hauptabschnitt 2:
Prozessverfahren

Abschnitt 1:
Erster Rechtszug

Vorbemerkung 1.2.1:
Die Gebühren dieses Abschnitts entstehen nicht im Musterverfahren nach dem KapMuG; das erstinstanzliche Musterverfahren gilt als Teil des ersten Rechtszugs des Prozessverfahrens.

Unterabschnitt 1:
Verfahren vor dem Amts- oder Landgericht

1210	Verfahren im Allgemeinen	3,0
	(1) Soweit wegen desselben Streitgegenstands ein Mahnverfahren vorausgegangen ist, entsteht die Gebühr mit dem Eingang der Akten bei dem Gericht, an das der Rechtsstreit nach Erhebung des Widerspruchs oder Einlegung des Einspruchs abgegeben wird; in diesem Fall wird eine Gebühr 1110 nach dem Wert des Streitgegenstands angerechnet, der in das Prozessverfahren übergegangen ist. Satz 1 gilt entsprechend, wenn wegen desselben Streitgegenstands ein Europäisches Mahnverfahren vorausgegangen ist.	
	(2) Soweit der Kläger wegen desselben Streitgegenstands einen Anspruch zum Musterverfahren angemeldet hat (§ 10 Abs. 2 KapMuG), wird insoweit die Gebühr 1902 angerechnet.	
1211	Beendigung des gesamten Verfahrens durch	
	1. Zurücknahme der Klage	
	a) vor dem Schluss der mündlichen Verhandlung,	

Kostenverzeichnis (GKG-KV)

Nr.	Gebührentatbestand	Gebühr oder Satz der Gebühr nach § 34 GKG
	b) in den Fällen des § 128 Abs. 2 ZPO vor dem Zeitpunkt, der dem Schluss der mündlichen Verhandlung entspricht,	
	c) im Verfahren nach § 495a ZPO, in dem eine mündliche Verhandlung nicht stattfindet, vor Ablauf des Tages, an dem eine Ladung zum Termin zur Verkündung des Urteils zugestellt oder das schriftliche Urteil der Geschäftsstelle übermittelt wird,	
	d) im Fall des § 331 Abs. 3 ZPO vor Ablauf des Tages, an dem das Urteil der Geschäftsstelle übermittelt wird oder	
	e) im europäischen Verfahren für geringfügige Forderungen, in dem eine mündliche Verhandlung nicht stattfindet, vor Ablauf des Tages, an dem das schriftliche Urteil der Geschäftsstelle übermittelt wird,	
	wenn keine Entscheidung nach § 269 Abs. 3 Satz 3 ZPO über die Kosten ergeht oder die Entscheidung einer zuvor mitgeteilten Einigung der Parteien über die Kostentragung oder der Kostenübernahmeerklärung einer Partei folgt,	
2.	Anerkenntnisurteil, Verzichtsurteil oder Urteil, das nach § 313a Abs. 2 ZPO keinen Tatbestand und keine Entscheidungsgründe enthält oder nur deshalb Tatbestand und die Entscheidungsgründe enthält, weil zu erwarten ist, dass das Urteil im Ausland geltend gemacht wird (§ 313a Abs. 4 Nr. 5 ZPO),	
3.	gerichtlichen Vergleich oder Beschluss nach § 23 Abs. 3 KapMuG oder	
4.	Erledigungserklärungen nach § 91a ZPO, wenn keine Entscheidung über die Kosten ergeht oder die Entscheidung einer zuvor mitgeteilten Einigung der Parteien über die Kostentragung oder der Kostenübernahmeerklärung einer Partei folgt,	
	es sei denn, dass bereits ein anderes als eines der in Nummer 2 genannten Urteile, eine Entscheidung über einen Antrag auf Erlass einer Sicherungsanordnung vorausgegangen ist:	
	Die Gebühr 1210 ermäßigt sich auf	1,0
	Die Zurücknahme des Antrags auf Durchführung des streitigen Verfahrens, des Widerspruchs gegen den Mahn-	

Kostenverzeichnis (GKG-KV)

Nr.	Gebührentatbestand	Gebühr oder Satz der Gebühr nach § 34 GKG
	bescheid oder des Einspruchs gegen den Vollstreckungsbescheid stehen der Zurücknahme der Klage gleich. Die Vervollständigung eines ohne Tatbestand und Entscheidungsgründe hergestellten Urteils (§ 313a Abs. 5 ZPO) steht der Ermäßigung nicht entgegen. Die Gebühr ermäßigt sich auch, wenn mehrere Ermäßigungstatbestände erfüllt sind.	
	Unterabschnitt 2: *Verfahren vor dem Oberlandesgericht*	
1212	Verfahren im Allgemeinen	4,0

1213	Beendigung des gesamten Verfahrens durch
	1. Zurücknahme der Klage
	   a) vor dem Schluss der mündlichen Verhandlung,
	   b) in den Fällen des § 128 Abs. 2 ZPO vor dem Zeitpunkt, der dem Schluss der mündlichen Verhandlung entspricht, oder
	   c) im Fall des § 331 Abs. 3 ZPO vor Ablauf des Tages, an dem das Urteil der Geschäftsstelle übermittelt wird,
	wenn keine Entscheidung nach § 269 Abs. 3 Satz 3 ZPO über die Kosten ergeht oder die Entscheidung einer zuvor mitgeteilten Einigung der Parteien über die Kostentragung oder der Kostenübernahmeerklärung einer Partei folgt,
	2. Anerkenntnisurteil, Verzichtsurteil oder Urteil, das nach § 313a Abs. 2 ZPO keinen Tatbestand und keine Entscheidungsgründe enthält,
	3. gerichtlichen Vergleich oder
	4. Erledigungserklärungen nach § 91a ZPO, wenn keine Entscheidung über die Kosten ergeht oder die Entscheidung einer zuvor mitgeteilten Einigung der Parteien über die Kostentragung oder der Kostenübernahmeerklärung einer Partei folgt,
	es sei denn, dass bereits ein anderes als eines der in Nummer 2 genannten Urteile vorausgegangen ist: Die Gebühr 1212 ermäßigt sich auf . . . .
		2,0

	Die Gebühr ermäßigt sich auch, wenn mehrere Ermäßigungstatbestände erfüllt sind.	

Kostenverzeichnis (GKG-KV)

Nr.	Gebührentatbestand	Gebühr oder Satz der Gebühr nach § 34 GKG
	Unterabschnitt 3 *Verfahren vor dem Bundesgerichtshof*	
1214	Verfahren im Allgemeinen	5,0

1215	Beendigung des gesamten Verfahrens durch
	1. Zurücknahme der Klage
	   a) vor dem Schluss der mündlichen Verhandlung,
	   b) in den Fällen des § 128 Abs. 2 ZPO vor dem Zeitpunkt, der dem Schluss der mündlichen Verhandlung entspricht, oder
	   c) im Fall des § 331 Abs. 3 ZPO vor Ablauf des Tages, an dem das Urteil der Geschäftsstelle übermittelt wird,
	   wenn keine Entscheidung nach § 269 Abs. 3 Satz 3 ZPO über die Kosten ergeht oder die Entscheidung einer zuvor mitgeteilten Einigung der Parteien über die Kostentragung oder der Kostenübernahmeerklärung einer Partei folgt,
	2. Anerkenntnisurteil, Verzichtsurteil oder Urteil, das nach § 313a Abs. 2 ZPO keinen Tatbestand und keine Entscheidungsgründe enthält,
	3. gerichtlichen Vergleich oder
	4. Erledigungserklärungen nach § 91a ZPO, wenn keine Entscheidung über die Kosten ergeht oder die Entscheidung einer zuvor mitgeteilten Einigung der Parteien über die Kostentragung oder der Kostenübernahmeerklärung einer Partei folgt,
	es sei denn, dass bereits ein anderes als eines der in Nummer 2 genannten Urteile vorausgegangen ist:
	Die Gebühr 1214 ermäßigt sich auf ....
	Die Gebühr ermäßigt sich auch, wenn mehrere Ermäßigungstatbestände erfüllt sind.
		3,0

Kostenverzeichnis (GKG-KV)

Nr.	Gebührentatbestand	Gebühr oder Satz der Gebühr nach § 34 GKG

Abschnitt 2:
Berufung und bestimmte Beschwerden

Vorbemerkung 1.2.2:
Dieser Abschnitt ist auf Beschwerdeverfahren nach
1. den §§ 63 und 116 GWB,
2. § 48 WpÜG,
3. § 37u Abs. 1 WpHG,
4. § 75 EnWG,
5. § 13 VSchDG und
6. § 35 KSpG

anzuwenden.

1220	Verfahren im Allgemeinen	4,0
1221	Beendigung des gesamten Verfahrens durch Zurücknahme des Rechtsmittels, der Klage oder des Antrags, bevor die Schrift zur Begründung des Rechtsmittels bei Gericht eingegangen ist: Die Gebühr 1220 ermäßigt sich auf	1,0
	Erledigungserklärungen nach § 91a ZPO stehen der Zurücknahme gleich, wenn keine Entscheidung über die Kosten ergeht oder die Entscheidung einer zuvor mitgeteilten Einigung der Parteien über die Kostentragung oder der Kostenübernahmeerklärung einer Partei folgt.	

1222	Beendigung des gesamten Verfahrens, wenn nicht Nummer 1221 anzuwenden ist, durch
	1. Zurücknahme des Rechtsmittels, der Klage oder des Antrags
	   a) vor dem Schluss der mündlichen Verhandlung,
	   b) in den Fällen des § 128 Abs. 2 ZPO vor dem Zeitpunkt, der dem Schluss der mündlichen Verhandlung entspricht,
	2. Anerkenntnisurteil, Verzichtsurteil oder Urteil, das nach § 313a Abs. 2 ZPO keinen Tatbestand und keine Entscheidungsgründe enthält,
	3. gerichtlichen Vergleich oder
	4. Erledigungserklärungen nach § 91a ZPO, wenn keine Entscheidung über die Kosten ergeht oder die Entscheidung einer zuvor mitgeteilten Einigung der Parteien über die Kostentragung oder der Kostenübernahmeerklärung einer Partei folgt,	

Kostenverzeichnis (GKG-KV)

Nr.	Gebührentatbestand	Gebühr oder Satz der Gebühr nach § 34 GKG
	es sei denn, dass bereits ein anderes als eines der in Nummer 2 genannten Urteile, eine Entscheidung über einen Antrag auf Erlass einer Sicherungsanordnung oder ein Beschluss in der Hauptsache vorausgegangen ist:	
	Die Gebühr 1220 ermäßigt sich auf	2,0
	Die Gebühr ermäßigt sich auch, wenn mehrere Ermäßigungstatbestände erfüllt sind.	
1223	Beendigung des gesamten Verfahrens durch ein Urteil, das wegen eines Verzichts der Parteien nach § 313a Abs. 1 Satz 2 ZPO keine schriftliche Begründung enthält, wenn nicht bereits ein anderes als eines der in Nummer 1222 Nr. 2 genannten Urteile, eine Entscheidung über einen Antrag auf Erlass einer Sicherungsanordnung oder ein Beschluss in der Hauptsache vorausgegangen ist:	
	Die Gebühr 1220 ermäßigt sich auf	3,0
	Die Gebühr ermäßigt sich auch, wenn daneben Ermäßigungstatbestände nach Nummer 1222 erfüllt sind.	

Abschnitt 3:
Revision, Rechtsbeschwerden nach § 74 GWB, § 86 EnWG, § 35 KSpG und § 24 VSchDG

Nr.	Gebührentatbestand	Gebühr oder Satz der Gebühr nach § 34 GKG
1230	Verfahren im Allgemeinen	5,0
1231	Beendigung des gesamten Verfahrens durch Zurücknahme des Rechtsmittels, der Klage oder des Antrags, bevor die Schrift zur Begründung des Rechtsmittels bei Gericht eingegangen ist:	
	Die Gebühr 1230 ermäßigt sich auf	1,0
	Erledigungserklärungen nach § 91a ZPO stehen der Zurücknahme gleich, wenn keine Entscheidung über die Kosten ergeht oder die Entscheidung einer zuvor mitgeteilten Einigung der Parteien über die Kostentragung oder der Kostenübernahmeerklärung einer Partei folgt.	
1232	Beendigung des gesamten Verfahrens, wenn nicht Nummer 1231 anzuwenden ist, durch	
	1. Zurücknahme des Rechtsmittels, der Klage oder des Antrags	
	a) vor dem Schluss der mündlichen Verhandlung,	

Kostenverzeichnis (GKG-KV)

Nr.	Gebührentatbestand	Gebühr oder Satz der Gebühr nach § 34 GKG
	b) in den Fällen des § 128 Abs. 2 ZPO vor dem Zeitpunkt, der dem Schluss der mündlichen Verhandlung entspricht,	
2.	Anerkenntnis- oder Verzichtsurteil,	
3.	gerichtlichen Vergleich oder	
4.	Erledigungserklärungen nach § 91a ZPO, wenn keine Entscheidung über die Kosten ergeht oder die Entscheidung einer zuvor mitgeteilten Einigung der Parteien über die Kostentragung oder der Kostenübernahmeerklärung einer Partei folgt,	
	es sei denn, dass bereits ein anderes als eines der in Nummer 2 genannten Urteile, eine Entscheidung über einen Antrag auf Erlass einer Sicherungsanordnung oder ein Beschluss in der Hauptsache vorausgegangen ist:	
	Die Gebühr 1230 ermäßigt sich auf	3,0
	Die Gebühr ermäßigt sich auch, wenn mehrere Ermäßigungstatbestände erfüllt sind.	

Abschnitt 4:
Zulassung der Sprungrevision, Beschwerde gegen die Nichtzulassung der Revision sowie der Rechtsbeschwerden nach § 74 GWB, § 86 EnWG, § 35 KSpG und § 24 VSchDG

1240	Verfahren über die Zulassung der Sprungrevision: Soweit der Antrag abgelehnt wird	1,5
1241	Verfahren über die Zulassung der Sprungrevision: Soweit der Antrag zurückgenommen oder das Verfahren durch anderweitige Erledigung beendet wird. .	1,0
	Die Gebühr entsteht nicht, soweit die Sprungrevision zugelassen wird.	
1242	Verfahren über die Beschwerde gegen die Nichtzulassung des Rechtsmittels: Soweit die Beschwerde verworfen oder zurückgewiesen wird	2,0
1243	Verfahren über die Beschwerde gegen die Nichtzulassung des Rechtsmittels: Soweit die Beschwerde zurückgenommen oder das Verfahren durch anderweitige Erledigung beendet wird	1,0
	Die Gebühr entsteht nicht, soweit der Beschwerde stattgegeben wird.	

Kostenverzeichnis (GKG-KV)

Nr.	Gebührentatbestand	Gebühr oder Satz der Gebühr nach § 34 GKG
	Abschnitt 5: *Rechtsmittelverfahren des gewerblichen Rechtsschutzes vor dem Bundesgerichtshof*	
	Unterabschnitt 1: *Berufungsverfahren*	
1250	Verfahren im Allgemeinen	6,0
1251	Beendigung des gesamten Verfahrens durch Zurücknahme der Berufung oder der Klage, bevor die Schrift zur Begründung der Berufung bei Gericht eingegangen ist:	
	Die Gebühr 1250 ermäßigt sich auf	1,0
	Erledigungserklärungen nach § 91a ZPO i.V.m. § 121 Abs. 2 Satz 2 PatG, § 20 GebrMG stehen der Zurücknahme gleich, wenn keine Entscheidung über die Kosten ergeht oder die Entscheidung einer zuvor mitgeteilten Einigung der Parteien über die Kostentragung oder der Kostenübernahmeerklärung einer Partei folgt.	
1252	Beendigung des gesamten Verfahrens, wenn nicht Nummer 1251 anzuwenden ist, durch	
	1. Zurücknahme der Berufung oder der Klage vor dem Schluss der mündlichen Verhandlung,	
	2. Anerkenntnis- oder Verzichtsurteil,	
	3. gerichtlichen Vergleich oder	
	4. Erledigungserklärungen nach § 91a ZPO i.V.m. § 121 Abs. 2 Satz 2 PatG, § 20 GebrMG, wenn keine Entscheidung über die Kosten ergeht oder die Entscheidung einer zuvor mitgeteilten Einigung der Parteien über die Kostentragung oder der Kostenübernahmeerklärung einer Partei folgt,	
	es sei denn, dass bereits ein anderes als eines der in Nummer 2 genannten Urteile vorausgegangen ist:	
	Die Gebühr 1250 ermäßigt sich auf	3,0
	Die Gebühr ermäßigt sich auch, wenn mehrere Ermäßigungstatbestände erfüllt sind.	
	Unterabschnitt 2: *Beschwerdeverfahren und Rechtsbeschwerdeverfahren*	
1253	Verfahren über die Beschwerde nach § 122 PatG oder § 20 GebrMG i.V.m. § 122 PatG gegen ein Urteil über den Erlass einer einstweiligen Verfügung in Zwangslizenzsachen	2,0

Kostenverzeichnis (GKG-KV)

Nr.	Gebührentatbestand	Gebühr oder Satz der Gebühr nach § 34 GKG
1254	Beendigung des gesamten Verfahrens durch Zurücknahme der Beschwerde, bevor die Schrift zur Begründung der Beschwerde bei Gericht eingegangen ist: Die Gebühr 1253 ermäßigt sich auf	1,0
	Erledigungserklärungen nach § 91a ZPO i.V.m. § 121 Abs. 2 Satz 2 PatG, § 20 GebrMG stehen der Zurücknahme gleich, wenn keine Entscheidung über die Kosten ergeht oder die Entscheidung einer zuvor mitgeteilten Einigung der Parteien über die Kostentragung oder der Kostenübernahmeerklärung einer Partei folgt.	
1255	Verfahren über die Rechtsbeschwerde	750,00 €
1256	Beendigung des gesamten Verfahrens durch Zurücknahme der Rechtsbeschwerde, bevor die Schrift zur Begründung der Rechtsbeschwerde bei Gericht eingegangen ist: Die Gebühr 1255 ermäßigt sich auf	100,00 €
	Erledigungserklärungen in entsprechender Anwendung des § 91a ZPO stehen der Zurücknahme gleich, wenn keine Entscheidung über die Kosten ergeht oder die Entscheidung einer zuvor mitgeteilten Einigung der Parteien über die Kostentragung oder der Kostenübernahmeerklärung einer Partei folgt.	

Hauptabschnitt 3:
(weggefallen)

Hauptabschnitt 4:
Arrest und einstweilige Verfügung

Vorbemerkung 1.4:
Im Verfahren über den Antrag auf Anordnung eines Arrests oder einer einstweiligen Verfügung und im Verfahren über den Antrag auf Aufhebung oder Abänderung (§ 926 Abs. 2, §§ 927, 936 ZPO) werden die Gebühren jeweils gesondert erhoben. Im Fall des § 942 ZPO gilt das Verfahren vor dem Amtsgericht und dem Gericht der Hauptsache als ein Rechtsstreit.

Abschnitt 1:
Erster Rechtszug

1410	Verfahren im Allgemeinen	1,5
1411	Beendigung des gesamten Verfahrens durch 1. Zurücknahme des Antrags vor dem Schluss der mündlichen Verhandlung,	

Kostenverzeichnis (GKG-KV)

Nr.	Gebührentatbestand	Gebühr oder Satz der Gebühr nach § 34 GKG
	2. Anerkenntnisurteil, Verzichtsurteil oder Urteil, das nach § 313a Abs. 2 ZPO keinen Tatbestand und keine Entscheidungsgründe enthält, 3. gerichtlichen Vergleich oder 4. Erledigungserklärungen nach § 91a ZPO, wenn keine Entscheidung über die Kosten ergeht oder die Entscheidung einer zuvor mitgeteilten Einigung der Parteien über die Kostentragung oder der Kostenübernahmeerklärung einer Partei folgt, es sei denn, dass bereits ein Beschluss nach § 922 Abs. 1, auch i.V.m. § 936 ZPO, oder ein anderes als eines der in Nummer 2 genannten Urteile vorausgegangen ist: Die Gebühr 1410 ermäßigt sich auf .... Die Vervollständigung eines ohne Tatbestand und Entscheidungsgründe hergestellten Urteils § 313a Abs. 5 ZPO) steht der Ermäßigung nicht entgegen. Die Gebühr ermäßigt sich auch, wenn mehrere Ermäßigungstatbestände erfüllt sind.	1,0
1412	Es wird durch Urteil entschieden oder es ergeht ein Beschluss nach § 91a oder § 269 Abs. 3 Satz 3 ZPO, wenn nicht Nummer 1411 erfüllt ist: Die Gebühr 1410 erhöht sich nach dem Wert des Streitgegenstands, auf den sich die Entscheidung bezieht, auf	3,0
	Abschnitt 2: ***Berufung***	
1420	Verfahren im Allgemeinen	4,0
1421	Beendigung des gesamten Verfahrens durch Zurücknahme der Berufung, des Antrags oder des Widerspruchs, bevor die Schrift zur Begründung der Berufung bei Gericht eingegangen ist: Die Gebühr 1420 ermäßigt sich auf .... Erledigungserklärungen nach § 91a ZPO stehen der Zurücknahme gleich, wenn keine Entscheidung über die Kosten ergeht oder die Entscheidung einer zuvor mitgeteilten Einigung der Parteien über die Kostentragung oder der Kostenübernahmeerklärung einer Partei folgt.	1,0

Kostenverzeichnis (GKG-KV)

Nr.	Gebührentatbestand	Gebühr oder Satz der Gebühr nach § 34 GKG
1422	Beendigung des gesamten Verfahrens, wenn nicht Nummer 1421 erfüllt ist, durch	

    1. Zurücknahme der Berufung oder des Antrags

       a) vor dem Schluss der mündlichen Verhandlung,

       b) in den Fällen des § 128 Abs. 2 ZPO vor dem Zeitpunkt, der dem Schluss der mündlichen Verhandlung entspricht,

    2. Anerkenntnis- oder Verzichtsurteil,

    3. gerichtlichen Vergleich oder

    4. Erledigungserklärungen nach § 91a ZPO, wenn keine Entscheidung über die Kosten ergeht oder die Entscheidung einer zuvor mitgeteilten Einigung der Parteien über die Kostentragung oder der Kostenübernahmeerklärung einer Partei folgt,

es sei denn, dass bereits ein anderes als eines der in Nummer 2 genannten Urteile vorausgegangen ist:

	Die Gebühr 1420 ermäßigt sich auf	2,0

Die Gebühr ermäßigt sich auch, wenn mehrere Ermäßigungstatbestände erfüllt sind.

| 1423 | Beendigung des gesamten Verfahrens durch ein Urteil, das wegen eines Verzichts der Parteien nach § 313a Abs. 1 Satz 2 ZPO keine schriftliche Begründung enthält, wenn nicht bereits ein anderes als eines der in Nummer 1422 Nr. 2 genannten Urteile mit schriftlicher Begründung oder ein Versäumnisurteil vorausgegangen ist: | |
| | Die Gebühr 1420 ermäßigt sich auf .... | 3,0 |

Die Gebühr ermäßigt sich auch, wenn daneben Ermäßigungstatbestände nach Nummer 1422 erfüllt sind.

Abschnitt 3:
Beschwerde

1430	Verfahren über die Beschwerde gegen die Zurückweisung eines Antrags auf Anordnung eines Arrests oder einer einstweiligen Verfügung	1,5
1431	Beendigung des gesamten Verfahrens durch Zurücknahme der Beschwerde:	
	Die Gebühr 1430 ermäßigt sich auf	1,0

Kostenverzeichnis (GKG-KV)

Nr.	Gebührentatbestand	Gebühr oder Satz der Gebühr nach § 34 GKG

Hauptabschnitt 5:
Vorbereitung der grenzüberschreitenden Zwangsvollstreckung

Vorbemerkung 1.5:
Die Vollstreckbarerklärung eines ausländischen Schiedsspruchs oder deren Aufhebung bestimmt sich nach Nummer 1620.

Abschnitt 1:
Erster Rechtszug

1510 Verfahren über Anträge auf

1. Vollstreckbarerklärung ausländischer Titel,
2. Feststellung, ob die ausländische Entscheidung anzuerkennen ist,
3. Erteilung der Vollstreckungsklausel zu ausländischen Titeln und
4. Aufhebung oder Abänderung von Entscheidungen in den in den Nummern 1 bis 3 genannten Verfahren

oder über die Klage auf Erlass eines Vollstreckungsurteils... 240,00 €

1511 Beendigung des gesamten Verfahrens durch Zurücknahme der Klage oder des Antrags vor dem Schluss der mündlichen Verhandlung oder, wenn eine mündliche Verhandlung nicht stattfindet, vor Ablauf des Tages, an dem die Entscheidung der Geschäftsstelle übermittelt wird:
Die Gebühr 1510 ermäßigt sich auf .... 90,00 €

Erledigungserklärungen nach § 91a ZPO stehen der Zurücknahme gleich, wenn keine Entscheidung über die Kosten ergeht oder die Entscheidung einer zuvor mitgeteilten Einigung der Parteien über die Kostentragung oder der Kostenübernahmeerklärung einer Partei folgt.

1512 Verfahren über Anträge auf Ausstellung einer Bescheinigung nach § 56 AVAG.................... 15,00 €

1513 Verfahren über Anträge auf Ausstellung einer Bestätigung nach § 1079 ZPO .... 20,00 €

1514 Verfahren nach § 3 Abs. 2 des Gesetzes zur Ausführung des Vertrages zwischen der Bundesrepublik Deutschland und der Republik Österreich vom 6. Juni 1959 über die gegenseitige Anerkennung und Vollstreckung von gerichtlichen Entscheidungen, Vergleichen und öffentlichen Urkunden in Zivil- und Han-

Kostenverzeichnis (GKG-KV)

Nr.	Gebührentatbestand	Gebühr oder Satz der Gebühr nach § 34 GKG
	delssachen in der im Bundesgesetzblatt Teil III, Gliederungsnummer 319-12, veröffentlichten bereinigten Fassung, das zuletzt durch Artikel 23 des Gesetzes vom 27. Juli 2001 (BGBl. I S. 1887) geändert worden ist..................................	60,00 €

Abschnitt 2:
Rechtsmittelverfahren

1520	Verfahren über Rechtsmittel in den in den Nummern 1510 und 1514 genannten Verfahren............	360,00 €
1521	Beendigung des gesamten Verfahrens durch Zurücknahme des Rechtsmittels, der Klage oder des Antrags, bevor die Schrift zur Begründung des Rechtsmittels bei Gericht eingegangen ist: Die Gebühr 1520 ermäßigt sich auf.............	90,00 €
1522	Beendigung des gesamten Verfahrens durch Zurücknahme des Rechtsmittels, der Klage oder des Antrags vor dem Schluss der mündlichen Verhandlung oder, wenn eine mündliche Verhandlung nicht stattfindet, vor Ablauf des Tages, an dem die Entscheidung der Geschäftsstelle übermittelt wird, wenn nicht Nummer 1521 erfüllt ist: Die Gebühr 1520 ermäßigt sich auf.............	180,00 €
	Erledigungserklärungen nach § 91a ZPO stehen der Zurücknahme gleich, wenn keine Entscheidung über die Kosten ergeht oder die Entscheidung einer zuvor mitgeteilten Einigung der Parteien über die Kostentragung oder der Kostenübernahmeerklärung einer Partei folgt.	
1523	Verfahren über Rechtsmittel in	
	1. den in den Nummern 1512 und 1513 genannten Verfahren und	
	2. Verfahren über die Berichtigung oder den Widerruf einer Bestätigung nach § 1079 ZPO:	
	Das Rechtsmittel wird verworfen oder zurückgewiesen.....................................	60,00 €

Hauptabschnitt 6:
Sonstige Verfahren

Abschnitt 1:
Selbstständiges Beweisverfahren

1610	Verfahren im Allgemeinen.....................	1,0

Kostenverzeichnis (GKG-KV)

Nr.	Gebührentatbestand	Gebühr oder Satz der Gebühr nach § 34 GKG
	Abschnitt 2: ***Schiedsrichterliches Verfahren*** *Unterabschnitt 1:* *Erster Rechtszug*	
1620	Verfahren über die Aufhebung oder die Vollstreckbarerklärung eines Schiedsspruchs oder über die Aufhebung der Vollstreckbarerklärung .... Die Gebühr ist auch im Verfahren über die Vollstreckbarerklärung eines ausländischen Schiedsspruchs oder deren Aufhebung zu erheben.	2,0
1621	Verfahren über den Antrag auf Feststellung der Zulässigkeit oder Unzulässigkeit des schiedsrichterlichen Verfahrens	2,0
1622	Verfahren bei Rüge der Unzuständigkeit des Schiedsgerichts	2,0
1623	Verfahren bei der Bestellung eines Schiedsrichters oder Ersatzschiedsrichters....................	0,5
1624	Verfahren über die Ablehnung eines Schiedsrichters oder über die Beendigung des Schiedsrichteramts ..	0,5
1625	Verfahren zur Unterstützung bei der Beweisaufnahme oder zur Vornahme sonstiger richterlicher Handlungen......................................	0,5
1626	Verfahren über die Zulassung der Vollziehung einer vorläufigen oder sichernden Maßnahme oder über die Aufhebung oder Änderung einer Entscheidung über die Zulassung der Vollziehung.............. Im Verfahren über die Zulassung der Vollziehung und in dem Verfahren über die Aufhebung oder Änderung einer Entscheidung über die Zulassung der Vollziehung werden die Gebühren jeweils gesondert erhoben.	2,0
1627	Beendigung des gesamten Verfahrens durch Zurücknahme des Antrags: Die Gebühren 1620 bis 1622 und 1626 ermäßigen sich auf	1,0
	Unterabschnitt 2: *Rechtsbeschwerde*	
1628	Verfahren über die Rechtsbeschwerde in den in den Nummern 1620 bis 1622 und 1626 genannten Verfahren	3,0

Kostenverzeichnis (GKG-KV)

Nr.	Gebührentatbestand	Gebühr oder Satz der Gebühr nach § 34 GKG
1629	Beendigung des gesamten Verfahrens durch Zurücknahme der Rechtsbeschwerde oder des Antrags: Die Gebühr 1628 ermäßigt sich auf	1,0

Abschnitt 3:
Besondere Verfahren nach dem Gesetz gegen Wettbewerbsbeschränkungen, dem Wertpapiererwerbs- und Übernahmegesetz und dem Wertpapierhandelsgesetz

1630	Verfahren über einen Antrag nach § 115 Abs. 2 Satz 5 und 6, Abs. 4 Satz 2, § 118 Abs. 1 Satz 3 oder nach § 121 GWB	3,0
1631	Beendigung des gesamten Verfahrens durch Zurücknahme des Antrags: Die Gebühr 1630 ermäßigt sich auf	1,0
1632	Verfahren über den Antrag nach § 50 Abs. 3 bis 5 WpÜG, auch i.V.m. § 37u. Abs. 2 WPhG .... Mehrere Verfahren gelten innerhalb eines Rechtszugs als ein Verfahren.	0,5

Abschnitt 4:
Besondere Verfahren nach dem Aktiengesetz und dem Umwandlungsgesetz

Unterabschnitt 1:
Erster Rechtszug

1640	Verfahren nach § 148 Abs. 1 und 2 des Aktiengesetzes.......................................	1,0
1641	Verfahren nach den §§ 246a, 319 Abs. 6 des Aktiengesetzes, auch i.V.m. § 327e Abs. 2 des Aktiengesetzes oder § 16 Abs. 3 UmwG	1,5
1642	Beendigung des gesamten Verfahrens ohne Entscheidung: Die Gebühren 1640 und 1641 ermäßigen sich auf ..	0,5
	(1) Die Gebühr ermäßigt sich auch im Fall der Zurücknahme des Antrags vor Ablauf des Tages, an dem die Entscheidung der Geschäftsstelle übermittelt wird. (2) Eine Entscheidung über die Kosten steht der Ermäßigung nicht entgegen, wenn die Entscheidung einer zuvor mitgeteilten Einigung der Parteien über die Kostentragung oder der Kostenübernahmeerklärung einer Partei folgt.	

Kostenverzeichnis (GKG-KV)

Nr.	Gebührentatbestand	Gebühr oder Satz der Gebühr nach § 34 GKG
	Unterabschnitt 2: *Beschwerde*	
1643	Verfahren über die Beschwerde in den in Nummer 1640 genannten Verfahren	1,0
1644	Beendigung des Verfahrens ohne Entscheidung: Die Gebühr 1643 ermäßigt sich auf	0,5
	(1) Die Gebühr ermäßigt sich auch im Fall der Zurücknahme der Beschwerde vor Ablauf des Tages, an dem die Entscheidung der Geschäftsstelle übermittelt wird. (2) Eine Entscheidung über die Kosten steht der Ermäßigung nicht entgegen, wenn die Entscheidung einer zuvor mitgeteilten Einigung der Parteien über die Kostentragung oder der Kostenübernahmeerklärung einer Partei folgt.	
	Abschnitt 5: **Sanierungs- und Reorganisationsverfahren nach dem Kreditinstitute-Reorganisationsgesetz**	
1650	Sanierungsverfahren	0,5
1651	Die Durchführung des Sanierungsverfahrens wird nicht angeordnet: Die Gebühr 1650 beträgt	0,2
1652	Reorganisationsverfahren	1,0
1653	Die Durchführung des Reorganisationsverfahrens wird nicht angeordnet: Die Gebühr 1652 beträgt	0,2
	Hauptabschnitt 7: **Rüge wegen Verletzung des Anspruchs auf rechtliches Gehör**	
1700	Verfahren über die Rüge wegen Verletzung des Anspruchs auf rechtliches Gehör (§ 321a ZPO, auch i.V.m. § 122a PatG oder § 89a MarkenG; § 71a GWB): Die Rüge wird in vollem Umfang verworfen oder zurückgewiesen	60,00 €

Kostenverzeichnis (GKG-KV)

Nr.	Gebührentatbestand	Gebühr oder Satz der Gebühr nach § 34 GKG

Hauptabschnitt 8:
Sonstige Beschwerden und Rechtsbeschwerden

Abschnitt 1:
Sonstige Beschwerden

1810	Verfahren über Beschwerden nach § 71 Abs. 2, § 91a Abs. 2, § 99 Abs. 2, § 269 Abs. 5 oder § 494a Abs. 2 Satz 2 ZPO	90,00 €
1811	Beendigung des Verfahrens ohne Entscheidung: Die Gebühr 1810 ermäßigt sich auf	60,00 €

(1) Die Gebühr ermäßigt sich auch im Fall der Zurücknahme der Beschwerde vor Ablauf des Tages, an dem die Entscheidung der Geschäftsstelle übermittelt wird.
(2) Eine Entscheidung über die Kosten steht der Ermäßigung nicht entgegen, wenn die Entscheidung einer zuvor mitgeteilten Einigung der Parteien über die Kostentragung oder der Kostenübernahmeerklärung einer Partei folgt.

1812	Verfahren über nicht besonders aufgeführte Beschwerden, die nicht nach anderen Vorschriften gebührenfrei sind: Die Beschwerde wird verworfen oder zurückgewiesen	60,00 €

Wird die Beschwerde nur teilweise verworfen oder zurückgewiesen, kann das Gericht die Gebühr nach billigem Ermessen auf die Hälfte ermäßigen oder bestimmen, dass eine Gebühr nicht zu erheben ist.

Abschnitt 2:
Sonstige Rechtsbeschwerden

1820	Verfahren über Rechtsbeschwerden gegen den Beschluss, durch den die Berufung als unzulässig verworfen wurde (§ 522 Abs. 1 Satz 2 und 3 ZPO)	2,0
1821	Verfahren über Rechtsbeschwerden nach § 20 KapMuG...................................	5,0
1822	Beendigung des gesamten Verfahrens durch Zurücknahme der Rechtsbeschwerde, bevor die Schrift zur Begründung der Rechtsbeschwerde bei Gericht eingegangen ist: Die Gebühr 1820 und 1821 ermäßigen sich auf.....	1,0

Erledigungserklärungen nach § 91a ZPO stehen der Zurücknahme gleich, wenn keine Entscheidung über die Kosten ergeht oder die Entscheidung einer zuvor mitgeteilten Einigung der Parteien über die Kostentragung oder der Kostenübernahmeerklärung einer Partei folgt.

Kostenverzeichnis (GKG-KV)

Nr.	Gebührentatbestand	Gebühr oder Satz der Gebühr nach § 34 GKG
1823	Verfahren über Rechtsbeschwerden in den Fällen des § 71 Abs. 1, § 91a Abs. 1, § 99 Abs. 2, § 269 Abs. 4, § 494a Abs. 2 Satz 2 oder § 516 Abs. 3 ZPO .	180,00 €
1824	Beendigung des gesamten Verfahrens durch Zurücknahme der Rechtsbeschwerde, des Antrags oder der Klage, bevor die Schrift zur Begründung der Rechtsbeschwerde bei Gericht eingegangen ist: Die Gebühr 1823 ermäßigt sich auf	60,00 €
1825	Beendigung des gesamten Verfahrens durch Zurücknahme der Rechtsbeschwerde, des Antrags oder der Klage vor Ablauf des Tages, an dem die Entscheidung der Geschäftsstelle übermittelt wird, wenn nicht Nummer 1824 erfüllt ist: Die Gebühr 1823 ermäßigt sich auf	90,00 €
1826	Verfahren über nicht besonders aufgeführte Rechtsbeschwerden, die nicht nach anderen Vorschriften gebührenfrei sind: Die Rechtsbeschwerde wird verworfen oder zurückgewiesen...................................	120,00 €
	Wird die Rechtsbeschwerde nur teilweise verworfen oder zurückgewiesen, kann das Gericht die Gebühr nach billigem Ermessen auf die Hälfte ermäßigen oder bestimmen, dass eine Gebühr nicht zu erheben ist.	
1827	Verfahren über die in Nummer 1826 genannten Rechtsbeschwerden: Beendigung des gesamten Verfahrens durch Zurücknahme der Rechtsbeschwerde, des Antrags oder der Klage vor Ablauf des Tages, an dem die Entscheidung der Geschäftsstelle übermittelt wird.	60,00 €

Hauptabschnitt 9: Besondere Gebühren

1900	Abschluss eines gerichtlichen Vergleichs: Soweit ein Vergleich über nicht gerichtlich anhängige Gegenstände geschlossen wird	0,25
	Die Gebühr entsteht nicht im Verfahren über die Prozesskostenhilfe. Im Verhältnis zur Gebühr für das Verfahren im Allgemeinen ist § 36 Abs. 3 GKG entsprechend anzuwenden.	
1901	Auferlegung einer Gebühr nach § 38 GKG wegen Verzögerung des Rechtsstreits	wie vom Gericht bestimmt

Kostenverzeichnis (GKG-KV)

Nr.	Gebührentatbestand	Gebühr oder Satz der Gebühr nach § 34 GKG
1902	Anmeldung eines Anspruchs zum Musterverfahren (§ 10 Abs. 2 KapMuG)	0,5

Teil 2:
Zwangsvollstreckung nach der Zivilprozessordnung, Insolvenzverfahren und ähnliche Verfahren

Hauptabschnitt 1:
Zwangsvollstreckung nach der Zivilprozessordnung

Abschnitt 1:
Erster Rechtszug

Nr.	Gebührentatbestand	Gebühr oder Satz der Gebühr nach § 34 GKG
2110	Verfahren über den Antrag auf Erteilung einer weiteren vollstreckbaren Ausfertigung (§ 733 ZPO)	20,00 €
	Die Gebühr wird für jede weitere vollstreckbare Ausfertigung gesondert erhoben. Sind wegen desselben Anspruchs in einem Mahnverfahren gegen mehrere Personen gesonderte Vollstreckungsbescheide erlassen worden und werden hiervon gleichzeitig mehrere weitere vollstreckbare Ausfertigungen beantragt, wird die Gebühr nur einmal erhoben.	
2111	Verfahren über Anträge auf gerichtliche Handlungen der Zwangsvollstreckung gemäß § 829 Abs. 1, §§ 835, 839, 846 bis 848, 857, 858, 886 bis 888 oder § 890 ZPO..................................	20,00 €
	Richtet sich ein Verfahren gegen mehrere Schuldner, wird die Gebühr für jeden Schuldner gesondert erhoben. Mehrere Verfahren innerhalb eines Rechtszugs gelten als ein Verfahren, wenn sie denselben Anspruch und denselben Vollstreckungsgegenstand betreffen.	
2112	Verfahren über den Antrag auf Vollstreckungsschutz nach § 765a ZPO	20,00 €
2113	Verfahren über den Antrag auf Erlass eines Haftbefehls (§ 802g Abs. 1 ZPO)	20,00 €
2114	Verfahren über den Antrag auf Abnahme der eidesstattlichen Versicherung nach § 889 ZPO	35,00 €
2115	*(aufgehoben)*	
2116	*(aufgehoben)*	
2117	Verteilungsverfahren..........................	0,5
2118	Verfahren über die Vollstreckbarerklärung eines Anwaltsvergleichs nach § 796a ZPO	60,00 €

Kostenverzeichnis (GKG-KV)

Nr.	Gebührentatbestand	Gebühr oder Satz der Gebühr nach § 34 GKG
2119	Verfahren über Anträge auf Verweigerung, Aussetzung oder Beschränkung der Zwangsvollstreckung nach § 1084 ZPO auch i.V.m. § 1096 oder § 1109 oder nach § 31 AUGZPO......................	30,00 €

Abschnitt 2:
Beschwerden

Unterabschnitt 1:
Beschwerde

2120	Verfahren über die Beschwerde im Verteilungsverfahren: Soweit die Beschwerde verworfen oder zurückgewiesen wird..................................	1,0
2121	Verfahren über nicht besonders aufgeführte Beschwerden, die nicht nach anderen Vorschriften gebührenfrei sind: Die Beschwerde wird verworfen oder zurückgewiesen	30,00 €
	Wird die Beschwerde nur teilweise verworfen oder zurückgewiesen, kann das Gericht die Gebühr nach billigem Ermessen auf die Hälfte ermäßigen oder bestimmen, dass eine Gebühr nicht zu erheben ist.	

Unterabschnitt 2:
Rechtsbeschwerde

2122	Verfahren über die Rechtsbeschwerde im Verteilungsverfahren: Soweit die Beschwerde verworfen oder zurückgewiesen wird..................................	2,0
2123	Verfahren über die Rechtsbeschwerde im Verteilungsverfahren: Soweit die Beschwerde zurückgenommen oder das Verfahren durch anderweitige Erledigung beendet wird..................................	1,0
	Die Gebühr entsteht nicht, soweit der Beschwerde stattgegeben wird.	
2124	Verfahren über nicht besonders aufgeführte Rechtsbeschwerden, die nicht nach anderen Vorschriften gebührenfrei sind: Die Rechtsbeschwerde wird verworfen oder zurückgewiesen..................................	60,00 €

Kostenverzeichnis (GKG-KV)

Nr.	Gebührentatbestand	Gebühr oder Satz der Gebühr nach § 34 GKG
	Wird die Rechtsbeschwerde nur teilweise verworfen oder zurückgewiesen, kann das Gericht die Gebühr nach billigem Ermessen auf die Hälfte ermäßigen oder bestimmen, dass eine Gebühr nicht zu erheben ist.	

Hauptabschnitt 2:
Verfahren nach dem Gesetz über die Zwangsversteigerung und die Zwangsverwaltung; Zwangsliquidation einer Bahneinheit

Vorbemerkung 2.2:
Die Gebühren 2210, 2220 und 2230 werden für jeden Antragsteller gesondert erhoben. Wird der Antrag von mehreren Gesamtgläubigern, Gesamthandsgläubigern oder im Fall der Zwangsversteigerung zum Zweck der Aufhebung der Gemeinschaft von mehreren Miteigentümern gemeinsam gestellt, gelten diese als ein Antragsteller. Betrifft ein Antrag mehrere Gegenstände, wird die Gebühr nur einmal erhoben, soweit durch einen einheitlichen Beschluss entschieden wird. Für ein Verfahren nach § 765a ZPO wird keine, für das Beschwerdeverfahren die Gebühr 2240 erhoben; richtet sich die Beschwerde auch gegen eine Entscheidung nach § 30a ZVG, gilt Satz 2 entsprechend.

Abschnitt 1:
Zwangsversteigerung

2210	Entscheidung über den Antrag auf Anordnung der Zwangsversteigerung oder über den Beitritt zum Verfahren	100,00 €
2211	Verfahren im Allgemeinen	0,5
2212	Beendigung des Verfahrens vor Ablauf des Tages, an dem die Verfügung mit der Bestimmung des ersten Versteigerungstermins unterschrieben ist: Die Gebühr 2211 ermäßigt sich auf	0,25
2213	Abhaltung mindestens eines Versteigerungstermins mit Aufforderung zur Abgabe von Geboten.........	0,5
	Die Gebühr entfällt, wenn der Zuschlag aufgrund des § 74a oder des § 85a ZVG versagt bleibt.	
2214	Erteilung des Zuschlags.......................	0,5
	Die Gebühr entfällt, wenn der Zuschlagsbeschluss aufgehoben wird.	
2215	Verteilungsverfahren.........................	0,5
2216	Es findet keine oder nur eine beschränkte Verteilung des Versteigerungserlöses durch das Gericht statt (§§ 143, 144 ZVG): Die Gebühr 2215 ermäßigt sich auf	0,25

Kostenverzeichnis (GKG-KV)

Nr.	Gebührentatbestand	Gebühr oder Satz der Gebühr nach § 34 GKG

Abschnitt 2:
Zwangsverwaltung

2220 Entscheidung über den Antrag auf Anordnung der Zwangsverwaltung oder über den Beitritt zum Verfahren ....   100,00 €

2221 Jahresgebühr für jedes Kalenderjahr bei Durchführung des Verfahrens ....   0,5 –
mindestens 120,00 €,
im ersten und letzten
Kalenderjahr jeweils
mindestens 60,00 €

Die Gebühr wird auch für das jeweilige Kalenderjahr erhoben, in das der Tag der Beschlagnahme fällt und in dem das Verfahren aufgehoben wird.

Abschnitt 3:
Zwangsliquidation einer Bahneinheit

2230 Entscheidung über den Antrag auf Eröffnung der Zwangsliquidation ....   60,00 €

2231 Verfahren im Allgemeinen   0,5

2232 Das Verfahren wird eingestellt:
Die Gebühr 2231 ermäßigt sich auf   0,25

Abschnitt 4:
Beschwerden

Unterabschnitt 1:
Beschwerde

2240 Verfahren über Beschwerden, wenn für die angefochtene Entscheidung eine Festgebühr bestimmt ist:
Die Beschwerde wird verworfen oder zurückgewiesen ....   120,00 €

Wird die Beschwerde nur teilweise verworfen oder zurückgewiesen, kann das Gericht die Gebühr nach billigem Ermessen auf die Hälfte ermäßigen oder bestimmen, dass eine Gebühr nicht zu erheben ist.

2241 Verfahren über nicht besonders aufgeführte Beschwerden, die nicht nach anderen Vorschriften gebührenfrei sind:
Soweit die Beschwerde verworfen oder zurückgewiesen wird.   1,0

Kostenverzeichnis (GKG-KV)

Nr.	Gebührentatbestand	Gebühr oder Satz der Gebühr nach § 34 GKG
	Unterabschnitt 2: *Rechtsbeschwerde*	
2242	Verfahren über Rechtsbeschwerden, wenn für die angefochtene Entscheidung eine Festgebühr bestimmt ist: Die Rechtsbeschwerde wird verworfen oder zurückgewiesen.. Wird die Rechtsbeschwerde nur teilweise verworfen oder zurückgewiesen, kann das Gericht die Gebühr nach billigem Ermessen auf die Hälfte ermäßigen oder bestimmen, dass eine Gebühr nicht zu erheben ist.	240,00 €
2243	Verfahren über nicht besonders aufgeführte Rechtsbeschwerden, die nicht nach anderen Vorschriften gebührenfrei sind: Soweit die Rechtsbeschwerde verworfen oder zurückgewiesen wird	2,0

Hauptabschnitt 3:
Insolvenzverfahren

Vorbemerkung 2.3:
Der Antrag des ausländischen Insolvenzverwalters steht dem Antrag des Schuldners gleich.

Abschnitt 1:
Eröffnungsverfahren

2310	Verfahren über den Antrag des Schuldners auf Eröffnung des Insolvenzverfahrens................. Die Gebühr entsteht auch, wenn das Verfahren nach § 306 InsO ruht.	0,5
2311	Verfahren über den Antrag eines Gläubigers auf Eröffnung des Insolvenzverfahrens................	0,5 – mindestens 180,00 €

Abschnitt 2:
Durchführung des Insolvenzverfahrens auf Antrag des Schuldners

Vorbemerkung 2.3.2:
Die Gebühren dieses Abschnitts entstehen auch, wenn das Verfahren gleichzeitig auf Antrag eines Gläubigers eröffnet wurde.

2320	Durchführung des Insolvenzverfahrens............ Die Gebühr entfällt, wenn der Eröffnungsbeschluss auf Beschwerde aufgehoben wird.	2,5

Kostenverzeichnis (GKG-KV)

Nr.	Gebührentatbestand	Gebühr oder Satz der Gebühr nach § 34 GKG
2321	Einstellung des Verfahrens vor dem Ende des Prüfungstermins nach den §§ 207, 211, 212, 213 InsO: Die Gebühr 2320 ermäßigt sich auf	0,5
2322	Einstellung des Verfahrens nach dem Ende des Prüfungstermins nach den §§ 207, 211, 212, 213 InsO: Die Gebühr 2320 ermäßigt sich auf	1,5

Abschnitt 3:
Durchführung des Insolvenzverfahrens auf Antrag eines Gläubigers

Vorbemerkung 2.3.3:
Dieser Abschnitt ist nicht anzuwenden, wenn das Verfahren gleichzeitig auf Antrag des Schuldners eröffnet wurde.

2330	Durchführung des Insolvenzverfahrens............	3,0
	Die Gebühr entfällt, wenn der Eröffnungsbeschluss auf Beschwerde aufgehoben wird.	
2331	Einstellung des Verfahrens vor dem Ende des Prüfungstermins nach den §§ 207, 211, 212, 213 InsO: Die Gebühr 2330 ermäßigt sich auf	1,0
2332	Einstellung des Verfahrens nach dem Ende des Prüfungstermins nach den §§ 207, 211, 212, 213 InsO: Die Gebühr 2330 ermäßigt sich auf	2,0

Abschnitt 4:
Besonderer Prüfungstermin und schriftliches Prüfungsverfahren (§ 177 InsO)

2340	Prüfung von Forderungen je Gläubiger............	20,00 €

Abschnitt 5:
Restschuldbefreiung

2350	Entscheidung über den Antrag auf Versagung oder Widerruf der Restschuldbefreiung (§§ 296, 297, 300, 303 InsO)	35,00 €

Abschnitt 6:
Beschwerden

Unterabschnitt 1:
Beschwerde

2360	Verfahren über die Beschwerde gegen die Entscheidung über den Antrag auf Eröffnung des Insolvenzverfahrens.................................	1,0

Kostenverzeichnis (GKG-KV)

Nr.	Gebührentatbestand	Gebühr oder Satz der Gebühr nach § 34 GKG
2361	Verfahren über nicht besonders aufgeführte Beschwerden, die nicht nach anderen Vorschriften gebührenfrei sind: Die Beschwerde wird verworfen oder zurückgewiesen	60,00 €
	Wird die Beschwerde nur teilweise verworfen oder zurückgewiesen, kann das Gericht die Gebühr nach billigem Ermessen auf die Hälfte ermäßigen oder bestimmen, dass eine Gebühr nicht zu erheben ist.	

Unterabschnitt 2:
Rechtsbeschwerde

2362	Verfahren über die Rechtsbeschwerde gegen die Beschwerdeentscheidung im Verfahren über den Antrag auf Eröffnung des Insolvenzverfahrens	2,0
2363	Beendigung des gesamten Verfahrens durch Zurücknahme der Rechtsbeschwerde oder des Antrags: Die Gebühr 2362 ermäßigt sich auf	1,0
2364	Verfahren über nicht besonders aufgeführte Rechtsbeschwerden, die nicht nach anderen Vorschriften gebührenfrei sind: Die Rechtsbeschwerde wird verworfen oder zurückgewiesen..	120,00 €
	Wird die Rechtsbeschwerde nur teilweise verworfen oder zurückgewiesen, kann das Gericht die Gebühr nach billigem Ermessen auf die Hälfte ermäßigen oder bestimmen, dass eine Gebühr nicht zu erheben ist.	

Hauptabschnitt 4:
Schifffahrtsrechtliches Verteilungsverfahren

Abschnitt 1:
Eröffnungsverfahren

2410	Verfahren über den Antrag auf Eröffnung des Verteilungsverfahrens	1,0

Abschnitt 2:
Verteilungsverfahren

2420	Durchführung des Verteilungsverfahrens	2,0

Kostenverzeichnis (GKG-KV)

Nr.	Gebührentatbestand	Gebühr oder Satz der Gebühr nach § 34 GKG
	Abschnitt 3: *** Besonderer Prüfungstermin und schriftliches Prüfungsverfahren*** *** (§ 18 Satz 3 SVertO, § 177 InsO)***	
2430	Prüfung von Forderungen je Gläubiger............	20,00 €
	Abschnitt 4: *** Beschwerde und Rechtsbeschwerde***	
2440	Verfahren über Beschwerden, die nicht nach anderen Vorschriften gebührenfrei sind: Die Beschwerde wird verworfen oder zurückgewiesen	60,00 €
	Wird die Beschwerde nur teilweise verworfen oder zurückgewiesen, kann das Gericht die Gebühr nach billigem Ermessen auf die Hälfte ermäßigen oder bestimmen, dass eine Gebühr nicht zu erheben ist.	
2441	Verfahren über Rechtsbeschwerden: Die Rechtsbeschwerde wird verworfen oder zurückgewiesen.................................	120,00 €
	Wird die Rechtsbeschwerde nur teilweise verworfen oder zurückgewiesen, kann das Gericht die Gebühr nach billigem Ermessen auf die Hälfte ermäßigen oder bestimmen, dass eine Gebühr nicht zu erheben ist.	
	Hauptabschnitt 5: **Rüge wegen Verletzung des Anspruchs auf rechtliches Gehör**	
2500	Verfahren über die Rüge wegen Verletzung des Anspruchs auf rechtliches Gehör (§ 321a ZPO, § 4 InsO, § 3 Abs. 1 Satz 1 SVertO): Die Rüge wird in vollem Umfang verworfen oder zurückgewiesen	60,00 €

Kostenverzeichnis (GKG-KV)

Nr.	Gebührentatbestand	Gebühr oder Satz der jeweiligen Gebühr 3110 bis 3117, soweit nichts anderes vermerkt ist

Teil 3:
Strafsachen und gerichtliche Verfahren nach dem Strafvollzugsgesetz, auch in Verbindung mit § 92 des Jugendgerichtsgesetzes, sowie Verfahren nach dem Gesetz über die internationale Rechtshilfe in Strafsachen

Vorbemerkung 3:
(1) § 473 Abs. 4 StPO und § 74 JGG bleiben unberührt.
(2) Im Verfahren nach Wiederaufnahme werden die gleichen Gebühren wie für das wiederaufgenommene Verfahren erhoben. Wird jedoch nach Anordnung der Wiederaufnahme des Verfahrens das frühere Urteil aufgehoben, gilt für die Gebührenerhebung jeder Rechtszug des neuen Verfahrens mit dem jeweiligen Rechtszug des früheren Verfahrens zusammen als ein Rechtszug. Gebühren werden auch für Rechtszüge erhoben, die nur im früheren Verfahren stattgefunden haben. Dies gilt auch für das Wiederaufnahmeverfahren, das sich gegen einen Strafbefehl richtet (§ 373a StPO).

Hauptabschnitt 1:
Offizialverfahren

Vorbemerkung 3.1:
(1) In Strafsachen bemessen sich die Gerichtsgebühren für alle Rechtszüge nach der rechtskräftig erkannten Strafe.
(2) Ist neben einer Freiheitsstrafe auf Geldstrafe erkannt, ist die Zahl der Tagessätze der Dauer der Freiheitsstrafe hinzuzurechnen; dabei entsprechen 30 Tagessätze einem Monat Freiheitsstrafe.
(3) Ist auf Verwarnung mit Strafvorbehalt erkannt, bestimmt sich die Gebühr nach der vorbehaltenen Geldstrafe.
(4) Eine Gebühr wird für alle Rechtszüge bei rechtskräftiger Anordnung einer Maßregel der Besserung und Sicherung und bei rechtskräftiger Festsetzung einer Geldbuße gesondert erhoben.
(5) Wird aufgrund des § 55 Abs. 1 StGB in einem Verfahren eine Gesamtstrafe gebildet, bemisst sich die Gebühr für dieses Verfahren nach dem Maß der Strafe, um das die Gesamtstrafe die früher erkannte Strafe übersteigt. Dies gilt entsprechend, wenn ein Urteil, in dem auf Jugendstrafe erkannt ist, nach § 31 Abs. 2 JGG in ein neues Urteil einbezogen wird. In den Fällen des § 460 StPO und des § 66 JGG verbleibt es bei den Gebühren für die früheren Verfahren.
(6) Betrifft eine Strafsache mehrere Angeschuldigte, ist die Gebühr von jedem gesondert nach Maßgabe der gegen ihn erkannten Strafe, angeordneten Maßregel der Besserung und Sicherung oder festgesetzten Geldbuße zu erheben. Wird in einer Strafsache gegen einen oder mehrere Angeschuldigte auch eine Geldbuße gegen eine juristische Person oder eine Personenvereinigung festgesetzt, ist eine Gebühr auch von der juristischen Person oder der Personenvereinigung nach Maßgabe der gegen sie festgesetzten Geldbuße zu erheben.
(7) Wird bei Verurteilung wegen selbstständiger Taten ein Rechtsmittel auf einzelne Taten beschränkt, bemisst sich die Gebühr für das Rechtsmittelverfahren nach der Strafe für diejenige Tat, die Gegenstand des Rechtsmittelverfahrens ist. Bei Gesamtstrafen ist die Summe der angefochtenen Einzelstrafen maßgebend. Ist die Gesamtstrafe, auch unter Einbeziehung der früher erkannten Strafe, geringer, ist diese maßgebend. Wird ein Rechtsmittel auf die Anordnung einer Maßregel der Besserung und Sicherung oder die Festsetzung einer Geldbuße beschränkt, werden die Gebühren für das Rechtsmittelverfahren nur wegen der Anordnung der Maßregel oder der Festsetzung der Geldbuße erhoben. Die Sätze 1 bis 4 gelten im Fall der Wiederaufnahme entsprechend.

Kostenverzeichnis (GKG-KV)

Nr.	Gebührentatbestand	Gebühr oder Satz der jeweiligen Gebühr 3110 bis 3117, soweit nichts anderes vermerkt ist

(8) Das Verfahren über die vorbehaltene Sicherungsverwahrung und das Verfahren über die nachträgliche Anordnung der Sicherungsverwahrung gelten als besondere Verfahren.

Abschnitt 1:
Erster Rechtszug

Verfahren mit Urteil, wenn kein Strafbefehl vorausgegangen ist, bei

3110	– Verurteilung zu Freiheitsstrafe bis zu 6 Monaten oder zu Geldstrafe bis zu 180 Tagessätzen	140,00 €
3111	– Verurteilung zu Freiheitsstrafe bis zu 1 Jahr oder zu Geldstrafe von mehr als 180 Tagessätzen	280,00 €
3112	– Verurteilung zu Freiheitsstrafe bis zu 2 Jahren	420,00 €
3113	– Verurteilung zu Freiheitsstrafe bis zu 4 Jahren	560,00 €
3114	– Verurteilung zu Freiheitsstrafe bis zu 10 Jahren ...	700,00 €
3115	– Verurteilung zu Freiheitsstrafe von mehr als 10 Jahren oder zu einer lebenslangen Freiheitsstrafe	1 000,00 €
3116	– Anordnung einer oder mehrerer Maßregeln der Besserung und Sicherung	70,00 €
3117	– Festsetzung einer Geldbuße	10 % des Betrags der Geldbuße – mindestens 50,00 € – höchstens 15 000,00 €
3118	Strafbefehl.....................................	0,5

Die Gebühr wird auch neben der Gebühr 3119 erhoben. Ist der Einspruch beschränkt (§ 410 Abs. 2 StPO), bemisst sich die Gebühr nach der im Urteil erkannten Strafe.

3119	Hauptverhandlung mit Urteil, wenn ein Strafbefehl vorausgegangen ist	0,5

Vorbemerkung 3.1 Abs. 7 gilt entsprechend.

Abschnitt 2:
Berufung

3120	Berufungsverfahren mit Urteil	1,5

Kostenverzeichnis (GKG-KV)

Nr.	Gebührentatbestand	Gebühr oder Satz der jeweiligen Gebühr 3110 bis 3117, soweit nichts anderes vermerkt ist
3121	Erledigung des Berufungsverfahrens ohne Urteil.....	0,5
	Die Gebühr entfällt bei Zurücknahme der Berufung vor Ablauf der Begründungsfrist.	

Abschnitt 3:
Revision

3130	Revisionsverfahren mit Urteil oder Beschluss nach § 349 Abs. 2 oder 4 StPO......................	2,0
3131	Erledigung des Revisionsverfahrens ohne Urteil und ohne Beschluss nach § 349 Abs. 2 oder 4 StPO	1,0
	Die Gebühr entfällt bei Zurücknahme der Revision vor Ablauf der Begründungsfrist.	

Abschnitt 4:
Wiederaufnahmeverfahren

3140	Verfahren über den Antrag auf Wiederaufnahme des Verfahrens: Der Antrag wird verworfen oder abgelehnt	0,5
3141	Verfahren über die Beschwerde gegen einen Beschluss, durch den ein Antrag auf Wiederaufnahme des Verfahrens hinsichtlich einer Freiheitsstrafe, einer Geldstrafe, einer Maßregel der Besserung und Sicherung oder einer Geldbuße verworfen oder abgelehnt wurde: Die Beschwerde wird verworfen oder zurückgewiesen	1,0

Hauptabschnitt 2:
Klageerzwingungsverfahren, unwahre Anzeige und Zurücknahme des Strafantrags

3200	Dem Antragsteller, dem Anzeigenden, dem Angeklagten oder Nebenbeteiligten sind die Kosten auferlegt worden (§§ 177, 469, 470 StPO).................	70,00 €
	Das Gericht kann die Gebühr bis auf 15,00 € herabsetzen oder beschließen, dass von der Erhebung einer Gebühr abgesehen wird.	

Kostenverzeichnis (GKG-KV)

Nr.	Gebührentatbestand	Gebühr oder Satz der jeweiligen Gebühr 3110 bis 3117, soweit nichts anderes vermerkt ist

Hauptabschnitt 3:
Privatklage

Vorbemerkung 3.3:
Für das Verfahren auf Widerklage werden die Gebühren gesondert erhoben.

Abschnitt 1:
Erster Rechtszug

3310	Hauptverhandlung mit Urteil	140,00 €
3311	Erledigung des Verfahrens ohne Urteil	70,00 €

Abschnitt 2:
Berufung

3320	Berufungsverfahren mit Urteil	290,00 €
3321	Erledigung der Berufung ohne Urteil..............	140,00 €
	Die Gebühr entfällt bei Zurücknahme der Berufung vor Ablauf der Begründungsfrist.	

Abschnitt 3:
Revision

3330	Revisionsverfahren mit Urteil oder Beschluss nach § 349 Abs. 2 oder 4 StPO......................	430,00 €
3331	Erledigung der Revision ohne Urteil und ohne Beschluss nach § 349 Abs. 2 oder 4 StPO	290,00 €
	Die Gebühr entfällt bei Rücknahme der Revision vor Ablauf der Begründungsfrist.	

Abschnitt 4:
Wiederaufnahmeverfahren

3340	Verfahren über den Antrag auf Wiederaufnahme des Verfahrens:	
	Der Antrag wird verworfen oder abgelehnt	70,00 €
3341	Verfahren über die Beschwerde gegen einen Beschluss, durch den ein Antrag auf Wiederaufnahme des Verfahrens verworfen oder abgelehnt wurde:	
	Die Beschwerde wird verworfen oder zurückgewiesen	140,00 €

Kostenverzeichnis (GKG-KV)

Nr.	Gebührentatbestand	Gebühr oder Satz der jeweiligen Gebühr 3110 bis 3117, soweit nichts anderes vermerkt ist

Hauptabschnitt 4:
Einziehung und verwandte Maßnahmen

Vorbemerkung 3.4:

(1) Die Vorschriften dieses Hauptabschnitts gelten für die Verfahren über die Einziehung, dieser gleichstehende Rechtsfolgen (§ 442 StPO) und die Abführung des Mehrerlöses. Im Strafverfahren werden die Gebühren gesondert erhoben.

(2) Betreffen die in Absatz 1 genannten Maßnahmen mehrere Angeschuldigte wegen derselben Tat, wird nur eine Gebühr erhoben. § 31 GKG bleibt unberührt.

Abschnitt 1:
Antrag des Privatklägers nach § 440 StPO

3410	Verfahren über den Antrag des Privatklägers: Der Antrag wird verworfen oder zurückgewiesen	35,00 €

Abschnitt 2:
Beschwerde

3420	Verfahren über die Beschwerde nach § 441 Abs. 2 StPO: Die Beschwerde wird verworfen oder zurückgewiesen	35,00 €

Abschnitt 3:
Berufung

3430	Verwerfung der Berufung durch Urteil	70,00 €
3431	Erledigung der Berufung ohne Urteil	35,00 €
	Die Gebühr entfällt bei Zurücknahme der Berufung vor Ablauf der Begründungsfrist.	

Abschnitt 4:
Revision

3440	Verwerfung der Revision durch Urteil oder Beschluss nach § 349 Abs. 2 oder 4 StPO	70,00 €
3441	Erledigung der Revision ohne Urteil und ohne Beschluss nach § 349 Abs. 2 oder 4 StPO	35,00 €
	Die Gebühr entfällt bei Zurücknahme der Revision vor Ablauf der Begründungsfrist.	

Kostenverzeichnis (GKG-KV)

Nr.	Gebührentatbestand	Gebühr oder Satz der jeweiligen Gebühr 3110 bis 3117, soweit nichts anderes vermerkt ist

Abschnitt 5:
Wiederaufnahmeverfahren

3450 Verfahren über den Antrag auf Wiederaufnahme des Verfahrens:
Der Antrag wird verworfen oder zurückgewiesen . . . . .   35,00 €

3451 Verfahren über die Beschwerde gegen einen Beschluss, durch den ein Antrag auf Wiederaufnahme des Verfahrens verworfen oder abgelehnt wurde:
Die Beschwerde wird verworfen oder zurückgewiesen   70,00 €

Hauptabschnitt 5:
Nebenklage

Vorbemerkung 3.5:
Gebühren nach diesem Hauptabschnitt werden nur erhoben, wenn dem Nebenkläger die Kosten auferlegt worden sind.

Abschnitt 1:
Berufung

3510 Die Berufung des Nebenklägers wird durch Urteil verworfen; aufgrund der Berufung des Nebenklägers wird der Angeklagte freigesprochen oder für straffrei erklärt   95,00 €

3511 Erledigung der Berufung des Nebenklägers ohne Urteil . . . .   50,00 €

Die Gebühr entfällt bei Zurücknahme der Berufung vor Ablauf der Begründungsfrist.

Abschnitt 2:
Revision

3520 Die Revision des Nebenklägers wird durch Urteil oder Beschluss nach § 349 Abs. 2 StPO verworfen; aufgrund der Revision des Nebenklägers wird der Angeklagte freigesprochen oder für straffrei erklärt. . . . .   140,00 €

3521 Erledigung der Revision des Nebenklägers ohne Urteil und ohne Beschluss nach § 349 Abs. 2 StPO . . . .   70,00 €

Die Gebühr entfällt bei Zurücknahme der Revision vor Ablauf der Begründungsfrist.

Kostenverzeichnis (GKG-KV)

Nr.	Gebührentatbestand	Gebühr oder Satz der jeweiligen Gebühr 3110 bis 3117, soweit nichts anderes vermerkt ist

Abschnitt 3:
Wiederaufnahmeverfahren

3530 Verfahren über den Antrag des Nebenklägers auf Wiederaufnahme des Verfahrens:
Der Antrag wird verworfen oder abgelehnt .... 50,00 €

3531 Verfahren über die Beschwerde gegen einen Beschluss, durch den ein Antrag des Nebenklägers auf Wiederaufnahme des Verfahrens verworfen oder abgelehnt wurde:
Die Beschwerde wird verworfen oder zurückgewiesen 95,00 €

Hauptabschnitt 6:
Sonstige Beschwerden

Vorbemerkung 3.6:
Die Gebühren im Kostenfestsetzungsverfahren bestimmen sich nach den für das Kostenfestsetzungsverfahren in Teil 1 Hauptabschnitt 8 geregelten Gebühren.

3600 Verfahren über die Beschwerde gegen einen Beschluss nach § 411 Abs. 1 Satz 3 StPO:
Die Beschwerde wird verworfen oder zurückgewiesen 0,25

3601 Verfahren über die Beschwerde gegen eine Entscheidung, durch die im Strafverfahren einschließlich des selbstständigen Verfahrens nach den §§ 440, 441, 444 Abs. 3 StPO eine Geldbuße gegen eine juristische Person oder eine Personenvereinigung festgesetzt worden ist:
Die Beschwerde wird verworfen oder zurückgewiesen 0,5

Eine Gebühr wird nur erhoben, wenn eine Geldbuße rechtskräftig festgesetzt ist.

3602 Verfahren über nicht besonders aufgeführte Beschwerden, die nicht nach anderen Vorschriften gebührenfrei sind:
Die Beschwerde wird verworfen oder zurückgewiesen 60,00 €

Von dem Beschuldigten wird eine Gebühr nur erhoben, wenn gegen ihn rechtskräftig auf eine Strafe, auf Verwarnung mit Strafvorbehalt erkannt, eine Maßregel der Besserung und Sicherung angeordnet oder eine Geldbuße festgesetzt worden ist. Von einer juristischen Person oder einer Personenvereinigung wird eine Gebühr nur erhoben, wenn gegen sie eine Geldbuße festgesetzt worden ist.

Kostenverzeichnis (GKG-KV)

Nr.	Gebührentatbestand	Gebühr oder Satz der Gebühr nach § 34 GKG
	Hauptabschnitt 7: **Entschädigungsverfahren**	
3700	Urteil, durch das dem Antrag des Verletzten oder seines Erben wegen eines aus der Straftat erwachsenen vermögensrechtlichen Anspruchs stattgegeben wird (§ 406 StPO)..................... Die Gebühr wird für jeden Rechtszug nach dem Wert des zuerkannten Anspruchs erhoben.	1,0
	Hauptabschnitt 8: **Gerichtliche Verfahren nach dem Strafvollzugsgesetz, auch in Verbindung mit § 92 des Jugendgerichtsgesetzes**	
	Abschnitt 1: *Antrag auf gerichtliche Entscheidung*	
	Verfahren über den Antrag des Betroffenen auf gerichtliche Entscheidung:	
3810	– Der Antrag wird zurückgewiesen..............	1,0
3811	– Der Antrag wird zurückgenommen............	0,5
	Abschnitt 2: *Beschwerde und Rechtsbeschwerde*	
	Verfahren über die Beschwerde oder die Rechtsbeschwerde:	
3820	– Die Beschwerde oder die Rechtsbeschwerde wird verworfen................................	2,0
3821	– Die Beschwerde oder die Rechtsbeschwerde wird zurückgenommen.........................	1,0
	Abschnitt 3: *Vorläufiger Rechtsschutz*	
3830	Verfahren über den Antrag auf Aussetzung des Vollzugs einer Maßnahme der Vollzugsbehörde oder auf Erlass einer einstweiligen Anordnung: Der Antrag wird zurückgewiesen................	0,5

Kostenverzeichnis (GKG-KV)

Nr.	Gebührentatbestand	Gebühr oder Satz der Gebühr nach § 34 GKG

Hauptabschnitt 9:
Sonstige Verfahren

Abschnitt 1:
Vollstreckungshilfeverfahren wegen einer im Ausland rechtskräftig verhängten Geldsanktion

Vorbemerkung 3.9.1:
Die Vorschriften dieses Abschnitts gelten für gerichtliche Verfahren nach Abschnitt 2 Unterabschnitt 2 des Neunten Teils des Gesetzes über die internationale Rechtshilfe in Strafsachen.

3910	Verfahren über den Einspruch gegen die Entscheidung der Bewilligungsbehörde: Der Einspruch wird verworfen oder zurückgewiesen.	50,00 €
	Wird auf den Einspruch wegen fehlerhafter oder unterlassener Umwandlung durch die Bewilligungsbehörde die Geldsanktion umgewandelt, kann das Gericht die Gebühr nach billigem Ermessen auf die Hälfte ermäßigen oder bestimmen, dass eine Gebühr nicht zu erheben ist. Dies gilt auch, wenn hinsichtlich der Höhe der zu vollstreckenden Geldsanktion von der Bewilligungsentscheidung zugunsten des Betroffenen abgewichen wird.	
3911	Verfahren über die Rechtsbeschwerde: Die Rechtsbeschwerde wird verworfen oder zurückgewiesen.	75,00 €
	(1) Die Anmerkung zu Nummer 3910 gilt entsprechend. (2) Die Gebühr entfällt bei Rücknahme der Rechtsbeschwerde vor Ablauf der Begründungsfrist.	

Abschnitt 2:
Rüge wegen Verletzung des Anspruchs auf rechtliches Gehör

3920	Verfahren über die Rüge wegen Verletzung des Anspruchs auf rechtliches Gehör (§§ 33a, 311a Absatz 1 Satz 1, § 356a StPO, auch i.V.m. § 55 Absatz 4, § 92 JGG und § 120 StVollzG): Die Rüge wird in vollem Umfang verworfen oder zurückgewiesen.	60,00 €

Kostenverzeichnis (GKG-KV)

Nr.	Gebührentatbestand	Gebühr oder Satz der Gebühr 4110, soweit nichts anderes vermerkt ist

Teil 4:
Verfahren nach dem Gesetz über Ordnungswidrigkeiten

Vorbemerkung 4:

(1) § 473 Abs. 4 StPO, auch i.V.m. § 46 Abs. 1 OWiG, bleibt unberührt.

(2) Im Verfahren nach Wiederaufnahme werden die gleichen Gebühren wie für das wiederaufgenommene Verfahren erhoben. Wird jedoch nach Anordnung der Wiederaufnahme des Verfahrens die frühere Entscheidung aufgehoben, gilt für die Gebührenerhebung jeder Rechtszug des neuen Verfahrens mit dem jeweiligen Rechtszug des früheren Verfahrens zusammen als ein Rechtszug. Gebühren werden auch für Rechtszüge erhoben, die nur im früheren Verfahren stattgefunden haben.

Hauptabschnitt 1:
Bußgeldverfahren

Vorbemerkung 4.1:

(1) In Bußgeldsachen bemessen sich die Gerichtsgebühren für alle Rechtszüge nach der rechtskräftig festgesetzten Geldbuße. Mehrere Geldbußen, die in demselben Verfahren gegen denselben Betroffenen festgesetzt werden, sind bei der Bemessung der Gebühr zusammenzurechnen.

(2) Betrifft eine Bußgeldsache mehrere Betroffene, ist die Gebühr von jedem gesondert nach Maßgabe der gegen ihn festgesetzten Geldbuße zu erheben. Wird in einer Bußgeldsache gegen einen oder mehrere Betroffene eine Geldbuße auch gegen eine juristische Person oder eine Personenvereinigung festgesetzt, ist eine Gebühr auch von der juristischen Person oder Personenvereinigung nach Maßgabe der gegen sie festgesetzten Geldbuße zu erheben.

(3) Wird bei Festsetzung mehrerer Geldbußen ein Rechtsmittel auf die Festsetzung einer Geldbuße beschränkt, bemisst sich die Gebühr für das Rechtsmittelverfahren nach dieser Geldbuße. Satz 1 gilt im Fall der Wiederaufnahme entsprechend.

Abschnitt 1:
Erster Rechtszug

4110	Hauptverhandlung mit Urteil oder Beschluss ohne Hauptverhandlung (§ 72 OWiG)	10 % des Betrags der Geldbuße – mindestens 50,00 € – höchstens 15 000,00 €
4111	Zurücknahme des Einspruchs nach Eingang der Akten bei Gericht und vor Beginn der Hauptverhandlung	0,25 – mindestens 15,00 €
	Die Gebühr wird nicht erhoben, wenn die Sache an die Verwaltungsbehörde zurückverwiesen worden ist.	
4112	Zurücknahme des Einspruchs nach Beginn der Hauptverhandlung	0,5

Kostenverzeichnis (GKG-KV)

Nr.	Gebührentatbestand	Gebühr oder Satz der Gebühr 4110, soweit nichts anderes vermerkt ist
	Abschnitt 2: *Rechtsbeschwerde*	
4120	Verfahren mit Urteil oder Beschluss nach § 79 Abs. 5 OWiG.............................	2,0
4121	Verfahren ohne Urteil oder Beschluss nach § 79 Abs. 5 OWiG............................. Die Gebühr entfällt bei Rücknahme der Rechtsbeschwerde vor Ablauf der Begründungsfrist.	1,0
	Abschnitt 3: *Wiederaufnahmeverfahren*	
4130	Verfahren über den Antrag auf Wiederaufnahme des Verfahrens: Der Antrag wird verworfen oder abgelehnt.......	0,5
4131	Verfahren über die Beschwerde gegen einen Beschluss, durch den ein Antrag auf Wiederaufnahme des Verfahrens verworfen oder abgelehnt wurde: Die Beschwerde wird verworfen oder zurückgewiesen..	1,0
	Hauptabschnitt 2: **Einziehung und verwandte Maßnahmen**	

Vorbemerkung 4.2:
(1) Die Vorschriften dieses Hauptabschnitts gelten für die Verfahren über die Einziehung, dieser gleichstehende Rechtsfolgen (§ 442 StPO i.V.m. § 46 Abs. 1 OWiG) und die Abführung des Mehrerlöses. Im gerichtlichen Verfahren werden die Gebühren gesondert erhoben.
(2) Betreffen die in Absatz 1 genannten Maßnahmen mehrere Betroffene wegen derselben Handlung, wird nur eine Gebühr erhoben. § 31 GKG bleibt unberührt.

	Abschnitt 1: *Beschwerde*	
4210	Verfahren über die Beschwerde nach § 441 Abs. 2 StPO i.V.m. § 46 Abs. 1 OWiG: Die Beschwerde wird verworfen oder zurückgewiesen..	60,00 €
	Abschnitt 2: *Rechtsbeschwerde*	
4220	Verfahren mit Urteil oder Beschluss nach § 79 Abs. 5 OWiG: Die Rechtsbeschwerde wird verworfen.........	120,00 €

Kostenverzeichnis (GKG-KV)

Nr.	Gebührentatbestand	Gebühr oder Satz der Gebühr 4110, soweit nichts anderes vermerkt ist
4221	Verfahren ohne Urteil oder Beschluss nach § 79 Abs. 5 OWiG............................ Die Gebühr entfällt bei Rücknahme der Rechtsbeschwerde vor Ablauf der Begründungsfrist.	60,00 €

Abschnitt 3:
Wiederaufnahmeverfahren

4230	Verfahren über den Antrag auf Wiederaufnahme des Verfahrens: Der Antrag wird verworfen oder abgelehnt.......	35,00 €
4231	Verfahren über die Beschwerde gegen einen Beschluss, durch den ein Antrag auf Wiederaufnahme des Verfahrens verworfen oder abgelehnt wurde: Die Beschwerde wird verworfen oder zurückgewiesen......................................	70,00 €

Hauptabschnitt 3:
Besondere Gebühren

4300	Dem Anzeigenden sind im Fall einer unwahren Anzeige die Kosten auferlegt worden (§ 469 StPO i.V.m. § 46 Abs. 1 OWiG).................... Das Gericht kann die Gebühr bis auf 15,00 € herabsetzen oder beschließen, dass von der Erhebung einer Gebühr abgesehen wird.	35,00 €
4301	Abschließende Entscheidung des Gerichts im Fall des § 25a Abs. 1 StVG......................	35,00 €
4302	Entscheidung der Staatsanwaltschaft im Fall des § 25a Abs. 1 StVG	20,00 €
4303	Verfahren über den Antrag auf gerichtliche Entscheidung gegen eine Anordnung, Verfügung oder sonstige Maßnahme der Verwaltungsbehörde oder der Staatsanwaltschaft oder Verfahren über Einwendungen nach § 103 OWiG: Der Antrag wird verworfen.................... Wird der Antrag nur teilweise verworfen, kann das Gericht die Gebühr nach billigem Ermessen auf die Hälfte ermäßigen oder bestimmen, dass eine Gebühr nicht zu erheben ist.	30,00 €

Kostenverzeichnis (GKG-KV)

Nr.	Gebührentatbestand	Gebühr oder Satz der Gebühr 4110, soweit nichts anderes vermerkt ist
4304	Verfahren über die Erinnerung gegen den Kostenfestsetzungsbeschluss des Urkundsbeamten der Staatsanwaltschaft (§ 108a Abs. 3 Satz 2 OWiG): Die Erinnerung wird zurückgewiesen	30,00 €
	Wird die Erinnerung nur teilweise verworfen, kann das Gericht die Gebühr nach billigem Ermessen auf die Hälfte ermäßigen oder bestimmen, dass eine Gebühr nicht zu erheben ist.	

Hauptabschnitt 4:
Sonstige Beschwerden

Vorbemerkung 4.4:
Die Gebühren im Kostenfestsetzungsverfahren bestimmen sich nach den für das Kostenfestsetzungsverfahren in Teil 1 Hauptabschnitt 8 geregelten Gebühren.

4400	Verfahren über die Beschwerde gegen eine Entscheidung, durch die im gerichtlichen Verfahren nach dem OWiG einschließlich des selbstständigen Verfahrens nach den §§ 88 und 46 Abs. 1 OWiG i.V.m. den §§ 440, 441, 444 Abs. 3 StPO eine Geldbuße gegen eine juristische Person oder eine Personenvereinigung festgesetzt worden ist: Die Beschwerde wird verworfen oder zurückgewiesen	0,5
	Eine Gebühr wird nur erhoben, wenn eine Geldbuße rechtskräftig festgesetzt ist.	
4401	Verfahren über nicht besonders aufgeführte Beschwerden, die nicht nach anderen Vorschriften gebührenfrei sind: Die Beschwerde wird verworfen oder zurückgewiesen	60,00 €
	Von dem Betroffenen wird eine Gebühr nur erhoben, wenn gegen ihn eine Geldbuße rechtskräftig festgesetzt ist.	

Hauptabschnitt 5:
Rüge wegen Verletzung des Anspruchs auf rechtliches Gehör

4500	Verfahren über die Rüge wegen Verletzung des Anspruchs auf rechtliches Gehör (§§ 33a, 311a Abs. 1 Satz 1, § 356a StPO i.V.m. § 46 Abs. 1 und § 79 Abs. 3 OWiG): Die Rüge wird in vollem Umfang verworfen oder zurückgewiesen	60,00 €

Kostenverzeichnis (GKG-KV)

Nr.	Gebührentatbestand	Gebühr oder Satz der Gebühr nach § 34 GKG
	Teil 5: **Verfahren vor den Gerichten der Verwaltungsgerichtsbarkeit** **Hauptabschnitt 1: Prozessverfahren**	
	Vorbemerkung 5.1: Wird das Verfahren durch Antrag eingeleitet, gelten die Vorschriften über die Klage entsprechend.	
	Abschnitt 1: ***Erster Rechtszug*** *Unterabschnitt 1:* *Verwaltungsgericht*	
5110	Verfahren im Allgemeinen	3,0
5111	Beendigung des gesamten Verfahrens durch 1. Zurücknahme der Klage a) vor dem Schluss der mündlichen Verhandlung, b) wenn eine solche nicht stattfindet, vor Ablauf des Tages, an dem das Urteil oder der Gerichtsbescheid der Geschäftsstelle übermittelt wird, oder c) im Fall des § 93a Abs. 2 VwGO vor Ablauf der Erklärungsfrist nach § 93a Abs. 2 Satz 1 VwGO, 2. Anerkenntnis- oder Verzichtsurteil, 3. gerichtlichen Vergleich oder 4. Erledigungserklärungen nach § 161 Abs. 2 VwGO, wenn keine Entscheidung über die Kosten ergeht oder die Entscheidung einer zuvor mitgeteilten Einigung der Beteiligten über die Kostentragung oder der Kostenübernahmeerklärung eines Beteiligten folgt, wenn nicht bereits ein anderes als eines der in Nummer 2 genannten Urteile oder ein Gerichtsbescheid vorausgegangen ist: Die Gebühr 5110 ermäßigt sich auf .... Die Gebühr ermäßigt sich auch, wenn mehrere Ermäßigungstatbestände erfüllt sind.	1,0

Kostenverzeichnis (GKG-KV)

Nr.	Gebührentatbestand	Gebühr oder Satz der Gebühr nach § 34 GKG

Unterabschnitt 2:
Oberverwaltungsgericht (Verwaltungsgerichtshof)

5112	Verfahren im Allgemeinen	4,0
5113	Beendigung des gesamten Verfahrens durch	

    1. Zurücknahme der Klage

        a) vor dem Schluss der mündlichen Verhandlung,

        b) wenn eine solche nicht stattfindet, vor Ablauf des Tages, an dem das Urteil, der Gerichtsbescheid oder der Beschluss in der Hauptsache der Geschäftsstelle übermittelt wird,

        c) im Fall des § 93a Abs. 2 VwGO vor Ablauf der Erklärungsfrist nach § 93a Abs. 2 Satz 1 VwGO,

    2. Anerkenntnis- oder Verzichtsurteil,

    3. gerichtlichen Vergleich oder

    4. Erledigungserklärungen nach § 161 Abs. 2 VwGO, wenn keine Entscheidung über die Kosten ergeht oder die Entscheidung einer zuvor mitgeteilten Einigung der Beteiligten über die Kostentragung oder der Kostenübernahmeerklärung eines Beteiligten folgt,

es sei denn, dass bereits ein anderes als eines der in Nummer 2 genannten Urteile, ein Gerichtsbescheid oder Beschluss in der Hauptsache vorausgegangen ist:

	Die Gebühr 5112 ermäßigt sich auf	2,0

Die Gebühr ermäßigt sich auch, wenn mehrere Ermäßigungstatbestände erfüllt sind.

Unterabschnitt 3:
Bundesverwaltungsgericht

5114	Verfahren im Allgemeinen	5,0
5115	Beendigung des gesamten Verfahrens durch	

    1. Zurücknahme der Klage

        a) vor dem Schluss der mündlichen Verhandlung,

Kostenverzeichnis (GKG-KV)

Nr.	Gebührentatbestand	Gebühr oder Satz der Gebühr nach § 34 GKG
	b) wenn eine solche nicht stattfindet, vor Ablauf des Tages, an dem das Urteil oder der Gerichtsbescheid der Geschäftsstelle übermittelt wird,	
	c) im Fall des § 93a Abs. 2 VwGO vor Ablauf der Erklärungsfrist nach § 93a Abs. 2 Satz 1 VwGO,	
	2. Anerkenntnis- oder Verzichtsurteil,	
	3. gerichtlichen Vergleich oder	
	4. Erledigungserklärungen nach § 161 Abs. 2 VwGO, wenn keine Entscheidung über die Kosten ergeht oder die Entscheidung einer zuvor mitgeteilten Einigung der Beteiligten über die Kostentragung oder der Kostenübernahmeerklärung eines Beteiligten folgt,	
	es sei denn, dass bereits ein anderes als eines der in Nummer 2 genannten Urteile, ein Gerichtsbescheid oder ein Beschluss in der Hauptsache vorausgegangen ist:	
	Die Gebühr 5114 ermäßigt sich auf	3,0
	Die Gebühr ermäßigt sich auch, wenn mehrere Ermäßigungstatbestände erfüllt sind.	
	Abschnitt 2: *Zulassung und Durchführung der Berufung*	
5120	Verfahren über die Zulassung der Berufung: Soweit der Antrag abgelehnt wird	1,0
5121	Verfahren über die Zulassung der Berufung: Soweit der Antrag zurückgenommen oder das Verfahren durch anderweitige Erledigung beendet wird	0,5
	Die Gebühr entsteht nicht, soweit die Berufung zugelassen wird.	
5122	Verfahren im Allgemeinen	4,0
5123	Beendigung des gesamten Verfahrens durch Zurücknahme der Berufung oder der Klage, bevor die Schrift zur Begründung der Berufung bei Gericht eingegangen ist:	
	Die Gebühr 5122 ermäßigt sich auf	1,0
	Erledigungserklärungen nach § 161 Abs. 2 VwGO stehen der Zurücknahme gleich, wenn keine Entscheidung über	

Kostenverzeichnis (GKG-KV)

Nr.	Gebührentatbestand	Gebühr oder Satz der Gebühr nach § 34 GKG
	die Kosten ergeht oder die Entscheidung einer zuvor mitgeteilten Einigung der Beteiligten über die Kostentragung oder der Kostenübernahmeerklärung eines Beteiligten folgt.	
5124	Beendigung des gesamten Verfahrens, wenn nicht Nummer 5123 erfüllt ist, durch	
	1. Zurücknahme der Berufung oder der Klage	
	a) vor dem Schluss der mündlichen Verhandlung,	
	b) wenn eine solche nicht stattfindet, vor Ablauf des Tages, an dem das Urteil oder der Beschluss in der Hauptsache der Geschäftsstelle übermittelt wird, oder	
	c) im Fall des § 93a Abs. 2 VwGO vor Ablauf der Erklärungsfrist nach § 93a Abs. 2 Satz 1 VwGO,	
	2. Anerkenntnis- oder Verzichtsurteil,	
	3. gerichtlichen Vergleich oder	
	4. Erledigungserklärungen nach § 161 Abs. 2 VwGO, wenn keine Entscheidung über die Kosten ergeht oder die Entscheidung einer zuvor mitgeteilten Einigung der Beteiligten über die Kostentragung oder der Kostenübernahmeerklärung eines Beteiligten folgt,	
	es sei denn, dass bereits ein anderes als eines der in Nummer 2 genannten Urteile oder ein Beschluss in der Hauptsache vorausgegangen ist:	
	Die Gebühr 5122 ermäßigt sich auf	2,0
	Die Gebühr ermäßigt sich auch, wenn mehrere Ermäßigungstatbestände erfüllt sind.	
	Abschnitt 3: ***Revision***	
5130	Verfahren im Allgemeinen	5,0
5131	Beendigung des gesamten Verfahrens durch Zurücknahme der Revision oder der Klage, bevor die Schrift zur Begründung der Revision bei Gericht eingegangen ist:	
	Die Gebühr 5130 ermäßigt sich auf	1,0
	Erledigungserklärungen nach § 161 Abs. 2 VwGO stehen der Zurücknahme gleich, wenn keine Entscheidung über	

Kostenverzeichnis (GKG-KV)

Nr.	Gebührentatbestand	Gebühr oder Satz der Gebühr nach § 34 GKG
	die Kosten ergeht oder die Entscheidung einer zuvor mitgeteilten Einigung der Beteiligten über die Kostentragung oder der Kostenübernahmeerklärung eines Beteiligten folgt.	
5132	Beendigung des gesamten Verfahrens, wenn nicht Nummer 5131 erfüllt ist, durch	
	1. Zurücknahme der Revision oder der Klage	
	a) vor dem Schluss der mündlichen Verhandlung,	
	b) wenn eine solche nicht stattfindet, vor Ablauf des Tages, an dem das Urteil oder der Beschluss in der Hauptsache der Geschäftsstelle übermittelt wird, oder	
	c) im Fall des § 93a Abs. 2 VwGO vor Ablauf der Erklärungsfrist nach § 93a Abs. 2 Satz 1 VwGO,	
	2. Anerkenntnis- oder Verzichtsurteil,	
	3. gerichtlichen Vergleich oder	
	4. Erledigungserklärungen nach § 161 Abs. 2 VwGO, wenn keine Entscheidung über die Kosten ergeht oder die Entscheidung einer zuvor mitgeteilten Einigung der Beteiligten über die Kostentragung oder der Kostenübernahmeerklärung eines Beteiligten folgt,	
	es sei denn, dass bereits ein anderes als eines der in Nummer 2 genannten Urteile oder ein Beschluss in der Hauptsache vorausgegangen ist:	
	Die Gebühr 5130 ermäßigt sich auf	3,0
	Die Gebühr ermäßigt sich auch, wenn mehrere Ermäßigungstatbestände erfüllt sind.	

Hauptabschnitt 2:
Vorläufiger Rechtsschutz

Vorbemerkung 5.2:

(1) Die Vorschriften dieses Hauptabschnitts gelten für einstweilige Anordnungen und für Verfahren nach § 80 Abs. 5, § 80a Abs. 3 und § 80b Abs. 2 und 3 VwGO.

(2) Im Verfahren über den Antrag auf Erlass und im Verfahren über den Antrag auf Aufhebung einer einstweiligen Anordnung werden die Gebühren jeweils gesondert erhoben. Mehrere Verfahren nach § 80 Abs. 5 und 7, § 80a Abs. 3 und § 80b Abs. 2 und 3 VwGO gelten innerhalb eines Rechtszugs als ein Verfahren.

Kostenverzeichnis (GKG-KV)

Nr.	Gebührentatbestand	Gebühr oder Satz der Gebühr nach § 34 GKG

Abschnitt 1:
Verwaltungsgericht sowie Oberverwaltungsgericht (Verwaltungsgerichtshof) und Bundesverwaltungsgericht als Rechtsmittelgerichte in der Hauptsache

5210	Verfahren im Allgemeinen	1,5
5211	Beendigung des gesamten Verfahrens durch	

    1. Zurücknahme des Antrags

        a) vor dem Schluss der mündlichen Verhandlung oder,

        b) wenn eine solche nicht stattfindet, vor Ablauf des Tages, an dem der Beschluss der Geschäftsstelle übermittelt wird,

    2. gerichtlichen Vergleich oder

    3. Erledigungserklärungen nach § 161 Abs. 2 VwGO, wenn keine Entscheidung über die Kosten ergeht oder die Entscheidung einer zuvor mitgeteilten Einigung der Beteiligten über die Kostentragung oder der Kostenübernahmeerklärung eines Beteiligten folgt,

es sei denn, dass bereits ein Beschluss über den Antrag vorausgegangen ist:

	Die Gebühr 5210 ermäßigt sich auf	0,5

Die Gebühr ermäßigt sich auch, wenn mehrere Ermäßigungstatbestände erfüllt sind.

Abschnitt 2:
Oberverwaltungsgericht (Verwaltungsgerichtshof)

Vorbemerkung 5.2.2:
Die Vorschriften dieses Abschnitts gelten, wenn das Oberverwaltungsgericht (Verwaltungsgerichtshof) auch in der Hauptsache erstinstanzlich zuständig ist.

5220	Verfahren im Allgemeinen	2,0
5221	Beendigung des gesamten Verfahrens durch	

    1. Zurücknahme des Antrags

        a) vor dem Schluss der mündlichen Verhandlung oder,

        b) wenn eine solche nicht stattfindet, vor Ablauf des Tages, an dem der Beschluss der Geschäftsstelle übermittelt wird,

Kostenverzeichnis (GKG-KV)

Nr.	Gebührentatbestand	Gebühr oder Satz der Gebühr nach § 34 GKG
	2. gerichtlichen Vergleich oder	
	3. Erledigungserklärungen nach § 161 Abs. 2 VwGO, wenn keine Entscheidung über die Kosten ergeht oder die Entscheidung einer zuvor mitgeteilten Einigung der Beteiligten über die Kostentragung oder der Kostenübernahmeerklärung eines Beteiligten folgt,	
	es sei denn, dass bereits ein Beschluss über den Antrag vorausgegangen ist:	
	Die Gebühr 5220 ermäßigt sich auf	0,75
	Die Gebühr ermäßigt sich auch, wenn mehrere Ermäßigungstatbestände erfüllt sind.	

Abschnitt 3:
Bundesverwaltungsgericht

Vorbemerkung 5.2.3:
Die Vorschriften dieses Abschnitts gelten, wenn das Bundesverwaltungsgericht auch in der Hauptsache erstinstanzlich zuständig ist.

5230	Verfahren im Allgemeinen	2,5
5231	Beendigung des gesamten Verfahrens durch	
	1. Zurücknahme des Antrags	
	a) vor dem Schluss der mündlichen Verhandlung oder,	
	b) wenn eine solche nicht stattfindet, vor Ablauf des Tages, an dem der Beschluss der Geschäftsstelle übermittelt wird,	
	2. gerichtlichen Vergleich oder	
	3. Erledigungserklärungen nach § 161 Abs. 2 VwGO, wenn keine Entscheidung über die Kosten ergeht oder die Entscheidung einer zuvor mitgeteilten Einigung der Beteiligten über die Kostentragung oder der Kostenübernahmeerklärung eines Beteiligten folgt,	
	es sei denn, dass bereits ein Beschluss über den Antrag vorausgegangen ist:	
	Die Gebühr 5230 ermäßigt sich auf	1,0
	Die Gebühr ermäßigt sich auch, wenn mehrere Ermäßigungstatbestände erfüllt sind.	

Kostenverzeichnis (GKG-KV)

Nr.	Gebührentatbestand	Gebühr oder Satz der Gebühr nach § 34 GKG

Abschnitt 4:
Beschwerde

Vorbemerkung 5.2.4:
Die Vorschriften dieses Abschnitts gelten für Beschwerden gegen Beschlüsse des Verwaltungsgerichts über einstweilige Anordnungen (§ 123 VwGO) und über die Aussetzung der Vollziehung (§§ 80, 80a VwGO).

5240	Verfahren über die Beschwerde...............	2,0
5241	Beendigung des gesamten Verfahrens durch Zurücknahme der Beschwerde: Die Gebühr 5240 ermäßigt sich auf	1,0

Hauptabschnitt 3:
Besondere Verfahren

5300	Selbstständiges Beweisverfahren	1,0
5301	Verfahren über Anträge auf gerichtliche Handlungen der Zwangsvollstreckung nach den §§ 169, 170 oder § 172 VwGO..........................	20,00 €

Hauptabschnitt 4:
Rüge wegen Verletzung des Anspruchs auf rechtliches Gehör

5400	Verfahren über die Rüge wegen Verletzung des Anspruchs auf rechtliches Gehör (§ 152a VwGO): Die Rüge wird in vollem Umfang verworfen oder zurückgewiesen	60,00 €

Hauptabschnitt 5:
Sonstige Beschwerden

5500	Verfahren über die Beschwerde gegen die Nichtzulassung der Revision: Soweit die Beschwerde verworfen oder zurückgewiesen wird............................	2,0
5501	Verfahren über die Beschwerde gegen die Nichtzulassung der Revision: Soweit die Beschwerde zurückgenommen oder das Verfahren durch anderweitige Erledigung beendet wird.............................	1,0
	Die Gebühr entsteht nicht, soweit die Revision zugelassen wird.	

Kostenverzeichnis (GKG-KV)

Nr.	Gebührentatbestand	Gebühr oder Satz der Gebühr nach § 34 GKG
5502	Verfahren über nicht besonders aufgeführte Beschwerden, die nicht nach anderen Vorschriften gebührenfrei sind: Die Beschwerde wird verworfen oder zurückgewiesen	60,00 €
	Wird die Beschwerde nur teilweise verworfen oder zurückgewiesen, kann das Gericht die Gebühr nach billigem Ermessen auf die Hälfte ermäßigen oder bestimmen, dass eine Gebühr nicht zu erheben ist.	
	Hauptabschnitt 6: **Besondere Gebühren**	
5600	Abschluss eines gerichtlichen Vergleichs: Soweit ein Vergleich über nicht gerichtlich anhängige Gegenstände geschlossen wird	0,25
	Gebühr entsteht nicht im Verfahren über die Prozesskostenhilfe. Im Verhältnis zur Gebühr für das Verfahren im Allgemeinen ist § 36 Abs. 3 GKG entsprechend anzuwenden.	
5601	Auferlegung einer Gebühr nach § 38 GKG wegen Verzögerung des Rechtsstreits	wie vom Gericht bestimmt
	Teil 6: **Verfahren vor den Gerichten der Finanzgerichtsbarkeit** **Hauptabschnitt 1:** **Prozessverfahren** *Abschnitt 1:* *Erster Rechtszug* Unterabschnitt 1: Verfahren vor dem Finanzgericht	
6110	Verfahren im Allgemeinen, soweit es sich nicht nach § 45 Abs. 3 FGO erledigt.	4,0

6111	Beendigung des gesamten Verfahrens durch
	1. Zurücknahme der Klage
	   a) vor dem Schluss der mündlichen Verhandlung oder,
	   b) wenn eine solche nicht stattfindet, vor Ablauf des Tages, an dem das Urteil oder der Gerichtsbescheid der Geschäftsstelle übermittelt wird, oder	

Kostenverzeichnis (GKG-KV)

Nr.	Gebührentatbestand	Gebühr oder Satz der Gebühr nach § 34 GKG
	2. Beschluss in den Fällen des § 138 FGO, es sei denn, dass bereits ein Urteil oder ein Gerichtsbescheid vorausgegangen ist: Die Gebühr 6110 ermäßigt sich auf .... Die Gebühr ermäßigt sich auch, wenn mehrere Ermäßigungstatbestände erfüllt sind.	2,0

Unterabschnitt 2:
Verfahren vor dem Bundesfinanzhof

Nr.	Gebührentatbestand	Gebühr
6112	Verfahren im Allgemeinen	5,0

6113	Beendigung des gesamten Verfahrens durch
	1. Zurücknahme der Klage
	   a) vor dem Schluss der mündlichen Verhandlung oder,
	   b) wenn eine solche nicht stattfindet, vor Ablauf des Tages, an dem das Urteil oder der Gerichtsbescheid der Geschäftsstelle übermittelt wird, oder
	2. Beschluss in den Fällen des § 138 FGO, es sei denn, dass bereits ein Urteil oder ein Gerichtsbescheid vorausgegangen ist: Die Gebühr 6112 ermäßigt sich auf................
	Die Gebühr ermäßigt sich auch, wenn mehrere Ermäßigungstatbestände erfüllt sind.
		3,0

Abschnitt 2:
Revision

Nr.	Gebührentatbestand	Gebühr
6120	Verfahren im Allgemeinen	5,0
6121	Beendigung des gesamten Verfahrens durch Zurücknahme der Revision oder der Klage, bevor die Schrift zur Begründung der Revision bei Gericht eingegangen ist: Die Gebühr 6120 ermäßigt sich auf .... Erledigungen in den Fällen des § 138 FGO stehen der Zurücknahme gleich.	1,0
6122	Beendigung des gesamten Verfahrens, wenn nicht Nummer 6121 erfüllt ist, durch 1. Zurücknahme der Revision oder der Klage a) vor dem Schluss der mündlichen Verhandlung oder,	

Kostenverzeichnis (GKG-KV)

Nr.	Gebührentatbestand	Gebühr oder Satz der Gebühr nach § 34 GKG
	b) wenn eine solche nicht stattfindet, vor Ablauf des Tages, an dem das Urteil, der Gerichtsbescheid oder der Beschluss in der Hauptsache der Geschäftsstelle übermittelt wird, oder	
	2. Beschluss in den Fällen des § 138 FGO,	
	es sei denn, dass bereits ein Urteil, ein Gerichtsbescheid oder ein Beschluss in der Hauptsache vorausgegangen ist:	
	Die Gebühr 6120 ermäßigt sich auf	3,0
	Die Gebühr ermäßigt sich auch, wenn mehrere Ermäßigungstatbestände erfüllt sind.	

Hauptabschnitt 2:
Vorläufiger Rechtsschutz

Vorbemerkung 6.2:
(1) Die Vorschriften dieses Hauptabschnitts gelten für einstweilige Anordnungen und für Verfahren nach § 69 Abs. 3 und 5 FGO.
(2) Im Verfahren über den Antrag auf Erlass und im Verfahren über den Antrag auf Aufhebung einer einstweiligen Anordnung werden die Gebühren jeweils gesondert erhoben. Mehrere Verfahren nach § 69 Abs. 3 und 5 FGO gelten innerhalb eines Rechtszugs als ein Verfahren.

Abschnitt 1:
Erster Rechtszug

Nr.	Gebührentatbestand	Gebühr oder Satz der Gebühr nach § 34 GKG
6210	Verfahren im Allgemeinen	2,0
6211	Beendigung des gesamten Verfahrens durch	
	1. Zurücknahme des Antrags	
	a) vor dem Schluss der mündlichen Verhandlung oder,	
	b) wenn eine solche nicht stattfindet, vor Ablauf des Tages, an dem der Beschluss (§ 114 Abs. 4 FGO) der Geschäftsstelle übermittelt wird, oder	
	2. Beschluss in den Fällen des § 138 FGO,	
	es sei denn, dass bereits ein Beschluss nach § 114 Abs. 4 FGO vorausgegangen ist:	
	Die Gebühr 6210 ermäßigt sich auf	0,75
	Die Gebühr ermäßigt sich auch, wenn mehrere Ermäßigungstatbestände erfüllt sind.	

Kostenverzeichnis (GKG-KV)

Nr.	Gebührentatbestand	Gebühr oder Satz der Gebühr nach § 34 GKG

Abschnitt 2:
Beschwerde

Vorbemerkung 6.2.2:
Die Vorschriften dieses Abschnitts gelten für Beschwerden gegen Beschlüsse über einstweilige Anordnungen (§ 114 FGO) und über die Aussetzung der Vollziehung (§ 69 Abs. 3 und 5 FGO).

6220	Verfahren über die Beschwerde...............	2,0
6221	Beendigung des gesamten Verfahrens durch Zurücknahme der Beschwerde: Die Gebühr 6220 ermäßigt sich auf	1,0

Hauptabschnitt 3:
Besondere Verfahren

6300	Selbstständiges Beweisverfahren	1,0
6301	Verfahren über Anträge auf gerichtliche Handlungen der Zwangsvollstreckung gemäß § 152 FGO .	20,00 €

Hauptabschnitt 4:
Rüge wegen Verletzung des Anspruchs auf rechtliches Gehör

6400	Verfahren über die Rüge wegen Verletzung des Anspruchs auf rechtliches Gehör (§ 133a FGO) Die Rüge wird in vollem Umfang verworfen oder zurückgewiesen	60,00 €

Hauptabschnitt 5:
Sonstige Beschwerden

6500	Verfahren über die Beschwerde gegen die Nichtzulassung der Revision: Soweit die Beschwerde verworfen oder zurückgewiesen wird	2,0
6501	Verfahren über die Beschwerde gegen die Nichtzulassung der Revision: Soweit die Beschwerde zurückgenommen oder das Verfahren durch anderweitige Erledigung beendet wird..............................	1,0
	Die Gebühr entsteht nicht, soweit die Revision zugelassen wird.	
6502	Verfahren über nicht besonders aufgeführte Beschwerden, die nicht nach anderen Vorschriften gebührenfrei sind: Die Beschwerde wird verworfen oder zurückgewiesen	60,00 €

Kostenverzeichnis (GKG-KV)

Nr.	Gebührentatbestand	Gebühr oder Satz der Gebühr nach § 34 GKG
	Wird die Beschwerde nur teilweise verworfen oder zurückgewiesen, kann das Gericht die Gebühr nach billigem Ermessen auf die Hälfte ermäßigen oder bestimmen, dass eine Gebühr nicht zu erheben ist.	
	Hauptabschnitt 6: **Besondere Gebühr**	
6600	Auferlegung einer Gebühr nach § 38 GKG wegen Verzögerung des Rechtsstreits	wie vom Gericht bestimmt
	Teil 7: **Verfahren vor den Gerichten der Sozialgerichtsbarkeit**	
	Hauptabschnitt 1: **Prozessverfahren**	
	Abschnitt 1: *Erster Rechtszug*	
	Unterabschnitt 1: *Verfahren vor dem Sozialgericht*	
7110	Verfahren im Allgemeinen	3,0

7111	Beendigung des gesamten Verfahrens durch
	1. Zurücknahme der Klage
	   a) vor dem Schluss der mündlichen Verhandlung oder,
	   b) wenn eine solche nicht stattfindet, vor Ablauf des Tages, an dem das Urteil oder der Gerichtsbescheid der Geschäftsstelle übermittelt wird,
	2. Anerkenntnisurteil,
	3. gerichtlichen Vergleich oder angenommenes Anerkenntnis oder
	4. Erledigungserklärungen nach § 197a Abs. 1 Satz 1 SGG i.V.m. § 161 Abs. 2 VwGO, wenn keine Entscheidung über die Kosten ergeht oder die Entscheidung einer zuvor mitgeteilten Einigung der Beteiligten über die Kostentragung oder der Kostenübernahmeerklärung eines Beteiligten folgt,
	
	es sei denn, dass bereits ein Urteil oder ein Gerichtsbescheid vorausgegangen ist:	

Kostenverzeichnis (GKG-KV)

Nr.	Gebührentatbestand	Gebühr oder Satz der Gebühr nach § 34 GKG
	Die Gebühr 7110 ermäßigt sich auf	1,0
	Die Gebühr ermäßigt sich auch, wenn mehrere Ermäßigungstatbestände erfüllt sind.	

Unterabschnitt 2:
Verfahren vor dem Landessozialgericht

7112	Verfahren im Allgemeinen	4,0
7113	Beendigung des gesamten Verfahrens durch	
	1. Zurücknahme der Klage	
	a) vor dem Schluss der mündlichen Verhandlung oder,	
	b) wenn eine solche nicht stattfindet, vor Ablauf des Tages, an dem das Urteil oder der Gerichtsbescheid der Geschäftsstelle übermittelt wird,	
	2. Anerkenntnisurteil,	
	3. gerichtlichen Vergleich oder angenommenes Anerkenntnis oder	
	4. Erledigungserklärungen nach § 197a Abs. 1 Satz 1 SGG i.V.m. § 161 Abs. 2 VwGO, wenn keine Entscheidung über die Kosten ergeht oder die Entscheidung einer zuvor mitgeteilten Einigung der Beteiligten über die Kostentragung oder der Kostenübernahmeerklärung eines Beteiligten folgt,	
	es sei denn, dass bereits ein Urteil oder ein Gerichtsbescheid vorausgegangen ist:	
	Die Gebühr 7112 ermäßigt sich auf	2,0
	Die Gebühr ermäßigt sich auch, wenn mehrere Ermäßigungstatbestände erfüllt sind.	

Unterabschnitt 3:
Verfahren vor dem Bundessozialgericht

7114	Verfahren im Allgemeinen	5,0
7115	Beendigung des gesamten Verfahrens durch	
	1. Zurücknahme der Klage	
	a) vor dem Schluss der mündlichen Verhandlung oder,	

Kostenverzeichnis (GKG-KV)

Nr.	Gebührentatbestand	Gebühr oder Satz der Gebühr nach § 34 GKG

    b) wenn eine solche nicht stattfindet, vor Ablauf des Tages, an dem das Urteil oder der Gerichtsbescheid der Geschäftsstelle übermittelt wird,

2. Anerkenntnisurteil,

3. gerichtlichen Vergleich oder angenommenes Anerkenntnis oder

4. Erledigungserklärungen nach § 197a Abs. 1 Satz 1 SGG i.V.m. § 161 Abs. 2 VwGO, wenn keine Entscheidung über die Kosten ergeht oder die Entscheidung einer zuvor mitgeteilten Einigung der Beteiligten über die Kostentragung oder der Kostenübernahmeerklärung eines Beteiligten folgt,

es sei denn, dass bereits ein Urteil oder ein Gerichtsbescheid vorausgegangen ist:
Die Gebühr 7114 ermäßigt sich auf   3,0

Die Gebühr ermäßigt sich auch, wenn mehrere Ermäßigungstatbestände erfüllt sind.

Abschnitt 2:
Berufung

7120   Verfahren im Allgemeinen   4,0

7121   Beendigung des gesamten Verfahrens durch Zurücknahme der Berufung oder der Klage, bevor die Schrift zur Begründung der Berufung bei Gericht eingegangen ist und vor Ablauf des Tages, an dem die Verfügung mit der Bestimmung des Termins zur mündlichen Verhandlung der Geschäftsstelle übermittelt wird und vor Ablauf des Tages, an dem die den Beteiligten gesetzte Frist zur Äußerung abgelaufen ist (§ 153 Abs. 4 Satz 2 SGG):
Die Gebühr 7120 ermäßigt sich auf   1,0

Erledigungserklärungen nach § 197a Abs. 1 Satz 1 SGG i.V.m. § 161 Abs. 2 VwGO stehen der Zurücknahme gleich, wenn keine Entscheidung über die Kosten ergeht oder die Entscheidung einer zuvor mitgeteilten Einigung der Beteiligten über die Kostentragung oder der Kostenübernahmeerklärung eines Beteiligten folgt.

7122   Beendigung des gesamten Verfahrens, wenn nicht Nummer 7121 erfüllt ist, durch

Kostenverzeichnis (GKG-KV)

Nr.	Gebührentatbestand	Gebühr oder Satz der Gebühr nach § 34 GKG

	1. Zurücknahme der Berufung oder der Klage
	    a) vor dem Schluss der mündlichen Verhandlung oder,
	    b) wenn eine solche nicht stattfindet, vor Ablauf des Tages, an dem das Urteil oder der Beschluss in der Hauptsache der Geschäftsstelle übermittelt wird,
	2. Anerkenntnisurteil,
	3. gerichtlichen Vergleich oder angenommenes Anerkenntnis oder
	4. Erledigungserklärungen nach § 197a Abs. 1 Satz 1 SGG i.V.m. § 161 Abs. 2 VwGO, wenn keine Entscheidung über die Kosten ergeht oder die Entscheidung einer zuvor mitgeteilten Einigung der Beteiligten über die Kostentragung oder der Kostenübernahmeerklärung eines Beteiligten folgt,
	es sei denn, dass bereits ein Urteil oder ein Beschluss in der Hauptsache vorausgegangen ist:
	Die Gebühr 7120 ermäßigt sich auf ....
	Die Gebühr ermäßigt sich auch, wenn mehrere Ermäßigungstatbestände erfüllt sind.
		2,0

	Abschnitt 3: ***Revision***	
7130	Verfahren im Allgemeinen	5,0
7131	Beendigung des gesamten Verfahrens durch Zurücknahme der Revision oder der Klage, bevor die Schrift zur Begründung der Revision bei Gericht eingegangen ist: Die Gebühr 7130 ermäßigt sich auf .... Erledigungserklärungen nach § 197a Abs. 1 Satz 1 SGG i.V.m. § 161 Abs. 2 VwGO stehen der Zurücknahme gleich, wenn keine Entscheidung über die Kosten ergeht oder die Entscheidung einer zuvor mitgeteilten Einigung der Beteiligten über die Kostentragung oder der Kostenübernahmeerklärung eines Beteiligten folgt.	1,0
7132	Beendigung des gesamten Verfahrens, wenn nicht Nummer 7131 erfüllt ist, durch 1. Zurücknahme der Revision oder der Klage,	

Kostenverzeichnis (GKG-KV)

Nr.	Gebührentatbestand	Gebühr oder Satz der Gebühr nach § 34 GKG
	a) vor dem Schluss der mündlichen Verhandlung oder,	
	b) wenn eine solche nicht stattfindet, vor Ablauf des Tages, an dem das Urteil oder der Beschluss in der Hauptsache der Geschäftsstelle übermittelt wird,	
	2. Anerkenntnisurteil,	
	3. gerichtlichen Vergleich oder angenommenes Anerkenntnis oder	
	4. Erledigungserklärungen nach § 197a Abs. 1 Satz 1 SGG i.V.m. § 161 Abs. 2 VwGO, wenn keine Entscheidung über die Kosten ergeht oder die Entscheidung einer zuvor mitgeteilten Einigung der Beteiligten über die Kostentragung oder der Kostenübernahmeerklärung eines Beteiligten folgt,	
	wenn nicht bereits ein Urteil oder ein Beschluss in der Hauptsache vorausgegangen ist:	
	Die Gebühr 7130 ermäßigt sich auf	3,0
	Die Gebühr ermäßigt sich auch, wenn mehrere Ermäßigungstatbestände erfüllt sind.	

Hauptabschnitt 2:
Vorläufiger Rechtsschutz

Vorbemerkung 7.2:

(1) Die Vorschriften dieses Hauptabschnitts gelten für einstweilige Anordnungen und für Verfahren nach § 86b Abs. 1 SGG.

(2) Im Verfahren über den Antrag auf Erlass und im Verfahren über den Antrag auf Aufhebung einer einstweiligen Anordnung werden die Gebühren jeweils gesondert erhoben. Mehrere Verfahren nach § 86b Abs. 1 SGG gelten innerhalb eines Rechtszugs als ein Verfahren.

Abschnitt 1:
Erster Rechtszug

7210	Verfahren im Allgemeinen	1,5
7211	Beendigung des gesamten Verfahrens durch	
	1. Zurücknahme des Antrags	
	a) vor dem Schluss der mündlichen Verhandlung oder,	

Kostenverzeichnis (GKG-KV)

Nr.	Gebührentatbestand	Gebühr oder Satz der Gebühr nach § 34 GKG
	b) wenn eine solche nicht stattfindet, vor Ablauf des Tages, an dem der Beschluss (§ 86b Abs. 4 SGG) der Geschäftsstelle übermittelt wird,	
	2. gerichtlichen Vergleich oder angenommenes Anerkenntnis oder	
	3. Erledigungserklärungen nach § 197a Abs. 1 Satz 1 SGG i.V.m. § 161 Abs. 2 VwGO, wenn keine Entscheidung über die Kosten ergeht oder die Entscheidung einer zuvor mitgeteilten Einigung der Beteiligten über die Kostentragung oder der Kostenübernahmeerklärung eines Beteiligten folgt,	
	es sei denn, dass bereits ein Beschluss (§ 86b Abs. 4 SGG) vorausgegangen ist:	
	Die Gebühr 7210 ermäßigt sich auf	0,5
	Die Gebühr ermäßigt sich auch, wenn mehrere Ermäßigungstatbestände erfüllt sind.	

Abschnitt 2:
Beschwerde

Vorbemerkung 7.2.2:
Die Vorschriften dieses Abschnitts gelten für Beschwerden gegen Beschlüsse des Sozialgerichts nach § 86b SGG.

7220	Verfahren über die Beschwerde...............	2,0
7221	Beendigung des gesamten Verfahrens durch Zurücknahme der Beschwerde: Die Gebühr 7220 ermäßigt sich auf	1,0

Hauptabschnitt 3:
Beweissicherungsverfahren

7300	Verfahren im Allgemeinen	1,0

Hauptabschnitt 4:
Rüge wegen Verletzung des Anspruchs auf rechtliches Gehör

7400	Verfahren über die Rüge wegen Verletzung des Anspruchs auf rechtliches Gehör (§ 178a SGG): Die Rüge wird in vollem Umfang verworfen oder zurückgewiesen	60,00 €

Kostenverzeichnis (GKG-KV)

Nr.	Gebührentatbestand	Gebühr oder Satz der Gebühr nach § 34 GKG
	Hauptabschnitt 5: **Sonstige Beschwerden**	
7500	Verfahren über die Beschwerde gegen die Nichtzulassung der Berufung: Soweit die Beschwerde verworfen oder zurückgewiesen wird.............................	1,5
7501	Verfahren über die Beschwerde gegen die Nichtzulassung der Berufung: Soweit die Beschwerde zurückgenommen oder das Verfahren durch anderweitige Erledigung beendet wird................................	0,75
	Die Gebühr entsteht nicht, soweit die Berufung zugelassen wird.	
7502	Verfahren über die Beschwerde gegen die Nichtzulassung der Revision: Soweit die Beschwerde verworfen oder zurückgewiesen wird.............................	2,0
7503	Verfahren über die Beschwerde gegen die Nichtzulassung der Revision: Soweit die Beschwerde zurückgenommen oder das Verfahren durch anderweitige Erledigung beendet wird................................	1,0
	Die Gebühr entsteht nicht, soweit die Revision zugelassen wird.	
7504	Verfahren über nicht besonders aufgeführte Beschwerden, die nicht nach anderen Vorschriften gebührenfrei sind: Die Beschwerde wird verworfen oder zurückgewiesen	60,00 €
	Wird die Beschwerde nur teilweise verworfen oder zurückgewiesen, kann das Gericht die Gebühr nach billigem Ermessen auf die Hälfte ermäßigen oder bestimmen, dass eine Gebühr nicht zu erheben ist.	
	Hauptabschnitt 6: **Besondere Gebühren**	
7600	Abschluss eines gerichtlichen Vergleichs: Soweit ein Vergleich über nicht gerichtlich anhängige Gegenstände geschlossen wird.............	0,25

Kostenverzeichnis (GKG-KV)

Nr.	Gebührentatbestand	Gebühr oder Satz der Gebühr nach § 34 GKG
	Die Gebühr entsteht nicht im Verfahren über die Prozesskostenhilfe. Im Verhältnis zur Gebühr für das Verfahren im Allgemeinen ist § 36 Abs. 3 GKG entsprechend anzuwenden.	
7601	Auferlegung einer Gebühr nach § 38 GKG wegen Verzögerung des Rechtsstreits	wie vom Gericht bestimmt

Teil 8:
Verfahren vor den Gerichten der Arbeitsgerichtsbarkeit

Vorbemerkung 8:
Bei Beendigung des Verfahrens durch einen gerichtlichen Vergleich entfällt die in dem betreffenden Rechtszug angefallene Gebühr; im ersten Rechtszug entfällt auch die Gebühr für das Verfahren über den Antrag auf Erlass eines Vollstreckungsbescheids oder eines Europäischen Zahlungsbefehls. Dies gilt nicht, wenn der Vergleich nur einen Teil des Streitgegenstands betrifft (Teilvergleich).

Hauptabschnitt 1:
Mahnverfahren

8100	Verfahren über den Antrag auf Erlass eines Vollstreckungsbescheids oder eines Europäischen Zahlungsbefehls...........................	0,4 – mindestens 26,00 €
	Die Gebühr entfällt bei Zurücknahme des Antrags auf Erlass des Vollstreckungsbescheids. Sie entfällt auch nach Übergang in das streitige Verfahren, wenn dieses ohne streitige Verhandlung endet; dies gilt nicht, wenn ein Versäumnisurteil ergeht. Bei Erledigungserklärungen nach § 91a ZPO entfällt die Gebühr, wenn keine Entscheidung über die Kosten ergeht oder die Kostenentscheidung einer zuvor mitgeteilten Einigung der Parteien über die Kostentragung oder der Kostenübernahmeerklärung einer Partei folgt.	

Hauptabschnitt 2:
Urteilsverfahren

Abschnitt 1:
Erster Rechtszug

8210	Verfahren im Allgemeinen	2,0
	(1) Soweit wegen desselben Anspruchs ein Mahnverfahren vorausgegangen ist, entsteht die Gebühr nach Erhebung des Widerspruchs, wenn ein Antrag auf Durchführung der mündlichen Verhandlung gestellt wird, oder mit der Einlegung des Einspruchs; in diesem Fall wird eine Gebühr 8100 nach dem Wert des Streitgegenstands angerechnet, der in das Prozessverfahren übergegangen ist, sofern im Mahnverfahren der Antrag auf Erlass des	

Kostenverzeichnis (GKG-KV)

Nr.	Gebührentatbestand	Gebühr oder Satz der Gebühr nach § 34 GKG
	Vollstreckungsbescheids gestellt wurde. Satz 1 gilt entsprechend, wenn wegen desselben Streitgegenstands ein Europäisches Mahnverfahren vorausgegangen ist. (2) Die Gebühr entfällt bei Beendigung des gesamten Verfahrens ohne streitige Verhandlung, wenn kein Versäumnisurteil ergeht. Bei Erledigungserklärungen nach § 91a ZPO entfällt die Gebühr, wenn keine Entscheidung über die Kosten ergeht oder die Kostenentscheidung einer zuvor mitgeteilten Einigung der Parteien über die Kostentragung oder der Kostenübernahmeerklärung einer Partei folgt.	
8211	Beendigung des gesamten Verfahrens nach streitiger Verhandlung durch 1. Zurücknahme der Klage vor dem Schluss der mündlichen Verhandlung, wenn keine Entscheidung nach § 269 Abs. 3 Satz 3 ZPO über die Kosten ergeht oder die Entscheidung einer zuvor mitgeteilten Einigung der Parteien über die Kostentragung oder der Kostenübernahmeerklärung einer Partei folgt, 2. Anerkenntnisurteil, Verzichtsurteil oder Urteil, das nach § 313a Abs. 2 ZPO keinen Tatbestand und keine Entscheidungsgründe enthält, oder 3. Erledigungserklärungen nach § 91a ZPO, wenn keine Entscheidung über die Kosten ergeht oder die Entscheidung einer zuvor mitgeteilten Einigung der Parteien über die Kostentragung oder der Kostenübernahmeerklärung einer Partei folgt, es sei denn, dass bereits ein anderes als eines der in Nummer 2 genannten Urteile vorausgegangen ist: Die Gebühr 8210 ermäßigt sich auf	0,4
	Die Zurücknahme des Widerspruchs gegen den Mahnbescheid oder des Einspruchs gegen den Vollstreckungsbescheid stehen der Zurücknahme der Klage gleich. Die Gebühr ermäßigt sich auch, wenn mehrere Ermäßigungstatbestände erfüllt sind oder Ermäßigungstatbestände mit einem Teilvergleich zusammentreffen.	
8212	Verfahren wegen eines überlangen Gerichtsverfahrens (§ 9 Abs. 2 Satz 2 des Arbeitsgerichtsgesetzes) vor dem Landesarbeitsgericht: Die Gebühr 8210 beträgt	4,0

Kostenverzeichnis (GKG-KV)

Nr.	Gebührentatbestand	Gebühr oder Satz der Gebühr nach § 34 GKG
8213	Verfahren wegen eines überlangen Gerichtsverfahrens (§ 9 Abs. 2 Satz 2 des Arbeitsgerichtsgesetzes) vor dem Landesarbeitsgericht: Die Gebühr 8211 beträgt	2,0
8214	Verfahren wegen eines überlangen Gerichtsverfahrens (§ 9 Abs. 2 Satz 2 des Arbeitsgerichtsgesetzes) vor dem Bundesarbeitsgericht: Die Gebühr 8210 beträgt	5,0
8215	Verfahren wegen eines überlangen Gerichtsverfahrens (§ 9 Abs. 2 Satz 2 des Arbeitsgerichtsgesetzes) vor dem Bundesarbeitsgericht: Die Gebühr 8211 beträgt	3,0
	Abschnitt 2: ***Berufung***	
8220	Verfahren im Allgemeinen	3,2
8221	Beendigung des gesamten Verfahrens durch Zurücknahme der Berufung oder der Klage, bevor die Schrift zur Begründung der Berufung bei Gericht eingegangen ist: Die Gebühr 8220 ermäßigt sich auf	0,8
	Erledigungserklärungen nach § 91a ZPO stehen der Zurücknahme gleich, wenn keine Entscheidung über die Kosten ergeht oder die Entscheidung einer zuvor mitgeteilten Einigung der Parteien über die Kostentragung oder der Kostenübernahmeerklärung einer Partei folgt.	
8222	Beendigung des gesamten Verfahrens, wenn nicht Nummer 8221 erfüllt ist, durch 1. Zurücknahme der Berufung oder der Klage vor dem Schluss der mündlichen Verhandlung, 2. Anerkenntnisurteil, Verzichtsurteil oder Urteil, das nach § 313a Abs. 2 ZPO keinen Tatbestand und keine Entscheidungsgründe enthält, oder 3. Erledigungserklärungen nach § 91a ZPO, wenn keine Entscheidung über die Kosten ergeht oder die Entscheidung einer zuvor mitgeteilten Einigung der Parteien über die Kostentragung oder der Kostenübernahmeerklärung einer Partei folgt,	

Kostenverzeichnis (GKG-KV)

Nr.	Gebührentatbestand	Gebühr oder Satz der Gebühr nach § 34 GKG
	es sei denn, dass bereits ein anderes als eines der in Nummer 2 genannten Urteile vorausgegangen ist:	
	Die Gebühr 8220 ermäßigt sich auf	1,6
	Die Gebühr ermäßigt sich auch, wenn mehrere Ermäßigungstatbestände erfüllt sind oder Ermäßigungstatbestände mit einem Teilvergleich zusammentreffen.	
8223	Beendigung des gesamten Verfahrens durch ein Urteil, das wegen eines Verzichts der Parteien nach § 313a Abs. 1 Satz 2 ZPO keine schriftliche Begründung enthält, wenn nicht bereits ein anderes als eines der in Nummer 8222 Nr. 2 genannten Urteile oder ein Beschluss in der Hauptsache vorausgegangen ist:	
	Die Gebühr 8220 ermäßigt sich auf	2,4
	Die Gebühr ermäßigt sich auch, wenn daneben Ermäßigungstatbestände nach Nummer 8222 erfüllt sind oder Ermäßigungstatbestände mit einem Teilvergleich zusammentreffen.	
	Abschnitt 3: *** Revision***	
8230	Verfahren im Allgemeinen	4,0
8231	Beendigung des gesamten Verfahrens durch Zurücknahme der Revision oder der Klage, bevor die Schrift zur Begründung der Revision bei Gericht eingegangen ist:	
	Die Gebühr 8230 ermäßigt sich auf	0,8
	Erledigungserklärungen nach § 91a ZPO stehen der Zurücknahme gleich, wenn keine Entscheidung über die Kosten ergeht oder die Entscheidung einer zuvor mitgeteilten Einigung der Parteien über die Kostentragung oder der Kostenübernahmeerklärung einer Partei folgt.	
8232	Beendigung des gesamten Verfahrens, wenn nicht Nummer 8231 erfüllt ist, durch	
	1. Zurücknahme der Revision oder der Klage vor dem Schluss der mündlichen Verhandlung,	
	2. Anerkenntnis- oder Verzichtsurteil oder	
	3. Erledigungserklärungen nach § 91a ZPO, wenn keine Entscheidung über die Kosten ergeht oder die Entscheidung einer zuvor mit-	

Kostenverzeichnis (GKG-KV)

Nr.	Gebührentatbestand	Gebühr oder Satz der Gebühr nach § 34 GKG
	geteilten Einigung der Parteien über die Kostentragung oder der Kostenübernahmeerklärung einer Partei folgt,	
	es sei denn, dass bereits ein anderes als eines der in Nummer 2 genannten Urteile vorausgegangen ist:	
	Die Gebühr 8230 ermäßigt sich auf	2,4
	Die Gebühr ermäßigt sich auch, wenn mehrere Ermäßigungstatbestände erfüllt sind oder Ermäßigungstatbestände mit einem Teilvergleich zusammentreffen.	
8233	Verfahren wegen eines überlangen Gerichtsverfahrens (§ 9 Abs. 2 Satz 2 des Arbeitsgerichtsgesetzes):	
	Die Gebühr 8230 beträgt	5,0
8234	Verfahren wegen eines überlangen Gerichtsverfahrens (§ 9 Abs. 2 Satz 2 des Arbeitsgerichtsgesetzes):	
	Die Gebühr 8231 beträgt	1,0
8235	Verfahren wegen eines überlangen Gerichtsverfahrens (§ 9 Abs. 2 Satz 2 des Arbeitsgerichtsgesetzes):	
	Die Gebühr 8232 beträgt	3,0

Hauptabschnitt 3:
Arrest und einstweilige Verfügung

Vorbemerkung 8.3:

Im Verfahren über den Antrag auf Anordnung eines Arrests oder einer einstweiligen Verfügung und im Verfahren über den Antrag auf Aufhebung oder Abänderung (§ 926 Abs. 2, §§ 927, 936 ZPO) werden die Gebühren jeweils gesondert erhoben. Im Fall des § 942 ZPO gilt dieses Verfahren und das Verfahren vor dem Gericht der Hauptsache als ein Rechtsstreit.

Abschnitt 1:
Erster Rechtszug

8310	Verfahren im Allgemeinen	0,4
8311	Es wird durch Urteil entschieden oder es ergeht ein Beschluss nach § 91a oder § 269 Abs. 3 Satz 3 ZPO, es sei denn, der Beschluss folgt einer zuvor mitgeteilten Einigung der Parteien über die Kostentragung oder der Kostenübernahmeerklärung einer Partei:	
	Die Gebühr 8310 erhöht sich auf..............	2,0

Kostenverzeichnis (GKG-KV)

Nr.	Gebührentatbestand	Gebühr oder Satz der Gebühr nach § 34 GKG
	Die Gebühr wird nicht erhöht, wenn durch Anerkenntnisurteil, Verzichtsurteil oder Urteil, das nach § 313a Abs. 2 ZPO keinen Tatbestand und keine Entscheidungsgründe enthält, entschieden wird. Dies gilt auch, wenn eine solche Entscheidung mit einem Teilvergleich zusammentrifft.	
	Abschnitt 2: * **Berufung***	
8320	Verfahren im Allgemeinen	3,2
8321	Beendigung des gesamten Verfahrens durch Zurücknahme der Berufung, des Antrags oder des Widerspruchs, bevor die Schrift zur Begründung der Berufung bei Gericht eingegangen ist: Die Gebühr 8320 ermäßigt sich auf	0,8
	Erledigungserklärungen nach § 91a ZPO stehen der Zurücknahme gleich, wenn keine Entscheidung über die Kosten ergeht oder die Entscheidung einer zuvor mitgeteilten Einigung der Parteien über die Kostentragung oder der Kostenübernahmeerklärung einer Partei folgt.	
8322	Beendigung des gesamten Verfahrens, wenn nicht Nummer 8321 erfüllt ist, durch 1. Zurücknahme der Berufung oder des Antrags vor dem Schluss der mündlichen Verhandlung, 2. Anerkenntnisurteil, Verzichtsurteil oder Urteil, das nach § 313a Abs. 2 ZPO keinen Tatbestand und keine Entscheidungsgründe enthält, oder 3. Erledigungserklärungen nach § 91a ZPO, wenn keine Entscheidung über die Kosten ergeht oder die Entscheidung einer zuvor mitgeteilten Einigung der Parteien über die Kostentragung oder der Kostenübernahmeerklärung einer Partei folgt, es sei denn, dass bereits ein anderes als eines der in Nummer 2 genannten Urteile vorausgegangen ist: Die Gebühr 8320 ermäßigt sich auf	1,6
	Die Gebühr ermäßigt sich auch, wenn mehrere Ermäßigungstatbestände erfüllt sind oder Ermäßigungstatbestände mit einem Teilvergleich zusammentreffen.	

Kostenverzeichnis (GKG-KV)

Nr.	Gebührentatbestand	Gebühr oder Satz der Gebühr nach § 34 GKG
8323	Beendigung des gesamten Verfahrens durch ein Urteil, das wegen eines Verzichts der Parteien nach § 313a Abs. 1 Satz 2 ZPO keine schriftliche Begründung enthält, wenn nicht bereits ein anderes als eines der in Nummer 8322 Nr. 2 genannten Urteile oder ein Beschluss in der Hauptsache vorausgegangen ist: Die Gebühr 8320 ermäßigt sich auf	2,4
	Die Gebühr ermäßigt sich auch, wenn daneben Ermäßigungstatbestände nach Nummer 8322 erfüllt sind oder solche Ermäßigungstatbestände mit einem Teilvergleich zusammentreffen.	

Abschnitt 3:
Beschwerde

Nr.	Gebührentatbestand	Gebühr
8330	Verfahren über Beschwerden gegen die Zurückweisung eines Antrags auf Anordnung eines Arrests oder einer einstweiligen Verfügung.	1,2
8331	Beendigung des gesamten Verfahrens durch Zurücknahme der Beschwerde: Die Gebühr 8330 ermäßigt sich auf	0,8

Hauptabschnitt 4:
Besondere Verfahren

Nr.	Gebührentatbestand	Gebühr
8400	Selbstständiges Beweisverfahren	0,6
8401	Verfahren über Anträge auf Ausstellung einer Bestätigung nach § 1079 ZPO..................	15,00 €

Hauptabschnitt 5:
Rüge wegen Verletzung des Anspruchs auf rechtliches Gehör

Nr.	Gebührentatbestand	Gebühr
8500	Verfahren über die Rüge wegen Verletzung des Anspruchs auf rechtliches Gehör (§ 78a des Arbeitsgerichtsgesetzes): Die Rüge wird in vollem Umfang verworfen oder zurückgewiesen	50,00 €

Kostenverzeichnis (GKG-KV)

Nr.	Gebührentatbestand	Gebühr oder Satz der Gebühr nach § 34 GKG
	Hauptabschnitt 6: **Sonstige Beschwerden und Rechtsbeschwerden** *Abschnitt 1:* *Sonstige Beschwerden*	
8610	Verfahren über Beschwerden nach § 71 Abs. 2, § 91a Abs. 2, § 99 Abs. 2, § 269 Abs. 5 oder § 494a Abs. 2 Satz 2 ZPO	70,00 €
8611	Beendigung des Verfahrens ohne Entscheidung: Die Gebühr 8610 ermäßigt sich auf	50,00 €
	(1) Die Gebühr ermäßigt sich auch im Fall der Zurücknahme der Beschwerde vor Ablauf des Tages, an dem die Entscheidung der Geschäftsstelle übermittelt wird. (2) Eine Entscheidung über die Kosten steht der Ermäßigung nicht entgegen, wenn die Entscheidung einer zuvor mitgeteilten Einigung der Parteien über die Kostentragung oder der Kostenübernahmeerklärung einer Partei folgt.	
8612	Verfahren über die Beschwerde gegen die Nichtzulassung der Revision: Soweit die Beschwerde verworfen oder zurückgewiesen wird.............................	1,6
8613	Verfahren über die Beschwerde gegen die Nichtzulassung der Revision: Soweit die Beschwerde zurückgenommen oder das Verfahren durch anderweitige Erledigung beendet wird................................	0,8
	Die Gebühr entsteht nicht, soweit die Revision zugelassen wird.	
8614	Verfahren über nicht besonders aufgeführte Beschwerden, die nicht nach anderen Vorschriften gebührenfrei sind: Die Beschwerde wird verworfen oder zurückgewiesen	50,00 €
	Wird die Beschwerde nur teilweise verworfen oder zurückgewiesen, kann das Gericht die Gebühr nach billigem Ermessen auf die Hälfte ermäßigen oder bestimmen, dass eine Gebühr nicht zu erheben ist.	

Kostenverzeichnis (GKG-KV)

Nr.	Gebührentatbestand	Gebühr oder Satz der Gebühr nach § 34 GKG
	Abschnitt 2: *Sonstige Rechtsbeschwerden*	
8620	Verfahren über Rechtsbeschwerden in den Fällen des § 71 Abs. 1, § 91a Abs. 1, § 99 Abs. 2, § 269 Abs. 4, § 494a Abs. 2 Satz 2 oder § 516 Abs. 3 ZPO..	145,00 €
8621	Beendigung des gesamten Verfahrens durch Zurücknahme der Rechtsbeschwerde, des Antrags oder der Klage, bevor die Schrift zur Begründung der Rechtsbeschwerde bei Gericht eingegangen ist: Die Gebühr 8620 ermäßigt sich auf	50,00 €
8622	Beendigung des gesamten Verfahrens durch Zurücknahme der Rechtsbeschwerde, des Antrags oder der Klage vor Ablauf des Tages, an dem die Entscheidung der Geschäftsstelle übermittelt wird, wenn nicht Nummer 8621 erfüllt ist: Die Gebühr 8620 ermäßigt sich auf	70,00 €
8623	Verfahren über nicht besonders aufgeführte Rechtsbeschwerden, die nicht nach anderen Vorschriften gebührenfrei sind: Die Rechtsbeschwerde wird verworfen oder zurückgewiesen	95,00 €
	Wird die Rechtsbeschwerde nur teilweise verworfen oder zurückgewiesen, kann das Gericht die Gebühr nach billigem Ermessen auf die Hälfte ermäßigen oder bestimmen, dass eine Gebühr nicht zu erheben ist.	
8624	Verfahren über die in Nummer 8623 genannten Rechtsbeschwerden: Beendigung des gesamten Verfahrens durch Zurücknahme der Rechtsbeschwerde, des Antrags oder der Klage vor Ablauf des Tages, an dem die Entscheidung der Geschäftsstelle übermittelt wird	50,00 €
	Hauptabschnitt 7: **Besondere Gebühr**	
8700	Auferlegung einer Gebühr nach § 38 GKG wegen Verzögerung des Rechtsstreits	wie vom Gericht bestimmt

Kostenverzeichnis (GKG-KV)

Nr.	Auslagentatbestand	Höhe

Teil 9:
Auslagen

Vorbemerkung 9:

(1) Auslagen, die durch eine für begründet befundene Beschwerde entstanden sind, werden nicht erhoben, soweit das Beschwerdeverfahren gebührenfrei ist; dies gilt jedoch nicht, soweit das Beschwerdegericht die Kosten dem Gegner des Beschwerdeführers auferlegt hat.

(2) Sind Auslagen durch verschiedene Rechtssachen veranlasst, werden sie auf die mehreren Rechtssachen angemessen verteilt.

9000 Pauschale für die Herstellung und Überlassung von Dokumenten:

1. Ausfertigungen, Kopien und Ausdrucke bis zur Größe von DIN A3, die

    a) auf Antrag angefertigt oder auf Antrag per Telefax übermittelt worden sind oder

    b) angefertigt worden sind, weil die Partei oder ein Beteiligter es unterlassen hat, die erforderliche Zahl von Mehrfertigungen beizufügen; der Anfertigung steht es gleich, wenn per Telefax übermittelte Mehrfertigungen von der Empfangseinrichtung des Gerichts ausgedruckt werden:

für die ersten 50 Seiten je Seite	0,50 €
für jede weitere Seite	0,15 €
für die ersten 50 Seiten in Farbe je Seite	1,00 €
für jede weitere Seite in Farbe	0,30 €

2. Entgelte für die Herstellung und Überlassung der in Nummer 1 genannten Kopien oder Ausdrucke in einer Größe von mehr als DIN A3 ... in voller Höhe

oder pauschal je Seite	3,00 €
oder pauschal je Seite in Farbe	6,00 €

3. Überlassung von elektronisch gespeicherten Dateien oder deren Bereitstellung zum Abruf anstelle der in den Nummern 1 und 2 genannten Ausfertigungen, Kopien und Ausdrucke:

je Datei	1,50 €
für die in einem Arbeitsgang überlassenen, bereitgestellten oder in einem Arbeitsgang auf denselben Datenträger übertragenen Dokumente insgesamt höchstens	5,00 €

Kostenverzeichnis (GKG-KV)

Nr.	Auslagentatbestand	Höhe
	(1) Die Höhe der Dokumentenpauschale nach Nummer 1 ist in jedem Rechtszug und für jeden Kostenschuldner nach § 28 Abs. 1 GKG gesondert zu berechnen; Gesamtschuldner gelten als ein Schuldner. Die Dokumentenpauschale ist auch im erstinstanzlichen Musterverfahren nach dem KapMuG gesondert zu berechnen.	
	(2) Werden zum Zweck der Überlassung von elektronisch gespeicherten Dateien Dokumente zuvor auf Antrag von der Papierform in die elektronische Form übertragen, beträgt die Dokumentenpauschale nach Nummer 2 nicht weniger, als die Dokumentenpauschale im Fall der Nummer 1 betragen würde.	
	(3) Frei von der Dokumentenpauschale sind für jede Partei, jeden Beteiligten, jeden Beschuldigten und deren bevollmächtigte Vertreter jeweils	
	1. eine vollständige Ausfertigung oder Kopie oder ein vollständiger Ausdruck jeder gerichtlichen Entscheidung und jedes vor Gericht abgeschlossenen Vergleichs,	
	2. eine Ausfertigung ohne Tatbestand und Entscheidungsgründe und	
	3. eine Kopie oder ein Ausdruck jeder Niederschrift über eine Sitzung.	
	§ 191a Abs. 1 Satz 2 GVG bleibt unberührt.	
9001	Auslagen für Telegramme	in voller Höhe
9002	Pauschale für Zustellungen mit Zustellungsurkunde, Einschreiben gegen Rückschein oder durch Justizbedienstete nach § 168 Abs. 1 ZPO je Zustellung	3,50 €
	Neben Gebühren, die sich nach dem Streitwert richten, mit Ausnahme der Gebühr 3700, wird die Zustellungspauschale nur erhoben, soweit in einem Rechtszug mehr als 10 Zustellungen anfallen. Im erstinstanzlichen Musterverfahren nach dem KapMuG wird die Zustellungspauschale für sämtliche Zustellungen erhoben.	
9003	Pauschale für die bei der Versendung von Akten auf Antrag anfallenden Auslagen an Transport- und Verpackungskosten je Sendung.	12,00 €
	(1) Die Hin- und Rücksendung der Akten durch Gerichte oder Staatsanwaltschaften gelten zusammen als eine Sendung.	
	(2) Die Auslagen werden von demjenigen Kostenschuldner nicht erhoben, von dem die Gebühr 2116 zu erheben ist.	

Kostenverzeichnis (GKG-KV)

Nr.	Auslagentatbestand	Höhe
9004	Auslagen für öffentliche Bekanntmachungen . . . . . (1) Auslagen werden nicht erhoben für die Bekanntmachung in einem elektronischen Informations- und Kommunikationssystem, wenn das Entgelt nicht für den Einzelfall oder nicht für ein einzelnes Verfahren berechnet wird. Nicht erhoben werden ferner Auslagen für die Bekanntmachung eines besonderen Prüfungstermins (§ 177 InsO, § 18 SVertO). (2) Die Auslagen für die Bekanntmachung eines Vorlagebeschlusses gemäß § 6 Abs. 4 KapMuG gelten als Auslagen des Musterverfahrens.	in voller Höhe
9005	Nach dem JVEG zu zahlende Beträge . . . . (1) Nicht erhoben werden Beträge, die an ehrenamtliche Richter (§ 1 Abs. 1 Satz 1 Nr. 2 JVEG) gezahlt werden. (2) Die Beträge werden auch erhoben, wenn aus Gründen der Gegenseitigkeit, der Verwaltungsvereinfachung oder aus vergleichbaren Gründen keine Zahlungen zu leisten sind. Ist aufgrund des § 1 Abs. 2 Satz 2 JVEG keine Vergütung zu zahlen, ist der Betrag zu erheben, der ohne diese Vorschrift zu zahlen wäre. (3) Auslagen für Übersetzer, die zur Erfüllung der Rechte blinder oder sehbehinderter Personen herangezogen werden (§ 191a Abs. 1 GVG), werden nicht, Auslagen für Gebärdensprachdolmetscher (§ 186 Abs. 1 GVG) werden nur nach Maßgabe des Absatzes 4 erhoben. (4) Ist für einen Beschuldigten oder Betroffenen, der der deutschen Sprache nicht mächtig, hör- oder sprachbehindert ist, im Strafverfahren oder im gerichtlichen Verfahren nach dem OWiG ein Dolmetscher oder Übersetzer herangezogen worden, um Erklärungen oder Schriftstücke zu übertragen, auf deren Verständnis der Beschuldigte oder Betroffene zu seiner Verteidigung angewiesen oder soweit dies zur Ausübung seiner strafprozessualen Rechte erforderlich war, werden von diesem die dadurch entstandenen Auslagen nur erhoben, wenn das Gericht ihm diese nach § 464c StPO oder die Kosten nach § 467 Abs. 2 Satz 1 StPO, auch i.V.m. § 467a Abs. 1 Satz 2 StPO, auferlegt hat; dies gilt auch jeweils i.V.m. § 46 Abs. 1 OWiG. (5) Im Verfahren vor den Gerichten für Arbeitssachen werden Kosten für vom Gericht herangezogene Dolmetscher und Übersetzer nicht erhoben, wenn ein Ausländer Partei und die Gegenseitigkeit verbürgt ist oder ein Staatenloser Partei ist.	in voller Höhe

Kostenverzeichnis (GKG-KV)

Nr.	Auslagentatbestand	Höhe
9006	Bei Geschäften außerhalb der Gerichtsstelle	
	1. die den Gerichtspersonen aufgrund gesetzlicher Vorschriften gewährte Vergütung (Reisekosten, Auslagenersatz) und die Auslagen für die Bereitstellung von Räumen	in voller Höhe
	2. für den Einsatz von Dienstkraftfahrzeugen für jeden gefahrenen Kilometer	0,30 €
9007	An Rechtsanwälte zu zahlende Beträge mit Ausnahme der nach § 59 RVG auf die Staatskasse übergegangenen Ansprüche	in voller Höhe
9008	Auslagen für	
	1. die Beförderung von Personen	in voller Höhe
	2. Zahlungen an mittellose Personen für die Reise zum Ort einer Verhandlung, Vernehmung oder Untersuchung und für die Rückreise	bis zur Höhe der nach dem JVEG an Zeugen zu zahlenden Beträge
9009	An Dritte zu zahlende Beträge für	
	1. die Beförderung von Tieren und Sachen mit Ausnahme der für Postdienstleistungen zu zahlenden Entgelte, die Verwahrung von Tieren und Sachen sowie die Fütterung von Tieren...	in voller Höhe
	2. die Beförderung und die Verwahrung von Leichen	in voller Höhe
	3. die Durchsuchung oder Untersuchung von Räumen und Sachen einschließlich der die Durchsuchung oder Untersuchung vorbereitenden Maßnahmen	in voller Höhe
	4. die Bewachung von Schiffen und Luftfahrzeugen	in voller Höhe
9010	Kosten einer Zwangshaft, auch aufgrund eines Haftbefehls nach § 802g ZPO	in Höhe des Haftkostenbeitrags
	Maßgebend ist die Höhe des Haftkostenbeitrags, der nach Landesrecht von einem Gefangenen zu erheben ist.	
9011	Kosten einer Haft außer Zwangshaft, Kosten einer einstweiligen Unterbringung (§ 126a StPO), einer Unterbringung zur Beobachtung (§ 81 StPO, § 73 JGG) und einer einstweiligen Unterbringung in einem Heim der Jugendhilfe (§ 71 Abs. 2, § 72 Abs. 4 JGG)	in Höhe des Haftkostenbeitrags

Kostenverzeichnis (GKG-KV)

Nr.	Auslagentatbestand	Höhe
	Maßgebend ist die Höhe des Haftkostenbeitrags, der nach Landesrecht von einem Gefangenen zu erheben ist. Diese Kosten werden nur angesetzt, wenn der Haftkostenbeitrag auch von einem Gefangenen im Strafvollzug zu erheben wäre.	
9012	Nach dem Auslandskostengesetz zu zahlende Beträge	in voller Höhe
9013	An deutsche Behörden für die Erfüllung von deren eigenen Aufgaben zu zahlende Gebühren sowie diejenigen Beträge, die diesen Behörden, öffentlichen Einrichtungen oder deren Bediensteten als Ersatz für Auslagen der in den Nummern 9000 bis 9011 bezeichneten Art zustehen.	in voller Höhe, die Auslagen begrenzt durch die Höchstsätze für die Auslagen 9000 bis 9011
	Die als Ersatz für Auslagen angefallenen Beträge werden auch erhoben, wenn aus Gründen der Gegenseitigkeit, der Verwaltungsvereinfachung oder aus vergleichbaren Gründen keine Zahlungen zu leisten sind.	
9014	Beträge, die ausländischen Behörden, Einrichtungen oder Personen im Ausland zustehen, sowie Kosten des Rechtshilfeverkehrs mit dem Ausland .	in voller Höhe
	Die Beträge werden auch erhoben, wenn aus Gründen der Gegenseitigkeit, der Verwaltungsvereinfachung oder aus vergleichbaren Gründen keine Zahlungen zu leisten sind.	
9015	Auslagen der in den Nummern 9000 bis 9014 bezeichneten Art, soweit sie durch die Vorbereitung der öffentlichen Klage entstanden sind	begrenzt durch die Höchstsätze für die Auslagen 9000 bis 9013
9016	Auslagen der in den Nummern 9000 bis 9014 bezeichneten Art, soweit sie durch das dem gerichtlichen Verfahren vorausgegangene Bußgeldverfahren entstanden sind	begrenzt durch die Höchstsätze für die Auslagen 9000 bis 9013
	Absatz 3 der Anmerkung zu Nummer 9005 ist nicht anzuwenden.	
9017	An den vorläufigen Insolvenzverwalter, den Insolvenzverwalter, die Mitglieder des Gläubigerausschusses oder die Treuhänder auf der Grundlage der Insolvenzrechtlichen Vergütungsverordnung aufgrund einer Stundung nach § 4a InsO zu zahlende	in voller Höhe

Kostenverzeichnis (GKG-KV)

Nr.	Auslagentatbestand	Höhe
9018	Im ersten Rechtszug des Prozessverfahrens: Auslagen des erstinstanzlichen Musterverfahrens nach dem KapMuG zuzüglich Zinsen...........	anteilig
	(1) Die im erstinstanzlichen Musterverfahren entstehenden Auslagen nach Nummer 9005 werden vom Tag nach der Auszahlung bis zum rechtskräftigen Abschluss des Musterverfahrens mit 5 Prozentpunkten über dem Basiszinssatz nach § 247 BGB verzinst.	
	(2) Auslagen und Zinsen werden nur erhoben, wenn der Kläger nicht innerhalb von einem Monat ab Zustellung des Aussetzungsbeschlusses nach § 8 KapMuG seine Klage in der Hauptsache zurücknimmt.	
	(3) Der Anteil bestimmt sich nach dem Verhältnis der Höhe des von dem Kläger geltend gemachten Anspruchs, soweit dieser von den Feststellungszielen des Musterverfahrens betroffen ist, zu der Gesamthöhe der vom Musterkläger und den Beigeladenen des Musterverfahrens in den Prozessverfahren geltend gemachten Ansprüche, soweit diese von den Feststellungszielen des Musterverfahrens betroffen sind. Der Anspruch des Musterklägers oder eines Beigeladenen ist hierbei nicht zu berücksichtigen, wenn er innerhalb von einem Monat ab Zustellung des Aussetzungsbeschlusses nach § 8 KapMuG seine Klage in der Hauptsache zurücknimmt.	
9019	Pauschale für die Inanspruchnahme von Videokonferenzverbindungen: Je Verfahren für jede angefangene halbe Stunde. .	15,00 €

Gesetz über Gerichtskosten in Familiensachen (FamGKG)

vom 17.12.2008 BGBl. I S. 2586, 2666
zuletzt geändert durch Gesetz zur Intensivierung des Einsatzes von Videokonferenztechnik im gerichtlichen und staatsanwaltlichen Verfahren vom 25.4.2013, BGBl. I 2013, S. 935

– Auszug –

Abschnitt 6 Gebührenvorschriften

§ 28 Wertgebühren

(4) [1]Wenn sich die Gebühren nach dem Verfahrenswert richten, beträgt die Gebühr bei einem Verfahrenswert bis 500 Euro 35 Euro. [2]Die Gebühr erhöht sich bei einem

Verfahrenswert bis ... Euro	für jeden angefangenen Betrag von weiteren ... Euro	um ... Euro
2 000	500	18
10 000	1 000	19
25 000	3 000	26
50 000	5 000	35
200 000	15 000	120
500 000	30 000	179
über 500 000	50 000	180

[3]Eine Gebührentabelle für Verfahrenswerte bis 500 000 Euro ist diesem Gesetz als Anlage 2 beigefügt.

(2) Der Mindestbetrag einer Gebühr ist 15 Euro.

§ 29 Einmalige Erhebung der Gebühren

Die Gebühr für das Verfahren im Allgemeinen und die Gebühr für eine Entscheidung werden in jedem Rechtszug hinsichtlich eines jeden Teils des Verfahrensgegenstands nur einmal erhoben.

§ 30 Teile des Verfahrensgegenstands

(1) Für Handlungen, die einen Teil des Verfahrensgegenstands betreffen, sind die Gebühren nur nach dem Wert dieses Teils zu berechnen.

(2) Sind von einzelnen Wertteilen in demselben Rechtszug für gleiche Handlungen Gebühren zu berechnen, darf nicht mehr erhoben werden, als wenn die Gebühr von dem Gesamtbetrag der Wertteile zu berechnen wäre.

(3) Sind für Teile des Gegenstands verschiedene Gebührensätze anzuwenden, sind die Gebühren für die Teile gesondert zu berechnen; die aus dem Gesamtbetrag der Wertteile nach dem höchsten Gebührensatz berechnete Gebühr darf jedoch nicht überschritten werden.

§ 31 Zurückverweisung, Abänderung oder Aufhebung einer Entscheidung

(1) Wird eine Sache an ein Gericht eines unteren Rechtszugs zurückverwiesen, bildet das weitere Verfahren mit dem früheren Verfahren vor diesem Gericht einen Rechtszug im Sinne des § 29.

(2) ¹Das Verfahren über eine Abänderung oder Aufhebung einer Entscheidung gilt als besonderes Verfahren, soweit im Kostenverzeichnis nichts anderes bestimmt ist. ²Dies gilt nicht für das Verfahren zur Überprüfung der Entscheidung nach § 166 Abs. 2 und 3 des Gesetzes über das Verfahren in Familiensachen und in den Angelegenheiten der freiwilligen Gerichtsbarkeit.

§ 32 Verzögerung des Verfahrens

¹Wird in einer selbständigen Familienstreitsache außer im Fall des § 335 der Zivilprozessordnung durch Verschulden eines Beteiligten oder seines Vertreters die Vertagung einer mündlichen Verhandlung oder die Anberaumung eines neuen Termins zur mündlichen Verhandlung nötig oder ist die Erledigung des Verfahrens durch nachträgliches Vorbringen von Angriffs- oder Verteidigungsmitteln, Beweismitteln oder Beweiseinreden, die früher vorgebracht werden konnten, verzögert worden, kann das Gericht dem Beteiligten von Amts wegen eine besondere Gebühr mit einem Gebührensatz von 1,0 auferlegen. ²Die Gebühr kann bis auf einen Gebührensatz von 0,3 ermäßigt werden. ³Dem Antragsteller, dem Antragsgegner oder dem Vertreter stehen der Nebenintervenient und sein Vertreter gleich.

Abschnitt 7 Wertvorschriften

Unterabschnitt 1 Allgemeine Wertvorschriften

§ 33 Grundsatz

(1) In demselben Verfahren und in demselben Rechtszug werden die Werte mehrerer Verfahrensgegenstände zusammengerechnet, soweit nichts anderes bestimmt ist. Ist mit einem nichtvermögensrechtlichen Anspruch ein aus ihm hergeleiteter vermögensrechtlicher Anspruch verbunden, ist nur ein Anspruch, und zwar der höhere, maßgebend.

(2) Der Verfahrenswert beträgt höchstens 30 Millionen Euro, soweit kein niedrigerer Höchstwert bestimmt ist.

§ 34 Zeitpunkt der Wertberechnung

¹Für die Wertberechnung ist der Zeitpunkt der den jeweiligen Verfahrensgegenstand betreffenden ersten Antragstellung in dem jeweiligen Rechtszug entscheidend. ²In Verfahren, die von Amts wegen eingeleitet werden, ist der Zeitpunkt der Fälligkeit der Gebühr maßgebend.

§ 35 Geldforderung

Ist Gegenstand des Verfahrens eine bezifferte Geldforderung, bemisst sich der Verfahrenswert nach deren Höhe, soweit nichts anderes bestimmt ist.

§ 36 Genehmigung einer Erklärung oder deren Ersetzung

(1) ¹Wenn in einer vermögensrechtlichen Angelegenheit Gegenstand des Verfahrens die Genehmigung einer Erklärung oder deren Ersetzung ist, bemisst sich der Verfahrenswert nach dem Wert des zugrunde liegenden Geschäfts. ²§ 38 des Gerichts- und Notarkostengesetzes und die für eine Beurkundung geltenden besonderen Geschäftswert- und Bewertungsvorschriften des Gerichts- und Notarkostengesetzes sind entsprechend anzuwenden.

(2) Mehrere Erklärungen, die denselben Gegenstand betreffen, insbesondere der Kauf und die Auflassung oder die Schulderklärung und die zur Hypothekenbestellung erforderlichen Erklärungen, sind als ein Verfahrensgegenstand zu bewerten.

(3) Der Wert beträgt in jedem Fall höchstens 1 Million Euro.

§ 37 Früchte, Nutzungen, Zinsen und Kosten

(1) Sind außer dem Hauptgegenstand des Verfahrens auch Früchte, Nutzungen, Zinsen oder Kosten betroffen, wird deren Wert nicht berücksichtigt.

(2) Soweit Früchte, Nutzungen, Zinsen oder Kosten ohne den Hauptgegenstand betroffen sind, ist deren Wert maßgebend, soweit er den Wert des Hauptgegenstands nicht übersteigt.

(3) Sind die Kosten des Verfahrens ohne den Hauptgegenstand betroffen, ist der Betrag der Kosten maßgebend, soweit er den Wert des Hauptgegenstands nicht übersteigt.

§ 38 Stufenantrag

Wird mit dem Antrag auf Rechnungslegung oder auf Vorlegung eines Vermögensverzeichnisses oder auf Abgabe einer eidesstattlichen Versicherung der Antrag auf Herausgabe desjenigen verbunden, was der Antragsgegner aus dem zugrunde liegenden Rechtsverhältnis schuldet, ist für die Wertberechnung nur einer der verbundenen Ansprüche, und zwar der höhere, maßgebend.

§ 39 Antrag und Widerantrag, Hilfsanspruch, wechselseitige Rechtsmittel, Aufrechnung

(1) ¹Mit einem Antrag und einem Widerantrag geltend gemachte Ansprüche, die nicht in getrennten Verfahren verhandelt werden, werden zusammengerechnet. ²Ein hilfsweise geltend gemachter Anspruch wird mit dem Hauptanspruch zusammengerechnet, soweit eine Entscheidung über ihn ergeht. ³Betreffen die Ansprüche im Fall des Satzes 1 oder des Satzes 2 denselben Gegenstand, ist nur der Wert des höheren Anspruchs maßgebend.

(2) Für wechselseitig eingelegte Rechtsmittel, die nicht in getrennten Verfahren verhandelt werden, ist Absatz 1 Satz 1 und 3 entsprechend anzuwenden.

(3) Macht ein Beteiligter hilfsweise die Aufrechnung mit einer bestrittenen Gegenforderung geltend, erhöht sich der Wert um den Wert der Gegenforderung, soweit eine der Rechtskraft fähige Entscheidung über sie ergeht.

(4) Bei einer Erledigung des Verfahrens durch Vergleich sind die Absätze 1 bis 3 entsprechend anzuwenden.

§ 40 Rechtsmittelverfahren

(1) ¹Im Rechtsmittelverfahren bestimmt sich der Verfahrenswert nach den Anträgen des Rechtsmittelführers. ²Endet das Verfahren, ohne dass solche Anträge eingereicht werden, oder werden, wenn eine Frist für die Rechtsmittelbegründung vorgeschrieben ist, innerhalb dieser Frist Rechtsmittelanträge nicht eingereicht, ist die Beschwer maßgebend.

(2) ¹Der Wert ist durch den Wert des Verfahrensgegenstands des ersten Rechtszugs begrenzt. ²Dies gilt nicht, soweit der Gegenstand erweitert wird.

(3) Im Verfahren über den Antrag auf Zulassung der Sprungrechtsbeschwerde ist Verfahrenswert der für das Rechtsmittelverfahren maßgebende Wert.

§ 41 Einstweilige Anordnung

¹Im Verfahren der einstweiligen Anordnung ist der Wert in der Regel unter Berücksichtigung der geringeren Bedeutung gegenüber der Hauptsache zu ermäßigen. ²Dabei ist von der Hälfte des für die Hauptsache bestimmten Werts auszugehen.

§ 42 Auffangwert

(1) Soweit in einer vermögensrechtlichen Angelegenheit der Verfahrenswert sich aus den Vorschriften dieses Gesetzes nicht ergibt und auch sonst nicht feststeht, ist er nach billigem Ermessen zu bestimmen.

(2) Soweit in einer nichtvermögensrechtlichen Angelegenheit der Verfahrenswert sich aus den Vorschriften dieses Gesetzes nicht ergibt, ist er unter Berücksichtigung aller Umstände des Einzelfalls, insbesondere des Umfangs und der Bedeutung der Sache und der Vermögens- und Einkommensverhältnisse der Beteiligten, nach billigem Ermessen zu bestimmen, jedoch nicht über 500 000 Euro.

(3) Bestehen in den Fällen der Absätze 1 und 2 keine genügenden Anhaltspunkte, ist von einem Wert von 5 000 Euro auszugehen.

Unterabschnitt 2 Besondere Wertvorschriften

§ 43 Ehesachen

(1) ¹In Ehesachen ist der Verfahrenswert unter Berücksichtigung aller Umstände des Einzelfalls, insbesondere des Umfangs und der Bedeutung der Sache und der Vermögens- und Einkommensverhältnisse der Ehegatten, nach Ermessen zu bestimmen. ²Der Wert darf nicht unter 3 000 Euro und nicht über 1 Million Euro angenommen werden.

(2) Für die Einkommensverhältnisse ist das in drei Monaten erzielte Nettoeinkommen der Ehegatten einzusetzen.

§ 44 Verbund

(1) Die Scheidungssache und die Folgesachen gelten als ein Verfahren.

(2) ¹Sind in § 137 Abs. 3 des Gesetzes über das Verfahren in Familiensachen und in den Angelegenheiten der freiwilligen Gerichtsbarkeit genannte Kindschaftssachen Folgesachen, erhöht sich der Verfahrenswert nach § 43 für jede Kindschaftssache um 20 Prozent, höchstens um jeweils 3 000 Euro; eine Kindschaftssache ist auch dann als ein Gegenstand zu bewerten, wenn sie mehrere Kinder betrifft. ²Die Werte der übrigen Folgesachen werden hinzugerechnet. ³§ 33 Abs. 1 Satz 2 ist nicht anzuwenden.

(3) Ist der Betrag, um den sich der Verfahrenswert der Ehesache erhöht (Absatz 2), nach den besonderen Umständen des Einzelfalls unbillig, kann das Gericht einen höheren oder einen niedrigeren Betrag berücksichtigen.

§ 45 Bestimmte Kindschaftssachen

(1) In einer Kindschaftssache, die
1. die Übertragung oder Entziehung der elterlichen Sorge oder eines Teils der elterlichen Sorge,

2. das Umgangsrecht einschließlich der Umgangspflegschaft,
3. das Recht auf Auskunft über die persönlichen Verhältnisse des Kindes oder
4. die Kindesherausgabe

betrifft, beträgt der Verfahrenswert 3 000 Euro.

(2) Eine Kindschaftssache nach Absatz 1 ist auch dann als ein Gegenstand zu bewerten, wenn sie mehrere Kinder betrifft.

(3) Ist der nach Absatz 1 bestimmte Wert nach den besonderen Umständen des Einzelfalls unbillig, kann das Gericht einen höheren oder einen niedrigeren Wert festsetzen.

§ 46 Übrige Kindschaftssachen

(1) Wenn Gegenstand einer Kindschaftssache eine vermögensrechtliche Angelegenheit ist, gelten § 38 des Gerichts- und Notarkostengesetzes und die für eine Beurkundung geltenden besonderen Geschäftswert- und Bewertungsvorschriften des Gerichts- und Notarkostengesetzes entsprechend.

(2) ¹Bei Pflegschaften für einzelne Rechtshandlungen bestimmt sich der Verfahrenswert nach dem Wert des Gegenstands, auf den sich die Rechtshandlung bezieht. ²Bezieht sich die Pflegschaft auf eine gegenwärtige oder künftige Mitberechtigung, ermäßigt sich der Wert auf den Bruchteil, der dem Anteil der Mitberechtigung entspricht. ³Bei Gesamthandsverhältnissen ist der Anteil entsprechend der Beteiligung an dem Gesamthandvermögen zu bemessen.

(3) Der Wert beträgt in jedem Fall höchstens 1 Million Euro.

§ 47 Abstammungssachen

(1) In Abstammungssachen nach § 169 Nr. 1 und 4 des Gesetzes über das Verfahren in Familiensachen und in den Angelegenheiten der freiwilligen Gerichtsbarkeit beträgt der Verfahrenswert 2 000 Euro, in den übrigen Abstammungssachen 1 000 Euro.

(2) Ist der nach Absatz 1 bestimmte Wert nach den besonderen Umständen des Einzelfalls unbillig, kann das Gericht einen höheren oder einen niedrigeren Wert festsetzen.

§ 48 Ehewohnungs- und Haushaltssachen

(1) In Ehewohnungssachen nach § 200 Absatz 1 Nummer 1 des Gesetzes über das Verfahren in Familiensachen und in den Angelegenheiten der freiwilligen Gerichtsbarkeit beträgt der Verfahrenswert 3 000 Euro, in Ehewohnungssachen nach § 200 Absatz 1 Nummer 2 des Gesetzes über das Verfahren in Familiensachen und in den Angelegenheiten der freiwilligen Gerichtsbarkeit 4 000 Euro.

(2) In Haushaltssachen nach § 200 Absatz 2 Nummer 1 des Gesetzes über das Verfahren in Familiensachen und in den Angelegenheiten der freiwilligen Gerichtsbarkeit beträgt der Wert 2 000 Euro, in Haushaltssachen nach § 200 Absatz 2 Nummer 2 des Gesetzes über das Verfahren in Familiensachen und in den Angelegenheiten der freiwilligen Gerichtsbarkeit 3 000 Euro.

(3) Ist der nach den Absätzen 1 und 2 bestimmte Wert nach den besonderen Umständen des Einzelfalls unbillig, kann das Gericht einen höheren oder einen niedrigeren Wert festsetzen.

§ 49 Gewaltschutzsachen

(1) In Gewaltschutzsachen nach § 1 des Gewaltschutzgesetzes beträgt der Verfahrenswert 2 000 Euro, in Gewaltschutzsachen nach § 2 des Gewaltschutzgesetzes 3 000 Euro.

(2) Ist der nach Absatz 1 bestimmte Wert nach den besonderen Umständen des Einzelfalls unbillig, kann das Gericht einen höheren oder einen niedrigeren Wert festsetzen.

§ 50 Versorgungsausgleichssachen

(1) [1]In Versorgungsausgleichssachen beträgt der Verfahrenswert für jedes Anrecht 10 Prozent, bei Ausgleichsansprüchen nach der Scheidung für jedes Anrecht 20 Prozent des in drei Monaten erzielten Nettoeinkommens der Ehegatten. [2]Der Wert nach Satz 1 beträgt insgesamt mindestens 1 000 Euro.

(2) In Verfahren über einen Auskunftsanspruch oder über die Abtretung von Versorgungsansprüchen beträgt der Verfahrenswert 500 Euro.

(3) Ist der nach den Absätzen 1 und 2 bestimmte Wert nach den besonderen Umständen des Einzelfalls unbillig, kann das Gericht einen höheren oder einen niedrigeren Wert festsetzen.

§ 51 Unterhaltssachen und sonstige den Unterhalt betreffende Familiensachen

(1) [1]In Unterhaltssachen und in sonstigen den Unterhalt betreffenden Familiensachen, soweit diese jeweils Familienstreitsachen sind und wiederkehrende Leistungen betreffen, ist der für die ersten zwölf Monate nach Einreichung des Antrags geforderte Betrag maßgeblich, höchstens jedoch der Gesamtbetrag der geforderten Leistung. [2]Bei Unterhaltsansprüchen nach den §§ 1612a bis 1612c des Bürgerlichen Gesetzbuchs ist dem Wert nach Satz 1 der Monatsbetrag des zum Zeitpunkt der Einreichung des Antrags geltenden Mindestunterhalts nach der zu diesem Zeitpunkt maßgebenden Altersstufe zugrunde zu legen.

(2) [1]Die bei Einreichung des Antrags fälligen Beträge werden dem Wert hinzugerechnet. [2]Der Einreichung des Antrags wegen des Hauptgegenstands steht die Einreichung eines Antrags auf Bewilligung der Verfahrenskostenhilfe gleich, wenn der Antrag wegen des Hauptgegenstands alsbald nach Mitteilung der Entscheidung über den Antrag auf Bewilligung der Verfahrenskostenhilfe oder über eine alsbald eingelegte Beschwerde eingereicht wird. [3]Die Sätze 1 und 2 sind im vereinfachten Verfahren zur Festsetzung von Unterhalt Minderjähriger entsprechend anzuwenden.

(3) [1]In Unterhaltssachen, die nicht Familienstreitsachen sind, beträgt der Wert 500 Euro. [2]Ist der Wert nach den besonderen Umständen des Einzelfalls unbillig, kann das Gericht einen höheren Wert festsetzen.

§ 52 Güterrechtssachen

[1]Wird in einer Güterrechtssache, die Familienstreitsache ist, auch über einen Antrag nach § 1382 Abs. 5 oder nach § 1383 Abs. 3 des Bürgerlichen Gesetzbuchs entschieden, handelt es sich um ein Verfahren. [2]Die Werte werden zusammengerechnet.

Unterabschnitt 3 Wertfestsetzung

§ 53 Angabe des Werts

[1]Bei jedem Antrag ist der Verfahrenswert, wenn dieser nicht in einer bestimmten Geldsumme besteht, kein fester Wert bestimmt ist oder sich nicht aus früheren Anträgen er-

gibt, und nach Aufforderung auch der Wert eines Teils des Verfahrensgegenstands schriftlich oder zu Protokoll der Geschäftsstelle anzugeben. ²Die Angabe kann jederzeit berichtigt werden.

§ 54 Wertfestsetzung für die Zulässigkeit der Beschwerde

Ist der Wert für die Zulässigkeit der Beschwerde festgesetzt, ist die Festsetzung auch für die Berechnung der Gebühren maßgebend, soweit die Wertvorschriften dieses Gesetzes nicht von den Wertvorschriften des Verfahrensrechts abweichen.

§ 55 Wertfestsetzung für die Gerichtsgebühren

(1) ¹Sind Gebühren, die sich nach dem Verfahrenswert richten, mit der Einreichung des Antrags, der Einspruchs- oder der Rechtsmittelschrift oder mit der Abgabe der entsprechenden Erklärung zu Protokoll fällig, setzt das Gericht sogleich den Wert ohne Anhörung der Beteiligten durch Beschluss vorläufig fest, wenn Gegenstand des Verfahrens nicht eine bestimmte Geldsumme in Euro ist oder für den Regelfall kein fester Wert bestimmt ist. ²Einwendungen gegen die Höhe des festgesetzten Werts können nur im Verfahren über die Beschwerde gegen den Beschluss, durch den die Tätigkeit des Gerichts aufgrund dieses Gesetzes von der vorherigen Zahlung von Kosten abhängig gemacht wird, geltend gemacht werden.

(2) Soweit eine Entscheidung nach § 54 nicht ergeht oder nicht bindet, setzt das Gericht den Wert für die zu erhebenden Gebühren durch Beschluss fest, sobald eine Entscheidung über den gesamten Verfahrensgegenstand ergeht oder sich das Verfahren anderweitig erledigt.

(3) ¹Die Festsetzung kann von Amts wegen geändert werden
1. von dem Gericht, das den Wert festgesetzt hat, und
2. von dem Rechtsmittelgericht, wenn das Verfahren wegen des Hauptgegenstands oder wegen der Entscheidung über den Verfahrenswert, den Kostenansatz oder die Kostenfestsetzung in der Rechtsmittelinstanz schwebt.

²Die Änderung ist nur innerhalb von sechs Monaten zulässig, nachdem die Entscheidung wegen des Hauptgegenstands Rechtskraft erlangt oder das Verfahren sich anderweitig erledigt hat.

§ 56 Schätzung des Werts

¹Wird eine Abschätzung durch Sachverständige erforderlich, ist in dem Beschluss, durch den der Verfahrenswert festgesetzt wird (§ 55), über die Kosten der Abschätzung zu entscheiden. ²Diese Kosten können ganz oder teilweise dem Beteiligten auferlegt werden, welcher die Abschätzung durch Unterlassen der ihm obliegenden Wertangabe, durch unrichtige Angabe des Werts, durch unbegründetes Bestreiten des angegebenen Werts oder durch eine unbegründete Beschwerde veranlasst hat.

Abschnitt 8 Erinnerung und Beschwerde

§ 57 Erinnerung gegen den Kostenansatz, Beschwerde

(1) ¹Über Erinnerungen des Kostenschuldners und der Staatskasse gegen den Kostenansatz entscheidet das Gericht, bei dem die Kosten angesetzt sind. ²War das Verfahren im ersten Rechtszug bei mehreren Gerichten anhängig, ist das Gericht, bei dem es zu-

letzt anhängig war, auch insoweit zuständig, als Kosten bei den anderen Gerichten angesetzt worden sind.

(2) ¹Gegen die Entscheidung des Familiengerichts über die Erinnerung findet die Beschwerde statt, wenn der Wert des Beschwerdegegenstands 200 Euro übersteigt. ²Die Beschwerde ist auch zulässig, wenn sie das Familiengericht, das die angefochtene Entscheidung erlassen hat, wegen der grundsätzlichen Bedeutung der zur Entscheidung stehenden Frage in dem Beschluss zulässt.

(3) ¹Soweit das Familiengericht die Beschwerde für zulässig und begründet hält, hat es ihr abzuhelfen; im Übrigen ist die Beschwerde unverzüglich dem Oberlandesgericht vorzulegen. ²Das Oberlandesgericht ist an die Zulassung der Beschwerde gebunden; die Nichtzulassung ist unanfechtbar.

(4) ¹Anträge und Erklärungen können ohne Mitwirkung eines Rechtsanwalts schriftlich eingereicht oder zu Protokoll der Geschäftsstelle abgegeben werden; § 129a der Zivilprozessordnung gilt entsprechend. ²Für die Bevollmächtigung gelten die Regelungen des Gesetzes über das Verfahren in Familiensachen und in den Angelegenheiten der freiwilligen Gerichtsbarkeit entsprechend. ³Die Erinnerung ist bei dem Gericht einzulegen, das für die Entscheidung über die Erinnerung zuständig ist. ⁴Die Beschwerde ist bei dem Familiengericht einzulegen.

(5) ¹Das Gericht entscheidet über die Erinnerung und die Beschwerde durch eines seiner Mitglieder als Einzelrichter. ²Der Einzelrichter überträgt das Verfahren dem Senat, wenn die Sache besondere Schwierigkeiten tatsächlicher oder rechtlicher Art aufweist oder die Rechtssache grundsätzliche Bedeutung hat.

(6) ¹Erinnerung und Beschwerde haben keine aufschiebende Wirkung. ²Das Gericht oder das Beschwerdegericht kann auf Antrag oder von Amts wegen die aufschiebende Wirkung ganz oder teilweise anordnen; ist nicht der Einzelrichter zur Entscheidung berufen, entscheidet der Vorsitzende des Gerichts.

(7) Entscheidungen des Oberlandesgerichts sind unanfechtbar.

(8) ¹Die Verfahren sind gebührenfrei. ²Kosten werden nicht erstattet.

§ 58 Beschwerde gegen die Anordnung einer Vorauszahlung

(1) ¹Gegen den Beschluss, durch den die Tätigkeit des Familiengerichts nur aufgrund dieses Gesetzes von der vorherigen Zahlung von Kosten abhängig gemacht wird, und wegen der Höhe des in diesem Fall im Voraus zu zahlenden Betrags findet stets die Beschwerde statt. ²§ 57 Abs. 3, 4 Satz 1 und 4, Abs. 5, 7 und 8 ist entsprechend anzuwenden. ³Soweit sich der Beteiligte in dem Verfahren wegen des Hauptgegenstands vor dem Familiengericht durch einen Bevollmächtigten vertreten lassen muss, gilt dies auch im Beschwerdeverfahren.

(2) Im Fall des § 16 Abs. 2 ist § 57 entsprechend anzuwenden.

§ 59 Beschwerde gegen die Festsetzung des Verfahrenswerts

(1) ¹Gegen den Beschluss des Familiengerichts, durch der Verfahrenswert für die Gerichtsgebühren festgesetzt worden ist (§ 55 Abs. 2), findet die Beschwerde statt, wenn der Wert des Beschwerdegegenstands 200 Euro übersteigt. ²Die Beschwerde findet auch statt, wenn sie das Familiengericht wegen der grundsätzlichen Bedeutung der zur Ent-

scheidung stehenden Frage in dem Beschluss zulässt. ³Die Beschwerde ist nur zulässig, wenn sie innerhalb der in § 55 Abs. 3 Satz 2 bestimmten Frist eingelegt wird; ist der Verfahrenswert später als einen Monat vor Ablauf dieser Frist festgesetzt worden, kann sie noch innerhalb eines Monats nach Zustellung oder formloser Mitteilung des Festsetzungsbeschlusses eingelegt werden. ⁴Im Fall der formlosen Mitteilung gilt der Beschluss mit dem dritten Tag nach Aufgabe zur Post als bekannt gemacht. ⁵§ 57 Abs. 3, 4 Satz 1, 2 und 4, Abs. 5 und 7 ist entsprechend anzuwenden.

(2) ¹War der Beschwerdeführer ohne sein Verschulden verhindert, die Frist einzuhalten, ist ihm auf Antrag vom Oberlandesgericht Wiedereinsetzung in den vorigen Stand zu gewähren, wenn er die Beschwerde binnen zwei Wochen nach der Beseitigung des Hindernisses einlegt und die Tatsachen, welche die Wiedereinsetzung begründen, glaubhaft macht. Ein Fehlen des Verschuldens wird vermutet, wenn eine Rechtsbehelfsbelehrung unterblieben oder fehlerhaft ist.¹ ²Nach Ablauf eines Jahres, von dem Ende der versäumten Frist an gerechnet, kann die Wiedereinsetzung nicht mehr beantragt werden.

(3) ¹Die Verfahren sind gebührenfrei. ²Kosten werden nicht erstattet.

§ 60 Beschwerde gegen die Auferlegung einer Verzögerungsgebühr

¹Gegen den Beschluss des Familiengerichts nach § 32 findet die Beschwerde statt, wenn der Wert des Beschwerdegegenstands 200 Euro übersteigt oder das Familiengericht die Beschwerde wegen der grundsätzlichen Bedeutung in dem Beschluss der zur Entscheidung stehenden Frage zugelassen hat. ²§ 57 Abs. 3, 4 Satz 1, 2 und 4, Abs. 5, 7 und 8 ist entsprechend anzuwenden.

§ 61 Abhilfe bei Verletzung des Anspruchs auf rechtliches Gehör

(1) Auf die Rüge eines durch die Entscheidung beschwerten Beteiligten ist das Verfahren fortzuführen, wenn
1. ein Rechtsmittel oder ein anderer Rechtsbehelf gegen die Entscheidung nicht gegeben ist und
2. das Gericht den Anspruch dieses Beteiligten auf rechtliches Gehör in entscheidungserheblicher Weise verletzt hat.

(2) ¹Die Rüge ist innerhalb von zwei Wochen nach Kenntnis von der Verletzung des rechtlichen Gehörs zu erheben; der Zeitpunkt der Kenntniserlangung ist glaubhaft zu machen. ²Nach Ablauf eines Jahres seit Bekanntmachung der angegriffenen Entscheidung kann die Rüge nicht mehr erhoben werden. ³Formlos mitgeteilte Entscheidungen gelten mit dem dritten Tage nach Aufgabe zur Post als bekannt gemacht. ⁴Die Rüge ist bei dem Gericht zu erheben, dessen Entscheidung angegriffen wird; § 57 Abs. 4 Satz 1 und 2 gilt entsprechend. ⁵Die Rüge muss die angegriffene Entscheidung bezeichnen und das Vorliegen der in Absatz 1 Nr. 2 genannten Voraussetzungen darlegen.

(3) Den übrigen Beteiligten ist, soweit erforderlich, Gelegenheit zur Stellungnahme zu geben.

(4) ¹Das Gericht hat von Amts wegen zu prüfen, ob die Rüge an sich statthaft und ob sie in der gesetzlichen Form und Frist erhoben ist. ²Mangelt es an einem dieser Erfordernisse, so ist die Rüge als unzulässig zu verwerfen. ³Ist die Rüge unbegründet, weist das Ge-

---

1   Eingefügt mit Wirkung zum 1.1.2014.

richt sie zurück. ⁴Die Entscheidung ergeht durch unanfechtbaren Beschluss. ⁵Der Beschluss soll kurz begründet werden.

(5) Ist die Rüge begründet, so hilft ihr das Gericht ab, indem es das Verfahren fortführt, soweit dies aufgrund der Rüge geboten ist.

(6) Kosten werden nicht erstattet.

Abschnitt 9 Schluss- und Übergangsvorschriften

§ 61a Verordnungsermächtigung

¹Die Landesregierungen werden ermächtigt, durch Rechtsverordnung zu bestimmen, dass die von den Gerichten der Länder zu erhebenden Verfahrensgebühren in solchen Verfahren, die nur auf Antrag eingeleitet werden, über die im Kostenverzeichnis für den Fall der Zurücknahme des Antrags vorgesehene Ermäßigung hinaus weiter ermäßigt werden oder entfallen, wenn das gesamte Verfahren oder bei Verbundverfahren nach § 44 eine Folgesache nach einer Mediation oder nach einem anderen Verfahren der außergerichtlichen Konfliktbeilegung durch Zurücknahme des Antrags beendet wird und in der Antragsschrift mitgeteilt worden ist, dass eine Mediation oder ein anderes Verfahren der außergerichtlichen Konfliktbeilegung unternommen wird oder beabsichtigt ist, oder wenn das Gericht den Beteiligten die Durchführung einer Mediation oder eines anderen Verfahrens der außergerichtlichen Konfliktbeilegung vorgeschlagen hat. ²Satz 1 gilt entsprechend für die im Beschwerdeverfahren von den Oberlandesgerichten zu erhebenden Verfahrensgebühren; an die Stelle der Antragsschrift tritt der Schriftsatz, mit dem die Beschwerde eingelegt worden ist.

§ 62 (aufgehoben)

§ 62a Bekanntmachung von Neufassungen

¹Das Bundesministerium der Justiz kann nach Änderungen den Wortlaut des Gesetzes feststellen und als Neufassung im Bundesgesetzblatt bekannt machen. ²Die Bekanntmachung muss auf diese Vorschrift Bezug nehmen und angeben
1. den Stichtag, zu dem der Wortlaut festgestellt wird,
2. die Änderungen seit der letzten Veröffentlichung des vollständigen Wortlauts im Bundesgesetzblatt sowie
3. das Inkrafttreten der Änderungen.

Kostenverzeichnis zum FamGKG

Anlage 1 (zu § 3 Abs. 2) Kostenverzeichnis

Gliederung

Teil 1 Gebühren

Hauptabschnitt 1 Hauptsacheverfahren in Ehesachen einschließlich aller Folgesachen

Abschnitt 1 Erster Rechtszug
Abschnitt 2 Beschwerde gegen die Endentscheidung wegen des Hauptgegenstands
Abschnitt 3 Rechtsbeschwerde gegen die Endentscheidung wegen des Hauptgegenstands
Abschnitt 4 Zulassung der Sprungrechtsbeschwerde gegen die Endentscheidung wegen des Hauptgegenstands

Hauptabschnitt 2 Hauptsacheverfahren in selbständigen Familienstreitsachen

Abschnitt 1 Vereinfachtes Verfahren über den Unterhalt Minderjähriger
Unterabschnitt 1 Erster Rechtszug
Unterabschnitt 2 Beschwerde gegen die Endentscheidung wegen des Hauptgegenstands
Unterabschnitt 3 Rechtsbeschwerde gegen die Endentscheidung wegen des Hauptgegenstands
Unterabschnitt 4 Zulassung der Sprungrechtsbeschwerde gegen die Endentscheidung wegen des Hauptgegenstands
Abschnitt 2 Verfahren im Übrigen
Unterabschnitt 1 Erster Rechtszug
Unterabschnitt 2 Beschwerde gegen die Endentscheidung wegen des Hauptgegenstands
Unterabschnitt 3 Rechtsbeschwerde gegen die Endentscheidung wegen des Hauptgegenstands
Unterabschnitt 4 Zulassung der Sprungrechtsbeschwerde gegen die Endentscheidung wegen des Hauptgegenstands

Hauptabschnitt 3 Hauptsacheverfahren in selbständigen Familiensachen der freiwilligen Gerichtsbarkeit

Abschnitt 1 Kindschaftssachen
Unterabschnitt 1 Verfahren vor dem Familiengericht
Unterabschnitt 2 Beschwerde gegen die Endentscheidung wegen des Hauptgegenstands
Unterabschnitt 3 Rechtsbeschwerde gegen die Endentscheidung wegen des Hauptgegenstands
Unterabschnitt 4 Zulassung der Sprungrechtsbeschwerde gegen die Endentscheidung wegen des Hauptgegenstands
Abschnitt 2 Übrige Familiensachen der freiwilligen Gerichtsbarkeit
Unterabschnitt 1 Erster Rechtszug
Unterabschnitt 2 Beschwerde gegen die Endentscheidung wegen des Hauptgegenstands

Unterabschnitt 3   *Rechtsbeschwerde gegen die Endentscheidung wegen des Hauptgegenstands*
Unterabschnitt 4   *Zulassung der Sprungrechtsbeschwerde gegen die Endentscheidung wegen des Hauptgegenstands*

Hauptabschnitt 4   **Einstweiliger Rechtsschutz**
  Abschnitt 1   Einstweilige Anordnung in Kindschaftssachen
    Unterabschnitt 1   *Erster Rechtszug*
    Unterabschnitt 2   *Beschwerde gegen die Endentscheidung wegen des Hauptgegenstands*
  Abschnitt 2   Einstweilige Anordnung in den übrigen Familiensachen und Arrest
    Unterabschnitt 1   *Erster Rechtszug*
    Unterabschnitt 2   *Beschwerde gegen die Endentscheidung wegen des Hauptgegenstands*

Hauptabschnitt 5   **Besondere Gebühren**
Hauptabschnitt 6   **Vollstreckung**
Hauptabschnitt 7   **Verfahren mit Auslandsbezug**
  Abschnitt 1   Erster Rechtszug
  Abschnitt 2   Abschnitt 2 Beschwerde und Rechtsbeschwerde gegen die Endentscheidung wegen des Hauptgegenstands

Hauptabschnitt 8   **Rüge wegen Verletzung des Anspruchs auf rechtliches Gehör**
Hauptabschnitt 9   **Rechtsmittel im Übrigen**
  Abschnitt 1   Sonstige Beschwerden
  Abschnitt 2   Sonstige Rechtsbeschwerden
  Abschnitt 3   Zulassung der Sprungrechtsbeschwerde in sonstigen Fällen

Teil 2 Auslagen

Kostenverzeichnis (FamGKG-KV)

Teil 1:
Gebühren

Nr.	Gebührentatbestand	Gebühr oder Satz der Gebühr nach § 28 FamGKG

Hauptabschnitt 1:
Hauptsacheverfahren in Ehesachen einschließlich aller Folgesachen

Abschnitt 1:
Erster Rechtszug

1110	Verfahren im Allgemeinen	2,0
1111	Beendigung des Verfahrens hinsichtlich der Ehesache oder einer Folgesache durch	

    1. Zurücknahme des Antrags

        a) vor dem Schluss der mündlichen Verhandlung,

        b) in den Fällen des § 128 Abs. 2 ZPO vor dem Zeitpunkt, der dem Schluss der mündlichen Verhandlung entspricht,

        c) im Fall des § 331 Abs. 3 ZPO vor Ablauf des Tages, an dem die Endentscheidung der Geschäftsstelle übermittelt wird,

    2. Anerkenntnis- oder Verzichtsentscheidung oder Endentscheidung, die nach § 38 Abs. 4 Nr. 2 und 3 FamFG keine Begründung enthält oder nur deshalb eine Begründung enthält, weil zu erwarten ist, dass der Beschluss im Ausland geltend gemacht wird (§ 38 Abs. 5 Nr. 4 FamFG), mit Ausnahme der Endentscheidung in einer Scheidungssache,

    3. gerichtlichen Vergleich oder

    4. Erledigung in der Hauptsache, wenn keine Entscheidung über die Kosten ergeht oder die Entscheidung einer zuvor mitgeteilten Einigung über die Kostentragung oder einer Kostenübernahmeerklärung folgt,

es sei denn, dass bereits eine andere Endentscheidung als eine der in Nummer 2 genannten Entscheidungen vorausgegangen ist:

	Die Gebühr 1110 ermäßigt sich auf	0,5

(1) Wird im Verbund nicht das gesamte Verfahren beendet, ist auf die beendete Ehesache und auf eine oder mehrere beendete Folgesachen § 44 FamGKG anzuwenden und die Gebühr nur insoweit zu ermäßigen.

(2) Die Vervollständigung einer ohne Begründung hergestellten Endentscheidung (§ 38 Abs. 6 FamFG) steht der Ermäßigung nicht entgegen.

Kostenverzeichnis (FamGKG-KV)

Nr.	Gebührentatbestand	Gebühr oder Satz der Gebühr nach § 28 FamGKG

(3) Die Gebühr ermäßigt sich auch, wenn mehrere Ermäßigungstatbestände erfüllt sind.

Abschnitt 2:
Beschwerde gegen die Endentscheidung wegen des Hauptgegenstands

Vorbemerkung 1.1.2:
Dieser Abschnitt ist auch anzuwenden, wenn sich die Beschwerde auf eine Folgesache beschränkt.

1120 Verfahren im Allgemeinen 3,0

1121 Beendigung des gesamten Verfahrens durch Zurücknahme der Beschwerde oder des Antrags, bevor die Schrift zur Begründung der Beschwerde bei Gericht eingegangen ist:
Die Gebühr 1120 ermäßigt sich auf 0,5

Die Erledigung in der Hauptsache steht der Zurücknahme gleich, wenn keine Entscheidung über die Kosten ergeht oder die Entscheidung einer zuvor mitgeteilten Einigung über die Kostentragung oder einer Kostenübernahmeerklärung folgt.

1122 Beendigung des Verfahrens hinsichtlich der Ehesache oder einer Folgesache, wenn nicht Nummer 1121 erfüllt ist, durch

   1. Zurücknahme der Beschwerde oder des Antrags

      a) vor dem Schluss der mündlichen Verhandlung oder,

      b) falls eine mündliche Verhandlung nicht stattfindet, vor Ablauf des Tages, an dem die Endentscheidung der Geschäftsstelle übermittelt wird,

   2. Anerkenntnis- oder Verzichtsentscheidung,

   3. gerichtlichen Vergleich oder

   4. Erledigung in der Hauptsache, wenn keine Entscheidung über die Kosten ergeht oder die Entscheidung einer zuvor mitgeteilten Einigung über die Kostentragung oder einer Kostenübernahmeerklärung folgt,

es sei denn, dass bereits eine andere als eine der in Nummer 2 genannten Endentscheidungen vorausgegangen ist:
Die Gebühr 1120 ermäßigt sich auf 1,0

(1) Wird im Verbund nicht das gesamte Verfahren beendet, ist auf die beendete Ehesache und auf eine oder mehrere beendete Folgesachen § 44 FamGKG anzuwenden und die Gebühr nur insoweit zu ermäßigen.

Kostenverzeichnis (FamGKG-KV)

Nr.	Gebührentatbestand	Gebühr oder Satz der Gebühr nach § 28 FamGKG

(2) Die Gebühr ermäßigt sich auch, wenn mehrere Ermäßigungstatbestände erfüllt sind.

Abschnitt 3:
Rechtsbeschwerde gegen die Endentscheidung wegen des Hauptgegenstands

Vorbemerkung 1.1.3:
Dieser Abschnitt ist auch anzuwenden, wenn sich die Rechtsbeschwerde auf eine Folgesache beschränkt.

1130	Verfahren im Allgemeinen	4,0
1131	Beendigung des gesamten Verfahrens durch Rücknahme der Rechtsbeschwerde oder des Antrags, bevor die Schrift zur Begründung der Rechtsbeschwerde bei Gericht eingegangen ist: Die Gebühr 1130 ermäßigt sich auf	1,0
	Die Erledigung in der Hauptsache steht der Zurücknahme gleich, wenn keine Entscheidung über die Kosten ergeht oder die Entscheidung einer zuvor mitgeteilten Einigung über die Kostentragung oder einer Kostenübernahmeerklärung folgt.	
1132	Beendigung des Verfahrens hinsichtlich der Ehesache oder einer Folgesache durch Zurücknahme der Rechtsbeschwerde oder des Antrags vor Ablauf des Tages, an dem die Endentscheidung der Geschäftsstelle übermittelt wird, wenn nicht Nummer 1131 erfüllt ist: Die Gebühr 1130 ermäßigt sich auf	2,0
	Wird im Verbund nicht das gesamte Verfahren beendet, ist auf die beendete Ehesache und auf eine oder mehrere beendete Folgesachen § 44 FamGKG anzuwenden und die Gebühr nur insoweit zu ermäßigen.	

Abschnitt 4:
Zulassung der Sprungrechtsbeschwerde gegen die Endentscheidung wegen des Hauptgegenstands

1140	Verfahren über die Zulassung der Sprungrechtsbeschwerde: Soweit der Antrag abgelehnt wird	1,0

Kostenverzeichnis (FamGKG-KV)

Nr.	Gebührentatbestand	Gebühr oder Satz der Gebühr nach § 28 FamGKG

Hauptabschnitt 2:
Hauptsacheverfahren in selbständigen Familienstreitsachen

Abschnitt 1:
Vereinfachtes Verfahren über den Unterhalt Minderjähriger

Unterabschnitt 1:
Erster Rechtszug

1210 Entscheidung über einen Antrag auf Festsetzung von Unterhalt nach § 249 Abs. 1 FamFG mit Ausnahme einer Festsetzung nach § 254 Satz 2 FamFG   0,5

Unterabschnitt 2:
Beschwerde gegen die Endentscheidung wegen des Hauptgegenstands

1211 Verfahren über die Beschwerde nach § 256 FamFG gegen die Festsetzung von Unterhalt im vereinfachten Verfahren.   1,0

1212 Beendigung des gesamten Verfahrens ohne Endentscheidung:
Die Gebühr 1211 ermäßigt sich auf   0,5

(1) Wenn die Entscheidung nicht durch Vorlesen der Entscheidungsformel bekannt gegeben worden ist, ermäßigt sich die Gebühr auch im Fall der Zurücknahme der Beschwerde vor Ablauf des Tages, an dem die Endentscheidung der Geschäftsstelle übermittelt wird.

(2) Eine Entscheidung über die Kosten steht der Ermäßigung nicht entgegen, wenn die Entscheidung einer zuvor mitgeteilten Einigung über die Kostentragung oder einer Kostenübernahmeerklärung folgt.

Unterabschnitt 3:
Rechtsbeschwerde gegen die Endentscheidung wegen des Hauptgegenstands

1213 Verfahren im Allgemeinen   1,5

1214 Beendigung des gesamten Verfahrens durch Zurücknahme der Rechtsbeschwerde oder des Antrags, bevor die Schrift zur Begründung der Rechtsbeschwerde bei Gericht eingegangen ist:
Die Gebühr 1213 ermäßigt sich auf   0,5

1215 Beendigung des gesamten Verfahrens durch Zurücknahme der Rechtsbeschwerde oder des Antrags vor Ablauf des Tages, an dem die Endentscheidung der Geschäftsstelle übermittelt wird, wenn nicht Nummer 1214 erfüllt ist:
Die Gebühr 1213 ermäßigt sich auf   1,0

Kostenverzeichnis (FamGKG-KV)

Nr.	Gebührentatbestand	Gebühr oder Satz der Gebühr nach § 28 FamGKG

Unterabschnitt 4:
Zulassung der Sprungrechtsbeschwerde gegen die Endentscheidung wegen des Hauptgegenstands

1216 Verfahren über die Zulassung der Sprungrechtsbeschwerde: Soweit der Antrag abgelehnt wird 0,5

Abschnitt 2:
Verfahren im Übrigen

Unterabschnitt 1:
Erster Rechtszug

1220 Verfahren im Allgemeinen 3,0

Soweit wegen desselben Verfahrensgegenstands ein Mahnverfahren vorausgegangen ist, entsteht die Gebühr mit dem Eingang der Akten beim Familiengericht, an das der Rechtsstreit nach Erhebung des Widerspruchs oder Einlegung des Einspruchs abgegeben wird; in diesem Fall wird eine Gebühr 1100 des Kostenverzeichnisses zum GKG nach dem Wert des Verfahrensgegenstands angerechnet, der in das Streitverfahren übergegangen ist.

1221 Beendigung des gesamten Verfahrens durch

1. Zurücknahme des Antrags

   a) vor dem Schluss der mündlichen Verhandlung,

   b) in den Fällen des § 128 Abs. 2 ZPO vor dem Zeitpunkt, der dem Schluss der mündlichen Verhandlung entspricht,

   c) im Fall des § 331 Abs. 3 ZPO vor Ablauf des Tages, an dem die Endentscheidung der Geschäftsstelle übermittelt wird,

   wenn keine Entscheidung nach § 269 Abs. 3 Satz 3 ZPO über die Kosten ergeht oder die Entscheidung einer zuvor mitgeteilten Einigung über die Kostentragung oder einer Kostenübernahmeerklärung folgt,

2. Anerkenntnis- oder Verzichtsentscheidung oder Endentscheidung, die nach § 38 Abs. 4 Nr. 2 oder 3 FamFG keine Begründung enthält oder nur deshalb eine Begründung enthält, weil zu erwarten ist, dass der Beschluss im Ausland geltend gemacht wird (§ 38 Abs. 5 Nr. 4 FamFG),

3. gerichtlichen Vergleich oder

Kostenverzeichnis (FamGKG-KV)

Nr.	Gebührentatbestand	Gebühr oder Satz der Gebühr nach § 28 FamGKG
	4. Erledigung in der Hauptsache, wenn keine Entscheidung über die Kosten ergeht oder die Entscheidung einer zuvor mitgeteilten Einigung über die Kostentragung oder einer Kostenübernahmeerklärung folgt,	
	es sei denn, dass bereits eine andere Endentscheidung als eine der in Nummer 2 genannten Entscheidungen vorausgegangen ist:	
	Die Gebühr 1220 ermäßigt sich auf	1,0
	(1) Die Zurücknahme des Antrags auf Durchführung des streitigen Verfahrens (§ 696 Abs. 1 ZPO), des Widerspruchs gegen den Mahnbescheid oder des Einspruchs gegen den Vollstreckungsbescheid stehen der Zurücknahme des Antrags (Nummer 1) gleich.	
	(2) Die Vervollständigung einer ohne Begründung hergestellten Endentscheidung (§ 38 Abs. 6 FamFG) steht der Ermäßigung nicht entgegen.	
	(3) Die Gebühr ermäßigt sich auch, wenn mehrere Ermäßigungstatbestände erfüllt sind.	
	Unterabschnitt 2: *Beschwerde gegen die Endentscheidung wegen des Hauptgegenstands*	
1222	Verfahren im Allgemeinen	4,0
1223	Beendigung des gesamten Verfahrens durch Zurücknahme der Beschwerde oder des Antrags, bevor die Schrift zur Begründung der Beschwerde bei Gericht eingegangen ist:	
	Die Gebühr 1222 ermäßigt sich auf	1,0
	Die Erledigung in der Hauptsache steht der Zurücknahme gleich, wenn keine Entscheidung über die Kosten ergeht oder die Entscheidung einer zuvor mitgeteilten Einigung über die Kostentragung oder einer Kostenübernahmeerklärung folgt.	
1224	Beendigung des gesamten Verfahrens, wenn nicht Nummer 1223 erfüllt ist, durch	
	1. Zurücknahme der Beschwerde oder des Antrags	
	a) vor dem Schluss der mündlichen Verhandlung oder,	
	b) falls eine mündliche Verhandlung nicht stattfindet, vor Ablauf des Tages, an dem die Endentscheidung der Geschäftsstelle übermittelt wird,	
	2. Anerkenntnis- oder Verzichtsentscheidung,	
	3. gerichtlichen Vergleich oder	

Kostenverzeichnis (FamGKG-KV)

Nr.	Gebührentatbestand	Gebühr oder Satz der Gebühr nach § 28 FamGKG
	4. Erledigung in der Hauptsache, wenn keine Entscheidung über die Kosten ergeht oder die Entscheidung einer zuvor mitgeteilten Einigung über die Kostentragung oder einer Kostenübernahmeerklärung folgt, es sei denn, dass bereits eine andere Endentscheidung als eine der in Nummer 2 genannten Entscheidungen vorausgegangen ist: Die Gebühr 1222 ermäßigt sich auf .... Die Gebühr ermäßigt sich auch, wenn mehrere Ermäßigungstatbestände erfüllt sind.	2,0
	Unterabschnitt 3: *Rechtsbeschwerde gegen die Endentscheidung wegen des Hauptgegenstands*	
1225	Verfahren im Allgemeinen	5,0
1226	Beendigung des gesamten Verfahrens durch Zurücknahme der Rechtsbeschwerde oder des Antrags, bevor die Schrift zur Begründung der Rechtsbeschwerde bei Gericht eingegangen ist: Die Gebühr 1225 ermäßigt sich auf .... Die Erledigung in der Hauptsache steht der Zurücknahme gleich, wenn keine Entscheidung über die Kosten ergeht oder die Entscheidung einer zuvor mitgeteilten Einigung über die Kostentragung oder einer Kostenübernahmeerklärung folgt.	1,0
1227	Beendigung des gesamten Verfahrens durch Zurücknahme der Rechtsbeschwerde oder des Antrags vor Ablauf des Tages, an dem die Endentscheidung der Geschäftsstelle übermittelt wird, wenn nicht Nummer 1226 erfüllt ist: Die Gebühr 1225 ermäßigt sich auf	3,0
	Unterabschnitt 4: *Zulassung der Sprungrechtsbeschwerde gegen die Endentscheidung wegen des Hauptgegenstands*	
1228	Verfahren über die Zulassung der Sprungrechtsbeschwerde: Soweit der Antrag abgelehnt wird	1,5
1229	Verfahren über die Zulassung der Sprungrechtsbeschwerde: Soweit der Antrag zurückgenommen oder das Verfahren durch anderweitige Erledigung beendet wird ..... Die Gebühr entsteht nicht, soweit die Sprungrechtsbeschwerde zugelassen wird.	1,0

Kostenverzeichnis (FamGKG-KV)

Nr.	Gebührentatbestand	Gebühr oder Satz der Gebühr nach § 28 FamGKG

Hauptabschnitt 3:
Hauptsacheverfahren in selbständigen Familiensachen der freiwilligen Gerichtsbarkeit

Abschnitt 1:
Kindschaftssachen

Vorbemerkung 1.3.1:

(1) Keine Gebühren werden erhoben für
1. die Pflegschaft für eine Leibesfrucht,
2. ein Verfahren, das die freiheitsentziehende Unterbringung eines Minderjährigen betrifft, und
3. ein Verfahren, das Aufgaben nach dem Jugendgerichtsgesetz betrifft.

(2) Von dem Minderjährigen werden Gebühren nach diesem Abschnitt nur erhoben, wenn sein Vermögen nach Abzug der Verbindlichkeiten mehr als 25 000 Euro beträgt; der in § 90 Abs. 2 Nr. 8 des Zwölften Buches Sozialgesetzbuch genannte Vermögenswert wird nicht mitgerechnet.

Unterabschnitt 1:
Verfahren vor dem Familiengericht

Nr.	Gebührentatbestand	Gebühr
1310	Verfahren im Allgemeinen	0,5

(1) Die Gebühr entsteht nicht für Verfahren,
1. die in den Rahmen einer Vormundschaft oder Pflegschaft fallen,
2. für die die Gebühr 1313 entsteht oder
3. die mit der Anordnung einer Pflegschaft enden.

(2) Für die Umgangspflegschaft werden neben der Gebühr für das Verfahren, in dem diese angeordnet wird, keine besonderen Gebühren erhoben.

| 1311 | Jahresgebühr für jedes angefangene Kalenderjahr bei einer Vormundschaft oder Dauerpflegschaft, wenn nicht Nummer 1312 anzuwenden ist .... | 5,00 € je angefangene 5 000,00 € des zu berücksichtigenden Vermögens – mindestens 50,00 € |

(1) Für die Gebühr wird das Vermögen des von der Maßnahme betroffenen Minderjährigen nur berücksichtigt, soweit es nach Abzug der Verbindlichkeiten mehr als 25 000 Euro beträgt; der in § 90 Abs. 2 Nr. 8 des Zwölften Buches Sozialgesetzbuch genannte Vermögenswert wird nicht mitgerechnet. Ist Gegenstand der Maßnahme ein Teil des Vermögens, ist höchstens dieser Teil des Vermögens zu berücksichtigen.

(2) Für das bei Anordnung der Maßnahme oder bei der ersten Tätigkeit des Familiengerichts nach Eintritt der Vormundschaft laufende und das folgende Kalenderjahr wird nur eine Jahresgebühr erhoben.

(3) Erstreckt sich eine Maßnahme auf mehrere Minderjährige, wird die Gebühr für jeden Minderjährigen besonders erhoben.

(4) Geht eine Pflegschaft in eine Vormundschaft über, handelt es sich um ein einheitliches Verfahren.

Kostenverzeichnis (FamGKG-KV)

Nr.	Gebührentatbestand	Gebühr oder Satz der Gebühr nach § 28 FamGKG
1312	Jahresgebühr für jedes angefangene Kalenderjahr bei einer Dauerpflegschaft, die nicht unmittelbar das Vermögen oder Teile des Vermögens zum Gegenstand hat..	200,00 € – höchstens eine Gebühr 1311
1313	Verfahren im Allgemeinen bei einer Pflegschaft für einzelne Rechtshandlungen..................... (1) Bei einer Pflegschaft für mehrere Minderjährige wird die Gebühr nur einmal aus dem zusammengerechneten Wert erhoben. Minderjährige, von denen nach Vorbemerkung 1.3.1 Abs. 2 keine Gebühr zu erheben ist, sind nicht zu berücksichtigen. Höchstgebühr ist die Summe der für alle zu berücksichtigenden Minderjährigen jeweils maßgebenden Gebühr 1311. (2) Als Höchstgebühr ist die Gebühr 1311 in der Höhe zugrunde zu legen, in der sie bei einer Vormundschaft entstehen würde. (3) Die Gebühr wird nicht erhoben, wenn für den Minderjährigen eine Vormundschaft oder eine Dauerpflegschaft, die sich auf denselben Gegenstand bezieht, besteht.	0,5 – höchstens eine Gebühr 1311

Unterabschnitt 2:
Beschwerde gegen die Endentscheidung wegen des Hauptgegenstands

1314	Verfahren im Allgemeinen.....................	1,0
1315	Beendigung des gesamten Verfahrens ohne Endentscheidung: Die Gebühr 1314 ermäßigt sich auf .... (1) Wenn die Entscheidung nicht durch Vorlesen der Entscheidungsformel bekannt gegeben worden ist, ermäßigt sich die Gebühr auch im Fall der Zurücknahme der Beschwerde vor Ablauf des Tages, an dem die Endentscheidung der Geschäftsstelle übermittelt wird. (2) Eine Entscheidung über die Kosten steht der Ermäßigung nicht entgegen, wenn die Entscheidung einer zuvor mitgeteilten Einigung über die Kostentragung oder einer Kostenübernahmeerklärung folgt. (3) Die Billigung eines gerichtlichen Vergleichs (§ 156 Abs. 2 FamFG) steht der Ermäßigung nicht entgegen.	0,5

Unterabschnitt 3:
Rechtsbeschwerde gegen die Endentscheidung wegen des Hauptgegenstands

1316	Verfahren im Allgemeinen.....................	1,5

Kostenverzeichnis (FamGKG-KV)

Nr.	Gebührentatbestand	Gebühr oder Satz der Gebühr nach § 28 FamGKG
1317	Beendigung des gesamten Verfahrens durch Zurücknahme der Rechtsbeschwerde oder des Antrags, bevor die Schrift zur Begründung der Beschwerde bei Gericht eingegangen ist: Die Gebühr 1316 ermäßigt sich auf	0,5
1318	Beendigung des gesamten Verfahrens durch Zurücknahme der Rechtsbeschwerde oder des Antrags vor Ablauf des Tages, an dem die Endentscheidung der Geschäftsstelle übermittelt wird, wenn nicht Nummer 1317 erfüllt ist: Die Gebühr 1316 ermäßigt sich auf	1,0

Unterabschnitt 4:
Zulassung der Sprungrechtsbeschwerde gegen die Endentscheidung wegen des Hauptgegenstands

1319	Verfahren über die Zulassung der Sprungrechtsbeschwerde: Soweit der Antrag abgelehnt wird	0,5

Abschnitt 2:
Übrige Familiensachen der freiwilligen Gerichtsbarkeit

Vorbemerkung 1.3.2:

(1) Dieser Abschnitt gilt für
1. Abstammungssachen,
2. Adoptionssachen, die einen Volljährigen betreffen,
3. Ehewohnungs- und Haushaltssachen,
4. Gewaltschutzsachen,
5. Versorgungsausgleichssachen sowie
6. Unterhaltssachen, Güterrechtssachen und sonstige Familiensachen (§ 111 Nr. 10 FamFG), die nicht Familienstreitsachen sind.

(2) In Adoptionssachen werden für Verfahren auf Ersetzung der Einwilligung zur Annahme als Kind neben den Gebühren für das Verfahren über die Annahme als Kind keine Gebühren erhoben.

Unterabschnitt 1:
Erster Rechtszug

1320	Verfahren im Allgemeinen	2,0
1321	Beendigung des gesamten Verfahrens 1. ohne Endentscheidung, 2. durch Zurücknahme des Antrags vor Ablauf des Tages, an dem die Endentscheidung der Geschäftsstelle übermittelt wird, wenn die Entschei-	

Kostenverzeichnis (FamGKG-KV)

Nr.	Gebührentatbestand	Gebühr oder Satz der Gebühr nach § 28 FamGKG
	dung nicht bereits durch Vorlesen der Entscheidungsformel bekannt gegeben worden ist, oder	
	3. wenn die Endentscheidung keine Begründung enthält oder nur deshalb eine Begründung enthält, weil zu erwarten ist, dass der Beschluss im Ausland geltend gemacht wird (§ 38 Abs. 5 Nr. 4 FamFG):	
	Die Gebühr 1320 ermäßigt sich auf	0,5
	(1) Die Vervollständigung einer ohne Begründung hergestellten Endentscheidung (§ 38 Abs. 6 FamFG) steht der Ermäßigung nicht entgegen.	
	(2) Die Gebühr ermäßigt sich auch, wenn mehrere Ermäßigungstatbestände erfüllt sind.	
	Unterabschnitt 2: *Beschwerde gegen die Endentscheidung wegen des Hauptgegenstands*	
1322	Verfahren im Allgemeinen	3,0
1323	Beendigung des gesamten Verfahrens durch Zurücknahme der Beschwerde oder des Antrags, bevor die Schrift zur Begründung der Beschwerde bei Gericht eingegangen ist: Die Gebühr 1322 ermäßigt sich auf	0,5
1324	Beendigung des gesamten Verfahrens ohne Endentscheidung, wenn nicht Nummer 1323 erfüllt ist: Die Gebühr 1322 ermäßigt sich auf	1,0
	(1) Wenn die Entscheidung nicht durch Vorlesen der Entscheidungsformel bekannt gegeben worden ist, ermäßigt sich die Gebühr auch im Fall der Zurücknahme der Beschwerde vor Ablauf des Tages, an dem die Endentscheidung der Geschäftsstelle übermittelt wird.	
	(2) Eine Entscheidung über die Kosten steht der Ermäßigung nicht entgegen, wenn die Entscheidung einer zuvor mitgeteilten Einigung über die Kostentragung oder einer Kostenübernahmeerklärung folgt.	
	Unterabschnitt 3: *Rechtsbeschwerde gegen die Endentscheidung wegen des Hauptgegenstands*	
1325	Verfahren im Allgemeinen	4,0
1326	Beendigung des gesamten Verfahrens durch Zurücknahme der Rechtsbeschwerde oder des Antrags, bevor die Schrift zur Begründung der Beschwerde bei Gericht eingegangen ist: Die Gebühr 1325 ermäßigt sich auf	1,0

Kostenverzeichnis (FamGKG-KV)

Nr.	Gebührentatbestand	Gebühr oder Satz der Gebühr nach § 28 FamGKG
1327	Beendigung des gesamten Verfahrens durch Zurücknahme der Rechtsbeschwerde oder des Antrags vor Ablauf des Tages, an dem die Endentscheidung der Geschäftsstelle übermittelt wird, wenn nicht Nummer 1326 erfüllt ist: Die Gebühr 1325 ermäßigt sich auf	2,0

Unterabschnitt 4:
Zulassung der Sprungrechtsbeschwerde gegen die Endentscheidung wegen des Hauptgegenstands

1328	Verfahren über die Zulassung der Sprungrechtsbeschwerde: Soweit der Antrag abgelehnt wird	1,0

Hauptabschnitt 4:
Einstweiliger Rechtsschutz

Vorbemerkung 1.4:
Im Verfahren über den Erlass einer einstweiligen Anordnung und über deren Aufhebung oder Änderung werden die Gebühren nur einmal erhoben. Dies gilt entsprechend im Arrestverfahren.

Abschnitt 1:
Einstweilige Anordnung in Kindschaftssachen

Unterabschnitt 1:
Erster Rechtszug

1410	Verfahren im Allgemeinen	0,3
	Die Gebühr entsteht nicht für Verfahren, die in den Rahmen einer Vormundschaft oder Pflegschaft fallen, und für Verfahren, die die freiheitsentziehende Unterbringung eines Minderjährigen betreffen.	

Unterabschnitt 2:
Beschwerde gegen die Endentscheidung wegen des Hauptgegenstands

1411	Verfahren im Allgemeinen	0,5
1412	Beendigung des gesamten Verfahrens ohne Endentscheidung: Die Gebühr 1411 ermäßigt sich auf	0,3
	(1) Wenn die Entscheidung nicht durch Vorlesen der Entscheidungsformel bekannt gegeben worden ist, ermäßigt sich die Gebühr auch im Fall der Zurücknahme der Beschwerde vor Ablauf des Tages, an dem die Endentscheidung der Geschäftsstelle übermittelt wird.	

Kostenverzeichnis (FamGKG-KV)

Nr.	Gebührentatbestand	Gebühr oder Satz der Gebühr nach § 28 FamGKG
	(2) Eine Entscheidung über die Kosten steht der Ermäßigung nicht entgegen, wenn die Entscheidung einer zuvor mitgeteilten Einigung über die Kostentragung oder einer Kostenübernahmeerklärung folgt.	

Abschnitt 2:
Einstweilige Anordnung in den übrigen Familiensachen und Arrest

Vorbemerkung 1.4.2:
Dieser Abschnitt gilt für Familienstreitsachen und die in Vorbemerkung 1.3.2 genannten Verfahren.

Unterabschnitt 1:
Erster Rechtszug

1420	Verfahren im Allgemeinen	1,5
1421	Beendigung des gesamten Verfahrens ohne Endentscheidung: Die Gebühr 1420 ermäßigt sich auf	0,5
	(1) Wenn die Entscheidung nicht durch Vorlesen der Entscheidungsformel bekannt gegeben worden ist, ermäßigt sich die Gebühr auch im Fall der Zurücknahme des Antrags vor Ablauf des Tages, an dem die Endentscheidung der Geschäftsstelle übermittelt wird. (2) Eine Entscheidung über die Kosten steht der Ermäßigung nicht entgegen, wenn die Entscheidung einer zuvor mitgeteilten Einigung über die Kostentragung oder einer Kostenübernahmeerklärung folgt.	

Unterabschnitt 2:
Beschwerde gegen die Endentscheidung wegen des Hauptgegenstands

1422	Verfahren im Allgemeinen	2,0
1423	Beendigung des gesamten Verfahrens durch Zurücknahme der Beschwerde oder des Antrags, bevor die Schrift zur Begründung der Beschwerde bei Gericht eingegangen ist: Die Gebühr 1422 ermäßigt sich auf	0,5
1424	Beendigung des gesamten Verfahrens ohne Endentscheidung, wenn nicht Nummer 1423 erfüllt ist: Die Gebühr 1422 ermäßigt sich auf	1,0
	(1) Wenn die Entscheidung nicht durch Vorlesen der Entscheidungsformel bekannt gegeben worden ist, ermäßigt sich die Gebühr auch im Fall der Zurücknahme der Beschwerde	

Kostenverzeichnis (FamGKG-KV)

Nr.	Gebührentatbestand	Gebühr oder Satz der Gebühr nach § 28 FamGKG
	vor Ablauf des Tages, an dem die Endentscheidung der Geschäftsstelle übermittelt wird. (2) Eine Entscheidung über die Kosten steht der Ermäßigung nicht entgegen, wenn die Entscheidung einer zuvor mitgeteilten Einigung über die Kostentragung oder einer Kostenübernahmeerklärung folgt.	

Hauptabschnitt 5: Besondere Gebühren

Nr.	Gebührentatbestand	Gebühr oder Satz der Gebühr nach § 28 FamGKG
1500	Abschluss eines gerichtlichen Vergleichs: Soweit ein Vergleich über nicht gerichtlich anhängige Gegenstände geschlossen wird	0,25
	Die Gebühr entsteht nicht im Verfahren über die Verfahrenskostenhilfe. Im Verhältnis zur Gebühr für das Verfahren im Allgemeinen ist § 30 Abs. 3 FamGKG entsprechend anzuwenden.	
1501	Auferlegung einer Gebühr nach § 32 FamGKG wegen Verzögerung des Verfahrens	wie vom Gericht bestimmt
1502	Anordnung von Zwangsmaßnahmen durch Beschluss nach § 35 FamFG: je Anordnung	20,00 €
1503	Selbständiges Beweisverfahren...................	1,0

Hauptabschnitt 6: Vollstreckung

Vorbemerkung 1.6:
Die Vorschriften dieses Hauptabschnitts gelten für die Vollstreckung nach Buch 1 Abschnitt 8 des FamFG, soweit das Familiengericht zuständig ist. Für Handlungen durch das Vollstreckungs- oder Arrestgericht werden Gebühren nach dem GKG erhoben.

Nr.	Gebührentatbestand	Gebühr oder Satz der Gebühr nach § 28 FamGKG
1600	Verfahren über den Antrag auf Erteilung einer weiteren vollstreckbaren Ausfertigung (§ 733 ZPO)	20,00 €
	Die Gebühr wird für jede weitere vollstreckbare Ausfertigung gesondert erhoben. Sind wegen desselben Anspruchs in einem Mahnverfahren gegen mehrere Personen gesonderte Vollstreckungsbescheide erlassen worden und werden hiervon gleichzeitig mehrere weitere vollstreckbare Ausfertigungen beantragt, wird die Gebühr nur einmal erhoben.	
1601	Anordnung der Vornahme einer vertretbaren Handlung durch einen Dritten........................	20,00 €
1602	Anordnung von Zwangs- oder Ordnungsmitteln: je Anordnung	20,00 €

Kostenverzeichnis (FamGKG-KV)

Nr.	Gebührentatbestand	Gebühr oder Satz der Gebühr nach § 28 FamGKG
	Mehrere Anordnungen gelten als eine Anordnung, wenn sie dieselbe Verpflichtung betreffen. Dies gilt nicht, wenn Gegenstand der Verpflichtung die wiederholte Vornahme einer Handlung oder eine Unterlassung ist.	
1603	Verfahren zur Abnahme einer eidesstattlichen Versicherung (§ 94 FamFG)	35,00 €
	Die Gebühr entsteht mit der Anordnung des Gerichts, dass der Verpflichtete eine eidesstattliche Versicherung abzugeben hat, oder mit dem Eingang des Antrags des Berechtigten.	

Hauptabschnitt 7: Verfahren mit Auslandsbezug

Abschnitt 1: Erster Rechtszug

1710	Verfahren über Anträge auf	
	1. Erlass einer gerichtlichen Anordnung auf Rückgabe des Kindes oder über das Recht zum persönlichen Umgang nach dem IntFamRVG,	
	2. Vollstreckbarerklärung ausländischer Titel,	
	3. Feststellung, ob die ausländische Entscheidung anzuerkennen ist, einschließlich der Anordnungen nach § 33 IntFamRVG zur Wiederherstellung des Sorgeverhältnisses,	
	4. Erteilung der Vollstreckungsklausel zu ausländischen Titeln und	
	5. Aufhebung oder Abänderung von Entscheidungen in den in den Nummern 2 bis 4 genannten Verfahren	240,00 €
1711	Verfahren über den Antrag auf Ausstellung einer Bescheinigung nach § 56 AVAG oder § 48 IntFamRVG oder auf Ausstellung des Formblatts oder der Bescheinigung nach § 71 Abs. 1 AUG	15,00 €
1712	Verfahren über den Antrag auf Ausstellung einer Bestätigung nach § 1079 ZPO	20,00 €
1713	Verfahren nach 1. § 3 Abs. 2 des Gesetzes zur Ausführung des Vertrags zwischen der Bundesrepublik Deutschland und der Republik Österreich vom 6. Juni 1959 über die gegenseitige Anerkennung und Vollstreckung von gerichtlichen Entscheidungen, Vergleichen und öffent-	

Kostenverzeichnis (FamGKG-KV)

Nr.	Gebührentatbestand	Gebühr oder Satz der Gebühr nach § 28 FamGKG
	lichen Urkunden in Zivil- und Handelssachen in der im Bundesgesetzblatt Teil III, Gliederungsnummer 319–12, veröffentlichten bereinigten Fassung, das zuletzt durch Artikel 23 des Gesetzes vom 27. Juli 2001 (BGBl. I S. 1887) geändert worden ist, und 2. § 34 Abs. 1 AUG............................	60,00 €
1714	Verfahren über den Antrag nach § 107 Abs. 5, 6 und 8, § 108 Abs. 2 FamFG: Der Antrag wird zurückgewiesen.................	240,00 €
1715	Beendigung des gesamten Verfahrens durch Zurücknahme des Antrags vor Ablauf des Tages, an dem die Endentscheidung der Geschäftsstelle übermittelt wird, wenn die Entscheidung nicht bereits durch Vorlesen der Entscheidungsformel bekannt gegeben worden ist: Die Gebühr 1710 oder 1714 ermäßigt sich auf.......	90,00 €

Abschnitt 2:
Beschwerde und Rechtsbeschwerde gegen die Endentscheidung wegen des Hauptgegenstands

Nr.	Gebührentatbestand	Gebühr oder Satz der Gebühr nach § 28 FamGKG
1720	Verfahren über die Beschwerde oder Rechtsbeschwerde in den in den Nummern 1710, 1713 und 1714 genannten Verfahren......................	360,00 €
1721	Beendigung des gesamten Verfahrens durch Zurücknahme der Beschwerde, der Rechtsbeschwerde oder des Antrags, bevor die Schrift zur Begründung der Beschwerde bei Gericht eingegangen ist: Die Gebühr 1720 ermäßigt sich auf	90,00 €
1722	Beendigung des gesamten Verfahrens ohne Endentscheidung, wenn nicht Nummer 1721 erfüllt ist: Die Gebühr 1720 ermäßigt sich auf	180,00 €
	(1) Wenn die Entscheidung nicht durch Vorlesen der Entscheidungsformel bekannt gegeben worden ist, ermäßigt sich die Gebühr auch im Fall der Zurücknahme der Beschwerde oder der Rechtsbeschwerde vor Ablauf des Tages, an dem die Endentscheidung der Geschäftsstelle übermittelt wird. (2) Eine Entscheidung über die Kosten steht der Ermäßigung nicht entgegen, wenn die Entscheidung einer zuvor mitgeteilten Einigung über die Kostentragung oder einer Kostenübernahmeerklärung folgt.	

Kostenverzeichnis (FamGKG-KV)

Nr.	Gebührentatbestand	Gebühr oder Satz der Gebühr nach § 28 FamGKG
1723	Verfahren über die Beschwerde in 1. den in den Nummern 1711 und 1712 genannten Verfahren, 2. Verfahren nach § 245 FamFG oder 3. Verfahren über die Berichtigung oder den Widerruf einer Bestätigung nach § 1079 ZPO: Die Beschwerde wird verworfen oder zurückgewiesen	60,00 €

Hauptabschnitt 8:
Rüge wegen Verletzung des Anspruchs auf rechtliches Gehör

1800	Verfahren über die Rüge wegen Verletzung des Anspruchs auf rechtliches Gehör (§§ 44, 113 Abs. 1 Satz 2 FamFG, § 321a ZPO): Die Rüge wird in vollem Umfang verworfen oder zurückgewiesen	60,00 €

Hauptabschnitt 9:
Rechtsmittel im Übrigen

Abschnitt 1:
Sonstige Beschwerden

1910	Verfahren über die Beschwerde in den Fällen des § 71 Abs. 2, § 91a Abs. 2, § 99 Abs. 2, § 269 Abs. 5 oder § 494a Abs. 2 Satz 2 ZPO	90,00 €
1911	Beendigung des gesamten Verfahrens ohne Endentscheidung: Die Gebühr 1910 ermäßigt sich auf	60,00 €
	(1) Wenn die Entscheidung nicht durch Vorlesen der Entscheidungsformel bekannt gegeben worden ist, ermäßigt sich die Gebühr auch im Fall der Zurücknahme der Beschwerde vor Ablauf des Tages, an dem die Endentscheidung der Geschäftsstelle übermittelt wird. (2) Eine Entscheidung über die Kosten steht der Ermäßigung nicht entgegen, wenn die Entscheidung einer zuvor mitgeteilten Einigung über die Kostentragung oder einer Kostenübernahmeerklärung folgt.	
1912	Verfahren über eine nicht besonders aufgeführte Beschwerde, die nicht nach anderen Vorschriften gebührenfrei ist: Die Beschwerde wird verworfen oder zurückgewiesen	60,00 €

Kostenverzeichnis (FamGKG-KV)

Nr.	Gebührentatbestand	Gebühr oder Satz der Gebühr nach § 28 FamGKG
	Wird die Beschwerde nur teilweise verworfen oder zurückgewiesen, kann das Gericht die Gebühr nach billigem Ermessen auf die Hälfte ermäßigen oder bestimmen, dass eine Gebühr nicht zu erheben ist.	

Abschnitt 2:
Sonstige Rechtsbeschwerden

Nr.	Gebührentatbestand	
1920	Verfahren über die Rechtsbeschwerde in den Fällen des § 71 Abs. 1, § 91a Abs. 1, § 99 Abs. 2, § 269 Abs. 4 oder § 494a Abs. 2 Satz 2 ZPO	180,00 €
1921	Beendigung des gesamten Verfahrens durch Zurücknahme der Rechtsbeschwerde, bevor die Schrift zur Begründung der Rechtsbeschwerde bei Gericht eingegangen ist: Die Gebühr 1920 ermäßigt sich auf	60,00 €
1922	Beendigung des gesamten Verfahrens durch Zurücknahme der Rechtsbeschwerde oder des Antrags vor Ablauf des Tages, an dem die Endentscheidung der Geschäftsstelle übermittelt wird, wenn nicht Nummer 1921 erfüllt ist: Die Gebühr 1920 ermäßigt sich auf	90,00 €
1923	Verfahren über eine nicht besonders aufgeführte Rechtsbeschwerde, die nicht nach anderen Vorschriften gebührenfrei ist: Die Rechtsbeschwerde wird verworfen oder zurückgewiesen...	120,00 €
	Wird die Rechtsbeschwerde nur teilweise verworfen oder zurückgewiesen, kann das Gericht die Gebühr nach billigem Ermessen auf die Hälfte ermäßigen oder bestimmen, dass eine Gebühr nicht zu erheben ist.	
1924	Verfahren über die in Nummer 1923 genannten Rechtsbeschwerden: Beendigung des gesamten Verfahrens durch Zurücknahme der Rechtsbeschwerde oder des Antrags vor Ablauf des Tages, an dem die Endentscheidung der Geschäftsstelle übermittelt wird..................	60,00 €

Abschnitt 3:
Zulassung der Sprungrechtsbeschwerde in sonstigen Fällen

Nr.		
1930	Verfahren über die Zulassung der Sprungrechtsbeschwerde in den nicht besonders aufgeführten Fällen: Wenn der Antrag abgelehnt wird..................	60,00 €

Kostenverzeichnis (FamGKG-KV)

Teil 2:
Auslagen

Nr.	Auslagentatbestand	Höhe

Vorbemerkung 2:
(1) Auslagen, die durch eine für begründet befundene Beschwerde entstanden sind, werden nicht erhoben, soweit das Beschwerdeverfahren gebührenfrei ist; dies gilt jedoch nicht, soweit das Beschwerdegericht die Kosten dem Gegner des Beschwerdeführers auferlegt hat.
(2) Sind Auslagen durch verschiedene Rechtssachen veranlasst, werden sie auf die mehreren Rechtssachen angemessen verteilt.
(3) In Kindschaftssachen werden von dem Minderjährigen Auslagen nur unter den in Vorbemerkung 1.3.1 Abs. 2 genannten Voraussetzungen erhoben. In den in Vorbemerkung 1.3.1 Abs. 1 genannten Verfahren werden keine Auslagen erhoben, für die freiheitsentziehende Unterbringung eines Minderjährigen gilt dies auch im Verfahren über den Erlass einer einstweiligen Anordnung. Die Sätze 1 und 2 gelten nicht für die Auslagen 2013.
(4) Bei Handlungen durch das Vollstreckungs- oder Arrestgericht werden Auslagen nach dem GKG erhoben.

Nr.	Auslagentatbestand	Höhe
2000	Pauschale für die Herstellung und Überlassung von Dokumenten:	
	1. Ausfertigungen, Kopien und Ausdrucke bis zur Größe von DIN A3, die	
	a) auf Antrag angefertigt oder auf Antrag per Telefax übermittelt worden sind oder	
	b) angefertigt worden sind, weil die Partei oder ein Beteiligter es unterlassen hat, die erforderliche Zahl von Mehrfertigungen beizufügen; der Anfertigung steht es gleich, wenn per Telefax übermittelte Mehrfertigungen von der Empfangseinrichtung des Gerichts ausgedruckt werden:	
	für die ersten 50 Seiten je Seite...............	0,50 €
	für jede weitere Seite	0,15 €
	für die ersten 50 Seiten in Farbe je Seite.........	1,00 €
	für jede weitere Seite in Farbe	0,30 €
	2. Entgelte für die Herstellung und Überlassung der in Nummer 1 genannten Kopien oder Ausdrucke in einer Größe von mehr als DIN A3	in voller Höhe
	oder pauschal je Seite	3,00 €
	oder pauschal je Seite in Farbe	6,00 €
	3. Überlassung von elektronisch gespeicherten Dateien oder deren Bereitstellung zum Abruf anstelle der in den Nummern 1 und 2 genannten Ausfertigungen, Kopien und Ausdrucke:	
	je Datei	1,50 €

Kostenverzeichnis (FamGKG-KV)

Nr.	Auslagentatbestand	Höhe
	für die in einem Arbeitsgang überlassenen, bereitgestellten oder in einem Arbeitsgang auf denselben Datenträger übertragenen Dokumente insgesamt höchstens	5,00 €

(1) Die Höhe der Dokumentenpauschale nach Nummer 1 ist in jedem Rechtszug, bei Vormundschaften und Dauerpflegschaften in jedem Kalenderjahr und für jeden Kostenschuldner nach § 23 Abs. 1 FamGKG gesondert zu berechnen; Gesamtschuldner gelten als ein Schuldner.

(2) Werden zum Zweck der Überlassung von elektronisch gespeicherten Dateien Dokumente zuvor auf Antrag von der Papierform in die elektronische Form übertragen, beträgt die Dokumentenpauschale nach Nummer 2 nicht weniger, als die Dokumentenpauschale im Fall der Nummer 1 betragen würde.

(3) Frei von der Dokumentenpauschale sind für jeden Beteiligten und seine bevollmächtigten Vertreter jeweils

1. eine vollständige Ausfertigung oder Kopie oder ein vollständiger Ausdruck jeder gerichtlichen Entscheidung und jedes vor Gericht abgeschlossenen Vergleichs,
2. eine Ausfertigung ohne Begründung und
3. eine Kopie oder ein Ausdruck jeder Niederschrift über eine Sitzung.

§ 191a Abs. 1 Satz 2 GVG bleibt unberührt.

2001	Auslagen für Telegramme	in voller Höhe
2002	Pauschale für Zustellungen mit Zustellungsurkunde, Einschreiben gegen Rückschein oder durch Justizbedienstete nach § 168 Abs. 1 ZPO je Zustellung	3,50 €

Neben Gebühren, die sich nach dem Verfahrenswert richten, wird die Zustellungspauschale nur erhoben, soweit in einem Rechtszug mehr als 10 Zustellungen anfallen.

2003	Pauschale für die bei der Versendung von Akten auf Antrag anfallenden Auslagen an Transport- und Verpackungskosten je Sendung	12,00 €

Die Hin- und Rücksendung der Akten durch Gerichte gelten zusammen als eine Sendung.

2004	Auslagen für öffentliche Bekanntmachungen	in voller Höhe

Auslagen werden nicht erhoben für die Bekanntmachung in einem elektronischen Informations- und Kommunikationssystem, wenn das Entgelt nicht für den Einzelfall oder nicht für ein einzelnes Verfahren berechnet wird.

Kostenverzeichnis (FamGKG-KV)

Nr.	Auslagentatbestand	Höhe
2005	Nach dem JVEG zu zahlende Beträge	in voller Höhe
	(1) Die Beträge werden auch erhoben, wenn aus Gründen der Gegenseitigkeit, der Verwaltungsvereinfachung oder aus vergleichbaren Gründen keine Zahlungen zu leisten sind. Ist aufgrund des § 1 Abs. 2 Satz 2 JVEG keine Vergütung zu zahlen, ist der Betrag zu erheben, der ohne diese Vorschrift zu zahlen wäre.	
	(2) Auslagen für Übersetzer, die zur Erfüllung der Rechte blinder oder sehbehinderter Personen herangezogen werden (§ 191a Abs. 1 GVG) und für Gebärdensprachdolmetscher (§ 186 Abs. 1 GVG) werden nicht erhoben.	
2006	Bei Geschäften außerhalb der Gerichtsstelle	
	1. die den Gerichtspersonen aufgrund gesetzlicher Vorschriften gewährte Vergütung (Reisekosten, Auslagenersatz) und die Auslagen für die Bereitstellung von Räumen	in voller Höhe
	2. für den Einsatz von Dienstkraftfahrzeugen für jeden gefahrenen Kilometer	0,30 €
2007	Auslagen für	
	1. die Beförderung von Personen	in voller Höhe
	2. Zahlungen an mittellose Personen für die Reise zum Ort einer Verhandlung oder Anhörung und für die Rückreise	bis zur Höhe der nach dem JVEG an Zeugen zu zahlenden Beträge
2008	Kosten einer Zwangshaft, auch aufgrund eines Haftbefehls in entsprechender Anwendung des § 802g ZPO...	in Höhe des Haftkostenbeitrags
	Maßgebend ist die Höhe des Haftkostenbeitrags, der nach Landesrecht von einem Gefangenen zu erheben ist.	
2009	Kosten einer Ordnungshaft	in Höhe des Haftkostenbeitrags
	Maßgebend ist die Höhe des Haftkostenbeitrags, der nach Landesrecht von einem Gefangenen zu erheben ist. Diese Kosten werden nur angesetzt, wenn der Haftkostenbeitrag auch von einem Gefangenen im Strafvollzug zu erheben wäre.	
2010	Nach dem Auslandskostengesetz zu zahlende Beträge	in voller Höhe

Kostenverzeichnis (FamGKG-KV)

Nr.	Auslagentatbestand	Höhe
2011	An deutsche Behörden für die Erfüllung von deren eigenen Aufgaben zu zahlende Gebühren sowie diejenigen Beträge, die diesen Behörden, öffentlichen Einrichtungen oder deren Bediensteten als Ersatz für Auslagen der in den Nummern 2000 bis 2009 bezeichneten Art zustehen	in voller Höhe, die Auslagen begrenzt durch die Höchstsätze für die Auslagen 2000 bis 2009
	Die als Ersatz für Auslagen angefallenen Beträge werden auch erhoben, wenn aus Gründen der Gegenseitigkeit, der Verwaltungsvereinfachung oder aus vergleichbaren Gründen keine Zahlungen zu leisten sind.	
2012	Beträge, die ausländischen Behörden, Einrichtungen oder Personen im Ausland zustehen, sowie Kosten des Rechtshilfeverkehrs mit dem Ausland	in voller Höhe
	Die Beträge werden auch erhoben, wenn aus Gründen der Gegenseitigkeit, der Verwaltungsvereinfachung oder aus vergleichbaren Gründen keine Zahlungen zu leisten sind.	
2013	An den Verfahrensbeistand zu zahlende Beträge.	in voller Höhe
	Die Beträge werden von dem Minderjährigen nur nach Maßgabe des § 1836c BGB erhoben.	
2014	An den Umgangspfleger sowie an Verfahrenspfleger nach § 9 Abs. 5 FamFG, § 57 ZPO zu zahlende Beträge	in voller Höhe
2015	Pauschale für die Inanspruchnahme von Videokonferenzverbindungen: Je Verfahren für jede angefangene halbe Stunde.....	15,00 €

Gerichtsgebühren nach § 34 GKG / § 28 FamGKG

Hinweis: Ermäßigte Gerichtsgebühren Arbeitsgerichtsbarkeit (§ 1 Nr. 5 GKG; § 34 GKG; Nr. 8100 ff. GKG-KV) siehe S. 312 ff.

Wert bis …€	0,25	0,5	0,75	1,0	1,5
500	15,00	17,50*	26,25	35,00	52,50
1.000	15,00	26,50*	39,75	53,00	79,50
1.500	17,75	35,50	53,25	71,00	106,50
2.000	22,25	44,50	66,75	89,00	133,50
3.000	27,00	54,00	81,00	108,00	162,00
4.000	31,75	63,50	95,25	127,00	190,50
5.000	36,50	73,00	109,50	146,00	219,00
6.000	41,25	82,50	123,75	165,00	247,50
7.000	46,00	92,00	138,00	184,00	276,00
8.000	50,75	101,50	152,25	203,00	304,50
9.000	55,50	111,00	166,50	222,00	333,00
10.000	60,25	120,50	180,75	241,00	361,50
13.000	66,75	133,50	200,25	267,00	400,50
16.000	73,25	146,50	219,75	293,00	439,50
19.000	79,75	159,50	239,25	319,00	478,50
22.000	86,25	172,50	258,75	345,00	517,50
25.000	92,75	185,50	278,25	371,00	556,50
30.000	101,50	203,00	304,50	406,00	609,00
35.000	110,25	220,50	330,75	441,00	661,50
40.000	119,00	238,00	357,00	476,00	714,00
45.000	127,75	255,50	383,25	511,00	766,50
50.000	136,50	273,00	409,50	546,00	819,00
65.000	166,50	333,00	499,50	666,00	999,00
80.000	196,50	393,00	589,50	786,00	1.179,00
95.000	226,50	453,00	679,50	906,00	1.359,00
110.000	256,50	513,00	769,50	1.026,00	1.539,00
125.000	286,50	573,00	859,50	1.146,00	1.719,00
140.000	316,50	633,00	949,50	1.266,00	1.899,00
155.000	346,50	693,00	1.039,50	1.386,00	2.079,00
170.000	376,50	753,00	1.129,50	1.506,00	2.259,00
185.000	406,50	813,00	1.219,50	1.626,00	2.439,00
200.000	436,50	873,00	1.309,50	1.746,00	2.619,00
230.000	481,25	962,50	1.443,75	1.925,00	2.887,50
260.000	526,00	1.052,00	1.578,00	2.104,00	3.156,00
290.000	570,75	1.141,50	1.712,25	2.283,00	3.424,50

* Mindestgebühr für das Mahnverfahren: 32,00 € (Nr. 1100 GKG-KV).

Gerichtsgebühren nach § 34 GKG / § 28 FamGKG

Wert bis … €	2,0	2,5	3,0	4,0	5,0
500	70,00	87,50	105,00	140,00	175,00
1.000	106,00	132,50	159,00	212,00	265,00
1.500	142,00	177,50	213,00	284,00	355,00
2.000	178,00	222,50	267,00	356,00	445,00
3.000	216,00	270,00	324,00	432,00	540,00
4.000	254,00	317,50	381,00	508,00	635,00
5.000	292,00	365,00	438,00	584,00	730,00
6.000	330,00	412,50	495,00	660,00	825,00
7.000	368,00	460,00	552,00	736,00	920,00
8.000	406,00	507,50	609,00	812,00	1.015,00
9.000	444,00	555,00	666,00	888,00	1.110,00
10.000	482,00	602,50	723,00	964,00	1.205,00
13.000	534,00	667,50	801,00	1.068,00	1.335,00
16.000	586,00	732,50	879,00	1.172,00	1.465,00
19.000	638,00	797,50	957,00	1.276,00	1.595,00
22.000	690,00	862,50	1.035,00	1.380,00	1.725,00
25.000	742,00	927,50	1.113,00	1.484,00	1.855,00
30.000	812,00	1.015,00	1.218,00	1.624,00	2.030,00
35.000	882,00	1.102,50	1.323,00	1.764,00	2.205,00
40.000	952,00	1.190,00	1.428,00	1.904,00	2.380,00
45.000	1.022,00	1.277,50	1.533,00	2.044,00	2.555,00
50.000	1.092,00	1.365,00	1.638,00	2.184,00	2.730,00
65.000	1.332,00	1.665,00	1.998,00	2.664,00	3.330,00
80.000	1.572,00	1.965,00	2.358,00	3.144,00	3.930,00
95.000	1.812,00	2.265,00	2.718,00	3.624,00	4.530,00
110.000	2.052,00	2.565,00	3.078,00	4.104,00	5.130,00
125.000	2.292,00	2.865,00	3.438,00	4.584,00	5.730,00
140.000	2.532,00	3.165,00	3.798,00	5.064,00	6.330,00
155.000	2.772,00	3.465,00	4.158,00	5.544,00	6.930,00
170.000	3.012,00	3.765,00	4.518,00	6.024,00	7.530,00
185.000	3.252,00	4.065,00	4.878,00	6.504,00	8.130,00
200.000	3.492,00	4.365,00	5.238,00	6.984,00	8.730,00
230.000	3.850,00	4.812,50	5.775,00	7.700,00	9.625,00
260.000	4.208,00	5.260,00	6.312,00	8.416,00	10.520,00
290.000	4.566,00	5.707,50	6.849,00	9.132,00	11.415,00

Gerichtsgebühren
Tabelle
§ 34 GKG /
§ 28 FamGKG

Gerichtsgebühren nach § 34 GKG / § 28 FamGKG

Wert bis ... €	0,25	0,5	0,75	1,0	1,5
320.000	615,50	1.231,00	1.846,50	2.462,00	3.693,00
350.000	660,25	1.320,50	1.980,75	2.641,00	3.961,50
380.000	705,00	1.410,00	2.115,00	2.820,00	4.230,00
410.000	749,75	1.499,50	2.249,25	2.999,00	4.498,50
440.000	794,50	1.589,00	2.383,50	3.178,00	4.767,00
470.000	839,25	1.678,50	2.517,75	3.357,00	5.035,50
500.000	884,00	1.768,00	2.652,00	3.536,00	5.304,00
550.000	929,00	1.858,00	2.787,00	3.716,00	5.574,00
600.000	974,00	1.948,00	2.922,00	3.896,00	5.844,00
650.000	1.019,00	2.038,00	3.057,00	4.076,00	6.114,00
700.000	1.064,00	2.128,00	3.192,00	4.256,00	6.384,00
750.000	1.109,00	2.218,00	3.327,00	4.436,00	6.654,00
800.000	1.154,00	2.308,00	3.462,00	4.616,00	6.924,00
850.000	1.199,00	2.398,00	3.597,00	4.796,00	7.194,00
900.000	1.244,00	2.488,00	3.732,00	4.976,00	7.464,00
950.000	1.289,00	2.578,00	3.867,00	5.156,00	7.734,00
1.000.000	1.334,00	2.668,00	4.002,00	5.336,00	8.004,00
1.050.000	1.379,00	2.758,00	4.137,00	5.516,00	8.274,00
1.100.000	1.424,00	2.848,00	4.272,00	5.696,00	8.544,00
1.150.000	1.469,00	2.938,00	4.407,00	5.876,00	8.814,00
1.200.000	1.514,00	3.028,00	4.542,00	6.056,00	9.084,00
1.250.000	1.559,00	3.118,00	4.677,00	6.236,00	9.354,00
1.300.000	1.604,00	3.208,00	4.812,00	6.416,00	9.624,00
1.350.000	1.649,00	3.298,00	4.947,00	6.596,00	9.894,00
1.400.000	1.694,00	3.388,00	5.082,00	6.776,00	10.164,00
1.450.000	1.739,00	3.478,00	5.217,00	6.956,00	10.434,00
1.500.000	1.784,00	3.568,00	5.352,00	7.136,00	10.704,00
1.550.000	1.829,00	3.658,00	5.487,00	7.316,00	10.974,00
1.600.000	1.874,00	3.748,00	5.622,00	7.496,00	11.244,00
1.650.000	1.919,00	3.838,00	5.757,00	7.676,00	11.514,00
1.700.000	1.964,00	3.928,00	5.892,00	7.856,00	11.784,00
1.750.000	2.009,00	4.018,00	6.027,00	8.036,00	12.054,00
1.800.000	2.054,00	4.108,00	6.162,00	8.216,00	12.324,00
1.850.000	2.099,00	4.198,00	6.297,00	8.396,00	12.594,00
1.900.000	2.144,00	4.288,00	6.432,00	8.576,00	12.864,00
1.950.000	2.189,00	4.378,00	6.567,00	8.756,00	13.134,00
2.000.000	2.234,00	4.468,00	6.702,00	8.936,00	13.404,00
2.050.000	2.279,00	4.558,00	6.837,00	9.116,00	13.674,00
2.100.000	2.324,00	4.648,00	6.972,00	9.296,00	13.944,00
2.150.000	2.369,00	4.738,00	7.107,00	9.476,00	14.214,00

Gerichtsgebühren nach § 34 GKG / § 28 FamGKG

Wert bis …€	2,0	2,5	3,0	4,0	5,0
320.000	4.924,00	6.155,00	7.386,00	9.848,00	12.310,00
350.000	5.282,00	6.602,50	7.923,00	10.564,00	13.205,00
380.000	5.640,00	7.050,00	8.460,00	11.280,00	14.100,00
410.000	5.998,00	7.497,50	8.997,00	11.996,00	14.995,00
440.000	6.356,00	7.945,00	9.534,00	12.712,00	15.890,00
470.000	6.714,00	8.392,50	10.071,00	13.428,00	16.785,00
500.000	7.072,00	8.840,00	10.608,00	14.144,00	17.680,00
550.000	7.432,00	9.290,00	11.148,00	14.864,00	18.580,00
600.000	7.792,00	9.740,00	11.688,00	15.584,00	19.480,00
650.000	8.152,00	10.190,00	12.228,00	16.304,00	20.380,00
700.000	8.512,00	10.640,00	12.768,00	17.024,00	21.280,00
750.000	8.872,00	11.090,00	13.308,00	17.744,00	22.180,00
800.000	9.232,00	11.540,00	13.848,00	18.464,00	23.080,00
850.000	9.592,00	11.990,00	14.388,00	19.184,00	23.980,00
900.000	9.952,00	12.440,00	14.928,00	19.904,00	24.880,00
950.000	10.312,00	12.890,00	15.468,00	20.624,00	25.780,00
1.000.000	10.672,00	13.340,00	16.008,00	21.344,00	26.680,00
1.050.000	11.032,00	13.790,00	16.548,00	22.064,00	27.580,00
1.100.000	11.392,00	14.240,00	17.088,00	22.784,00	28.480,00
1.150.000	11.752,00	14.690,00	17.628,00	23.504,00	29.380,00
1.200.000	12.112,00	15.140,00	18.168,00	24.224,00	30.280,00
1.250.000	12.472,00	15.590,00	18.708,00	24.944,00	31.180,00
1.300.000	12.832,00	16.040,00	19.248,00	25.664,00	32.080,00
1.350.000	13.192,00	16.490,00	19.788,00	26.384,00	32.980,00
1.400.000	13.552,00	16.940,00	20.328,00	27.104,00	33.880,00
1.450.000	13.912,00	17.390,00	20.868,00	27.824,00	34.780,00
1.500.000	14.272,00	17.840,00	21.408,00	28.544,00	35.680,00
1.550.000	14.632,00	18.290,00	21.948,00	29.264,00	36.580,00
1.600.000	14.992,00	18.740,00	22.488,00	29.984,00	37.480,00
1.650.000	15.352,00	19.190,00	23.028,00	30.704,00	38.380,00
1.700.000	15.712,00	19.640,00	23.568,00	31.424,00	39.280,00
1.750.000	16.072,00	20.090,00	24.108,00	32.144,00	40.180,00
1.800.000	16.432,00	20.540,00	24.648,00	32.864,00	41.080,00
1.850.000	16.792,00	20.990,00	25.188,00	33.584,00	41.980,00
1.900.000	17.152,00	21.440,00	25.728,00	34.304,00	42.880,00
1.950.000	17.512,00	21.890,00	26.268,00	35.024,00	43.780,00
2.000.000	17.872,00	22.340,00	26.808,00	35.744,00	44.680,00
2.050.000	18.232,00	22.790,00	27.348,00	36.464,00	45.580,00
2.100.000	18.592,00	23.240,00	27.888,00	37.184,00	46.480,00
2.150.000	18.952,00	23.690,00	28.428,00	37.904,00	47.380,00

Gerichtsgebühren nach § 34 GKG / § 28 FamGKG

Wert bis ...€	0,25	0,5	0,75	1,0	1,5
2.200.000	2.414,00	4.828,00	7.242,00	9.656,00	14.484,00
2.250.000	2.459,00	4.918,00	7.377,00	9.836,00	14.754,00
2.300.000	2.504,00	5.008,00	7.512,00	10.016,00	15.024,00
2.350.000	2.549,00	5.098,00	7.647,00	10.196,00	15.294,00
2.400.000	2.594,00	5.188,00	7.782,00	10.376,00	15.564,00
2.450.000	2.639,00	5.278,00	7.917,00	10.556,00	15.834,00
2.500.000	2.684,00	5.368,00	8.052,00	10.736,00	16.104,00
2.550.000	2.729,00	5.458,00	8.187,00	10.916,00	16.374,00
2.600.000	2.774,00	5.548,00	8.322,00	11.096,00	16.644,00
2.650.000	2.819,00	5.638,00	8.457,00	11.276,00	16.914,00
2.700.000	2.864,00	5.728,00	8.592,00	11.456,00	17.184,00
2.750.000	2.909,00	5.818,00	8.727,00	11.636,00	17.454,00
2.800.000	2.954,00	5.908,00	8.862,00	11.816,00	17.724,00
2.850.000	2.999,00	5.998,00	8.997,00	11.996,00	17.994,00
2.900.000	3.044,00	6.088,00	9.132,00	12.176,00	18.264,00
2.950.000	3.089,00	6.178,00	9.267,00	12.356,00	18.534,00
3.000.000	3.134,00	6.268,00	9.402,00	12.536,00	18.804,00
3.050.000	3.179,00	6.358,00	9.537,00	12.716,00	19.074,00
3.100.000	3.224,00	6.448,00	9.672,00	12.896,00	19.344,00
3.150.000	3.269,00	6.538,00	9.807,00	13.076,00	19.614,00
3.200.000	3.314,00	6.628,00	9.942,00	13.256,00	19.884,00
3.250.000	3.359,00	6.718,00	10.077,00	13.436,00	20.154,00
3.300.000	3.404,00	6.808,00	10.212,00	13.616,00	20.424,00
3.350.000	3.449,00	6.898,00	10.347,00	13.796,00	20.694,00
3.400.000	3.494,00	6.988,00	10.482,00	13.976,00	20.964,00
3.450.000	3.539,00	7.078,00	10.617,00	14.156,00	21.234,00
3.500.000	3.584,00	7.168,00	10.752,00	14.336,00	21.504,00
3.550.000	3.629,00	7.258,00	10.887,00	14.516,00	21.774,00
3.600.000	3.674,00	7.348,00	11.022,00	14.696,00	22.044,00
3.650.000	3.719,00	7.438,00	11.157,00	14.876,00	22.314,00
3.700.000	3.764,00	7.528,00	11.292,00	15.056,00	22.584,00
3.750.000	3.809,00	7.618,00	11.427,00	15.236,00	22.854,00
3.800.000	3.854,00	7.708,00	11.562,00	15.416,00	23.124,00
3.850.000	3.899,00	7.798,00	11.697,00	15.596,00	23.394,00
3.900.000	3.944,00	7.888,00	11.832,00	15.776,00	23.664,00
3.950.000	3.989,00	7.978,00	11.967,00	15.956,00	23.934,00
4.000.000	4.034,00	8.068,00	12.102,00	16.136,00	24.204,00
4.050.000	4.079,00	8.158,00	12.237,00	16.316,00	24.474,00
4.100.000	4.124,00	8.248,00	12.372,00	16.496,00	24.744,00
4.150.000	4.169,00	8.338,00	12.507,00	16.676,00	25.014,00

Gerichtsgebühren nach § 34 GKG / § 28 FamGKG

Wert bis … €	2,0	2,5	3,0	4,0	5,0
2.200.000	19.312,00	24.140,00	28.968,00	38.624,00	48.280,00
2.250.000	19.672,00	24.590,00	29.508,00	39.344,00	49.180,00
2.300.000	20.032,00	25.040,00	30.048,00	40.064,00	50.080,00
2.350.000	20.392,00	25.490,00	30.588,00	40.784,00	50.980,00
2.400.000	20.752,00	25.940,00	31.128,00	41.504,00	51.880,00
2.450.000	21.112,00	26.390,00	31.668,00	42.224,00	52.780,00
2.500.000	21.472,00	26.840,00	32.208,00	42.944,00	53.680,00
2.550.000	21.832,00	27.290,00	32.748,00	43.664,00	54.580,00
2.600.000	22.192,00	27.740,00	33.288,00	44.384,00	55.480,00
2.650.000	22.552,00	28.190,00	33.828,00	45.104,00	56.380,00
2.700.000	22.912,00	28.640,00	34.368,00	45.824,00	57.280,00
2.750.000	23.272,00	29.090,00	34.908,00	46.544,00	58.180,00
2.800.000	23.632,00	29.540,00	35.448,00	47.264,00	59.080,00
2.850.000	23.992,00	29.990,00	35.988,00	47.984,00	59.980,00
2.900.000	24.352,00	30.440,00	36.528,00	48.704,00	60.880,00
2.950.000	24.712,00	30.890,00	37.068,00	49.424,00	61.780,00
3.000.000	25.072,00	31.340,00	37.608,00	50.144,00	62.680,00
3.050.000	25.432,00	31.790,00	38.148,00	50.864,00	63.580,00
3.100.000	25.792,00	32.240,00	38.688,00	51.584,00	64.480,00
3.150.000	26.152,00	32.690,00	39.228,00	52.304,00	65.380,00
3.200.000	26.512,00	33.140,00	39.768,00	53.024,00	66.280,00
3.250.000	26.872,00	33.590,00	40.308,00	53.744,00	67.180,00
3.300.000	27.232,00	34.040,00	40.848,00	54.464,00	68.080,00
3.350.000	27.592,00	34.490,00	41.388,00	55.184,00	68.980,00
3.400.000	27.952,00	34.940,00	41.928,00	55.904,00	69.880,00
3.450.000	28.312,00	35.390,00	42.468,00	56.624,00	70.780,00
3.500.000	28.672,00	35.840,00	43.008,00	57.344,00	71.680,00
3.550.000	29.032,00	36.290,00	43.548,00	58.064,00	72.580,00
3.600.000	29.392,00	36.740,00	44.088,00	58.784,00	73.480,00
3.650.000	29.752,00	37.190,00	44.628,00	59.504,00	74.380,00
3.700.000	30.112,00	37.640,00	45.168,00	60.224,00	75.280,00
3.750.000	30.472,00	38.090,00	45.708,00	60.944,00	76.180,00
3.800.000	30.832,00	38.540,00	46.248,00	61.664,00	77.080,00
3.850.000	31.192,00	38.990,00	46.788,00	62.384,00	77.980,00
3.900.000	31.552,00	39.440,00	47.328,00	63.104,00	78.880,00
3.950.000	31.912,00	39.890,00	47.868,00	63.824,00	79.780,00
4.000.000	32.272,00	40.340,00	48.408,00	64.544,00	80.680,00
4.050.000	32.632,00	40.790,00	48.948,00	65.264,00	81.580,00
4.100.000	32.992,00	41.240,00	49.488,00	65.984,00	82.480,00
4.150.000	33.352,00	41.690,00	50.028,00	66.704,00	83.380,00

Gerichtsgebühren nach § 34 GKG / § 28 FamGKG

Wert bis ... €	0,25	0,5	0,75	1,0	1,5
4.200.000	4.214,00	8.428,00	12.642,00	16.856,00	25.284,00
4.250.000	4.259,00	8.518,00	12.777,00	17.036,00	25.554,00
4.300.000	4.304,00	8.608,00	12.912,00	17.216,00	25.824,00
4.350.000	4.349,00	8.698,00	13.047,00	17.396,00	26.094,00
4.400.000	4.394,00	8.788,00	13.182,00	17.576,00	26.364,00
4.450.000	4.439,00	8.878,00	13.317,00	17.756,00	26.634,00
4.500.000	4.484,00	8.968,00	13.452,00	17.936,00	26.904,00
4.550.000	4.529,00	9.058,00	13.587,00	18.116,00	27.174,00
4.600.000	4.574,00	9.148,00	13.722,00	18.296,00	27.444,00
4.650.000	4.619,00	9.238,00	13.857,00	18.476,00	27.714,00
4.700.000	4.664,00	9.328,00	13.992,00	18.656,00	27.984,00
4.750.000	4.709,00	9.418,00	14.127,00	18.836,00	28.254,00
4.800.000	4.754,00	9.508,00	14.262,00	19.016,00	28.524,00
4.850.000	4.799,00	9.598,00	14.397,00	19.196,00	28.794,00
4.900.000	4.844,00	9.688,00	14.532,00	19.376,00	29.064,00
4.950.000	4.889,00	9.778,00	14.667,00	19.556,00	29.334,00
5.000.000	4.934,00	9.868,00	14.802,00	19.736,00	29.604,00

Von dem Mehrbetrag über 5.000.000 € entstehen für je 50.000 € Gebühren in Höhe von 180 € für 1 volle Gebühr. Die Berechnung der Gebühren aus Werten über 5.000.000 € kann aus der nachfolgenden Tabelle vorgenommen werden. Zwischenwerte (S. 310, 311) sind hinzuzurechnen.

5.500.000	5.384,00	10.768,00	16.152,00	21.536,00	32.304,00
6.000.000	5.834,00	11.668,00	17.502,00	23.336,00	35.004,00
6.500.000	6.284,00	12.568,00	18.852,00	25.136,00	37.704,00
7.000.000	6.734,00	13.468,00	20.202,00	26.936,00	40.404,00
7.500.000	7.184,00	14.368,00	21.552,00	28.736,00	43.104,00
8.000.000	7.634,00	15.268,00	22.902,00	30.536,00	45.804,00
8.500.000	8.084,00	16.168,00	24.252,00	32.336,00	48.504,00
9.000.000	8.534,00	17.068,00	25.602,00	34.136,00	51.204,00
9.500.000	8.984,00	17.968,00	26.952,00	35.936,00	53.904,00
10.000.000	9.434,00	18.868,00	28.302,00	37.736,00	56.604,00
10.500.000	9.884,00	19.768,00	29.652,00	39.536,00	59.304,00
11.000.000	10.334,00	20.668,00	31.002,00	41.336,00	62.004,00
11.500.000	10.784,00	21.568,00	32.352,00	43.136,00	64.704,00
12.000.000	11.234,00	22.468,00	33.702,00	44.936,00	67.404,00
12.500.000	11.684,00	23.368,00	35.052,00	46.736,00	70.104,00

Gerichtsgebühren nach § 34 GKG / § 28 FamGKG

Wert bis ... €	2,0	2,5	3,0	4,0	5,0
4.200.000	33.712,00	42.140,00	50.568,00	67.424,00	84.280,00
4.250.000	34.072,00	42.590,00	51.108,00	68.144,00	85.180,00
4.300.000	34.432,00	43.040,00	51.648,00	68.864,00	86.080,00
4.350.000	34.792,00	43.490,00	52.188,00	69.584,00	86.980,00
4.400.000	35.152,00	43.940,00	52.728,00	70.304,00	87.880,00
4.450.000	35.512,00	44.390,00	53.268,00	71.024,00	88.780,00
4.500.000	35.872,00	44.840,00	53.808,00	71.744,00	89.680,00
4.550.000	36.232,00	45.290,00	54.348,00	72.464,00	90.580,00
4.600.000	36.592,00	45.740,00	54.888,00	73.184,00	91.480,00
4.650.000	36.952,00	46.190,00	55.428,00	73.904,00	92.380,00
4.700.000	37.312,00	46.640,00	55.968,00	74.624,00	93.280,00
4.750.000	37.672,00	47.090,00	56.508,00	75.344,00	94.180,00
4.800.000	38.032,00	47.540,00	57.048,00	76.064,00	95.080,00
4.850.000	38.392,00	47.990,00	57.588,00	76.784,00	95.980,00
4.900.000	38.752,00	48.440,00	58.128,00	77.504,00	96.880,00
4.950.000	39.112,00	48.890,00	58.668,00	78.224,00	97.780,00
5.000.000	39.472,00	49.340,00	59.208,00	78.944,00	98.680,00

Von dem Mehrbetrag über 5.000.000 € entstehen für je 50.000 € Gebühren in Höhe von 180 € für 1 volle Gebühr. Die Berechnung der Gebühren aus Werten über 5.000.000 € kann aus der nachfolgenden Tabelle vorgenommen werden. Zwischenwerte (S. 310, 311) sind hinzuzurechnen.

5.500.000	43.072,00	53.840,00	64.608,00	86.144,00	107.680,00
6.000.000	46.672,00	58.340,00	70.008,00	93.344,00	116.680,00
6.500.000	50.272,00	62.840,00	75.408,00	100.544,00	125.680,00
7.000.000	53.872,00	67.340,00	80.808,00	107.744,00	134.680,00
7.500.000	57.472,00	71.840,00	86.208,00	114.944,00	143.680,00
8.000.000	61.072,00	76.340,00	91.608,00	122.144,00	152.680,00
8.500.000	64.672,00	80.840,00	97.008,00	129.344,00	161.680,00
9.000.000	68.272,00	85.340,00	102.408,00	136.544,00	170.680,00
9.500.000	71.872,00	89.840,00	107.808,00	143.744,00	179.680,00
10.000.000	75.472,00	94.340,00	113.208,00	150.944,00	188.680,00
10.500.000	79.072,00	98.840,00	118.608,00	158.144,00	197.680,00
11.000.000	82.672,00	103.340,00	124.008,00	165.344,00	206.680,00
11.500.000	86.272,00	107.840,00	129.408,00	172.544,00	215.680,00
12.000.000	89.872,00	112.340,00	134.808,00	179.744,00	224.680,00
12.500.000	93.472,00	116.840,00	140.208,00	186.944,00	233.680,00

Gerichtsgebühren nach § 34 GKG / § 28 FamGKG

Wert bis ... €	0,25	0,5	0,75	1,0	1,5
Zwischenwerte (bei Werten über 5.000.000 €)					
50.000	45,00	90,00	135,00	180,00	270,00
100.000	90,00	180,00	270,00	360,00	540,00
150.000	135,00	270,00	405,00	540,00	810,00
200.000	180,00	360,00	540,00	720,00	1.080,00
250.000	225,00	450,00	675,00	900,00	1.350,00
300.000	270,00	540,00	810,00	1.080,00	1.620,00
350.000	315,00	630,00	945,00	1.260,00	1.890,00
400.000	360,00	720,00	1.080,00	1.440,00	2.160,00
450.000	405,00	810,00	1.215,00	1.620,00	2.430,00
500.000	450,00	900,00	1.350,00	1.800,00	2.700,00
550.000	495,00	990,00	1.485,00	1.980,00	2.970,00
600.000	540,00	1.080,00	1.620,00	2.160,00	3.240,00
650.000	585,00	1.170,00	1.755,00	2.340,00	3.510,00
700.000	630,00	1.260,00	1.890,00	2.520,00	3.780,00
750.000	675,00	1.350,00	2.025,00	2.700,00	4.050,00
800.000	720,00	1.440,00	2.160,00	2.880,00	4.320,00
850.000	765,00	1.530,00	2.295,00	3.060,00	4.590,00
900.000	810,00	1.620,00	2.430,00	3.240,00	4.860,00
950.000	855,00	1.710,00	2.565,00	3.420,00	5.130,00
1.000.000	900,00	1.800,00	2.700,00	3.600,00	5.400,00

Die Vorschrift des § 34 Abs. 1 GKG (§ 28 Abs. 1 FamGKG) sieht für Gegenstandswerte von über 5.000.000 € Stufen von jeweils 50.000 € vor. So sind Gebühren bei einem Wert von 5.676.500 € zunächst auf 5.700.000 € aufzurunden. Nachfolgende Schritte ermitteln zunächst die Gebühren für 5.000.000 € und anschließend für 700.000 €

5.000.000	4.934,00	9.868,00	14.802,00	19.736,00	29.604,00
+ 700.000	630,00	1.260,00	1.890,00	2.520,00	3.780,00
	5.564,00	11.128,00	16.692,00	22.256,00	33.384,00

Außerdem können die Gebühren für Werte über 500.000 € wie folgt berechnet werden:

‰	0,90	1,80	2,70	3,60	5,40
von dem auf 50.000 € aufgerundeten Wert					
+ €	434,00	868,00	1.302,00	1.736,00	2.604,00

Nachfolgend die Lösung mit obigem Zahlenbeispiel:

x	5.700.000	5.700.000	5.700.000	5.700.000	5.700.000
	0,00090	0,00180	0,00270	0,00360	0,00540
=	5.130,00	10.260,00	15.390,00	20.520,00	30.780,00
+	434,00	868,00	1.302,00	1.736,00	2.604,00
=	5.564,00	11.128,00	16.692,00	22.256,00	33.384,00

Gerichtsgebühren nach § 34 GKG / § 28 FamGKG

Wert bis ... €	2,0	2,5	3,0	4,0	5,0
Zwischenwerte (bei Werten über 5.000.000 €)					
50.000	360,00	450,00	540,00	720,00	900,00
100.000	720,00	900,00	1.080,00	1.440,00	1.800,00
150.000	1.080,00	1.350,00	1.620,00	2.160,00	2.700,00
200.000	1.440,00	1.800,00	2.160,00	2.880,00	3.600,00
250.000	1.800,00	2.250,00	2.700,00	3.600,00	4.500,00
300.000	2.160,00	2.700,00	3.240,00	4.320,00	5.400,00
350.000	2.520,00	3.150,00	3.780,00	5.040,00	6.300,00
400.000	2.880,00	3.600,00	4.320,00	5.760,00	7.200,00
450.000	3.240,00	4.050,00	4.860,00	6.480,00	8.100,00
500.000	3.600,00	4.500,00	5.400,00	7.200,00	9.000,00
550.000	3.960,00	4.950,00	5.940,00	7.920,00	9.900,00
600.000	4.320,00	5.400,00	6.480,00	8.640,00	10.800,00
650.000	4.680,00	5.850,00	7.020,00	9.360,00	11.700,00
700.000	5.040,00	6.300,00	7.560,00	10.080,00	12.600,00
750.000	5.400,00	6.750,00	8.100,00	10.800,00	13.500,00
800.000	5.760,00	7.200,00	8.640,00	11.520,00	14.400,00
850.000	6.120,00	7.650,00	9.180,00	12.240,00	15.300,00
900.000	6.480,00	8.100,00	9.720,00	12.960,00	16.200,00
950.000	6.840,00	8.550,00	10.260,00	13.680,00	17.100,00
1.000.000	7.200,00	9.000,00	10.800,00	14.400,00	18.000,00

Die Vorschrift des § 34 Abs. 1 GKG (§ 28 Abs. 1 FamGKG) sieht für Gegenstandswerte von über 5.000.000 € Stufen von jeweils 50.000 € vor. So sind Gebühren bei einem Wert von 5.676.500 € zunächst auf 5.700.000 € aufzurunden. Nachfolgende Schritte ermitteln zunächst die Gebühren für 5.000.000 € und anschließend für 700.000 €

5.000.000	39.472,00	49.340,00	59.208,00	78.944,00	98.680,00
+ 700.000	5.040,00	6.300,00	7.560,00	10.080,00	12.600,00
	44.512,00	55.640,00	66.768,00	89.024,00	111.280,00

Außerdem können die Gebühren für Werte über 500.000 € wie folgt berechnet werden:

‰	7,20	9,00	10,80	14,40	18,00
von dem auf 50.000 € aufgerundeten Wert					
+ €	3.472,00	4.340,00	5.208,00	6.944,00	8.680,00

Nachfolgend die Lösung mit obigem Zahlenbeispiel:

	5.700.000	5.700.000	5.700.000	5.700.000	5.700.000
x	0,00720	0,00900	0,01080	0,01440	0,01800
=	41.040,00	51.300,00	61.560,00	82.080,00	102.600,00
+	3.472,00	4.340,00	5.208,00	6.944,00	8.680,00
=	44.512,00	55.640,00	66.768,00	89.024,00	111.280,00

Gerichtsgebühren Arbeitsgerichtsbarkeit

Die Tabelle erfasst die auf das arbeitsgerichtliche Verfahren abgestimmten Gebührensätze gemäß § 34 GKG, Nr. 8100 ff. GKG-KV.

Wert bis ... €	0,4 €	0,6 €	0,8 €	1,2 €	1,6 €
500	15,00*	21,00	28,00	42,00	56,00
1.000	21,20*	31,80	42,40	63,60	84,80
1.500	28,40	42,60	56,80	85,20	113,60
2.000	35,60	53,40	71,20	106,80	142,40
3.000	43,20	64,80	86,40	129,60	172,80
4.000	50,80	76,20	101,60	152,40	203,20
5.000	58,40	87,60	116,80	175,20	233,60
6.000	66,00	99,00	132,00	198,00	264,00
7.000	73,60	110,40	147,20	220,80	294,40
8.000	81,20	121,80	162,40	243,60	324,80
9.000	88,80	133,20	177,60	266,40	355,20
10.000	96,40	144,60	192,80	289,20	385,60
13.000	106,80	160,20	213,60	320,40	427,20
16.000	117,20	175,80	234,40	351,60	468,80
19.000	127,60	191,40	255,20	382,80	510,40
22.000	138,00	207,00	276,00	414,00	552,00
25.000	148,40	222,60	296,80	445,20	593,60
30.000	162,40	243,60	324,80	487,20	649,60
35.000	176,40	264,60	352,80	529,20	705,60
40.000	190,40	285,60	380,80	571,20	761,60
45.000	204,40	306,60	408,80	613,20	817,60
50.000	218,40	327,60	436,80	655,20	873,60
65.000	266,40	399,60	532,80	799,20	1.065,60
80.000	314,40	471,60	628,80	943,20	1.257,60
95.000	362,40	543,60	724,80	1.087,20	1.449,60
110.000	410,40	615,60	820,80	1.231,20	1.641,60
125.000	458,40	687,60	916,80	1.375,20	1.833,60
140.000	506,40	759,60	1.012,80	1.519,20	2.025,60
155.000	554,40	831,60	1.108,80	1.663,20	2.217,60
170.000	602,40	903,60	1.204,80	1.807,20	2.409,60
185.000	650,40	975,60	1.300,80	1.951,20	2.601,60
200.000	698,40	1.047,60	1.396,80	2.095,20	2.793,60
230.000	770,00	1.155,00	1.540,00	2.310,00	3.080,00

* Mindestgebühr für das Mahnverfahren 26,00 € (Nr. 8100 GKG-KV).

Gerichtsgebühren Arbeitsgerichtsbarkeit nach § 34 GKG, Nr. 8100 ff. GKG-KV

Wert bis ... €	2,0 €	2,4 €	3,2 €	4,0 €
500	70,00	84,00	112,00	140,00
1.000	106,00	127,20	169,60	212,00
1.500	142,00	170,40	227,20	284,00
2.000	178,00	213,60	284,80	356,00
3.000	216,00	259,20	345,60	432,00
4.000	254,00	304,80	406,40	508,00
5.000	292,00	350,40	467,20	584,00
6.000	330,00	396,00	528,00	660,00
7.000	368,00	441,60	588,80	736,00
8.000	406,00	487,20	649,60	812,00
9.000	444,00	532,80	710,40	888,00
10.000	482,00	578,40	771,20	964,00
13.000	534,00	640,80	854,40	1.068,00
16.000	586,00	703,20	937,60	1.172,00
19.000	638,00	765,60	1.020,80	1.276,00
22.000	690,00	828,00	1.104,00	1.380,00
25.000	742,00	890,40	1.187,20	1.484,00
30.000	812,00	974,40	1.299,20	1.624,00
35.000	882,00	1.058,40	1.411,20	1.764,00
40.000	952,00	1.142,40	1.523,20	1.904,00
45.000	1.022,00	1.226,40	1.635,20	2.044,00
50.000	1.092,00	1.310,40	1.747,20	2.184,00
65.000	1.332,00	1.598,40	2.131,20	2.664,00
80.000	1.572,00	1.886,40	2.515,20	3.144,00
95.000	1.812,00	2.174,40	2.899,20	3.624,00
110.000	2.052,00	2.462,40	3.283,20	4.104,00
125.000	2.292,00	2.750,40	3.667,20	4.584,00
140.000	2.532,00	3.038,40	4.051,20	5.064,00
155.000	2.772,00	3.326,40	4.435,20	5.544,00
170.000	3.012,00	3.614,40	4.819,20	6.024,00
185.000	3.252,00	3.902,40	5.203,20	6.504,00
200.000	3.492,00	4.190,40	5.587,20	6.984,00
220.000	3.850,00	4.620,00	6.160,00	7.700,00

Arbeitsgerichtssachen
Gerichtsgebühren
Tabelle § 34 GKG

Gerichtsgebühren Arbeitsgerichtsbarkeit nach § 34 GKG, Nr. 8100 ff. GKG-KV

Wert bis ...€	0,4 €	0,6 €	0,8 €	1,2 €	1,6 €
260.000	841,60	1.262,40	1.683,20	2.524,80	3.366,40
290.000	913,20	1.369,80	1.826,40	2.739,60	3.652,80
320.000	984,80	1.477,20	1.969,60	2.954,40	3.939,20
350.000	1.056,40	1.584,60	2.112,80	3.169,20	4.225,60
380.000	1.128,00	1.692,00	2.256,00	3.384,00	4.512,00
410.000	1.199,60	1.799,40	2.399,20	3.598,80	4.798,40
440.000	1.271,20	1.906,80	2.542,40	3.813,60	5.084,80
470.000	1.342,80	2.014,20	2.685,60	4.028,40	5.371,20
500.000	1.414,40	2.121,60	2.828,80	4.243,20	5.657,60
550.000	1.486,40	2.229,60	2.972,80	4.459,20	5.945,60
600.000	1.558,40	2.337,60	3.116,80	4.675,20	6.233,60
650.000	1.630,40	2.445,60	3.260,80	4.891,20	6.521,60
700.000	1.702,40	2.553,60	3.404,80	5.107,20	6.809,60
750.000	1.774,40	2.661,60	3.548,80	5.323,20	7.097,60
800.000	1.846,40	2.769,60	3.692,80	5.539,20	7.385,60
850.000	1.918,40	2.877,60	3.836,80	5.755,20	7.673,60
900.000	1.990,40	2.985,60	3.980,80	5.971,20	7.961,60
950.000	2.062,40	3.093,60	4.124,80	6.187,20	8.249,60
1.000.000	2.134,40	3.201,60	4.268,80	6.403,20	8.537,60
1.050.000	2.206,40	3.309,60	4.412,80	6.619,20	8.825,60
1.100.000	2.278,40	3.417,60	4.556,80	6.835,20	9.113,60
1.150.000	2.350,40	3.525,60	4.700,80	7.051,20	9.401,60
1.200.000	2.422,40	3.633,60	4.844,80	7.267,20	9.689,60
1.250.000	2.494,40	3.741,60	4.988,80	7.483,20	9.977,60
1.300.000	2.566,40	3.849,60	5.132,80	7.699,20	10.265,60
1.350.000	2.638,40	3.957,60	5.276,80	7.915,20	10.553,60
1.400.000	2.710,40	4.065,60	5.420,80	8.131,20	10.841,60
1.450.000	2.782,40	4.173,60	5.564,80	8.347,20	11.129,60
1.500.000	2.854,40	4.281,60	5.708,80	8.563,20	11.417,60
1.550.000	2.926,40	4.389,60	5.852,80	8.779,20	11.705,60
1.600.000	2.998,40	4.497,60	5.996,80	8.995,20	11.993,60
1.650.000	3.070,40	4.605,60	6.140,80	9.211,20	12.281,60
1.700.000	3.142,40	4.713,60	6.284,80	9.427,20	12.569,60
1.750.000	3.214,40	4.821,60	6.428,80	9.643,20	12.857,60
1.800.000	3.286,40	4.929,60	6.572,80	9.859,20	13.145,60
1.850.000	3.358,40	5.037,60	6.716,80	10.075,20	13.433,60
1.900.000	3.430,40	5.145,60	6.860,80	10.291,20	13.721,60
1.950.000	3.502,40	5.253,60	7.004,80	10.507,20	14.009,60

Gerichtsgebühren Arbeitsgerichtsbarkeit nach § 34 GKG, Nr. 8100 ff. GKG-KV

Wert bis ... €	2,0 €	2,4 €	3,2 €	4,0 €
260.000	4.208,00	5.049,60	6.732,80	8.416,00
290.000	4.566,00	5.479,20	7.305,60	9.132,00
320.000	4.924,00	5.908,80	7.878,40	9.848,00
350.000	5.282,00	6.338,40	8.451,20	10.564,00
380.000	5.640,00	6.768,00	9.024,00	11.280,00
410.000	5.998,00	7.197,60	9.596,80	11.996,00
440.000	6.356,00	7.627,20	10.169,60	12.712,00
470.000	6.714,00	8.056,80	10.742,40	13.428,00
500.000	7.072,00	8.486,40	11.315,20	14.144,00
550.000	7.432,00	8.918,40	11.891,20	14.864,00
600.000	7.792,00	9.350,40	12.467,20	15.584,00
650.000	8.152,00	9.782,40	13.043,20	16.304,00
700.000	8.512,00	10.214,40	13.619,20	17.024,00
750.000	8.872,00	10.646,40	14.195,20	17.744,00
800.000	9.232,00	11.078,40	14.771,20	18.464,00
850.000	9.592,00	11.510,40	15.347,20	19.184,00
900.000	9.952,00	11.942,40	15.923,20	19.904,00
950.000	10.312,00	12.374,40	16.499,20	20.624,00
1.000.000	10.672,00	12.806,40	17.075,20	21.344,00
1.050.000	11.032,00	13.238,40	17.651,20	22.064,00
1.100.000	11.392,00	13.670,40	18.227,20	22.784,00
1.150.000	11.752,00	14.102,40	18.803,20	23.504,00
1.200.000	12.112,00	14.534,40	19.379,20	24.224,00
1.250.000	12.472,00	14.966,40	19.955,20	24.944,00
1.300.000	12.832,00	15.398,40	20.531,20	25.664,00
1.350.000	13.192,00	15.830,40	21.107,20	26.384,00
1.400.000	13.552,00	16.262,40	21.683,20	27.104,00
1.450.000	13.912,00	16.694,40	22.259,20	27.824,00
1.500.000	14.272,00	17.126,40	22.835,20	28.544,00
1.550.000	14.632,00	17.558,40	23.411,20	29.264,00
1.600.000	14.992,00	17.990,40	23.987,20	29.984,00
1.650.000	15.352,00	18.422,40	24.563,20	30.704,00
1.700.000	15.712,00	18.854,40	25.139,20	31.424,00
1.750.000	16.072,00	19.286,40	25.715,20	32.144,00
1.800.000	16.432,00	19.718,40	26.291,20	32.864,00
1.850.000	16.792,00	20.150,40	26.867,20	33.584,00
1.900.000	17.152,00	20.582,40	27.443,20	34.304,00
1.950.000	17.512,00	21.014,40	28.019,20	35.024,00

Gerichtsgebühren Arbeitsgerichtsbarkeit nach § 34 GKG, Nr. 8100 ff. GKG-KV

Wert bis ... €	0,4 €	0,6 €	0,8 €	1,2 €	1,6 €
2.000.000	3.574,40	5.361,60	7.148,80	10.723,20	14.297,60
2.050.000	3.646,40	5.469,60	7.292,80	10.939,20	14.585,60
2.100.000	3.718,40	5.577,60	7.436,80	11.155,20	14.873,60
2.150.000	3.790,40	5.685,60	7.580,80	11.371,20	15.161,60
2.200.000	3.862,40	5.793,60	7.724,80	11.587,20	15.449,60
2.250.000	3.934,40	5.901,60	7.868,80	11.803,20	15.737,60
2.300.000	4.006,40	6.009,60	8.012,80	12.019,20	16.025,60
2.350.000	4.078,40	6.117,60	8.156,80	12.235,20	16.313,60
2.400.000	4.150,40	6.225,60	8.300,80	12.451,20	16.601,60
2.450.000	4.222,40	6.333,60	8.444,80	12.667,20	16.889,60
2.500.000	4.294,40	6.441,60	8.588,80	12.883,20	17.177,60
2.550.000	4.366,40	6.549,60	8.732,80	13.099,20	17.465,60
2.600.000	4.438,40	6.657,60	8.876,80	13.315,20	17.753,60
2.650.000	4.510,40	6.765,60	9.020,80	13.531,20	18.041,60
2.700.000	4.582,40	6.873,60	9.164,80	13.747,20	18.329,60
2.750.000	4.654,40	6.981,60	9.308,80	13.963,20	18.617,60
2.800.000	4.726,40	7.089,60	9.452,80	14.179,20	18.905,60
2.850.000	4.798,40	7.197,60	9.596,80	14.395,20	19.193,60
2.900.000	4.870,40	7.305,60	9.740,80	14.611,20	19.481,60
2.950.000	4.942,40	7.413,60	9.884,80	14.827,20	19.769,60
3.000.000	5.014,40	7.521,60	10.028,80	15.043,20	20.057,60
3.050.000	5.086,40	7.629,60	10.172,80	15.259,20	20.345,60
3.100.000	5.158,40	7.737,60	10.316,80	15.475,20	20.633,60
3.150.000	5.230,40	7.845,60	10.460,80	15.691,20	20.921,60
3.200.000	5.302,40	7.953,60	10.604,80	15.907,20	21.209,60
3.250.000	5.374,40	8.061,60	10.748,80	16.123,20	21.497,60
3.300.000	5.446,40	8.169,60	10.892,80	16.339,20	21.785,60
3.350.000	5.518,40	8.277,60	11.036,80	16.555,20	22.073,60
3.400.000	5.590,40	8.385,60	11.180,80	16.771,20	22.361,60
3.450.000	5.662,40	8.493,60	11.324,80	16.987,20	22.649,60
3.500.000	5.734,40	8.601,60	11.468,80	17.203,20	22.937,60
3.550.000	5.806,40	8.709,60	11.612,80	17.419,20	23.225,60
3.600.000	5.878,40	8.817,60	11.756,80	17.635,20	23.513,60
3.650.000	5.950,40	8.925,60	11.900,80	17.851,20	23.801,60
3.700.000	6.022,40	9.033,60	12.044,80	18.067,20	24.089,60
3.750.000	6.094,40	9.141,60	12.188,80	18.283,20	24.377,60
3.800.000	6.166,40	9.249,60	12.332,80	18.499,20	24.665,60
3.850.000	6.238,40	9.357,60	12.476,80	18.715,20	24.953,60

Gerichtsgebühren Arbeitsgerichtsbarkeit nach § 34 GKG, Nr. 8100 ff. GKG-KV

Wert bis ... €	2,0 €	2,4 €	3,2 €	4,0 €
2.000.000	17.872,00	21.446,40	28.595,20	35.744,00
2.050.000	18.232,00	21.878,40	29.171,20	36.464,00
2.100.000	18.592,00	22.310,40	29.747,20	37.184,00
2.150.000	18.952,00	22.742,40	30.323,20	37.904,00
2.200.000	19.312,00	23.174,40	30.899,20	38.624,00
2.250.000	19.672,00	23.606,40	31.475,20	39.344,00
2.300.000	20.032,00	24.038,40	32.051,20	40.064,00
2.350.000	20.392,00	24.470,40	32.627,20	40.784,00
2.400.000	20.752,00	24.902,40	33.203,20	41.504,00
2.450.000	21.112,00	25.334,40	33.779,20	42.224,00
2.500.000	21.472,00	25.766,40	34.355,20	42.944,00
2.550.000	21.832,00	26.198,40	34.931,20	43.664,00
2.600.000	22.192,00	26.630,40	35.507,20	44.384,00
2.650.000	22.552,00	27.062,40	36.083,20	45.104,00
2.700.000	22.912,00	27.494,40	36.659,20	45.824,00
2.750.000	23.272,00	27.926,40	37.235,20	46.544,00
2.800.000	23.632,00	28.358,40	37.811,20	47.264,00
2.850.000	23.992,00	28.790,40	38.387,20	47.984,00
2.900.000	24.352,00	29.222,40	38.963,20	48.704,00
2.950.000	24.712,00	29.654,40	39.539,20	49.424,00
3.000.000	25.072,00	30.086,40	40.115,20	50.144,00
3.050.000	25.432,00	30.518,40	40.691,20	50.864,00
3.100.000	25.792,00	30.950,40	41.267,20	51.584,00
3.150.000	26.152,00	31.382,40	41.843,20	52.304,00
3.200.000	26.512,00	31.814,40	42.419,20	53.024,00
3.250.000	26.872,00	32.246,40	42.995,20	53.744,00
3.300.000	27.232,00	32.678,40	43.571,20	54.464,00
3.350.000	27.592,00	33.110,40	44.147,20	55.184,00
3.400.000	27.952,00	33.542,40	44.723,20	55.904,00
3.450.000	28.312,00	33.974,40	45.299,20	56.624,00
3.500.000	28.672,00	34.406,40	45.875,20	57.344,00
3.550.000	29.032,00	34.838,40	46.451,20	58.064,00
3.600.000	29.392,00	35.270,40	47.027,20	58.784,00
3.650.000	29.752,00	35.702,40	47.603,20	59.504,00
3.700.000	30.112,00	36.134,40	48.179,20	60.224,00
3.750.000	30.472,00	36.566,40	48.755,20	60.944,00
3.800.000	30.832,00	36.998,40	49.331,20	61.664,00
3.850.000	31.192,00	37.430,40	49.907,20	62.384,00

Gerichtsgebühren Arbeitsgerichtsbarkeit nach § 34 GKG, Nr. 8100 ff. GKG-KV

Wert bis ... €	0,4 €	0,6 €	0,8 €	1,2 €	1,6 €
3.900.000	6.310,40	9.465,60	12.620,80	18.931,20	25.241,60
3.950.000	6.382,40	9.573,60	12.764,80	19.147,20	25.529,60
4.000.000	6.454,40	9.681,60	12.908,80	19.363,20	25.817,60
4.050.000	6.526,40	9.789,60	13.052,80	19.579,20	26.105,60
4.100.000	6.598,40	9.897,60	13.196,80	19.795,20	26.393,60
4.150.000	6.670,40	10.005,60	13.340,80	20.011,20	26.681,60
4.200.000	6.742,40	10.113,60	13.484,80	20.227,20	26.969,60
4.250.000	6.814,40	10.221,60	13.628,80	20.443,20	27.257,60
4.300.000	6.886,40	10.329,60	13.772,80	20.659,20	27.545,60
4.350.000	6.958,40	10.437,60	13.916,80	20.875,20	27.833,60
4.400.000	7.030,40	10.545,60	14.060,80	21.091,20	28.121,60
4.450.000	7.102,40	10.653,60	14.204,80	21.307,20	28.409,60
4.500.000	7.174,40	10.761,60	14.348,80	21.523,20	28.697,60
4.550.000	7.246,40	10.869,60	14.492,80	21.739,20	28.985,60
4.600.000	7.318,40	10.977,60	14.636,80	21.955,20	29.273,60
4.650.000	7.390,40	11.085,60	14.780,80	22.171,20	29.561,60
4.700.000	7.462,40	11.193,60	14.924,80	22.387,20	29.849,60
4.750.000	7.534,40	11.301,60	15.068,80	22.603,20	30.137,60
4.800.000	7.606,40	11.409,60	15.212,80	22.819,20	30.425,60
4.850.000	7.678,40	11.517,60	15.356,80	23.035,20	30.713,60
4.900.000	7.750,40	11.625,60	15.500,80	23.251,20	31.001,60
4.950.000	7.822,40	11.733,60	15.644,80	23.467,20	31.289,60
5.000.000	7.894,40	11.841,60	15.788,80	23.683,20	31.577,60

Bei Werten über 5.000.000 € steigen die Gebühren bei der 1,0 Gebühr um 180 € je angefangene 50.000 €. Nach Aufrundung des Wertes auf volle 50.000 € können die Gebühren wie nachstehend berechnet werden:

‰ von dem auf 50.000 € aufgerundeten Wert.	1,44	2,16	2,88	4,32	5,76
+ €	694,40	1.041,60	1.388,80	2.083,20	2.777,60

Gerichtsgebühren Arbeitsgerichtsbarkeit nach § 34 GKG, Nr. 8100 ff. GKG-KV

Wert bis ... €	2,0 €	2,4 €	3,2 €	4,0 €
3.300.000	31.552,00	37.862,40	50.483,20	63.104,00
3.350.000	31.912,00	38.294,40	51.059,20	63.824,00
4.000.000	32.272,00	38.726,40	51.635,20	64.544,00
4.050.000	32.632,00	39.158,40	52.211,20	65.264,00
4.100.000	32.992,00	39.590,40	52.787,20	65.984,00
4.150.000	33.352,00	40.022,40	53.363,20	66.704,00
4.200.000	33.712,00	40.454,40	53.939,20	67.424,00
4.250.000	34.072,00	40.886,40	54.515,20	68.144,00
4.300.000	34.432,00	41.318,40	55.091,20	68.864,00
4.350.000	34.792,00	41.750,40	55.667,20	69.584,00
4.400.000	35.152,00	42.182,40	56.243,20	70.304,00
4.450.000	35.512,00	42.614,40	56.819,20	71.024,00
4.500.000	35.872,00	43.046,40	57.395,20	71.744,00
4.550.000	36.232,00	43.478,40	57.971,20	72.464,00
4.600.000	36.592,00	43.910,40	58.547,20	73.184,00
4.650.000	36.952,00	44.342,40	59.123,20	73.904,00
4.700.000	37.312,00	44.774,40	59.699,20	74.624,00
4.750.000	37.672,00	45.206,40	60.275,20	75.344,00
4.800.000	38.032,00	45.638,40	60.851,20	76.064,00
4.850.000	38.392,00	46.070,40	61.427,20	76.784,00
4.900.000	38.752,00	46.502,40	62.003,20	77.504,00
4.950.000	39.112,00	46.934,40	62.579,20	78.224,00
5.000.000	39.472,00	47.366,40	63.155,20	78.944,00
‰	7,20	8,64	11,52	14,40
+ €	3.472,00	4.166,40	5.555,20	6.944,00

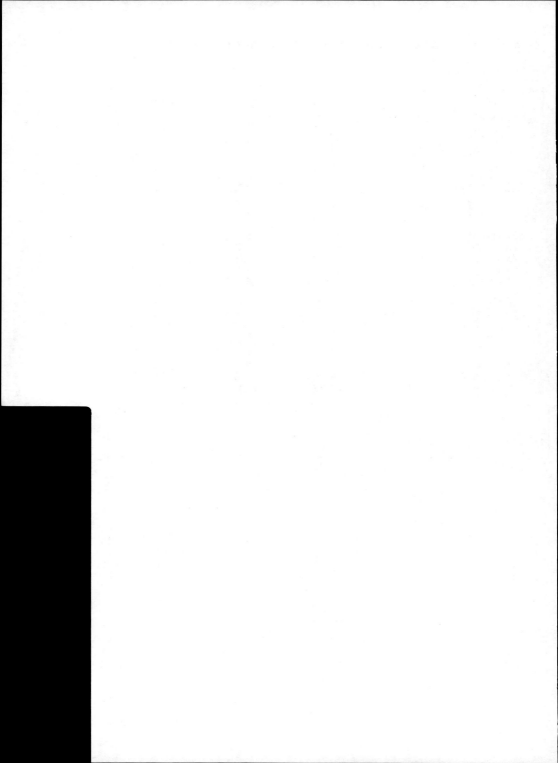

KostO
Beurkundungs- und Betreuungsgebühren des Notars

Die KostO ist durch das am 1.8.2013 in Kraft getretene 2. KostRMoG vom 23.7.2013 (BGBl. I S. 2586) aufgehoben und durch das GNotKG ersetzt worden (vgl. S. 331). Ob in Übergangsfällen die KostO oder das GNotKG anzuwenden ist, richtet sich nach der Übergangsvorschrift in § 136 GNotKG.

Schnellübersicht

Die Kosten der Notare bestimmen sich, soweit bundesrechtlich nichts anderes vorgeschrieben ist, ausschließlich nach der KostO (vgl. § 140 S. 1 KostO). Vereinbarungen über die Höhe der Kosten sind unwirksam (§ 140 S. 2 KostO). Für die Kosten der Notare gelten die Vorschriften des Ersten Teils der KostO (§§ 1 bis 139 KostO) entsprechend, soweit in den §§ 142 ff. KostO nichts anderes bestimmt ist (vgl. § 141 KostO). Auf die Anführung des § 141 KostO als Verweisungsnorm bei der Paragrafenangabe wird aus Gründen der Übersichtlichkeit verzichtet.

Gebührensätze

Ablehnung der fortgesetzten Gütergemeinschaft (§ 1484 BGB)
Wert § 30 Abs. 1
Gebühr § 38 Abs. 3
Beurkundung oder Beglaubigung der Erklärung 1/4

Ablichtungen und Ausdrucke
Gebühr § 55, je angefangene Seite . . . .   0,50 EUR
mindestens 10,00 EUR

Ablieferung von Geld und Wertpapieren
Gebühr § 149, siehe Berechnungsbeispiele zur Hebegebühr S. 553

Abtretung   von Forderungen, Wert §§ 18, 23, 39, Gebühr § 36 Abs. 1 . . .   1
von Geschäftsanteilen, Wert §§ 30, 39 Abs. 2, ...   2
wenn das zugrunde liegende Rechtsgeschäft bereits beurkundet ist,
Gebühr § 38 Abs. 2 Nr. 6d 1/2

Adoption   Vertrag
Wert § 39 Abs. 4
Gebühr § 36 Abs. 1   1
Zustimmungserklärung Gebühr § 38 Abs. 4 . . . .   1/4

Akteneinsicht in Registerakten, siehe Grundbucheinsicht

Gebührensätze

Änderung beurkundeter Erklärungen
    Wert §§ 30 Abs. 1, 39 Abs. 1 S. 2
    Gebühr § 42, derselbe Gebührensatz wie für die ursprüngliche Beurkundung,
    jedoch höchstens 1

Angebot eines Vertrags
    Wert §§ 18 ff.
    Gebühr § 37 .... 1 $\frac{1}{2}$

Anmeldung zu Registern
    Wert §§ 28, 29, 30 Abs. 2, 39 Abs. 5 Hs. 2, 41a-41d
    Gebühr § 38 Abs. 2 Nr. 7 .... $\frac{1}{2}$

Annahme eines Vertragsangebots
    Wert §§ 18 ff.
    Gebühr § 38 Abs. 2 Nr. 2 .... $\frac{1}{2}$

Antrag, Bewilligung, Zustimmung zur Grundbucheintragung
    Wert §§ 20 bis 24, 40
    Gebühr § 38 Abs. 2 Nr. 5a oder b...................... $\frac{1}{2}$

Anträge und Beschwerden zum Vollzug des Geschäfts
    Wert § 146 Abs. 4
    Gebühr § 146 Abs. 1 und 3 .... $\frac{1}{2}$
    nur Einholung des Zeugnisses § 28 Abs. 1 BauGB .... $\frac{1}{10}$
    bei Eintragung, Veränderung oder Löschung einer Belastung, wenn der Notar die Unterschrift nur beglaubigt hat,
    Gebühr § 146 Abs. 2................................. $\frac{1}{4}$

Aufhebung eines von keiner Seite erfüllten Vertrags
    Wert § 39 Abs. 1
    Gebühr § 38 Abs. 2 Nr. 3 .... $\frac{1}{2}$

Auflassung   Wert §§ 19 Abs. 2, 20 Abs. 1, wenn das zugrunde liegende Rechtsgeschäft bereits beurkundet ist
    Gebühr § 38 Abs. 2 Nr. 6a .... $\frac{1}{2}$

Auseinandersetzung
    Wert §§ 18, 39 Abs. 2
    Gebühr § 36 Abs. 2.................................. 2
    für Vermittlung §§ 148, 116, weitere Gebühr.............. 2
    bei Übertragung der Vermittlung durch das Gericht .... 3 $\frac{1}{2}$
    wenn die Bestätigung der Auseinandersetzung dem Gericht zusteht... 3
    Ermäßigung, wenn das Verfahren ohne Bestätigung abgeschlossen wird, auf................................. 2

Gebührensätze

und wenn sich das Verfahren vor Eintritt in die Verhandlung
durch Zurücknahme oder auf andere Weise erledigt, auf..... 1/2

Auslandsunterhaltsgesetz
Antrag auf Vollstreckbarerklärung nach § 35 Abs. 3 AUG
Gebühr § 148a Abs. 3 S. 1............................ 200,00 EUR
Ausstellung des Formblatts oder der Bescheinigung nach
§ 71 Abs. 1 AUG Gebühr 148a Abs. 3 S. 2 Hs. 1 .... 10,00 EUR

Beglaubigung von Ablichtungen und Ausdrucken
Gebühr § 55, je angefangene Seite..................... 0,50 EUR
mindestens
10,00 EUR

Beglaubigung von Unterschriften und Zeichnungen
Wert § 45 Abs. 1 S. 2
Gebühr § 45 Abs. 1................................. 1/4
höchstens
130,00 EUR

Beratung Nur, wenn diese Tätigkeit nicht schon als Nebengeschäft durch eine dem Notar für das Hauptgeschäft oder für erfolglose Verhandlungen zustehende Gebühr abgegolten wird.
Wert §§ 18 ff.
Gebühr § 147 Abs. 2 und 3 .... 1/2

Bescheinigung nach § 56 AVAG oder Ausstellung des Formblatts oder der Bescheinigung nach § 71 Abs. 1 AUG
Gebühr § 148a Abs. 3 S. 2 Hs. 1 .... 10,00 EUR

Bescheinigung über Eintragungen im Handelsregister oder ähnlicher Registern
Gebühr § 150
über eine Vertretungsberechtigung, § 21 Abs. 1 Nr. 1 BNotO . 13,00 EUR
über das Bestehen oder den Sitz einer juristischen Person
oder Handelsgesellschaft, die Firmenänderung, eine Umwandlung oder sonstige rechtserhebliche Umstände,
§ 21 Abs. 1 Nr. 2 BNotO .... 25,00 EUR

Bescheingung von Tatsachen
Wert § 30 Abs. 1 und 2
Gebühr § 50 Abs. 1................................. 1

Bestätigung nach § 1079 ZPO
Gebühr § 148a Abs. 3 S. 2 Hs. 2 .... 15,00 EUR

Gebührensätze

Beschwerden siehe Anträge

Bewilligung siehe Antrag zur Grundbucheintragung

Dokumentenpauschale § 136

    für die ersten 50 Seiten je Seite...................... 0,50 EUR
    für jede weitere Seite .... 0,15 EUR
    für die Überlassung von elektronisch gespeicherten Dateien anstelle der Ausfertigungen, Ablichtungen und Ausdrucke
    je Datei .... 2,50 EUR
    Dokumentenpauschalefrei siehe § 136 Abs. 4

Ehelichkeitserklärung
    Wert § 30 Abs. 2 und 3
    Gebühr § 36 Abs. 1................................... 1

Ehevertrag   Wert § 39 Abs. 3
    Gebühr § 36 Abs. 2................................... 2

Eidesstattliche Versicherung / Eide
    Wert §§ 30 Abs. 1 und 2, 49 Abs. 2, 107 ff.
    Gebühr § 49 Abs. 1................................... 1

Einigung über die Einräumung oder Aufhebung von Sondereigentum
    Wert § 21 Abs. 2
    Gebühr § 38 Abs. 2 Nr. 6b 1/2

Einseitige Erklärungen
    Gebühr § 36 Abs. 1................................... 1

Entwurf einer Urkunde
    Wert §§ 18 ff., 39 ff.
    Gebühr § 145 Abs. 1: die für die Beurkundung bestimmte Gebühr.
    Die Entwurfsgebühr wird auf nachträgliche Beurkundungsgebühren in der Reihenfolge ihrer Entstehung angerechnet.
    Prüfung eines Entwurfs einer Urkunde 1/2
    mindestens... 1/4
    der für die Beurkundung der gesamten Erklärung bestimmten Gebühr;

Gebührensätze

Gebühr § 145 Abs. 2 zur Vorlage bei Behörden, wenn das Rechtsgeschäft auf Grund der behördlichen Maßnahme nicht zustande kommt.................................... ½ der Beurkundungsgebühr, wenn sie geringer ist als eine volle Gebühr

Gebühr § 145 Abs. 3: Aushändigung des Entwurfs, wenn die Beurkundung unterbleibt, wie Gebühr § 145 Abs. 2.

Erbbaurechtseinigung
    Wert § 21 Abs. 1
    Gebühr § 38 Abs. 2 Nr. 6c .... ½

Erbbaurechtsvertrag
    Wert §§ 21 Abs. 1, 24 Abs. 1, 39 Abs. 2
    Gebühr § 36 Abs. 2.................................. 2

Erbschaftsausschlagung
    Wert §§ 38 Abs. 3, 112 Abs. 2
    Gebühr § 38 Abs. 3.................................. ¼

Erbscheinsantrag
    Wert § 107 Abs. 2
    Gebühr § 49 Abs. 2 und 3 1

Erbvertrag   Wert § 46 Abs. 3 bis 5
    Gebühr § 46 Abs. 1.................................. 2

Erfolglose Verhandlung
    Wert §§ 18, 39
    Gebühr § 57 .... max. ½ höchstens 50,00 EUR

Ergänzung einer beurkundeten Erklärung siehe Änderung

Freiwillige Versteigerung von Grundstücken
    Wert §§ 20 Abs. 1, 19 Abs. 2, 53 Abs. 4
    Gebühr § 53 Abs. 1 Nr. 1 für das Verfahren im Allgemeinen... ½
    Gebühr § 53 Abs. 1 Nr. 2 für die Aufnahme der gerichtlichen Schätzung.. ½
    Gebühr § 53 Abs. 1 Nr. 3 für die Abhaltung des Versteigerungstermins...................................... 1
    Gebühr § 53 Abs. 1 Nr. 4 für die Beurkundung des Zuschlags. 1

Gebührensätze

Gesellschaftsorganbeschlüsse
    Wert §§ 41a, 41c, 41d, 44
    Gebühr § 47 2
                                                höchstens
                                               5.000,00 EUR

Gesellschaftsverträge
    Wert §§ 18 ff., 39 Abs. 2 und 5 (mindestens 25.000 EUR, höchstens 5 Mio. EUR, in den Fällen des § 38 Abs. 2 Nr. 7 höchstens 500.000,00 EUR)
    Gebühr § 36 Abs. 2 2

Grundbucheinsicht, § 147 Abs. 1
    (wenn nicht Nebengeschäft, § 35) Mindestgebühr § 33 ...... 10,00 EUR

Hebegebühr, § 149, siehe Berechnungsbeispiele S. 559

Kaufvertrag Wert §§ 20 Abs. 1, 19 Abs. 1 oder 2
    Gebühr § 36 Abs. 2 2

Lebenspartnerschaftsvertrag
    Wert § 39 Abs. 3
    Gebühr § 36 Abs. 2 2

Löschungsbewilligung
    Wert §§ 20 bis 24
    Gebühr § 38 Abs. 2 Nr. 5a .... $^{1}/_{2}$

Löschungsfähige Quittung
    Wert § 23
    Gebühr § 36 Abs. 1 1

Miet-(Pacht-)Vertrag
    Wert § 25 Abs. 1
    Gebühr § 36 Abs. 2 2

Mindestgebühr, § 33 .... 10,00 EUR
    Gebühren werden auf den nächstliegenden Cent auf- oder abgerundet; 0,5 Cent werden aufgerundet.

Musterprotokolle
    Die in § 39 Abs. 5, § 41a Abs. 1 Nr. 1 und Abs. 4 Nr. 1, auch in Verbindung mit § 41c Abs. 1, bestimmten Mindestwerte gelten nicht für die Gründung einer Gesellschaft gemäß § 2 Abs. 1a des GmbHG und, wenn von dem in der Anlage zu dem GmbHG bestimmten Musterprotokoll nicht abgewichen wird, für Änderungen des Gesellschaftsvertrags.

Registereinsicht, § 147 Abs. 1 siehe Grundbucheinsicht

Reisekosten, § 153
    I. Wenn die Gebühren dem Notar selbst zufließen:
        1. Tage- und Abwesenheitsgeld bei Geschäftsreisen
von nicht mehr als 4 Stunden	20,00 EUR
4 bis 8 Stunden	35,00 EUR
Mehr als 8 Stunden	60,00 EUR

Die Hälfte dieses Satzes ist auf die in § 58 Abs. 1 bestimmte Zusatzgebühr anzurechnen.
        2. Übernachtungskosten in der tatsächlich entstandenen Höhe;
        3. Fahrtkosten in Höhe der tatsächlich entstandenen Aufwendungen
bei Benutzung eines eigenen Kraftwagens
je Fahrtkilometer . . . . 0,30 EUR
    II. Wenn die Gebühren der Staatskasse zufließen:
        1. Tagegeld für Bundesbeamte gem. § 9 BRKG i.V.m. § 4 Abs. 5 S. 1 Nr. 5 S. 2 EStG und Übernachtungsgeld für Bundesbeamte gem. § 10 BRKG
        2. Fahrtkosten in Höhe der tatsächlich entstandenen Kosten für die Benutzung eines öffentlichen, regelmäßig verkehrenden Beförderungsmittels oder eines anderen Beförderungsmittels, wenn dessen Benutzung erforderlich war.
Bei Benutzung des eigenen Kraftwagens je Fahrtkilometer . . . . 0,30 EUR
Dies ist stets zu gewähren bis 200 km für Hin- und Rückfahrt zusammen.

Schenkung Wert §§ 18 ff.
Gebühr § 36 Abs. 1, Schenkungserklärung	1
Gebühr § 36 Abs. 2, Schenkungsvertrag	2

Schulderklärung
        Wert §§ 18 ff.
Gebühr § 36 Abs. 1	1

Sicherstellung der Zeit
Gebühr § 56	13,00 EUR

Sicherungsübereignung
Gebühr § 36 Abs. 2	2

Testament Wert § 46 Abs. 4 und 5
Gebühr § 46 Abs. 1	1
Gemeinschaftliches	2

Gebührensätze

Testamentsvollstreckerzeugnis
  Wert §§ 30 Abs. 1 und 2, 49 Abs. 2, 107 ff.
  Gebühr §§ 49 Abs. 1, 109 Abs. 1 Nr. 2................... 1

Unterschriftsbeglaubigung siehe Beglaubigung

Unterhaltsverpflichtung (Vertrag)
  Wert § 24
  Gebühr § 36 Abs. 1 (§ 36 Abs. 2)..................... 1 (2)
  Für die Beurkundung von Unterhaltsverpflichtungen betr. Kinder besteht Gebührenfreiheit, vgl. § 55a i.V.m. § 61 BeurkG.

Unterwerfungserklärung
  Wert §§ 18 ff.
  Gebühr § 36 Abs. 1.................................. 1

Vermögensverzeichnisse und (Ent-)Siegelungen
  Gebühr § 52 .... ½
  bei einem Zeitaufwand von mehr als 2 Stunden:
  zusätzlich für jede angefangene weitere Stunde
  (Mindestgebühr, § 33)............................... 10,00 EUR

Verpfändungserklärung (Vertrag)
  Wert § 23
  Gebühr § 36 Abs. 1 (§ 36 Abs. 2)..................... 1 (2)

Versammlungsbeschlüsse siehe Gesellschaftsorganbeschlüsse

Versteigerung von beweglichen Sachen und Rechten
  Wert § 54 Abs. 1
  Gebühr § 54 Abs. 1.................................. 3
  bei Erledigung vor Aufforderung zur Abgabe von Geboten
  Gebühr § 54 Abs. 2.................................. ¼

Versteigerung von Grundstücken siehe Freiwillige Versteigerung

Verträge Gebühr § 36 Abs. 2................................ 2

Vertragsannahme siehe Annahme eines Vertragsangebots

Vertretungsbescheinigung
  gem. § 21 Abs. 1 Nr. 1 BNotO
  Gebühr § 150 .... 13,00 EUR

Vollmacht Wert § 41
  Gebühr § 38 Abs. 2 Nr. 4 .... ½

Gebührensätze

Vollstreckbare Ausfertigung in den Fällen der §§ 726 bis 729 ZPO sowie bei bestätigten Auseinandersetzungen
       Wert §§ 18 ff.
       Gebühr § 133 .... $^{1}/_{2}$

Vollstreckbarerklärung und Bescheinigung in besonderen Fällen (§ 148a)
   – Antrag auf Vollstreckbarerklärung bei Anwaltsvergleich (§§ 796a bis 796c ZPO) und Schiedsspruch mit vereinbartem Wortlaut (§ 1053 ZPO)
      Wert § 148a Abs. 2
      Gebühr § 148a .... $^{1}/_{2}$
   – Antrag auf Vollstreckbarerklärung einer notariellen Urkunde nach § 55 Abs. 3 AVAG oder nach § 35 Abs. 3 AUG ...... 200,00 EUR
   – Ausstellung einer Bescheinigung nach § 56 AVAG oder Ausstellung des Formblatts oder der Bescheinigung nach § 71 Abs. 1 AUG .... 10,00 EUR
   – Ausstellung einer Bestätigung nach § 1079 ZPO .... 15,00 EUR

Vollzugstätigkeit siehe Anträge und Beschwerden zum Vollzug des Geschäfts

Vormerkungsantrag siehe Antrag zur Grundbucheintragung

Vorrangseinräumung
       Wert § 23 Abs. 3
       siehe Antrag zur Grundbucheintragung

Vorsorgeregister siehe Zentrales Vorsorgeregister

Wechsel- und Scheckproteste
       Gebühr § 51 .... $^{1}/_{2}$
       zuzüglich Wegegebühr je Weg .... 1,50 EUR

Wegegebühr siehe Zusatzgebühren

Widerruf   einer Vollmacht, Wert § 41
       Gebühr § 38 Abs. 2 Nr. 4 .... $^{1}/_{2}$
       eines Testaments, Wert § 46 Abs. 5
       Gebühr § 46 Abs. 2 .... $^{1}/_{2}$

Wohnungseigentumseinigung siehe Einigung über die Einräumung oder Aufhebung von Sondereigentum

Wohnungseigentumsvertrag
       Wert §§ 21 Abs. 2, 39 Abs. 2
       Gebühr § 36 Abs. 2   2

Gebührensätze

Zentrales Vorsorgeregister
Übermittlung von Anträgen an das Zentrale Vorsorgeregister nach § 78 Absatz 2 Satz 1 Nummer 1 der Bundesnotarordnung, wenn der Antrag mit einer anderen gebührenpflichtigen Tätigkeit im Zusammenhang steht .... § 147 Abs. 4 Nr. 6: Keine Gebühr

Gleiches gilt für die Stellung von Anträgen bei dem Zentralen Vorsorgeregister im Namen der Beteiligten.

Zurücknahmeerklärung vor Entscheidung
Wert §§ 18 ff., 39 ff.
Gebühr § 130 Abs. 2............................... ¼
höchstens 20,00 EUR

Zusatzgebühren für Beurkundungen außerhalb der Geschäftsstelle, der Geschäftszeit (sonntags, nachts), nicht in deutscher Sprache. Wert ist der des Geschäfts, Gebühr §§ 58, 59 je .... ½
höchstens je 30,00 EUR

Zustimmungserklärung einzelner Teilnehmer zu einer bereits beurkundeten Erklärung
Wert § 40
Gebühr § 38 Abs. 2 Nr. 1 .... ½

GNotKG Beurkundungs-, Vollzugs- und Betreuungsgebühren des Notars

Schnellübersicht

Die Kosten (Gebühren und Auslagen) der Notare für ihre Amtstätigkeit bestimmen sich, soweit bundesrechtlich nichts anderes vorgeschrieben ist, seit dem 1.8.2013 gem. § 1 Abs. 1 GNotKG ausschließlich nach dem GNotKG (Übergangsregelung vgl. § 136 GNotKG, S. 7). Vereinbarungen über die Höhe der Kosten sind unwirksam (§ 125 GNotKG).

Die Wertgebühren des GNotKG bestimmen sich nach der Tabelle A oder der Tabelle B zu § 34 GNotKG. Aus der Überschrift der rechten Spalte des Kostenverzeichnisses zum GNotKG ergibt sich, welche Tabelle jeweils gilt. Die Notargebühren bestimmen sich danach nach der Tabelle B. Die Tabelle B ist wegen der in diesen Verfahren zum Teil sehr hohen Werte deutlich stärker degressiv ausgestaltet und führt deshalb bei gleichen Werten zu geringeren Gebühren als die Tabelle B.

Gebührensätze

Abdrucke aus einem Register oder aus dem Grundbuch

Abdruck KV GNotKG Nr. 25210.	10,00 €
Beglaubigter Abdruck.	15,00 €
Kein Abdruck, sondern elektronische Übermittlung einer Datei:	
Unbeglaubigte Datei.	5,00 €
Beglaubigte Datei.	10,00 €

Ablehnung der fortgesetzten Gütergemeinschaft (§ 1484 BGB)

Wert § 103 GNotKG
Gebühr KV GNotKG Nr. 21201 Ziff. 7
bei Beurkundung der Erklärung.   0,5

– mindestens 30,00 €

Gebühr KV GNotKG Nr. 24102, 21201 Ziff. 7, § 92 Abs. 2 GNotKG bei Unterschriftsbeglaubigung und vollendetem Entwurf   0,5

– mindestens 30,00 €

Gebühr KV GNotKG Nr. 25100 bei Beglaubigung der Erklärung ohne Entwurf   0,2

– mindestens 20,00 €, höchstens 70,00 €

Gebührensätze

Ablieferung (Verwahrung) von Geld
Wert § 124 Satz 1 GNotKG
Gebühr KV GNotKG Nr. 25300 1,0,
Verwahrung von Geldbeträgen, je Auszahlung   soweit der
Die Gebühr entsteht neben Gebühren für Betreuungstätigkei-   Betrag
ten (KV GNotKG Nr. 22200 und 22201) gesondert, KV   13 Mio. €
GNotKG Vorb. 2.5.3 Abs. 1, vgl. auch KV GNotKG Nr. 22200   übersteigt:
Nr. 4.   0,1 % des
Der Höchstwert gem. § 35 Abs. 2 GNotKG (60 Mio. €) gilt   Auszah-
nicht, KV GNotKG Vorb. 2.5.3 Abs. 2.   lungsbetrags

Ablieferung (Verwahrung) von Wertpapieren
Wert § 124 Satz 2 GNotKG
Gebühr KV GNotKG Nr. 25301 1,0,
Entgegennahme von Wertpapieren und Kostbarkeiten zur   soweit der
Verwahrung   Betrag 13
Die Gebühr entsteht neben Gebühren für Betreuungstätigkei-   Mio. € über-
ten (KV GNotKG Nr. 22200 und 22201) gesondert, KV   steigt: 0,1 %
GNotKG Vorb. 2.5.3 Abs. 1, vgl. auch KV GNotKG Nr. 22200   des Werts
Nr. 4.
Der Höchstwert gem. § 35 Abs. 2 GNotKG (60 Mio. €) gilt
nicht, KV GNotKG Vorb. 2.5.3 Abs. 2.

Abtretung von Forderungen (Grundpfandrechten), Wert §§ 53, 97, 119 Abs. 1 GNotKG,
Gebühr KV GNotKG Nr. 21200 1,0
– mindestens 60,00 €

Gebühr KV GNotKG Nr. 24101, 21200, § 92 Abs. 2 GNotKG bei Unterschriftsbeglaubigung und vollendetem Entwurf 1,0
– mindestens 60,00 €

sonst – wenn nur ein Grundbuchantrag gestellt wird – Gebühr KV GNotKG Nr. 21201 Nr. 4 0,5
– mindestens 30,00 €

Gebühr KV GNotKG Nr. 24102, 21201 Nr. 4, § 92 Abs. 2 GNotKG bei Unterschriftsbeglaubigung und vollendetem Entwurf 0,5
– mindestens 30,00 €

von GmbH-Geschäftsanteilen, Wert §§ 97 Abs. 3, ggf. § 54 GNotKG, Gebühr KV GNotKG Nr. 21100 2,0
– mindestens 120,00 €

Gebührensätze

Hat derselbe Notar das der Übertragung zugrundeliegende Rechtsgeschäft bereits beurkundet und dafür die Gebühr 21100 erhoben,
Gebühr KV GNotKG Nr. 21101 Ziff. 2 0,5
– mindestens 30,00 €

Hat ein anderer Notar das der Übertragung zugrundeliegende Rechtsgeschäft bereits beurkundet,
Gebühr KV GNotKG Nr. 21102 Ziff. 1 1,0
– mindestens 60,00 €

Adoption Beurkundung der Annahmeerklärung
Wert § 101 GNotKG bei Minderjährigen, § 36 Abs. 2, 3 bei Volljährigen
Gebühr KV GNotKG Nr. 21200 1,0
– mindestens 60,00 €

Zustimmungserklärung Gebühr Nr. 21201 Ziff. 8 0,5
– mindestens 30,00 €

Geschäftswert der Zustimmungserklärung § 98 Abs. 1 GNotKG

Änderung beurkundeter Erklärungen

Eine § 42 KostO a.F. vergleichbare Gebühr existiert nicht; weil der Geschäftswert für die Beurkundungsgebühr regelmäßig niedriger ist, werden sachgerechte Ergebnisse erzielt.
Es entsteht dieselbe Gebühr, die auch bei der Beurkundung der Erklärung angefallen wäre:
Bei Vertragsbeurkundung KV GNotKG Nr. 21100
Geschäftswert § 97 Abs. 2 GNotKG

Akteneinsicht in Registerakten, siehe Grundbucheinsicht

Angebot eines Vertrags

Wert §§ 35 ff., 97 GNotKG
Gebühr KV GNotKG Nr. 21100 2,0
Vgl. KV GNotKG Vorb. 2.1.1 Nr. 1 und Vorb. 2.1.2 Abs. 1
– mindestens 120,00 €

Anmeldung zu Registern

Handelsregister, Partnerschafts- und Genossenschaftsregister:
Wert §§ 105, 106 GNotKG
Höchstwert 1 Mio. €.

	Gebührensätze
Bei Beurkundung:	
Gebühr KV GNotKG Nr. 21201 Ziff. 5	0,5
	– mindestens 30,00 €
Bei Unterschriftsbeglaubigung mit Entwurf:	0,5
KV GNotKG Nr. 24102, 21201 Ziff. 5, § 92 Abs. 2 GNotKG,	– mindestens 30.00 €
Bei Unterschriftsbeglaubigung ohne Entwurf:.............	0,2
KV GNotKG Nr. 25100	– mindestens 20,00 €, höchstens 70,00 €

Vereinsregister:
Wert § 36 GNotKG,
Höchstwert gem. §§ 36 Abs. 2, 106 GNotKG 1 Mio. €.
Auffangwert gem. § 36 Abs. 3 GNotKG 5.000 €
Gebühren siehe Handelsregister

Güterrechtsregister:
Wert § 100 Abs. 1 S. 1 Nr. 2 GNotKG,
Gebühren siehe Handelsregister

Annahme eines Vertragsangebots

Wert §§ 35 ff., 97 GNotKG	
Gebühr KV GNotKG Nr. 21101 Ziff. 1	0,5
	– mindestens 30,00 €

Antrag, Bewilligung, Zustimmung zur Grundbucheintragung

Wert §§ 35 ff. GNotKG	
Gebühr KV GNotKG Nr. 21201 Ziff. 5	0,5
	– mindestens 30,00 €
Bei Unterschriftsbeglaubigung mit Entwurf:	0,5
KV GNotKG Nr. 24102, 21201 Ziff. 5, § 92 Abs. 2 GNotKG,	– mindestens 30,00 €
Bei Unterschriftsbeglaubigung ohne Entwurf:	
KV GNotKG Nr. 25100	0,2
	– mindestens 20,00 €, höchstens 70,00 €
Bei Zustimmungen gem. § 27 GBO sowie einem damit verbundenen Löschungsantrag gem. § 13 GBO:	
KV GNotKG Nr. 25101	Festgebühr 20,00 €

Gebührensätze

Anträge und Beschwerden zum Vollzug des Geschäfts
　　Siehe Vollzugstätigkeit, Vollzugsgebühr, V

Aufhebung eines Vertrags
　　Gebühr KV GNotKG Nr. 21102 Ziff. 2 ....　　1,0
　　　　　　　　　　　　　　　　　　　　　　　　　　– mindestens
　　　　　　　　　　　　　　　　　　　　　　　　　　60,00 €

Auflassung　Getrennte Beurkundung
　　Wert §§ 46, 47 GNotKG
　　Gebühr KV GNotKG Nr. 21000 ....　　2,0
　　　　　　　　　　　　　　　　　　　　　　　　　　– mindestens
　　　　　　　　　　　　　　　　　　　　　　　　　　120,00 €
　　Hat derselbe Notar das der Einigung zugrundeliegende Rechtsgeschäft bereits beurkundet und dafür die Gebühr 21100 erhoben, Gebühr KV GNotKG Nr. 21101 Ziff. 2. . . . . .　　0,5
　　　　　　　　　　　　　　　　　　　　　　　　　　– mindestens
　　　　　　　　　　　　　　　　　　　　　　　　　　30,00 €
　　Hat ein anderer Notar das der Einigung zugrundeliegende Rechtsgeschäft bereits beurkundet, Gebühr KV GNotKG Nr. 21102 Ziff. 1. . . . .　　1,0
　　　　　　　　　　　　　　　　　　　　　　　　　　– mindestens
　　　　　　　　　　　　　　　　　　　　　　　　　　60,00 €

Auseinandersetzung
　　Wert §§ 36, 97 Abs. 1, 3 GNotKG
　　Gebühr KV GNotKG Nr. 21100 ....　　2,0
　　　　　　　　　　　　　　　　　　　　　　　　　　– mindestens
　　　　　　　　　　　　　　　　　　　　　　　　　　120,00 €
　　für Vermittlung KV GNotKG Vorbem. 2.3 Abs. 2, 12510. . . . .　　2,0

Ausschlagung
　　Siehe Erbschaftsausschlagung

Auswärtsgebühr
　　Siehe Zusatzgebühren

Beglaubigung von Kopien und Ausdrucken
　　Gebühr KV GNotKG Nr. 25102, je angefangene Seite. . . . . .　　1,00 €
　　Daneben wird keine Dokumentenpauschale erhoben.　– mindestens
　　Vgl. auch Dokumentenpauschale　　　　　　　　　　10,00 €

Beglaubigung von Unterschriften oder Handzeichen
　　Wert § 121 GNotKG

		Gebührensätze
Gebühr KV GNotKG Nr. 25100	....	0,2
		– mindestens 20,00 €, höchstens 70,00 €
Gebühr KV GNotKG Nr. 25101	....	20,00 €

Beratung nur, wenn der Beratungsgegenstand nicht schon Gegenstand eines anderen gebührenpflichtigen Verfahrens oder Geschäfts ist.
Wert § 36 GNotKG
Gebührenrahmen § 92 GNotKG

Gebühr KV GNotKG Nr. 24200	0,3 bis 1,0
KV GNotKG Nr. 24201	0,3 bis 0,5
KV GNotKG Nr. 24202	0,3
Beratung bei der Durchführung oder Vorbereitung einer Hauptversammlung oder Gesellschafterversammlung, Gebühr KV GNotKG Nr. 24203	0,5 bis 2,0

Wert § 120 GNotKG

Bescheinigung über Eintragungen im Handelsregister oder ähnlichen Registern

Gebühr KV GNotKG Nr. 25200
über eine Vertretungsberechtigung, § 21 Abs. 1 Nr. 1 BNotO
und
über das Bestehen oder den Sitz einer juristischen Person oder Handelsgesellschaft, die Firmenänderung, eine Umwandlung oder sonstige rechtserhebliche Umstände,
§ 21 Abs. 1 Nr. 2 BNotO .... 15,00 € für jedes Registerblatt, dessen Einsicht zur Erteilung erforderlich ist

Gebühr KV GNotKG Nr. 25200 .... 15,00 €
Bescheinigung gem. § 21 Abs. 3 BNotO über eine durch Rechtsgeschäft begründete Vertretungsmacht

Bescheinigung über Tatsachen oder Verhältnisse, die urkundlich nachgewiesen oder offenkundig sind

über das Bestehen oder den Sitz einer juristischen Person oder Handelsgesellschaft, die Firmenänderung, eine Umwandlung oder sonstige rechtserhebliche Umstände

	Gebührensätze
Gebühr KV GNotKG Nr. 25104	1,0

Die Gebühr entsteht nicht, wenn die Erteilung der Bescheinigung eine Betreuungstätigkeit nach KV GNotKG Nr. 22200 darstellt.

Beschwerden
  Siehe Anträge

Betreuungstätigkeiten: Betreuungsgebühr und Treuhandgebühr

Betreuungsgebühr KV GNotKG Nr. 22200	0,5

Die Betreuungsgebühr entsteht für die

1. Erteilung einer Bescheinigung über den Eintritt der Wirksamkeit von Verträgen, Erklärungen und Beschlüssen,
2. Prüfung und Mitteilung des Vorliegens von Fälligkeitsvoraussetzungen einer Leistung oder Teilleistung,
3. Beachtung einer Auflage eines an dem Beurkundungsverfahren Beteiligten im Rahmen eines Treuhandauftrags, eine Urkunde oder Auszüge einer Urkunde nur unter bestimmten Bedingungen herauszugeben, wenn die Herausgabe nicht lediglich davon abhängt, dass ein Beteiligter der Herausgabe zustimmt, oder die Erklärung der Bewilligung nach § 19 GBO aufgrund einer Vollmacht, wenn diese nur unter bestimmten Bedingungen abgegeben werden soll,
4. Prüfung und Beachtung der Auszahlungsvoraussetzungen von verwahrtem Geld und der Ablieferungsvoraussetzungen von verwahrten Wertpapieren und Kostbarkeiten,
5. Anzeige oder Anmeldung einer Tatsache, insbesondere einer Abtretung oder Verpfändung, an einen nicht an dem Beurkundungsverfahren Beteiligten zur Erzielung einer Rechtsfolge, wenn sich die Tätigkeit des Notars nicht darauf beschränkt, dem nicht am Beurkundungsverfahren Beteiligten die Urkunde oder eine Kopie oder eine Ausfertigung der Urkunde zu übermitteln,
6. Erteilung einer Bescheinigung über Veränderungen hinsichtlich der Personen der Gesellschafter oder des Umfangs ihrer Beteiligung (§ 40 Abs. 2 GmbHG), wenn Umstände außerhalb der Urkunde zu prüfen sind, und

Entgegennahme der für den Gläubiger bestimmten Ausfertigung einer Grundpfandrechtsbestellungsurkunde zur Herbeiführung der Bindungswirkung gemäß § 873 Abs. 2 BGB.

Wert § 113 Abs. 1 GNotKG

Treuhandgebühr KV GNotKG Nr. 22201	0,5

Die Treuhandgebühr entsteht für die Beachtung von Auflagen durch einen nicht unmittelbar an dem Beurkundungsverfahren Beteiligten, eine Urkunde oder Auszüge einer Urkunde nur unter bestimmten Bedingungen herauszugeben. Die Gebühr entsteht für jeden Treuhandauftrag gesondert.

Wert § 113 Abs. 2 GNotKG

Gebührensätze

Bewilligung
Siehe Antrag zur Grundbucheintragung

Dokumentenpauschale KV GNotKG Nr. 32000 bis 32003, Auszug der Regelungen:

Dokumentenpauschale KV GNotKG Nr. 32000 (bis zur Größe von DIN A 3) für die Herstellung und Überlassung von Kopien und Ausdrucken, die auf besonderen Antrag angefertigt oder per Telefax übermittelt worden sind:

für die ersten 50 Seiten je Seite	0,50 €
für jede weitere Seite	0,15 €
für die ersten 50 Seiten in Farbe je Seite	1,00 €
für jede weitere Seite in Farbe	0,30 €

Dokumentenpauschale KV GNotKG Nr. 32002

für die Überlassung von elektronisch gespeicherten Dateien oder deren Bereitstellung zum Abruf anstelle der in Nummern 32000 und 32001 genannten Dokumente Ausfertigungen, Ablichtungen und Ausdrucke,
je Datei . . . . 1,50 €

für die in einem Arbeitsgang überlassenen, bereitgestellten oder in einem Arbeitsgang auf denselben Datenträger übertragenen Dokumente höchstens . . . . 5,00 €

Ehevertrag Wert § 100 GNotKG
Gebühr KV GNotKG Nr. 21100 2,0
– mindestens
120,00 €

Eidesstattliche Versicherung / Eide, Verfahren zur Abnahme
Wert § 40 GNotKG (bei Erbscheinen)
Gebühr KV GNotKG Nr. 23300 f. 1,0

Einigung über die Einräumung oder Aufhebung von Sondereigentum
Wert § 42 GNotKG
Gebühr KV GNotKG Nr. 21000 2,0
– mindestens
120,00 €

Hat derselbe Notar das der Einigung zugrundeliegende Rechtsgeschäft bereits beurkundet und dafür die Gebühr 21100 erhoben, Gebühr KV GNotKG Nr. 21101 Ziff. 2 0,5
– mindestens
30,00 €

Hat ein anderer Notar das der Einigung zugrundeliegende Rechtsgeschäft bereits beurkundet, Gebühr KV GNotKG Nr. 21102 Ziff. 1 1,0
– mindestens
60,00 €

Einseitige Erklärungen
  Gebühr KV GNotKG Nr. 21200 1,0
  – mindestens 60,00 €

Entwurf einer Urkunde
  Wert § 119 GNotKG
  Rahmengebühr § 92 GNotKG
  Gebühr KV GNotKG Nr. 24100: Fertigung eines Entwurfs, wenn die Gebühr für das Beurkundungsverfahren 2,0 betragen würde. . . . . 0,5 bis 2,0
  – mindestens 120,00 €

  Gebühr KV GNotKG Nr. 24101: Fertigung eines Entwurfs, wenn die Gebühr für das Beurkundungsverfahren 1,0 betragen würde. . . . . 0,3 bis 1,0
  – mindestens 60,00 €

  Gebühr KV GNotKG Nr. 24102: Fertigung eines Entwurfs, wenn die Gebühr für das Beurkundungsverfahren 0,5 betragen würde. . . . . 0,3 bis 0,5
  – mindestens 30,00 €

  Wenn der Notar demnächst nach Fertigung eines Entwurfs auf der Grundlage dieses Entwurfs ein Beurkundungsverfahren durchführt, wird eine Entwurfsgebühr auf die Gebühr für das Beurkundungsverfahren angerechnet.

  Beglaubigt der Notar, der den Entwurf gefertigt hat, demnächst unter dem Entwurf eine oder mehrere Unterschriften oder Handzeichen, entstehen für die erstmaligen Beglaubigungen, die an ein und demselben Tag erfolgen, keine Gebühren.

Erbbaurechtseinigung
  Wert §§ 43, 49 und 52 GNotKG
  Gebühr KV GNotKG Nr. 21000 2,0
  – mindestens 120,00 €

  Hat derselbe Notar das der Einigung zugrundeliegende Rechtsgeschäft bereits beurkundet und dafür die Gebühr 21100 erhoben, Gebühr KV GNotKG Nr. 21101 Ziff. 2. 0,5
  – mindestens 30,00 €

	Gebührensätze

Hat ein anderer Notar das der Einigung zugrundeliegende Rechtsgeschäft bereits beurkundet, Gebühr KV GNotKG Nr. 21102 Ziff. 1. 1,0
– mindestens 60,00 €

Erbbaurechtsvertrag
Siehe Erbbaurechtseinigung

Erbschaftsausschlagung
Wert § 103 GNotKG
Gebühr KV GNotKG Nr. 21201 Ziff. 7
bei Beurkundung der Erklärung. 0,5
– mindestens 30,00 €

Gebühr KV GNotKG Nr. 24102, 21201 Ziff. 7, § 92 Abs. 2 GNotKG bei Unterschriftsbeglaubigung und vollendetem Entwurf. 0,5
– mindestens 30,00 €

Gebühr KV GNotKG Nr. 25100 bei Beglaubigung der Erklärung ohne Entwurf 0,2
– mindestens 20,00 €, höchstens 70,00 €

Erbscheinsantrag
Wert §§ 40, 103 GNotKG
Gebühr KV GNotKG Vorbem. 2.3.3 Abs. 2, Nr. 23300, Nr. 21201 Ziff. 6. 1,0
Die Gebühr für die Abnahme der eidesstattlichen Versicherung gilt das Beurkundungsverfahren hinsichtlich des Erbscheinsantrags ab.

Erbvertrag Wert § 102 GNotKG
Gebühr KV GNotKG Nr. 21100 2,0
– mindestens 120,00 €

Erbverzichtsvertrag
Wert § 102 Abs. 4 GNotKG
Gebühr KV GNotKG Nr. 21100 2,0
– mindestens 120,00 €

Erfolglose Verhandlung

Gebühren KV GNotKG Nr. 21300 bis 21304

KV GNotKG Nr. 21300: Vorzeitige Beendigung des Beurkundungsverfahrens

1. vor Ablauf des Tages, an dem ein vom Notar gefertigter Entwurf an einen Beteiligten durch Aufgabe zur Post versandt worden ist,
2. vor der Übermittlung eines vom Notar gefertigten Entwurfs per Telefax, vor der elektronischen Übermittlung als Datei oder vor Aushändigung

oder

3. bevor der Notar mit allen Beteiligten in einem zum Zweck der Beurkundung vereinbarten Termin auf der Grundlage eines von ihm gefertigten Entwurfs verhandelt hat:

Die jeweilige Gebühr für das Beurkundungsverfahren ermäßigt sich auf.................................... 20,00 €

KV GNotKG Nr. 21301:

In den Fällen der Nummer 21300 hat der Notar persönlich oder schriftlich beraten:

Die jeweilige Gebühr für das Beurkundungsverfahren ermäßigt sich auf eine Gebühr........................... in Höhe der jeweiligen Beratungsgebühr

KV GNotKG Nr. 21302:

Vorzeitige Beendigung des Verfahrens nach einem der in Nummer 21300 genannten Zeitpunkte in den Fällen der Nummer 21100: Die Gebühr 21100 ermäßigt sich auf...... 0,5 bis 2,0
– mindestens 120,00 €

KV GNotKG Nr. 21303:

Vorzeitige Beendigung des Verfahrens nach einem der in Nummer 21300 genannten Zeitpunkte in den Fällen der Nummern 21102 und 21200:

Die Gebühren 21102 und 21200 ermäßigen sich auf jeweils 0,3 bis 1,0
– mindestens 60,00 €

KV GNotKG Nr. 21304:

Vorzeitige Beendigung des Verfahrens nach einem der in Nummer 21300 genannten Zeitpunkte in den Fällen der Nummern 21101 und Nr. 21201:

Die Gebühren 21101 und 21201 ermäßigen sich auf........ 0,2 bis 0,5
– mindestens 30,00 €

Ergänzung einer beurkundeten Erklärung
Siehe Änderung

Fälligkeitsüberwachung
Siehe Betreuungsgebühr

Freiwillige Versteigerung von Grundstücken
Wert § 116 GNotKG
Gebühr KV GNotKG Nr. 23600 für das Verfahren 0,5
Gebühr KV GNotKG Nr. 23601 für die Aufnahme einer Schätzung 0,5
Gebühr KV GNotKG Nr. 23602 für die Abhaltung des Versteigerungstermins, für jeden Termin 1,0
Gebühr KV GNotKG Nr. 23603 für die Beurkundung des Zuschlags 1,0

Fremde Sprache
Siehe Zusatzgebühren

Gemeinschaftliches Testament
Siehe Testament

Gesellschafterliste
Siehe Vollzugstätigkeit, Vollzugsgebühr

Gesellschaftsorganbeschlüsse
Wert § 108 GNotKG, höchstens 5 Mio. €.
Gebühr KV GNotKG Nr. 21100 2,0
– mindestens 120,00 €

Gesellschaftsverträge
Wert § 107 GNotKG (mindestens 30.000 €, höchstens 10 Mio. €)
Gebühr KV GNotKG Nr. 21100 2,0
– mindestens 120,00 €

Grundbucheinsicht, KV GNotKG Nr. 25209
(entsteht nur, wenn die Einsicht nicht mit einem anderen gebührenpflichtigen Verfahren oder Geschäft zusammenhängt) 15,00 €

Gründungsprüfung
Wert § 123 GNotKG
Gebühr KV GNotKG Nr. 25206 1,0
– mindestens 1.000,00 €

Hebegebühr
Siehe Ablieferung von Geld

Kaufvertrag
Wert § 47 GNotKG
Gebühr KV GNotKG Nr. 21100 2,0
— mindestens
120,00 €

Lebenspartnerschaftsvertrag
Wert § 100 GNotKG
Gebühr KV GNotKG Nr. 21100 2,0
— mindestens
120,00 €

Liste der Gesellschafter
Siehe Vollzugstätigkeit, Vollzugsgebühr

Löschungsbewilligung
Wert § 53 GNotKG (Grundpfandrechte)
Gebühr KV GNotKG Nr. 21201 Ziff. 4 0,5
— mindestens
30,00 €

Bei Unterschriftsbeglaubigung mit Entwurf: 0,5
KV GNotKG Nr. 24102, 21201 Ziff. 4, § 92 Abs. 2 GNotKG, — mindestens
30,00 €

Wird nur die Unterschrift unter der Zustimmung gem. § 27 GBO und dem damit verbundenen Löschungsantrag gem. § 13 GBO beglaubigt, beträgt die Gebühr nach KV GNotKG Nr. 25101 Ziff. 2. . . . . 20,00 €

Miet-(Pacht-)Vertrag
Wert § 99 GNotKG
Gebühr KV GNotKG Nr. 21100 2,0
— mindestens
120,00 €

Mindestgebühr, § 34 . . . . 15,00 €
Gebühren werden auf den nächstliegenden Cent auf- oder abgerundet; 0,5 Cent werden aufgerundet.
Höhere Mindestgebühren in KV GNotKG Nr. 21100 ff. sind zu beachten.

Musterprotokolle

Gem. §§ 105 Abs. 6, 107 Abs. 1 S. 2 GNotKG gelten die in § 105 Abs. 1 S. 2 und Abs. 4 Nr. 1 GNotKG bestimmten Mindestwerte nicht für die Gründung einer Gesellschaft gem. § 2 Abs. 1a des GmbH-Gesetzes und, wenn von dem in der Anlage zu dem GmbH-Gesetz bestimmten Musterprotokoll nicht abgewichen wird, für Änderungen des Gesellschaftsvertrags. Rein sprachliche Abweichungen vom Musterprotokoll oder die spätere Streichung der auf die Gründung verweisenden Formulierungen stehen dem nicht entgegen.

Pflichtteilsverzicht

Siehe Erbverzicht 0,3

Post- und Telekommunikationsdienstleistungen

Auslagen nach KV GNotKG Nr. 32004 . . . . in voller Höhe
Oder
Pauschale . . . . 20 % der Gebühren
– höchstens 20,00 €

Rangbescheinigung

Wert § 122 GNotKG
Gebühr KV GNotKG Nr. 25201 0,3

Registereinsicht, KV GNotKG Nr. 25209 siehe Grundbucheinsicht

Reisekosten, KV GNotKG Nr. 32006 bis 32009

1. Tage- und Abwesenheitsgeld bei Geschäftsreisen
   von nicht mehr als 4 Stunden . . . . 20,00 €
   4 bis 8 Stunden. . . . . 35,00 €
   mehr als 8 Stunden . . . . 60,00 €
   Das Tage- und Abwesenheitsgeld wird nicht neben
   den Gebühren 26002 oder 26003 erhoben.
2. Sonstige angemessene Auslagen anlässlich einer
   Geschäftsreise (z.B. Übernachtungskosten);
3. Fahrtkosten in Höhe der tatsächlich entstandenen
   Aufwendungen, soweit sie angemessen sind;
   bei Benutzung eines eigenen Kraftwagens
   je Fahrtkilometer. . . . . 0,30 €

Rückgabe eines Erbvertrags aus der amtlichen Verwahrung

Wert § 114 GNotKG
Gebühr KV GNotKG Nr. 23100 0,3

Schenkung
    Wert §§ 35 ff.
    Gebühr KV GNotKG Nr. 21200, Schenkungserklärung   1,0
                                                           – mindestens
                                                           60,00 €
    Gebühr KV GNotKG Nr. 21100, Schenkungsvertrag   2,0
                                                          – mindestens
                                                          120,00 €

Schuldenerklärung
    Wert §§ 35 ff. GNotKG
    Gebühr KV GNotKG Nr. 21200   1,0
                                                          – mindestens
                                                          60,00 €

Sicherstellung der Zeit
    Gebühr KV GNotKG Nr. 25103 . . . .   20,00 €

Sicherungsübereignung
    Gebühr KV GNotKG Nr. 21100   2,0
                                                          – mindestens
                                                          120,00 €

Testament
    Wert § 102 GNotKG
    Gebühr KV GNotKG Nr. 21200   1,0
                                                          – mindestens
                                                          60,00 €

    Gemeinschaftliches Testament, Gebühr KV GNotKG
    Nr. 21100, Vorbem. 2.1.1 Nr. 2, Vorbem. 2.1.2 Abs. 1   2,0
                                                          – mindestens
                                                          120,00 €

Testamentsvollstreckerzeugnis
    Wert §§ 40, 103 GNotKG
    Gebühr KV GNotKG Vorbem. 2.3.3 Abs. 2, Nr. 23300,
    Nr. 21201 Ziff. 6.   1,0

Treuhandaufträge
    Siehe Betreuungsgebühr

Treuhandgebühr
    Siehe Betreuungsgebühr

Umschreibungsüberwachung
Siehe Betreuungsgebühr

Unterschriftsbeglaubigung
Siehe Beglaubigung

Unterhaltsverpflichtung (Vertrag)
Wert § 52 GNotKG
Gebühr KV GNotKG Nr. 21100 2,0
— mindestens 120,00 €

Für die Beurkundung von Unterhaltsverpflichtungen betr. Kinder besteht Gebührenfreiheit, vgl. Vorbem. 3 Abs. 3 KV GNotKG i.V.m. § 62 BeurkG.

Unterwerfungserklärung
Wert §§ 35 ff., 53 GNotKG
Gebühr KV GNotKG Nr. 21200 1,0
— mindestens 60,00 €

Unzeitgebühr
Siehe Zusatzgebühren

Verfügung von Todes wegen
Wert § 102 GNotKG
Siehe Testament und Erbvertrag

Vermögensverzeichnisse und (Ent-)Siegelungen
Wert § 115 GNotKG
Gebühr KV GNotKG Nr. 23500 2,0
Gebühr KV GNotKG Nr. 23501 0,5
Gebühr KV GNotKG Nr. 23502 1,0
Gebühr KV GNotKG Nr. 23503 0,5

Versammlungsbeschlüsse
Siehe Gesellschaftsorganbeschlüsse

Versteigerung von beweglichen Sachen und Rechten
Wert § 117 GNotKG
Gebühren KV GNotKG Nr. 23600 bis Nr. 23603
Gebühren KV GNotKG Nr. 23500 bis Nr. 23503
Gebühren KV GNotKG Nr. 23500 bis Nr. 23503

Versteigerung von Grundstücken
Siehe Freiwillige Versteigerung

Gebührensätze

Verträge   Gebühr KV GNotKG Nr. 21100   2,0
                                                                                             – mindestens
                                                                                             120,00 €

Vertragsannahme
             Siehe Annahme eines Vertragsangebots

Vertretungsbescheinigung
             Gebühr KV GNotKG Nr. 25200 . . . .   15,00 € für
                                                                                         jedes
                                                                                         Registerblatt,
                                                                                         dessen Einsicht zur Erteilung erforderlich ist

Vertretungsmachtbescheinigung
             Gebühr KV GNotKG Nr. 25214 . . . .   15,00 €

Verwahrung
             Siehe Ablieferung von Geld

Vollmacht
             Wert § 98 GNotKG
             Gebühr KV GNotKG Nr. 21200   1,0
                                                                                         – mindestens
                                                                                         60,00 €

Vollstreckbare Ausfertigung in den Fällen der §§ 726 bis 729 ZPO sowie bei bestätigten Auseinandersetzungen
             Wert § 118 GNotKG
             Gebühr KV GNotKG Nr. 23803   0,5

Vollstreckbarerklärung und Bescheinigung in besonderen Fällen
             – Gebühr KV GNotKG Nr. 23800 bei Anwaltsvergleichen
               (§§ 796a bis 796c ZPO) . . . .   60,00 €
               Gebühr KV GNotKG Nr. 23801 bei Schiedsspruch mit
               vereinbartem Wortlaut (§ 1053 ZPO)   2,0
               Wert § 118 GNotKG 1/2
             – Gebühr KV GNotKG Nr. 23805, notarielle Urkunde nach
               § 55 Abs. 3 AVAG . . . .   240,00 €
             – Gebühr KV GNotKG Nr. 23807 Bescheinigung nach
               § 56 AVAG. . . . .   15,00 €
             – Gebühr KV GNotKG Nr. 23804, Bestätigung nach
               § 1079 ZPO . . . .   15,00 €

Vollzugstätigkeit/Vollzugsgebühr
Wert § 112 GNotKG

1. Vollzug eines Geschäfts
Die Vollzugsgebühr entsteht für

1. Anforderung und Prüfung einer Erklärung oder Bescheinigung nach öffentlich-rechtlichen Vorschriften, mit Ausnahme der Unbedenklichkeitsbescheinigung des Finanzamts,
2. Anforderung und Prüfung einer anderen als der in Nummer 4 genannten gerichtlichen Entscheidung oder Bescheinigung, dies gilt auch für die Ermittlung des Inhalts eines ausländischen Registers,
3. Fertigung, Änderung oder Ergänzung der Liste der Gesellschafter (§ 8 Abs. 1 Nr. 3, § 40 GmbHG) oder der Liste der Personen, welche neue Geschäftsanteile übernommen haben (§ 57 Abs. 3 Nr. 2 GmbHG),
4. Anforderung und Prüfung einer Entscheidung des Familien-, Betreuungs- oder Nachlassgerichts einschließlich aller Tätigkeiten des Notars gemäß den §§ 1828 und 1829 BGB im Namen der Beteiligten sowie die Erteilung einer Bescheinigung über die Wirksamkeit oder Unwirksamkeit des Rechtsgeschäfts,
5. Anforderung und Prüfung einer Vollmachtsbestätigung oder einer privatrechtlichen Zustimmungserklärung,
6. Anforderung und Prüfung einer privatrechtlichen Verzichtserklärung,
7. Anforderung und Prüfung einer Erklärung über die Ausübung oder Nichtausübung eines privatrechtlichen Vorkaufs- oder Wiederkaufsrechts,
8. Anforderung und Prüfung einer Erklärung über die Zustimmung zu einer Schuldübernahme oder einer Entlassung aus der Haftung,
9. Anforderung und Prüfung einer Erklärung oder sonstigen Urkunde zur Verfügung über ein Recht an einem Grundstück oder einem grundstücksgleichen Recht sowie zur Löschung oder Inhaltsänderung einer sonstigen Eintragung im Grundbuch oder in einem Register oder Anforderung und Prüfung einer Erklärung, inwieweit ein Grundpfandrecht eine Verbindlichkeit sichert,
10. Anforderung und Prüfung einer Verpflichtungserklärung betreffend eine in Nummer 9 genannte Verfügung oder einer Erklärung über die Nichtausübung eines Rechts und
11. über die in den Nummern 1 und 2 genannten Tätigkeiten hinausgehende Tätigkeit für die Beteiligten gegenüber der Behörde, dem Gericht oder der Körperschaft oder Anstalt des öffentlichen Rechts.

KV GNotKG Nr. 22110 0,5

	Gebührensätze
KV GNotKG Nr. 22111, wenn die Gebühr für das zugrunde liegende Beurkundungsverfahren weniger als 2,0 beträgt	0,3

Vollzugsgegenstand sind lediglich die in der Vorbemerkung 2.2.1.1 Abs. 1 Satz 2 Nr. 1 bis 3 genannten Tätigkeiten:

Die Gebühren KV GNotKG Nr. 22110 und 22111 betragen

– KV GNotKG Nr. 22112 für jede Tätigkeit nach Vorbemerkung 2.2.1.1 Abs. 1 Satz 2 Nr. 1 und 2	höchstens 50,00 €
– KV GNotKG Nr. 22113 für jede Tätigkeit nach Vorbemerkung 2.2.1.1 Abs. 1 Satz 2 Nr. 3	höchstens 250,00 €
KV GNotKG Nr. 22114, Erzeugung von strukturierten Daten in Form der Extensible Markup Language (XML) oder in einem nach dem Stand der Technik vergleichbaren Format für eine automatisierte Weiterbearbeitung.	0,3 – höchstens 250,00 €

Die Gebühr KV GNotKG Nr. 22114 entsteht neben den anderen Vollzugsgebühren nach KV GNotKG Nr. 22110 – 22113 gesondert.

2. Vollzug in besonderen Fällen

Die folgenden Gebühren entstehen, wenn der Notar

1. keine Gebühr für ein Beurkundungsverfahren oder für die Fertigung eines Entwurfs erhalten hat, die das zu vollziehende Geschäft betrifft, oder
2. eine Vollzugstätigkeit unter Beteiligung eines ausländischen Gerichts oder einer ausländischen Behörde vornimmt.

KV GNotKG Nr. 22120: Vollzugsgebühr für die in Vorbemerkung 2.2.1.1 Abs. 1 Satz 2 genannten Tätigkeiten, wenn die Gebühr für ein die Urkunde betreffendes Beurkundungsverfahren 2,0 betragen würde	1,0
KV GNotKG Nr. 22121: Vollzugsgebühr für die in Vorbemerkung 2.2.1.1 Abs. 1 Satz 2 genannten Tätigkeiten, wenn die Gebühr für ein die Urkunde betreffendes Beurkundungsverfahren weniger als 2,0 betragen würde.	0,5
KV GNotKG Nr. 22122: Überprüfung, ob die Urkunde bei Gericht eingereicht werden kann	
Die Gebühr entsteht nicht neben einer der Gebühren 22120 und 22121 ...	0,5
KV GNotKG Nr. 22123: Erledigung von Beanstandungen einschließlich des Beschwerdeverfahrens	
Die Gebühr entsteht nicht neben einer der Gebühren 22120 bis 22122	0,5
KV GNotKG Nr. 22124: Beschränkt sich die Tätigkeit auf die Übermittlung von Anträgen, Erklärungen oder Unterlagen an ein Gericht, eine Behörde oder einen Dritten oder die Stellung von Anträgen im Namen der Beteiligten	
Die Gebühr entsteht nur, wenn nicht eine Gebühr nach den Nummern 22120 bis 22123 anfällt	20,00 €

KV GNotKG Nr. 22125: Erzeugung von strukturierten Daten in Form der Extensible Markup Language (XML) oder einem nach dem Stand der Technik vergleichbaren Format für eine automatisierte Weiterbearbeitung.
Die Gebühr KV GNotKG Nr. 22125 entsteht neben den anderen Vollzugsgebühren nach KV GNotKG Nr. 22120 – 22124 gesondert 0,6
– höchstens 250,00 €

Vorkaufsrechtsverzichtserklärung
Siehe Vollzugstätigkeit/Vollzugsgebühr

Vorlagesperre
Siehe Vollzugstätigkeit/Vollzugsgebühr

Vormerkungsantrag
Siehe Antrag zur Grundbucheintragung

Vorrangseinräumung 0,5
Wert §§ 45, 53 GNotKG
Gebühr KV GNotKG Nr. 21201 Ziff. 4
siehe Antrag zur Grundbucheintragung
– mindestens 30,00 €

Vorzeitige Beendigung des Beurkundungsverfahrens
Gebühren KV GNotKG Nr. 21300 bis 21304
siehe erfolglose Verhandlung

Wechsel- und Scheckproteste
Gebühr KV GNotKG Nr. 23400 und 23401 . . . . 0,5/0,3

Wegegebühr
Siehe Zusatzgebühren

Widerruf
einer Vollmacht, Wert § 98 Abs. 5 GNotKG
Gebühr KV GNotKG Nr. 21200 1,0
mindestens 60,00 €

eines Testaments, Wert § 102 Abs. 5 GNotKG
Gebühr KV GNotKG Nr. 21201 Ziff. 1 0,5
mindestens 30,00 €

Wohnungseigentumseinigung
Siehe Einigung über die Einräumung oder Aufhebung von Sondereigentum

Wohnungseigentumsvertrag
        Siehe Einigung über die Einräumung oder Aufhebung von Sondereigentum

XML-Strukturdaten (Vollzug)
        Wert § 112 GNotKG

Gebühr KV 22114 GNotKG, Vollzug eines Geschäfts	0,3 höchstens 250,00 €
Gebühr KV GNotKG Nr. 22125, Vollzug in besonderen Fällen	0,6 höchstens 250,00 €

Zurücknahme des Beurkundungsauftrags
        Siehe erfolglose Verhandlung

Zurückweisung des Beurkundungsauftrags
        Siehe erfolglose Verhandlung

Zusatzgebühren

<u>Auswärtsgebühr</u>: Tätigkeiten auf Verlangen außerhalb der Geschäftsstelle des Notars:

Zusatzgebühr KV GNotKG Nr. 26002 für jede angefangene halbe Stunde der Abwesenheit, wenn nicht die Gebühr 26003 entsteht	50,00 €
Zusatzgebühr KV GNotKG Nr. 26003 bei Verfügungen von Todes wegen, Vollmachten, Erklärungen gem. § 1897 Abs. 4 BGB, Patientenverfügungen	50,00 €

<u>Unzeitgebühr</u>: Tätigkeiten auf Verlangen außerhalb der Geschäftszeit (sonntags, nachts),

Zusatzgebühr KV GNotKG Nr. 26000	In Höhe von 30 % der für das Verfahren oder das Geschäft zu erhebenden Gebühr – höchstens 30,00 €

<u>Fremde Sprache</u>: Abgabe der zu beurkundenden Erklärung eines Beteiligten in einer fremden Sprache ohne Hinzuziehung eines Dolmetschers sowie Beurkundung, Beglaubigung oder Bescheinigung in einer fremden Sprache oder Übersetzung einer Erklärung in eine andere Sprache,
Zusatzgebühr KV GNotKG Nr. 26001

	Gebührensätze
Auslagen KV GNotKG Nr. 32010	In Höhe von 30 % der für das Beurkundungsverfahren, für eine Beglaubigung oder Bescheinigung zu erhebenden Gebühr

Zustimmungserklärung einzelner Teilnehmer zu einer bereits beurkundeten Erklärung

Wert § 98 GNotKG
Gebühr KV GNotKG Nr. 21200 1,0
Auch bei Entwurf mit Unterschriftsbeglaubigung KV GNotKG– mindestens
Nr. 21200 i.V.m. KV GNotKG Nr. 24101, § 92 Abs. 2 GNotKG. 60,00 €

KostO
Gerichtskosten (ohne Beurkundung)

Die KostO ist durch das am 1.8.2013 in Kraft getretene 2. KostRMoG vom 23.7.2013 (BGBl. I S. 2586) aufgehoben und durch das GNotKG ersetzt worden (vgl. S. 331 ff.). Ob in Übergangsfällen die KostO oder das GNotKG anzuwenden ist, richtet sich nach der Übergangsvorschrift in § 136 GNotKG.

Schnellübersicht

Gebührensätze

Annahme als Kind
Entscheidung über die Annahme eines Volljährigen sind seit dem 1.9.2009 im FamGKG geregelt:
Wert § 47 FamGKG
Gebühr: KV FamGKG Nr. 1320 ff.

Aufgebot
Aufgebotsverfahren einschließlich eines Verfahrens betreffend Zahlungssperre vor sofortiger Einleitung des Aufgebotsverfahrens
Gebühr § 128d 2

Ausdruck
Einteilung von amtlichen Ausdrucken, soweit nicht § 132 anzuwenden ist:
Gebühr § 55 Abs. 1 .... 0,50 EUR für jede angefangene Seite
Mindestens wird ein Betrag in Höhe der Mindestgebühr (§ 33) erhoben.
Werden die Ablichtungen und Ausdrucke durch das Gericht hergestellt, so kommt die Dokumentenpauschale (§ 136) hinzu.

Ausschluss
der Brieferteilung und Aufhebung des Ausschlusses
Wert §§ 67 Abs. 3, 30
Gebühr für die Eintragung § 67 Abs. 1 S. 2 Nr. 2 .... ¼

Befreiung
vom Ehe-Erfordernis der Volljährigkeit und vom Eheverbot der durch die Annahme als Kind begründeten Verwandtschaft
Wert §§ 97a Abs. 2, 30 Abs. 2
Gebühr § 97a 1

Gebührensätze

Beschwerden, § 131 Abs. 1
Wert: § 131 Abs. 4, § 30
Gebühren, soweit nichts anderes bestimmt ist:
In den Fällen der Verwerfung oder Zurückweisung .... die volle Gebühr, höchstens jedoch ein Betrag von 800 EUR

In den Fällen, in denen die Beschwerde zurückgenommen wird, bevor über sie eine Entscheidung ergeht, ... die Hälfte der vollen Gebühr, höchstens jedoch ein Betrag von 500 EUR

Im Übrigen ist das Beschwerdeverfahren gebührenfrei.

Richtet sich die Beschwerde gegen eine Entscheidung des Betreuungsgerichts und ist sie von dem Betreuten oder dem Pflegling oder im Interesse dieser Personen eingelegt, so ist das Beschwerdeverfahren in jedem Fall gebührenfrei. Entsprechendes gilt für ein sich anschließendes Rechtsbeschwerdeverfahren. Auslagen, die durch eine für begründet befundene Beschwerde entstanden sind, werden nicht erhoben, soweit das Beschwerdeverfahren gemäß Absatz 1 Satz 2 gebührenfrei ist.

Beschwerden gem. § 131c betr. Entscheidungen, die sich auf solche Tätigkeiten des Registergerichts beziehen, für die Gebühren aufgrund einer Rechtsverordnung nach § 79a [HRegGebV] zu erheben sind

Die Beschwerde wird verworfen oder zurückgewiesen: . das Doppelte der Gebühr, die in der Rechtsverordnung für die Zurückweisung der Anmeldung vorgesehen ist.

Die Beschwerde wird nur teilweise verworfen oder zurückgewiesen:............................... das Doppelte der Gebühr, die in der Rechtsverordnung für die Zurückweisung dieses Teils der Anmeldung vorgesehen ist.

| Die Beschwerde wird zurückgenommen, bevor eine Entscheidung über sie ergangen ist: . . . . | das Doppelte der Gebühr, die in einer Rechtsverordnung nach § 79a für die Zurücknahme der Anmeldung vorgesehen ist. |

| Die Beschwerde wird nur teilweise zurückgenommen: . . . . | das Doppelte der Gebühr, die in der Rechtsverordnung für die Zurücknahme dieses Teils der Anmeldung vorgesehen ist. |

Für das Verfahren über die Rechtsbeschwerde gilt Vorstehendes mit der Maßgabe, dass das Dreifache der Gebühr erhoben wird.

Beschwerden gem. § 131a in den in § 128e Abs. 1 genannten Verfahren (Verkehrsdaten)

Die Beschwerde wird verworfen oder zurückgewiesen:
Gebühr wie im ersten Rechtszug . . . . 200,00 EUR
Der Antrag wird zurückgenommen, bevor über ihn eine Entscheidung ergangen ist:
Gebühr . . . . 50,00 EUR
Im Übrigen ist das Beschwerdeverfahren gebührenfrei. Auslagen, die durch eine für begründet befundene Beschwerde entstanden sind, werden nicht erhoben.

Beschwerden in Verfahrenskostenhilfesachen gem. § 131b

Die Beschwerde wird verworfen oder zurückgewiesen:
Beschwerdeverfahren . . . . 50,00 EUR
Rechtsbeschwerdeverfahren . . . . 100,00 EUR
Wird die Beschwerde nur teilweise verworfen oder zurückgewiesen, kann das Gericht die Gebühr nach billigem Ermessen auf die Hälfte ermäßigen oder bestimmen, dass eine Gebühr nicht zu erheben ist.
Wird die Beschwerde zurückgenommen, bevor eine Entscheidung über sie ergangen ist, wird keine Gebühr erhoben.
§ 131 Abs. 5 bleibt unberührt.

Gebührensätze

Dauerbetreuung und Dauerpflegschaft
§§ 92, 96

Kosten werden nur erhoben, wenn das Vermögen des Fürsorgebedürftigen nach Abzug der Verbindlichkeiten mehr als 25.000 EUR beträgt; der in § 90 Abs. 2 Nr. 8 SGB XII genannte Vermögenswert wird nicht mitgerechnet

für den übersteigenden Wert je 5.000 EUR und Jahr . . . . 5,00 EUR, mind. 50,00 EUR

Ist Gegenstand der Maßnahme ein Teil des Vermögens, ist höchstens dieser Teil des Vermögens zu berücksichtigen. Ist vom Aufgabenkreis nicht unmittelbar das Vermögen erfasst, beträgt die Gebühr 200 EUR, jedoch nicht mehr als o.a. Gebühr. Für das bei der Einleitung der Fürsorgemaßnahme laufende und das folgende Kalenderjahr wird nur eine Jahresgebühr erhoben. Die Gebühr wird erstmals bei Anordnung der Fürsorgemaßnahme und später jeweils zu Beginn eines Kalenderjahres fällig.

Dokumentenpauschale § 136
für die ersten 50 Seiten je Seite . . . . 0,50 EUR
für jede weitere Seite . . . . 0,15 EUR
für die Überlassung von elektronisch gespeicherten Dateien anstelle der Ausfertigungen, Ablichtungen und Ausdrucke
je Datei . . . . 2,50 EUR
Dokumentenpauschalefrei siehe § 136 Abs. 4

Eidesstattliche Versicherung
Gebühr § 124
Termin zur Abnahme nach §§ 259, 260, § 1580 S. 2, § 1605 Abs. 1 S. 3, §§ 2006, 2028 Abs. 2, 2057 BGB und nach § 4 Abs. 4 VersAusglG 1

Eigentümer Eintragung
Wert §§ 19, 20, 60 Abs. 3, 61
Gebühr § 60 Abs. 1 1
Gebühr § 60 Abs. 2 bei Eintragung von Ehegatten und Abkömmlingen sowie des eingetragenen Lebenspartners 1/2

Einzelpflegschaften und -betreuungen für einzelne Rechtshandlungen
Gebühr § 93 1
Die Gebühr für eine Betreuung darf eine Gebühr nach § 92 Abs. 1 S. 2, die Gebühr für eine Pflegschaft eine Gebühr nach § 92 Abs. 2 nicht übersteigen.

Gebührensätze

§ 93a KostO:
(1) Die Bestellung eines Pflegers für das Verfahren und deren Aufhebung sind Teil des Verfahrens, für das der Pfleger bestellt worden ist. Bestellung und Aufhebung sind gebührenfrei.
(2) Auslagen nach § 137 Nr. 16 können von dem Betroffenen nach Maßgabe des § 1836c BGB erhoben werden.

Erbbaurecht Eintragung
Wert § 21 Abs. 1
Gebühr §§ 62 Abs. 1, 77 Abs. 1 1

Erbschaftsausschlagung
Wert §§ 112 Abs. 2, 30 Abs. 2
Gebühr § 112 Abs. 1 Nr. 2, Entgegennahme. . . . . $1/4$

Erbschein Erteilung
Wert § 107 Abs. 2
Gebühr § 107 Abs. 1. 1

Erklärungen gegenüber dem Nachlassgericht
Wert § 112 Abs. 2
Gebühr § 112 Abs. 1, Entgegennahme. . . . . $1/4$

Ernennung und **Entlassung** von **Testamentsvollstreckern**
Wert §§ 113 S. 2, 30 Abs. 2
Gebühr § 113 S. 1. . . . . $1/2$

Eröffnung einer **Verfügung von Todes wegen**
Wert §§ 103, 46 Abs. 4
Gebühr § 102 . . . . $1/2$

Freiheitsentziehungssachen gem. § 415 FamFG
Entscheidung, die eine Freiheitsentziehung oder ihre Fortdauer anordnet oder einen nicht vom Untergebrachten selbst gestellten Antrag, die Freiheitsentziehung aufzuheben, zurückweist:
Wert § 30 Abs. 2
Gebühr § 128c 1

Gehörsrüge nach § 131d
Die Rüge wird in den Verfahren gem. § 44 FamFG, auch i.V.m. § 81 Abs. 3 GBO und § 89 Abs. 3 der SchiffsRegO, in vollem Umfang verworfen oder zurückgewiesen:
Gebühr . . . . 50,00 EUR
Wird die Rüge zurückgenommen, bevor eine Entscheidung über sie ergangen ist, wird keine Gebühr erhoben. § 131 Abs. 5 gilt entsprechend.

Genossenschaftsregister Eintragung
  Wert §§ 41a, 41c
  Gebühr §§ 79, 79a; siehe dazu Seite 377 ff.

Gewaltschutzgesetz
  seit dem 1.9.2009 im FamGKG geregelt:
  Wert § 49 FamGKG
  Gebühr: KV FamGKG Nr. 1320 ff.

Grundbuchablichtung, -ausdruck (maschinell geführtes Grundbuch)
  unbeglaubigte Ablichtung, § 73 Abs. 1 Nr. 1 .... 10,00 EUR
  beglaubigte Ablichtung, § 73 Abs. 1 Nr. 2 .... 18,00 EUR
  Ausdruck, § 73 Abs. 2 Nr. 1 .... 10,00 EUR
  amtlicher Ausdruck, § 73 Abs. 2 Nr. 2 .... 18,00 EUR

Grundschuld Eintragung
  Wert § 23 Abs. 2
  Gebühr § 62 Abs. 1. 1
  Gebühr § 62 Abs. 2. . . . . $1/2$

Grundschuldbrief Erteilung
  Wert §§ 23 Abs. 2, 71 Abs. 3
  Gebühr § 71 Abs. 1 und 2 .... $1/4$

Güterrechtsregister Eintragung
  Wert §§ 28, 30 Abs. 2, 39 Abs. 3
  Gebühr § 81 1

Haft Gebühr § 137 Abs. 1 Nr. 12 .... Höhe des Haftkostenbeitrags, der nach Landesrecht von einem Gefangenen zu erheben ist

Handelsregister Eintragung
  Wert §§ 30 Abs. 2, 41a, 41b, 41c, 41d
  Gebühr §§ 79, 79a; siehe dazu Seite 377 ff. 1

Hausratssachen
  seit dem 1.9.2009 im FamGKG geregelt:
  Wert § 48 FamGKG
  Gebühr: KV FamGKG Nr. 1320 ff.

Hypothek Eintragung
　　　　　　Wert § 23 Abs. 2
　　　　　　Gebühr § 62 Abs. 1 1
　　　　　　Gebühr § 62 Abs. 2 .... ½

Hypotheken (Grundschuld) Brief, Erteilung
　　　　　　Wert §§ 23 Abs. 2, 71 Abs. 3
　　　　　　Gebühr § 71 Abs. 1 und 2 .... ¼

Löschungen in Grundbuchsachen
　　　　　　Wert §§ 22 bis 24
　　　　　　Gebühr § 68 = ½ der Gebühr für die Eintragung, mindestens ¼

Löschungsvormerkung Eintragung
　　　　　　Wert §§ 64 Abs. 3 bis 5, 63 Abs. 2, 23 Abs. 3
　　　　　　Gebühr § 64 Abs. 1 und 2 .... ½

Mithaft (Pfand) **Entlassung** Eintragung
　　　　　　Wert §§ 22 bis 24
　　　　　　Gebühr § 68 = ½ der Gebühr für die Eintragung, mindestens ¼

Nachlasspflegschaft
　　　　　　Wert § 106 Abs. 1 S. 3
　　　　　　Gebühr § 106 Abs. 1 1

Nachlasssicherung
　　　　　　Wert §§ 18 Abs. 1, 30 Abs. 2
　　　　　　Gebühr § 104 1

Nebengeschäfte § 35 keine besondere Gebühr

Partnerschaftsregister Eintragung
　　　　　　Wert § 41b, 41c
　　　　　　Gebühr §§ 79, 79a siehe dazu S. 377 ff.

Reallast Eintragung
　　　　　　Wert § 24
　　　　　　Gebühr § 62 Abs. 1 1
　　　　　　Gebühr § 62 Abs. 2 .... ½

Rechtsbeschwerden, § 131 Abs. 2
　　　　　　Wert: § 131 Abs. 4, § 30

	Gebührensätze
Gebühren, soweit nichts anderes bestimmt ist:	
In den Fällen der Verwerfung oder Zurückweisung	das Eineinhalbfache der vollen Gebühr, höchstens jedoch ein Betrag von 1 200 EUR
In den Fällen, in denen die Rechtsbeschwerde zurückgenommen wird, bevor über sie eine Entscheidung ergeht	drei Viertel der vollen Gebühr, höchstens jedoch ein Betrag von 750 EUR

Im Übrigen ist das Beschwerde- und Rechtsbeschwerdeverfahren gebührenfrei. Richtet sich die Beschwerde gegen eine Entscheidung des Betreuungsgerichts und ist sie von dem Betreuten oder dem Pflegling oder im Interesse dieser Personen eingelegt, so ist das Beschwerdeverfahren in jedem Fall gebührenfrei. Entsprechendes gilt für ein sich anschließendes Rechtsbeschwerdeverfahren. Auslagen, die durch eine für begründet befundene Beschwerde entstanden sind, werden nicht erhoben, soweit das Beschwerdeverfahren gemäß Absatz 1 Satz 2 gebührenfrei ist.

Registerauszüge Handels-, Vereins-, Güterrechts-, Genossenschafts-, Partnerschaftsregister (auch maschinell geführte Register) Ablichtungen oder Ausdrucke: Gem. § 89 Abs. 1 und 3 gilt § 73 Abs. 1 bis 5 entsprechend, s. dazu bei „Grundbuchablichtung".
Wird anstelle eines Ausdrucks die elektronische Übermittlung einer Datei beantragt, werden erhoben
1. für eine unbeglaubigte Datei 5,00 EUR und
2. für eine beglaubigte Datei 10,00 EUR;
eine Dokumentenpauschale wird nicht erhoben.

Bescheinigungen aus den Registern, § 89 Abs. 2 (Mindestgebühr, § 33)	10,00 EUR

Sonstige Grundbucheintragungen, die nicht als Nebengeschäft gebührenfrei sind

Gebühr § 67	¼

Todeserklärung
Wert §§ 128 Abs. 3, 30 Abs. 2

Gebühr § 128	2
Feststellung der Todeszeit	2
Aufhebung oder Änderung............................	2

Gebührensätze

Unterbringungssachen nach § 312 FamFG
Gebühren werden gem. § 128b nicht erhoben. Auslagen werden von dem Betroffenen nur nach § 137 Nr. 16 erhoben, wenn die Voraussetzungen des § 93a Abs. 2 gegeben sind.

Unterwerfung unter die sofortige Zwangsvollstreckung nachträgliche Eintragung
Wert §§ 67 Abs. 3, 30
Gebühr § 67 Abs. 1 Nr. 6 .... 1/4

Veränderungen dinglicher Rechte Eintragung
Wert §§ 64 Abs. 3 bis 5, 63 Abs. 2, 23 Abs. 3
Gebühr § 64 Abs. 1 und 2, je Recht.................... 1/2

Vereinsregister Eintragungen
Wert §§ 29, 30 Abs. 2
Gebühr § 80:
für die erste Eintragung des Vereins 2
für alle späteren Eintragungen......................... 1
für Löschung der Gesamteintragung.................... 1/2

Verfahrenspflegschaft siehe Einzelpflegschaften

Verfügungsbeschränkungen (Nacherbfolge, Testamentsvollstreckung u. Ä.)
Wert § 65 Abs. 3 und 4
Gebühr § 65 Abs. 1 und 2, soweit nicht nach § 69 gebührenfrei 1/2

Verkehrsdaten Anordnung über die Verwendung, §128e
Entscheidung über den Antrag auf Erlass einer Anordnung nach
1. § 140b Abs. 9 des PatG,
2. § 24b Abs. 9 des GebrMG, auch in Verbindung mit § 9 Abs. 2 des HalblSchG,
3. § 19 Abs. 9 des MarkenG,
4. § 101 Abs. 9 des UrhG,
5. § 46 Abs. 9 des GeschmMG,
6. § 37b Abs. 9 des SortSchG.
Gebühr .... 200,00 EUR
Der Antrag wird zurückgenommen, bevor über ihn eine Entscheidung ergangen ist:
Gebühr § 128e .... 50,00 EUR
§ 130 Abs. 5 gilt entsprechend.

Vermerke auf dem Hypotheken- bzw. Grundschuldbrief
Gebühr § 72 .... 13,00 EUR

Vermerke von Rechten des Grundstückseigentümers
Wert §§ 67 Abs. 3, 30
Gebühr § 67 Abs. 1 Nr. 3 .... ¹/₄

Versorgungsausgleich
seit dem 1.9.2009 im FamGKG geregelt
Wert § 50 FamGKG
Gebühr KV FamGKG Nr. 1320 ff.

Verwahrung von Verfügungen von Todes wegen
Wert §§ 103, 46 Abs. 4
Gebühr § 101 .... ¹/₄

Verzicht auf Eigentum am Grundstück, Eintragung
Wert § 19
Gebühr § 67 Abs. 1 S. 2 Nr. 1 .... ¹/₄

Vorkaufsrecht Eintragung
Wert §§ 20 Abs. 2, 19 Abs. 2
Gebühr § 62 Abs. 1 1
Gebühr § 62 Abs. 2 .... ¹/₂

Vormerkung Eintragung
Wert §§ 19 ff.
Gebühr § 66 Abs. 1 .... ¹/₂ der Gebühr, die für die endgültige Eintragung entsteht, mindestens ¹/₄

Widerspruch Eintragung, siehe Vormerkung

Wohnungszuweisung
seit dem 1.9.2009 im FamGKG geregelt
Wert § 48 FamGKG
Gebühr KV FamGKG Nr. 1320 ff.

Wohnungs- und Teileigentum
Wert § 21 Abs. 2
Gebühr § 76:
1. Eintragung der vertraglichen Einräumung von Sondereigentum .... ¹/₂
2. Eintragung von Änderungen .... ¹/₂

	Gebührensätze
3. Eintragung der Aufhebung und Anlegung des Grundbuchblatts	½

Zurücknahme von Anträgen vor Entscheidung
        Gebühr nach § 130 Abs. 2 .... ¼
        höchstens 250,00 EUR

Zurückweisung bei Antragsgeschäften
        Gebühr nach § 130 Abs. 1 .... ½
        höchstens 400,00 EUR

Zuschreibung von Grundstücken
        Wert §§ 67 Abs. 3, 30
        Gebühr § 67 Abs. 1 S. 2 Nr. 4 .... ¼

Zwanghaft   Gebühr § 137 Abs. 1 Nr. 12 .... Höhe des Haftkostenbeitrags, der nach Landesrecht von einem Gefangenen zu erheben ist

GNotKG Gerichtskosten

Die Wertgebühren des GNotKG bestimmen sich nach der **Tabelle A** oder der **Tabelle B** zu § 34 GNotKG. Aus der Überschrift der rechten Spalte des Kostenverzeichnisses zum GNotKG ergibt sich, welche Tabelle jeweils gilt. Bei den Gerichtsgebühren bestimmen sich insbesondere in Grundbuchsachen und in Nachlasssachen die Gebühren nach der Tabelle B. Die Tabelle B ist wegen der in diesen Verfahren zum Teil sehr hohen Werte deutlich stärker degressiv ausgestaltet und führt deshalb bei gleichen Werten zu geringeren Gebühren als die Tabelle B.

Schnellübersicht

Gebührensätze

Annahme als Kind
Verfahren über die Annahme eines Volljährigen sind seit dem 1.9.2009 im FamGKG geregelt:
Wert § 47 FamGKG
Gebühr: KV FamGKG Nr. 1320 ff.

Aufgebot
Aufgebotsverfahren (§ 433 FamFG) einschließlich eines Verfahrens betreffend die Zahlungssperre (§ 480 FamFG) sowie das Verfahren über die Aufhebung der Zahlungssperre gelten zusammen als ein Verfahren (Anm. Abs. 2 zu KV GNotKG Nr. 15211)
Wert § 36 GNotKG
Gebühr KV GNotKG Nr. 15212 Nr. 3   0,3

Ausdruck   Siehe Dokumentenpauschale

Ausschluss der Brieferteilung und Aufhebung des Ausschlusses
Gebührenfrei, vgl. KV GNotKG Nr. 14160 im Gegensatz zur früheren Regelung in § 67 Abs. 1 S. 2 Nr. 2 KostO . . . .

Beschwerden
Verfahren über Beschwerden gegen die Endentscheidung wegen des Hauptgegenstands lösen Verfahrensgebühren nach KV GNotKG Nr. 11200 ff. (Betreuungssachen), Nr. 12220 ff., 12320 f. 12421 f., 12530 ff. (Nachlass- und Teilungssachen), Nr. 13320 ff., 13610 ff. (Registersachen), 14510 ff. (Grundbuchsachen), 15120 ff., 15220 ff. (übrige Angelegenheiten der freiwilligen Gerichtsbarkeit), 16120 ff. und Nr. 16220 ff. (einstweiliger Rechtsschutz) aus.
Die Verfahrensgebühren können sich unter den in den jeweiligen Tatbeständen genannten Gründen ermäßigen.
Wert: § 61 GNotKG.

Gebührensätze

Dauerbetreuung

Kosten werden nur erhoben, wenn das Vermögen des Betroffenen nach Abzug der Verbindlichkeiten mehr als 25.000 € beträgt; der in § 90 Abs. 2 Nr. 8 SGB XII genannte Vermögenswert wird nicht mitgerechnet.

KV GNotKG Nr. 11101, Jahresgebühr

für den 25.000 € übersteigenden Wert je angefangene 5.000 € und Jahr .... 10,00 €
— mindestens 200,00 €

(1) Für die Gebühr wird das Vermögen des von der Maßnahme Betroffenen nur berücksichtigt, soweit es nach Abzug der Verbindlichkeiten mehr als 25.000 € beträgt; der in § 90 Abs. 2 Nr. 8 SGB XII genannte Vermögenswert wird nicht mitgerechnet. Ist Gegenstand der Maßnahme ein Teil des Vermögens, ist höchstens dieser Teil des Vermögens zu berücksichtigen.

(2) Für das bei der Einleitung der Fürsorgemaßnahme laufende und das folgende Kalenderjahr wird nur eine Jahresgebühr erhoben.

KV GNotKG Nr. 11102, Jahresgebühr

Hat die Betreuung nicht unmittelbar das Vermögen oder Teile des Vermögens zum Gegenstand, beträgt die Gebühr 200 €, jedoch nicht mehr als eine Gebühr 11101 .... 300,00 €

Die Jahresgebühren werden erstmals bei Anordnung und später jeweils zu Beginn eines Kalenderjahres fällig, § 8 GNotKG.
— höchstens eine Gebühr 11101

Dauerpflegschaft

KV GNotKG Nr. 11104

Jahresgebühr für jedes angefangene Kalenderjahr bei einer Dauerpflegschaft für den 25.000 € übersteigenden Wert je angefangene 5.000 € und Jahr .... 10,00 €
— mindestens 200,00 €

(1) Ist Gegenstand der Pflegschaft ein Teil des Vermögens, ist höchstens dieser Teil des Vermögens zu berücksichtigen.

(2) Für das bei der ersten Bestellung eines Pflegers laufende und das folgende Kalenderjahr wird nur eine Jahresgebühr erhoben.

(3) Erstreckt sich die Pflegschaft auf mehrere Betroffene, wird die Gebühr für jeden Betroffenen gesondert erhoben.

Dokumentenpauschale GNotKG KV Nr. 31000

Bis DIN A 3:
für die ersten 50 Seiten je Seite .... 0,50 €
für jede weitere Seite .... 0,15 €

	Gebührensätze
Für die ersten 50 Seiten in Farbe je Seite..............	1,00 €
Für jede weitere Seite in Farbe.......................	0,30 €
Ab DIN A 3:	
in voller Höhe oder	
oder pauschale je Seite............................	3,00 €
oder pauschal je Seite in Farbe.....................	6,00 €
für die Überlassung von elektronisch gespeicherten Dateien anstelle der Ausfertigungen, Kopien und Ausdrucke	
je Datei...	1,50 €
für die in einem Arbeitsgang überlassenen, bereitgestellten oder in einem Arbeitsgang auf denselben Datenträger übertragenen Dokumente	
insgesamt höchstens...............................	5,00 €

Dokumentenpauschalefrei siehe Anm. Abs. 3 zu VV 31000

Eidesstattliche Versicherung

Wert § 36 GNotKG

Gebühr KV GNotKG Nr. 15212 Ziff. 1:

Verfahren auf Abnahme einer nicht vor dem Vollstreckungsgericht zu erklärenden eidesstattlichen Versicherung, in denen § 260 BGB aufgrund bundesrechtlicher Vorschriften entsprechend anzuwenden ist, und Verfahren vor dem Nachlassgericht zur Abnahme der eidesstattlichen Versicherung nach § 2006 BGB.................................. 0,5

Zur eidesstattlichen Versicherung gem. § 2356 Abs. 2 BGB im Erbscheinsverfahren siehe Erbschein

Eigentümer Eintragung

Wert §§ 46, 47, 69, 70 GNotKG

Gebühr KV GNotKG Nr. 14110...................... 1,0

Einzelpflegschaften und -betreuungen für einzelne Rechtshandlungen

Wert § 63 GNotKG

Gebühr KV GNotKG Nr. 11103, 11105................. 0,5

- höchstens eine Gebühr 11101 bzw. 11104

Die Gebühren werden nicht neben einer Gebühr 11101, 11102 oder 11104 erhoben.

KV GNotKG Vorbem. 1 Abs. 3:

Die Bestellung eines Pflegers für das Verfahren und deren Aufhebung sind Teil des Verfahrens, für das der Pfleger bestellt worden ist. Bestellung und Aufhebung sind gebührenfrei.

KV GNotKG Vorbem. 3.1 Abs. 2:
Auslagen nach KV GNotKG Nr. 31015 (Verfahrenspfleger) können von dem Betroffenen nach Maßgabe des § 1836c BGB erhoben werden.

Erbbaurecht Eintragung
Wert §§ 43, 49 und 52 GNotKG
Gebühr KV GNotKG Vorbem. 1.4 Abs. 1, Vorbem. 1.4.1.2, Nr. 14120. 1,3

Erbschaftsausschlagung
Entgegennahme: gerichtsgebührenfrei, vgl. KV GNotKG Nr. 12410.
Beurkundung der Ausschlagungserklärung durch das Nachlassgericht:
KV GNotKG Vorb. 1 Abs. 2, Gebühr nach KV GNotKG Nr. 21201 Ziff. 7, vgl. dazu die Übersicht S. 340 (GNotKG Beurkundungs-, Vollzugs- und Betreuungsgebühren des Notars: Erbschaftsausschlagung).

Erbschein Verfahren über die Erteilung
Wert § 40 GNotKG
Gebühr KV GNotKG Nr. 12210 ff. 1,0
Gesonderte Gebühr für die Abnahme der eidesstattlichen Versicherung, Anm. zu KV GNotKG Nr. 12210, KV GNotKG Vorb. 1 Abs. 2:
Gebühr nach KV GNotKG Nr. 23300 f., ... 1,0
vgl. dazu auch die Übersicht S. 338 (GNotKG Beurkundungs-, Vollzugs- und Betreuungsgebühren des Notars: Eidesstattliche Versicherung).

Erklärungen gegenüber dem Nachlassgericht
Gebühr KV GNotKG Nr. 12410, Entgegennahme .... 15,00 €

Ernennung und **Entlassung** von **Testamentsvollstreckern,** Verfahren
Wert § 65 GNotKG
Gebühr KV GNotKG Nr. 12420 0,5

Eröffnung einer **Verfügung von Todes wegen**
Gebühr KV GNotKG Nr. 12101 .... 100,00 €

Freiheitsentziehungssachen gem. § 415 FamFG
Verfahren in Freiheitsentziehungssachen gem. § 415 FamFG:
Wert § 36 Abs. 3 GNotKG
Gebühr KV GNotKG Nr. 15212 Nr. 4 0,5

Gebührensätze

Gehörsrüge nach KV GNotKG Nr. 19200
Die Rüge wird in vollem Umfang verworfen oder zurückgewiesen:
Gebühr .... 60,00 €

Genossenschaftsregister Eintragung
Gebühr § 58 GNotKG, Vorbem. 1.3 Abs. 1 KV GNotKG; Teil 3 des Gebührenverzeichnisses der Verordnung über Gebühren in Handels-, Partnerschafts- und Genossenschaftsregistersachen (Handelsregistergebührenverordnung – HRegGebV)
siehe dazu S. 399 ff.

Gewaltschutzsachen
seit dem 1.9.2009 im FamGKG geregelt:
Wert § 49 FamGKG
Gebühr: KV FamGKG Nr. 1320 ff.

Grundbuchkopie, -ausdruck
Ausdruck oder unbeglaubigte Kopie, KV GNotKG Nr. 17000. 10,00 €
Amtlicher Ausdruck oder beglaubigte Kopie, KV GNotKG Nr. 17001. .... 20,00 €
Neben den Gebühren 17000 und 17001 wird keine Dokumentenpauschale erhoben .... 10,00 €
Wenn anstelle eines Ausdrucks die elektronische Übermittlung einer Datei beantragt wird:
Unbeglaubigte Datei, KV GNotKG Nr. 17002 .... 5,00 €
Beglaubigte Datei, KV GNotKG Nr. 17003 .... 10,00 €
Erteilung eines Zeugnisses/einer Bescheinigung KV GNotKG Nr. 17004. .... 20,00 €

Grundschuld Eintragung
Wert § 53 Abs. 1 GNotKG
Gebühr bei Briefrecht, KV GNotKG Nr. 14120 1,3
Gebühr bei Buchrecht, KV GNotKG Nr. 14121 1,0
Gesamtrechte:
KV GNotKG Nr. 14122: Bei Eintragungen von Gesamtrechten erhöhen sich die Gebühren 14120 und 14121 ab dem zweiten für jedes weitere beteiligte Grundbuchamt um 0,2
KV GNotKG Nr. 14123: Eintragung eines Rechts, das bereits an einem anderen Grundstück besteht, wenn nicht Nr. 14122 anzuwenden ist. 0,5

Grundschuldbrief Erteilung
Wert § 53 Abs. 1 GNotKG
Keine gesonderte Gebühr (vgl. § 71 KostO a.F.); Brieferteilung wird abgegolten durch höhere Eintragungsgebühr KV GNotKG Nr. 14120. 0,5

Gebührensätze

    Bei nachträglicher Erteilung eines Briefes:
    Gebühr KV GNotKG Nr. 14124
    Wert § 71 GNotKG

Güterrechtsregister Verfahren über die Eintragung
    Gebühr KV GNotKG Nr. 13200, Verfahren über Eintragung
    aufgrund eines Ehe- oder Lebenspartnerschaftsvertrages ..   100,00 €
    Gebühr KV GNotKG Nr. 13201, Verfahren über sonstige Eintragungen ....   50,00 €

Handelsregister Eintragung
    Gebühr § 58 GNotKG, Vorbem. 1.3 Abs. 1 KV GNotKG; Teil 1 des Gebührenverzeichnisses der Verordnung über Gebühren in Handels-, Partnerschafts- und Genossenschaftsregistersachen (Handelsregistergebührenverordnung – HRegGebV)
    siehe dazu S. 399 ff. ....

Haushaltssachen
    seit dem 1.9.2009 im FamGKG geregelt:
    Wert § 48 FamGKG
    Gebühr: KV FamGKG Nr. 1320 ff.

Hypothek   Eintragung
    siehe Grundschuld

Hypotheken (Grundschuld) Brief, nachträgliche Erteilung
    Wert § 71 Abs. 1 GNotKG
    Gebühr KV GNotKG Nr. 14124   0,5

Löschungen in Grundbuchsachen
    Gebühr KV GNotKG Nr. 14140 bei Löschung in Abt. III des Grundbuchs   0,5
    Löschung eines Gesamtrechts in Abt. III, wenn das Grundbuch bei verschiedenen Grundbuchämtern geführt wird, KV GNotKG Nr. 14141
    Die Gebühr 14140 erhöht sich ab dem zweiten für jedes weitere beteiligte Grundbuchamt um   0,1
    Wert § 53 Abs. 1 GNotKG
    Gebühr KV GNotKG Nr. 14143 bei sonstigen Löschungen (Abt. II des Grundbuchs) ....   25,00 €
    Gebühr KV GNotKG Nr. 14152 Löschung einer Vormerkung   25,00 €

Löschungsvormerkung Eintragung
    Wert § 45 Abs. 2 GNotKG

	Gebührensätze

Gebühr KV GNotKG Nr. 14130
Keine Gebühr, wenn sie zugunsten des Berechtigten gleichzeitig mit dem Antrag auf Eintragung des Rechts beantragt wird.. 0,5

Mithaft (Pfand) **Entlassung** Eintragung
Wert § 44 GNotKG
Gebühr KV GNotKG Nr. 14142 0,3

Nachlasspflegschaft

KV GNotKG Nr. 12311: Jahresgebühr für jedes Kalenderjahr bei einer Nachlasspflegschaft, die nicht auf einzelne Rechtshandlungen beschränkt ist
(1) Ist Gegenstand des Verfahrens ein Teil des Nachlasses, ist höchstens dieser Teil des Nachlasses zu berücksichtigen. Verbindlichkeiten werden nicht abgezogen.............. 10,00 € je
(2) Für das bei der ersten Bestellung eines Nachlasspflegers angefangene laufende und das folgende Kalenderjahr wird nur eine Jahresgebühr erhoben 5.000,00 € des Nachlasswerts, mindestens 200,00 €

KV GNotKG Nr. 12312: Verfahrensgebühr bei einer Nachlasspflegschaft für einzelne Rechtshandlungen – die Gebühr wird nicht neben der Gebühr 12311 erhoben............. 0,5
Wert § 63 GNotKG - höchstens eine Gebühr 12311

Nachlasssicherung

Wert § 36 GNotKG
Verfahrensgebühr KV GNotKG Nr. 12310............... 0,5
Die Gebühr entsteht nicht für Verfahren, die in den Rahmen einer bestehenden Nachlasspflegschaft fallen (insoweit Gebühr 12311 f.).

Partnerschaftsregister Eintragung
Gebühr § 58 GNotKG, Vorbem. 1.3 Abs. 1 KV GNotKG; Teil 1 des Gebührenverzeichnisses der Verordnung über Gebühren in Handels-, Partnerschafts- und Genossenschaftsregistersachen (Handelsregistergebührenverordnung – HRegGebV) siehe dazu S. 399 ff.

		Gebührensätze
Reallast	Eintragung Wert § 52 GNotKG	
	Gebühr KV GNotKG Nr. 14121	1,0
	Gesamtrechte: KV GNotKG Nr. 14122: Bei Eintragungen von Gesamtrechten erhöhen sich die Gebühren 14120 und 14121 ab dem zweiten für jedes weitere beteiligte Grundbuchamt um	0,2
	KV GNotKG Nr. 14123: Eintragung eines Rechts, das bereits an einem anderen Grundstück besteht, wenn nicht Nr. 14122 anzuwenden ist.	0,5

Rechtsbeschwerden,
Verfahren über Rechtsbeschwerden gegen die Endentscheidung wegen des Hauptgegenstands lösen Verfahrensgebühren nach KV GNotKG Nr. 11300 ff. (Betreuungssachen), Nr. 12230 ff., 12330 f. 12425 f., 12540 ff. (Nachlass- und Teilungssachen), Nr. 13330 ff., 13620 ff. (Registersachen), 14520 ff. (Grundbuchsachen), 15130 ff., 15230 ff. (übrige Angelegenheiten der freiwilligen Gerichtsbarkeit) aus.
Die Verfahrensgebühren können sich unter den in den jeweiligen Tatbeständen genannten Gründen ermäßigen.
Wert: § 61 GNotKG

Registerauszüge Handels-, Vereins-, Güterrechts-, Genossenschafts-, Partnerschaftsregister siehe dazu bei „Grundbuchkopie, Grundbuchausdruck".

Sonstige Grundbucheintragungen,
Gebühr für Eintragungen, KV GNotKG Nr. 14160 .... 50,00 €

Todeserklärung, Verfahren nach dem Verschollenheitsgesetz
Wert § 36 GNotKG
Verfahrensgebühr KV GNotKG Nr. 15210 Nr. 1 1,0

Transsexuellengesetz, Verfahren
Wert § 36 GNotKG
Verfahrensgebühr KV GNotKG Nr. 15210 Nr. 2 1,0

Unterbringungssachen nach § 312 FamFG
Gebühren werden nicht erhoben. Auslagen werden von dem Betroffenen nur nach KV GNotKG Nr. 31015 nach Maßgabe von § 1836c BGB erhoben, § 26 Abs. 3 GNotKG.

Unterwerfung unter die sofortige Zwangsvollstreckung nachträgliche Eintragung
Keine Gerichtsgebühr

Veränderungen von Belastungen Eintragung
Wert § 69 Abs. 2 GNotKG
Gebühr KV GNotKG Nr. 14130 0,5
Veränderung mehrerer Rechte, Vorbem. 1.4 Abs. 4 KV GNotKG: Gesonderte Gebühren, auch wenn nur ein einheitlicher Vermerk eingetragen wird.
Mehrere Veränderungen desselben Rechts, Vorbem. 1.4 Abs. 5 KV GNotKG: eine Gebühr, wenn die Anträge am selben Tag bei Gericht eingegangen sind.

Vereinigung von Grundstücken
Gebühr KV GNotKG Nr. 14160 . . . . 50,00 €

Vereinsregister Verfahren über Eintragungen
Gebühr KV GNotKG Nr. 13100 f.:
für die erste Eintragung des Vereins (Nr. 13100) . . . . 75,00 €
für alle späteren Eintragungen (Nr. 13101) . . . . 50,00 €

Verfahrenspflegschaft siehe Einzelpflegschaften

Verfügungsbeschränkungen (Nacherbfolge, Testamentsvollstreckung u.Ä.)

Verkehrsdaten Verfahren über den Antrag auf Erlass einer Anordnung über
die Zulässigkeit der Verwendung, KV GNotKG Nr. 15213
1. § 140b Abs. 9 des PatG,
2. § 24b Abs. 9 des GebrMG, auch in Verbindung mit § 9 Abs. 2 des HalblSchG,
3. § 19 Abs. 9 des MarkenG,
4. § 101 Abs. 9 des UrhG,
5. § 46 Abs. 9 des GeschmMG,
6. § 37b Abs. 9 des SortSchG.
Gebühr . . . . 200,00 €
Der Antrag wird zurückgenommen, bevor über ihn eine Entscheidung ergangen ist, die Gebühr 15213 ermäßigt sich auf:
Gebühr KV GNotKG Nr. 15214 . . . . 50,00 €

Vermerke auf dem Hypotheken- bzw. Grundschuldbrief
Keine Gerichtsgebühr

Vermerke von Rechten des Grundstückseigentümers, Eintragung
Gebühr KV GNotKG Nr. 14160 Nr. 1 . . . . 50,00 €

Versorgungsausgleich
seit dem 1.9.2009 im FamGKG geregelt
Wert § 50 FamGKG
Gebühr KV FamGKG Nr. 1320 ff.

Verwahrung von Verfügungen von Todes wegen
Gebühr KV GNotKG Nr. 12100 . . . . 75,00 €

Verzicht auf Eigentum am Grundstück, Eintragung
Keine Gerichtsgebühr

Vorkaufsrecht Eintragung
Wert § 51 GNotKG
Gebühr KV GNotKG Nr. 14121 1,0
Gesamtrecht, siehe Grundschuld

Vormerkung Eintragung
Wert § 45 Abs. 3 GNotKG
Gebühr KV GNotKG Nr. 14150 0,5

Widerspruch Eintragung,
Gebühr KV GNotKG Nr. 14151 . . . . 50,00 €

Wohnungszuweisung
seit dem 1.9.2009 im FamGKG geregelt
Wert § 48 FamGKG
Gebühr KV FamGKG Nr. 1320 ff.

Wohnungs- und Teileigentum
1. Wert § 42 GNotKG
   Gebühr KV GNotKG Nr. 14112: Eintragung der vertraglichen Einräumung von Sondereigentum oder Anlegung der Wohnungs- oder Teileigentumsgrundbücher im Fall des § 8 WEG 1,0
2. Gebühr KV GNotKG Nr. 14160 Nr. 5: Eintragung einer oder mehrerer gleichzeitig beantragter Inhaltsänderungen des Sondereigentums. . . . . 50,00 €
3. Gebühr KV GNotKG Nr. 14160 Nr. 5: Eintragung der Aufhebung des Sondereigentums. . . . . 50,00 €

Zurücknahme von Anträgen in Grundbuchsachen vor Eintragung oder Entscheidung
Gebühr nach KV GNotKG Nr. 14401. . . . . 25 % der für die Vornahme des Geschäfts bestimmten Gebühr
- mindestens 15,00 €,
höchstens 250,00 €

	Gebührensätze

Zurückweisung bei Antragsgeschäften in Grundbuchsachen
Gebühr nach KV GNotKG Nr. 14400. . . . .   50 % der für die Vornahme des Geschäfts bestimmten Gebühr
- mindestens 15,00 €,
höchstens 400,00 €

Zuschreibung von Grundstücken
Gebühr KV GNotKG Nr. 14160 . . . .   50,00 €

Gebührentabelle nach § 32 KostO

Die KostO ist durch das am 1.8.2013 in Kraft getretene 2. KostRMoG vom 23.7.2013 (BGBl. I S. 2586) aufgehoben und durch das GNotKG ersetzt worden (vgl. S. 331 und 365 ff.). Ob in Übergangsfällen die KostO oder das GNotKG anzuwenden ist, richtet sich nach der Übergangsvorschrift in § 136 GNotKG.

Wert bis …€	1/10 €	1/4 €	1/2 €	1 €	1 1/2 €	2 €
1.000	10,00	10,00	10,00	10,00	15,00	20,00
2.000	10,00	10,00	10,00	18,00	27,00	36,00
3.000	10,00	10,00	13,00	26,00	39,00	52,00
4.000	10,00	10,00	17,00	34,00	51,00	68,00
5.000	10,00	10,50	21,00	42,00	63,00	84,00
8.000	10,00	12,00	24,00	48,00	72,00	96,00
11.000	10,00	13,50	27,00	54,00	81,00	108,00
14.000	10,00	15,00	30,00	60,00	90,00	120,00
17.000	10,00	16,50	33,00	66,00	99,00	132,00
20.000	10,00	18,00	36,00	72,00	108,00	144,00
23.000	10,00	19,50	39,00	78,00	117,00	156,00
26.000	10,00	21,00	42,00	84,00	126,00	168,00
29.000	10,00	22,50	45,00	90,00	135,00	180,00
32.000	10,00	24,00	48,00	96,00	144,00	192,00
35.000	10,20	25,50	51,00	102,00	153,00	204,00
38.000	10,80	27,00	54,00	108,00	162,00	216,00
41.000	11,40	28,50	57,00	114,00	171,00	228,00
44.000	12,00	30,00	60,00	120,00	180,00	240,00
47.000	12,60	31,50	63,00	126,00	189,00	252,00
50.000	13,20	33,00	66,00	132,00	198,00	264,00
60.000	14,70	36,75	73,50	147,00	220,50	294,00
70.000	16,20	40,50	81,00	162,00	243,00	324,00
80.000	17,70	44,25	88,50	177,00	265,50	354,00
90.000	19,20	48,00	96,00	192,00	288,00	384,00
100.000	20,70	51,75	103,50	207,00	310,50	414,00
110.000	22,20	55,50	111,00	222,00	333,00	444,00
120.000	23,70	59,25	118,50	237,00	355,50	474,00
130.000	25,20	63,00	126,00	252,00	378,00	504,00
140.000	26,70	66,75	133,50	267,00	400,50	534,00
150.000	28,20	70,50	141,00	282,00	423,00	564,00
160.000	29,70	74,25	148,50	297,00	445,50	594,00
170.000	31,20	78,00	156,00	312,00	468,00	624,00
180.000	32,70	81,75	163,50	327,00	490,50	654,00
190.000	34,20	85,50	171,00	342,00	513,00	684,00
200.000	35,70	89,25	178,50	357,00	535,50	714,00
210.000	37,20	93,00	186,00	372,00	558,00	744,00
220.000	38,70	96,75	193,50	387,00	580,50	774,00

Tabellen
§ 32 KostO
§ 34 GNotKG

Gebührentabelle nach § 32 KostO

Wert bis ... €	1/10 €	1/4 €	1/2 €	1 €	1 1/2 €	2 €
230.000	40,20	100,50	201,00	402,00	603,00	804,00
240.000	41,70	104,25	208,50	417,00	625,50	834,00
250.000	43,20	108,00	216,00	432,00	648,00	864,00
260.000	44,70	111,75	223,50	447,00	670,50	894,00
270.000	46,20	115,50	231,00	462,00	693,00	924,00
280.000	47,70	119,25	238,50	477,00	715,50	954,00
290.000	49,20	123,00	246,00	492,00	738,00	984,00
300.000	50,70	126,75	253,50	507,00	760,50	1.014,00
310.000	52,20	130,50	261,00	522,00	783,00	1.044,00
320.000	53,70	134,25	268,50	537,00	805,50	1.074,00
330.000	55,20	138,00	276,00	552,00	828,00	1.104,00
340.000	56,70	141,75	283,50	567,00	850,50	1.134,00
350.000	58,20	145,50	291,00	582,00	873,00	1.164,00
360.000	59,70	149,25	298,50	597,00	895,50	1.194,00
370.000	61,20	153,00	306,00	612,00	918,00	1.224,00
380.000	62,70	156,75	313,50	627,00	940,50	1.254,00
390.000	64,20	160,50	321,00	642,00	963,00	1.284,00
400.000	65,70	164,25	328,50	657,00	985,50	1.314,00
410.000	67,20	168,00	336,00	672,00	1.008,00	1.344,00
420.000	68,70	171,75	343,50	687,00	1.030,50	1.374,00
430.000	70,20	175,50	351,00	702,00	1.053,00	1.404,00
440.000	71,70	179,25	358,50	717,00	1.075,50	1.434,00
450.000	73,20	183,00	366,00	732,00	1.098,00	1.464,00
460.000	74,70	186,75	373,50	747,00	1.120,50	1.494,00
470.000	76,20	190,50	381,00	762,00	1.143,00	1.524,00
480.000	77,70	194,25	388,50	777,00	1.165,50	1.554,00
490.000	79,20	198,00	396,00	792,00	1.188,00	1.584,00
500.000	80,70	201,75	403,50	807,00	1.210,50	1.614,00
510.000	82,20	205,50	411,00	822,00	1.233,00	1.644,00
520.000	83,70	209,25	418,50	837,00	1.255,50	1.674,00
530.000	85,20	213,00	426,00	852,00	1.278,00	1.704,00
540.000	86,70	216,75	433,50	867,00	1.300,50	1.734,00
550.000	88,20	220,50	441,00	882,00	1.323,00	1.764,00
560.000	89,70	224,25	448,50	897,00	1.345,50	1.794,00
570.000	91,20	228,00	456,00	912,00	1.368,00	1.824,00
580.000	92,70	231,75	463,50	927,00	1.390,50	1.854,00
590.000	94,20	235,50	471,00	942,00	1.413,00	1.884,00
600.000	95,70	239,25	478,50	957,00	1.435,50	1.914,00
610.000	97,20	243,00	486,00	972,00	1.458,00	1.944,00
620.000	98,70	246,75	493,50	987,00	1.480,50	1.974,00
630.000	100,20	250,50	501,00	1.002,00	1.503,00	2.004,00
640.000	101,70	254,25	508,50	1.017,00	1.525,50	2.034,00
650.000	103,20	258,00	516,00	1.032,00	1.548,00	2.064,00
660.000	104,70	261,75	523,50	1.047,00	1.570,50	2.094,00
670.000	106,20	265,50	531,00	1.062,00	1.593,00	2.124,00

Gebührentabelle nach § 32 KostO

Wert bis ... €	1/10 €	1/4 €	1/2 €	1 €	1 1/2 €	2 €
680.000	107,70	269,25	538,50	1.077,00	1.615,50	2.154,00
690.000	109,20	273,00	546,00	1.092,00	1.638,00	2.184,00
700.000	110,70	276,75	553,50	1.107,00	1.660,50	2.214,00
710.000	112,20	280,50	561,00	1.122,00	1.683,00	2.244,00
720.000	113,70	284,25	568,50	1.137,00	1.705,50	2.274,00
730.000	115,20	288,00	576,00	1.152,00	1.728,00	2.304,00
740.000	116,70	291,75	583,50	1.167,00	1.750,50	2.334,00
750.000	118,20	295,50	591,00	1.182,00	1.773,00	2.364,00
760.000	119,70	299,25	598,50	1.197,00	1.795,50	2.394,00
770.000	121,20	303,00	606,00	1.212,00	1.818,00	2.424,00
780.000	122,70	306,75	613,50	1.227,00	1.840,50	2.454,00
790.000	124,20	310,50	621,00	1.242,00	1.863,00	2.484,00
800.000	125,70	314,25	628,50	1.257,00	1.885,50	2.514,00
810.000	127,20	318,00	636,00	1.272,00	1.908,00	2.544,00
820.000	128,70	321,75	643,50	1.287,00	1.930,50	2.574,00
830.000	130,20	325,50	651,00	1.302,00	1.953,00	2.604,00
840.000	131,70	329,25	658,50	1.317,00	1.975,50	2.634,00
850.000	133,20	333,00	666,00	1.332,00	1.998,00	2.664,00
860.000	134,70	336,75	673,50	1.347,00	2.020,50	2.694,00
870.000	136,20	340,50	681,00	1.362,00	2.043,00	2.724,00
880.000	137,70	344,25	688,50	1.377,00	2.065,50	2.754,00
890.000	139,20	348,00	696,00	1.392,00	2.088,00	2.784,00
900.000	140,70	351,75	703,50	1.407,00	2.110,50	2.814,00
910.000	142,20	355,50	711,00	1.422,00	2.133,00	2.844,00
920.000	143,70	359,25	718,50	1.437,00	2.155,50	2.874,00
930.000	145,20	363,00	726,00	1.452,00	2.178,00	2.904,00
940.000	146,70	366,75	733,50	1.467,00	2.200,50	2.934,00
950.000	148,20	370,50	741,00	1.482,00	2.223,00	2.964,00
960.000	149,70	374,25	748,50	1.497,00	2.245,50	2.994,00
970.000	151,20	378,00	756,00	1.512,00	2.268,00	3.024,00
980.000	152,70	381,75	763,50	1.527,00	2.290,50	3.054,00
990.000	154,20	385,50	771,00	1.542,00	2.313,00	3.084,00
1.000.000	155,70	389,25	778,50	1.557,00	2.335,50	3.114,00
1.010.000	157,20	393,00	786,00	1.572,00	2.358,00	3.144,00
1.020.000	158,70	396,75	793,50	1.587,00	2.380,50	3.174,00
1.030.000	160,20	400,50	801,00	1.602,00	2.403,00	3.204,00
1.040.000	161,70	404,25	808,50	1.617,00	2.425,50	3.234,00
1.050.000	163,20	408,00	816,00	1.632,00	2.448,00	3.264,00
1.060.000	164,70	411,75	823,50	1.647,00	2.470,50	3.294,00
1.070.000	166,20	415,50	831,00	1.662,00	2.493,00	3.324,00
1.080.000	167,70	419,25	838,50	1.677,00	2.515,50	3.354,00
1.090.000	169,20	423,00	846,00	1.692,00	2.538,00	3.384,00
1.100.000	170,70	426,75	853,50	1.707,00	2.560,50	3.414,00
1.110.000	172,20	430,50	861,00	1.722,00	2.583,00	3.444,00
1.120.000	173,70	434,25	868,50	1.737,00	2.605,50	3.474,00

Gebührentabelle nach § 32 KostO

Wert bis ... €	1/10 €	1/4 €	1/2 €	1 €	1 1/2 €	2 €
1.130.000	175,20	438,00	876,00	1.752,00	2.628,00	3.504,00
1.140.000	176,70	441,75	883,50	1.767,00	2.650,50	3.534,00
1.150.000	178,20	445,50	891,00	1.782,00	2.673,00	3.564,00
1.160.000	179,70	449,25	898,50	1.797,00	2.695,50	3.594,00
1.170.000	181,20	453,00	906,00	1.812,00	2.718,00	3.624,00
1.180.000	182,70	456,75	913,50	1.827,00	2.740,50	3.654,00
1.190.000	184,20	460,50	921,00	1.842,00	2.763,00	3.684,00
1.200.000	185,70	464,25	928,50	1.857,00	2.785,50	3.714,00
1.210.000	187,20	468,00	936,00	1.872,00	2.808,00	3.744,00
1.220.000	188,70	471,75	943,50	1.887,00	2.830,50	3.774,00
1.230.000	190,20	475,50	951,00	1.902,00	2.853,00	3.804,00
1.240.000	191,70	479,25	958,50	1.917,00	2.875,50	3.834,00
1.250.000	193,20	483,00	966,00	1.932,00	2.898,00	3.864,00
1.260.000	194,70	486,75	973,50	1.947,00	2.920,50	3.894,00
1.270.000	196,20	490,50	981,00	1.962,00	2.943,00	3.924,00
1.280.000	197,70	494,25	988,50	1.977,00	2.965,50	3.954,00
1.290.000	199,20	498,00	996,00	1.992,00	2.988,00	3.984,00
1.300.000	200,70	501,75	1.003,50	2.007,00	3.010,50	4.014,00
1.310.000	202,20	505,50	1.011,00	2.022,00	3.033,00	4.044,00
1.320.000	203,70	509,25	1.018,50	2.037,00	3.055,50	4.074,00
1.330.000	205,20	513,00	1.026,00	2.052,00	3.078,00	4.104,00
1.340.000	206,70	516,75	1.033,50	2.067,00	3.100,50	4.134,00
1.350.000	208,20	520,50	1.041,00	2.082,00	3.123,00	4.164,00
1.360.000	209,70	524,25	1.048,50	2.097,00	3.145,50	4.194,00
1.370.000	211,20	528,00	1.056,00	2.112,00	3.168,00	4.224,00
1.380.000	212,70	531,75	1.063,50	2.127,00	3.190,50	4.254,00
1.390.000	214,20	535,50	1.071,00	2.142,00	3.213,00	4.284,00
1.400.000	215,70	539,25	1.078,50	2.157,00	3.235,50	4.314,00
1.410.000	217,20	543,00	1.086,00	2.172,00	3.258,00	4.344,00
1.420.000	218,70	546,75	1.093,50	2.187,00	3.280,50	4.374,00
1.430.000	220,20	550,50	1.101,00	2.202,00	3.303,00	4.404,00
1.440.000	221,70	554,25	1.108,50	2.217,00	3.325,50	4.434,00
1.450.000	223,20	558,00	1.116,00	2.232,00	3.348,00	4.464,00
1.460.000	224,70	561,75	1.123,50	2.247,00	3.370,50	4.494,00
1.470.000	226,20	565,50	1.131,00	2.262,00	3.393,00	4.524,00
1.480.000	227,70	569,25	1.138,50	2.277,00	3.415,50	4.554,00
1.490.000	229,20	573,00	1.146,00	2.292,00	3.438,00	4.584,00
1.500.000	230,70	576,75	1.153,50	2.307,00	3.460,50	4.614,00
1.510.000	232,20	580,50	1.161,00	2.322,00	3.483,00	4.644,00
1.520.000	233,70	584,25	1.168,50	2.337,00	3.505,50	4.674,00
1.530.000	235,20	588,00	1.176,00	2.352,00	3.528,00	4.704,00
1.540.000	236,70	591,75	1.183,50	2.367,00	3.550,50	4.734,00
1.550.000	238,20	595,50	1.191,00	2.382,00	3.573,00	4.764,00
1.560.000	239,70	599,25	1.198,50	2.397,00	3.595,50	4.794,00
1.570.000	241,20	603,00	1.206,00	2.412,00	3.618,00	4.824,00

Gebührentabelle nach § 32 KostO

Wert bis … €	1/10 €	1/4 €	1/2 €	1 €	1 1/2 €	2 €
1.580.000	242,70	606,75	1.213,50	2.427,00	3.640,50	4.854,00
1.590.000	244,20	610,50	1.221,00	2.442,00	3.663,00	4.884,00
1.600.000	245,70	614,25	1.228,50	2.457,00	3.685,50	4.914,00
1.610.000	247,20	618,00	1.236,00	2.472,00	3.708,00	4.944,00
1.620.000	248,70	621,75	1.243,50	2.487,00	3.730,50	4.974,00
1.630.000	250,20	625,50	1.251,00	2.502,00	3.753,00	5.004,00
1.640.000	251,70	629,25	1.258,50	2.517,00	3.775,50	5.034,00
1.650.000	253,20	633,00	1.266,00	2.532,00	3.798,00	5.064,00
1.660.000	254,70	636,75	1.273,50	2.547,00	3.820,50	5.094,00
1.670.000	256,20	640,50	1.281,00	2.562,00	3.843,00	5.124,00
1.680.000	257,70	644,25	1.288,50	2.577,00	3.865,50	5.154,00
1.690.000	259,20	648,00	1.296,00	2.592,00	3.888,00	5.184,00
1.700.000	260,70	651,75	1.303,50	2.607,00	3.910,50	5.214,00
1.710.000	262,20	655,50	1.311,00	2.622,00	3.933,00	5.244,00
1.720.000	263,70	659,25	1.318,50	2.637,00	3.955,50	5.274,00
1.730.000	265,20	663,00	1.326,00	2.652,00	3.978,00	5.304,00
1.740.000	266,70	666,75	1.333,50	2.667,00	4.000,50	5.334,00
1.750.000	268,20	670,50	1.341,00	2.682,00	4.023,00	5.364,00
1.760.000	269,70	674,25	1.348,50	2.697,00	4.045,50	5.394,00
1.770.000	271,20	678,00	1.356,00	2.712,00	4.068,00	5.424,00
1.780.000	272,70	681,75	1.363,50	2.727,00	4.090,50	5.454,00
1.790.000	274,20	685,50	1.371,00	2.742,00	4.113,00	5.484,00
1.800.000	275,70	689,25	1.378,50	2.757,00	4.135,50	5.514,00
1.810.000	277,20	693,00	1.386,00	2.772,00	4.158,00	5.544,00
1.820.000	278,70	696,75	1.393,50	2.787,00	4.180,50	5.574,00
1.830.000	280,20	700,50	1.401,00	2.802,00	4.203,00	5.604,00
1.840.000	281,70	704,25	1.408,50	2.817,00	4.225,50	5.634,00
1.850.000	283,20	708,00	1.416,00	2.832,00	4.248,00	5.664,00
1.860.000	284,70	711,75	1.423,50	2.847,00	4.270,50	5.694,00
1.870.000	286,20	715,50	1.431,00	2.862,00	4.293,00	5.724,00
1.880.000	287,70	719,25	1.438,50	2.877,00	4.315,50	5.754,00
1.890.000	289,20	723,00	1.446,00	2.892,00	4.338,00	5.784,00
1.900.000	290,70	726,75	1.453,50	2.907,00	4.360,50	5.814,00
1.910.000	292,20	730,50	1.461,00	2.922,00	4.383,00	5.844,00
1.920.000	293,70	734,25	1.468,50	2.937,00	4.405,50	5.874,00
1.930.000	295,20	738,00	1.476,00	2.952,00	4.428,00	5.904,00
1.940.000	296,70	741,75	1.483,50	2.967,00	4.450,50	5.934,00
1.950.000	298,20	745,50	1.491,00	2.982,00	4.473,00	5.964,00
1.960.000	299,70	749,25	1.498,50	2.997,00	4.495,50	5.994,00
1.970.000	301,20	753,00	1.506,00	3.012,00	4.518,00	6.024,00
1.980.000	302,70	756,75	1.513,50	3.027,00	4.540,50	6.054,00
1.990.000	304,20	760,50	1.521,00	3.042,00	4.563,00	6.084,00
2.000.000	305,70	764,25	1.528,50	3.057,00	4.585,50	6.114,00
2.010.000	307,20	768,00	1.536,00	3.072,00	4.608,00	6.144,00
2.020.000	308,70	771,75	1.543,50	3.087,00	4.630,50	6.174,00

Gebührentabelle nach § 32 KostO

Wert bis … €	1/10 €	1/4 €	1/2 €	1 €	1 1/2 €	2 €
2.030.000	310,20	775,50	1.551,00	3.102,00	4.653,00	6.204,00
2.040.000	311,70	779,25	1.558,50	3.117,00	4.675,50	6.234,00
2.050.000	313,20	783,00	1.566,00	3.132,00	4.698,00	6.264,00
2.060.000	314,70	786,75	1.573,50	3.147,00	4.720,50	6.294,00
2.070.000	316,20	790,50	1.581,00	3.162,00	4.743,00	6.324,00
2.080.000	317,70	794,25	1.588,50	3.177,00	4.765,50	6.354,00
2.090.000	319,20	798,00	1.596,00	3.192,00	4.788,00	6.384,00
2.100.000	320,70	801,75	1.603,50	3.207,00	4.810,50	6.414,00
2.110.000	322,20	805,50	1.611,00	3.222,00	4.833,00	6.444,00
2.120.000	323,70	809,25	1.618,50	3.237,00	4.855,50	6.474,00
2.130.000	325,20	813,00	1.626,00	3.252,00	4.878,00	6.504,00
2.140.000	326,70	816,75	1.633,50	3.267,00	4.900,50	6.534,00
2.150.000	328,20	820,50	1.641,00	3.282,00	4.923,00	6.564,00
2.160.000	329,70	824,25	1.648,50	3.297,00	4.945,50	6.594,00
2.170.000	331,20	828,00	1.656,00	3.312,00	4.968,00	6.624,00
2.180.000	332,70	831,75	1.663,50	3.327,00	4.990,50	6.654,00
2.190.000	334,20	835,50	1.671,00	3.342,00	5.013,00	6.684,00
2.200.000	335,70	839,25	1.678,50	3.357,00	5.035,50	6.714,00
2.210.000	337,20	843,00	1.686,00	3.372,00	5.058,00	6.744,00
2.220.000	338,70	846,75	1.693,50	3.387,00	5.080,50	6.774,00
2.230.000	340,20	850,50	1.701,00	3.402,00	5.103,00	6.804,00
2.240.000	341,70	854,25	1.708,50	3.417,00	5.125,50	6.834,00
2.250.000	343,20	858,00	1.716,00	3.432,00	5.148,00	6.864,00
2.260.000	344,70	861,75	1.723,50	3.447,00	5.170,50	6.894,00
2.270.000	346,20	865,50	1.731,00	3.462,00	5.193,00	6.924,00
2.280.000	347,70	869,25	1.738,50	3.477,00	5.215,50	6.954,00
2.290.000	349,20	873,00	1.746,00	3.492,00	5.238,00	6.984,00
2.300.000	350,70	876,75	1.753,50	3.507,00	5.260,50	7.014,00
2.310.000	352,20	880,50	1.761,00	3.522,00	5.283,00	7.044,00
2.320.000	353,70	884,25	1.768,50	3.537,00	5.305,50	7.074,00
2.330.000	355,20	888,00	1.776,00	3.552,00	5.328,00	7.104,00
2.340.000	356,70	891,75	1.783,50	3.567,00	5.350,50	7.134,00
2.350.000	358,20	895,50	1.791,00	3.582,00	5.373,00	7.164,00
2.360.000	359,70	899,25	1.798,50	3.597,00	5.395,50	7.194,00
2.370.000	361,20	903,00	1.806,00	3.612,00	5.418,00	7.224,00
2.380.000	362,70	906,75	1.813,50	3.627,00	5.440,50	7.254,00
2.390.000	364,20	910,50	1.821,00	3.642,00	5.463,00	7.284,00
2.400.000	365,70	914,25	1.828,50	3.657,00	5.485,50	7.314,00
2.410.000	367,20	918,00	1.836,00	3.672,00	5.508,00	7.344,00
2.420.000	368,70	921,75	1.843,50	3.687,00	5.530,50	7.374,00
2.430.000	370,20	925,50	1.851,00	3.702,00	5.553,00	7.404,00
2.440.000	371,70	929,25	1.858,50	3.717,00	5.575,50	7.434,00
2.450.000	373,20	933,00	1.866,00	3.732,00	5.598,00	7.464,00
2.460.000	374,70	936,75	1.873,50	3.747,00	5.620,50	7.494,00
2.470.000	376,20	940,50	1.881,00	3.762,00	5.643,00	7.524,00

Gebührentabelle nach § 32 KostO

Wert bis ... €	1/10 €	1/4 €	1/2 €	1 €	1 1/2 €	2 €
2.480.000	377,70	944,25	1.888,50	3.777,00	5.665,50	7.554,00
2.490.000	379,20	948,00	1.896,00	3.792,00	5.688,00	7.584,00
2.500.000	380,70	951,75	1.903,50	3.807,00	5.710,50	7.614,00
2.510.000	382,20	955,50	1.911,00	3.822,00	5.733,00	7.644,00
2.520.000	383,70	959,25	1.918,50	3.837,00	5.755,50	7.674,00
2.530.000	385,20	963,00	1.926,00	3.852,00	5.778,00	7.704,00
2.540.000	386,70	966,75	1.933,50	3.867,00	5.800,50	7.734,00
2.550.000	388,20	970,50	1.941,00	3.882,00	5.823,00	7.764,00
2.560.000	389,70	974,25	1.948,50	3.897,00	5.845,50	7.794,00
2.570.000	391,20	978,00	1.956,00	3.912,00	5.868,00	7.824,00
2.580.000	392,70	981,75	1.963,50	3.927,00	5.890,50	7.854,00
2.590.000	394,20	985,50	1.971,00	3.942,00	5.913,00	7.884,00
2.600.000	395,70	989,25	1.978,50	3.957,00	5.935,50	7.914,00
2.610.000	397,20	993,00	1.986,00	3.972,00	5.958,00	7.944,00
2.620.000	398,70	996,75	1.993,50	3.987,00	5.980,50	7.974,00
2.630.000	400,20	1.000,50	2.001,00	4.002,00	6.003,00	8.004,00
2.640.000	401,70	1.004,25	2.008,50	4.017,00	6.025,50	8.034,00
2.650.000	403,20	1.008,00	2.016,00	4.032,00	6.048,00	8.064,00
2.660.000	404,70	1.011,75	2.023,50	4.047,00	6.070,50	8.094,00
2.670.000	406,20	1.015,50	2.031,00	4.062,00	6.093,00	8.124,00
2.680.000	407,70	1.019,25	2.038,50	4.077,00	6.115,50	8.154,00
2.690.000	409,20	1.023,00	2.046,00	4.092,00	6.138,00	8.184,00
2.700.000	410,70	1.026,75	2.053,50	4.107,00	6.160,50	8.214,00
2.710.000	412,20	1.030,50	2.061,00	4.122,00	6.183,00	8.244,00
2.720.000	413,70	1.034,25	2.068,50	4.137,00	6.205,50	8.274,00
2.730.000	415,20	1.038,00	2.076,00	4.152,00	6.228,00	8.304,00
2.740.000	416,70	1.041,75	2.083,50	4.167,00	6.250,50	8.334,00
2.750.000	418,20	1.045,50	2.091,00	4.182,00	6.273,00	8.364,00
2.760.000	419,70	1.049,25	2.098,50	4.197,00	6.295,50	8.394,00
2.770.000	421,20	1.053,00	2.106,00	4.212,00	6.318,00	8.424,00
2.780.000	422,70	1.056,75	2.113,50	4.227,00	6.340,50	8.454,00
2.790.000	424,20	1.060,50	2.121,00	4.242,00	6.363,00	8.484,00
2.800.000	425,70	1.064,25	2.128,50	4.257,00	6.385,50	8.514,00
2.810.000	427,20	1.068,00	2.136,00	4.272,00	6.408,00	8.544,00
2.820.000	428,70	1.071,75	2.143,50	4.287,00	6.430,50	8.574,00
2.830.000	430,20	1.075,50	2.151,00	4.302,00	6.453,00	8.604,00
2.840.000	431,70	1.079,25	2.158,50	4.317,00	6.475,50	8.634,00
2.850.000	433,20	1.083,00	2.166,00	4.332,00	6.498,00	8.664,00
2.860.000	434,70	1.086,75	2.173,50	4.347,00	6.520,50	8.694,00
2.870.000	436,20	1.090,50	2.181,00	4.362,00	6.543,00	8.724,00
2.880.000	437,70	1.094,25	2.188,50	4.377,00	6.565,50	8.754,00
2.890.000	439,20	1.098,00	2.196,00	4.392,00	6.588,00	8.784,00
2.900.000	440,70	1.101,75	2.203,50	4.407,00	6.610,50	8.814,00
2.910.000	442,20	1.105,50	2.211,00	4.422,00	6.633,00	8.844,00
2.920.000	443,70	1.109,25	2.218,50	4.437,00	6.655,50	8.874,00

Gebührentabelle nach § 32 KostO

Wert bis ... €	1/10 €	1/4 €	1/2 €	1 €	1 1/2 €	2 €
2.930.000	445,20	1.113,00	2.226,00	4.452,00	6.678,00	8.904,00
2.940.000	446,70	1.116,75	2.233,50	4.467,00	6.700,50	8.934,00
2.950.000	448,20	1.120,50	2.241,00	4.482,00	6.723,00	8.964,00
2.960.000	449,70	1.124,25	2.248,50	4.497,00	6.745,50	8.994,00
2.970.000	451,20	1.128,00	2.256,00	4.512,00	6.768,00	9.024,00
2.980.000	452,70	1.131,75	2.263,50	4.527,00	6.790,50	9.054,00
2.990.000	454,20	1.135,50	2.271,00	4.542,00	6.813,00	9.084,00
3.000.000	455,70	1.139,25	2.278,50	4.557,00	6.835,50	9.114,00
3.010.000	457,20	1.143,00	2.286,00	4.572,00	6.858,00	9.144,00
3.020.000	458,70	1.146,75	2.293,50	4.587,00	6.880,50	9.174,00
3.030.000	460,20	1.150,50	2.301,00	4.602,00	6.903,00	9.204,00
3.040.000	461,70	1.154,25	2.308,50	4.617,00	6.925,50	9.234,00
3.050.000	463,20	1.158,00	2.316,00	4.632,00	6.948,00	9.264,00
3.060.000	464,70	1.161,75	2.323,50	4.647,00	6.970,50	9.294,00
3.070.000	466,20	1.165,50	2.331,00	4.662,00	6.993,00	9.324,00
3.080.000	467,70	1.169,25	2.338,50	4.677,00	7.015,50	9.354,00
3.090.000	469,20	1.173,00	2.346,00	4.692,00	7.038,00	9.384,00
3.100.000	470,70	1.176,75	2.353,50	4.707,00	7.060,50	9.414,00
3.110.000	472,20	1.180,50	2.361,00	4.722,00	7.083,00	9.444,00
3.120.000	473,70	1.184,25	2.368,50	4.737,00	7.105,50	9.474,00
3.130.000	475,20	1.188,00	2.376,00	4.752,00	7.128,00	9.504,00
3.140.000	476,70	1.191,75	2.383,50	4.767,00	7.150,50	9.534,00
3.150.000	478,20	1.195,50	2.391,00	4.782,00	7.173,00	9.564,00
3.160.000	479,70	1.199,25	2.398,50	4.797,00	7.195,50	9.594,00
3.170.000	481,20	1.203,00	2.406,00	4.812,00	7.218,00	9.624,00
3.180.000	482,70	1.206,75	2.413,50	4.827,00	7.240,50	9.654,00
3.190.000	484,20	1.210,50	2.421,00	4.842,00	7.263,00	9.684,00
3.200.000	485,70	1.214,25	2.428,50	4.857,00	7.285,50	9.714,00
3.210.000	487,20	1.218,00	2.436,00	4.872,00	7.308,00	9.744,00
3.220.000	488,70	1.221,75	2.443,50	4.887,00	7.330,50	9.774,00
3.230.000	490,20	1.225,50	2.451,00	4.902,00	7.353,00	9.804,00
3.240.000	491,70	1.229,25	2.458,50	4.917,00	7.375,50	9.834,00
3.250.000	493,20	1.233,00	2.466,00	4.932,00	7.398,00	9.864,00
3.260.000	494,70	1.236,75	2.473,50	4.947,00	7.420,50	9.894,00
3.270.000	496,20	1.240,50	2.481,00	4.962,00	7.443,00	9.924,00
3.280.000	497,70	1.244,25	2.488,50	4.977,00	7.465,50	9.954,00
3.290.000	499,20	1.248,00	2.496,00	4.992,00	7.488,00	9.984,00
3.300.000	500,70	1.251,75	2.503,50	5.007,00	7.510,50	10.014,00
3.310.000	502,20	1.255,50	2.511,00	5.022,00	7.533,00	10.044,00
3.320.000	503,70	1.259,25	2.518,50	5.037,00	7.555,50	10.074,00
3.330.000	505,20	1.263,00	2.526,00	5.052,00	7.578,00	10.104,00
3.340.000	506,70	1.266,75	2.533,50	5.067,00	7.600,50	10.134,00
3.350.000	508,20	1.270,50	2.541,00	5.082,00	7.623,00	10.164,00
3.360.000	509,70	1.274,25	2.548,50	5.097,00	7.645,50	10.194,00
3.370.000	511,20	1.278,00	2.556,00	5.112,00	7.668,00	10.224,00

Gebührentabelle nach § 32 KostO

Wert bis ...€	1/10 €	1/4 €	1/2 €	1 €	1 1/2 €	2 €
3.380.000	512,70	1.281,75	2.563,50	5.127,00	7.690,50	10.254,00
3.390.000	514,20	1.285,50	2.571,00	5.142,00	7.713,00	10.284,00
3.400.000	515,70	1.289,25	2.578,50	5.157,00	7.735,50	10.314,00
3.410.000	517,20	1.293,00	2.586,00	5.172,00	7.758,00	10.344,00
3.420.000	518,70	1.296,75	2.593,50	5.187,00	7.780,50	10.374,00
3.430.000	520,20	1.300,50	2.601,00	5.202,00	7.803,00	10.404,00
3.440.000	521,70	1.304,25	2.608,50	5.217,00	7.825,50	10.434,00
3.450.000	523,20	1.308,00	2.616,00	5.232,00	7.848,00	10.464,00
3.460.000	524,70	1.311,75	2.623,50	5.247,00	7.870,50	10.494,00
3.470.000	526,20	1.315,50	2.631,00	5.262,00	7.893,00	10.524,00
3.480.000	527,70	1.319,25	2.638,50	5.277,00	7.915,50	10.554,00
3.490.000	529,20	1.323,00	2.646,00	5.292,00	7.938,00	10.584,00
3.500.000	530,70	1.326,75	2.653,50	5.307,00	7.960,50	10.614,00
3.510.000	532,20	1.330,50	2.661,00	5.322,00	7.983,00	10.644,00
3.520.000	533,70	1.334,25	2.668,50	5.337,00	8.005,50	10.674,00
3.530.000	535,20	1.338,00	2.676,00	5.352,00	8.028,00	10.704,00
3.540.000	536,70	1.341,75	2.683,50	5.367,00	8.050,50	10.734,00
3.550.000	538,20	1.345,50	2.691,00	5.382,00	8.073,00	10.764,00
3.560.000	539,70	1.349,25	2.698,50	5.397,00	8.095,50	10.794,00
3.570.000	541,20	1.353,00	2.706,00	5.412,00	8.118,00	10.824,00
3.580.000	542,70	1.356,75	2.713,50	5.427,00	8.140,50	10.854,00
3.590.000	544,20	1.360,50	2.721,00	5.442,00	8.163,00	10.884,00
3.600.000	545,70	1.364,25	2.728,50	5.457,00	8.185,50	10.914,00
3.610.000	547,20	1.368,00	2.736,00	5.472,00	8.208,00	10.944,00
3.620.000	548,70	1.371,75	2.743,50	5.487,00	8.230,50	10.974,00
3.630.000	550,20	1.375,50	2.751,00	5.502,00	8.253,00	11.004,00
3.640.000	551,70	1.379,25	2.758,50	5.517,00	8.275,50	11.034,00
3.650.000	553,20	1.383,00	2.766,00	5.532,00	8.298,00	11.064,00
3.660.000	554,70	1.386,75	2.773,50	5.547,00	8.320,50	11.094,00
3.670.000	556,20	1.390,50	2.781,00	5.562,00	8.343,00	11.124,00
3.680.000	557,70	1.394,25	2.788,50	5.577,00	8.365,50	11.154,00
3.690.000	559,20	1.398,00	2.796,00	5.592,00	8.388,00	11.184,00
3.700.000	560,70	1.401,75	2.803,50	5.607,00	8.410,50	11.214,00
3.710.000	562,20	1.405,50	2.811,00	5.622,00	8.433,00	11.244,00
3.720.000	563,70	1.409,25	2.818,50	5.637,00	8.455,50	11.274,00
3.730.000	565,20	1.413,00	2.826,00	5.652,00	8.478,00	11.304,00
3.740.000	566,70	1.416,75	2.833,50	5.667,00	8.500,50	11.334,00
3.750.000	568,20	1.420,50	2.841,00	5.682,00	8.523,00	11.364,00
3.760.000	569,70	1.424,25	2.848,50	5.697,00	8.545,50	11.394,00
3.770.000	571,20	1.428,00	2.856,00	5.712,00	8.568,00	11.424,00
3.780.000	572,70	1.431,75	2.863,50	5.727,00	8.590,50	11.454,00
3.790.000	574,20	1.435,50	2.871,00	5.742,00	8.613,00	11.484,00
3.800.000	575,70	1.439,25	2.878,50	5.757,00	8.635,50	11.514,00
3.810.000	577,20	1.443,00	2.886,00	5.772,00	8.658,00	11.544,00
3.820.000	578,70	1.446,75	2.893,50	5.787,00	8.680,50	11.574,00

Gebührentabelle nach § 32 KostO

Wert bis ... €	1/10 €	1/4 €	1/2 €	1 €	1 1/2 €	2 €
3.830.000	580,20	1.450,50	2.901,00	5.802,00	8.703,00	11.604,00
3.840.000	581,70	1.454,25	2.908,50	5.817,00	8.725,50	11.634,00
3.850.000	583,20	1.458,00	2.916,00	5.832,00	8.748,00	11.664,00
3.860.000	584,70	1.461,75	2.923,50	5.847,00	8.770,50	11.694,00
3.870.000	586,20	1.465,50	2.931,00	5.862,00	8.793,00	11.724,00
3.880.000	587,70	1.469,25	2.938,50	5.877,00	8.815,50	11.754,00
3.890.000	589,20	1.473,00	2.946,00	5.892,00	8.838,00	11.784,00
3.900.000	590,70	1.476,75	2.953,50	5.907,00	8.860,50	11.814,00
3.910.000	592,20	1.480,50	2.961,00	5.922,00	8.883,00	11.844,00
3.920.000	593,70	1.484,25	2.968,50	5.937,00	8.905,50	11.874,00
3.930.000	595,20	1.488,00	2.976,00	5.952,00	8.928,00	11.904,00
3.940.000	596,70	1.491,75	2.983,50	5.967,00	8.950,50	11.934,00
3.950.000	598,20	1.495,50	2.991,00	5.982,00	8.973,00	11.964,00
3.960.000	599,70	1.499,25	2.998,50	5.997,00	8.995,50	11.994,00
3.970.000	601,20	1.503,00	3.006,00	6.012,00	9.018,00	12.024,00
3.980.000	602,70	1.506,75	3.013,50	6.027,00	9.040,50	12.054,00
3.990.000	604,20	1.510,50	3.021,00	6.042,00	9.063,00	12.084,00
4.000.000	605,70	1.514,25	3.028,50	6.057,00	9.085,50	12.114,00
4.010.000	607,20	1.518,00	3.036,00	6.072,00	9.108,00	12.144,00
4.020.000	608,70	1.521,75	3.043,50	6.087,00	9.130,50	12.174,00
4.030.000	610,20	1.525,50	3.051,00	6.102,00	9.153,00	12.204,00
4.040.000	611,70	1.529,25	3.058,50	6.117,00	9.175,50	12.234,00
4.050.000	613,20	1.533,00	3.066,00	6.132,00	9.198,00	12.264,00
4.060.000	614,70	1.536,75	3.073,50	6.147,00	9.220,50	12.294,00
4.070.000	616,20	1.540,50	3.081,00	6.162,00	9.243,00	12.324,00
4.080.000	617,70	1.544,25	3.088,50	6.177,00	9.265,50	12.354,00
4.090.000	619,20	1.548,00	3.096,00	6.192,00	9.288,00	12.384,00
4.100.000	620,70	1.551,75	3.103,50	6.207,00	9.310,50	12.414,00
4.110.000	622,20	1.555,50	3.111,00	6.222,00	9.333,00	12.444,00
4.120.000	623,70	1.559,25	3.118,50	6.237,00	9.355,50	12.474,00
4.130.000	625,20	1.563,00	3.126,00	6.252,00	9.378,00	12.504,00
4.140.000	626,70	1.566,75	3.133,50	6.267,00	9.400,50	12.534,00
4.150.000	628,20	1.570,50	3.141,00	6.282,00	9.423,00	12.564,00
4.160.000	629,70	1.574,25	3.148,50	6.297,00	9.445,50	12.594,00
4.170.000	631,20	1.578,00	3.156,00	6.312,00	9.468,00	12.624,00
4.180.000	632,70	1.581,75	3.163,50	6.327,00	9.490,50	12.654,00
4.190.000	634,20	1.585,50	3.171,00	6.342,00	9.513,00	12.684,00
4.200.000	635,70	1.589,25	3.178,50	6.357,00	9.535,50	12.714,00
4.210.000	637,20	1.593,00	3.186,00	6.372,00	9.558,00	12.744,00
4.220.000	638,70	1.596,75	3.193,50	6.387,00	9.580,50	12.774,00
4.230.000	640,20	1.600,50	3.201,00	6.402,00	9.603,00	12.804,00
4.240.000	641,70	1.604,25	3.208,50	6.417,00	9.625,50	12.834,00
4.250.000	643,20	1.608,00	3.216,00	6.432,00	9.648,00	12.864,00
4.260.000	644,70	1.611,75	3.223,50	6.447,00	9.670,50	12.894,00
4.270.000	646,20	1.615,50	3.231,00	6.462,00	9.693,00	12.924,00

Gebührentabelle nach § 32 KostO

Wert bis ...€	1/10 €	1/4 €	1/2 €	1 €	1 1/2 €	2 €
4.280.000	647,70	1.619,25	3.238,50	6.477,00	9.715,50	12.954,00
4.290.000	649,20	1.623,00	3.246,00	6.492,00	9.738,00	12.984,00
4.300.000	650,70	1.626,75	3.253,50	6.507,00	9.760,50	13.014,00
4.310.000	652,20	1.630,50	3.261,00	6.522,00	9.783,00	13.044,00
4.320.000	653,70	1.634,25	3.268,50	6.537,00	9.805,50	13.074,00
4.330.000	655,20	1.638,00	3.276,00	6.552,00	9.828,00	13.104,00
4.340.000	656,70	1.641,75	3.283,50	6.567,00	9.850,50	13.134,00
4.350.000	658,20	1.645,50	3.291,00	6.582,00	9.873,00	13.164,00
4.360.000	659,70	1.649,25	3.298,50	6.597,00	9.895,50	13.194,00
4.370.000	661,20	1.653,00	3.306,00	6.612,00	9.918,00	13.224,00
4.380.000	662,70	1.656,75	3.313,50	6.627,00	9.940,50	13.254,00
4.390.000	664,20	1.660,50	3.321,00	6.642,00	9.963,00	13.284,00
4.400.000	665,70	1.664,25	3.328,50	6.657,00	9.985,50	13.314,00
4.410.000	667,20	1.668,00	3.336,00	6.672,00	10.008,00	13.344,00
4.420.000	668,70	1.671,75	3.343,50	6.687,00	10.030,50	13.374,00
4.430.000	670,20	1.675,50	3.351,00	6.702,00	10.053,00	13.404,00
4.440.000	671,70	1.679,25	3.358,50	6.717,00	10.075,50	13.434,00
4.450.000	673,20	1.683,00	3.366,00	6.732,00	10.098,00	13.464,00
4.460.000	674,70	1.686,75	3.373,50	6.747,00	10.120,50	13.494,00
4.470.000	676,20	1.690,50	3.381,00	6.762,00	10.143,00	13.524,00
4.480.000	677,70	1.694,25	3.388,50	6.777,00	10.165,50	13.554,00
4.490.000	679,20	1.698,00	3.396,00	6.792,00	10.188,00	13.584,00
4.500.000	680,70	1.701,75	3.403,50	6.807,00	10.210,50	13.614,00
4.510.000	682,20	1.705,50	3.411,00	6.822,00	10.233,00	13.644,00
4.520.000	683,70	1.709,25	3.418,50	6.837,00	10.255,50	13.674,00
4.530.000	685,20	1.713,00	3.426,00	6.852,00	10.278,00	13.704,00
4.540.000	686,70	1.716,75	3.433,50	6.867,00	10.300,50	13.734,00
4.550.000	688,20	1.720,50	3.441,00	6.882,00	10.323,00	13.764,00
4.560.000	689,70	1.724,25	3.448,50	6.897,00	10.345,50	13.794,00
4.570.000	691,20	1.728,00	3.456,00	6.912,00	10.368,00	13.824,00
4.580.000	692,70	1.731,75	3.463,50	6.927,00	10.390,50	13.854,00
4.590.000	694,20	1.735,50	3.471,00	6.942,00	10.413,00	13.884,00
4.600.000	695,70	1.739,25	3.478,50	6.957,00	10.435,50	13.914,00
4.610.000	697,20	1.743,00	3.486,00	6.972,00	10.458,00	13.944,00
4.620.000	698,70	1.746,75	3.493,50	6.987,00	10.480,50	13.974,00
4.630.000	700,20	1.750,50	3.501,00	7.002,00	10.503,00	14.004,00
4.640.000	701,70	1.754,25	3.508,50	7.017,00	10.525,50	14.034,00
4.650.000	703,20	1.758,00	3.516,00	7.032,00	10.548,00	14.064,00
4.660.000	704,70	1.761,75	3.523,50	7.047,00	10.570,50	14.094,00
4.670.000	706,20	1.765,50	3.531,00	7.062,00	10.593,00	14.124,00
4.680.000	707,70	1.769,25	3.538,50	7.077,00	10.615,50	14.154,00
4.690.000	709,20	1.773,00	3.546,00	7.092,00	10.638,00	14.184,00
4.700.000	710,70	1.776,75	3.553,50	7.107,00	10.660,50	14.214,00
4.710.000	712,20	1.780,50	3.561,00	7.122,00	10.683,00	14.244,00
4.720.000	713,70	1.784,25	3.568,50	7.137,00	10.705,50	14.274,00

Gebührentabelle nach § 32 KostO

Wert bis ... €	1/10 €	1/4 €	1/2 €	1 €	1 1/2 €	2 €
4.730.000	715,20	1.788,00	3.576,00	7.152,00	10.728,00	14.304,00
4.740.000	716,70	1.791,75	3.583,50	7.167,00	10.750,50	14.334,00
4.750.000	718,20	1.795,50	3.591,00	7.182,00	10.773,00	14.364,00
4.760.000	719,70	1.799,25	3.598,50	7.197,00	10.795,50	14.394,00
4.770.000	721,20	1.803,00	3.606,00	7.212,00	10.818,00	14.424,00
4.780.000	722,70	1.806,75	3.613,50	7.227,00	10.840,50	14.454,00
4.790.000	724,20	1.810,50	3.621,00	7.242,00	10.863,00	14.484,00
4.800.000	725,70	1.814,25	3.628,50	7.257,00	10.885,50	14.514,00
4.810.000	727,20	1.818,00	3.636,00	7.272,00	10.908,00	14.544,00
4.820.000	728,70	1.821,75	3.643,50	7.287,00	10.930,50	14.574,00
4.830.000	730,20	1.825,50	3.651,00	7.302,00	10.953,00	14.604,00
4.840.000	731,70	1.829,25	3.658,50	7.317,00	10.975,50	14.634,00
4.850.000	733,20	1.833,00	3.666,00	7.332,00	10.998,00	14.664,00
4.860.000	734,70	1.836,75	3.673,50	7.347,00	11.020,50	14.694,00
4.870.000	736,20	1.840,50	3.681,00	7.362,00	11.043,00	14.724,00
4.880.000	737,70	1.844,25	3.688,50	7.377,00	11.065,50	14.754,00
4.890.000	739,20	1.848,00	3.696,00	7.392,00	11.088,00	14.784,00
4.900.000	740,70	1.851,75	3.703,50	7.407,00	11.110,50	14.814,00
4.910.000	742,20	1.855,50	3.711,00	7.422,00	11.133,00	14.844,00
4.920.000	743,70	1.859,25	3.718,50	7.437,00	11.155,50	14.874,00
4.930.000	745,20	1.863,00	3.726,00	7.452,00	11.178,00	14.904,00
4.940.000	746,70	1.866,75	3.733,50	7.467,00	11.200,50	14.934,00
4.950.000	748,20	1.870,50	3.741,00	7.482,00	11.223,00	14.964,00
4.960.000	749,70	1.874,25	3.748,50	7.497,00	11.245,50	14.994,00
4.970.000	751,20	1.878,00	3.756,00	7.512,00	11.268,00	15.024,00
4.980.000	752,70	1.881,75	3.763,50	7.527,00	11.290,50	15.054,00
4.990.000	754,20	1.885,50	3.771,00	7.542,00	11.313,00	15.084,00
5.000.000	755,70	1.889,25	3.778,50	7.557,00	11.335,50	15.114,00

Für höhere Beträge errechnen sich die Gebühren wie folgt:

über 5.000.000 € bis 25.000.000 € aufgerundet auf volle 25.000 € für je 25.000 €

	1,60	4,00	8,00	16,00	24,00	32,00
in ‰	0,064	0,160	0,320	0,640	0,960	1,280
+ €	435,70	1.089,25	2.178,50	4.357,00	6.535,50	8.714,00

über 25.000.000 € bis 50.000.000 € aufgerundet auf volle 50.000 € für je 50.000 €

	1,10	2,75	5,50	11,00	16,50	22,00
in ‰	0,022	0,055	0,110	0,220	0,330	0,440
+ €	1.485,70	3.714,25	7.428,50	14.857,00	22.285,50	29.714,00

über 50.000.000 € aufgerundet auf volle 250.000 € für je 250.000 €

	0,70	1,75	3,50	7,00	10,50	14,00
in ‰	0,0028	0,0070	0,0140	0,0280	0,0420	0,0560
+ €	2.445,70	6.114,25	12.228,50	24.457,00	36.685,50	48.914,00

Gebührentabelle nach § 32 KostO

Wert bis ... €	1/10 €	1/4 €	1/2 €	1 €	1 1/2 €	2 €

Berechnungsbeispiel:

Geschäftswert von 7.415.000 €, aufzurunden auf 7.425.000 €

multipliziert mit ‰	0,064	0,160	0,320	0,640	0,960	1,280
ergibt €	475,20	1.188,00	2.376,00	4.752,00	7.128,00	9.504,00
zuzüglich €	435,70	1.089,25	2.178,50	4.357,00	6.535,50	8.714,00
Gebühr	910,90	2.277,25	4.554,50	9.109,00	13.663,50	18.218,00

Gebührentabelle nach § 34 GNotKG

Tabelle Anlage 2 (zu § 34 Absatz 3 GNotKG)

Geschäftswert bis … €	Gebühr Tabelle A … €	Gebühr Tabelle B … €
500	35	15
1 000	53	19
1 500	71	23
2 000	89	27
3 000	108	33
4 000	127	39
5 000	146	45
6 000	165	51
7 000	184	57
8 000	203	63
9 000	222	69
10 000	241	75
13 000	267	83
16 000	293	91
19 000	319	99
22 000	345	107
25 000	371	115
30 000	406	125
35 000	441	135
40 000	476	145
45 000	511	155
50 000	546	165
65 000	666	192
80 000	786	219
95 000	906	246
110 000	1 026,00	273
125 000	1 146,00	300
140 000	1 266,00	327
155 000	1 386,00	354
170 000	1 506,00	381
185 000	1 626,00	408
200 000	1 746,00	435
230 000	1 925,00	485
260 000	2 104,00	535
290 000	2 283,00	585
320 000	2 462,00	635
350 000	2 641,00	685
380 000	2 820,00	735
410 000	2 999,00	785
440 000	3 178,00	835
470 000	3 357,00	885
500 000	3 536,00	935
550 000	3 716,00	1 015,00
600 000	3 896,00	1 095,00
650 000	4 076,00	1 175,00

Gebührentabelle nach § 34 GNotKG

Geschäftswert bis ... €	Gebühr Tabelle A ... €	Gebühr Tabelle B ... €
700 000	4 256,00	1 255,00
750 000	4 436,00	1 335,00
800 000	4 616,00	1 415,00
850 000	4 796,00	1 495,00
900 000	4 976,00	1 575,00
950 000	5 156,00	1 655,00
1 000 000	5 336,00	1 735,00
1 050 000	5 516,00	1 815,00
1 100 000	5 696,00	1 895,00
1 150 000	5 876,00	1 975,00
1 200 000	6 056,00	2 055,00
1 250 000	6 236,00	2 135,00
1 300 000	6 416,00	2 215,00
1 350 000	6 596,00	2 295,00
1 400 000	6 776,00	2 375,00
1 450 000	6 956,00	2 455,00
1 500 000	7 136,00	2 535,00
1 550 000	7 316,00	2 615,00
1 600 000	7 496,00	2 695,00
1 650 000	7 676,00	2 775,00
1 700 000	7 856,00	2 855,00
1 750 000	8 036,00	2 935,00
1 800 000	8 216,00	3 015,00
1 850 000	8 396,00	3 095,00
1 900 000	8 576,00	3 175,00
1 950 000	8 756,00	3 255,00
2 000 000	8 936,00	3 335,00
2 050 000	9 116,00	3 415,00
2 100 000	9 296,00	3 495,00
2 150 000	9 476,00	3 575,00
2 200 000	9 656,00	3 655,00
2 250 000	9 836,00	3 735,00
2 300 000	10 016,00	3 815,00
2 350 000	10 196,00	3 895,00
2 400 000	10 376,00	3 975,00
2 450 000	10 556,00	4 055,00
2 500 000	10 736,00	4 135,00
2 550 000	10 916,00	4 215,00
2 600 000	11 096,00	4 295,00
2 650 000	11 276,00	4 375,00
2 700 000	11 456,00	4 455,00
2 750 000	11 636,00	4 535,00
2 800 000	11 816,00	4 615,00
2 850 000	11 996,00	4 695,00
2 900 000	12 176,00	4 775,00
2 950 000	12 356,00	4 855,00
3 000 000	12 536,00	4 935,00

Gebühren des Notars für Anmeldungen zum Handelsregister, bei denen nicht ein bestimmter Geldbetrag in das Handelsregister eingetragen wird, und für Beschlüsse

Hinweis: Die Gerichtsgebühren für die Eintragungen in das Handelsregister ergeben sich aus der Handelsregistergebührenverordnung (HRegGebV) vom 30.9.2004 (BGBl. I S. 2562), zuletzt geändert durch das 2. KostRMoG vom 23.7.2013 (BGBl. I S. 2586), abgedruckt auf S. 393 ff.

Gemäß § 105 Abs. 1 GNotKG ist bei den dort aufgeführten Anmeldungen zum Handelsregister Geschäftswert der in das Handelsregister einzutragende Geldbetrag, bei Änderungen bereits eingetragener Geldbeträge der Unterschiedsbetrag. Der Geschäftswert beträgt gem. § 105 Abs. 1 S. 2 GNotKG insoweit mindestens 30.000 Euro.

Der Geschäftswert von Anmeldungen zum Handelsregister, bei denen nicht ein bestimmter Geldbetrag in das Handelsregister eingetragen wird, ergibt sich wie folgt:

Erste Anmeldung

Firma/Unternehmen	Geschäftswert in EURO		Gebühren in EURO (Tabelle B zu § 34 GNotKG)		
			Bei Beurkundung: KV GNotKG Nr. 21201 Ziff. 5[1] 0,5 Gebühr, mind. 30,00 €. Bei Unterschriftsbeglaubigung mit Entwurf: KV GNotKG Nr. 24102, 21201 Ziff. 5, § 92 Abs. 2 GNotKG, 0,5 Gebühr, mind. 30,00 €. Bei Unterschriftsbeglaubigung ohne Entwurf: KV GNotKG Nr. 25100, 0,2 Gebühr, mind. 20,00 €, höchstens 70,00 €. Nachfolgend wird von der Entwurfsgebühr ausgegangen.		KV GNotKG Nr. 21100 Beurkundung von Versammlungsbeschlüssen[2] 2,0 Gebühr KV GNotKG Nr. 21100, mind. 120,00 €
	normal Anmeldung: § 105 III Beschluss: §§ 108 I, 105 IV	Anschriftenänderung oder ähnliche Anmeldung ohne wirtschaftliche Bedeutung (§ 105 V)	normal	Anschriftenänderung, ohne wirtschaftliche Bedeutung	
Einzelkaufmann	30 000,00	5 000,00	62,50	22,50 aber Mindestgebühr: 30,00	
– OHG mit zwei Gesellschaftern; – Partnerschaft mit zwei Partnern; – bei mehr als zwei erhöht sich der Wert für jeden weiteren Gesellschafter/Partner um jeweils 15 000,00 EURO	45 000,00	5 000,00	77,50	22,50 aber Mindestgebühr: 30,00	
Genossenschaft oder Juristische Person (§ 33 HGB)	60 000,00	5 000,00	96,00	22,50 aber Mindestgebühr: 30,00	

Handelsregister Anmeldung Notar Eintragung Gericht

1 Höchstwert für Anmeldungen gem. § 106 GNotKG: Höchstens 1.000.000,00 Euro, auch wenn mehrere Anmeldungen in einem Beurkundungsverfahren zusammengefasst werden.
2 Der Geschäftswert beträgt höchstens 5 000.000,00 Euro, § 108 Abs. 5 GNotKG.

Spätere Anmeldung

Firma/Unternehmen	Geschäftswert in EURO		Gebühren in EURO (Tabelle B zu § 34 GNotKG)		
			■ Bei Beurkundung: KV GNotKG Nr. 21201 Ziff. 5[1] 0,5 Gebühr, mind. 30,00 €. ■ Bei Unterschriftsbeglaubigung mit Entwurf: KV GNotKG Nr. 24102, 21201 Ziff. 5[1,2], § 92 Abs. 2 GNotKG, 0,5 Gebühr, mind. 30,00 €. ■ Bei Unterschriftsbeglaubigung ohne Entwurf: KV GNotKG Nr. 25100, 0,2 Gebühr, mind. 20,00 €, höchstens 70,00 €. Nachfolgend wird von der Entwurfsgebühr ausgegangen.		KV GNotKG Nr. 21100 Beurkundung von Versammlungsbeschlüssen[2] 2,0 Gebühr KV GNotKG Nr. 21100, mind. 120,00 €
	normal Anmeldung: § 105 IV Beschluss: §§ 108 I, 105 IV	Anschriftenänderung oder ähnliche Anmeldung ohne wirtschaftliche Bedeutung (§ 105 V)	normal	Anschriftenänderung, ohne wirtschaftliche Bedeutung	
Kapitalgesellschaft	1 % des eingetragenen Grund- oder Stammkapitals, mindestens 30 000,00[3]	5 000,00	62,50 bis 867,50	22,50 aber Mindestgebühr: 30,00	250,00 bis 16.270,00
Versicherungsverein auf Gegenseitigkeit	60 000,00	5 000,00	96,00	22,50 aber Mindestgebühr: 30,00	384,00

1 Höchstwert für Anmeldungen gem. § 106 GNotKG: Höchstens 1.000.000,00 Euro, auch wenn mehrere Anmeldungen in einem Beurkundungsverfahren zusammengefasst werden.
2 Der Geschäftswert beträgt höchstens 5 000.000,00 Euro, § 108 Abs. 5 GNotKG.
3 Gem. § 105 Abs. 6 GNotKG gilt der in § 105 Abs. 4 Nr. 1 bestimmten Mindestwerte nicht für die Gründung einer Gesellschaft gem. § 2 Abs. 1a des GmbH-Gesetzes und, wenn von dem in der Anlage zu dem GmbH-Gesetz bestimmten Musterprotokoll nicht abgewichen wird, für Änderungen des Gesellschaftsvertrags. Rein sprachliche Abweichungen vom Musterprotokoll oder die spätere Streichung der auf die Gründung verweisenden Formulierungen stehen dem nicht entgegen.

Spätere Anmeldung

Firma/Unternehmen	Geschäftswert in EURO		Gebühren in EURO		
			■ Bei Beurkundung: KV GNotKG Nr. 21201 Ziff. 5[1] 0,5 Gebühr, mind. 30,00 €. ■ Bei Unterschriftsbeglaubigung mit Entwurf: KV GNotKG Nr. 24102, 21201 Ziff. 5[1], § 92 Abs. 2 GNotKG, 0,5 Gebühr, mind. 30,00 €. ■ Bei Unterschriftsbeglaubigung ohne Entwurf: KV GNotKG Nr. 25100, 0,2 Gebühr, mind. 20,00 €, höchstens 70,00 €. Nachfolgend wird von der Entwurfsgebühr ausgegangen.			KV GNotKG Nr. 21100 Beurkundung von Versammlungsbeschlüssen[2] 2,0 Gebühr KV GNotKG Nr. 21100, mind. 120,00 €
	normal Anmeldung: § 105 IV Beschluss: §§ 108 I, 105 IV	Anschriftenänderung oder ähnliche Anmeldung ohne wirtschaftliche Bedeutung (§ 105a V)	normal	Anschriftenänderung, ohne wirtschaftliche Bedeutung	
Personenhandelsgesellschaft Partnerschaftsgesellschaft	30 000,00; bei Eintritt oder Ausscheiden von mehr als zwei persönlich haftenden Gesellschaftern oder Partnern für jeden von diesen 15 000,00 mehr	5 000,00	62,50	22,50	250,00
Einzelkaufmann, Genossenschaft oder juristische Person (§ 33 HGB)	30 000,00	5 000,00	62,50	22,50	250,00

1. Höchstwert für Anmeldungen gem. § 106 GNotKG: Höchstens 1.000.000,00 Euro, auch wenn mehrere Anmeldungen in einem Beurkundungsverfahren zusammengefasst werden.
2. Der Geschäftswert beträgt höchstens 5 000.000,00 Euro, § 108 Abs. 5 GNotKG.

§ 105 GNotKG Anmeldung zu bestimmten Registern (ggf. i.V.m §§ 119 und 121 GNotKG – Entwurf und Beglaubigung)

(1) Bei den folgenden Anmeldungen zum Handelsregister ist Geschäftswert der in das Handelsregister einzutragende Geldbetrag, bei Änderung bereits eingetragener Geldbeträge der Unterschiedsbetrag:
1. erste Anmeldung einer Kapitalgesellschaft; ein in der Satzung bestimmtes genehmigtes Kapital ist dem Grund- oder Stammkapital hinzuzurechnen;
2. erste Anmeldung eines Versicherungsvereins auf Gegenseitigkeit;
3. Erhöhung oder Herabsetzung des Stammkapitals einer Gesellschaft mit beschränkter Haftung;
4. Beschluss der Hauptversammlung einer Aktiengesellschaft oder einer Kommanditgesellschaft auf Aktien über
    a) Maßnahmen der Kapitalbeschaffung (§§ 182 bis 221 des Aktiengesetzes); dem Beschluss über die genehmigte Kapitalerhöhung steht der Beschluss über die Verlängerung der Frist gleich, innerhalb derer der Vorstand das Kapital erhöhen kann;
    b) Maßnahmen der Kapitalherabsetzung (§§ 222 bis 240 des Aktiengesetzes);
5. erste Anmeldung einer Kommanditgesellschaft; maßgebend ist die Summe der Kommanditeinlagen; hinzuzurechnen sind 30 000 Euro für den ersten und 15 000 Euro für jeden weiteren persönlich haftenden Gesellschafter;
6. Eintritt eines Kommanditisten in eine bestehende Personenhandelsgesellschaft oder Ausscheiden eines Kommanditisten; ist ein Kommanditist als Nachfolger eines anderen Kommanditisten oder ein bisher persönlich haftender Gesellschafter als Kommanditist oder ein bisheriger Kommanditist als persönlich haftender Gesellschafter einzutragen, ist die einfache Kommanditeinlage maßgebend;
7. Erhöhung oder Herabsetzung einer Kommanditeinlage.

Der Geschäftswert beträgt mindestens 30 000 Euro.

(2) Bei sonstigen Anmeldungen zum Handelsregister sowie bei Anmeldungen zum Partnerschafts- und Genossenschaftsregister bestimmt sich der Geschäftswert nach den Absätzen 3 bis 5.

(3) Der Geschäftswert beträgt bei der ersten Anmeldung
1. eines Einzelkaufmanns 30 000 Euro,
2. einer offenen Handelsgesellschaft oder einer Partnerschaftsgesellschaft mit zwei Gesellschaftern 45 000 Euro; hat die offene Handelsgesellschaft oder die Partnerschaftsgesellschaft mehr als zwei Gesellschafter, erhöht sich der Wert für den dritten und jeden weiteren Gesellschafter um jeweils 15 000 Euro,
3. einer Genossenschaft oder einer juristischen Person (§ 33 des Handelsgesetzbuchs) 60 000 Euro.

(4) Bei einer späteren Anmeldung beträgt der Geschäftswert, wenn diese
1. eine Kapitalgesellschaft betrifft, ein Prozent des eingetragenen Grund- oder Stammkapitals, mindestens 30 000 Euro;
2. einen Versicherungsverein auf Gegenseitigkeit betrifft, 60 000 Euro;
3. eine Personenhandels- oder Partnerschaftsgesellschaft betrifft, 30 000 Euro; bei Eintritt oder Ausscheiden von mehr als zwei persönlich haftenden Gesellschaftern oder Partnern sind als Geschäftswert 15 000 Euro für jeden eintretenden oder ausscheidenden Gesellschafter oder Partner anzunehmen;
4. einen Einzelkaufmann, eine Genossenschaft oder eine juristische Person (§ 33 des Handelsgesetzbuchs) betrifft, 30 000 Euro.

(5) Ist eine Anmeldung nur deshalb erforderlich, weil sich eine Anschrift geändert hat, oder handelt es sich um eine ähnliche Anmeldung, die für das Unternehmen keine wirtschaftliche Bedeutung hat, so beträgt der Geschäftswert 5 000 Euro.

(6) Der in Absatz 1 Satz 2 und in Absatz 4 Nummer 1 bestimmte Mindestwert gilt nicht
1. für die Gründung einer Gesellschaft gemäß § 2 Absatz 1a des Gesetzes betreffend die Gesellschaften mit beschränkter Haftung und
2. für Änderungen des Gesellschaftsvertrags einer gemäß § 2 Absatz 1a des Gesetzes betreffend die Gesellschaften mit beschränkter Haftung gegründeten Gesellschaft, wenn die Gesellschaft auch mit dem geänderten Gesellschaftsvertrag hätte gemäß § 2 Absatz 1a des Gesetzes betreffend die Gesellschaften mit beschränkter Haftung gegründet werden können.

Reine sprachliche Abweichungen vom Musterprotokoll oder die spätere Streichung der auf die Gründung verweisenden Formulierungen stehen der Anwendung des Satzes 1 nicht entgegen.

§ 108 GNotKG Beschlüsse von Organen

(1) Für den Geschäftswert bei der Beurkundung von Beschlüssen von Organen von Kapital-, Personenhandels- und Partnerschaftsgesellschaften sowie von Versicherungsvereinen auf Gegenseitigkeit, juristischen Personen (§ 33 des Handelsgesetzbuchs) oder Genossenschaften, deren Gegenstand keinen bestimmten Geldwert hat, gilt § 105 Absatz 4 und 6 entsprechend. Bei Beschlüssen, deren Gegenstand einen bestimmten Geldwert hat, beträgt der Wert nicht weniger als der sich nach § 105 Absatz 1 ergebende Wert.

(2) Bei der Beurkundung von Beschlüssen im Sinne des Absatzes 1, welche die Zustimmung zu einem bestimmten Rechtsgeschäft enthalten, ist der Geschäftswert wie bei der Beurkundung des Geschäfts zu bestimmen, auf das sich der Zustimmungsbeschluss bezieht.

(3) Der Geschäftswert bei der Beurkundung von Beschlüssen nach dem Umwandlungsgesetz ist der Wert des Vermögens des übertragenden oder formwechselnden Rechtsträgers. Bei Abspaltungen oder Ausgliederungen ist der Wert des übergehenden Vermögens maßgebend.

(4) Der Geschäftswert bei der Beurkundung von Beschlüssen von Organen einer Gesellschaft bürgerlichen Rechts, deren Gegenstand keinen bestimmten Geldwert hat, beträgt 30 000 Euro.

(5) Der Geschäftswert von Beschlüssen von Gesellschafts-, Stiftungs- und Vereinsorganen sowie von ähnlichen Organen beträgt höchstens 5 Millionen Euro, auch wenn mehrere Beschlüsse mit verschiedenem Gegenstand in einem Beurkundungsverfahren zusammengefasst werden.

Gebühren des Gerichts für Eintragungen in das Handelsregister

Hinweis: Zu den Gebühren des Notars für Anmeldungen zum Handelsregister siehe S. 393 ff.

§ 58 GNotKG

Eintragungen in das Handels-, Partnerschafts- oder Genossenschaftsregister; Verordnungsermächtigung

(1) Gebühren werden nur aufgrund einer Rechtsverordnung (Handelsregistergebührenverordnung) erhoben für
1. Eintragungen in das Handels-, Partnerschafts-oder Genossenschaftsregister,
2. Fälle der Zurücknahme oder Zurückweisung von Anmeldungen zu diesen Registern,
3. die Entgegennahme, Prüfung und Aufbewahrung der zum Handels- oder Genossenschaftsregister einzureichenden Unterlagen sowie
4. die Übertragung von Schriftstücken in ein elektronisches Dokument nach § 9 Absatz 2 des Handelsgesetzbuchs und Artikel 61 Absatz 3 des Einführungsgesetzes zum Handelsgesetzbuch.

Keine Gebühren werden erhoben für die aus Anlass eines Insolvenzverfahrens von Amts wegen vorzunehmenden Eintragungen und für Löschungen nach § 395 des Gesetzes über das Verfahren in Familiensachen und in den Angelegenheiten der freiwilligen Gerichtsbarkeit.

(2) Die Rechtsverordnung nach Absatz 1 erlässt das Bundesministerium der Justiz. Sie bedarf der Zustimmung des Bundesrates. Die Höhe der Gebühren richtet sich nach den auf die Amtshandlungen entfallenden durchschnittlichen Personal- und Sachkosten; Gebühren für Fälle der Zurücknahme oder Zurückweisung von Anmeldungen können jedoch bestimmt werden, indem die für die entsprechenden Eintragungen zu erhebenden Gebühren pauschal mit Ab- oder Zuschlägen versehen werden. Die auf gebührenfreie Eintragungen entfallenden Personal- und Sachkosten können bei der Höhe der für andere Eintragungen festgesetzten Gebühren berücksichtigt werden.

Verordnung über Gebühren in Handels-, Partnerschafts- und Genossenschaftsregistersachen (Handelsregistergebührenverordnung – HRegGebV)

Vom 30.9.2004, BGBl. I S. 2562

Zuletzt geändert durch die Zweite Verordnung zur Änderung der Handelsregistergebührenverordnung vom 29.11.2010 (BGBl. I S. 1731).

§ 1 geändert durch Art. 4 des 2. KostRMoG vom 23.7.2013 (BGBl. I S. 2586).

§ 1 Gebührenverzeichnis

Für Eintragungen in das Handels-, Partnerschafts- oder Genossenschaftsregister, die Entgegennahme, Prüfung und Aufbewahrung der zum Handels- oder Genossenschaftsregister einzureichenden Unterlagen sowie die Übertragung von Schriftstücken in ein elektronisches Dokument nach § 9 Abs. 2 des Handelsgesetzbuchs und Artikel 61 Abs. 3 des Einführungsgesetzes zum Handelsgesetzbuch werden Gebühren nach dem Gebührenverzeichnis der Anlage zu dieser Verordnung erhoben. Satz 1 gilt nicht für die aus Anlass eines Insolvenzverfahrens von Amts wegen vorzunehmenden Eintragungen und für Löschungen nach § 395 des Gesetzes über das Verfahren in Familiensachen und in den Angelegenheiten der freiwilligen Gerichtsbarkeit.

§ 2 Allgemeine Vorschriften

(1) Neben der Gebühr für die Ersteintragung werden nur Gebühren für die gleichzeitig angemeldete Eintragung der Errichtung einer Zweigniederlassung und für die Eintragung einer Prokura gesondert erhoben.

(2) Betrifft dieselbe spätere Anmeldung mehrere Tatsachen, ist für jede Tatsache die Gebühr gesondert zu erheben. Das Eintreten oder das Ausscheiden einzutragender Personen ist hinsichtlich einer jeden Person eine besondere Tatsache.

(3) Als jeweils dieselbe Tatsache betreffend sind zu behandeln:
1. die Anmeldung einer zur Vertretung berechtigten Person und die gleichzeitige Anmeldung ihrer Vertretungsmacht oder deren Ausschlusses;
2. die Anmeldung der Verlegung
    a) der Hauptniederlassung,
    b) des Sitzes oder
    c) der Zweigniederlassung

    und die gleichzeitige Anmeldung der Änderung der inländischen Geschäftsanschrift;
3. mehrere Änderungen eines Gesellschaftsvertrags oder einer Satzung, die gleichzeitig angemeldet werden und nicht die Änderung eingetragener Angaben betreffen;
4. die Änderung eingetragener Angaben und die dem zugrunde liegende Änderung des Gesellschaftsvertrags oder der Satzung.

(4) Anmeldungen, die am selben Tag beim Registergericht eingegangen sind und dasselbe Unternehmen betreffen, werden als eine Anmeldung behandelt.

§ 2a Recht der Europäischen Union

Umwandlungen und Verschmelzungen nach dem Recht der Europäischen Union stehen hinsichtlich der Gebühren den Umwandlungen nach dem Umwandlungsgesetz gleich.

§ 3 Zurücknahme

(1) Wird eine Anmeldung zurückgenommen, bevor die Eintragung erfolgt oder die Anmeldung zurückgewiesen worden ist, sind 120 Prozent der für die Eintragung bestimmten Gebühren zu erheben. Bei der Zurücknahme einer angemeldeten Ersteintragung bleiben die Gebühren für die gleichzeitig angemeldete Eintragung der Errichtung einer Zweigniederlassung und für die Eintragung einer Prokura unberücksichtigt.

(2) Erfolgt die Zurücknahme spätestens am Tag bevor eine Entscheidung des Gerichts mit der Bestimmung einer angemessenen Frist zur Beseitigung eines Hindernisses (§ 382 Absatz 4 des Gesetzes über das Verfahren in Familiensachen und in den Angelegenheiten der freiwilligen Gerichtsbarkeit) unterzeichnet wird, beträgt die Gebühr 75 Prozent der für die Eintragung bestimmten Gebühr, höchstens jedoch 250 Euro. Der unterzeichneten Entscheidung steht ein gerichtliches elektronisches Dokument gleich (§ 14 Absatz 3 des Gesetzes über das Verfahren in Familiensachen und in den Angelegenheiten der freiwilligen Gerichtsbarkeit in Verbindung mit § 130b der Zivilprozessordnung). Betrifft eine Anmeldung mehrere Tatsachen, betragen in den Fällen der Sätze 1 und 2 die auf die zurückgenommenen Teile der Anmeldung entfallenden Gebühren insgesamt höchstens 250 Euro.

§ 4 Zurückweisung

Wird eine Anmeldung zurückgewiesen, sind 170 Prozent der für die Eintragung bestimmten Gebühren zu erheben. Bei der Zurückweisung einer angemeldeten Ersteintragung bleiben die Gebühren für die gleichzeitig angemeldete Eintragung der Errichtung einer Zweigniederlassung und für die Eintragung einer Prokura unberücksichtigt.

§ 5 Zurücknahme oder Zurückweisung in besonderen Fällen

Wird die Anmeldung einer sonstigen späteren Eintragung, die mehrere Tatsachen zum Gegenstand hat, teilweise zurückgenommen oder zurückgewiesen, ist für jeden zurückgenommenen oder zurückgewiesenen Teil von den Gebühren 1506, 2502 und 3502 des Gebührenverzeichnisses auszugehen. § 3 Satz 2 und § 4 Satz 2 bleiben unberührt.

§ 5a Übergangsvorschrift

Für Kosten, die vor dem Inkrafttreten einer Änderung der Rechtsverordnung fällig geworden sind, gilt das bisherige Recht.

§ 6 Übergangsvorschrift zum Gesetz über elektronische Handelsregister und Genossenschaftsregister sowie das Unternehmensregister

Für die Entgegennahme, Prüfung und Aufbewahrung eines Jahres-, Einzel- oder Konzernabschlusses und der dazu gehörenden Unterlagen für ein vor dem 1. Januar 2006 beginnendes Geschäftsjahr werden die Gebühren 5000 und 5001 des Gebührenverzeichnisses in der vor dem 1. Januar 2007 geltenden Fassung erhoben, auch wenn die Unterlagen erst nach dem 31. Dezember 2006 zum Handelsregister eingereicht werden.

Gebührenverzeichnis (GV HRegGeb)

Nr.	Gebührentatbestand	Gebührenbetrag

Teil 1
Eintragungen in das Handelsregister Abteilung A und das Partnerschaftsregister

Vorbemerkung 1:

(1) Für Eintragungen, die juristische Personen (§ 33 HGB) und Europäische wirtschaftliche Interessenvereinigungen betreffen, bestimmen sich die Gebühren nach den für Eintragungen bei Gesellschaften mit bis zu 3 eingetragenen Gesellschaftern geltenden Vorschriften. Hinsichtlich der Gebühren für Eintragungen, die Zweigniederlassungen eines Unternehmens mit Hauptniederlassung oder Sitz im Ausland betreffen, bleibt der Umstand, dass es sich um eine Zweigniederlassung handelt, unberücksichtigt; die allgemein für inländische Unternehmen geltenden Vorschriften sind anzuwenden.

(2) Wird die Hauptniederlassung oder der Sitz in den Bezirk eines anderen Gerichts verlegt, wird für die Eintragung im Register der bisherigen Hauptniederlassung oder des bisherigen Sitzes keine Gebühr erhoben.

(3) Für Eintragungen, die Prokuren betreffen, sind ausschließlich Gebühren nach Teil 4 zu erheben.

(4) Für die Eintragung des Erlöschens der Firma oder des Namens sowie des Schlusses der Abwicklung einer Europäischen wirtschaftlichen Interessenvereinigung werden keine Gebühren erhoben; die Gebühren in Abschnitt 4 bleiben unberührt.

Abschnitt 1
Ersteintragung

Nr.	Gebührentatbestand	Gebührenbetrag
	Eintragung – außer aufgrund einer Umwandlung nach dem UmwG –	
1100	eines Einzelkaufmanns	70,00 EUR
1101	– einer Gesellschaft mit bis zu 3 einzutragenden Gesellschaftern oder einer Partnerschaft mit bis zu 3 einzutragenden Partnern	100,00 EUR
1102	– einer Gesellschaft mit mehr als 3 einzutragenden Gesellschaftern oder einer Partnerschaft mit mehr als 3 einzutragenden Partnern:	
	Die Gebühr 1101 erhöht sich für jeden weiteren einzutragenden Gesellschafter oder jeden weiteren einzutragenden Partner um	40,00 EUR
	Eintragung aufgrund einer Umwandlung nach dem UmwG	
1103	– eines Einzelkaufmanns	150,00 EUR
1104	– einer Gesellschaft mit bis zu 3 einzutragenden Gesellschaftern oder einer Partnerschaft mit bis zu 3 einzutragenden Partnern	180,00 EUR

Gebührenverzeichnis (GV HRegGeb)

Nr.	Gebührentatbestand	Gebührenbetrag
1105	– einer Gesellschaft mit mehr als 3 einzutragenden Gesellschaftern oder einer Partnerschaft mit mehr als 3 einzutragenden Partnern:	
	Die Gebühr 1104 erhöht sich für jeden weiteren einzutragenden Gesellschafter oder für jeden weiteren einzutragenden Partner um	70,00 EUR

Abschnitt 2
Errichtung einer Zweigniederlassung

1200	Eintragung einer Zweigniederlassung	40,00 EUR

Abschnitt 3
Verlegung der Hauptniederlassung oder des Sitzes

Vorbemerkung 1.3:
Gebühren nach diesem Abschnitt sind nicht zu erheben, wenn das bisherige Gericht zuständig bleibt; Abschnitt 5 bleibt unberührt.

	Eintragung bei dem Gericht, in dessen Bezirk die Hauptniederlassung oder der Sitz verlegt worden ist, bei	
1300	– einem Einzelkaufmann......................	60,00 EUR
1301	– einer Gesellschaft mit bis zu 3 eingetragenen Gesellschaftern oder einer Partnerschaft mit bis zu 3 eingetragenen Partnern.....................	80,00 EUR
	– einer Gesellschaft mit mehr als 3 eingetragenen Gesellschaftern oder einer Partnerschaft mit mehr als 3 eingetragenen Partnern:	
1302	– – Die Gebühr 1301 erhöht sich für jeden weiteren eingetragenen Gesellschafter oder für jeden weiteren eingetragenen Partner bis einschließlich zur 100. eingetragenen Person um	40,00 EUR
1303	– – Die Gebühr 1301 erhöht sich für jeden weiteren eingetragenen Gesellschafter oder für jeden weiteren eingetragenen Partner ab der 101. eingetragenen Person um	10,00 EUR

Gebührenverzeichnis (GV HRegGeb)

Nr.	Gebührentatbestand	Gebührenbetrag

Abschnitt 4
Umwandlung nach dem Umwandlungsgesetz

Eintragung einer Umwandlung nach dem UmwG

1400	– in das Register des übertragenden oder formwechselnden Rechtsträgers..........................	180,00 EUR
1401	– in das Register des übernehmenden Rechtsträgers	180,00 EUR

Für Eintragungen über den Eintritt der Wirksamkeit werden keine besonderen Gebühren erhoben.

Abschnitt 5
Sonstige spätere Eintragung

Vorbemerkung 1.5:

Gebühren nach diesem Abschnitt werden nur für Eintragungen erhoben, für die Gebühren nach den Abschnitten 1 bis 4 nicht zu erheben sind.

Eintragung einer Tatsache bei

1500	– einem Einzelkaufmann........................	40,00 EUR
1501	– einer Gesellschaft mit bis zu 50 eingetragenen Gesellschaftern oder einer Partnerschaft mit bis zu 50 eingetragenen Partnern......................	60,00 EUR
1502	– einer Gesellschaft mit mehr als 50 eingetragenen Gesellschaftern oder einer Partnerschaft mit mehr als 50 eingetragenen Partnern	70,00 EUR
1503	Eintragung der zweiten und jeder weiteren Tatsache aufgrund derselben Anmeldung:	
	Die Gebühren 1500 bis 1502 betragen jeweils.....	30,00 EUR

Tatsachen ohne wirtschaftliche Bedeutung sind nicht als erste Tatsache zu behandeln.

1504	Die Eintragung betrifft eine Tatsache ohne wirtschaftliche Bedeutung:	
	Die Gebühren 1500 bis 1502 betragen............	30,00 EUR

Gebührenverzeichnis (GV HRegGeb)

Nr.	Gebührentatbestand	Gebührenbetrag

Teil 2
Eintragungen in das Handelsregister Abteilung B

Vorbemerkung 2:

(1) Hinsichtlich der Gebühren für Eintragungen, die Zweigniederlassungen eines Unternehmens mit Sitz im Ausland betreffen, bleibt der Umstand, dass es sich um eine Zweigniederlassung handelt, unberücksichtigt; die allgemein für inländische Unternehmen geltenden Vorschriften sind anzuwenden.
(2) Wird der Sitz in den Bezirk eines anderen Gerichts verlegt, wird für die Eintragung im Register des bisherigen Sitzes keine Gebühr erhoben.
(3) Für Eintragungen, die Prokuren betreffen, sind ausschließlich Gebühren nach Teil 4 zu erheben.
(4) Für die Eintragung der Löschung der Gesellschaft und des Schlusses der Abwicklung oder der Liquidation werden keine Gebühren erhoben; die Gebühren 2402 und 2403 bleiben unberührt.

Abschnitt 1
Ersteintragung

Nr.	Gebührentatbestand	Gebührenbetrag
2100	Eintragung einer Gesellschaft mit beschränkter Haftung – außer aufgrund einer Umwandlung nach dem UmwG –	150,00 EUR
2101	Es wird mindestens eine Sacheinlage geleistet: Die Gebühr 2100 beträgt	240,00 EUR
2102	Eintragung einer Aktiengesellschaft, einer Kommanditgesellschaft auf Aktien oder eines Versicherungsvereins auf Gegenseitigkeit – außer aufgrund einer Umwandlung nach dem UmwG –	300,00 EUR
2103	Es wird mindestens eine Sacheinlage geleistet: Die Gebühr 2102 beträgt	360,00 EUR
	Eintragung aufgrund einer Umwandlung nach dem UmwG	
2104	– einer Gesellschaft mit beschränkter Haftung	260,00 EUR
2105	– einer Aktiengesellschaft oder einer Kommanditgesellschaft auf Aktien	660,00 EUR
2106	– eines Versicherungsvereins auf Gegenseitigkeit. ...	460,00 EUR

Gebührenverzeichnis (GV HRegGeb)

Nr.	Gebührentatbestand	Gebührenbetrag

Abschnitt 2
Errichtung einer Zweigniederlassung

2200 Eintragung einer Zweigniederlassung . . . . 120,00 EUR

Abschnitt 3
Verlegung des Sitzes

2300 Eintragung bei dem Gericht, in dessen Bezirk der Sitz verlegt worden ist . . . . 140,00 EUR

Die Gebühr wird nicht erhoben, wenn das bisherige Gericht zuständig bleibt; Abschnitt 5 bleibt unberührt.

Abschnitt 4
Besondere spätere Eintragung

Eintragung

2400 – der Nachgründung einer Aktiengesellschaft oder des Beschlusses der Hauptversammlung einer Aktiengesellschaft oder einer Kommanditgesellschaft auf Aktien über Maßnahmen der Kapitalbeschaffung oder der Kapitalherabsetzung oder der Durchführung der Kapitalerhöhung . . . . 270,00 EUR

2401 – der Erhöhung des Stammkapitals durch Sacheinlage oder der Erhöhung des Stammkapitals zum Zwecke der Umwandlung nach dem UmwG . . . . . . 210,00 EUR

Eintragung einer Umwandlung nach dem UmwG

2402 – in das Register des übertragenden oder formwechselnden Rechtsträgers . . . . 240,00 EUR

2403 – in das Register des übernehmenden Rechtsträgers 240,00 EUR

Für Eintragungen über den Eintritt der Wirksamkeit werden keine besonderen Gebühren erhoben.

2404 Eintragung der Eingliederung oder des Endes der Eingliederung einer Aktiengesellschaft . . . . 210,00 EUR

2405 Eintragung des Übertragungsbeschlusses im Fall des Ausschlusses von Minderheitsaktionären (§ 372e AktG) . . . . 210,00 EUR

Gebührenverzeichnis (GV HRegGeb)

Nr.	Gebührentatbestand	Gebührenbetrag

Abschnitt 5
Sonstige spätere Eintragung

Vorbemerkung 2.5:
Gebühren nach diesem Abschnitt werden nur für Eintragungen erhoben, für die Gebühren nach den Abschnitten 1 bis 4 nicht zu erheben sind.

2500	Eintragung einer Tatsache	70,00 EUR
2501	Eintragung der zweiten und jeder weiteren Tatsachen aufgrund derselben Anmeldung:	
	Die Gebühr 2500 beträgt jeweils	40,00 EUR
	Tatsachen ohne wirtschaftliche Bedeutung sind nicht als erste Tatsache zu behandeln.	
2502	Die Eintragung betrifft eine Tatsache ohne wirtschaftliche Bedeutung:	
	Die Gebühren 2500 und 2501 betragen	30,00 EUR

Teil 3
Eintragungen in das Genossenschaftsregister

Vorbemerkung 3:

(1) Hinsichtlich der Gebühren für Eintragungen, die Zweigniederlassungen einer Europäischen Genossenschaft mit Sitz im Ausland betreffen, bleibt der Umstand, dass es sich um eine Zweigniederlassung handelt, unberücksichtigt; die allgemein für inländische Genossenschaften geltenden Vorschriften sind anzuwenden.

(2) Wird der Sitz in den Bezirk eines anderen Gerichts verlegt, wird für die Eintragung im Register des bisherigen Sitzes keine Gebühr erhoben.

(3) Für Eintragungen, die Prokuren betreffen, sind ausschließlich Gebühren nach Teil 4 zu erheben.

(4) Für die Eintragung des Erlöschens der Genossenschaft werden keine Gebühren erhoben; die Gebühren in Abschnitt 4 bleiben unberührt.

Abschnitt 1
Ersteintragung

Eintragung

3100	– außer aufgrund einer Umwandlung nach dem UmwG...................................	210,00 EUR
3101	– aufgrund einer Umwandlung nach dem UmwG	360,00 EUR

Gebührenverzeichnis (GV HRegGeb)

Nr.	Gebührentatbestand	Gebührenbetrag

Abschnitt 2
Errichtung einer Zweigniederlassung

3200	Eintragung einer Zweigniederlassung.............	60,00 EUR

Abschnitt 3
Verlegung des Sitzes

3300	Eintragung bei dem Gericht, in dessen Bezirk der Sitz verlegt worden ist............................	210,00 EUR
	Die Gebühr wird nicht erhoben, wenn das bisherige Gericht zuständig bleibt; Abschnitt 5 bleibt unberührt.	

Abschnitt 4
Umwandlung nach dem Umwandlungsgesetz

	Eintragung einer Umwandlung nach dem UmwG	
3400	– in das Register des übertragenden oder formwechselnden Rechtsträgers......................	300,00 EUR
3401	– in das Register des übernehmenden Rechtsträgers	300,00 EUR
	Für Eintragungen über den Eintritt der Wirksamkeit werden keine besonderen Gebühren erhoben.	

Abschnitt 5
Sonstige spätere Eintragung

Vorbemerkung 3.5:

Gebühren nach diesem Abschnitt werden nur für Eintragungen erhoben, für die Gebühren nach den Abschnitten 1 bis 4 nicht zu erheben sind.

3500	Eintragung einer Tatsache......................	110,00 EUR
3501	Eintragung der zweiten und jeder weiteren Tatsachen aufgrund derselben Anmeldung:	
	Die Gebühr 3500 beträgt jeweils.................	60,00 EUR
	Tatsachen ohne wirtschaftliche Bedeutung sind nicht als erste Tatsache zu behandeln.	
3502	Die Eintragung betrifft eine Tatsache ohne wirtschaftliche Bedeutung:	
	Die Gebühren 3500 und 3501 betragen............	30,00 EUR

Gebührenverzeichnis (GV HRegGeb)

Nr.	Gebührentatbestand	Gebührenbetrag
	Teil 4 **Prokuren**	
4000	Eintragung einer Prokura, Eintragung von Änderungen oder der Löschung einer Prokura	40,00 EUR
4001	Die Eintragung aufgrund derselben Anmeldung betreffen mehrere Prokuren:	
	Die Gebühr 4000 beträgt für die zweite und jede weitere Prokura jeweils	30,00 EUR
	Eine Prokura, wegen der die Gebühr 4002 erhoben wird, ist nicht als erste Prokura zu behandeln.	
4002	Die Eintragung betrifft ausschließlich eine Tatsache ohne wirtschaftliche Bedeutung:	
	Die Gebühr 4000 beträgt	30,00 EUR
	Teil 5 **Weitere Geschäfte**	

Vorbemerkung 5:

Mit den Gebühren 5000 bis 5006 wird auch der Aufwand für die Prüfung und Aufbewahrung der genannten Unterlagen abgegolten.

	Entgegennahme	
5000	– der Bescheinigung des Prüfungsverbandes (§ 59 Abs. 1 GenG)	30,00 EUR
5001	– der Bekanntmachung der Eröffnungsbilanz durch die Liquidatoren (§ 89 Satz 3 GenG)	30,00 EUR
5002	– der Liste der Gesellschafter (§ 40 Abs. 1 GmbHG). .	30,00 EUR
5003	– der Liste der Mitglieder des Aufsichtsrats (§ 52 Abs. 2 Satz 2 GmbHG, § 106 AktG)	40,00 EUR
5004	– der Mitteilung über den alleinigen Aktionär (§ 42 AktG).....................................	40,00 EUR
5005	– des Protokolls der Jahreshauptversammlung (§ 130 Abs. 5 AktG)	50,00 EUR
5006	– von Verträgen, eines Verschmelzungsplans oder von entsprechenden Entwürfen nach dem UmwG. .	50,00 EUR

Gebührenverzeichnis (GV HRegGeb)

Nr.	Gebührentatbestand	Gebührenbetrag
5007	Übertragung von Schriftstücken in ein elektronisches Dokument (§ 9 Abs. 2 HGB und Artikel 61 Abs. 3 EGHGB); für jede angefangene Seite..............	2,00 EUR mindestens 25,00 EUR
	Die Gebühr wird für die Dokumente jedes Registerblatts gesondert erhoben.	
	Mit der Gebühr wird auch die einmalige elektronische Übermittlung der Dokumente an den Antragsteller abgegolten.	

Gesetz über Kosten der Gerichtsvollzieher (Gerichtsvollzieherkostengesetz – GvKostG)

Vom 19.4.2001, BGBl. I S. 623,
BGBl. III 362–2

zuletzt geändert durch Zweites Gesetz zur Modernisierung des Kostenrechts (2. Kostenrechtsmodernisierungsgesetz – 2. KostRMoG) vom 23.7.2013, BGBl. I 2013, S. 2586

Abschnitt 1 Allgemeine Vorschriften

§ 1 Geltungsbereich

(1) Für die Tätigkeit des Gerichtsvollziehers, für die er nach Bundes- oder Landesrecht sachlich zuständig ist, werden Kosten (Gebühren und Auslagen) nur nach diesem Gesetz erhoben.

(2) Landesrechtliche Vorschriften über die Kosten der Vollstreckung im Verwaltungszwangsverfahren bleiben unberührt.

§ 2 Kostenfreiheit

(1) [1]Von der Zahlung der Kosten sind befreit der Bund, die Länder und die nach dem Haushaltsplan des Bundes oder eines Landes für Rechnung des Bundes oder eines Landes verwalteten öffentlichen Körperschaften oder Anstalten, bei einer Zwangsvollstreckung nach § 885 der Zivilprozessordnung wegen der Auslagen jedoch nur, soweit diese einen Betrag von 5 000 Euro nicht übersteigen. [2]Bei der Vollstreckung wegen öffentlich-rechtlicher Geldforderungen ist maßgebend, wer ohne Berücksichtigung des § 252 der Abgabenordnung oder entsprechender Vorschriften Gläubiger der Forderung ist.

(2) [1]Bei der Durchführung des Zwölften Buches Sozialgesetzbuch sind die Träger der Sozialhilfe, bei der Durchführung des Zweiten Buches Sozialgesetzbuch die nach diesem Buch zuständigen Träger der Leistungen, bei der Durchführung des Achten Buches Sozialgesetzbuch die Träger der öffentlichen Jugendhilfe und bei der Durchführung der ihnen obliegenden Aufgaben nach dem Bundesversorgungsgesetz die Träger der Kriegsopferfürsorge von den Gebühren befreit. [2]Sonstige Vorschriften, die eine sachliche oder persönliche Befreiung von Kosten gewähren, gelten für Gerichtsvollzieherkosten nur insoweit, als sie ausdrücklich auch diese Kosten umfassen.

(3) Landesrechtliche Vorschriften, die in weiteren Fällen eine sachliche oder persönliche Befreiung von Gerichtsvollzieherkosten gewähren, bleiben unberührt.

(4) Die Befreiung von der Zahlung der Kosten oder der Gebühren steht der Entnahme der Kosten aus dem Erlös (§ 15) nicht entgegen.

§ 3 Auftrag

(1) [1]Ein Auftrag umfasst alle Amtshandlungen, die zu seiner Durchführung erforderlich sind; einem Vollstreckungsauftrag können mehrere Vollstreckungstitel zugrunde liegen. [2]Werden bei der Durchführung eines Auftrags mehrere Amtshandlungen durch verschiedene Gerichtsvollzieher erledigt, die ihren Amtssitz in verschiedenen Amtsgerichtsbezirken haben, gilt die Tätigkeit jedes Gerichtsvollziehers als Durchführung eines besonderen Auftrags. [3]Jeweils verschiedene Aufträge sind die Zustellung auf Betreiben der Parteien, die Vollstreckung einschließlich der Verwertung und besondere Geschäfte nach Abschnitt 4 des Kostenverzeichnisses, soweit sie nicht Nebengeschäft sind. [4]Die Vollziehung eines Haftbefehls ist ein besonderer Auftrag.

(2) [1]Es handelt sich jedoch um denselben Auftrag, wenn der Gerichtsvollzieher gleichzeitig beauftragt wird,

Gerichtsvollzieherkostengesetz – GvKostG

1. einen oder mehrere Vollstreckungstitel zuzustellen und hieraus gegen den Zustellungsempfänger zu vollstrecken,
2. mehrere Zustellungen an denselben Zustellungsempfänger oder an Gesamtschuldner zu bewirken oder
3. mehrere Vollstreckungshandlungen gegen denselben Vollstreckungsschuldner oder Verpflichteten (Schuldner) oder Vollstreckungshandlungen gegen Gesamtschuldner auszuführen; der Gerichtsvollzieher gilt als gleichzeitig beauftragt, wenn der Auftrag zur Abnahme der Vermögensauskunft mit einem Vollstreckungsauftrag verbunden ist (§ 807 Abs. 1 der Zivilprozessordnung), es sei denn, der Gerichtsvollzieher nimmt die Vermögensauskunft nur deshalb nicht ab, weil der Schuldner nicht anwesend ist.

²Bei allen Amtshandlungen nach § 845 Abs. 1 der Zivilprozessordnung handelt es sich um denselben Auftrag. ³Absatz 1 Satz 2 bleibt unberührt.

(3) ¹Ein Auftrag ist erteilt, wenn er dem Gerichtsvollzieher oder der Geschäftsstelle des Gerichts, deren Vermittlung oder Mitwirkung in Anspruch genommen wird, zugegangen ist. ²Wird der Auftrag zur Abnahme der Vermögensauskunft mit einem Vollstreckungsauftrag verbunden (§ 807 Abs. 1 der Zivilprozessordnung), gilt der Auftrag zur Abnahme der Vermögensauskunft als erteilt, sobald die Voraussetzungen nach § 807 Abs. 1 der Zivilprozessordnung vorliegen.

(4) ¹Ein Auftrag gilt als durchgeführt, wenn er zurückgenommen worden ist oder seiner Durchführung oder weiteren Durchführung Hinderungsgründe entgegenstehen. ²Dies gilt nicht, wenn der Auftraggeber zur Fortführung des Auftrags eine richterliche Anordnung nach § 758a der Zivilprozessordnung beibringen muss und diese Anordnung dem Gerichtsvollzieher innerhalb eines Zeitraumes von drei Monaten zugeht, der mit dem ersten Tag des auf die Absendung einer entsprechenden Anforderung an den Auftraggeber folgenden Kalendermonats beginnt. ³Satz 2 ist entsprechend anzuwenden, wenn der Schuldner zu dem Termin zur Abnahme der Vermögensauskunft nicht erscheint oder die Abgabe der Vermögensauskunft ohne Grund verweigert und der Gläubiger innerhalb des in Satz 2 genannten Zeitraums einen Auftrag zur Vollziehung eines Haftbefehls erteilt. ⁴Der Zurücknahme steht es gleich, wenn der Gerichtsvollzieher dem Auftraggeber mitteilt, dass er den Auftrag als zurückgenommen betrachtet, weil damit zu rechnen ist, die Zwangsvollstreckung werde fruchtlos verlaufen, und wenn der Auftraggeber nicht bis zum Ablauf des auf die Absendung der Mitteilung folgenden Kalendermonats widerspricht. ⁵Der Zurücknahme steht es auch gleich, wenn im Falle des § 4 Abs. 1 Satz 1 und 2 der geforderte Vorschuss nicht bis zum Ablauf des auf die Absendung der Vorschussanforderung folgenden Kalendermonats beim Gerichtsvollzieher eingegangen ist.

§ 3a Rechtsbehelfsbelehrung

Jede Kostenrechnung und jede anfechtbare Entscheidung hat eine Belehrung über den statthaften Rechtsbehelf sowie über die Stelle, bei der dieser Rechtsbehelf einzulegen ist, über deren Sitz und über die einzuhaltende Form zu enthalten[1].

§ 4 Vorschuss

(1) ¹Der Auftraggeber ist zur Zahlung eines Vorschusses verpflichtet, der die voraussichtlich entstehenden Kosten deckt. ²Die Durchführung des Auftrags kann von der Zahlung des Vorschusses abhängig gemacht werden. ³Die Sätze 1 und 2 gelten nicht, wenn der Auftrag vom Gericht erteilt wird oder dem Auftraggeber Prozess- oder Verfahrenskostenhilfe bewilligt ist. ⁴Sie gelten ferner nicht für die Erhebung von Gebührenvorschüssen, wenn aus einer Entscheidung eines Gerichts für Arbeitssachen oder aus einem vor diesem Gericht abgeschlossenen Vergleich zu vollstrecken ist.

1 Eingefügt mit Wirkung zum 1.1.2014.

Gerichtsvollzieherkostengesetz – GvKostG

(2) [5]Reicht ein Vorschuss nicht aus, um die zur Aufrechterhaltung einer Vollstreckungsmaßnahme voraussichtlich erforderlichen Auslagen zu decken, gilt Absatz 1 entsprechend. [6]In diesem Fall ist der Auftraggeber zur Leistung eines weiteren Vorschusses innerhalb einer Frist von mindestens zwei Wochen aufzufordern. [7]Nach Ablauf der Frist kann der Gerichtsvollzieher die Vollstreckungsmaßnahme aufheben, wenn die Aufforderung verbunden mit einem Hinweis auf die Folgen der Nichtzahlung nach den Vorschriften der Zivilprozessordnung zugestellt worden ist und die geforderte Zahlung nicht bei dem Gerichtsvollzieher eingegangen ist.

(3) In den Fällen des § 3 Abs. 4 Satz 2 bis 5 bleibt die Verpflichtung zur Zahlung der vorzuschießenden Beträge bestehen.

§ 5 Kostenansatz, Erinnerung, Beschwerde, Gehörsrüge

(1) [1]Die Kosten werden von dem Gerichtsvollzieher angesetzt, der den Auftrag durchgeführt hat. [2]Der Kostenansatz kann im Verwaltungswege berichtigt werden, solange nicht eine gerichtliche Entscheidung getroffen ist.

(2) [1]Über die Erinnerung des Kostenschuldners und der Staatskasse gegen den Kostenansatz entscheidet, soweit nicht nach § 766 Abs. 2 der Zivilprozessordnung das Vollstreckungsgericht zuständig ist, das Amtsgericht, in dessen Bezirk der Gerichtsvollzieher seinen Amtssitz hat. [2]Auf die Erinnerung und die Beschwerde ist § 66 Absatz 2 bis 8 des Gerichtskostengesetzes, auf die Rüge wegen Verletzung des Anspruchs auf rechtliches Gehör ist § 69a des Gerichtskostengesetzes entsprechend anzuwenden.

(3) Auf die Erinnerung des Kostenschuldners gegen die Anordnung des Gerichtsvollziehers, die Durchführung des Auftrags oder die Aufrechterhaltung einer Vollstreckungsmaßnahme von der Zahlung eines Vorschusses abhängig zu machen, und auf die Beschwerde ist Absatz 2 entsprechend anzuwenden.

(4) Für Verfahren nach den Absätzen 1 bis 3 sind die Vorschriften der Zivilprozessordnung über die elektronische Akte und über das elektronische Dokument anzuwenden.

§ 6 Nachforderung

Wegen unrichtigen Ansatzes dürfen Kosten nur nachgefordert werden, wenn der berichtigte Ansatz vor Ablauf des nächsten Kalenderjahres nach Durchführung des Auftrags dem Zahlungspflichtigen mitgeteilt worden ist.

§ 7 Nichterhebung von Kosten wegen unrichtiger Sachbehandlung

(1) Kosten, die bei richtiger Behandlung der Sache nicht entstanden wären, werden nicht erhoben.

(2) [1]Die Entscheidung trifft der Gerichtsvollzieher. [2]§ 5 Abs. 2 ist entsprechend anzuwenden. [3]Solange nicht das Gericht entschieden hat, kann eine Anordnung nach Absatz 1 im Verwaltungsweg erlassen werden. [4]Eine im Verwaltungsweg getroffene Anordnung kann nur im Verwaltungsweg geändert werden.

§ 8 Verjährung, Verzinsung

(1) Ansprüche auf Zahlung von Kosten verjähren in vier Jahren nach Ablauf des Kalenderjahres, in dem die Kosten fällig geworden sind.

(2) [1]Ansprüche auf Rückerstattung von Kosten verjähren in vier Jahren nach Ablauf des Kalenderjahres, in dem die Zahlung erfolgt ist. [2]Die Verjährung beginnt jedoch nicht vor dem in Absatz 1 bezeichneten Zeitpunkt. [3]Durch die Einlegung eines Rechtsbehelfs mit dem Ziel der Rückerstattung wird die Verjährung wie durch Klageerhebung gehemmt.

Gerichtsvollzieherkostengesetz – GvKostG

(3) ¹Auf die Verjährung sind die Vorschriften des Bürgerlichen Gesetzbuchs anzuwenden; die Verjährung wird nicht von Amts wegen berücksichtigt. ²Die Verjährung der Ansprüche auf Zahlung von Kosten beginnt auch durch die Aufforderung zur Zahlung oder durch eine dem Kostenschuldner mitgeteilte Stundung erneut. ³Ist der Aufenthalt des Kostenschuldners unbekannt, so genügt die Zustellung durch Aufgabe zur Post unter seiner letzten bekannten Anschrift. ⁴Bei Kostenbeträgen unter 25 Euro beginnt die Verjährung weder erneut noch wird sie oder ihr Ablauf gehemmt.

(4) Ansprüche auf Zahlung und Rückerstattung von Kosten werden nicht verzinst.

§ 9 Höhe der Kosten

Kosten werden nach dem Kostenverzeichnis der Anlage zu diesem Gesetz erhoben, soweit nichts anderes bestimmt ist.

Abschnitt 2 Gebührenvorschriften

§ 10 Abgeltungsbereich der Gebühren

(1) ¹Bei Durchführung desselben Auftrags wird eine Gebühr nach derselben Nummer des Kostenverzeichnisses nur einmal erhoben. ²Dies gilt nicht für die nach Abschnitt 6 des Kostenverzeichnisses zu erhebenden Gebühren, wenn für die Erledigung mehrerer Amtshandlungen Gebühren nach verschiedenen Nummern des Kostenverzeichnisses zu erheben wären. ³Eine Gebühr nach dem genannten Abschnitt wird nicht neben der entsprechenden Gebühr für die Erledigung der Amtshandlung erhoben.

(2) ¹Ist der Gerichtsvollzieher beauftragt, die gleiche Vollstreckungshandlung wiederholt vorzunehmen, sind die Gebühren für jede Vollstreckungshandlung gesondert zu erheben. ²Dasselbe gilt, wenn der Gerichtsvollzieher auch ohne ausdrückliche Weisung des Auftraggebers die weitere Vollstreckung betreibt, weil nach dem Ergebnis der Verwertung der Pfandstücke die Vollstreckung nicht zur vollen Befriedigung des Auftraggebers führt oder Pfandstücke bei dem Schuldner abhanden gekommen oder beschädigt worden sind. ³Gesondert zu erheben sind

1. eine Gebühr nach Abschnitt 1 des Kostenverzeichnisses für jede Zustellung,
2. eine Gebühr nach Nummer 430 des Kostenverzeichnisses für jede Zahlung,
3. eine Gebühr nach Nummer 440 des Kostenverzeichnisses für die Einholung jeder Auskunft und
4. eine Gebühr nach Nummer 600 des Kostenverzeichnisses für jede nicht erledigte Zustellung.

(3) ¹Ist der Gerichtsvollzieher gleichzeitig beauftragt, Vollstreckungshandlungen gegen Gesamtschuldner auszuführen, sind die Gebühren nach den Nummern 200, 205, 260, 261, 262 und 270 des Kostenverzeichnisses für jeden Gesamtschuldner gesondert zu erheben. ²Das Gleiche gilt für die in Abschnitt 6 des Kostenverzeichnisses bestimmten Gebühren, wenn Amtshandlungen der in den Nummern 200, 205, 260, 261, 262 und 270 des Kostenverzeichnisses genannten Art nicht erledigt worden sind.

§ 11 Tätigkeit zur Nachtzeit, an Sonnabenden, Sonn- und Feiertagen

Wird der Gerichtsvollzieher auf Verlangen zur Nachtzeit (§ 758a Abs. 4 Satz 2 der Zivilprozessordnung) oder an einem Sonnabend, Sonntag oder Feiertag tätig, so werden die doppelten Gebühren erhoben.

Gerichtsvollzieherkostengesetz – GvKostG

§ 12 Siegelungen, Vermögensverzeichnisse, Proteste und ähnliche Geschäfte

Die Gebühren für Wechsel- und Scheckproteste, für Siegelungen und Entsiegelungen, für die Aufnahme von Vermögensverzeichnissen sowie für die Mitwirkung als Urkundsperson bei der Aufnahme von Vermögensverzeichnissen bestimmen sich nach den für Notare geltenden Regelungen des Gerichts- und Notarkostengesetzes.

Abschnitt 3 Auslagenvorschriften

§ 12a Erhöhtes Wegegeld

(1) Die Landesregierungen werden ermächtigt, durch Rechtsverordnung eine höhere Stufe nach Nummer 711 des Kostenverzeichnisses für Wege festzusetzen, die von bestimmten Gerichtsvollziehern in bestimmte Regionen des Bezirks eines Amtsgerichts zurückzulegen sind, wenn die kürzeste öffentlich nutzbare Wegstrecke erheblich von der nach der Luftlinie bemessenen Entfernung abweicht, weil ein nicht nur vorübergehendes Hindernis besteht.

(2) Eine erhebliche Abweichung nach Absatz 1 liegt vor, wenn die kürzeste öffentlich nutzbare Wegstrecke sowohl vom Amtsgericht als auch vom Geschäftszimmer des Gerichtsvollziehers mindestens doppelt so weit ist wie die nach der Luftlinie bemessene Entfernung.

(3) In der Rechtsverordnung ist die niedrigste Stufe festzusetzen, bei der eine erhebliche Abweichung nach Absatz 2 nicht mehr vorliegt.

(4) Die Landesregierungen können die Ermächtigung durch Rechtsverordnung auf die Landesjustizverwaltung übertragen.

Abschnitt 4 Kostenzahlung

§ 13 Kostenschuldner

(1) [1]Kostenschuldner sind
1. der Auftraggeber,
2. der Vollstreckungsschuldner für die notwendigen Kosten der Zwangsvollstreckung und
3. der Verpflichtete für die notwendigen Kosten der Vollstreckung.

[2]Schuldner der Auslagen nach den Nummern 714 und 715 des Kostenverzeichnisses ist nur der Ersteher.

(2) Mehrere Kostenschuldner haften als Gesamtschuldner.

(3) Wird der Auftrag vom Gericht erteilt, so gelten die Kosten als Auslagen des gerichtlichen Verfahrens.

§ 14 Fälligkeit

[1]Gebühren werden fällig, wenn der Auftrag durchgeführt ist oder länger als zwölf Kalendermonate ruht. [2]Auslagen werden sofort nach ihrer Entstehung fällig.

§ 15 Entnahmerecht

(1) [1]Kosten, die im Zusammenhang mit der Versteigerung oder dem Verkauf von beweglichen Sachen, von Früchten, die vom Boden noch nicht getrennt sind, sowie von Forderungen und anderen Vermögensrechten, ferner bei der öffentlichen Verpachtung an den Meistbietenden und bei der Mitwirkung bei einer Versteigerung durch einen Dritten (§ 825 Abs. 2 der Zivilprozessordnung) entstehen, können dem Erlös vorweg entnommen werden. [2]Dies gilt auch für die Kosten der Entfernung von Pfandstücken aus dem Gewahrsam des Schuldners, des Gläubigers oder eines Dritten, ferner für die Kosten des Transports und der Lagerung.

Gerichtsvollzieherkostengesetz – GvKostG

(2) Andere als die in Absatz 1 genannten Kosten oder ein hierauf zu zahlender Vorschuss können bei der Ablieferung von Geld an den Auftraggeber oder bei der Hinterlegung von Geld für den Auftraggeber entnommen werden.

(3) [1]Die Absätze 1 und 2 gelten nicht, soweit § 459b der Strafprozessordnung oder § 94 des Gesetzes über Ordnungswidrigkeiten entgegensteht. [2]Sie gelten ferner nicht, wenn dem Auftraggeber Prozess- oder Verfahrenskostenhilfe bewilligt ist. [3]Bei mehreren Auftraggebern stehen die Sätze 1 und 2 einer Vorwegnahme aus dem Erlös (Absatz 1) nicht entgegen, wenn deren Voraussetzungen nicht für alle Auftraggeber vorliegen. [4]Die Sätze 1 und 2 stehen einer Entnahme aus dem Erlös auch nicht entgegen, wenn der Erlös höher ist als die Summe der Forderungen aller Auftraggeber.

§ 16 Verteilung der Verwertungskosten

Reicht der Erlös einer Verwertung nicht aus, um die in § 15 Abs. 1 bezeichneten Kosten zu decken, oder wird ein Erlös nicht erzielt, sind diese Kosten im Verhältnis der Forderungen zu verteilen.

§ 17 Verteilung der Auslagen bei der Durchführung mehrerer Aufträge

[1]Auslagen, die in anderen als den in § 15 Abs. 1 genannten Fällen bei der gleichzeitigen Durchführung mehrerer Aufträge entstehen, sind nach der Zahl der Aufträge zu verteilen, soweit die Auslagen nicht ausschließlich bei der Durchführung eines Auftrags entstanden sind. [2]Das Wegegeld (Nummer 711 des Kostenverzeichnisses) und die Auslagenpauschale (Nummer 716 des Kostenverzeichnisses) sind für jeden Auftrag gesondert zu erheben.

Abschnitt 5 Übergangs- und Schlussvorschriften

§ 18 Übergangsvorschrift

(1) [1]Die Kosten sind nach bisherigem Recht zu erheben, wenn der Auftrag vor dem Inkrafttreten einer Gesetzesänderung erteilt worden ist, Kosten der in § 15 Abs. 1 genannten Art jedoch nur, wenn sie vor dem Inkrafttreten einer Gesetzesänderung entstanden sind. [2]Wenn der Auftrag zur Abnahme der Vermögensauskunft mit einem Vollstreckungsauftrag verbunden ist, ist der Zeitpunkt maßgebend, zu dem der Vollstreckungsauftrag erteilt ist.

(2) Absatz 1 gilt auch, wenn Vorschriften geändert werden, auf die dieses Gesetz verweist.

§ 19 Übergangsvorschrift aus Anlass des Inkrafttretens dieses Gesetzes

(1) [1]Die Kosten sind vorbehaltlich des Absatzes 2 nach dem Gesetz über Kosten der Gerichtsvollzieher in der im Bundesgesetzblatt Teil III, Gliederungsnummer 362–1, veröffentlichten bereinigten Fassung, zuletzt geändert durch Artikel 2 Abs. 5 des Gesetzes vom 17. Dezember 1997 (BGBl. I S. 3039), zu erheben, wenn der Auftrag vor dem Inkrafttreten dieses Gesetzes erteilt worden ist; § 3 Abs. 3 Satz 1 und § 18 Abs. 1 Satz 2 sind anzuwenden. [2]Werden solche Aufträge und Aufträge, die nach dem Inkrafttreten dieses Gesetzes erteilt worden sind, durch dieselbe Amtshandlung erledigt, sind die Gebühren insoweit gesondert zu erheben.

(2) Kosten der in § 15 Abs. 1 genannten Art sind nach neuem Recht zu erheben, soweit sie nach dem Inkrafttreten dieses Gesetzes entstanden sind.

§ 20 (aufgehoben)

Gerichtsvollziehergebühren (KV GvKostG)
Anlage
(zu § 9 Kostenverzeichnis)

Nr.	Gebührentatbestand	Gebührenbetrag
	Abschnitt 1: Zustellung auf Betreiben der Parteien (§ 191 ZPO)	

Vorbemerkung 1:

(1) Die Zustellung an den Zustellungsbevollmächtigten mehrerer Beteiligter gilt als eine Zustellung.

(2) Die Gebühr nach Nummer 100 oder 101 wird auch erhoben, wenn der Gerichtsvollzieher die Ladung zum Termin zur Abnahme der Vermögensauskunft (§ 802f ZPO) oder den Pfändungs- und Überweisungsbeschluss an den Schuldner (§ 829 Abs. 2 Satz 2, auch i.V.m. § 835 Abs. 3 Satz 1 ZPO) zustellt.

Nr.	Gebührentatbestand	Gebührenbetrag
100	Persönliche Zustellung durch den Gerichtsvollzieher	10,00 €
101	Sonstige Zustellung	3,00 €
102	Beglaubigung eines Schriftstückes, das dem Gerichtsvollzieher zum Zwecke der Zustellung übergeben wurde (§ 192 Abs. 2 ZPO) je Seite	Gebühr in Höhe der Dokumentenpauschale

Eine angefangene Seite wird voll berechnet.

Abschnitt 2: Vollstreckung

Nr.	Gebührentatbestand	Gebührenbetrag
200	Amtshandlung nach § 845 Abs. 1 Satz 2 ZPO (Vorpfändung)	16,00 €
205	Bewirkung einer Pfändung (§ 808 Abs. 1, 2 Satz 2, §§ 809, 826 oder § 831 ZPO)	26,00 €
	Neben dieser Gebühr wird gegebenenfalls ein Zeitzuschlag nach Nummer 500 erhoben.	
206	Übernahme beweglicher Sachen zum Zwecke der Verwertung in den Fällen der §§ 847 und 854 ZPO	16,00 €
207	Versuch einer gütlichen Erledigung der Sache (§ 802b ZPO)	16,00 €
	Die Gebühr entsteht auch im Fall der gütlichen Erledigung. Sie entsteht nicht, wenn der Gerichtsvollzieher gleichzeitig mit einer auf eine Maßnahme nach § 802a Abs. 2 Satz 1 Nr. 2 und 4 ZPO gerichteten Amtshandlung beauftragt ist.	
210	Übernahme des Vollstreckungsauftrags von einem anderen Gerichtsvollzieher, wenn der Schuldner unter Mitnahme der Pfandstücke in einen anderen Amtsgerichtsbezirk verzogen ist	16,00 €
220	Entfernung von Pfandstücken, die im Gewahrsam des Schuldners, des Gläubigers oder eines Dritten belassen waren	16,00 €

Gerichtsvollziehergebühren (KV GvKostG)

Nr.	Gebührentatbestand	Gebührenbetrag
	Die Gebühr wird auch dann nur einmal erhoben, wenn die Pfandstücke aufgrund mehrerer Aufträge entfernt werden. Neben dieser Gebühr wird gegebenenfalls ein Zeitzuschlag nach Nummer 500 erhoben.	
221	Wegnahme oder Entgegennahme beweglicher Sachen durch den zur Vollstreckung erschienenen Gerichtsvollzieher	26,00 €
	Neben dieser Gebühr wird gegebenenfalls ein Zeitzuschlag nach Nummer 500 erhoben.	
230	Wegnahme oder Entgegennahme einer Person durch den zur Vollstreckung erschienenen Gerichtsvollzieher.	52,00 €
	Neben dieser Gebühr wird gegebenenfalls ein Zeitzuschlag nach Nummer 500 erhoben. Sind mehrere Personen wegzunehmen, werden die Gebühren für jede Person gesondert erhoben.	
240	Entsetzung aus dem Besitz unbeweglicher Sachen oder eingetragener Schiffe oder Schiffsbauwerke und die Einweisung in den Besitz (§ 885 ZPO)	98,00 €
	Neben dieser Gebühr wird gegebenenfalls ein Zeitzuschlag nach Nummer 500 erhoben.	
241	In dem Protokoll sind die frei ersichtlichen beweglichen Sachen zu dokumentieren und der Gerichtsvollzieher bedient sich elektronischer Bildaufzeichnungsmittel (§ 885a Abs. 2 ZPO): Die Gebühr 240 erhöht sich auf.	108,00 €
242	Wegnahme ausländischer Schiffe, die in das Schiffsregister eingetragen werden müssten, wenn sie deutsche Schiffe wären, und ihre Übergabe an den Gläubiger.	130,00 €
	Neben dieser Gebühr wird gegebenenfalls ein Zeitzuschlag nach Nummer 500 erhoben.	
243	Übergabe unbeweglicher Sachen an den Verwalter im Falle der Zwangsversteigerung oder Zwangsverwaltung	98,00 €
	Neben dieser Gebühr wird gegebenenfalls ein Zeitzuschlag nach Nummer 500 erhoben.	

Gerichtsvollziehergebühren (KV GvKostG)

Nr.	Gebührentatbestand	Gebührenbetrag
250	Zuziehung zur Beseitigung des Widerstandes (§ 892 ZPO) oder zur Beseitigung einer andauernden Zuwiderhandlung gegen eine Anordnung nach § 1 GewSchG (§ 96 Abs. 1 FamFG) sowie Anwendung von unmittelbarem Zwang auf Anordnung des Gerichts im Fall des § 90 FamFG..................	52,00 €
	Neben dieser Gebühr wird gegebenenfalls ein Zeitzuschlag nach Nummer 500 erhoben.	
260	Abnahme der Vermögensauskunft nach den §§ 802c, 802d Abs. 1 oder nach § 807 ZPO	33,00 €
261	Übermittlung eines mit eidesstattlicher Versicherung abgegebenen Vermögensverzeichnisses an einen Drittgläubiger (§ 802d Abs. 1 Satz 2, Abs. 2 ZPO)	33,00 €
262	Abnahme der eidesstattlichen Versicherung nach § 836 Abs. 3 oder § 883 Abs. 2 ZPO	38,00 €
270	Verhaftung, Nachverhaftung, zwangsweise Vorführung...	39,00 €

Abschnitt 3: Verwertung

Vorbemerkung 3:
Die Gebühren werden bei jeder Verwertung nur einmal erhoben. Dieselbe Verwertung liegt auch vor, wenn der Gesamterlös aus der Versteigerung oder dem Verkauf mehrerer Gegenstände einheitlich zu verteilen ist oder zu verteilen wäre und wenn im Falle der Versteigerung oder des Verkaufs die Verwertung in einem Termin, bei einer Versteigerung im Internet in einem Ausgebot, erfolgt.

Nr.	Gebührentatbestand	Gebührenbetrag
300	Versteigerung, Verkauf oder Verwertung in anderer Weise nach § 825 Abs. 1 ZPO von – beweglichen Sachen, – Früchten, die noch nicht vom Boden getrennt sind, – Forderungen oder anderen Vermögensrechten	52,00 €
	Neben dieser Gebühr wird gegebenenfalls ein Zeitzuschlag nach Nummer 500 erhoben. Dies gilt nicht bei einer Versteigerung im Internet.	
301	Öffentliche Verpachtung an den Meistbietenden	52,00 €
	Neben dieser Gebühr wird gegebenenfalls ein Zeitzuschlag nach Nummer 500 erhoben.	
302	Anberaumung eines neuen Versteigerungs- oder Verpachtungstermins oder das nochmalige Ausgebot bei einer Versteigerung im Internet	10,00 €
	(1) Die Gebühr wird für die Anberaumung eines neuen Versteigerungs- oder Verpachtungstermins nur erhoben, wenn	

Gerichtsvollziehergebühren (KV GvKostG)

Nr.	Gebührentatbestand	Gebührenbetrag
	der vorherige Termin auf Antrag des Gläubigers oder des Antragstellers oder nach den Vorschriften der §§ 765a, 775, 802b ZPO nicht stattgefunden hat oder wenn der Termin infolge des Ausbleibens von Bietern oder wegen ungenügender Gebote erfolglos geblieben ist.	
	(2) Die Gebühr wird für das nochmalige Ausgebot bei einer Versteigerung im Internet nur erhoben, wenn das vorherige Ausgebot auf Antrag des Gläubigers oder des Antragstellers oder nach den Vorschriften der §§ 765a, 775, 802b ZPO abgebrochen worden ist oder wenn das Ausgebot infolge des Ausbleibens von Geboten oder wegen ungenügender Gebote erfolglos geblieben ist.	
310	Mitwirkung bei der Versteigerung durch einen Dritten (§ 825 Abs. 2 ZPO)	16,00 €
	Neben dieser Gebühr wird gegebenenfalls ein Zeitzuschlag nach Nummer 500 erhoben.	

Abschnitt 4: Besondere Geschäfte

Nr.	Gebührentatbestand	Gebührenbetrag
400	Bewachung und Verwahrung eines Schiffes, eines Schiffsbauwerks oder eines Luftfahrzeugs (§§ 165, 170, 170a, 171, 171c, 171g, 171h ZVG, § 99 Abs. 2, § 106 Abs. 1 Nr. 1 des Gesetzes über Rechte an Luftfahrzeugen)	98,00 €
	Neben dieser Gebühr wird gegebenenfalls ein Zeitzuschlag nach Nummer 500 erhoben.	
401	Feststellung der Mieter oder Pächter von Grundstücken im Auftrag des Gerichts je festgestellte Person	7,00 €
	Die Gebühr wird auch erhoben, wenn die Ermittlungen nicht zur Feststellung eines Mieters oder Pächters führen.	
410	Tatsächliches Angebot einer Leistung (§§ 293, 294 BGB) außerhalb der Zwangsvollstreckung	16,00 €
411	Beurkundung eines Leistungsangebots	7,00 €
	Die Gebühr entfällt, wenn die Gebühr nach Nummer 410 zu erheben ist.	
420	Entfernung von Gegenständen aus dem Gewahrsam des Inhabers zum Zwecke der Versteigerung oder Verwahrung außerhalb der Zwangsvollstreckung	16,00 €
430	Entgegennahme einer Zahlung, wenn diese nicht ausschließlich auf Kosten nach diesem Gesetz entfällt, die bei der Durchführung des Auftrags entstanden sind	4,00 €

Gerichtsvollziehergebühren (KV GvKostG)

Nr.	Gebührentatbestand	Gebührenbetrag
	Die Gebühr wird nicht bei Wechsel- oder Scheckprotesten für die Entgegennahme der Wechsel- oder Schecksumme (Artikel 84 des Wechselgesetzes, Artikel 55 Abs. 3 des Scheckgesetzes) erhoben.	
440	Einholung einer Auskunft bei einer der in den §§ 755, 802l ZPO genannten Stellen	13,00 €
	Die Gebühr entsteht nicht, wenn die Auskunft nach § 882c Abs. 3 Satz 2 ZPO eingeholt wird.	

Abschnitt 5: Zeitzuschlag

Nr.	Gebührentatbestand	Gebührenbetrag
500	Zeitzuschlag, sofern dieser bei der Gebühr vorgesehen ist, wenn die Erledigung der Amtshandlung nach dem Inhalt des Protokolls mehr als 3 Stunden in Anspruch nimmt, für jede weitere angefangene Stunde ..	20,00 €
	Maßgebend ist die Dauer der Amtshandlung vor Ort.	

Abschnitt 6: Nicht erledigte Amtshandlung

Vorbemerkung 6:
Gebühren nach diesem Abschnitt werden erhoben, wenn eine Amtshandlung, mit deren Erledigung der Gerichtsvollzieher beauftragt worden ist, aus Rechtsgründen oder infolge von Umständen, die weder in der Person des Gerichtsvollziehers liegen noch von seiner Entschließung abhängig sind, nicht erledigt wird. Dies gilt insbesondere auch, wenn nach dem Inhalt des Protokolls pfändbare Gegenstände nicht vorhanden sind oder die Pfändung nach § 803 Abs. 2, §§ 812, 851b Abs. 4 Satz 3 ZPO zu unterbleiben hat. Eine Gebühr wird nicht erhoben, wenn der Auftrag an einen anderen Gerichtsvollzieher abgegeben wird oder hätte abgegeben werden können.

Nr.	Gebührentatbestand	Gebührenbetrag
	Nicht erledigte	
600	– Zustellung (Nummern 100 und 101)	3,00 €
601	– Wegnahme einer Person (Nummer 230)	26,00 €
602	– Entsetzung aus dem Besitz (Nummer 240), Wegnahme ausländischer Schiffe (Nummer 242) oder Übergabe an den Verwalter (Nummer 243)	32,00 €
603	– Beurkundung eines Leistungsangebots (Nummer 411)	6,00 €
604	– Amtshandlung der in den Nummern 205 bis 221, 250 bis 301, 310, 400, 410 und 420 genannten Art .	15,00 €
	Die Gebühr für die nicht abgenommene Vermögensauskunft wird nicht erhoben, wenn diese deshalb nicht abgenommen wird, weil der Schuldner sie innerhalb der letzten zwei Jahre bereits abgegeben hat (§ 802d Abs. 1 Satz 1 ZPO).	

Gerichtsvollziehergebühren (KV GvKostG)

Nr.	Auslagentatbestand	Höhe
	7. Auslagen	

700 Pauschale für die Herstellung und Überlassung von Dokumenten:

    1. Kopien und Ausdrucke,

        a) die auf Antrag angefertigt oder per Telefax übermittelt werden,

        b) die angefertigt werden, weil der Auftraggeber es unterlassen hat, die erforderliche Zahl von Mehrfertigungen beizufügen:

	für die ersten 50 Seiten je Seite...............	0,50 €
	für jede weitere Seite	0,15 €
	für die ersten 50 Seiten in Farbe je Seite.........	1,00 €
	für jede weitere Seite in Farbe	0,30 €

    2. Überlassung von elektronisch gespeicherten Dateien oder deren Bereitstellung zum Abruf anstelle der in Nummer 1 genannten Kopien und Ausdrucke:

	je Datei	1,50 €
	für die in einem Arbeitsgang überlassenen, bereitgestellten oder in einem Arbeitsgang auf denselben Datenträger übertragenen Dokumente insgesamt höchstens	5,00 €

(1) Die Höhe der Dokumentenpauschale nach Nummer 1 ist bei Durchführung eines jeden Auftrags und für jeden Kostenschuldner nach § 13 Abs. 1 Nr. 1 GvKostG gesondert zu berechnen; Gesamtschuldner gelten als ein Schuldner.

(2) Werden zum Zweck der Überlassung von elektronisch gespeicherten Dateien Dokumente zuvor auf Antrag von der Papierform in die elektronische Form übertragen, beträgt die Dokumentenpauschale nach Nummer 2 nicht weniger als die Dokumentenpauschale im Fall der Nummer 1 betragen würde.

(3) § 191a Abs. 1 Satz 2 GVG bleibt unberührt.

(4) Eine Dokumentenpauschale für die erste Kopie oder den ersten Ausdruck des Vermögensverzeichnisses und der Niederschrift über die Abgabe der Vermögensauskunft wird von demjenigen Kostenschuldner nicht erhoben, von dem die Gebühr 260 oder 261 zu erheben ist. Entsprechendes gilt, wenn anstelle der in Satz 1 genannten Kopien oder Ausdrucke elektronisch gespeicherte Dateien überlassen werden (§ 802d Abs. 2 ZPO).

701 Entgelte für Zustellungen mit Zustellungsurkunde .... in voller Höhe

Gerichtsvollziehergebühren (KV GvKostG)

Nr.	Auslagentatbestand	Höhe
702	Auslagen für öffentliche Bekanntmachungen und Einstellung eines Ausgebots auf einer Versteigerungsplattform zur Versteigerung im Internet	in voller Höhe
	Auslagen werden nicht erhoben für die Bekanntmachung oder Einstellung in einem elektronischen Informations- und Kommunikationssystem, wenn das Entgelt nicht für den Einzelfall oder nicht für ein einzelnes Verfahren berechnet wird.	
703	Nach dem JVEG an Zeugen, Sachverständige, Dolmetscher und Übersetzer zu zahlende Beträge	in voller Höhe
	(1) Die Beträge werden auch erhoben, wenn aus Gründen der Gegenseitigkeit, der Verwaltungsvereinfachung oder aus vergleichbaren Gründen keine Zahlungen zu leisten sind. (2) Auslagen für Gebärdensprachdolmetscher (§ 186 Abs. 1 GVG) und für Übersetzer, die zur Erfüllung der Rechte blinder oder sehbehinderter Personen herangezogen werden (§ 191a Abs. 1 GVG), werden nicht erhoben.	
704	An die zum Öffnen von Türen und Behältnissen sowie an die zur Durchsuchung von Schuldnern zugezogenen Personen zu zahlende Beträge	in voller Höhe
705	Kosten für die Umschreibung eines auf den Namen lautenden Wertpapiers oder für die Wiederinkurssetzung eines Inhaberpapiers.....................	in voller Höhe
706	Kosten, die von einem Kreditinstitut erhoben werden, weil ein Scheck des Schuldners nicht eingelöst wird ..	in voller Höhe
707	An Dritte zu zahlende Beträge für die Beförderung von Personen, Tieren und Sachen, das Verwahren von Tieren und Sachen, das Füttern von Tieren, die Beaufsichtigung von Sachen sowie das Abernten von Früchten	in voller Höhe
	Diese Vorschrift ist nicht anzuwenden bei dem Transport von Sachen oder Tieren an den Ersteher oder an einen von diesem benannten Dritten im Rahmen der Verwertung.	
708	An deutsche Behörden für die Erfüllung von deren eigenen Aufgaben zu zahlende Gebühren sowie diejenigen Auslagen, die diesen Behörden, öffentlichen Einrichtungen oder deren Bediensteten als Ersatz für Auslagen der in den Nummern 700 und 701 bezeichneten Art zustehen..........................	in voller Höhe
709	Kosten für Arbeitshilfen........................	in voller Höhe
710	Pauschale für die Benutzung von eigenen Beförderungsmitteln des Gerichtsvollziehers zur Beförderung von Personen und Sachen je Fahrt..........	6,00 €

Gerichtsvollziehergebühren (KV GvKostG)

Nr.	Auslagentatbestand	Höhe
711	Wegegeld je Auftrag für zurückgelegte Wegstrecken, wenn sich aus einer Rechtsverordnung nach § 12a GvKostG nichts anderes ergibt,	
	– Stufe 1: bis zu 10 Kilometer..................	3,25 €
	– Stufe 2: von mehr als 10 Kilometern bis 20 Kilometer......................................	6,50 €
	– Stufe 3: von mehr als 20 Kilometern bis 30 Kilometer......................................	9,75 €
	– Stufe 4: von mehr als 30 Kilometern bis 40 Kilometer......................................	13,00 €
	– Stufe 5: von mehr als 40 Kilometern............	16,25 €

(1) Das Wegegeld wird erhoben, wenn der Gerichtsvollzieher zur Durchführung des Auftrags Wegstrecken innerhalb des Bezirks des Amtsgerichts, dem der Gerichtsvollzieher zugewiesen ist, oder innerhalb des dem Gerichtsvollzieher zugewiesenen Bezirks eines anderen Amtsgerichts zurückgelegt hat.

(2) Maßgebend ist die Entfernung von dem Amtsgericht, dem der Gerichtsvollzieher zugewiesen ist, zum Ort der Amtshandlung, wenn nicht die Entfernung vom Geschäftszimmer des Gerichtsvollziehers geringer ist. Werden mehrere Wege zurückgelegt, ist der Weg mit der weitesten Entfernung maßgebend. Die Entfernung ist nach der Luftlinie zu messen.

(3) Wegegeld wird nicht erhoben für

1. die sonstige Zustellung (Nummer 101),
2. die Versteigerung von Pfandstücken, die sich in der Pfandkammer befinden.
3. im Rahmen des allgemeinen Geschäftsbetriebes zurückzulegende Wege, insbesondere zur Post und zum Amtsgericht.

(4) In den Fällen des § 10 Abs. 2 Satz 1 und 2 GvKostG wird das Wegegeld für jede Vollstreckungshandlung, im Falle der Vorpfändung für jede Zustellung an einen Drittschuldner gesondert erhoben. Zieht der Gerichtsvollzieher Teilbeträge ein (§ 802b ZPO), wird das Wegegeld für den Einzug des zweiten und sodann jedes weiteren Teilbetrages je einmal gesondert erhoben. Das Wegegeld für den Einzug einer Rate entsteht bereits mit dem ersten Versuch, die Rate einzuziehen.

Gerichtsvollziehergebühren (KV GvKostG)

Nr.	Auslagentatbestand	Höhe
712	Bei Geschäften außerhalb des Bezirks des Amtsgerichts, dem der Gerichtsvollzieher zugewiesen ist, oder außerhalb des dem Gerichtsvollzieher zugewiesenen Bezirks eines anderen Amtsgerichts, Reisekosten nach den für den Gerichtsvollzieher geltenden beamtenrechtlichen Vorschriften	in voller Höhe
713	Pauschale für die Dokumentation mittels geeigneter elektronischer Bildaufzeichnungsmittel (§ 885a Abs. 2 Satz 2 ZPO)	5,00 €
	Mit der Pauschale sind insbesondere die Aufwendungen für die elektronische Datenaufbewahrung abgegolten.	
714	An Dritte zu zahlende Beträge für den Versand oder den Transport von Sachen oder Tieren im Rahmen der Verwertung an den Ersteher oder an einen von diesem benannten Dritten und für eine von dem Ersteher beantragte Versicherung für den Versand oder den Transport	in voller Höhe
715	Kosten für die Verpackung im Fall der Nummer 714 ...	in voller Höhe – mindestens 3,00 €
716	Pauschale für sonstige bare Auslagen je Auftrag	20 % der zu erhebenden Gebühren – mindestens 3,00 €, höchstens 10,00 €

Gesetz über die Vergütung von Sachverständigen, Dolmetscherinnen, Dolmetschern, Übersetzerinnen und Übersetzern sowie die Entschädigung von ehrenamtlichen Richterinnen, ehrenamtlichen Richtern, Zeuginnen, Zeugen und Dritten (Justizvergütungs- und -entschädigungsgesetz – JVEG)

Vom 5.5.2004, BGBl. I S. 718, 776 (BGBl. III 367–3),
zuletzt geändert durch Zweites Gesetz zur Modernisierung des Kostenrechts
(2. Kostenrechtsmodernisierungsgesetz – 2. KostRMoG) vom 23.7.2013
(BGBl I 2013, S. 2586)

Inhaltsübersicht

Abschnitt 1 Allgemeine Vorschriften
§ 1 Geltungsbereich und Anspruchsberechtigte
§ 2 Geltendmachung und Erlöschen des Anspruchs, Verjährung
§ 3 Vorschuss
§ 4 Gerichtliche Festsetzung und Beschwerde
§ 4a Abhilfe bei Verletzung des Anspruchs auf rechtliches Gehör
§ 4b Elektronische Akte, elektronisches Dokument
§ 4c Rechtsbehelfsbelehrung

Abschnitt 2 Gemeinsame Vorschriften
§ 5 Fahrtkostenersatz
§ 6 Entschädigung für Aufwand
§ 7 Ersatz für sonstige Aufwendungen

Abschnitt 3 Vergütung von Sachverständigen, Dolmetschern und Übersetzern
§ 8 Grundsatz der Vergütung
§ 8a Wegfall oder Beschränkung des Vergütungsanspruchs
§ 9 Honorar für die Leistung der Sachverständigen und Dolmetscher
§ 10 Honorar für besondere Leistungen
§ 11 Honorar für Übersetzungen
§ 12 Ersatz für besondere Aufwendungen

§ 13 Besondere Vergütung
§ 14 Vereinbarung der Vergütung

Abschnitt 4 Entschädigung von ehrenamtlichen Richtern
§ 15 Grundsatz der Entschädigung
§ 16 Entschädigung für Zeitversäumnis
§ 17 Entschädigung für Nachteile bei der Haushaltsführung
§ 18 Entschädigung für Verdienstausfall

Abschnitt 5 Entschädigung von Zeugen und Dritten
§ 19 Grundsatz der Entschädigung
§ 20 Entschädigung für Zeitversäumnis
§ 21 Entschädigung für Nachteile bei der Haushaltsführung
§ 22 Entschädigung für Verdienstausfall
§ 23 Entschädigung Dritter

Abschnitt 6 Schlussvorschriften
§ 24 Übergangsvorschrift
§ 25 Übergangsvorschrift aus Anlass des Inkrafttretens dieses Gesetzes

Anlage 1 (zu § 9 Abs. 1)
Anlage 2 (zu § 10 Abs. 1)
Anlage 3 (zu § 23 Abs. 1)

Justizvergütungs- und -entschädigungsgesetz (JVEG)

Abschnitt 1 Allgemeine Vorschriften

§ 1 Geltungsbereich und Anspruchsberechtigte

(1) ¹Dieses Gesetz regelt
1. die Vergütung der Sachverständigen, Dolmetscherinnen, Dolmetscher, Übersetzerinnen und Übersetzer, die von dem Gericht, der Staatsanwaltschaft, der Finanzbehörde in den Fällen, in denen diese das Ermittlungsverfahren selbstständig durchführt, der Verwaltungsbehörde im Verfahren nach dem Gesetz über Ordnungswidrigkeiten oder dem Gerichtsvollzieher herangezogen werden;
2. die Entschädigung der ehrenamtlichen Richterinnen und Richter bei den ordentlichen Gerichten und den Gerichten für Arbeitssachen sowie bei den Gerichten der Verwaltungs-, der Finanz- und der Sozialgerichtsbarkeit mit Ausnahme der ehrenamtlichen Richterinnen und Richter in Handelssachen, in berufsgerichtlichen Verfahren oder bei Dienstgerichten sowie
3. die Entschädigung der Zeuginnen, Zeugen und Dritten (§ 23), die von den in Nummer 1 genannten Stellen herangezogen werden.

²Eine Vergütung oder Entschädigung wird nur nach diesem Gesetz gewährt. ³Der Anspruch auf Vergütung nach Satz 1 Nr. 1 steht demjenigen zu, der beauftragt worden ist; dies gilt auch, wenn der Mitarbeiter einer Unternehmung die Leistung erbringt, der Auftrag jedoch der Unternehmung erteilt worden ist.

(2) ¹Dieses Gesetz gilt auch, wenn Behörden oder sonstige öffentliche Stellen von den in Absatz 1 Satz 1 Nr. 1 genannten Stellen zu Sachverständigenleistungen herangezogen werden. ²Für Angehörige einer Behörde oder einer sonstigen öffentlichen Stelle, die weder Ehrenbeamte noch ehrenamtlich tätig sind, gilt dieses Gesetz nicht, wenn sie ein Gutachten in Erfüllung ihrer Dienstaufgaben erstatten, vertreten oder erläutern.

(3) ¹Einer Heranziehung durch die Staatsanwaltschaft oder durch die Finanzbehörde in den Fällen des Absatzes 1 Satz 1 Nr. 1 steht eine Heranziehung durch die Polizei oder eine andere Strafverfolgungsbehörde im Auftrag oder mit vorheriger Billigung der Staatsanwaltschaft oder der Finanzbehörde gleich. ²Satz 1 gilt im Verfahren der Verwaltungsbehörde nach dem Gesetz über Ordnungswidrigkeiten entsprechend.

(4) Die Vertrauenspersonen in den Ausschüssen zur Wahl der Schöffen und die Vertrauensleute in den Ausschüssen zur Wahl der ehrenamtlichen Richter bei den Gerichten der Verwaltungs- und der Finanzgerichtsbarkeit werden wie ehrenamtliche Richter entschädigt.

(5) Die Vorschriften dieses Gesetzes über die gerichtliche Festsetzung und die Beschwerde gehen den Regelungen der für das zugrunde liegende Verfahren geltenden Verfahrensvorschriften vor.

§ 2 Geltendmachung und Erlöschen des Anspruchs, Verjährung

(1) ¹Der Anspruch auf Vergütung oder Entschädigung erlischt, wenn er nicht binnen drei Monaten bei der Stelle, die den Berechtigten herangezogen oder beauftragt hat, geltend gemacht wird; hierüber und über den Beginn der Frist ist der Berechtigte zu belehren. ²Die Frist beginnt
1. im Fall der schriftlichen Begutachtung oder der Anfertigung einer Übersetzung mit Eingang des Gutachtens oder der Übersetzung bei der Stelle, die den Berechtigten beauftragt hat,

Justizvergütungs- und -entschädigungsgesetz (JVEG)

2. im Fall der Vernehmung als Sachverständiger oder Zeuge oder der Zuziehung als Dolmetscher mit Beendigung der Vernehmung oder Zuziehung,
3. bei vorzeitiger Beendigung der Heranziehung oder des Auftrags in den Fällen der Nummern 1 und 2 mit der Bekanntgabe der Erledigung an den Berechtigten,
4. in den Fällen des § 23 mit Beendigung der Maßnahme und
5. im Fall der Dienstleistung als ehrenamtlicher Richter oder Mitglied eines Ausschusses im Sinne des § 1 Abs. 4 mit Beendigung der Amtsperiode, jedoch nicht vor dem Ende der Amtstätigkeit.

[3]Wird der Berechtigte in den Fällen des Satzes 2 Nummer 1 und 2 in demselben Verfahren, im gerichtlichen Verfahren in demselben Rechtszug, mehrfach herangezogen, ist für den Beginn aller Fristen die letzte Heranziehung maßgebend. [4]Die Frist kann auf begründeten Antrag von der in Satz 1 genannten Stelle verlängert werden; lehnt sie eine Verlängerung ab, hat sie den Antrag unverzüglich dem nach § 4 Abs. 1 für die Festsetzung der Vergütung oder Entschädigung zuständigen Gericht vorzulegen, das durch unanfechtbaren Beschluss entscheidet. [5]Weist das Gericht den Antrag zurück, erlischt der Anspruch, wenn die Frist nach Satz 1 abgelaufen und der Anspruch nicht binnen zwei Wochen ab Bekanntgabe der Entscheidung bei der in Satz 1 genannten Stelle geltend gemacht worden ist.

(2) [1]War der Berechtigte ohne sein Verschulden an der Einhaltung einer Frist nach Absatz 1 gehindert, gewährt ihm das Gericht auf Antrag Wiedereinsetzung in den vorigen Stand, wenn er innerhalb von zwei Wochen nach Beseitigung des Hindernisses den Anspruch beziffert und die Tatsachen glaubhaft macht, welche die Wiedereinsetzung begründen. [2]Ein Fehlen des Verschuldens wird vermutet, wenn eine Belehrung nach Absatz 1 Satz 1 unterblieben oder fehlerhaft ist. [3]Nach Ablauf eines Jahres, von dem Ende der versäumten Frist an gerechnet, kann die Wiedereinsetzung nicht mehr beantragt werden. [4]Gegen die Ablehnung der Wiedereinsetzung findet die Beschwerde statt. [5]Sie ist nur zulässig, wenn sie innerhalb von zwei Wochen eingelegt wird. [6]Die Frist beginnt mit der Zustellung der Entscheidung. [7]§ 4 Abs. 4 Satz 1 bis 3 und Abs. 6 bis 8 ist entsprechend anzuwenden.

(3) [1]Der Anspruch auf Vergütung oder Entschädigung verjährt in drei Jahren nach Ablauf des Kalenderjahrs, in dem der nach Absatz 1 Satz 2 Nr. 1 bis 4 maßgebliche Zeitpunkt eingetreten ist. [2]Auf die Verjährung sind die Vorschriften des Bürgerlichen Gesetzbuchs anzuwenden. [3]Durch den Antrag auf gerichtliche Festsetzung (§ 4) wird die Verjährung wie durch Klageerhebung gehemmt. [4]Die Verjährung wird nicht von Amts wegen berücksichtigt.

(4) [1]Der Anspruch auf Erstattung zu viel gezahlter Vergütung oder Entschädigung verjährt in drei Jahren nach Ablauf des Kalenderjahrs, in dem die Zahlung erfolgt ist. [2]§ 5 Abs. 3 des Gerichtskostengesetzes gilt entsprechend.

§ 3 Vorschuss

Auf Antrag ist ein angemessener Vorschuss zu bewilligen, wenn dem Berechtigten erhebliche Fahrtkosten oder sonstige Aufwendungen entstanden sind oder voraussichtlich entstehen werden oder wenn die zu erwartende Vergütung für bereits erbrachte Teilleistungen einen Betrag von 2 000 Euro übersteigt.

Justizvergütungs- und -entschädigungsgesetz (JVEG)

§ 4 Gerichtliche Festsetzung und Beschwerde

(1) ¹Die Festsetzung der Vergütung, der Entschädigung oder des Vorschusses erfolgt durch gerichtlichen Beschluss, wenn der Berechtigte oder die Staatskasse die gerichtliche Festsetzung beantragt oder das Gericht sie für angemessen hält. ²Zuständig ist
1. das Gericht, von dem der Berechtigte herangezogen worden ist, bei dem er als ehrenamtlicher Richter mitgewirkt hat oder bei dem der Ausschuss im Sinne des § 1 Abs. 4 gebildet ist;
2. das Gericht, bei dem die Staatsanwaltschaft besteht, wenn die Heranziehung durch die Staatsanwaltschaft oder in deren Auftrag oder mit deren vorheriger Billigung durch die Polizei oder eine andere Strafverfolgungsbehörde erfolgt ist, nach Erhebung der öffentlichen Klage jedoch das für die Durchführung des Verfahrens zuständige Gericht;
3. das Landgericht, bei dem die Staatsanwaltschaft besteht, die für das Ermittlungsverfahren zuständig wäre, wenn die Heranziehung in den Fällen des § 1 Abs. 1 Satz 1 Nr. 1 durch die Finanzbehörde oder in deren Auftrag oder mit deren vorheriger Billigung durch die Polizei oder eine andere Strafverfolgungsbehörde erfolgt ist, nach Erhebung der öffentlichen Klage jedoch das für die Durchführung des Verfahrens zuständige Gericht;
4. das Amtsgericht, in dessen Bezirk der Gerichtsvollzieher seinen Amtssitz hat, wenn die Heranziehung durch den Gerichtsvollzieher erfolgt ist, abweichend davon im Verfahren der Zwangsvollstreckung das Vollstreckungsgericht.

(2) ¹Ist die Heranziehung durch die Verwaltungsbehörde im Bußgeldverfahren erfolgt, werden die zu gewährende Vergütung oder Entschädigung und der Vorschuss durch gerichtlichen Beschluss festgesetzt, wenn der Berechtigte gerichtliche Entscheidung gegen die Festsetzung durch die Verwaltungsbehörde beantragt. ²Für das Verfahren gilt § 62 des Gesetzes über Ordnungswidrigkeiten.

(3) Gegen den Beschluss nach Absatz 1 können der Berechtige und die Staatskasse Beschwerde einlegen, wenn der Wert des Beschwerdegegenstands 200 Euro übersteigt oder wenn sie das Gericht, das die angefochtene Entscheidung erlassen hat, wegen der grundsätzlichen Bedeutung der zur Entscheidung stehenden Frage in dem Beschluss zulässt.

(4) ¹Soweit das Gericht die Beschwerde für zulässig und begründet hält, hat es ihr abzuhelfen; im Übrigen ist die Beschwerde unverzüglich dem Beschwerdegericht vorzulegen. ²Beschwerdegericht ist das nächsthöhere Gericht. ³Eine Beschwerde an einen obersten Gerichtshof des Bundes findet nicht statt. ⁴Das Beschwerdegericht ist an die Zulassung der Beschwerde gebunden; die Nichtzulassung ist unanfechtbar.

(5) ¹Die weitere Beschwerde ist nur zulässig, wenn das Landgericht als Beschwerdegericht entschieden und sie wegen der grundsätzlichen Bedeutung der zur Entscheidung stehenden Frage in dem Beschluss zugelassen hat. ²Sie kann nur darauf gestützt werden, dass die Entscheidung auf einer Verletzung des Rechts beruht; die §§ 546 und 547 der Zivilprozessordnung gelten entsprechend. ³Über die weitere Beschwerde entscheidet das Oberlandesgericht. ⁴Absatz 4 Satz 1 und 4 gilt entsprechend.

(6) ¹Anträge und Erklärungen können ohne Mitwirkung eines Bevollmächtigten schriftlich eingereicht oder zu Protokoll der Geschäftsstelle abgegeben werden; § 129a der Zivilprozessordnung gilt entsprechend. ²Für die Bevollmächtigten gelten die Regelungen der für das zugrunde liegende Verfahren geltenden Verfahrensordnung entsprechend. ³Die Beschwerde ist bei dem Gericht einzulegen, dessen Entscheidung angefochten wird.

Justizvergütungs- und -entschädigungsgesetz (JVEG)

(7) ¹Das Gericht entscheidet über den Antrag durch eines seiner Mitglieder als Einzelrichter; dies gilt auch für die Beschwerde, wenn die angefochtene Entscheidung von einem Einzelrichter oder einem Rechtspfleger erlassen wurde. ²Der Einzelrichter überträgt das Verfahren der Kammer oder dem Senat, wenn die Sache besondere Schwierigkeiten tatsächlicher oder rechtlicher Art aufweist oder die Rechtssache grundsätzliche Bedeutung hat. ³Das Gericht entscheidet jedoch immer ohne Mitwirkung ehrenamtlicher Richter. ⁴Auf eine erfolgte oder unterlassene Übertragung kann ein Rechtsmittel nicht gestützt werden.

(8) ¹Die Verfahren sind gebührenfrei. ²Kosten werden nicht erstattet.

(9) Die Beschlüsse nach den Absätzen 1, 2, 4 und 5 wirken nicht zu Lasten des Kostenschuldners.

§ 4a Abhilfe bei Verletzung des Anspruchs auf rechtliches Gehör

(1) Auf die Rüge eines durch die Entscheidung nach diesem Gesetz beschwerten Beteiligten ist das Verfahren fortzuführen, wenn
1. ein Rechtsmittel oder ein anderer Rechtsbehelf gegen die Entscheidung nicht gegeben ist und
2. das Gericht den Anspruch dieses Beteiligten auf rechtliches Gehör in entscheidungserheblicher Weise verletzt hat.

(2) ¹Die Rüge ist innerhalb von zwei Wochen nach Kenntnis von der Verletzung des rechtlichen Gehörs zu erheben; der Zeitpunkt der Kenntniserlangung ist glaubhaft zu machen. ²Nach Ablauf eines Jahres seit Bekanntmachung der angegriffenen Entscheidung kann die Rüge nicht mehr erhoben werden. ³Formlos mitgeteilte Entscheidungen gelten mit dem dritten Tage nach Aufgabe zur Post als bekannt gemacht. ⁴Die Rüge ist bei dem Gericht zu erheben, dessen Entscheidung angegriffen wird; § 4 Abs. 6 Satz 1 und 2 gilt entsprechend. ⁵Die Rüge muss die angegriffene Entscheidung bezeichnen und das Vorliegen der in Absatz 1 Nr. 2 genannten Voraussetzungen darlegen.

(3) Den übrigen Beteiligten ist, soweit erforderlich, Gelegenheit zur Stellungnahme zu geben.

(4) ¹Das Gericht hat von Amts wegen zu prüfen, ob die Rüge an sich statthaft und ob sie in der gesetzlichen Form und Frist erhoben ist. ²Mangelt es an einem dieser Erfordernisse, so ist die Rüge als unzulässig zu verwerfen. ³Ist die Rüge unbegründet, weist das Gericht sie zurück. Die Entscheidung ergeht durch unanfechtbaren Beschluss. ⁴Der Beschluss soll kurz begründet werden.

(5) Ist die Rüge begründet, so hilft ihr das Gericht ab, indem es das Verfahren fortführt, soweit dies aufgrund der Rüge geboten ist.

(6) Kosten werden nicht erstattet.

§ 4b Elektronische Akte, elektronisches Dokument

In Verfahren nach diesem Gesetz sind die verfahrensrechtlichen Vorschriften über die elektronische Akte und über das elektronische Dokument anzuwenden, die für das Verfahren gelten, in dem der Anspruchsberechtigte herangezogen worden ist.

Justizvergütungs- und -entschädigungsgesetz (JVEG)

§ 4c Rechtsbehelfsbelehrung

Jede anfechtbare Entscheidung hat eine Belehrung über den statthaften Rechtsbehelf sowie über die Stelle, bei der dieser Rechtsbehelf einzulegen ist, über deren Sitz und über die einzuhaltende Form zu enthalten.[1]

Abschnitt 2 Gemeinsame Vorschriften

§ 5 Fahrtkostenersatz

(1) Bei Benutzung von öffentlichen, regelmäßig verkehrenden Beförderungsmitteln werden die tatsächlich entstandenen Auslagen bis zur Höhe der entsprechenden Kosten für die Benutzung der ersten Wagenklasse der Bahn einschließlich der Auslagen für Platzreservierung und Beförderung des notwendigen Gepäcks ersetzt.

(2) [1]Bei Benutzung eines eigenen oder unentgeltlich zur Nutzung überlassenen Kraftfahrzeugs werden

1. dem Zeugen oder dem Dritten (§ 23) zur Abgeltung der Betriebskosten sowie zur Abgeltung der Abnutzung des Kraftfahrzeugs 0,25 Euro,
2. den in § 1 Abs. 1 Satz 1 Nr. 1 und 2 genannten Anspruchsberechtigten zur Abgeltung der Anschaffungs-, Unterhaltungs- und Betriebskosten sowie zur Abgeltung der Abnutzung des Kraftfahrzeugs 0,30 Euro

für jeden gefahrenen Kilometer ersetzt zuzüglich der durch die Benutzung des Kraftfahrzeugs aus Anlass der Reise regelmäßig anfallenden baren Auslagen, insbesondere der Parkentgelte. [2]Bei der Benutzung durch mehrere Personen kann die Pauschale nur einmal geltend gemacht werden. [3]Bei der Benutzung eines Kraftfahrzeugs, das nicht zu den Fahrzeugen nach Absatz 1 oder Satz 1 zählt, werden die tatsächlich entstandenen Auslagen bis zur Höhe der in Satz 1 genannten Fahrtkosten ersetzt; zusätzlich werden die durch die Benutzung des Kraftfahrzeugs aus Anlass der Reise angefallenen regelmäßigen baren Auslagen, insbesondere die Parkentgelte, ersetzt, soweit sie der Berechtigte zu tragen hat.

(3) Höhere als die in Absatz 1 oder Absatz 2 bezeichneten Fahrtkosten werden ersetzt, soweit dadurch Mehrbeträge an Vergütung oder Entschädigung erspart werden oder höhere Fahrtkosten wegen besonderer Umstände notwendig sind.

(4) Für Reisen während der Terminsdauer werden die Fahrtkosten nur insoweit ersetzt, als dadurch Mehrbeträge an Vergütung oder Entschädigung erspart werden, die beim Verbleiben an der Terminsstelle gewährt werden müssten.

(5) Wird die Reise zum Ort des Termins von einem anderen als dem in der Ladung oder Terminsmitteilung bezeichneten oder der zuständigen Stelle unverzüglich angezeigten Ort angetreten oder wird zu einem anderen als zu diesem Ort zurückgefahren, werden Mehrkosten nach billigem Ermessen nur dann ersetzt, wenn der Berechtigte zu diesen Fahrten durch besondere Umstände genötigt war.

---

1 Eingefügt mit Wirkung zum 1.1.2014.

Justizvergütungs- und -entschädigungsgesetz (JVEG)

§ 6 Entschädigung für Aufwand

(1) Wer innerhalb der Gemeinde, in der der Termin stattfindet, weder wohnt noch berufstätig ist, erhält für die Zeit, während der er aus Anlass der Wahrnehmung des Termins von seiner Wohnung und seinem Tätigkeitsmittelpunkt abwesend sein muss, ein Tagegeld, dessen Höhe sich nach § 4 Abs. 5 Satz 1 Nr. 5 Satz 2 des Einkommensteuergesetzes bestimmt.

(2) Ist eine auswärtige Übernachtung notwendig, wird ein Übernachtungsgeld nach den Bestimmungen des Bundesreisekostengesetzes gewährt.

§ 7 Ersatz für sonstige Aufwendungen

(1) [1]Auch die in den §§ 5, 6 und 12 nicht besonders genannten baren Auslagen werden ersetzt, soweit sie notwendig sind. [2]Dies gilt insbesondere für die Kosten notwendiger Vertretungen und notwendiger Begleitpersonen.

(2) [1]Für die Anfertigung von Kopien und Ausdrucken werden ersetzt
1. bis zu einer Größe von DIN A3 0,50 Euro je Seite für die ersten 50 Seiten und 0,15 Euro für jede weitere Seite,
2. in einer Größe von mehr als DIN A3 3 Euro je Seite und
3. für Farbkopien und -ausdrucke jeweils das Doppelte der Beträge nach Nummer 1 oder Nummer 2.

[2]Die Höhe der Pauschalen ist in derselben Angelegenheit einheitlich zu berechnen. [3]Die Pauschale wird nur für Kopien und Ausdrucke aus Behörden- und Gerichtsakten gewährt, soweit deren Herstellung zur sachgemäßen Vorbereitung oder Bearbeitung der Angelegenheit geboten war, sowie für Kopien und zusätzliche Ausdrucke, die nach Aufforderung durch die heranziehende Stelle angefertigt worden sind. [4]Werden Kopien oder Ausdrucke in einer Größe von mehr als DIN A3 gegen Entgelt von einem Dritten angefertigt, kann der Berechtigte anstelle der Pauschale die baren Auslagen ersetzt verlangen.

(3) [1]Für die Überlassung von elektronisch gespeicherten Dateien anstelle der in Absatz 2 genannten Kopien und Ausdrucke werden 1,50 Euro je Datei ersetzt. [2]Für die in einem Arbeitsgang überlassenen oder in einem Arbeitsgang auf denselben Datenträger übertragenen Dokumente werden höchstens 5 Euro ersetzt.

Abschnitt 3 Vergütung von Sachverständigen, Dolmetschern und Übersetzern

§ 8 Grundsatz der Vergütung

(1) Sachverständige, Dolmetscher und Übersetzer erhalten als Vergütung
1. ein Honorar für ihre Leistungen (§§ 9 bis 11),
2. Fahrtkostenersatz (§ 5),
3. Entschädigung für Aufwand (§ 6) sowie
4. Ersatz für sonstige und für besondere Aufwendungen (§§ 7 und 12).

(2) [1]Soweit das Honorar nach Stundensätzen zu bemessen ist, wird es für jede Stunde der erforderlichen Zeit einschließlich notwendiger Reise- und Wartezeiten gewährt. [2]Die letzte bereits begonnene Stunde wird voll gerechnet, wenn sie zu mehr als 30 Minuten für die Erbringung der Leistung erforderlich war; anderenfalls beträgt das Honorar die Hälfte des sich für eine volle Stunde ergebenden Betrags.

Justizvergütungs- und -entschädigungsgesetz (JVEG)

(3) Soweit vergütungspflichtige Leistungen oder Aufwendungen auf die gleichzeitige Erledigung mehrerer Angelegenheiten entfallen, ist die Vergütung nach der Anzahl der Angelegenheiten aufzuteilen.

(4) Den Sachverständigen, Dolmetschern und Übersetzern, die ihren gewöhnlichen Aufenthalt im Ausland haben, kann unter Berücksichtigung ihrer persönlichen Verhältnisse, insbesondere ihres regelmäßigen Erwerbseinkommens, nach billigem Ermessen eine höhere als die in Absatz 1 bestimmte Vergütung gewährt werden.

§ 8a Wegfall oder Beschränkung des Vergütungsanspruchs

(1) Der Anspruch auf Vergütung entfällt, wenn der Berechtigte es unterlässt, der heranziehenden Stelle unverzüglich solche Umstände anzuzeigen, die zu seiner Ablehnung durch einen Beteiligten berechtigen, es sei denn, er hat die Unterlassung nicht zu vertreten.

(2) ¹Der Berechtigte erhält eine Vergütung nur insoweit, als seine Leistung bestimmungsgemäß verwertbar ist, wenn er
1. gegen die Verpflichtung aus § 407a Absatz 1 bis 3 Satz 1 der Zivilprozessordnung verstoßen hat, es sei denn, er hat den Verstoß nicht zu vertreten;
2. eine mangelhafte Leistung erbracht hat;
3. im Rahmen der Leistungserbringung grob fahrlässig oder vorsätzlich Gründe geschaffen hat, die einen Beteiligten zur Ablehnung wegen der Besorgnis der Befangenheit berechtigen; oder
4. trotz Festsetzung eines weiteren Ordnungsgeldes seine Leistung nicht vollständig erbracht hat.

²Soweit das Gericht die Leistung berücksichtigt, gilt sie als verwertbar.

(3) Steht die geltend gemachte Vergütung erheblich außer Verhältnis zum Wert des Streitgegenstands und hat der Berechtigte nicht rechtzeitig nach § 407a Absatz 3 Satz 2 der Zivilprozessordnung auf diesen Umstand hingewiesen, bestimmt das Gericht nach Anhörung der Beteiligten nach billigem Ermessen eine Vergütung, die in einem angemessenen Verhältnis zum Wert des Streitgegenstands steht.

(4) Übersteigt die Vergütung den angeforderten Auslagenvorschuss erheblich und hat der Berechtigte nicht rechtzeitig nach § 407a Absatz 3 Satz 2 der Zivilprozessordnung auf diesen Umstand hingewiesen, erhält er die Vergütung nur in Höhe des Auslagenvorschusses.

(5) Die Absätze 3 und 4 sind nicht anzuwenden, wenn der Berechtigte die Verletzung der ihm obliegenden Hinweispflicht nicht zu vertreten hat.

Justizvergütungs- und -entschädigungsgesetz (JVEG)

§ 9 Honorar für die Leistung der Sachverständigen und Dolmetscher

(1) [1]Der Sachverständige erhält für jede Stunde ein Honorar

in der Honorargruppe ...	in Höhe von ... Euro
1	65
2	70
3	75
4	80
5	85
6	90
7	95
8	100
9	105
10	110
11	115
12	120
13	125
M 1	65
M 2	75
M 3	100

[2]Die Zuordnung der Leistungen zu einer Honorargruppe bestimmt sich entsprechend der Entscheidung über die Heranziehung nach der Anlage 1. [3]Ist die Leistung auf einem Sachgebiet zu erbringen, das in keiner Honorargruppe genannt wird, ist sie unter Berücksichtigung der allgemein für Leistungen dieser Art außergerichtlich und außerbehördlich vereinbarten Stundensätze einer Honorargruppe nach billigem Ermessen zuzuordnen; dies gilt entsprechend, wenn ein medizinisches oder psychologisches Gutachten einen Gegenstand betrifft, der in keiner Honorargruppe genannt wird. [4]Ist die Leistung auf mehreren Sachgebieten zu erbringen oder betrifft das medizinische oder psychologische Gutachten mehrere Gegenstände und sind die Sachgebiete oder Gegenstände verschiedenen Honorargruppen zugeordnet, bemisst sich das Honorar einheitlich für die gesamte erforderliche Zeit nach der höchsten dieser Honorargruppen; jedoch gilt Satz 3 entsprechend, wenn dies mit Rücksicht auf den Schwerpunkt der Leistung zu einem unbilligen Ergebnis führen würde. [5]§ 4 gilt entsprechend mit der Maßgabe, dass die Beschwerde auch zulässig ist, wenn der Wert des Beschwerdegegenstands 200 Euro nicht übersteigt. [6]Die Beschwerde ist nur zulässig, solange der Anspruch auf Vergütung noch nicht geltend gemacht worden ist.

(2) Beauftragt das Gericht den vorläufigen Insolvenzverwalter, als Sachverständiger zu prüfen, ob ein Eröffnungsgrund vorliegt und welche Aussichten für eine Fortführung des Unternehmens des Schuldners bestehen (§ 22 Absatz 1 Satz 2 Nummer 3 der Insolvenzordnung, auch in Verbindung mit § 22 Absatz 2 der Insolvenzordnung), beträgt das Honorar in diesem Fall abweichend von Absatz 1 für jede Stunde 80 Euro.

Justizvergütungs- und -entschädigungsgesetz (JVEG)

(3) ¹Das Honorar des Dolmetschers beträgt für jede Stunde 70 Euro und, wenn er ausdrücklich für simultanes Dolmetschen herangezogen worden ist, 75 Euro; maßgebend ist ausschließlich die bei der Heranziehung im Voraus mitgeteilte Art des Dolmetschens. ²Ein ausschließlich als Dolmetscher Tätiger erhält eine Ausfallentschädigung, soweit er durch die Aufhebung eines Termins, zu dem er geladen war und dessen Aufhebung nicht durch einen in seiner Person liegenden Grund veranlasst war, einen Einkommensverlust erlitten hat und ihm die Aufhebung erst am Terminstag oder an einem der beiden vorhergehenden Tage mitgeteilt worden ist. ³Die Ausfallentschädigung wird bis zu einem Betrag gewährt, der dem Honorar für zwei Stunden entspricht.

§ 10 Honorar für besondere Leistungen

(1) Soweit ein Sachverständiger oder ein sachverständiger Zeuge Leistungen erbringt, die in der Anlage 2 bezeichnet sind, bemisst sich das Honorar oder die Entschädigung nach dieser Anlage.

(2) ¹Für Leistungen der in Abschnitt O des Gebührenverzeichnisses für ärztliche Leistungen (Anlage zur Gebührenordnung für Ärzte) bezeichneten Art bemisst sich das Honorar in entsprechender Anwendung dieses Gebührenverzeichnisses nach dem 1,3fachen Gebührensatz. ²§ 4 Absatz 2 Satz 1, Absatz 2a Satz 1, Absatz 3 und 4 Satz 1 und § 10 der Gebührenordnung für Ärzte gelten entsprechend; im Übrigen bleiben die §§ 7 und 12 unberührt.

(3) Soweit für die Erbringung einer Leistung nach Absatz 1 oder Absatz 2 zusätzliche Zeit erforderlich ist, erhält der Berechtigte ein Honorar nach der Honorargruppe 1.

§ 11 Honorar für Übersetzungen

(1) ¹Das Honorar für eine Übersetzung beträgt 1,55 Euro für jeweils angefangene 55 Anschläge des schriftlichen Textes (Grundhonorar). ²Bei nicht elektronisch zur Verfügung gestellten editierbaren Texten erhöht sich das Honorar auf 1,75 Euro für jeweils angefangene 55 Anschläge (erhöhtes Honorar). ³Ist die Übersetzung wegen der besonderen Umstände des Einzelfalls, insbesondere wegen der häufigen Verwendung von Fachausdrücken, der schweren Lesbarkeit des Textes, einer besonderen Eilbedürftigkeit oder weil es sich um eine in Deutschland selten vorkommende Fremdsprache handelt, besonders erschwert, beträgt das Grundhonorar 1,85 Euro und das erhöhte Honorar 2,05 Euro. ⁴Maßgebend für die Anzahl der Anschläge ist der Text in der Zielsprache; werden jedoch nur in der Ausgangssprache lateinische Schriftzeichen verwendet, ist die Anzahl der Anschläge des Textes in der Ausgangssprache maßgebend. ⁵Wäre eine Zählung der Anschläge mit unverhältnismäßigem Aufwand verbunden, wird deren Anzahl unter Berücksichtigung der durchschnittlichen Anzahl der Anschläge je Zeile nach der Anzahl der Zeilen bestimmt.

(2) Für eine oder für mehrere Übersetzungen aufgrund desselben Auftrags beträgt das Honorar mindestens 15 Euro.

(3) Soweit die Leistung des Übersetzers in der Überprüfung von Schriftstücken oder Aufzeichnungen der Telekommunikation auf bestimmte Inhalte besteht, ohne dass er insoweit eine schriftliche Übersetzung anfertigen muss, erhält er ein Honorar wie ein Dolmetscher.

Justizvergütungs- und -entschädigungsgesetz (JVEG)

§ 12 Ersatz für besondere Aufwendungen

(1) ¹Soweit in diesem Gesetz nichts anderes bestimmt ist, sind mit der Vergütung nach den §§ 9 bis 11 auch die üblichen Gemeinkosten sowie der mit der Erstattung des Gutachtens oder der Übersetzung üblicherweise verbundene Aufwand abgegolten. ²Es werden jedoch gesondert ersetzt

1. die für die Vorbereitung und Erstattung des Gutachtens oder der Übersetzung aufgewendeten notwendigen besonderen Kosten, einschließlich der insoweit notwendigen Aufwendungen für Hilfskräfte, sowie die für eine Untersuchung verbrauchten Stoffe und Werkzeuge;
2. für jedes zur Vorbereitung und Erstattung des Gutachtens erforderliche Foto 2 Euro und, wenn die Fotos nicht Teil des schriftlichen Gutachtens sind (§ 7 Absatz 2), 0,50 Euro für den zweiten und jeden weiteren Abzug oder Ausdruck eines Fotos;
3. für die Erstellung des schriftlichen Gutachtens 0,90 Euro je angefangene 1 000 Anschläge; ist die Zahl der Anschläge nicht bekannt, ist diese zu schätzen;
4. die auf die Vergütung entfallende Umsatzsteuer, sofern diese nicht nach § 19 Abs. 1 des Umsatzsteuergesetzes unerhoben bleibt.

(2) Ein auf die Hilfskräfte (Absatz 1 Satz 2 Nr. 1) entfallender Teil der Gemeinkosten wird durch einen Zuschlag von 15 Prozent auf den Betrag abgegolten, der als notwendige Aufwendung für die Hilfskräfte zu ersetzen ist, es sei denn, die Hinzuziehung der Hilfskräfte hat keine oder nur unwesentlich erhöhte Gemeinkosten veranlasst.

§ 13 Besondere Vergütung

(1) ¹Haben sich die Parteien oder Beteiligten dem Gericht gegenüber mit einer bestimmten oder einer von der gesetzlichen Regelung abweichenden Vergütung einverstanden erklärt, wird der Sachverständige, Dolmetscher oder Übersetzer unter Gewährung dieser Vergütung erst herangezogen, wenn ein ausreichender Betrag für die gesamte Vergütung an die Staatskasse gezahlt ist. ²Hat in einem Verfahren nach dem Gesetz über Ordnungswidrigkeiten die Verfolgungsbehörde eine entsprechende Erklärung abgegeben, bedarf es auch dann keiner Vorschusszahlung, wenn die Verfolgungsbehörde nicht von der Zahlung der Kosten befreit ist. ³In einem Verfahren, in dem Gerichtskosten in keinem Fall erhoben werden, genügt es, wenn ein die Mehrkosten deckender Betrag gezahlt worden ist, für den die Parteien oder Beteiligten nach Absatz 6 haften.

(2) ¹Die Erklärung nur einer Partei oder eines Beteiligten oder die Erklärung der Strafverfolgungsbehörde oder der Verfolgungsbehörde genügt, soweit sie sich auf den Stundensatz nach § 9 oder bei schriftlichen Übersetzungen auf ein Honorar für jeweils angefangene 55 Anschläge nach § 11 bezieht und das Gericht zustimmt. ²Die Zustimmung soll nur erteilt werden, wenn das Doppelte des nach § 9 oder § 11 zulässigen Honorars nicht überschritten wird und wenn sich zu dem gesetzlich bestimmten Honorar keine geeignete Person zur Übernahme der Tätigkeit bereit erklärt. ³Vor der Zustimmung hat das Gericht die andere Partei oder die anderen Beteiligten zu hören. ⁴Die Zustimmung und die Ablehnung der Zustimmung sind unanfechtbar.

Justizvergütungs- und -entschädigungsgesetz (JVEG)

(3) ¹Derjenige, dem Prozess- oder Verfahrenskostenhilfe bewilligt worden ist, kann eine Erklärung nach Absatz 1 nur abgeben, die sich auf den Stundensatz nach § 9 oder bei schriftlichen Übersetzungen auf ein Honorar für jeweils angefangene 55 Anschläge nach § 11 bezieht. ²Wäre er ohne Rücksicht auf die Prozess- oder Verfahrenskostenhilfe zur vorschussweisen Zahlung der Vergütung verpflichtet, hat er einen ausreichenden Betrag für das gegenüber der gesetzlichen Regelung oder der vereinbarten Vergütung (§ 14) zu erwartende zusätzliche Honorar an die Staatskasse zu zahlen; § 122 Abs. 1 Nr. 1 Buchstabe a der Zivilprozessordnung ist insoweit nicht anzuwenden. ³Der Betrag wird durch unanfechtbaren Beschluss festgesetzt. ⁴Zugleich bestimmt das Gericht, welcher Honorargruppe die Leistung des Sachverständigen ohne Berücksichtigung der Erklärungen der Parteien oder Beteiligten zuzuordnen oder mit welchem Betrag für 55 Anschläge in diesem Fall eine Übersetzung zu honorieren wäre.

(4) ¹Ist eine Vereinbarung nach den Absätzen 1 und 3 zur zweckentsprechenden Rechtsverfolgung notwendig und ist derjenige, dem Prozess- oder Verfahrenskostenhilfe bewilligt worden ist, zur Zahlung des nach Absatz 3 Satz 2 erforderlichen Betrags außerstande, bedarf es der Zahlung nicht, wenn das Gericht seiner Erklärung zustimmt. ²Die Zustimmung soll nur erteilt werden, wenn das Doppelte des nach § 9 oder § 11 zulässigen Honorars nicht überschritten wird. ³Die Zustimmung und die Ablehnung der Zustimmung sind unanfechtbar.

(5) ¹Im Musterverfahren nach dem Kapitalanleger-Musterverfahrensgesetz ist die Vergütung unabhängig davon zu gewähren, ob ein ausreichender Betrag an die Staatskasse gezahlt ist. ²Im Fall des Absatzes 2 genügt die Erklärung eines Beteiligten des Musterverfahrens. ³Die Absätze 3 und 4 sind nicht anzuwenden. ⁴Die Anhörung der übrigen Beteiligten des Musterverfahrens kann dadurch ersetzt werden, dass die Vergütungshöhe, für die die Zustimmung des Gerichts erteilt werden soll, öffentlich bekannt gemacht wird. ⁵Die öffentliche Bekanntmachung wird durch Eintragung in das Klageregister nach § 4 des Kapitalanleger-Musterverfahrensgesetzes bewirkt. ⁶Zwischen der öffentlichen Bekanntmachung und der Entscheidung über die Zustimmung müssen mindestens vier Wochen liegen.

(6) ¹Schuldet nach den kostenrechtlichen Vorschriften keine Partei oder kein Beteiligter die Vergütung, haften die Parteien oder Beteiligten, die eine Erklärung nach Absatz 1 oder Absatz 3 abgegeben haben, für die hierdurch entstandenen Mehrkosten als Gesamtschuldner, im Innenverhältnis nach Kopfteilen. ²Für die Strafverfolgungs- oder Verfolgungsbehörde haftet diejenige Körperschaft, der die Behörde angehört, wenn die Körperschaft nicht von der Zahlung der Kosten befreit ist. ³Der auf eine Partei oder einen Beteiligten entfallende Anteil bleibt unberücksichtigt, wenn das Gericht der Erklärung nach Absatz 4 zugestimmt hat. ⁴Der Sachverständige, Dolmetscher oder Übersetzer hat eine Berechnung der gesetzlichen Vergütung einzureichen.

(7) (aufgehoben)

Justizvergütungs- und -entschädigungsgesetz (JVEG)

§ 14 Vereinbarung der Vergütung

Mit Sachverständigen, Dolmetschern und Übersetzern, die häufiger herangezogen werden, kann die oberste Landesbehörde, für die Gerichte und Behörden des Bundes die oberste Bundesbehörde, oder eine von diesen bestimmte Stelle eine Vereinbarung über die zu gewährende Vergütung treffen, deren Höhe die nach diesem Gesetz vorgesehene Vergütung nicht überschreiten darf.

Abschnitt 4 Entschädigung von ehrenamtlichen Richtern

§ 15 Grundsatz der Entschädigung

(1) Ehrenamtliche Richter erhalten als Entschädigung
1. Fahrtkostenersatz (§ 5),
2. Entschädigung für Aufwand (§ 6),
3. Ersatz für sonstige Aufwendungen (§ 7),
4. Entschädigung für Zeitversäumnis (§ 16),
5. Entschädigung für Nachteile bei der Haushaltsführung (§ 17) sowie
6. Entschädigung für Verdienstausfall (§ 18).

(2) [1]Soweit die Entschädigung nach Stunden bemessen ist, wird sie für die gesamte Dauer der Heranziehung einschließlich notwendiger Reise- und Wartezeiten, jedoch für nicht mehr als zehn Stunden je Tag, gewährt. [2]Die letzte bereits begonnene Stunde wird voll gerechnet.

(3) Die Entschädigung wird auch gewährt,
1. wenn ehrenamtliche Richter von der zuständigen staatlichen Stelle zu Einführungs- und Fortbildungstagungen herangezogen werden,
2. wenn ehrenamtliche Richter bei den Gerichten der Arbeits- und der Sozialgerichtsbarkeit in dieser Eigenschaft an der Wahl von gesetzlich für sie vorgesehenen Ausschüssen oder an den Sitzungen solcher Ausschüsse teilnehmen (§§ 29, 38 des Arbeitsgerichtsgesetzes, §§ 23, 35 Abs. 1, § 47 des Sozialgerichtsgesetzes).

§ 16 Entschädigung für Zeitversäumnis

Die Entschädigung für Zeitversäumnis beträgt 6 Euro je Stunde.

§ 17 Entschädigung für Nachteile bei der Haushaltsführung

[1]Ehrenamtliche Richter, die einen eigenen Haushalt für mehrere Personen führen, erhalten neben der Entschädigung nach § 16 eine zusätzliche Entschädigung für Nachteile bei der Haushaltsführung von 14 Euro je Stunde, wenn sie nicht erwerbstätig sind oder wenn sie teilzeitbeschäftigt sind und außerhalb ihrer vereinbarten regelmäßigen täglichen Arbeitszeit herangezogen werden. [2]Ehrenamtliche Richter, die ein Erwerbsersatzeinkommen beziehen, stehen erwerbstätigen ehrenamtlichen Richtern gleich. [3]Die Entschädigung von Teilzeitbeschäftigten wird für höchstens zehn Stunden je Tag gewährt abzüglich der Zahl an Stunden, die der vereinbarten regelmäßigen täglichen Arbeitszeit entspricht. [4]Die Entschädigung wird nicht gewährt, soweit Kosten einer notwendigen Vertretung erstattet werden.

Justizvergütungs- und -entschädigungsgesetz (JVEG)

§ 18 Entschädigung für Verdienstausfall

[1]Für den Verdienstausfall wird neben der Entschädigung nach § 16 eine zusätzliche Entschädigung gewährt, die sich nach dem regelmäßigen Bruttoverdienst einschließlich der vom Arbeitgeber zu tragenden Sozialversicherungsbeiträge richtet, jedoch höchstens 24 Euro je Stunde beträgt. [2]Die Entschädigung beträgt bis zu 46 Euro je Stunde für ehrenamtliche Richter, die in demselben Verfahren an mehr als 20 Tagen herangezogen oder innerhalb eines Zeitraums von 30 Tagen an mindestens sechs Tagen ihrer regelmäßigen Erwerbstätigkeit entzogen werden. [3]Sie beträgt bis zu 61 Euro je Stunde für ehrenamtliche Richter, die in demselben Verfahren an mehr als 50 Tagen herangezogen werden.

Abschnitt 5   Entschädigung von Zeugen und Dritten

§ 19 Grundsatz der Entschädigung

(1) [1]Zeugen erhalten als Entschädigung
1. Fahrtkostenersatz (§ 5),
2. Entschädigung für Aufwand (§ 6),
3. Ersatz für sonstige Aufwendungen (§ 7),
4. Entschädigung für Zeitversäumnis (§ 20),
5. Entschädigung für Nachteile bei der Haushaltsführung (§ 21) sowie
6. Entschädigung für Verdienstausfall (§ 22).

[2]Dies gilt auch bei schriftlicher Beantwortung der Beweisfrage.

(2) [1]Soweit die Entschädigung nach Stunden bemessen ist, wird sie für die gesamte Dauer der Heranziehung einschließlich notwendiger Reise- und Wartezeiten, jedoch für nicht mehr als zehn Stunden je Tag, gewährt. [2]Die letzte bereits begonnene Stunde wird voll gerechnet, wenn insgesamt mehr als 30 Minuten auf die Heranziehung entfallen; anderenfalls beträgt die Entschädigung die Hälfte des sich für eine volle Stunde ergebenden Betrags.

(3) Soweit die Entschädigung durch die gleichzeitige Heranziehung in verschiedenen Angelegenheiten veranlasst ist, ist sie auf diese Angelegenheiten nach dem Verhältnis der Entschädigungen zu verteilen, die bei gesonderter Heranziehung begründet wären.

(4) Den Zeugen, die ihren gewöhnlichen Aufenthalt im Ausland haben, kann unter Berücksichtigung ihrer persönlichen Verhältnisse, insbesondere ihres regelmäßigen Erwerbseinkommens, nach billigem Ermessen eine höhere als die in den §§ 20 bis 22 bestimmte Entschädigung gewährt werden.

Justizvergütungs- und -entschädigungsgesetz (JVEG)

§ 20 Entschädigung für Zeitversäumnis

Die Entschädigung für Zeitversäumnis beträgt 3,50 Euro je Stunde, soweit weder für einen Verdienstausfall noch für Nachteile bei der Haushaltsführung eine Entschädigung zu gewähren ist, es sei denn, dem Zeugen ist durch seine Heranziehung ersichtlich kein Nachteil entstanden.

§ 21 Entschädigung für Nachteile bei der Haushaltsführung

[1]Zeugen, die einen eigenen Haushalt für mehrere Personen führen, erhalten eine Entschädigung für Nachteile bei der Haushaltsführung von 14 Euro je Stunde, wenn sie nicht erwerbstätig sind oder wenn sie teilzeitbeschäftigt sind und außerhalb ihrer vereinbarten regelmäßigen täglichen Arbeitszeit herangezogen werden. [2]Zeugen, die ein Erwerbsersatzeinkommen beziehen, stehen erwerbstätigen Zeugen gleich. [3]Die Entschädigung von Teilzeitbeschäftigten wird für höchstens zehn Stunden je Tag gewährt abzüglich der Zahl an Stunden, die der vereinbarten regelmäßigen täglichen Arbeitszeit entspricht. [4]Die Entschädigung wird nicht gewährt, soweit Kosten einer notwendigen Vertretung erstattet werden.

§ 22 Entschädigung für Verdienstausfall

[1]Zeugen, denen ein Verdienstausfall entsteht, erhalten eine Entschädigung, die sich nach dem regelmäßigen Bruttoverdienst einschließlich der vom Arbeitgeber zu tragenden Sozialversicherungsbeiträge richtet und für jede Stunde höchstens 21 Euro beträgt. [2]Gefangene, die keinen Verdienstausfall aus einem privatrechtlichen Arbeitsverhältnis haben, erhalten Ersatz in Höhe der entgangenen Zuwendung der Vollzugsbehörde.

§ 23 Entschädigung Dritter

(1) Soweit von denjenigen, die Telekommunikationsdienste erbringen oder daran mitwirken (Telekommunikationsunternehmen), Anordnungen zur Überwachung der Telekommunikation umgesetzt oder Auskünfte erteilt werden, für die in der Anlage 3 zu diesem Gesetz besondere Entschädigungen bestimmt sind, bemisst sich die Entschädigung ausschließlich nach dieser Anlage.

(2) [1]Dritte, die aufgrund einer gerichtlichen Anordnung nach § 142 Abs. 1 Satz 1 oder § 144 Abs. 1 der Zivilprozessordnung Urkunden, sonstige Unterlagen oder andere Gegenstände vorlegen oder deren Inaugenscheinnahme dulden, sowie Dritte, die aufgrund eines Beweiszwecken dienenden Ersuchens der Strafverfolgungsbehörde
1. Gegenstände herausgeben (§ 95 Abs. 1, § 98a der Strafprozessordnung) oder die Pflicht zur Herausgabe entsprechend einer Anheimgabe der Strafverfolgungsbehörde abwenden oder
2. in anderen als den in Absatz 1 genannten Fällen Auskunft erteilen,

werden wie Zeugen entschädigt. [2]Bedient sich der Dritte eines Arbeitnehmers oder einer anderen Person, werden ihm die Aufwendungen dafür (§ 7) im Rahmen des § 22 ersetzt; § 19 Abs. 2 und 3 gilt entsprechend.

(3) [1]Die notwendige Benutzung einer eigenen Datenverarbeitungsanlage für Zwecke der Rasterfahndung wird entschädigt, wenn die Investitionssumme für die im Einzelfall benutzte Hard- und Software zusammen mehr als 10 000 Euro beträgt. [2]Die Entschädigung beträgt
1. bei einer Investitionssumme von mehr als 10 000 bis 25 000 Euro für jede Stunde der Benutzung 5 Euro; die gesamte Benutzungsdauer ist auf volle Stunden aufzurunden;

Justizvergütungs- und -entschädigungsgesetz (JVEG)

2. bei sonstigen Datenverarbeitungsanlagen
   a) neben der Entschädigung nach Absatz 2 für jede Stunde der Benutzung der Anlage bei der Entwicklung eines für den Einzelfall erforderlichen, besonderen Anwendungsprogramms 10 Euro und
   b) für die übrige Dauer der Benutzung einschließlich des hierbei erforderlichen Personalaufwands ein Zehnmillionstel der Investitionssumme je Sekunde für die Zeit, in der die Zentraleinheit belegt ist (CPU-Sekunde), höchstens 0,30 Euro je CPU-Sekunde.

[3]Die Investitionssumme und die verbrauchte CPU-Zeit sind glaubhaft zu machen.

(4) Der eigenen elektronischen Datenverarbeitungsanlage steht eine fremde gleich, wenn die durch die Auskunftserteilung entstandenen direkt zurechenbaren Kosten (§ 7) nicht sicher feststellbar sind.

Abschnitt 6 Schlussvorschriften

§ 24 Übergangsvorschrift

[1]Die Vergütung und die Entschädigung sind nach bisherigem Recht zu berechnen, wenn der Auftrag an den Sachverständigen, Dolmetscher oder Übersetzer vor dem Inkrafttreten einer Gesetzesänderung erteilt oder der Berechtigte vor diesem Zeitpunkt herangezogen worden ist. [2]Dies gilt auch, wenn Vorschriften geändert werden, auf die dieses Gesetz verweist.

§ 25 Übergangsvorschrift aus Anlass des Inkrafttretens dieses Gesetzes

[1]Das Gesetz über die Entschädigung der ehrenamtlichen Richter in der Fassung der Bekanntmachung vom 1. Oktober 1969 (BGBl. I S. 1753), zuletzt geändert durch Artikel 1 Abs. 4 des Gesetzes vom 22. Februar 2002 (BGBl. I S. 981), und das Gesetz über die Entschädigung von Zeugen und Sachverständigen in der Fassung der Bekanntmachung vom 1. Oktober 1969 (BGBl. I S. 1756), zuletzt geändert durch Artikel 1 Abs. 5 des Gesetzes vom 22. Februar 2002 (BGBl. I S. 981), sowie Verweisungen auf diese Gesetze sind weiter anzuwenden, wenn der Auftrag an den Sachverständigen, Dolmetscher oder Übersetzer vor dem 1. Juli 2004 erteilt oder der Berechtigte vor diesem Zeitpunkt herangezogen worden ist. [2]Satz 1 gilt für Heranziehungen vor dem 1. Juli 2004 auch dann, wenn der Berechtigte in derselben Rechtssache auch nach dem 1. Juli 2004 herangezogen worden ist.

Justizvergütungs- und -entschädigungsgesetz (JVEG) – Anl. 1

Anlage 1 (zu § 9 Abs. 1)

Nr.		Sachgebietsbezeichnung	Honorargruppe
1		Abfallstoffe – soweit nicht Sachgebiet 3 oder 18 – einschließlich Altfahrzeuge und -geräte	11
2		Akustik, Lärmschutz – soweit nicht Sachgebiet 4	4
3		Altlasten und Bodenschutz	4
4		Bauwesen – soweit nicht Sachgebiet 13 – einschließlich technische Gebäudeausrüstung	
	4.1	Planung	4
	4.2	handwerklich-technische Ausführung	2
	4.3	Schadensfeststellung, -ursachenermittlung und -bewertung – soweit nicht Sachgebiet 4.1 oder 4.2 –, Bauvertragswesen, Baubetrieb und Abrechnung von Bauleistungen	5
	4.4	Baustoffe	6
5		Berufskunde und Tätigkeitsanalyse	10
6		Betriebswirtschaft	
	6.1	Unternehmensbewertung, Betriebsunterbrechungs- und -verlagerungsschäden	11
	6.2	Kapitalanlagen und private Finanzplanung	13
	6.3	Besteuerung	3
7		Bewertung von Immobilien	6
8		Brandursachenermittlung	4
9		Briefmarken und Münzen	2
10		Datenverarbeitung, Elektronik und Telekommunikation	
	10.1	Datenverarbeitung (Hardware und Software)	8
	10.2	Elektronik – soweit nicht Sachgebiet 38 – (insbesondere Mess-, Steuerungs- und Regelungselektronik)	9
	10.3	Telekommunikation (insbesondere Telefonanlagen, Mobilfunk, Übertragungstechnik)	8
11		Elektrotechnische Anlagen und Geräte – soweit nicht Sachgebiet 4 oder 10	4

Justizvergütungs- und -entschädigungsgesetz (JVEG) – Anl. 1

Nr.	Sachgebietsbezeichnung	Honorar-gruppe
12	Fahrzeugbau	3
13	Garten- und Landschaftsbau einschließlich Sportanlagenbau	
13.1	Planung	3
13.2	handwerklich-technische Ausführung	3
13.3	Schadensfeststellung, -ursachenermittlung und -bewertung – soweit nicht Sachgebiet 13.1 oder 13.2	4
14	Gesundheitshandwerk	2
15	Grafisches Gewerbe	6
16	Hausrat und Inneneinrichtung	3
17	Honorarabrechnungen von Architekten und Ingenieuren	9
18	Immissionen	2
19	Kältetechnik – soweit nicht Sachgebiet 4	5
20	Kraftfahrzeugschäden und -bewertung	8
21	Kunst und Antiquitäten	3
22	Lebensmittelchemie und -technologie	6
23	Maschinen und Anlagen – soweit nicht Sachgebiet 4, 10 oder 11	6
24	Medizintechnik	7
25	Mieten und Pachten	10
26	Möbel – soweit nicht Sachgebiet 21	2
27	Musikinstrumente	2
28	Rundfunk- und Fernsehtechnik	2
29	Schiffe, Wassersportfahrzeuge	4
30	Schmuck, Juwelen, Perlen, Gold- und Silberwaren	2
31	Schrift- und Urkundenuntersuchung	8
32	Schweißtechnik	5
33	Spedition, Transport, Lagerwirtschaft	5

Justizvergütungs- und -entschädigungsgesetz (JVEG) – Anl. 1

Nr.	Sachgebietsbezeichnung	Honorargruppe
34	Sprengtechnik	2
35	Textilien, Leder und Pelze	2
36	Tiere	2
37	Ursachenermittlung und Rekonstruktion bei Fahrzeugunfällen	12
38	Verkehrsregelungs- und -überwachungstechnik	5
39	Vermessungs- und Katasterwesen	
39.1	Vermessungstechnik	1
39.2	Vermessungs- und Katasterwesen im Übrigen	9
40	Versicherungsmathematik	10

Gegenstand medizinischer und psychologischer Gutachten	Honorargruppe
Einfache gutachtliche Beurteilungen, insbesondere – in Gebührenrechtsfragen, – zur Minderung der Erwerbsfähigkeit nach einer Monoverletzung, – zur Haft-, Verhandlungs- oder Vernehmungsfähigkeit, – zur Verlängerung einer Betreuung.	M 1
Beschreibende (Ist-Zustands-)Begutachtung nach standardisiertem Schema ohne Erörterung spezieller Kausalzusammenhänge mit einfacher medizinischer Verlaufsprognose und mit durchschnittlichem Schwierigkeitsgrad, insbesondere Gutachten – in Verfahren nach dem SGB IX, – zur Minderung der Erwerbsfähigkeit und zur Invalidität, – zu rechtsmedizinischen und toxikologischen Fragestellungen im Zusammenhang mit der Feststellung einer Beeinträchtigung der Fahrtüchtigkeit durch Alkohol, Drogen, Medikamente oder Krankheiten, – zu spurenkundlichen oder rechtsmedizinischen Fragestellungen mit Befunderhebungen (z.B. bei Verletzungen und anderen Unfallfolgen), – zu einfachen Fragestellungen zur Schuldfähigkeit ohne besondere Schwierigkeiten der Persönlichkeitsdiagnostik,	M 2

Justizvergütungs- und -entschädigungsgesetz (JVEG) – Anl. 1

Gegenstand medizinischer und psychologischer Gutachten	Honorargruppe
– zur Einrichtung oder Aufhebung einer Betreuung und der Anordnung eines Einwilligungsvorbehalts gemäß § 1903 BGB – zu Unterhaltsstreitigkeiten aufgrund einer Erwerbs- oder Arbeitsunfähigkeit, – zu neurologisch-psychologischen Fragestellungen in Verfahren nach der FeV.	
Gutachten mit hohem Schwierigkeitsgrad (Begutachtungen spezieller Kausalzusammenhänge und/oder differenzialdiagnostischer Probleme und/oder Beurteilung der Prognose und/oder Beurteilung strittiger Kausalitätsfragen), insbesondere Gutachten – zum Kausalzusammenhang bei problematischen Verletzungsfolgen, – zu ärztlichen Behandlungsfehlern, – in Verfahren nach dem OEG, – in Verfahren nach dem HHG, – zur Schuldfähigkeit bei Schwierigkeiten der Persönlichkeitsdiagnostik, – in Verfahren zur Anordnung einer Maßregel der Besserung und Sicherung (in Verfahren zur Entziehung der Fahrerlaubnis zu neurologisch/psychologischen Fragestellungen), – zur Kriminalprognose, – zur Aussagetüchtigkeit, – zur Widerstandsfähigkeit, – in Verfahren nach den §§ 3, 10, 17 und 105 JGG, – in Unterbringungsverfahren, – in Verfahren nach § 1905 BGB, – in Verfahren nach dem TSG, – in Verfahren zur Regelung von Sorge- oder Umgangsrechten, – zur Geschäfts-, Testier- oder Prozessfähigkeit, – zu Berufskrankheiten und zur Minderung der Erwerbsfähigkeit bei besonderen Schwierigkeiten, – zu rechtsmedizinischen, toxikologischen und spurenkundlichen Fragestellungen im Zusammenhang mit einer abschließenden Todesursachenklärung, ärztlichen Behandlungsfehlern oder einer Beurteilung der Schuldfähigkeit.	M 3

Anlage 2

(zu § 10 Abs. 1)

Nr.	Bezeichnung der Leistung	Honorar in Euro

Abschnitt 1
Leichenschau und Obduktion

(1) Das Honorar in den Fällen der Nummern 100, 102 bis 106 umfasst den zur Niederschrift gegebenen Bericht; in den Fällen der Nummern 102 bis 106 umfasst das Honorar auch das vorläufige Gutachten. Das Honorar nach den Nummern 102 bis 106 erhält jeder Obduzent gesondert.

(2) Aufwendungen für die Nutzung fremder Kühlzellen, Sektionssäle und sonstiger Einrichtungen werden bis zu einem Betrag von 300 EUR gesondert erstattet, wenn die Nutzung wegen der großen Entfernung zwischen dem Fundort der Leiche und dem rechtsmedizinischen Institut geboten ist.

Nr.	Bezeichnung der Leistung	Honorar in Euro
100	Besichtigung einer Leiche, von Teilen einer Leiche, eines Embryos oder eines Fetus oder Mitwirkung bei einer richterlichen Leichenschau	60,00 EUR
	für mehrere Leistungen bei derselben Gelegenheit jedoch höchstens	140,00 EUR
101	Fertigung eines Berichts, der schriftlich zu erstatten oder nachträglich zur Niederschrift zu geben ist......	30,00 EUR
	für mehrere Leistungen bei derselben Gelegenheit jedoch höchstens	100,00 EUR
102	Obduktion	380,00 EUR
103	Obduktion unter besonders ungünstigen äußeren Bedingungen: Das Honorar 102 beträgt	500,00 EUR
104	Obduktion unter anderen besonders ungünstigen Bedingungen (Zustand der Leiche etc.): Das Honorar 102 beträgt	670,00 EUR
105	Sektion von Teilen einer Leiche oder Öffnung eines Embryos oder nicht lebensfähigen Fetus	100,00 EUR
106	Sektion oder Öffnung unter besonders ungünstigen Bedingungen: Das Honorar 105 beträgt	140,00 EUR

Abschnitt 2
Befund

Nr.	Bezeichnung der Leistung	Honorar in Euro
200	Ausstellung eines Befundscheins oder Erteilung einer schriftlichen Auskunft ohne nähere gutachtliche Äußerung	21,00 EUR
201	Die Leistung der in Nummer 200 genannten Art ist außergewöhnlich umfangreich: Das Honorar 200 beträgt	bis zu 44,00 EUR

Justizvergütungs- und -entschädigungsgesetz (JVEG) – Anl. 2

Nr.	Bezeichnung der Leistung	Honorar in Euro
202	Zeugnis über einen ärztlichen Befund mit von der heranziehenden Stelle geforderter kurzer gutachtlicher Äußerung oder Formbogengutachten, wenn sich die Fragen auf Vorgeschichte, Angaben und Befund beschränken und nur ein kurzes Gutachten erfordern . . .	38,00 EUR
203	Die Leistung der in Nummer 202 genannten Art ist außergewöhnlich umfangreich: Das Honorar 202 beträgt	bis zu 75,00 EUR

Abschnitt 3
Untersuchungen, Blutentnahme

Nr.	Bezeichnung der Leistung	Honorar in Euro
300	Untersuchung eines Lebensmittels, Bedarfsgegenstands, Arzneimittels, von Luft, Gasen, Böden, Klärschlämmen, Wässern oder Abwässern und dgl. und eine kurze schriftliche gutachtliche Äußerung: Das Honorar beträgt für jede Einzelbestimmung je Probe	5,00 bis 60,00 EUR
301	Die Leistung der in Nummer 300 genannten Art ist außergewöhnlich umfangreich oder schwierig: Das Honorar 300 beträgt	bis zu 1 000,00 EUR
302	Mikroskopische, physikalische, chemische, toxikologische, bakteriologische, serologische Untersuchung, wenn das Untersuchungsmaterial von Menschen oder Tieren stammt: Das Honorar beträgt je Organ oder Körperflüssigkeit. .	5,00 bis 60,00 EUR
	Das Honorar umfasst das verbrauchte Material, soweit es sich um geringwertige Stoffe handelt, und eine kurze gutachtliche Äußerung.	
303	Die Leistung der in Nummer 302 genannten Art ist außergewöhnlich umfangreich oder schwierig: Das Honorar 302 beträgt	bis zu 1 000,00 EUR
304	Herstellung einer DNA-Probe und ihre Überprüfung auf Geeignetheit (z.B. Hochmolekularität, humane Herkunft, Ausmaß der Degradation, Kontrolle des Verdaus)	bis zu 205,00 EUR
	Das Honorar umfasst das verbrauchte Material, soweit es sich um geringwertige Stoffe handelt, und eine kurze gutachtliche Äußerung.	
305	Elektrophysiologische Untersuchung eines Menschen	15,00 bis 135,00 EUR
	Das Honorar umfasst eine kurze gutachtliche Äußerung und den mit der Untersuchung verbundenen Aufwand.	

Justizvergütungs- und -entschädigungsgesetz (JVEG) – Anl. 2

Nr.	Bezeichnung der Leistung	Honorar in Euro
306	Raster-elektronische Untersuchung eines Menschen oder einer Leiche, auch mit Analysenzusatz..........	15,00 bis 355,00 EUR
	Das Honorar umfasst eine kurze gutachtliche Äußerung und den mit der Untersuchung verbundenen Aufwand.	
307	Blutentnahme...............................	9,00 EUR
	Das Honorar umfasst eine Niederschrift über die Feststellung der Identität.	

Abschnitt 4
Abstammungsgutachten

Vorbemerkung 4:

(1) Das Honorar umfasst die gesamte Tätigkeit des Sachverständigen einschließlich aller Aufwendungen mit Ausnahme der Umsatzsteuer und mit Ausnahme der Auslagen für Probenentnahmen durch vom Sachverständigen beauftragte Personen, soweit nichts anderes bestimmt ist. Das Honorar umfasst ferner den Aufwand für die Anfertigung des schriftlichen Gutachtens und von drei Überstücken.

(2) Das Honorar für Leistungen der in Abschnitt M III 13 des Gebührenverzeichnisses für ärztliche Leistungen (Anlage zur GOÄ) bezeichneten Art bemisst sich in entsprechender Anwendung dieses Gebührenverzeichnisses nach dem 1,15fachen Gebührensatz. § 4 Abs. 2 Satz 1, Abs. 2a Satz 1, Abs. 3 und 4 Satz 1 und § 10 GOÄ gelten entsprechend.

400	Erstellung des Gutachtens......................	140,00 EUR
	Das Honorar umfasst	
	1. die administrative Abwicklung, insbesondere die Organisation der Probenentnahmen, und	
	2. das schriftliche Gutachten, erforderlichenfalls mit biostatistischer Auswertung.	
401	Biostatistische Auswertung, wenn der mögliche Vater für die Untersuchungen nicht zur Verfügung steht und andere mit ihm verwandte Personen an seiner Stelle in die Begutachtung einbezogen werden (Defizienzfall):	
	je Person.....................................	25,00 EUR
	Beauftragt der Sachverständige eine andere Person mit der biostatistischen Auswertung in einem Defizienzfall, werden ihm abweichend von Vorbemerkung 4 Absatz 1 Satz 1 die hierfür anfallenden Auslagen ersetzt.	
402	Entnahme einer genetischen Probe einschließlich der Niederschrift sowie der qualifizierten Aufklärung nach dem GenDG:	
	je Person.....................................	25,00 EUR

Justizvergütungs- und -entschädigungsgesetz (JVEG) – Anl. 2

Nr.	Bezeichnung der Leistung	Honorar in Euro
	Untersuchung mittels 1. Short Tandem Repeat Systemen (STR) oder 2. diallelischer Polymorphismen: – Single Nucleotide Polymorphisms (SNP) oder – Deletions-/Insertionspolymorphismen (DIP)	
403	– bis zu 20 Systeme: je Person..................................	120,00 EUR
404	– 21 bis 30 Systeme: je Person..................................	170,00 EUR
405	– mehr als 30 Systeme: je Person..................................	220,00 EUR
406	Mindestens zwei Testkits werden eingesetzt, die Untersuchungen erfolgen aus voneinander unabhängigen DNA-Präparationen und die eingesetzten parallelen Analysemethoden sind im Gutachten ausdrücklich dargelegt: Die Honorare nach den Nummern 403 bis 405 erhöhen sich um jeweils	80,00 EUR
407	Herstellung einer DNA-Probe aus anderem Untersuchungsmaterial als Blut oder Mundschleimhautabstrichen einschließlich Durchführung des Tests auf Eignung: je Person..................................	bis zu 120,00 EUR

Anlage 3

(zu § 23 Abs. 1)

Nr.	Tätigkeit	Höhe

Allgemeine Vorbemerkung:
(1) Die Entschädigung nach dieser Anlage schließt alle mit der Erledigung des Ersuchens der Strafverfolgungsbehörde verbundenen Tätigkeiten des Telekommunikationsunternehmens sowie etwa anfallende sonstige Aufwendungen (§ 7 JVEG) ein.
(2) Für Leistungen, die die Strafverfolgungsbehörden über eine zentrale Kontaktstelle des Generalbundesanwalts, des Bundeskriminalamtes, der Bundespolizei oder des Zollkriminalamtes oder über entsprechende für ein Bundesland oder für mehrere Bundesländer zuständige Kontaktstellen anfordern und abrechnen, ermäßigen sich die Entschädigungsbeträge nach den Nummern 100, 101, 300 bis 312, 400 und 401 um 20 Prozent, wenn bei der Anforderung darauf hingewiesen worden ist, dass es sich bei der anfordernden Stelle um eine zentrale Kontaktstelle handelt.

Justizvergütungs- und -entschädigungsgesetz (JVEG) – Anl. 3

Nr.	Tätigkeit	Höhe

Abschnitt 1
Überwachung der Telekommunikation

Vorbemerkung 1:

(1) Die Vorschriften dieses Abschnitts gelten für die Heranziehung im Zusammenhang mit Funktionsprüfungen der Aufzeichnungs- und Auswertungseinrichtungen der berechtigten Stellen entsprechend.

(2) Leitungskosten werden nur entschädigt, wenn die betreffende Leitung innerhalb des Überwachungszeitraums mindestens einmal zur Übermittlung überwachter Telekommunikation an die Strafverfolgungsbehörde genutzt worden ist.

(3) Für die Überwachung eines Voiceover-IP-Anschlusses oder eines Zugangs zu einem elektronischen Postfach richtet sich die Entschädigung für die Leitungskosten nach den Nummern 102 bis 104. Dies gilt auch für die Überwachung eines Mobilfunkanschlusses, es sei denn, dass auch die Überwachung des über diesen Anschluss abgewickelten Datenverkehrs angeordnet worden ist und für die Übermittlung von Daten Leitungen mit Übertragungsgeschwindigkeiten von mehr als 144 kbit/s genutzt werden müssen und auch genutzt worden sind. In diesem Fall richtet sich die Entschädigung einheitlich nach den Nummern 111 bis 113.

Nr.	Tätigkeit	Höhe
100	Umsetzung einer Anordnung zur Überwachung der Telekommunikation, unabhängig von der Zahl der dem Anschluss zugeordneten Kennungen: je Anschluss...	100,00 EUR
	Mit der Entschädigung ist auch der Aufwand für die Abschaltung der Maßnahme entgolten.	
101	Verlängerung einer Maßnahme zur Überwachung der Telekommunikation oder Umschaltung einer solchen Maßnahme auf Veranlassung der Strafverfolgungsbehörde auf einen anderen Anschluss dieser Stelle...	35,00 EUR
	Leitungskosten für die Übermittlung der zu überwachenden Telekommunikation: für jeden überwachten Anschluss,	
102	– wenn die Überwachungsmaßnahme nicht länger als eine Woche dauert...	24,00 EUR
103	– wenn die Überwachungsmaßnahme länger als eine Woche, jedoch nicht länger als zwei Wochen dauert...	42,00 EUR
104	– wenn die Überwachungsmaßnahme länger als zwei Wochen dauert: je angefangenen Monat...	75,00 EUR
105	– Die Entschädigung nach Nummer 102 beträgt...	40,00 EUR
106	– Die Entschädigung nach Nummer 103 beträgt...	70,00 EUR
107	– Die Entschädigung nach Nummer 104 beträgt...	125,00 EUR

Justizvergütungs- und -entschädigungsgesetz (JVEG) – Anl. 3

Nr.	Tätigkeit	Höhe
	Der überwachte Anschluss ist ein ISDN-Primärmultiplexanschluss:	
108	– Die Entschädigung nach Nummer 102 beträgt...	490,00 EUR
109	– Die Entschädigung nach Nummer 103 beträgt...	855,00 EUR
110	– Die Entschädigung nach Nummer 104 beträgt...	1 525,00 EUR
	Der überwachte Anschluss ist ein digitaler Teilnehmeranschluss mit einer Übertragungsgeschwindigkeit von mehr als 144 kbit/s, aber kein ISDN-Primärmultiplexanschluss:	
111	– Die Entschädigung nach Nummer 102 beträgt...	65,00 EUR
112	– Die Entschädigung nach Nummer 103 beträgt...	110,00 EUR
113	– Die Entschädigung nach Nummer 104 beträgt...	200,00 EUR

Abschnitt 2
Auskünfte über Bestandsdaten

200	Auskunft über Bestandsdaten nach § 3 Nr. 3 TKG, sofern	
	1. die Auskunft nicht über das automatisierte Auskunftsverfahren nach § 112 TKG erteilt werden kann und die Unmöglichkeit der Auskunftserteilung auf diesem Wege nicht vom Unternehmen zu vertreten ist und	
	2. für die Erteilung der Auskunft nicht auf Verkehrsdaten zurückgegriffen werden muss:	
	je angefragten Kundendatensatz...............	18,00 EUR
201	Auskunft über Bestandsdaten, zu deren Erteilung auf Verkehrsdaten zurückgegriffen werden muss:	
	für bis zu 10 in demselben Verfahren gleichzeitig angefragte Kennungen, die der Auskunftserteilung zugrunde liegen...............	35,00 EUR
	Bei mehr als 10 angefragten Kennungen wird die Pauschale für jeweils bis zu 10 weitere Kennungen erneut gewährt. Kennung ist auch eine IP-Adresse.	

Abschnitt 3
Auskünfte über Verkehrsdaten

300	Auskunft über gespeicherte Verkehrsdaten:	
	für jede Kennung, die der Auskunftserteilung zugrunde liegt...............	30,00 EUR
	Die Mitteilung der die Kennung betreffenden Standortdaten ist mit abgegolten.	

Justizvergütungs- und -entschädigungsgesetz (JVEG) – Anl. 3

Nr.	Tätigkeit	Höhe
301	Die Auskunft wird im Fall der Nummer 300 aufgrund eines einheitlichen Ersuchens auch oder ausschließlich für künftig anfallende Verkehrsdaten zu bestimmten Zeitpunkten erteilt: für die zweite und jede weitere in dem Ersuchen verlangte Teilauskunft	10,00 EUR
302	Auskunft über gespeicherte Verkehrsdaten zu Verbindungen, die zu einer bestimmten Zieladresse hergestellt wurden, durch Suche in allen Datensätzen der abgehenden Verbindungen eines Betreibers (Zielwahlsuche): je Zieladresse .... Die Mitteilung der Standortdaten der Zieladresse ist mit abgegolten.	90,00 EUR
303	Die Auskunft wird im Fall der Nummer 302 aufgrund eines einheitlichen Ersuchens auch oder ausschließlich für künftig anfallende Verkehrsdaten zu bestimmten Zeitpunkten erteilt: für die zweite und jede weitere in dem Ersuchen verlangte Teilauskunft	70,00 EUR
304	Auskunft über gespeicherte Verkehrsdaten für eine von der Strafverfolgungsbehörde benannte Funkzelle (Funkzellenabfrage)	30,00 EUR
305	Auskunft über gespeicherte Verkehrsdaten für mehr als eine von der Strafverfolgungsbehörde benannte Funkzelle: Die Pauschale 304 erhöht sich für jede weitere Funkzelle um...................................	4,00 EUR
306	Auskunft über gespeicherte Verkehrsdaten in Fällen, in denen lediglich Ort und Zeitraum bekannt sind: Die Abfrage erfolgt für einen bestimmten, durch eine Adresse bezeichneten Standort .... Die Auskunft erfolgt für eine Fläche: – Die Entfernung der am weitesten voneinander entfernten Punkte beträgt nicht mehr als 10 Kilometer:	60,00 EUR
307	Die Entschädigung nach Nummer 306 beträgt... – Die Entfernung der am weitesten voneinander entfernten Punkte beträgt mehr als 10 und nicht mehr als 25 Kilometer:	190,00 EUR

Justizvergütungs- und -entschädigungsgesetz (JVEG) – Anl. 3

Nr.	Tätigkeit	Höhe
308	Die Entschädigung nach Nummer 306 beträgt...	490,00 EUR
	– Die Entfernung der am weitesten voneinander entfernten Punkte beträgt mehr als 25, aber nicht mehr als 45 Kilometer:	
309	Die Entschädigung nach Nummer 306 beträgt...	930,00 EUR
	Liegen die am weitesten voneinander entfernten Punkte mehr als 45 Kilometer auseinander, ist für den darüber hinausgehenden Abstand die Entschädigung nach den Nummern 307 bis 309 gesondert zu berechnen.	
310	Die Auskunft erfolgt für eine bestimmte Wegstrecke: Die Entschädigung nach Nummer 306 beträgt für jeweils angefangene 10 Kilometer Länge	110,00 EUR
311	Umsetzung einer Anordnung zur Übermittlung künftig anfallender Verkehrsdaten in Echtzeit: je Anschluss	100,00 EUR
	Mit der Entschädigung ist auch der Aufwand für die Abschaltung der Übermittlung und die Mitteilung der den Anschluss betreffenden Standortdaten entgolten.	
312	Verlängerung der Maßnahme im Fall der Nummer 311	35,00 EUR
	Leitungskosten für die Übermittlung der Verkehrsdaten in den Fällen der Nummern 311 und 312:	
313	– wenn die Dauer der angeordneten Übermittlung nicht länger als eine Woche dauert	8,00 EUR
314	– wenn die Dauer der angeordneten Übermittlung länger als eine Woche, jedoch nicht länger als zwei Wochen dauert......................	14,00 EUR
315	– wenn die Dauer der angeordneten Übermittlung länger als zwei Wochen dauert: je angefangenen Monat	25,00 EUR
316	Übermittlung der Verkehrsdaten auf einem Datenträger	10,00 EUR

Abschnitt 4
Sonstige Auskünfte

400	Auskunft über den letzten dem Netz bekannten Standort eines Mobiltelefons (Standortabfrage)	90,00 EUR
401	Auskunft über die Struktur von Funkzellen: je Funkzelle.....................................	35,00 EUR

Gesetz über Kosten in Angelegenheiten der Justizverwaltung (JVKostG)

Vom 23. Juli 2013 (BGBl. I 2013, S. 2586), zuletzt geändert durch Gesetz zur Schlichtung im Luftverkehr (LuftVSchlG) vom 11.6.2013, BGBl. I 2013, S. 1545

Abschnitt 1 Allgemeine Vorschriften

§ 1 Geltungsbereich

(1) Dieses Gesetz gilt für die Erhebung von Kosten (Gebühren und Auslagen) durch die Justizbehörden des Bundes in Justizverwaltungsangelegenheiten, soweit nichts anderes bestimmt ist.

(2) ¹Dieses Gesetz gilt für die Justizbehörden der Länder in folgenden Justizverwaltungsangelegenheiten:
1. Befreiung von der Beibringung des Ehefähigkeitszeugnisses (§ 1309 Absatz 2 des Bürgerlichen Gesetzbuchs),
2. Anerkennung ausländischer Entscheidungen in Ehesachen (§ 107 des Gesetzes über das Verfahren in Familiensachen und in den Angelegenheiten der freiwilligen Gerichtsbarkeit),
3. Registrierung nach dem Rechtsdienstleistungsgesetz,
4. automatisiertes Abrufverfahren in Handels-, Partnerschafts-, Genossenschafts- und Vereinsregisterangelegenheiten,
5. automatisiertes Abrufverfahren in Grundbuchangelegenheiten, in Angelegenheiten der Schiffsregister, des Schiffsbauregisters und des Registers für Pfandrechte an Luftfahrzeugen,
6. Rechtshilfeverkehr mit dem Ausland in zivilrechtlichen Angelegenheiten sowie
7. besondere Mahnung nach § 5 Absatz 2 der Justizbeitreibungsordnung.

²Im Fall des Satzes 1 Nummer 7 steht eine andere Behörde, die nach § 2 Absatz 1 Satz 2 und 3 der Justizbeitreibungsordnung an die Stelle der Gerichtskasse tritt, einer Justizbehörde gleich.

(3) Dieses Gesetz gilt ferner für den Rechtshilfeverkehr in strafrechtlichen Angelegenheiten mit dem Ausland, mit einem internationalen Strafgerichtshof und mit anderen zwischen- und überstaatlichen Einrichtungen einschließlich der gerichtlichen Verfahren.

(4) Die Vorschriften dieses Gesetzes über das gerichtliche Verfahren sind auch dann anzuwenden, wenn in Justizverwaltungsangelegenheiten der Länder die Kosten nach landesrechtlichen Vorschriften erhoben werden.

§ 2 Kostenfreiheit

(1) Der Bund und die Länder sowie die nach den Haushaltsplänen des Bundes oder eines Landes verwalteten öffentlichen Anstalten und Kassen sind von der Zahlung der Gebühren befreit.

(2) Von der Zahlung der Gebühren sind auch ausländische Behörden im Geltungsbereich der Richtlinie 2006/123/EG des Europäischen Parlaments und des Rates vom 12. Dezember 2006 über Dienstleistungen im Binnenmarkt (ABl. L 376 vom 27.12.2006, S. 36) befreit, wenn sie auf der Grundlage des Kapitels VI der Richtlinie Auskunft aus den in Teil 1 Hauptabschnitt 1 Abschnitt 4 oder Abschnitt 5 des Kostenverzeichnisses bezeichneten Registern oder Grundbüchern erhalten und wenn vergleichbaren deutschen Behörden für diese Auskunft Gebührenfreiheit zustünde.

Gesetz über Kosten in Angelegenheiten der Justizverwaltung (JVKostG)

(3) Von den in § 380 des Gesetzes über das Verfahren in Familiensachen und in den Angelegenheiten der freiwilligen Gerichtsbarkeit genannten Stellen werden Gebühren nach Teil 1 Hauptabschnitt 1 Abschnitt 4 des Kostenverzeichnisses nicht erhoben, wenn die Abrufe erforderlich sind, um ein vom Gericht gefordertes Gutachten zu erstatten.

(4) Sonstige bundesrechtliche oder landesrechtliche Vorschriften, durch die eine sachliche oder persönliche Befreiung von Kosten gewährt ist, bleiben unberührt.

§ 3 Kostenfreie Amtshandlungen

Keine Kosten mit Ausnahme der Dokumentenpauschale werden erhoben
1. für Amtshandlungen, die durch Anzeigen, Anträge und Beschwerden in Angelegenheiten der Strafverfolgung, der Anordnung oder der Vollstreckung von Maßregeln der Besserung und Sicherung oder der Verfolgung einer Ordnungswidrigkeit oder der Vollstreckung einer gerichtlichen Bußgeldentscheidung veranlasst werden;
2. in Gnadensachen;
3. in Angelegenheiten des Bundeszentralregisters außer für die Erteilung von Führungszeugnissen nach den §§ 30, 30a und 30b des Bundeszentralregistergesetzes;
4. in Angelegenheiten des Gewerbezentralregisters außer für die Erteilung von Auskünften nach § 150 der Gewerbeordnung;
5. im Verfahren über Anträge nach dem Gesetz über die Entschädigung für Strafverfolgungsmaßnahmen sowie über Anträge auf Entschädigung für sonstige Nachteile, die jemandem ohne sein Verschulden aus einem Straf- oder Bußgeldverfahren erwachsen sind;
6. für die Tätigkeit der Staatsanwaltschaft im Aufgebotsverfahren.

§ 4 Höhe der Kosten

(1) Kosten werden nach der Anlage zu diesem Gesetz erhoben.

(2) ^{1}Bei Rahmengebühren setzt die Justizbehörde, die die gebührenpflichtige Amtshandlung vornimmt, die Höhe der Gebühr fest. ^{2}Sie hat dabei insbesondere die Bedeutung der Angelegenheit für die Beteiligten, Umfang und Schwierigkeit der Amtshandlung sowie die Einkommens- und Vermögensverhältnisse des Kostenschuldners zu berücksichtigen.

(3) ^{1}Bei der Ablehnung oder Zurücknahme eines Antrags kann die Justizbehörde dem Antragsteller eine Gebühr bis zur Hälfte der für die Vornahme der Amtshandlung bestimmten Gebühr auferlegen, bei Rahmengebühren jedoch nicht weniger als den Mindestbetrag. ^{2}Das Gleiche gilt für die Bestätigung der Ablehnung durch die übergeordnete Justizbehörde.

§ 5 Verjährung, Verzinsung

(1) Ansprüche auf Zahlung von Kosten verjähren in vier Jahren nach Ablauf des Kalenderjahrs, in dem die Kosten fällig geworden sind.

(2) ^{1}Ansprüche auf Rückerstattung von Kosten verjähren in vier Jahren nach Ablauf des Kalenderjahrs, in dem die Zahlung erfolgt ist. Die Verjährung beginnt jedoch nicht vor dem in Absatz 1 bezeichneten Zeitpunkt. ^{2}Durch die Einlegung eines Rechtsbehelfs mit dem Ziel der Rückerstattung wird die Verjährung wie durch Klageerhebung gehemmt.

(3) ^{1}Auf die Verjährung sind die Vorschriften des Bürgerlichen Gesetzbuchs anzuwenden; die Verjährung wird nicht von Amts wegen berücksichtigt. ^{2}Die Verjährung der Ansprüche

Gesetz über Kosten in Angelegenheiten der Justizverwaltung (JVKostG)

auf Zahlung von Kosten beginnt auch durch die Aufforderung zur Zahlung oder durch eine dem Schuldner mitgeteilte Stundung erneut. ³Ist der Aufenthalt des Kostenschuldners unbekannt, so genügt die Zustellung durch Aufgabe zur Post unter seiner letzten bekannten Anschrift. ⁴Bei Kostenbeträgen unter 25 Euro beginnt die Verjährung weder erneut noch wird sie oder ihr Ablauf gehemmt.

(4) Ansprüche auf Zahlung und Rückerstattung von Kosten werden nicht verzinst.

Abschnitt 2 Fälligkeit und Sicherstellung der Kosten

§ 6 Fälligkeit der Kosten im Allgemeinen

(1) ¹Kosten werden, soweit nichts anderes bestimmt ist, mit der Beendigung der gebührenpflichtigen Amtshandlung fällig. ²Wenn eine Kostenentscheidung der Justizbehörde ergeht, werden entstandene Kosten mit Erlass der Kostenentscheidung, später entstehende Kosten sofort fällig.

(2) Die Gebühren für den Abruf von Daten oder Dokumenten aus einem Register oder dem Grundbuch und für die Übermittlung von Rechnungsunterlagen einer Kleinstkapitalgesellschaft durch das Unternehmensregister werden am 15. Tag des auf den Abruf oder die Übermittlung folgenden Monats fällig, sofern sie nicht über ein elektronisches Bezahlsystem sofort beglichen werden.

(3) Die Jahresgebühr für die Führung des Unternehmensregisters wird jeweils am 31. Dezember für das abgelaufene Kalenderjahr fällig.

§ 7 Fälligkeit bestimmter Auslagen

Die Dokumentenpauschale sowie die Auslagen für die Versendung von Akten werden sofort nach ihrer Entstehung fällig.

§ 8 Vorschuss

(1) Die Justizbehörde kann die Zahlung eines Kostenvorschusses verlangen.

(2) Sie kann die Vornahme der Amtshandlung von der Zahlung oder Sicherstellung des Vorschusses abhängig machen.

§ 9 Zurückbehaltungsrecht

Urkunden, Ausfertigungen, Ausdrucke und Kopien können nach billigem Ermessen zurückbehalten werden, bis die in der Angelegenheit erwachsenen Kosten bezahlt sind.

Abschnitt 3 Kostenerhebung

§ 10 Ermäßigung der Gebühren und Absehen von der Kostenerhebung

Die Justizbehörde kann ausnahmsweise, wenn dies mit Rücksicht auf die wirtschaftlichen Verhältnisse des Kostenschuldners oder aus Billigkeitsgründen geboten erscheint, die Gebühren ermäßigen oder von der Erhebung der Kosten absehen.

Gesetz über Kosten in Angelegenheiten der Justizverwaltung (JVKostG)

§ 11 Absehen von der Kostenerhebung wegen des öffentlichen Interesses

(1) Die Justizbehörde kann von der Erhebung der Gebühr für die Beglaubigung von Kopien, Ausdrucken, Auszügen und Dateien absehen, wenn die Beglaubigung für Zwecke verlangt wird, deren Verfolgung überwiegend im öffentlichen Interesse liegt.

(2) ¹Die Justizbehörde kann von der Erhebung der Dokumenten- und Datenträgerpauschale ganz oder teilweise absehen, wenn
1. Kopien oder Ausdrucke gerichtlicher Entscheidungen für Zwecke verlangt werden, deren Verfolgung überwiegend im öffentlichen Interesse liegt, oder
2. Kopien oder Ausdrucke amtlicher Bekanntmachungen anderen Tageszeitungen als den amtlichen Bekanntmachungsblättern auf Antrag zum unentgeltlichen Abdruck überlassen werden.

²Keine Dokumentenpauschale wird erhoben, wenn Daten im Internet zur nicht gewerblichen Nutzung bereitgestellt werden.

§ 12 Nichterhebung von Kosten in bestimmten Fällen

¹Kosten in den Fällen des § 1 Absatz 3 werden nicht erhoben, wenn auf die Erstattung
1. nach § 75 des Gesetzes über die internationale Rechtshilfe in Strafsachen,
2. nach § 71 des IStGH-Gesetzes oder
3. nach europäischen Rechtsvorschriften oder völkerrechtlichen Vereinbarungen, die besondere Kostenregelungen vorsehen,

ganz oder teilweise verzichtet worden ist. ²In den in Satz 1 bezeichneten Angelegenheiten wird eine Dokumenten- oder Datenträgerpauschale in keinem Fall erhoben. ³Das Gleiche gilt für Auslagen nach Nummer 9001 des Kostenverzeichnisses zum Gerichtskostengesetz.

§ 13 Nichterhebung von Kosten bei unrichtiger Sachbehandlung

Kosten, die bei richtiger Behandlung der Sache nicht entstanden wären, werden nicht erhoben.

Abschnitt 4 Kostenhaftung

§ 14 Amtshandlungen auf Antrag

(1) Die Kosten für Amtshandlungen, die auf Antrag durchgeführt werden, schuldet, wer den Antrag gestellt hat, soweit nichts anderes bestimmt ist.

(2) ¹Absatz 1 gilt nicht in den in § 12 Satz 1 bezeichneten Angelegenheiten für den Verfolgten oder Verurteilten. ²Die §§ 57a und 87n Absatz 6 des Gesetzes über die internationale Rechtshilfe in Strafsachen bleiben unberührt.

§ 15 Datenabruf aus einem Register oder dem Grundbuch

¹Die Gebühren für den Abruf von Daten oder Dokumenten aus einem Register oder dem Grundbuch schuldet derjenige, der den Abruf tätigt. ²Erfolgt der Abruf unter einer Kennung, die aufgrund der Anmeldung zum Abrufverfahren vergeben worden ist, ist Schuldner der Gebühren derjenige, der sich zum Abrufverfahren angemeldet hat.

Gesetz über Kosten in Angelegenheiten der Justizverwaltung (JVKostG)

§ 16 Unternehmensregister

Die Jahresgebühr für die Führung des Unternehmensregisters schuldet
1. jedes Unternehmen, das seine Rechnungslegungsunterlagen im Bundesanzeiger bekannt zu machen hat oder beim Betreiber des Bundesanzeigers zur Hinterlegung eingereicht hat, und
2. jedes Unternehmen, das in dem betreffenden Kalenderjahr nach § 8b Absatz 2 Nummer 9 und 10, Absatz 3 Satz 1 Nummer 2 des Handelsgesetzbuchs selbst oder durch einen von ihm beauftragten Dritten Daten an das Unternehmensregister übermittelt hat.

§ 17 Mahnung bei der Forderungseinziehung nach der Justizbeitreibungsordnung

Die Gebühr für die Mahnung bei der Forderungseinziehung schuldet derjenige Kostenschuldner, der nach § 5 Absatz 2 der Justizbeitreibungsordnung besonders gemahnt worden ist.

§ 18 Weitere Fälle der Kostenhaftung

Die Kosten schuldet ferner derjenige,
1. dem durch eine Entscheidung der Justizbehörde oder des Gerichts die Kosten auferlegt sind,
2. der sie durch eine vor der Justizbehörde abgegebene oder ihr mitgeteilte Erklärung übernommen hat und
3. der nach den Vorschriften des bürgerlichen Rechts für die Kostenschuld eines anderen kraft Gesetzes haftet.

§ 19 Mehrere Kostenschuldner

Mehrere Kostenschuldner haften als Gesamtschuldner.

Abschnitt 5 Öffentlich-rechtlicher Vertrag

§ 20 Übermittlung gerichtlicher Entscheidungen

(1) Für die Übermittlung gerichtlicher Entscheidungen in Form elektronisch auf Datenträgern gespeicherter Daten kann durch öffentlich-rechtlichen Vertrag anstelle der zu erhebenden Auslagen eine andere Art der Gegenleistung vereinbart werden, deren Wert den ansonsten zu erhebenden Auslagen entspricht.

(2) Werden neben der Übermittlung gerichtlicher Entscheidungen zusätzliche Leistungen beantragt, insbesondere eine Auswahl der Entscheidungen nach besonderen Kriterien, und entsteht hierdurch ein nicht unerheblicher Aufwand, so ist durch öffentlich-rechtlichen Vertrag eine Gegenleistung zu vereinbaren, die zur Deckung der anfallenden Aufwendungen ausreicht.

(3) Werden Entscheidungen für Zwecke verlangt, deren Verfolgung überwiegend im öffentlichen Interesse liegt, so kann auch eine niedrigere Gegenleistung vereinbart oder auf eine Gegenleistung verzichtet werden.

Gesetz über Kosten in Angelegenheiten der Justizverwaltung (JVKostG)

§ 21 Auskunft für wissenschaftliche Forschungsvorhaben

¹Erfordert die Erteilung einer Auskunft für wissenschaftliche Forschungsvorhaben aus den vom Bundesamt für Justiz geführten Registern einen erheblichen Aufwand, ist eine Gegenleistung zu vereinbaren, welche die notwendigen Aufwendungen deckt. ²§ 10 ist entsprechend anzuwenden.

Abschnitt 6 Rechtsbehelf und gerichtliches Verfahren

§ 22 Einwendungen und gerichtliches Verfahren

(1) ¹Über Einwendungen gegen den Ansatz der Kosten oder gegen Maßnahmen nach den §§ 8 und 9 entscheidet das Amtsgericht, in dessen Bezirk die Justizbehörde ihren Sitz hat. ²Für das gerichtliche Verfahren sind die §§ 5a, 5b,¹ 66 Absatz 2 bis 8, die §§ 67 und 69a des Gerichtskostengesetzes entsprechend anzuwenden.

(2) Betreffen gerichtliche Verfahren nach Absatz 1 Justizverwaltungsangelegenheiten der Vorstände der Gerichte der Verwaltungs-, Finanz-, Sozial- und Arbeitsgerichtsbarkeit, in denen Kosten nach landesrechtlichen Vorschriften erhoben werden, entscheidet anstelle des Amtsgerichts das Eingangsgericht der jeweiligen Gerichtsbarkeit, in dessen Bezirk die Behörde ihren Sitz hat.

Abschnitt 7 Schluss- und Übergangsvorschriften

§ 23 Bekanntmachung von Neufassungen

¹Das Bundesministerium der Justiz kann nach Änderungen den Wortlaut des Gesetzes feststellen und als Neufassung im Bundesgesetzblatt bekannt machen. ²Die Bekanntmachung muss auf diese Vorschrift Bezug nehmen und angeben
1. den Stichtag, zu dem der Wortlaut festgestellt wird,
2. die Änderungen seit der letzten Veröffentlichung des vollständigen Wortlauts im Bundesgesetzblatt sowie
3. das Inkrafttreten der Änderungen.

§ 24 Übergangsvorschrift

¹Das bisherige Recht ist anzuwenden auf Kosten
1. für Amtshandlungen, die auf Antrag durchgeführt werden, wenn der Antrag vor dem Inkrafttreten einer Gesetzesänderung bei der Justizbehörde eingegangen ist,
2. für ein gerichtliches Verfahren, wenn das Verfahren vor dem Inkrafttreten einer Gesetzesänderung anhängig geworden ist,
3. für den Abruf von Daten und Dokumenten aus einem Register oder dem Grundbuch, wenn die Kosten vor dem ersten Tag des auf das Inkrafttreten einer Gesetzesänderung folgenden Monats fällig geworden sind,
4. in den übrigen Fällen, wenn die Kosten vor dem Inkrafttreten einer Gesetzesänderung fällig geworden sind.

²Dies gilt auch, wenn Vorschriften geändert werden, auf die das Justizverwaltungskostengesetz verweist.

1 Eingefügt mit Wirkung zum 1.1.2014.

Gesetz über Kosten in Angelegenheiten der Justizverwaltung (JVKostG)

§ 25 Übergangsvorschrift aus Anlass des Inkrafttretens dieses Gesetzes

(1) Die Justizverwaltungskostenordnung in der im Bundesgesetzblatt Teil III, Gliederungsnummer 363–1, veröffentlichten bereinigten Fassung, die zuletzt durch Artikel 2 des Gesetzes vom 11. Juni 2013 (BGBl. I S. 1545) geändert worden ist, und Verweisungen hierauf sind weiter anzuwenden auf Kosten
1. für Amtshandlungen, die auf Antrag durchgeführt werden, wenn der Antrag vor dem Inkrafttreten des 2. Kostenrechtsmodernisierungsgesetzes vom 23. Juli 2013 (BGBl. I S. 2586) bei der Justizbehörde eingegangen ist,
2. für ein gerichtliches Verfahren, wenn das Verfahren vor dem Inkrafttreten des 2. Kostenrechtsmodernisierungsgesetzes vom 23. Juli 2013 (BGBl. I S. 2586) anhängig geworden ist,
3. für den Abruf von Daten und Dokumenten aus einem Register oder dem Grundbuch, wenn die Kosten vor dem ersten Tag des auf das Inkrafttreten des 2. Kostenrechtsmodernisierungsgesetzes vom 23. Juli 2013 (BGBl. I S. 2586) folgenden Kalendermonats fällig geworden sind,
4. in den übrigen Fällen, wenn die Kosten vor dem Inkrafttreten des 2. Kostenrechtsmodernisierungsgesetzes vom 23. Juli 2013 (BGBl. I S. 2586) fällig geworden sind.

(2) Soweit wegen der Erhebung von Haftkosten die Vorschriften des Gerichtskostengesetzes entsprechend anzuwenden sind, ist auch § 73 des Gerichtskostengesetzes in der bis zum 27. Dezember 2010 geltenden Fassung entsprechend anzuwenden.

Anlage (zu § 4 Absatz 1)
Kostenverzeichnis

Teil 1:
Gebühren

Nr.	Gebührentatbestand	Gebührenbetrag
	Hauptabschnitt 1: **Register- und Grundbuchangelegenheiten**	
	Abschnitt 1: *Rechtsdienstleistungsregister*	
1110	Registrierung nach dem RDG	150,00 €
	Bei Registrierung einer juristischen Person oder einer Gesellschaft ohne Rechtspersönlichkeit wird mit der Gebühr auch die Eintragung einer qualifizierten Person in das Rechtsdienstleistungsregister abgegolten.	
1111	Eintragung einer qualifizierten Person in das Rechtsdienstleistungsregister, wenn die Eintragung nicht durch die Gebühr 1110 abgegolten ist: je Person..................................	150,00 €
1112	Widerruf oder Rücknahme der Registrierung	7,50 €

Gesetz über Kosten in Angelegenheiten der Justizverwaltung (JVKostG)

Nr.	Gebührentatbestand	Gebührenbetrag

Abschnitt 2:
Unternehmensregister

Vorbemerkung 1.1.2:

Mit der Jahresgebühr nach den Nummern 1120 bis 1122 wird der gesamte Aufwand zur Führung des Unternehmensregisters mit Ausnahme der Übermittlung von Rechnungsunterlagen im Fall der Nummer 1124 entgolten. Sie umfasst jedoch nicht den Aufwand für die Erteilung von Ausdrucken oder Kopien, die Überlassung von elektronisch gespeicherten Dokumenten und die Beglaubigung von Kopien, Ausdrucken, Auszügen und Dateien.

1120	Jahresgebühr für die Führung des Unternehmensregisters für jedes Kalenderjahr, wenn das Unternehmen bei der Offenlegung der Rechnungslegungsunterlagen die Erleichterungen nach § 326 HGB in Anspruch nehmen kann	3,00 €
	(1) Die Gebühr entsteht für jedes Kalenderjahr, für das ein Unternehmen die Rechnungslegungsunterlagen im Bundesanzeiger bekannt zu machen hat oder beim Betreiber des Bundesanzeigers hinterlegt hat. Dies gilt auch, wenn die bekannt zu machenden Unterlagen nur einen Teil des Kalenderjahres umfassen.	
	(2) Die Gebühr wird nicht erhoben, wenn für das Kalenderjahr die Gebühr 1122 entstanden ist.	
1121	Das Unternehmen kann die Erleichterungen nach § 326 HGB nicht in Anspruch nehmen: Die Gebühr 1120 beträgt	6,00 €
1122	Jahresgebühr für die Führung des Unternehmensregisters für jedes Kalenderjahr, in dem das Unternehmen nach § 8b Abs. 2 Nr. 9 und 10, Abs. 3 Satz 1 Nr. 2 HGB selbst oder durch einen von ihm beauftragten Dritten Daten an das Unternehmensregister übermittelt hat	30,00 €
1123	Übertragung von Unterlagen der Rechnungslegung, die in Papierform zum Register eingereicht wurden, in ein elektronisches Dokument (§ 8b Abs. 4 Satz 2, § 9 Abs. 2 HGB und Artikel 61 Abs. 3 des Einführungsgesetzes zum Handelsgesetzbuch):	
	für jede angefangene Seite	3,00 € – mindestens 30,00 €
	Die Gebühr wird für die Dokumente eines jeden Unternehmens gesondert erhoben. Mit der Gebühr wird auch die einmalige elektronische Übermittlung der Dokumente an den Antragsteller abgegolten.	

Gesetz über Kosten in Angelegenheiten der Justizverwaltung (JVKostG)

Nr.	Gebührentatbestand	Gebührenbetrag
1124	Übermittlung von Rechnungslegungsunterlagen einer Kleinstkapitalgesellschaft, die beim Bundesanzeiger hinterlegt sind (§ 326 Abs. 2 HGB). je übermittelter Bilanz...........................	4,50 €

Abschnitt 3:
Bundeszentral- und Gewerbezentralregister

Vorbemerkung 1.1.3:

Die Gebühren 1130 und 1131 werden nicht erhoben, wenn ein Führungszeugnis zur Ausübung einer ehrenamtlichen Tätigkeit benötigt wird, die für eine gemeinnützige Einrichtung, für eine Behörde oder im Rahmen eines der in § 32 Abs. 4 Nr. 2 Buchstabe d EStG genannten Dienste ausgeübt wird.

1130	Führungszeugnis nach § 30 oder § 30a BZRG.......	13,00 €
1131	Europäisches Führungszeugnis nach § 30b BZRG ...	17,00 €
1132	Auskunft nach § 150 der Gewerbeordnung..........	13,00 €

Abschnitt 4:
Abruf von Daten in Handels-, Partnerschafts-, Genossenschafts- und Vereinsregisterangelegenheiten

Vorbemerkung 1.1.4:

(1) Dieser Abschnitt gilt für den Abruf von Daten und Dokumenten aus dem vom Registergericht geführten Datenbestand. Für den Aufruf von Daten und Dokumenten in der Geschäftsstelle des Gerichts werden keine Gebühren erhoben.

(2) Neben den Gebühren werden keine Auslagen erhoben.

1140	Abruf von Daten aus dem Register: je Registerblatt	4,50 €
1141	Abruf von Dokumenten, die zum Register eingereicht wurden: für jede abgerufene Datei......................	1,50 €

Abschnitt 5:
Einrichtung und Nutzung des automatisierten Abrufverfahrens in Grundbuchangelegenheiten, in Angelegenheiten der Schiffsregister, des Schiffsbauregisters und des Registers für Pfandrechte an Luftfahrzeugen

Vorbemerkung 1.1.5:

(1) Dieser Abschnitt gilt für den Abruf von Daten und Dokumenten aus dem vom Grundbuchamt oder dem Registergericht geführten Datenbestand. Für den Aufruf von Daten und Dokumenten in der Geschäftsstelle des Grundbuchamts oder des Registergerichts werden keine Gebühren erhoben. Der Abruf von Daten aus den Verzeichnissen (§ 12a Abs. 1 der Grundbuchordnung, § 31 Abs. 1, § 55 Satz 2 SchRegDV, §§ 10 und 11 Abs. 3 Satz 2 LuftRegV) und der Abruf des Zeitpunkts der letzten Änderung des Grundbuchs oder Registers sind gebührenfrei.

(2) Neben den Gebühren werden keine Auslagen erhoben.

Gesetz über Kosten in Angelegenheiten der Justizverwaltung (JVKostG)

Nr.	Gebührentatbestand	Gebührenbetrag
1150	Genehmigung der Landesjustizverwaltung zur Teilnahme am eingeschränkten Abrufverfahren (§ 133 Abs. 4 Satz 3 der Grundbuchordnung, auch i.V.m. § 69 Abs. 1 Satz 2 SchRegDV, und § 15 LuftRegV)	50,00 €
	Mit der Gebühr ist die Einrichtung des Abrufverfahrens für den Empfänger mit abgegolten. Mit der Gebühr für die Genehmigung in einem Land sind auch weitere Genehmigungen in anderen Ländern abgegolten.	
1151	Abruf von Daten aus dem Grundbuch oder Register: für jeden Abruf aus einem Grundbuch- oder Registerblatt	8,00 €
1152	Abruf von Dokumenten, die zu den Grund- oder Registerakten genommen wurden: für jedes abgerufene Dokument	1,50 €

Hauptabschnitt 2 Verfahren des Bundesamts für Justiz

Abschnitt 1:
Ordnungsgeldverfahren

Vorbemerkung 1.2.1:
Wird ein Ordnungsgeldverfahren gegen mehrere Personen durchgeführt, entstehen die Gebühren für jede Person gesondert.

1210	Durchführung eines Ordnungsgeldverfahrens nach § 335 HGB	100,00 €
1211	Festsetzung eines zweiten und jedes weiteren Ordnungsgelds jeweils	100,00 €

Abschnitt 2:
Schlichtung nach § 57a LuftVG

1220	Verfahrensgebühr	290,00 €
	Die Gebühr ist ausschließlich von dem Luftfahrtunternehmen zu erheben, wenn das Bundesamt für Justiz keine abweichende Entscheidung nach § 57a Abs. 3 Satz 2 LuftVG getroffen hat.	

Gesetz über Kosten in Angelegenheiten der Justizverwaltung (JVKostG)

Nr.	Gebührentatbestand	Gebührenbetrag
	Hauptabschnitt 3: **Justizverwaltungsangelegenheiten mit Auslandsbezug**	
	Abschnitt 1: *Beglaubigungen und Bescheinigungen*	
1310	Beglaubigung von amtlichen Unterschriften für den Auslandsverkehr..............................	20,00 €
	Die Gebühr wird nur einmal erhoben, auch wenn eine weitere Beglaubigung durch die übergeordnete Justizbehörde erforderlich ist.	
1311	Bescheinigungen über die Beurkundungsbefugnis eines Justizbeamten, die zum Gebrauch einer Urkunde im Ausland verlangt werden....................	15,00 €
	Die Gebühr wird nicht erhoben, wenn eine Beglaubigungsgebühr nach Nummer 1310 zum Ansatz kommt.	
	Abschnitt 2: *Rechtshilfeverkehr in zivilrechtlichen Angelegenheiten*	
	Vorbemerkung 1.3.2: Gebühren nach diesem Abschnitt werden nur in Zivilsachen und in Angelegenheiten der freiwilligen Gerichtsbarkeit erhoben. Die Gebühren nach den Nummern 1321 und 1322 werden auch dann erhoben, wenn die Zustellung oder Rechtshilfehandlung wegen unbekannten Aufenthalts des Empfängers oder sonst Beteiligten oder aus ähnlichen Gründen nicht ausgeführt werden kann. In den Fällen der Nummern 1321 und 1322 werden Gebühren und Auslagen nicht erhoben, wenn die Gegenseitigkeit verbürgt ist. Die Bestimmungen der Staatsverträge bleiben unberührt.	
1320	Prüfung von Rechtshilfeersuchen in das Ausland.....	15,00 bis 55,00 €
1321	Erledigung von Zustellungsanträgen in ausländischen Rechtsangelegenheiten........................	15,00 €
1322	Erledigung von Rechtshilfeersuchen in ausländischen Rechtsangelegenheiten........................	15,00 bis 255,00 €
	Abschnitt 3: *Sonstige Angelegenheiten mit Auslandsbezug*	
1330	Befreiung von der Beibringung des Ehefähigkeitszeugnisses (§ 1309 Abs. 2 BGB).....................	15,00 bis 305,00 €
1331	Feststellung der Landesjustizverwaltung, dass die Voraussetzungen für die Anerkennung einer ausländischen Entscheidung vorliegen oder nicht vorliegen (§ 107 FamFG)...............................	15,00 bis 305,00 €
	Die Gebühr wird auch erhoben, wenn die Entscheidung der Landesjustizverwaltung von dem Oberlandesgericht oder in	

Gesetz über Kosten in Angelegenheiten der Justizverwaltung (JVKostG)

Nr.	Gebührentatbestand	Gebührenbetrag
	der Rechtsbeschwerdeinstanz aufgehoben wird und das Gericht in der Sache selbst entscheidet. Die Landesjustizverwaltung entscheidet in diesem Fall über die Höhe der Gebühr erneut. Sie ist in diesem Fall so zu bemessen, als hätte die Landesjustizverwaltung die Feststellung selbst getroffen.	
1332	Mitwirkung der Bundeszentralstelle für Auslandsadoption (§ 1 Abs. 1 AdÜbAG) bei Übermittlungen an die zentrale Behörde des Heimatstaates (§ 4 Abs. 6 AdÜbAG)	15,00 bis 155,00 €
	Die Gebühr wird in einem Adoptionsvermittlungsverfahren nur einmal erhoben.	
1333	Bestätigungen nach § 9 AdÜbAG	40,00 bis 100,00 €
1334	Bescheinigungen nach § 7 Abs. 4 AdVermiG	40,00 bis 100,00 €
	Hauptabschnitt 4: Sonstige Gebühren	
1400	Beglaubigung von Kopien, Ausdrucken, Auszügen und Dateien	0,50 € für jede angefangene Seite – mindestens: 5,00 €
	Die Gebühr wird nur erhoben, wenn die Beglaubigung beantragt ist; dies gilt nicht für Ausdrucke aus dem Unternehmensregister und für an deren Stelle tretende Dateien. Wird die Kopie oder der Ausdruck von der Justizbehörde selbst hergestellt, so kommt die Dokumentenpauschale (Nummer 2000) hinzu.	
1401	Bescheinigungen und schriftliche Auskünfte aus Akten und Büchern	15,00 €
	Die Gebühr wird auch für eine Bescheinigung erhoben, aus der sich ergibt, dass entsprechende Akten nicht geführt werden oder ein entsprechendes Verfahren nicht anhängig ist.	
1402	Zeugnisse über das im Bund oder in den Ländern geltende Recht	15,00 bis 255,00 €
1403	Mahnung nach § 5 Abs. 2 der Justizbeitreibungsordnung	5,00 €

Gesetz über Kosten in Angelegenheiten der Justizverwaltung (JVKostG)

Nr.	Gebührentatbestand	Gebührenbetrag

Teil 2: Auslagen

Vorbemerkung 2:
Für die Erhebung der Auslagen ist Teil 9 des Kostenverzeichnisses zum GKG entsprechend anzuwenden, soweit nachfolgend nichts anderes bestimmt ist.

Nr.	Gebührentatbestand	Gebührenbetrag
2000	Pauschale für die Herstellung und Überlassung von Dokumenten:	
	1. Ausfertigungen, Kopien und Ausdrucke, die auf Antrag angefertigt oder auf Antrag per Telefax übermittelt worden sind:	
	für die ersten 50 Seiten je Seite	0,50 €
	für jede weitere Seite	0,15 €
	2. Überlassung von elektronisch gespeicherten Dateien oder deren Bereitstellung zum Abruf anstelle der in Nummer 1 genannten Ausfertigungen, Kopien und Ausdrucke: je Datei	1,50 €
	für die in einem Arbeitsgang überlassenen, bereitgestellten oder in einem Arbeitsgang auf denselben Datenträger übertragenen Dokumente insgesamt höchstens	5,00 €
	(1) Die Höhe der Dokumentenpauschale nach Nummer 1 ist für jeden Antrag und im gerichtlichen Verfahren in jedem Rechtszug und für jeden Kostenschuldner nach § 14 JVKostG gesondert zu berechnen; Gesamtschuldner gelten als ein Schuldner.	
	(2) Werden zum Zweck der Überlassung von elektronisch gespeicherten Dateien Dokumente zuvor auf Antrag von der Papierform in die elektronische Form übertragen, beträgt die Dokumentenpauschale nach Nummer 2 nicht weniger, als die Dokumentenpauschale im Fall der Nummer 1 betragen würde.	
	(3) Frei von der Dokumentenpauschale sind für jede Partei, jeden Beteiligten, jeden Beschuldigten und deren bevollmächtigte Vertreter jeweils	
	1. eine vollständige Ausfertigung oder Kopie oder ein vollständiger Ausdruck jeder gerichtlichen oder behördlichen Entscheidung und jedes vor Gericht abgeschlossenen Vergleichs,	
	2. eine Ausfertigung ohne Tatbestand und Entscheidungsgründe und	
	3. eine Kopie oder ein Ausdruck jeder Niederschrift über eine Sitzung.	
	§ 191a Abs. 1 Satz 2 GVG bleibt unberührt.	

Gesetz über Kosten in Angelegenheiten der Justizverwaltung (JVKostG)

Nr.	Gebührentatbestand	Gebührenbetrag
2001	Dokumentenpauschale für einfache Kopien und Ausdrucke gerichtlicher Entscheidungen, die zur Veröffentlichung in Entscheidungssammlungen oder Fachzeitschriften beantragt werden: Die Dokumentenpauschale nach Nummer 2000 beträgt für jede Entscheidung höchstens	5,00 €
2002	Datenträgerpauschale .... Die Datenträgerpauschale wird neben der Dokumentenpauschale bei der Übermittlung elektronisch gespeicherter Daten auf Datenträgern erhoben.	3,00 €

Gesetz über Kosten im Bereich der Justizverwaltung (Justizverwaltungskostenordnung – JVKostO)

In Kraft getreten am 1.4.1940 (BGBl III 363–1),
aufgehoben durch Artikel 45 des Zweiten Gesetzes zur Modernisierung des Kostenrechts (2. Kostenrechtsmodernisierungsgesetz
– 2. KostRMoG) vom 23.7.2013 BGBl. I S. 2586

Hinweis

Die JVKostO ist zum 1.8.2013 durch Artikel 45 des 2. KostRMoG vom 23.7.2013 (BGBl. I S.2586) aufgehoben und durch das JVKostG ersetzt worden (vgl. S. 455 ff.). Ob in Übergangsfällen die JVKostO oder das JVKostG anzuwenden ist, richtet sich nach der Übergangsvorschrift in § 25 JVKostG.

Art. I Allgemeine Vorschriften

§ 1

(1) Soweit nichts anderes bestimmt ist, werden
1. in Justizverwaltungsangelegenheiten,
2. im Rechtshilfeverkehr mit dem Ausland in strafrechtlichen Angelegenheiten nach dem Gesetz über die internationale Rechtshilfe in Strafsachen und
3. in der Zusammenarbeit mit dem Internationalen Strafgerichtshof nach dem IStGH-Gesetz

von den Justizbehörden des Bundes und in Angelegenheiten nach den Nummern 203, 204 und den Abschnitten 3, 4 und 7 des Gebührenverzeichnisses von den Justizbehörden der Länder Kosten (Gebühren und Auslagen) nach diesem Gesetz erhoben. § 7b gilt für die Justizbehörden der Länder.

(2) § 4 Abs. 8, § 5 Abs. 2 bis 4, § 6 Abs. 3 und § 13 sind auch dann anzuwenden, wenn von Justizbehörden der Länder Kosten in den in Absatz 1 Satz 1 Nr. 1 bis 3 genannten Angelegenheiten erhoben werden.

§ 2

(1) Die Gebühren bestimmen sich nach dem anliegenden Gebührenverzeichnis.

(2) Bei Rahmengebühren setzt die Behörde, die die gebührenpflichtige Amtshandlung vornimmt, die Höhe der Gebühr fest. Sie hat dabei insbesondere die Bedeutung der Angelegenheit für die Beteiligten, die mit der Vornahme der Amtshandlung verbundene Mühewaltung und die wirtschaftlichen Verhältnisse des Kostenschuldners zu berücksichtigen.

§ 3

Bei der Ablehnung oder Zurücknahme eines Antrags auf Vornahme einer gebührenpflichtigen Amtshandlung kann die Behörde dem Antragsteller eine Gebühr bis zur Hälfte der für die Vornahme der Amtshandlung bestimmten Gebühr – bei Rahmengebühren jedoch nicht weniger als den Mindestbetrag – auferlegen. Das Gleiche gilt, wenn die Ablehnung von der übergeordneten Behörde bestätigt wird.

Justizverwaltungskostenordnung – JVKostO

§ 4

(1) Für Ausfertigungen, Ablichtungen oder Ausdrucke, die auf besonderen Antrag erteilt, angefertigt oder per Telefax übermittelt werden, wird eine Dokumentenpauschale erhoben.

(2) § 136 Abs. 2 der Kostenordnung ist anzuwenden.

(3) Für einfache Ablichtungen und Ausdrucke gerichtlicher Entscheidungen, die zur Veröffentlichung in Entscheidungssammlungen oder Fachzeitschriften beantragt werden, beträgt die Dokumentenpauschale höchstens 2,50 Euro je Entscheidung.

(4) Für die Überlassung von elektronisch gespeicherten Dateien anstelle der in den Absätzen 1 und 3 genannten Ausfertigungen, Ablichtungen und Ausdrucke beträgt die Dokumentenpauschale je Datei 2,50 Euro.

(5) Bei der Übermittlung elektronisch gespeicherter Daten auf Datenträgern wird daneben eine Datenträgerpauschale erhoben. Sie beträgt
1. bei einer Speicherkapazität des Datenträgers von bis zu 2,0 Megabytes 2,50 Euro,
2. bei einer Speicherkapazität von bis zu 500,0 Megabytes 25 Euro,
3. bei einer höheren Speicherkapazität 50 Euro.

(6) Die Behörde kann vom Ansatz der Dokumenten- und Datenträgerpauschale ganz oder teilweise absehen, wenn gerichtliche Entscheidungen für Zwecke verlangt werden, deren Verfolgung überwiegend im öffentlichen Interesse liegt, oder wenn Ablichtungen oder Ausdrucke amtlicher Bekanntmachungen anderen Tageszeitungen als den amtlichen Bekanntmachungsblättern auf Antrag zum unentgeltlichen Abdruck überlassen werden.

(7) Keine Kosten werden erhoben, wenn Daten im Internet zur nicht gewerblichen Nutzung bereitgestellt werden.

(8) Im Rechtshilfeverkehr mit dem Ausland in strafrechtlichen Angelegenheiten und in der Zusammenarbeit mit dem Internationalen Strafgerichtshof wird eine Dokumentenpauschale nicht erhoben.

§ 5

(1) Für die Erhebung sonstiger Auslagen gilt § 137 Abs. 1 Nr. 1 bis 6, 9 bis 11 und 13 bis 15 der Kostenordnung entsprechend. Die Auslagen sind auch dann zu erheben, wenn eine Gebühr für die Amtshandlung nicht zum Ansatz kommt.

(2) Im Rechtshilfeverkehr mit dem Ausland in strafrechtlichen Angelegenheiten und in der Zusammenarbeit mit dem Internationalen Strafgerichtshof werden abweichend von Absatz 1 die Auslagen erhoben, die in den Nummern 9002 bis 9010, 9012 bis 9015 des Kostenverzeichnisses zum Gerichtskostengesetz bezeichnet sind. Auslagen, die durch eine für begründet befundene Beschwerde entstanden sind, werden nicht erhoben, soweit das Beschwerdeverfahren gebührenfrei ist.

(3) Für den Vollzug der Haft nach dem Gesetz über die internationale Rechtshilfe in Strafsachen oder nach dem IStGH-Gesetz werden Kosten erhoben. Maßgebend ist die Höhe des Haftkostenbeitrags, der nach Landesrecht von einem Gefangenen zu erheben ist.

(4) In den nach Absatz 2 Satz 1 und Absatz 3 bezeichneten Angelegenheiten werden Kosten nicht erhoben,
1. wenn nach § 75 des Gesetzes über die internationale Rechtshilfe in Strafsachen oder nach § 71 des IStGH-Gesetzes darauf verzichtet worden ist oder

Justizverwaltungskostenordnung – JVKostO

2. soweit Rahmenbeschlüsse des Rates der Europäischen Union oder völkerrechtliche Übereinkommen einen gegenseitigen Verzicht auf Kostenerstattung vorsehen.

Die §§ 57a und 87n Absatz 6 des Gesetzes über die internationale Rechtshilfe in Strafsachen bleiben unberührt.

§ 6

(1) Zur Zahlung der Gebühren und Auslagen, soweit nichts anderes bestimmt ist, ist verpflichtet:
1. derjenige, der die Amtshandlung veranlasst oder zu dessen Gunsten sie vorgenommen wird;
2. derjenige, der die Kosten durch eine vor der Behörde abgegebene oder ihr mitgeteilte Erklärung übernommen hat;
3. derjenige, der nach den Vorschriften des bürgerlichen Rechts für die Kostenschuld eines anderen kraft Gesetzes haftet;
4. derjenige, dem durch eine Entscheidung der Justizbehörde die Kosten auferlegt sind.

Die Jahresgebühr für die Führung des Unternehmensregisters schuldet jedes Unternehmen, das seine Rechnungslegungsunterlagen im Bundesanzeiger bekannt zu machen hat oder beim Betreiber des Bundesanzeigers zur Hinterlegung eingereicht hat, und jedes Unternehmen, das in dem betreffenden Kalenderjahr nach § 8b Abs. 2 Nr. 9 und 10, Abs. 3 Satz 1 Nr. 2 des Handelsgesetzbuchs selbst oder durch einen von ihm beauftragten Dritten Daten an das Unternehmensregister übermittelt hat.

(2) Mehrere Kostenschuldner haften als Gesamtschuldner.

(3) Im Rechtshilfeverkehr mit dem Ausland in strafrechtlichen Angelegenheiten und in der Zusammenarbeit mit dem Internationalen Strafgerichtshof haftet der Verfolgte oder Verurteilte nicht nach Absatz 1 Satz 1 Nummer 1. Die §§ 57a und 87n Absatz 6 des Gesetzes über die internationale Rechtshilfe in Strafsachen bleiben unberührt.

§ 7

(1) Die Gebühren werden, soweit nichts anderes bestimmt ist, mit der Beendigung der gebührenpflichtigen Amtshandlung, Auslagen sofort nach ihrer Entstehung fällig. Wenn eine Kostenentscheidung der Justizbehörde ergeht, werden entstandene Kosten mit deren Erlass, später entstehende Kosten sofort fällig.

(2) Die Behörde kann die Zahlung eines Kostenvorschusses verlangen. Sie kann die Vornahme der Amtshandlung von der Zahlung oder Sicherstellung des Vorschusses abhängig machen.

(3) Bescheinigungen, Ausfertigungen, Ablichtungen und Ausdrucke sowie zurückzugebende Urkunden, die aus Anlass der Amtshandlung eingereicht sind, können zurückbehalten werden, bis die in der Angelegenheit erwachsenen Kosten bezahlt sind.

§ 7a

(1) Für die Übermittlung gerichtlicher Entscheidungen in Form elektronisch auf Datenträgern gespeicherter Daten kann anstelle der zu erhebenden Auslagen durch öffentlich-rechtlichen Vertrag eine andere Art der Gegenleistung vereinbart werden, deren Wert den ansonsten zu erhebenden Auslagen entspricht.

Justizverwaltungskostenordnung – JVKostO

(2) Werden neben der Übermittlung gerichtlicher Entscheidungen zusätzliche Leistungen beantragt, insbesondere eine Auswahl der Entscheidungen nach besonderen Kriterien und entsteht hierdurch ein nicht unerheblicher Aufwand, so ist eine Gegenleistung durch öffentlich-rechtlichen Vertrag zu vereinbaren, die zur Deckung der anfallenden Aufwendungen ausreicht.

(3) Werden Entscheidungen für Zwecke verlangt, deren Verfolgung überwiegend im öffentlichen Interesse liegt, so kann auch eine niedrigere Gegenleistung vereinbart oder auf eine Gegenleistung verzichtet werden.

§ 7b

(1) Zur Zahlung der in Abschnitt 4 des Gebührenverzeichnisses bestimmten Gebühren ist derjenige verpflichtet, der den Abruf tätigt. Erfolgt der Abruf unter einer Kennung, die auf Grund der Anmeldung zum Abrufverfahren vergeben worden ist, ist Schuldner der Kosten derjenige, der sich zum Abrufverfahren angemeldet hat.

(2) Zur Zahlung der Gebühren nach den Nummern 701 und 702 des Gebührenverzeichnisses ist derjenige verpflichtet, unter dessen Kennung, die auf Grund der Anmeldung zum Abrufverfahren vergeben worden ist, der Abruf erfolgt ist.

§ 7c

Erfordert die Erteilung einer Auskunft für wissenschaftliche Forschungsvorhaben aus den vom Bundesamt für Justiz geführten Registern einen erheblichen Aufwand, ist eine Gegenleistung zu vereinbaren, welche die notwendigen Aufwendungen deckt. § 12 ist entsprechend anzuwenden.

§ 8

(1) Von der Zahlung der Gebühren sind befreit der Bund und die Länder sowie die nach den Haushaltsplänen des Bundes und der Länder für Rechnung des Bundes oder eines Landes verwalteten öffentlichen Anstalten und Kassen.

(2) Von der Zahlung der Gebühren sind auch ausländische Behörden im Geltungsbereich der Richtlinie 2006/123/EG des Europäischen Parlaments und des Rates vom 12. Dezember 2006 über Dienstleistungen im Binnenmarkt (ABl. L 376 vom 27.12.2006, S. 36) befreit, wenn sie auf der Grundlage des Kapitels VI der Richtlinie Auskunft aus den im vierten oder siebten Abschnitt des Gebührenverzeichnisses bezeichneten Registern oder Grundbüchern erhalten und wenn vergleichbaren inländischen Behörden für diese Auskunft Gebührenfreiheit zustände.

(3) Die sonstigen Vorschriften, durch die eine sachliche oder persönliche Kostenfreiheit gewährt wird, bleiben unberührt.

(4) Die Gebührenfreiheit entbindet, soweit nichts anderes bestimmt ist, nicht von der Verpflichtung zur Zahlung der Auslagen.

§ 9

Weder Gebühren noch Auslagen – ausgenommen Schreibauslagen nach § 4 – werden erhoben
1. für Amtshandlungen, die durch Anzeigen, Anträge und Beschwerden in Angelegenheiten der Strafverfolgung oder Strafvollstreckung, der Anordnung oder der

Justizverwaltungskostenordnung – JVKostO

Vollstreckung von Maßregeln der Besserung und Sicherung oder der Verfolgung einer Ordnungswidrigkeit oder der Vollstreckung einer gerichtlichen Bußgeldentscheidung veranlasst werden;
2. in Gnadensachen;
3. in Angelegenheiten nach dem Bundeszentralregistergesetz, ausgenommen für die Erteilung von Führungszeugnissen (Nummern 803 und 804 des Gebührenverzeichnisses);
4. in Gewerbezentralregisterangelegenheiten, ausgenommen für die Erteilung von Auskünften nach § 150 der Gewerbeordnung;
5. im Verfahren über Anträge nach dem Gesetz über die Entschädigung für Strafverfolgungsmaßnahmen sowie über Anträge auf Entschädigung für sonstige Nachteile, die jemandem ohne sein Verschulden aus einem Straf- oder Bußgeldverfahren erwachsen sind;
6. für die Tätigkeit der Staatsanwaltschaft im Aufgebotsverfahren.

§ 10

(aufgehoben)

§ 11

Gebühren und Auslagen, die bei richtiger Behandlung der Sache nicht entstanden wären, werden nicht erhoben.

§ 12

Die Behörde kann ausnahmsweise, wenn dies mit Rücksicht auf die wirtschaftlichen Verhältnisse des Zahlungspflichtigen oder sonst aus Billigkeitsgründen geboten erscheint, die Gebühren unter die Sätze des Gebührenverzeichnisses ermäßigen oder von der Erhebung der Kosten absehen.

§ 13

(1) Über Einwendungen gegen die Festsetzung und den Ansatz der Kosten oder gegen Maßnahmen gemäß § 7 Abs. 2, 3 entscheidet das Amtsgericht, in dessen Bezirk die Behörde ihren Sitz hat. Die §§ 1a und 14 Abs. 3 bis 10 der Kostenordnung gelten entsprechend.

(2) Auf gerichtliche Entscheidungen ist § 157a der Kostenordnung entsprechend anzuwenden.

§ 14

(1) Für die Verjährung der Kostenforderungen und der Ansprüche auf Rückzahlung zuviel gezahlter Kosten gilt § 17 der Kostenordnung entsprechend.

(2) Ansprüche auf Zahlung und Rückerstattung von Kosten werden nicht verzinst.

§ 15

(aufgehoben)

Justizverwaltungskostenordnung – JVKostO

Art. II Schlussbestimmungen Außerkrafttreten landesrechtlicher Vorschriften

§ 16

(1) Für Kosten, die vor dem Inkrafttreten einer Gesetzesänderung fällig geworden sind, gilt das bisherige Recht. Dies gilt auch, wenn Vorschriften geändert werden, auf die die Justizverwaltungskostenordnung verweist.

(2) Abweichend von Absatz 1 werden die Gebühren für Abrufe von Daten in Grundbuchangelegenheiten, in Angelegenheiten der Schiffsregister, des Schiffsbauregisters und des Registers für Pfandrechte an Luftfahrzeugen vor dem 1. Oktober 2009 nach den bis zu diesem Zeitpunkt geltenden Vorschriften erhoben.

§ 17

Für die Beschwerde finden die vor dem 1. Juli 2004 geltenden Vorschriften weiter Anwendung, wenn die anzufechtende Entscheidung vor dem 1. Juli 2004 der Geschäftsstelle übermittelt worden ist.

§ 18

Bis zum Erlass landesrechtlicher Vorschriften über die Höhe des Haftkostenbeitrags, der von einem Gefangenen zu erheben ist, ist § 5 Absatz 3 Satz 2 in der bis zum 27. Dezember 2010 geltenden Fassung anzuwenden.

§ 19

In Kraft bleiben die landesrechtlichen Vorschriften über die Gebühren für Schiedsmänner, Friedensrichter, Ortsgerichte, Schätzungsämter und ähnliche Stellen im Bereich der Justizverwaltung.

§ 20

(aufgehoben)

§ 21

(1) *(aufgehoben)*

(2) Soweit die Justizbehörden in Auslandsnachlaßsachen noch zur Aushändigung von Wertgegenständen zuständig sind, bleiben die landesrechtlichen Gebührenvorschriften in Kraft.

Anlage (zu § 2 Abs. 1)

Gebührenverzeichnis

Nr.	Gebührentatbestand	Gebührenbetrag
1. Beglaubigungen		
100	Beglaubigung von amtlichen Unterschriften für den Auslandsverkehr auf Urkunden, die keine rechtsgeschäftliche Erklärung enthalten, z.B. Patentschriften, Handelsregisterauszüge, Ernennungsurkunden	13,00 EUR
	Die Gebühr wird nur einmal erhoben, auch wenn eine weitere Beglaubigung durch die übergeordnete Justizbehörde erforderlich ist.	
101	Beglaubigung von amtlichen Unterschriften für den Auslandsverkehr auf sonstigen Urkunden	in Höhe der Gebühr nach § 45 Abs. 1 der Kostenordnung
	Die Gebühr wird nur einmal erhoben, auch wenn eine weitere Beglaubigung durch die übergeordnete Justizbehörde erforderlich ist.	
102	Beglaubigung von Ablichtungen, Ausdrucken, Auszügen und Dateien Die Gebühr wird nur erhoben, wenn die Beglaubigung beantragt ist; dies gilt nicht für Ausdrucke aus dem Unternehmensregister und für an deren Stelle tretende Dateien. Wird die Ablichtung oder der Ausdruck von der Behörde selbst hergestellt, so kommt die Dokumentenpauschale (§ 4) hinzu. Die Behörde kann vom Ansatz absehen, wenn die Beglaubigung für Zwecke verlangt wird, deren Verfolgung überwiegend im öffentlichen Interesse liegt.	0,50 EUR für jede angefangene Seite, mindestens 5,00 EUR
2. Sonstige Justizverwaltungsangelegenheiten mit Auslandsbezug		
(1) Gebühren nach den Nummern 200 bis 202 werden nur in Zivilsachen und in Angelegenheiten der freiwilligen Gerichtsbarkeit erhoben. Die Gebühren nach den Nummern 201 und 202 werden auch dann erhoben, wenn die Zustellung oder Rechtshilfehandlung wegen unbekannten Aufenthalts des Empfängers oder sonst Beteiligten oder aus ähnlichen Gründen nicht ausgeführt werden kann. In den Fällen der Nummern 201 und 202 werden Gebühren und Auslagen nicht erhoben, wenn die Gegenseitigkeit verbürgt ist. Die Bestimmungen der Staatsverträge bleiben unberührt.		
(2) Gebühren nach den Nummern 205 bis 207 werden auch erhoben, wenn die Bundeszentralstelle entsprechende Tätigkeiten aufgrund einer Rechtsverordnung nach § 2a Abs. 4 Satz 2 AdVermiG wahrnimmt.		
200	Prüfung von Rechtshilfeersuchen nach dem Ausland	10,00 bis 50,00 EUR
201	Erledigung von Zustellungsanträgen in ausländischen Rechtsangelegenheiten	10,00 bis 20,00 EUR

Justizverwaltungskostenordnung – JVKostO

Nr.	Gebührentatbestand	Gebührenbetrag
202	Erledigung von Rechtshilfeersuchen in ausländischen Rechtsangelegenheiten	10,00 bis 250,00 EUR
203	Befreiung von der Beibringung des Ehefähigkeitszeugnisses (§ 1309 BGB)	10,00 bis 300,00 EUR
204	Feststellung der Landesjustizverwaltung, dass die Voraussetzungen für die Anerkennung einer ausländischen Entscheidung vorliegen oder nicht vorliegen (§ 107 FamFG)	10,00 bis 300,00 EUR
	Die Gebühr wird auch erhoben, wenn die Entscheidung der Landesjustizverwaltung von dem Oberlandesgericht oder in der Rechtsbeschwerdeinstanz aufgehoben wird und das Gericht in der Sache selbst entscheidet. Die Landesjustizverwaltung entscheidet in diesem Fall über die Höhe der Gebühr erneut. Sie ist in diesem Fall so zu bemessen, als hätte die Landesjustizverwaltung die Feststellung selbst getroffen.	
205	Mitwirkung der Bundeszentralstelle für Auslandsadoption (§ 1 Abs. 1 AdÜbAG, § 2a Abs. 4 Satz 1 AdVermiG) bei Übermittlungen an die zentrale Behörde des Heimatstaates (§ 4 Abs. 6 AdÜbAG, § 2a Abs. 4 Satz 2 AdVermiG)	10,00 bis 150,00 EUR
	Die Gebühr wird in einem Adoptionsvermittlungsverfahren nur einmal erhoben.	
206	Bestätigung nach § 9 AdÜbAG	40,00 bis 100,00 EUR
207	Bescheinigungen nach § 7 Abs. 4 AdVermiG	40,00 bis 100,00 EUR
208	Unterstützungsleistungen der Zentralen Behörde nach Kapitel V des Haager Übereinkommens vom 13. Januar 2000 über den internationalen Schutz von Erwachsenen und nach dem Erwachsenenschutzübereinkommens-Ausführungsgesetz	10,00 bis 300,00 EUR
209	Unterstützungsleistungen des Bundesamts für Justiz als Zentrale Behörde nach dem Haager Kinderschutzübereinkommen gegenüber Trägern der elterlichen Verantwortung	10,00 bis 300,00 EUR

Justizverwaltungskostenordnung – JVKostO

Nr.	Gebührentatbestand	Gebührenbetrag
3. Registrierung nach dem Rechtsdienstleistungsgesetz		
300	Registrierung nach dem RDG	150,00 EUR
	Bei Registrierung einer juristischen Person oder einer Gesellschaft ohne Rechtspersönlichkeit wird mit der Gebühr auch die Eintragung einer qualifizierten Person in das Rechtsdienstleistungsregister abgegolten.	
301	Eintragung einer qualifizierten Person in das Rechtsdienstleistungsregister, wenn die Eintragung nicht durch die Gebühr 300 abgegolten ist:	
	je Person	150,00 EUR
302	Widerruf oder Rücknahme der Registrierung	75,00 EUR
4. Abruf von Daten in Handels-, Partnerschafts-, Genossenschafts- und Vereinsregisterangelegenheiten		

(1) Dieser Abschnitt gilt für den Abruf von Daten und Dokumenten aus dem vom Registergericht geführten Datenbestand. Für den Abruf von Daten in der Geschäftsstelle des Registergerichts bleibt § 90 KostO unberührt.

(2) Neben den Gebühren werden keine Auslagen erhoben.

(3) Die Gebühren für den Abruf werden am 15. Tag des auf den Abruf folgenden Monats fällig, sofern sie nicht über ein elektronisches Bezahlsystem sofort beglichen werden.

(4) Von den in § 380 Absatz 1 FamFG genannten Stellen werden Gebühren nach diesem Abschnitt nicht erhoben, wenn die Abrufe zum Zwecke der Erstattung eines vom Gericht geforderten Gutachtens erforderlich sind.

Nr.	Gebührentatbestand	Gebührenbetrag
400	Abruf von Daten aus dem Register:	
	je Registerblatt	4,50 EUR
401	Abruf von Dokumenten, die zum Register eingereicht wurden:	
	für jede abgerufene Datei	1,50 EUR

5. Unternehmensregister

Mit der Jahresgebühr nach den Nummern 500 bis 502 wird der gesamte Aufwand zur Führung des Unternehmensregisters mit Ausnahme der Übermittlung von Rechnungsunterlagen im Fall der Nummer 504 entgolten. Sie umfasst jedoch nicht den Aufwand für die Erteilung von Ausdrucken oder Ablichtungen, die Überlassung von elektronisch gespeicherten Dokumenten und die Beglaubigung von Ablichtungen, Ausdrucken, Auszügen und Dateien. Die Jahresgebühr wird jeweils am 31. Dezember des abgelaufenen Kalenderjahres fällig.

Nr.	Gebührentatbestand	Gebührenbetrag
500	Jahresgebühr für die Führung des Unternehmensregisters für jedes Kalenderjahr, wenn das Unternehmen bei der Offenlegung der Rechnungslegungsunterlagen die Erleichterungen nach § 326 HGB in Anspruch nehmen kann	3,00 EUR

Justizverwaltungskostenordnung – JVKostO

Nr.	Gebührentatbestand	Gebührenbetrag
	(1) Die Gebühr entsteht für jedes Kalenderjahr, für das ein Unternehmen die Rechnungslegungsunterlagen im Bundesanzeiger bekannt zu machen hat oder beim Betreiber des Bundesanzeigers hinterlegt hat. Dies gilt auch, wenn die bekannt zu machenden Unterlagen nur einen Teil des Kalenderjahres umfassen.	
	(2) Die Gebühr wird nicht erhoben, wenn für das Kalenderjahr eine Gebühr nach Nummer 502 entstanden ist.	
501	Das Unternehmen kann die Erleichterungen nach § 326 HGB nicht in Anspruch nehmen:	
	Die Gebühr 500 beträgt	6,00 EUR
502	Jahresgebühr für die Führung des Unternehmensregisters für jedes Kalenderjahr, in dem das Unternehmen nach § 8b Abs. 2 Nr. 9 und 10, Abs. 3 Satz 1 Nr. 2 HGB selbst oder durch einen von ihm beauftragten Dritten Daten an das Unternehmensregister übermittelt hat	30,00 EUR
503	Übertragung von Unterlagen der Rechnungslegung, die in Papierform zum Register eingereicht wurden, in ein elektronisches Dokument (§ 8b Abs. 4 Satz 2, § 9 Abs. 2 HGB und Artikel 61 Abs. 3 EGHGB):	
	für jede angefangene Seite	3,00 EUR – mindestens 30,00 EUR
	Die Gebühr wird für die Dokumente eines jeden Unternehmens gesondert erhoben. Mit der Gebühr wird auch die einmalige elektronische Übermittlung der Dokumente an den Antragsteller abgegolten.	
504	Übermittlung von Rechnungslegungsunterlagen einer Kleinstkapitalgesellschaft, die beim Bundesanzeiger hinter legt sind (§ 326 Abs. 2 HGB):	
	je übermittelter Bilanz	4,50 EUR
	Die Gebühren für die Übermittlung werden am 15. Tag des auf die Übermittlung folgenden Monats fällig, sofern sie nicht über ein elektronisches Bezahlsystem sofort beglichen werden.	

6. Ordnungsgeldverfahren des Bundesamts für Justiz

Wird ein Ordnungsgeldverfahren gegen mehrere Personen durchgeführt, werden die Gebühren von jeder Person gesondert erhoben.

Nr.	Gebührentatbestand	Gebührenbetrag
600	Durchführung eines Ordnungsgeldverfahrens nach § 335 HGB	50,00 EUR
601	Festsetzung eines zweiten und eines jeden weiteren Ordnungsgelds jeweils	50,00 EUR

Justizverwaltungskostenordnung – JVKostO

Nr.	Gebührentatbestand	Gebührenbetrag
7. Einrichtung und Nutzung des automatisierten Abrufverfahrens in Grundbuchangelegenheiten, in Angelegenheiten der Schiffsregister, des Schiffsbauregisters und des Registers für Pfandrechte an Luftfahrzeugen		
(1) Dieser Abschnitt gilt für den Abruf von Daten und Dokumenten aus dem vom Grundbuchamt oder dem Registergericht geführten Datenbestand. Für den Abruf von Daten in der Geschäftsstelle des Grundbuchamts oder des Registergerichts bleiben die §§ 74 und 90 KostO, auch i.V.m. § 102 Abs. 1 des Gesetzes über Rechte an Luftfahrzeugen, unberührt. Der Abruf von Daten aus den Verzeichnissen (§ 12a Abs. 1 GBO, § 31 Abs. 1, § 55 Satz 2 SchRegDV, §§ 10 und 11 Abs. 3 Satz 2 LuftRegV) und der Abruf des Zeitpunkts der letzten Änderung des Grundbuchs oder Registers ist gebührenfrei.		
(2) Neben den Gebühren werden keine Auslagen erhoben.		
700	Einrichtung für einen Empfänger, der am eingeschränkten Abrufverfahren teilnimmt (§ 133 Abs. 4 Satz 3 GBO, auch i.V.m. § 69 Abs. 1 Satz 2 SchRegDV).	50,00 EUR
	Mit der Gebühr für die erstmalige Einrichtung in einem Land sind auch weitere Einrichtungen in anderen Ländern abgegolten.	
701	Abruf von Daten aus dem Grundbuch oder Register: für jeden Abruf aus einem Grundbuch- oder Registerblatt	8,00 EUR
	Die Gebühren werden am 15. Tag des auf den Abruf folgenden Monats fällig, sofern sie nicht über ein elektronisches Bezahlsystem sofort beglichen werden.	
702	Abruf von Dokumenten, die zu den Grund- oder Registerakten genommen wurden: für jedes abgerufene Dokument	1,50 EUR
	Die Anmerkung zu Nummer 701 gilt entsprechend.	
8. Bescheinigungen, Zeugnisse und Auskünfte		
800	Bescheinigungen und schriftliche Auskünfte aus Akten und Büchern	10,00 EUR
801	Bescheinigungen über die Beurkundungsbefugnis eines Justizbeamten, die zum Gebrauch einer Urkunde im Ausland verlangt werden	10,00 EUR
	Die Gebühr wird nicht erhoben, wenn eine Beglaubigungsgebühr nach Nummer 100 oder Nummer 101 zum Ansatz kommt.	
802	Zeugnisse über das im Bund oder in den Ländern geltende Recht	10,00 bis 250,00 EUR
803	Führungszeugnis nach § 30 oder § 30a BZRG	13,00 EUR
804	Führungszeugnis nach § 30b BZRG	17,00 EUR
805	Auskunft nach § 150 der Gewerbeordnung	13,00 EUR

Justizverwaltungskostenordnung – JVKostO

Nr.	Gebührentatbestand	Gebührenbetrag
9. Schlichtung nach § 57a LuftVG		
900	Verfahrensgebühr Die Gebühr ist ausschließlich von dem Luftfahrtunternehmen zu erheben, wenn das Bundesamt für Justiz keine abweichende Entscheidung nach § 57a Abs. 3 Satz 2 LuftVG getroffen hat.	290,00 EUR

Kosten in berufsgerichtlichen Verfahren

1. Bundesrechtsanwaltsordnung – Auszug –

Zehnter Teil: Die Kosten in AnwaltssachenErster Abschnitt: Die Kosten in Verwaltungsverfahren der Rechtsanwaltskammern

§ 192 Erhebung von Gebühren und Auslagen

¹Die Rechtsanwaltskammer kann für Amtshandlungen nach diesem Gesetz, insbesondere für die Bearbeitung von Anträgen auf Zulassung zur Rechtsanwaltschaft und auf Bestellung eines Vertreters sowie für die Prüfung von Anträgen auf Erteilung der Erlaubnis zur Führung einer Fachanwaltsbezeichnung, zur Deckung des Verwaltungsaufwands Gebühren nach festen Sätzen und Auslagen erheben. ²Das Verwaltungskostengesetz findet mit der Maßgabe Anwendung, dass die allgemeinen Grundsätze für Kostenverordnungen (§§ 2 bis 7 des Verwaltungskostengesetzes) beim Erlass von Satzungen auf Grund des § 89 Abs. 2 Nr. 2 entsprechend gelten.Zweiter Abschnitt: Die Kosten in gerichtlichen Verfahren in verwaltungsrechtlichen Anwaltssachen

§ 193 Gerichtskosten

¹In verwaltungsrechtlichen Anwaltssachen werden Gebühren nach dem Gebührenverzeichnis der Anlage zu diesem Gesetz erhoben. ²Im Übrigen sind die für Kosten in Verfahren vor den Gerichten der Verwaltungsgerichtsbarkeit geltenden Vorschriften des Gerichtskostengesetzes entsprechend anzuwenden, soweit in diesem Abschnitt nichts anderes bestimmt ist.

§ 194 Streitwert

(1) ¹Der Streitwert bestimmt sich nach § 52 des Gerichtskostengesetzes. ²Er wird von Amts wegen festgesetzt.

(2) ¹In Verfahren, die Klagen auf Zulassung zur Rechtsanwaltschaft oder deren Rücknahme oder Widerruf betreffen, ist ein Streitwert von 50 000 Euro anzunehmen. ²Unter Berücksichtigung der Umstände des Einzelfalls, insbesondere des Umfangs und der Bedeutung der Sache sowie der Vermögens- und Einkommensverhältnisse des Klägers, kann das Gericht einen höheren oder einen niedrigeren Wert festsetzen.

(3) Die Festsetzung ist unanfechtbar; § 63 Abs. 3 des Gerichtskostengesetzes bleibt unberührt.Dritter Abschnitt: Die Kosten in dem anwaltsgerichtlichen Verfahren und in dem Verfahren bei Anträgen auf anwaltsgerichtliche Entscheidung gegen die Androhung oder die Festsetzung des Zwangsgeldes oder über die Rüge

§ 195 Gerichtskosten

¹Im anwaltsgerichtlichen Verfahren, im Verfahren über den Antrag auf Entscheidung des Anwaltsgerichts über die Rüge (§ 74a Abs. 1) und im Verfahren über den Antrag auf Entscheidung des Anwaltsgerichtshofs gegen die Androhung oder die Festsetzung eines Zwangsgelds (§ 57 Abs. 3) werden Gebühren nach dem Gebührenverzeichnis der Anlage zu diesem Gesetz erhoben. ²Im Übrigen sind die für Kosten in Strafsachen geltenden Vorschriften des Gerichtskostengesetzes entsprechend anzuwenden.

Kosten in berufsgerichtlichen Verfahren (BRAO)

§ 196 Kosten bei Anträgen auf Einleitung des anwaltsgerichtlichen Verfahrens

(1) Einem Rechtsanwalt, der einen Antrag auf gerichtliche Entscheidung über die Entschließung der Staatsanwaltschaft (§ 123 Abs. 2) zurücknimmt, sind die durch dieses Verfahren entstandenen Kosten aufzuerlegen.

(2) Wird ein Antrag des Vorstandes der Rechtsanwaltskammer auf gerichtliche Entscheidung in den Fällen des § 122 Abs. 2, 3, des § 150a oder des § 161a Abs. 2 verworfen, so sind die durch das Verfahren über den Antrag veranlaßten Kosten der Rechtsanwaltskammer aufzuerlegen.

§ 197 Kostenpflicht des Verurteilten

(1) [1]Dem Rechtsanwalt, der in dem anwaltsgerichtlichen Verfahren verurteilt wird, sind zugleich die in dem Verfahren entstandenen Kosten ganz oder teilweise aufzuerlegen. [2]Dasselbe gilt, wenn das anwaltsgerichtliche Verfahren wegen Erlöschens der Zulassung zur Rechtsanwaltschaft eingestellt wird und nach dem Ergebnis des bisherigen Verfahrens die Verhängung einer anwaltsgerichtlichen Maßnahme gerechtfertigt gewesen wäre; zu den Kosten des anwaltsgerichtlichen Verfahrens gehören in diesem Fall auch diejenigen, die in einem anschließenden Verfahren zum Zwecke der Beweissicherung (§§ 148, 149) entstehen. [3]Wird das Verfahren nach § 139 Abs. 3 Nr. 2 eingestellt, kann das Gericht dem Rechtsanwalt die in dem Verfahren entstandenen Kosten ganz oder teilweise auferlegen, wenn es dies für angemessen erachtet.

(2) [1]Dem Rechtsanwalt, der in dem anwaltsgerichtlichen Verfahren ein Rechtsmittel zurückgenommen oder ohne Erfolg eingelegt hat, sind zugleich die durch dieses Verfahren entstandenen Kosten aufzuerlegen. [2]Hatte das Rechtsmittel teilweise Erfolg, so kann dem Rechtsanwalt ein angemessener Teil dieser Kosten auferlegt werden.

(3) Für die Kosten, die durch einen Antrag auf Wiederaufnahme des durch ein rechtskräftiges Urteil abgeschlossenen Verfahrens verursacht worden sind, ist Absatz 2 entsprechend anzuwenden.

§ 197a Kostenpflicht in dem Verfahren bei Anträgen auf anwaltsgerichtliche Entscheidung gegen die Androhung oder die Festsetzung des Zwangsgelds oder über die Rüge

(1) [1]Wird der Antrag auf anwaltsgerichtliche Entscheidung gegen die Androhung oder die Festsetzung des Zwangsgelds oder über die Rüge als unbegründet zurückgewiesen, so ist § 197 Abs. 1 Satz 1 entsprechend anzuwenden. [2]Stellt das Anwaltsgericht fest, daß die Rüge wegen der Verhängung einer anwaltsgerichtlichen Maßnahme unwirksam ist (§ 74a Abs. 5 Satz 2) oder hebt es den Rügebescheid gemäß § 74a Abs. 3 Satz 2 auf, so kann es dem Rechtsanwalt die in dem Verfahren entstandenen Kosten ganz oder teilweise auferlegen, wenn es dies für angemessen erachtet.

(2) Nimmt der Rechtsanwalt den Antrag auf anwaltsgerichtliche Entscheidung zurück oder wird der Antrag als unzulässig verworfen, so gilt § 197 Abs. 2 Satz 1 entsprechend.

(3) [1]Wird die Androhung oder die Festsetzung des Zwangsgelds aufgehoben, so sind die notwendigen Auslagen des Rechtsanwalts der Rechtsanwaltskammer aufzuerlegen. [2]Das gleiche gilt, wenn der Rügebescheid, den Fall des § 74a Abs. 3 Satz 2

Kosten in berufsgerichtlichen Verfahren (BRAO)

ausgenommen, aufgehoben wird oder wenn die Unwirksamkeit der Rüge wegen eines Freispruchs des Rechtsanwalts im anwaltsgerichtlichen Verfahren oder aus den Gründen des § 115a Abs. 2 Satz 2 festgestellt wird (§ 74a Abs. 5 Satz 2).

§ 198 Haftung der Rechtsanwaltskammer

(1) Auslagen, die weder dem Rechtsanwalt noch einem Dritten auferlegt oder von dem Rechtsanwalt nicht eingezogen werden können, fallen der Rechtsanwaltskammer zur Last, welcher der Rechtsanwalt angehört.

(2) [1]In dem Verfahren vor dem Anwaltsgericht haftet die Rechtsanwaltskammer den Zeugen und Sachverständigen für die ihnen zustehende Entschädigung oder Vergütung in dem gleichen Umfang, in dem die Haftung der Staatskasse nach der Strafprozeßordnung begründet ist. [2]Bei weiterer Entfernung des Aufenthaltsorts der geladenen Personen ist ihnen auf Antrag ein Vorschuß zu bewilligen.

§ 199 Festsetzung der Kosten des Verfahrens vor dem Anwaltsgericht

(1) Die Kosten, die der Rechtsanwalt in dem Verfahren vor dem Anwaltsgericht zu tragen hat, werden von dem Vorsitzenden der Kammer des Anwaltsgerichts durch Beschluß festgesetzt.

(2) [1]Gegen den Festsetzungsbeschluß kann der Rechtsanwalt binnen einer Notfrist von zwei Wochen, die mit der Zustellung des Beschlusses beginnt, Erinnerung einlegen. [2]Über die Erinnerung entscheidet das Anwaltsgericht, dessen Vorsitzender den Beschluß erlassen hat. [3]Gegen die Entscheidung des Anwaltsgerichts kann der Rechtsanwalt sofortige Beschwerde einlegen. [4]Die Verfahren sind gebührenfrei. [5]Kosten werden nicht erstattet.

Anlage

(zu § 193 Satz 1 und § 195 Satz 1)

Gebührenverzeichnis

Teil 1   Anwaltsgerichtliche Verfahren

Abschnitt 1   Verfahren vor dem Anwaltsgericht

   Unterabschnitt 1   Anwaltsgerichtliches Verfahren erster Instanz

   Unterabschnitt 2   Antrag auf gerichtliche Entscheidung über die Rüge

Abschnitt 2   Verfahren vor dem Anwaltsgerichtshof

   Unterabschnitt 1   Berufung

   Unterabschnitt 2   Beschwerde

   Unterabschnitt 3   Antrag auf gerichtliche Entscheidung über die Androhung oder die Festsetzung eines Zwangsgelds

Kosten in berufsgerichtlichen Verfahren (BRAO)

Abschnitt 3 Verfahren vor dem Bundesgerichtshof
Unterabschnitt 1 Revision
Unterabschnitt 2 Beschwerde
Unterabschnitt 3 Verfahren wegen eines bei dem Bundesgerichtshof zugelassenen Rechtsanwalts

Abschnitt 4 Rüge wegen Verletzung des Anspruchs auf rechtliches Gehör

Teil 2 Gerichtliche Verfahren in verwaltungsrechtlichen Anwaltssachen

Abschnitt 1 Erster Rechtszug
Unterabschnitt 1 Anwaltsgerichtshof
Unterabschnitt 2 Bundesgerichtshof

Abschnitt 2 Zulassung und Durchführung der Berufung

Abschnitt 3 Vorläufiger Rechtsschutz
Unterabschnitt 1 Anwaltsgerichtshof
Unterabschnitt 2 Bundesgerichtshof als Rechtsmittelgericht in der Hauptsache
Unterabschnitt 3 Bundesgerichtshof

Abschnitt 4 Rüge wegen Verletzung des Anspruchs auf rechtliches Gehör

Nr.	Gebührentatbestand	Gebührenbetrag oder Satz der jeweiligen Gebühr 1110 bis 1112

Teil 1: Anwaltsgerichtliche Verfahren

Vorbemerkung 1:
(1) Im anwaltsgerichtlichen Verfahren bemessen sich die Gerichtsgebühren vorbehaltlich des Absatzes 2 für alle Rechtszüge nach der rechtskräftig verhängten Maßnahme.
(2) Wird ein Rechtsmittel oder ein Antrag auf anwaltsgerichtliche Entscheidung nur teilweise verworfen oder zurückgewiesen, so hat das Gericht die Gebühr zu ermäßigen, soweit es unbillig wäre, den Rechtsanwalt damit zu belasten.
(3) Im Verfahren nach Wiederaufnahme werden die gleichen Gebühren wie für das wiederaufgenommene Verfahren erhoben. Wird jedoch nach Anordnung der Wiederaufnahme des Verfahrens das frühere Urteil aufgehoben, gilt für die Gebührenerhebung jeder Rechtszug des neuen Verfahrens mit dem jeweiligen Rechtszug des früheren Verfahrens zusammen als ein Rechtszug. Gebühren werden auch für Rechtszüge erhoben, die nur im früheren Verfahren stattgefunden haben.

Kosten in berufsgerichtlichen Verfahren (BRAO)

Nr.	Gebührentatbestand	Gebührenbetrag oder Satz der jeweiligen Gebühr 1110 bis 1112
	Abschnitt 1: **Verfahren vor dem Anwaltsgericht**	
	Unterabschnitt 1: *Anwaltsgerichtliches Verfahren erster Instanz*	
1110	Verfahren mit Urteil bei Verhängung einer oder mehrerer der folgenden Maßnahmen: 1. einer Warnung, 2. eines Verweises, 3. einer Geldbuße............................	240,00 EUR
1111	Verfahren mit Urteil bei Verhängung eines Vertretungs- und Beistandsverbots nach § 114 Abs. 1 Nr. 4 der Bundesrechtsanwaltsordnung................	360,00 EUR
1112	Verfahren mit Urteil bei Ausschließung aus der Rechtsanwaltschaft	480,00 EUR
	Unterabschnitt 2: *Antrag auf gerichtliche Entscheidung über die Rüge*	
1120	Verfahren über den Antrag auf gerichtliche Entscheidung über die Rüge nach § 74a Abs. 1 der Bundesrechtsanwaltsordnung: Der Antrag wird verworfen oder zurückgewiesen	160,00 EUR
	Abschnitt 2: **Verfahren vor dem Anwaltsgerichtshof**	
	Unterabschnitt 1: *Berufung*	
1210	Berufungsverfahren mit Urteil	1,5
1211	Erledigung des Berufungsverfahrens ohne Urteil.....	0,5
	Die Gebühr entfällt bei Zurücknahme der Berufung vor Ablauf der Begründungsfrist.	

Kosten in berufsgerichtlichen Verfahren (BRAO)

Nr.	Gebührentatbestand	Gebührenbetrag oder Satz der jeweiligen Gebühr 1110 bis 1112
	Unterabschnitt 2 *Beschwerde*	
1220	Verfahren über Beschwerden im anwaltsgerichtlichen Verfahren, die nicht nach anderen Vorschriften gebührenfrei sind: Die Beschwerde wird verworfen oder zurückgewiesen	50,00 EUR
	Von dem Rechtsanwalt wird eine Gebühr nur erhoben, wenn gegen ihn rechtskräftig eine anwaltsgerichtliche Maßnahme verhängt worden ist.	
	Unterabschnitt 3: *Antrag auf gerichtliche Entscheidung über die Androhung oder die Festsetzung eines Zwangsgelds*	
1230	Verfahren über den Antrag auf gerichtliche Entscheidung über die Androhung oder die Festsetzung eines Zwangsgelds nach § 57 Abs. 3 der Bundesrechtsanwaltsordnung:	
	Der Antrag wird verworfen oder zurückgewiesen	200,00 EUR
	Abschnitt 3: **Verfahren vor dem Bundesgerichtshof**	
	Unterabschnitt 1: *Revision*	
1310	Revisionsverfahren mit Urteil oder mit Beschluss nach § 146 Abs. 3 Satz 1 der Bundesrechtsanwaltsordnung i.V.m. § 349 Abs. 2 oder Abs. 4 StPO	2,0
1311	Erledigung des Revisionsverfahrens ohne Urteil und ohne Beschluss nach § 146 Abs. 3 Satz 1 der Bundesrechtsanwaltsordnung i.V.m. § 349 Abs. 2 oder Abs. 4 StPO	1,0
	Die Gebühr entfällt bei Zurücknahme der Revision vor Ablauf der Begründungsfrist.	

Kosten in berufsgerichtlichen Verfahren (BRAO)

Nr.	Gebührentatbestand	Gebührenbetrag oder Satz der jeweiligen Gebühr 1110 bis 1112
	Unterabschnitt 2: *Beschwerde*	
1320	Verfahren über die Beschwerde gegen die Nichtzulassung der Revision:	
	Die Beschwerde wird verworfen oder zurückgewiesen	1,0
1321	Verfahren über sonstige Beschwerden im anwaltsgerichtlichen Verfahren, die nicht nach anderen Vorschriften gebührenfrei sind:	
	Die Beschwerde wird verworfen oder zurückgewiesen	50,00 EUR
	Von dem Rechtsanwalt wird eine Gebühr nur erhoben, wenn gegen ihn rechtskräftig eine anwaltsgerichtliche Maßnahme verhängt worden ist.	
	Unterabschnitt 3: *Verfahren wegen eines bei dem Bundesgerichtshof zugelassenen Rechtsanwalts*	
1330	Anwaltsgerichtliches Verfahren mit Urteil bei Verhängung einer Maßnahme........................	1,5
1331	Verfahren über den Antrag auf gerichtliche Entscheidung über die Androhung oder die Festsetzung eines Zwangsgelds nach § 57 Abs. 3 i.V.m. § 163 Satz 2 der Bundesrechtsanwaltsordnung:	
	Der Antrag wird verworfen oder zurückgewiesen	240,00 EUR
1332	Verfahren über den Antrag auf gerichtliche Entscheidung über die Rüge nach § 74a Abs. 1 i.V.m. § 163 Satz 2 der Bundesrechtsanwaltsordnung:	
	Der Antrag wird verworfen oder zurückgewiesen	240,00 EUR
	Abschnitt 4: **Rüge wegen Verletzung des Anspruchs auf rechtliches Gehör**	
1400	Verfahren über die Rüge wegen Verletzung des Anspruchs auf rechtliches Gehör:	
	Die Rüge wird in vollem Umfang verworfen oder zurückgewiesen................................	50,00 EUR

Kosten in berufsgerichtlichen Verfahren (BRAO)

Nr.	Gebührentatbestand	Gebührenbetrag oder Satz der jeweiligen Gebühr 1110 bis 1112

Teil 2:
Gerichtliche Verfahren in verwaltungsrechtlichen Anwaltssachen

Abschnitt 1:
Erster Rechtszug

Unterabschnitt 1:
Anwaltsgerichtshof

2110	Verfahren im Allgemeinen	4,0
2111	Beendigung des gesamten Verfahrens durch	
	1. Zurücknahme der Klage	
	a) vor dem Schluss der mündlichen Verhandlung,	
	b) wenn eine solche nicht stattfindet, vor Ablauf des Tages, an dem das Urteil, der Gerichtsbescheid oder der Beschluss in der Hauptsache der Geschäftsstelle übermittelt wird,	
	c) im Fall des § 112c Abs. 1 Satz 1 der Bundesrechtsanwaltsordnung i.V.m. § 93a Abs. 2 VwGO vor Ablauf der Erklärungsfrist nach § 93a Abs. 2 Satz 1 VwGO,	
	2. Anerkenntnis- oder Verzichtsurteil,	
	3. gerichtlichen Vergleich oder	
	4. Erledigungserklärungen nach § 112c Abs. 1 Satz 1 der Bundesrechtsanwaltsordnung i.V.m. § 161 Abs. 2 VwGO, wenn keine Entscheidung über die Kosten ergeht oder die Entscheidung einer zuvor mitgeteilten Einigung der Beteiligten über die Kostentragung oder der Kostenübernahmeerklärung eines Beteiligten folgt,	
	es sei denn, dass bereits ein anderes als eines der in Nummer 2 genannten Urteile, ein Gerichtsbescheid oder Beschluss in der Hauptsache vorausgegangen ist:	
	Die Gebühr 2110 ermäßigt sich auf	2,0
	Die Gebühr ermäßigt sich auch, wenn mehrere Ermäßigungstatbestände erfüllt sind.	

Kosten in berufsgerichtlichen Verfahren (BRAO)

Nr.	Gebührentatbestand	Gebührenbetrag oder Satz der jeweiligen Gebühr 1110 bis 1112
	Unterabschnitt 2 *Bundesgerichtshof*	
2120	Verfahren im Allgemeinen	5,0

2121	Beendigung des gesamten Verfahrens durch
	1. Zurücknahme der Klage
	   a) vor dem Schluss der mündlichen Verhandlung,
	   b) wenn eine solche nicht stattfindet, vor Ablauf des Tages, an dem das Urteil oder der Gerichtsbescheid der Geschäftsstelle übermittelt wird,
	   c) im Fall des § 112c Abs. 1 Satz 1 der Bundesrechtsanwaltsordnung i.V.m. § 93a Abs. 2 VwGO vor Ablauf der Erklärungsfrist nach § 93a Abs. 2 Satz 1 VwGO,
	2. Anerkenntnis- oder Verzichtsurteil,
	3. gerichtlichen Vergleich oder
	4. Erledigungserklärungen nach § 112c Abs. 1 Satz 1 der Bundesrechtsanwaltsordnung i.V.m. § 161 Abs. 2 VwGO, wenn keine Entscheidung über die Kosten ergeht oder die Entscheidung einer zuvor mitgeteilten Einigung der Beteiligten über die Kostentragung oder der Kostenübernahmeerklärung eines Beteiligten folgt,
	es sei denn, dass bereits ein anderes als eines der in Nummer 2 genannten Urteile, ein Gerichtsbescheid oder Beschluss in der Hauptsache vorausgegangen ist:
	Die Gebühr 2120 ermäßigt sich auf ....
	Die Gebühr ermäßigt sich auch, wenn mehrere Ermäßigungstatbestände erfüllt sind.
		
		3,0

	Abschnitt 2: ***Zulassung und Durchführung der Berufung***	
2200	Verfahren über die Zulassung der Berufung: Soweit der Antrag abgelehnt wird	1,0
2201	Verfahren über die Zulassung der Berufung: Soweit der Antrag zurückgenommen oder das Verfahren durch anderweitige Erledigung beendet wird	0,5

Kosten in berufsgerichtlichen Verfahren (BRAO)

Nr.	Gebührentatbestand	Gebührenbetrag oder Satz der jeweiligen Gebühr 1110 bis 1112
	Die Gebühr entsteht nicht, soweit die Berufung zugelassen wird.	
2202	Verfahren im Allgemeinen	5,0
2203	Beendigung des gesamten Verfahrens durch Zurücknahme der Berufung oder der Klage, bevor die Schrift zur Begründung der Berufung bei Gericht eingegangen ist:	
	Die Gebühr 2202 ermäßigt sich auf	1,0

Erledigungserklärungen nach § 112c Abs. 1 Satz 1 der Bundesrechtsanwaltsordnung i.V.m. § 161 Abs. 2 VwGO stehen der Zurücknahme gleich, wenn keine Entscheidung über die Kosten ergeht oder die Entscheidung einer zuvor mitgeteilten Einigung der Beteiligten über die Kostentragung oder der Kostenübernahmeerklärung eines Beteiligten folgt.

2204 Beendigung des gesamten Verfahrens, wenn nicht Nummer 2203 erfüllt ist, durch

    1. Zurücknahme der Berufung oder der Klage

       a) vor dem Schluss der mündlichen Verhandlung,

       b) wenn eine solche nicht stattfindet, vor Ablauf des Tages, an dem das Urteil oder der Beschluss in der Hauptsache der Geschäftsstelle übermittelt wird, oder

       c) im Fall des § 112c Abs. 1 Satz 1 der Bundesrechtsanwaltsordnung i.V.m. § 93a Abs. 2 VwGO vor Ablauf der Erklärungsfrist nach § 93a Abs. 2 Satz 1 VwGO,

    2. Anerkenntnis- oder Verzichtsurteil,

    3. gerichtlichen Vergleich oder

    4. Erledigungserklärungen nach § 112c Abs. 1 Satz 1 der Bundesrechtsanwaltsordnung i.V.m. § 161 Abs. 2 VwGO, wenn keine Entscheidung über die Kosten ergeht oder die Entscheidung einer zuvor mitgeteilten Einigung der Beteiligten über die Kostentragung oder der Kostenübernahmeerklärung eines Beteiligten folgt,

es sei denn, dass bereits ein anderes als eines der in Nummer 2 genannten Urteile oder ein Beschluss in der Hauptsache vorausgegangen ist:

Kosten in berufsgerichtlichen Verfahren (BRAO)

Nr.	Gebührentatbestand	Gebührenbetrag oder Satz der jeweiligen Gebühr 1110 bis 1112

| | Die Gebühr 2202 ermäßigt sich auf .... | 3,0 |

Die Gebühr ermäßigt sich auch, wenn mehrere Ermäßigungstatbestände erfüllt sind.

Abschnitt 3:
Vorläufiger Rechtsschutz

Vorbemerkung 2.3:
(1) Die Vorschriften dieses Abschnitts gelten für einstweilige Anordnungen und für Verfahren nach § 112c Abs. 1 Satz 1 der Bundesrechtsanwaltsordnung i.V.m. § 80 Abs. 5 und § 80a Abs. 3 VwGO.
(2) Im Verfahren über den Antrag auf Erlass und im Verfahren über den Antrag auf Aufhebung einer einstweiligen Anordnung werden die Gebühren jeweils gesondert erhoben. Mehrere Verfahren nach § 112c Abs. 1 Satz 1 der Bundesrechtsanwaltsordnung i.V.m. § 80 Abs. 5 und 7 und § 80a Abs. 3 VwGO gelten innerhalb eines Rechtszugs als ein Verfahren.

Unterabschnitt 1:
Anwaltsgerichtshof

2310	Verfahren im Allgemeinen	2,0
2311	Beendigung des gesamten Verfahrens durch	
	1. Zurücknahme des Antrags	
	a) vor dem Schluss der mündlichen Verhandlung oder,	
	b) wenn eine solche nicht stattfindet, vor Ablauf des Tages, an dem der Beschluss der Geschäftsstelle übermittelt wird,	
	2. gerichtlichen Vergleich oder	
	3. Erledigungserklärungen nach § 112c Abs. 1 Satz 1 der Bundesrechtsanwaltsordnung i.V.m. § 161 Abs. 2 VwGO, wenn keine Entscheidung über die Kosten ergeht oder die Entscheidung einer zuvor mitgeteilten Einigung der Beteiligten über die Kostentragung oder der Kostenübernahmeerklärung eines Beteiligten folgt,	
	es sei denn, dass bereits ein Beschluss über den Antrag vorausgegangen ist:	
	Die Gebühr 2310 ermäßigt sich auf	0,75

Die Gebühr ermäßigt sich auch, wenn mehrere Ermäßigungstatbestände erfüllt sind.

Kosten in berufsgerichtlichen Verfahren (BRAO)

Nr.	Gebührentatbestand	Gebührenbetrag oder Satz der jeweiligen Gebühr 1110 bis 1112

Unterabschnitt 2:
Bundesgerichtshof als Rechtsmittelgericht in der Hauptsache

2320 Verfahren im Allgemeinen 1,5

2331 Beendigung des gesamten Verfahrens durch
    1. Zurücknahme des Antrags
       a) vor dem Schluss der mündlichen Verhandlung oder,
       b) wenn eine solche nicht stattfindet, vor Ablauf des Tages, an dem der Beschluss der Geschäftsstelle übermittelt wird,
    2. gerichtlichen Vergleich oder
    3. Erledigungserklärungen nach § 112c Abs. 1 Satz 1 der Bundesrechtsanwaltsordnung i.V.m. § 161 Abs. 2 VwGO, wenn keine Entscheidung über die Kosten ergeht oder die Entscheidung einer zuvor mitgeteilten Einigung der Beteiligten über die Kostentragung oder der Kostenübernahmeerklärung eines Beteiligten folgt,

es sei denn, dass bereits ein Beschluss über den Antrag vorausgegangen ist:

Die Gebühr 2320 ermäßigt sich auf 0,5

Die Gebühr ermäßigt sich auch, wenn mehrere Ermäßigungstatbestände erfüllt sind.

Unterabschnitt 3:
Bundesgerichtshof

Vorbemerkung 2.3.3:
Die Vorschriften dieses Unterabschnitts gelten, wenn der Bundesgerichtshof auch in der Hauptsache erstinstanzlich zuständig ist.

2330 Verfahren im Allgemeinen 2,5

2331 Beendigung des gesamten Verfahrens durch
    1. Zurücknahme des Antrags
       a) vor dem Schluss der mündlichen Verhandlung oder,

Kosten in berufsgerichtlichen Verfahren (BRAO)

Nr.	Gebührentatbestand	Gebührenbetrag oder Satz der jeweiligen Gebühr 1110 bis 1112
	b) wenn eine solche nicht stattfindet, vor Ablauf des Tages, an dem der Beschluss der Geschäftsstelle übermittelt wird,	
	2. gerichtlichen Vergleich oder	
	3. Erledigungserklärungen nach § 112c Abs. 1 Satz 1 der Bundesrechtsanwaltsordnung i.V.m. § 161 Abs. 2 VwGO, wenn keine Entscheidung über die Kosten ergeht oder die Entscheidung einer zuvor mitgeteilten Einigung der Beteiligten über die Kostentragung oder der Kostenübernahmeerklärung eines Beteiligten folgt,	
	es sei denn, dass bereits ein Beschluss über den Antrag vorausgegangen ist:	
	Die Gebühr 2330 ermäßigt sich auf	1,0
	Die Gebühr ermäßigt sich auch, wenn mehrere Ermäßigungstatbestände erfüllt sind.	

Abschnitt 4:
Rüge wegen Verletzung des Anspruchs auf rechtliches Gehör

2400	Verfahren über die Rüge wegen Verletzung des Anspruchs auf rechtliches Gehör:	
	Die Rüge wird in vollem Umfang verworfen oder zurückgewiesen	50,00 EUR

Kosten in berufsgerichtlichen Verfahren (BNotO)

2. Bundesnotarordnung – Auszug –

§ 111f

[1]In verwaltungsrechtlichen Notarsachen werden Gebühren nach dem Gebührenverzeichnis der Anlage zu diesem Gesetz erhoben. [2]Im Übrigen sind die für Kosten in Verfahren vor den Gerichten der Verwaltungsgerichtsbarkeit geltenden Vorschriften des Gerichtskostengesetzes entsprechend anzuwenden, soweit in diesem Gesetz nichts anderes bestimmt ist.

§ 111g

(1) [1]Der Streitwert bestimmt sich nach § 52 des Gerichtskostengesetzes. [2]Er wird von Amts wegen festgesetzt.

(2) [1]In Verfahren, die Klagen auf Bestellung zum Notar oder die Ernennung zum Notarassessor, die Amtsenthebung, die Entfernung aus dem Amt oder vom bisherigen Amtssitz oder die Entlassung aus dem Anwärterdienst betreffen, ist ein Streitwert von 50 000 Euro anzunehmen. [2]Unter Berücksichtigung der Umstände des Einzelfalls, insbesondere des Umfangs und der Bedeutung der Sache sowie der Vermögens- und Einkommensverhältnisse des Klägers, kann das Gericht einen höheren oder einen niedrigeren Wert festsetzen.

(3) Die Festsetzung ist unanfechtbar; § 63 Abs. 3 des Gerichtskostengesetzes bleibt unberührt.

Anlage
(zu § 111f Satz 1)

Gebührenverzeichnis

Abschnitt 1   *Erster Rechtszug*

     Unterabschnitt 1   *Oberlandesgericht*

     Unterabschnitt 2   *Bundesgerichtshof*

Abschnitt 2   *Zulassung und Durchführung der Berufung*

Abschnitt 3   *Vorläufiger Rechtsschutz*

     Unterabschnitt 1   *Oberlandesgericht*

     Unterabschnitt 2   *Bundesgerichtshof als Rechtsmittelgericht in der Hauptsache*

     Unterabschnitt 3   *Bundesgerichtshof*

Abschnitt 4   *Rüge wegen Verletzung des Anspruchs auf rechtliches Gehör*

Kosten in berufsgerichtlichen Verfahren (BNotO)

Nr.	Gebührentatbestand	Gebührenbetrag oder Satz der Gebühr nach § 34 GKG
	Abschnitt 1: *Erster Rechtszug*	
	Unterabschnitt 1: *Oberlandesgericht*	
110	Verfahren im Allgemeinen	4,0

111	Beendigung des gesamten Verfahrens durch 1. Zurücknahme der Klage
	  a) vor dem Schluss der mündlichen Verhandlung,
	  b) wenn eine solche nicht stattfindet, vor Ablauf des Tages, an dem das Urteil, der Gerichtsbescheid oder der Beschluss in der Hauptsache der Geschäftsstelle übermittelt wird,
	  c) im Fall des § 111b Abs. 1 Satz 1 der Bundesnotarordnung i.V.m. § 93a Abs. 2 VwGO vor Ablauf der Erklärungsfrist nach § 93a Abs. 2 Satz 1 VwGO,
	2. Anerkenntnis- oder Verzichtsurteil,
	3. gerichtlichen Vergleich oder
	4. Erledigungserklärungen nach § 111b Abs. 1 Satz 1 der Bundesnotarordnung i.V.m. § 161 Abs. 2 VwGO, wenn keine Entscheidung über die Kosten ergeht oder die Entscheidung einer zuvor mitgeteilten Einigung der Beteiligten über die Kostentragung oder der Kostenübernahmeerklärung eines Beteiligten folgt,
	es sei denn, dass bereits ein anderes als eines der in Nummer 2 genannten Urteile, ein Gerichtsbescheid oder Beschluss in der Hauptsache vorausgegangen ist:
	Die Gebühr 110 ermäßigt sich auf ....
	<small>Die Gebühr ermäßigt sich auch, wenn mehrere Ermäßigungstatbestände erfüllt sind.</small>
		2,0

	Unterabschnitt 2: *Bundesgerichtshof*	
120	Verfahren im Allgemeinen	5,0

Kosten in berufsgerichtlichen Verfahren (BNotO)

Nr.	Gebührentatbestand	Gebührenbetrag oder Satz der Gebühr nach § 34 GKG

121	Beendigung des gesamten Verfahrens durch
	1. Zurücknahme der Klage
	   a) vor dem Schluss der mündlichen Verhandlung,
	   b) wenn eine solche nicht stattfindet, vor Ablauf des Tages, an dem das Urteil oder der Gerichtsbescheid der Geschäftsstelle übermittelt wird,
	   c) im Fall des § 111b Abs. 1 Satz 1 der Bundesnotarordnung i.V.m. § 93a Abs. 2 VwGO vor Ablauf der Erklärungsfrist nach § 93a Abs. 2 Satz 1 VwGO,
	2. Anerkenntnis- oder Verzichtsurteil,
	3. gerichtlichen Vergleich oder
	4. Erledigungserklärungen nach § 111b Abs. 1 Satz 1 der Bundesnotarordnung i.V.m. § 161 Abs. 2 VwGO, wenn keine Entscheidung über die Kosten ergeht oder die Entscheidung einer zuvor mitgeteilten Einigung der Beteiligten über die Kostentragung oder der Kostenübernahmeerklärung eines Beteiligten folgt,
	es sei denn, dass bereits ein anderes als eines der in Nummer 2 genannten Urteile, ein Gerichtsbescheid oder Beschluss in der Hauptsache vorausgegangen ist:
	Die Gebühr 120 ermäßigt sich auf ....
	Die Gebühr ermäßigt sich auch, wenn mehrere Ermäßigungstatbestände erfüllt sind.
		3,0

Abschnitt 2:
Zulassung und Durchführung der Berufung

200	Verfahren über die Zulassung der Berufung: Soweit der Antrag abgelehnt wird	1,0
201	Verfahren über die Zulassung der Berufung: Soweit der Antrag zurückgenommen oder das Verfahren durch anderweitige Erledigung beendet wird ..... Die Gebühr entsteht nicht, soweit die Berufung zugelassen wird.	0,5
202	Verfahren im Allgemeinen	5,0

Kosten in berufsgerichtlichen Verfahren (BNotO)

Nr.	Gebührentatbestand	Gebührenbetrag oder Satz der Gebühr nach § 34 GKG
203	Beendigung des gesamten Verfahrens durch Zurücknahme der Berufung oder der Klage, bevor die Schrift zur Begründung der Berufung bei Gericht eingegangen ist:	
	Die Gebühr 202 ermäßigt sich auf	1,0
	Erledigungserklärungen nach § 111b Abs. 1 Satz 1 der Bundesnotarordnung i.V.m. § 161 Abs. 2 VwGO stehen der Zurücknahme gleich, wenn keine Entscheidung über die Kosten ergeht oder die Entscheidung einer zuvor mitgeteilten Einigung der Beteiligten über die Kostentragung oder der Kostenübernahmeerklärung eines Beteiligten folgt.	
204	Beendigung des gesamten Verfahrens, wenn nicht Nummer 203 erfüllt ist, durch	
	1. Zurücknahme der Berufung oder der Klage	
	a) vor dem Schluss der mündlichen Verhandlung,	
	b) wenn eine solche nicht stattfindet, vor Ablauf des Tages, an dem das Urteil oder der Beschluss in der Hauptsache der Geschäftsstelle übermittelt wird, oder	
	c) im Fall des § 111b Abs. 1 Satz 1 der Bundesnotarordnung i.V.m. § 93a Abs. 2 VwGO vor Ablauf der Erklärungsfrist nach § 93a Abs. 2 Satz 1 VwGO,	
	2. Anerkenntnis- oder Verzichtsurteil,	
	3. gerichtlichen Vergleich oder	
	4. Erledigungserklärungen nach § 111b Abs. 1 Satz 1 der Bundesnotarordnung i.V.m. § 161 Abs. 2 VwGO, wenn keine Entscheidung über die Kosten ergeht oder die Entscheidung einer zuvor mitgeteilten Einigung der Beteiligten über die Kostentragung oder der Kostenübernahmeerklärung eines Beteiligten folgt,	
	es sei denn, dass bereits ein anderes als eines der in Nummer 2 genannten Urteile oder ein Beschluss in der Hauptsache vorausgegangen ist:	
	Die Gebühr 202 ermäßigt sich auf	3,0
	Die Gebühr ermäßigt sich auch, wenn mehrere Ermäßigungstatbestände erfüllt sind.	

Kosten in berufsgerichtlichen Verfahren (BNotO)

Nr.	Gebührentatbestand	Gebührenbetrag oder Satz der Gebühr nach § 34 GKG

Abschnitt 3:
Vorläufiger Rechtsschutz

Vorbemerkung 3:
(1) Die Vorschriften dieses Abschnitts gelten für einstweilige Anordnungen und für Verfahren nach § 111b Abs. 1 Satz 1 der Bundesnotarordnung i.V.m. § 80 Abs. 5 und § 80a Abs. 3 VwGO.
(2) Im Verfahren über den Antrag auf Erlass und im Verfahren über den Antrag auf Aufhebung einer einstweiligen Anordnung werden die Gebühren jeweils gesondert erhoben. Mehrere Verfahren nach § 111b Abs. 1 Satz 1 der Bundesnotarordnung i.V.m. § 80 Abs. 5 und 7 und § 80a Abs. 3 VwGO gelten innerhalb eines Rechtszugs als ein Verfahren.

Unterabschnitt 1:
Oberlandesgericht

310	Verfahren im Allgemeinen	2,0
311	Beendigung des gesamten Verfahrens durch	

1. Zurücknahme des Antrags
   a) vor dem Schluss der mündlichen Verhandlung oder,
   b) wenn eine solche nicht stattfindet, vor Ablauf des Tages, an dem der Beschluss der Geschäftsstelle übermittelt wird,
2. gerichtlichen Vergleich oder
3. Erledigungserklärungen nach § 111b Abs. 1 Satz 1 der Bundesnotarordnung i.V.m. § 161 Abs. 2 VwGO, wenn keine Entscheidung über die Kosten ergeht oder die Entscheidung einer zuvor mitgeteilten Einigung der Beteiligten über die Kostentragung oder der Kostenübernahmeerklärung eines Beteiligten folgt,

es sei denn, dass bereits ein Beschluss über den Antrag vorausgegangen ist:

	Die Gebühr 310 ermäßigt sich auf	0,75

Die Gebühr ermäßigt sich auch, wenn mehrere Ermäßigungstatbestände erfüllt sind.

Kosten in berufsgerichtlichen Verfahren (BNotO)

Nr.	Gebührentatbestand	Gebührenbetrag oder Satz der Gebühr nach § 34 GKG

Unterabschnitt 2:
Bundesgerichtshof als Rechtsmittelgericht in der Hauptsache

320	Verfahren im Allgemeinen	1,5
321	Beendigung des gesamten Verfahrens durch	

    1. Zurücknahme des Antrags

        a) vor dem Schluss der mündlichen Verhandlung oder,

        b) wenn eine solche nicht stattfindet, vor Ablauf des Tages, an dem der Beschluss der Geschäftsstelle übermittelt wird,

    2. gerichtlichen Vergleich oder

    3. Erledigungserklärungen nach § 111b Abs. 1 Satz 1 der Bundesnotarordnung i.V.m. § 161 Abs. 2 VwGO, wenn keine Entscheidung über die Kosten ergeht oder die Entscheidung einer zuvor mitgeteilten Einigung der Beteiligten über die Kostentragung oder der Kostenübernahmeerklärung eines Beteiligten folgt,

es sei denn, dass bereits ein Beschluss über den Antrag vorausgegangen ist:

	Die Gebühr 320 ermäßigt sich auf	0,5

Die Gebühr ermäßigt sich auch, wenn mehrere Ermäßigungstatbestände erfüllt sind.

Unterabschnitt 3:
Bundesgerichtshof

Vorbemerkung 3.3:
Die Vorschriften dieses Unterabschnitts gelten, wenn der Bundesgerichtshof auch in der Hauptsache erstinstanzlich zuständig ist.

330	Verfahren im Allgemeinen	2,5
331	Beendigung des gesamten Verfahrens durch	

    1. Zurücknahme des Antrags

        a) vor dem Schluss der mündlichen Verhandlung oder,

Kosten in berufsgerichtlichen Verfahren (BNotO/PAO)

Nr.	Gebührentatbestand	Gebührenbetrag oder Satz der Gebühr nach § 34 GKG
	b) wenn eine solche nicht stattfindet, vor Ablauf des Tages, an dem der Beschluss der Geschäftsstelle übermittelt wird,	
	2. gerichtlichen Vergleich oder	
	3. Erledigungserklärungen nach § 111b Abs. 1 Satz 1 der Bundesnotarordnung i.V.m. § 161 Abs. 2 VwGO, wenn keine Entscheidung über die Kosten ergeht oder die Entscheidung einer zuvor mitgeteilten Einigung der Beteiligten über die Kostentragung oder der Kostenübernahmeerklärung eines Beteiligten folgt,	
	es sei denn, dass bereits ein Beschluss über den Antrag vorausgegangen ist:	
	Die Gebühr 330 ermäßigt sich auf	1,0
	Die Gebühr ermäßigt sich auch, wenn mehrere Ermäßigungstatbestände erfüllt sind.	
	Abschnitt 4: *Rüge wegen Verletzung des Anspruchs auf rechtliches Gehör*	
400	Verfahren über die Rüge wegen Verletzung des Anspruchs auf rechtliches Gehör:	
	Die Rüge wird in vollem Umfang verworfen oder zurückgewiesen	50,00 EUR

3. Patentanwaltsordnung – Auszug –

**Achter Teil:
Die Kosten in Patentanwaltssachen**

**Erster Abschnitt:
Die Kosten in Verwaltungsverfahren der Patentanwaltskammer**

§ 145 Erhebung von Verwaltungsgebühren und Auslagen

Die Patentanwaltskammer kann für Amtshandlungen nach diesem Gesetz, insbesondere für die Bearbeitung von Anträgen auf Zulassung zur Patentanwaltschaft und auf Bestellung eines Vertreters, zur Deckung des Verwaltungsaufwands Gebühren nach festen Sätzen und Auslagen erheben. Das Verwaltungskostengesetz findet mit der Maßgabe

Kosten in berufsgerichtlichen Verfahren (PAO)

Anwendung, dass die allgemeinen Grundsätze für Kostenverordnungen (§§ 2 bis 7 des Verwaltungskostengesetzes) beim Erlass von Satzungen auf Grund des § 82 Absatz 2 Nummer 4 entsprechend gelten.

Zweiter Abschnitt:
Die Kosten in gerichtlichen Verfahren in verwaltungsrechtlichen Patentanwaltssachen

§ 146 Gerichtskosten

In verwaltungsrechtlichen Patentanwaltssachen werden Gebühren nach dem Gebührenverzeichnis der Anlage zu diesem Gesetz erhoben. Im Übrigen sind die für Kosten in Verfahren vor den Gerichten der Verwaltungsgerichtsbarkeit geltenden Vorschriften des Gerichtskostengesetzes entsprechend anzuwenden, soweit in diesem Abschnitt nichts anderes bestimmt ist.

§ 147 Streitwert

(1) Der Streitwert bestimmt sich nach § 52 des Gerichtskostengesetzes. Er wird von Amts wegen festgesetzt.

(2) In Verfahren, die Klagen auf Zulassung zur Patentanwaltschaft oder deren Rücknahme oder Widerruf betreffen, ist ein Streitwert von 50 000 Euro anzunehmen. Unter Berücksichtigung der Umstände des Einzelfalls, insbesondere des Umfangs und der Bedeutung der Sache sowie der Vermögens- und Einkommensverhältnisse des Klägers, kann das Gericht einen höheren oder einen niedrigeren Wert festsetzen.

(3) Die Festsetzung ist unanfechtbar; § 63 Absatz 3 des Gerichtskostengesetzes bleibt unberührt.

Dritter Abschnitt:
Die Kosten in dem berufsgerichtlichen Verfahren und in dem Verfahren bei Anträgen auf Entscheidung des Landgerichts gegen die Androhung oder die Festsetzung des Zwangsgelds oder über die Rüge

§ 148 Gerichtskosten

[1]Im berufsgerichtlichen Verfahren, im Verfahren über den Antrag auf Entscheidung des Landgerichts über die Rüge (§ 70a Abs. 1) und im Verfahren über den Antrag auf Entscheidung des Landgerichts gegen die Androhung oder die Festsetzung eines Zwangsgelds (§ 50 Abs. 3) werden Gebühren nach dem Gebührenverzeichnis der Anlage zu diesem Gesetz erhoben. [2]Im Übrigen sind die für Kosten in Strafsachen geltenden Vorschriften des Gerichtskostengesetzes entsprechend anzuwenden.

§ 149 Kosten bei Anträgen auf Einleitung des berufsgerichtlichen Verfahrens

(1) Einem Patentanwalt, der einen Antrag auf gerichtliche Entscheidung über die Entschließung der Staatsanwaltschaft (§ 108 Abs. 2) zurücknimmt, sind die durch dieses Verfahren entstandenen Kosten aufzuerlegen.

(2) Wird ein Antrag des Vorstands der Patentanwaltskammer auf gerichtliche Entscheidungen in dem Fall des § 107 Abs. 2 verworfen, so sind die durch das Verfahren über den Antrag veranlaßten Kosten der Patentanwaltskammer aufzuerlegen.

Kosten in berufsgerichtlichen Verfahren (PAO)

§ 150 Kostenpflicht des Verurteilten

(1) ¹Dem Patentanwalt, der in dem berufsgerichtlichen Verfahren verurteilt wird, sind zugleich die in dem Verfahren entstandenen Kosten ganz oder teilweise aufzuerlegen. ²Dasselbe gilt, wenn das berufsgerichtliche Verfahren wegen Erlöschens der Zulassung zur Patentanwaltschaft eingestellt wird und nach dem Ergebnis des bisherigen Verfahrens die Verhängung einer berufsgerichtlichen Maßnahme gerechtfertigt gewesen wäre; zu den Kosten des berufsgerichtlichen Verfahrens gehören in diesem Fall auch diejenigen, die in einem anschließenden Verfahren zum Zwecke der Beweissicherung (§§ 130, 131) entstehen. ³Wird das Verfahren nach § 123 Abs. 3 Nr. 2 eingestellt, kann das Gericht dem Patentanwalt die in dem Verfahren entstandenen Kosten ganz oder teilweise auferlegen, wenn es dies für angemessen erachtet.

(2) ¹Dem Patentanwalt, der in dem berufsgerichtlichen Verfahren ein Rechtsmittel zurückgenommen oder ohne Erfolg eingelegt hat, sind zugleich die durch dieses Verfahren entstandenen Kosten aufzuerlegen. ²Hatte das Rechtsmittel teilweise Erfolg, so kann dem Patentanwalt ein angemessener Teil dieser Kosten auferlegt werden.

(3) Für die Kosten, die durch einen Antrag auf Wiederaufnahme des durch ein rechtskräftiges Urteil abgeschlossenen Verfahrens verursacht worden sind, ist Absatz 2 entsprechend anzuwenden.

§ 150a Kostenpflicht in dem Verfahren bei Anträgen auf Entscheidung des Landgerichts gegen die Androhung oder die Festsetzung des Zwangsgelds oder über die Rüge

(1) ¹Wird der Antrag auf berufsgerichtliche Entscheidung gegen die Androhung oder die Festsetzung des Zwangsgelds oder über die Rüge als unbegründet zurückgewiesen, so ist § 150 Abs. 1 Satz 1 entsprechend anzuwenden. ²Stellt das Landgericht fest, daß die Rüge wegen der Verhängung einer berufsgerichtlichen Maßnahme unwirksam ist (§ 70a Abs. 5 Satz 2) oder hebt es den Rügebescheid gemäß § 70a Abs. 3 Satz 2 auf, so kann es dem Patentanwalt die in dem Verfahren entstandenen Kosten ganz oder teilweise auferlegen, wenn es dies für angemessen erachtet.

(2) Nimmt der Patentanwalt den Antrag auf Entscheidung des Landgerichts zurück oder wird der Antrag als unzulässig verworfen, so gilt § 150 Abs. 2 Satz 1 entsprechend.

(3) ¹Wird die Androhung oder die Festsetzung des Zwangsgelds aufgehoben, so sind die notwendigen Auslagen des Patentanwalts der Patentanwaltskammer aufzuerlegen. ²Das gleiche gilt, wenn der Rügebescheid, den Fall des § 70a Abs. 3 Satz 2 ausgenommen, aufgehoben wird oder wenn die Unwirksamkeit der Rüge wegen eines Freispruchs des Patentanwalts im berufsgerichtlichen Verfahren oder aus den Gründen des § 103 Abs. 2 Satz 2 festgestellt wird (§ 70a Abs. 5 Satz 2).

§ 151 Haftung der Patentanwaltskammer

Auslagen, die weder dem Patentanwalt noch einem Dritten auferlegt oder von dem Patentanwalt nicht eingezogen werden können, fallen der Patentanwaltskammer zur Last.

Anlage
(zu § 146 Satz 1 und § 148 Satz 1)

Gebührenverzeichnis

Teil 1 Berufsgerichtliches Verfahren

Abschnitt 1 Verfahren vor dem Landgericht

    Unterabschnitt 1   Berufsgerichtliches Verfahren erster Instanz

    Unterabschnitt 2   Antrag auf gerichtliche Entscheidung über die Androhung oder die Festsetzung eines Zwangsgelds oder über die Rüge

Abschnitt 2 Verfahren vor dem Oberlandesgericht

    Unterabschnitt 1   Berufung

    Unterabschnitt 2   Beschwerde

Abschnitt 3 Verfahren vor dem Bundesgerichtshof

    Unterabschnitt 1   Revision

    Unterabschnitt 2   Beschwerde

Abschnitt 4 Rüge wegen Verletzung des Anspruchs auf rechtliches Gehör

Teil 2 Gerichtliche Verfahren in verwaltungsrechtlichen Patentanwaltssachen

Abschnitt 1 Erster Rechtszug

    Unterabschnitt 1   Oberlandesgericht

    Unterabschnitt 2   Bundesgerichtshof

Abschnitt 2 Zulassung und Durchführung der Berufung

Abschnitt 3 Vorläufiger Rechtsschutz

    Unterabschnitt 1   Oberlandesgericht

    Unterabschnitt 2   Bundesgerichtshof als Rechtsmittelinstanz in der Hauptsache

    Unterabschnitt 3   Bundesgerichtshof

Abschnitt 4 Rüge wegen Verletzung des Anspruchs auf rechtliches Gehör

Kosten in berufsgerichtlichen Verfahren (PAO)

Nr.	Gebührentatbestand	Gebührenbetrag oder Satz der jeweiligen Gebühr 1110 und 1111

Teil 1: Berufsgerichtliches Verfahren

Vorbemerkung 1:
(1) Im berufsgerichtlichen Verfahren bemessen sich die Gerichtsgebühren vorbehaltlich des Absatzes 2 für alle Rechtszüge nach der rechtskräftig verhängten Maßnahme.
(2) Wird ein Rechtsmittel oder ein Antrag auf berufsgerichtliche Entscheidung nur teilweise verworfen oder zurückgewiesen, so hat das Gericht die Gebühr zu ermäßigen, soweit es unbillig wäre, den Patentanwalt damit zu belasten.
(3) Im Verfahren nach Wiederaufnahme werden die gleichen Gebühren wie für das wiederaufgenommene Verfahren erhoben. Wird jedoch nach Anordnung der Wiederaufnahme des Verfahrens das frühere Urteil aufgehoben, gilt für die Gebührenerhebung jeder Rechtszug des neuen Verfahrens mit dem jeweiligen Rechtszug des früheren Verfahrens zusammen als ein Rechtszug. Gebühren werden auch für Rechtszüge erhoben, die nur im früheren Verfahren stattgefunden haben.

Abschnitt 1:
Verfahren vor dem Landgericht

Unterabschnitt 1:
Berufsgerichtliches Verfahren erster Instanz

1110	Verfahren mit Urteil bei Verhängung einer oder mehrerer der folgenden Maßnahmen:	
	1. einer Warnung,	
	2. eines Verweises,	
	3. einer Geldbuße..........................	240,00 EUR
1111	Verfahren mit Urteil bei Ausschließung aus der Patentanwaltschaft	480,00 EUR

Unterabschnitt 2:
Antrag auf gerichtliche Entscheidung über die Androhung oder die Festsetzung eines Zwangsgelds oder über die Rüge

1120	Verfahren über den Antrag auf gerichtliche Entscheidung über die Androhung oder die Festsetzung eines Zwangsgelds nach § 50 Abs. 3 der Patentanwaltsordnung:	
	Der Antrag wird verworfen oder zurückgewiesen	160,00 EUR
1121	Verfahren über den Antrag auf gerichtliche Entscheidung über die Rüge nach § 70a Abs. 1 der Patentanwaltsordnung:	
	Der Antrag wird verworfen oder zurückgewiesen	160,00 EUR

Kosten in berufsgerichtlichen Verfahren (PAO)

Nr.	Gebührentatbestand	Gebührenbetrag oder Satz der jeweiligen Gebühr 1110 und 1111
	Abschnitt 2: *Verfahren vor dem Oberlandesgericht*	
	Unterabschnitt 1: Berufung	
1210	Berufungsverfahren mit Urteil	1,5
1211	Erledigung des Berufungsverfahrens ohne Urteil	0,5
	Die Gebühr entfällt bei Zurücknahme der Berufung vor Ablauf der Begründungsfrist.	
	Unterabschnitt 2: Beschwerde	
1220	Verfahren über Beschwerden im berufsgerichtlichen Verfahren, die nicht nach anderen Vorschriften gebührenfrei sind:	
	Die Beschwerde wird verworfen oder zurückgewiesen	50,00 EUR
	Von dem Patentanwalt wird eine Gebühr nur erhoben, wenn gegen ihn rechtskräftig eine berufsgerichtliche Maßnahme verhängt worden ist.	
	Abschnitt 3: *Verfahren vor dem Bundesgerichtshof*	
	Unterabschnitt 1: Revision	
1310	Revisionsverfahren mit Urteil oder mit Beschluss nach § 128 Abs. 3 Satz 1 der Patentanwaltsordnung i.V.m. § 349 Abs. 2 oder Abs. 4 StPO	2,0
1311	Erledigung des Revisionsverfahrens ohne Urteil und ohne Beschluss nach § 128 Abs. 3 Satz 1 der Patentanwaltsordnung i.V.m. § 349 Abs. 2 oder Abs. 4 StPO .	1,0
	Die Gebühr entfällt bei Zurücknahme der Revision vor Ablauf der Begründungsfrist.	

Kosten in berufsgerichtlichen Verfahren (PAO)

Nr.	Gebührentatbestand	Gebührenbetrag oder Satz der jeweiligen Gebühr 1110 und 1111
	Unterabschnitt 2: *Beschwerde*	
1320	Verfahren über die Beschwerde gegen die Nichtzulassung der Revision:	
	Die Beschwerde wird verworfen oder zurückgewiesen	1,0
1321	Verfahren über sonstige Beschwerden im berufsgerichtlichen Verfahren, die nicht nach anderen Vorschriften gebührenfrei sind:	
	Die Beschwerde wird verworfen oder zurückgewiesen	50,00 EUR
	Von dem Patentanwalt wird eine Gebühr nur erhoben, wenn gegen ihn rechtskräftig eine berufsgerichtliche Maßnahme verhängt worden ist.	
	Abschnitt 4: ***Rüge wegen Verletzung des Anspruchs auf rechtliches Gehör***	
1400	Verfahren über die Rüge wegen Verletzung des Anspruchs auf rechtliches Gehör:	
	Die Rüge wird in vollem Umfang verworfen oder zurückgewiesen	50,00 EUR

Teil 2:
Gerichtliche Verfahren in verwaltungsrechtlichen Patentanwaltssachen

Nr.	Gebührentatbestand	Gebührenbetrag oder Satz der jeweiligen Gebühr nach § 34 GKG
	Abschnitt 1: ***Erster Rechtszug***	
	Unterabschnitt 1: *Oberlandesgericht*	
2110	Verfahren im Allgemeinen	4,0

Kosten in berufsgerichtlichen Verfahren (PAO)

Nr.	Gebührentatbestand	Gebührenbetrag oder Satz der jeweiligen Gebühr nach § 34 GKG

2111	Beendigung des gesamten Verfahrens durch
	1. Zurücknahme der Klage
	   a) vor dem Schluss der mündlichen Verhandlung,
	   b) wenn eine solche nicht stattfindet, vor Ablauf des Tages, an dem das Urteil, der Gerichtsbescheid oder der Beschluss in der Hauptsache der Geschäftsstelle übermittelt wird,
	   c) im Fall des § 94b Abs. 1 Satz 1 PAO i.V.m. § 93a Abs. 2 VwGO vor Ablauf der Erklärungsfrist nach § 93a Abs. 2 Satz 1 VwGO,
	2. Anerkenntnis- oder Verzichtsurteil,
	3. gerichtlichen Vergleich oder
	4. Erledigungserklärungen nach § 94b Abs. 1 Satz 1 PAO i.V.m. § 161 Abs. 2 VwGO, wenn keine Entscheidung über die Kosten ergeht oder die Entscheidung einer zuvor mitgeteilten Einigung der Beteiligten über die Kostentragung oder der Kostenübernahmeerklärung eines Beteiligten folgt,
	es sei denn, dass bereits ein anderes als eines der in Nummer 2 genannten Urteile, ein Gerichtsbescheid oder Beschluss in der Hauptsache vorausgegangen ist:
	Die Gebühr 2110 ermäßigt sich auf ....
	
	Die Gebühr ermäßigt sich auch, wenn mehrere Ermäßigungstatbestände erfüllt sind.
		2,0

Unterabschnitt 2:
Bundesgerichtshof

2120	Verfahren im Allgemeinen	5,0

2121	Beendigung des gesamten Verfahrens durch
	1. Zurücknahme der Klage
	   a) vor dem Schluss der mündlichen Verhandlung,
	   b) wenn eine solche nicht stattfindet, vor Ablauf des Tages, an dem das Urteil oder der Gerichtsbescheid der Geschäftsstelle übermittelt wird,	

Kosten in berufsgerichtlichen Verfahren (PAO)

Nr.	Gebührentatbestand	Gebührenbetrag oder Satz der jeweiligen Gebühr nach § 34 GKG
	c) im Fall des § 94b Abs. 1 Satz 1 PAO i.V.m. § 93a Abs. 2 VwGO vor Ablauf der Erklärungsfrist nach § 93a Abs. 2 Satz 1 VwGO, 2. Anerkenntnis- oder Verzichtsurteil, 3. gerichtlichen Vergleich oder 4. Erledigungserklärungen nach § 94b Abs. 1 Satz 1 PAO i.V.m. § 161 Abs. 2 VwGO, wenn keine Entscheidung über die Kosten ergeht oder die Entscheidung einer zuvor mitgeteilten Einigung der Beteiligten über die Kostentragung oder der Kostenübernahmeerklärung eines Beteiligten folgt, es sei denn, dass bereits ein anderes als eines der in Nummer 2 genannten Urteile, ein Gerichtsbescheid oder Beschluss in der Hauptsache vorausgegangen ist: Die Gebühr 2120 ermäßigt sich auf	3,0
	Die Gebühr ermäßigt sich auch, wenn mehrere Ermäßigungstatbestände erfüllt sind.	
	Abschnitt 2: ***Zulassung und Durchführung der Berufung***	
2200	Verfahren über die Zulassung der Berufung: Soweit der Antrag abgelehnt wird	1,0
2201	Verfahren über die Zulassung der Berufung: Soweit der Antrag zurückgenommen oder das Verfahren durch anderweitige Erledigung beendet wird	0,5
	Die Gebühr entsteht nicht, soweit die Berufung zugelassen wird.	
2202	Verfahren im Allgemeinen	5,0
2203	Beendigung des gesamten Verfahrens durch Zurücknahme der Berufung oder der Klage, bevor die Schrift zur Begründung der Berufung bei Gericht eingegangen ist: Die Gebühr 2202 ermäßigt sich auf	1,0
	Erledigungserklärungen nach § 94b Abs. 1 Satz 1 PAO i.V.m. § 161 Abs. 2 VwGO stehen der Zurücknahme gleich, wenn keine Entscheidung über die Kosten ergeht oder die Entschei-	

Kosten in berufsgerichtlichen Verfahren (PAO)

Nr.	Gebührentatbestand	Gebührenbetrag oder Satz der jeweiligen Gebühr nach § 34 GKG
	dung einer zuvor mitgeteilten Einigung der Beteiligten über die Kostentragung oder der Kostenübernahmeerklärung eines Beteiligten folgt.	
2204	Beendigung des gesamten Verfahrens, wenn nicht Nummer 2203 erfüllt ist, durch	
	1. Zurücknahme der Berufung oder der Klage	
	a) vor dem Schluss der mündlichen Verhandlung,	
	b) wenn eine solche nicht stattfindet, vor Ablauf des Tages, an dem das Urteil oder der Beschluss in der Hauptsache der Geschäftsstelle übermittelt wird, oder	
	c) im Fall des § 94b Abs. 1 Satz 1 PAO i.V.m. § 93a Abs. 2 VwGO vor Ablauf der Erklärungsfrist nach § 93a Abs. 2 Satz 1 VwGO,	
	2. Anerkenntnis- oder Verzichtsurteil,	
	3. gerichtlichen Vergleich oder	
	4. Erledigungserklärungen nach § 94b Abs. 1 Satz 1 PAO i.V.m. § 161 Abs. 2 VwGO, wenn keine Entscheidung über die Kosten ergeht oder die Entscheidung einer zuvor mitgeteilten Einigung der Beteiligten über die Kostentragung oder der Kostenübernahmeerklärung eines Beteiligten folgt,	
	es sei denn, dass bereits ein anderes als eines der in Nummer 2 genannten Urteile oder ein Beschluss in der Hauptsache vorausgegangen ist:	
	Die Gebühr 2202 ermäßigt sich auf	3,0
	Die Gebühr ermäßigt sich auch, wenn mehrere Ermäßigungstatbestände erfüllt sind.	

Abschnitt 3:
Vorläufiger Rechtsschutz

Vorbemerkung 2.3:

(1) Die Vorschriften dieses Abschnitts gelten für einstweilige Anordnungen und für Verfahren nach § 94b Abs. 1 Satz 1 PAO i.V.m. § 80 Abs. 5 und § 80a Abs. 3 VwGO.

(2) Im Verfahren über den Antrag auf Erlass und im Verfahren über den Antrag auf Aufhebung einer einstweiligen Anordnung werden die Gebühren jeweils gesondert erhoben. Mehrere Verfahren nach § 94b Abs. 1 Satz 1 PAO i.V.m. § 80 Abs. 5 und 7 und § 80a Abs. 3 VwGO gelten innerhalb eines Rechtszugs als ein Verfahren.

Kosten in berufsgerichtlichen Verfahren (PAO)

Nr.	Gebührentatbestand	Gebührenbetrag oder Satz der jeweiligen Gebühr nach § 34 GKG
	Unterabschnitt 1: *Oberlandesgericht*	
2310	Verfahren im Allgemeinen	2,0
2311	Beendigung des gesamten Verfahrens durch	
	1. Zurücknahme des Antrags	
	a) vor dem Schluss der mündlichen Verhandlung oder,	
	b) wenn eine solche nicht stattfindet, vor Ablauf des Tages, an dem der Beschluss der Geschäftsstelle übermittelt wird,	
	2. gerichtlichen Vergleich oder	
	3. Erledigungserklärungen nach § 94b Abs. 1 Satz 1 PAO i.V.m. § 161 Abs. 2 VwGO, wenn keine Entscheidung über die Kosten ergeht oder die Entscheidung einer zuvor mitgeteilten Einigung der Beteiligten über die Kostentragung oder der Kostenübernahmeerklärung eines Beteiligten folgt,	
	es sei denn, dass bereits ein Beschluss über den Antrag vorausgegangen ist:	
	Die Gebühr 2310 ermäßigt sich auf	0,75
	Die Gebühr ermäßigt sich auch, wenn mehrere Ermäßigungstatbestände erfüllt sind.	
	Unterabschnitt 2: *Bundesgerichtshof als Rechtsmittelgericht in der Hauptsache*	
2320	Verfahren im Allgemeinen	1,5
2321	Beendigung des gesamten Verfahrens durch	
	1. Zurücknahme des Antrags	
	a) vor dem Schluss der mündlichen Verhandlung oder,	
	b) wenn eine solche nicht stattfindet, vor Ablauf des Tages, an dem der Beschluss der Geschäftsstelle übermittelt wird,	
	2. gerichtlichen Vergleich oder	
	3. Erledigungserklärungen nach § 94b Abs. 1 Satz 1 PAO i.V.m. § 161 Abs. 2 VwGO, wenn keine Ent-	

Kosten in berufsgerichtlichen Verfahren (PAO)

Nr.	Gebührentatbestand	Gebührenbetrag oder Satz der jeweiligen Gebühr nach § 34 GKG

scheidung über die Kosten ergeht oder die Entscheidung einer zuvor mitgeteilten Einigung der Beteiligten über die Kostentragung oder der Kostenübernahmeerklärung eines Beteiligten folgt,

es sei denn, dass bereits ein Beschluss über den Antrag vorausgegangen ist:

Die Gebühr 2320 ermäßigt sich auf 0,5

Die Gebühr ermäßigt sich auch, wenn mehrere Ermäßigungstatbestände erfüllt sind.

Unterabschnitt 3:
Bundesgerichtshof

Vorbemerkung 2.3.3:
Die Vorschriften dieses Unterabschnitts gelten, wenn der Bundesgerichtshof auch in der Hauptsache erstinstanzlich zuständig ist.

2330 Verfahren im Allgemeinen 2,5

2331 Beendigung des gesamten Verfahrens durch
1. Zurücknahme des Antrags
   a) vor dem Schluss der mündlichen Verhandlung oder,
   b) wenn eine solche nicht stattfindet, vor Ablauf des Tages, an dem der Beschluss der Geschäftsstelle übermittelt wird,
2. gerichtlichen Vergleich oder
3. Erledigungserklärungen nach § 94b Abs. 1 Satz 1 PAO i.V.m. § 161 Abs. 2 VwGO, wenn keine Entscheidung über die Kosten ergeht oder die Entscheidung einer zuvor mitgeteilten Einigung der Beteiligten über die Kostentragung oder der Kostenübernahmeerklärung eines Beteiligten folgt,

es sei denn, dass bereits ein Beschluss über den Antrag vorausgegangen ist:

Die Gebühr 2330 ermäßigt sich auf 1,0

Die Gebühr ermäßigt sich auch, wenn mehrere Ermäßigungstatbestände erfüllt sind.

Kosten in berufsgerichtlichen Verfahren (PAO)

Nr.	Gebührentatbestand	Gebührenbetrag oder Satz der jeweiligen Gebühr nach § 34 GKG
	Abschnitt 4: *** ***	
	Rüge wegen Verletzung des Anspruchs auf rechtliches Gehör	
2400	Verfahren über die Rüge wegen Verletzung des Anspruchs auf rechtliches Gehör:	
	Die Rüge wird in vollem Umfang verworfen oder zurückgewiesen	50,00 EUR

Lohnpfändungstabellen

für

Monats-, Wochen- und Tageseinkommen

Stand 1.7.2013

unter Berücksichtigung des Siebten Gesetzes zur Änderung der Pfändungsfreigrenzen vom 13.12.2001 (BGBl. I S. 3638) sowie der Bekanntmachung zu § 850c der Zivilprozessordnung (Pfändungsfreigrenzenbekanntmachung 2013) vom 26.2.2013 (BGBl. I S. 710).

Hinweis: Erläuterungen zu den Tabellen und zur Berechnung der Erhöhung der Pfändungsfreibeträge zum 1.7.2013 siehe S. 529 ff.

Pfändungstabellen bei Monatseinkommen

Nettolohn monatlich	Pfändbarer Betrag bei Unterhaltspflicht für ... Personen					
	0	1	2	3	4	5 und mehr
	in Euro					
bis 1 049,99	–	–	–	–	–	–
1 050,00 bis 1 059,99	3,47	–	–	–	–	–
1 060,00 bis 1 069,99	10,47	–	–	–	–	–
1 070,00 bis 1 079,99	17,47	–	–	–	–	–
1 080,00 bis 1 089,99	24,47	–	–	–	–	–
1 090,00 bis 1 099,99	31,47	–	–	–	–	–
1 100,00 bis 1 109,99	38,47	–	–	–	–	–
1 110,00 bis 1 119,99	45,47	–	–	–	–	–
1 120,00 bis 1 129,99	52,47	–	–	–	–	–
1 130,00 bis 1 139,99	59,47	–	–	–	–	–
1 140,00 bis 1 149,99	66,47	–	–	–	–	–
1 150,00 bis 1 159,99	73,47	–	–	–	–	–
1 160,00 bis 1 169,99	80,47	–	–	–	–	–
1 170,00 bis 1 179,99	87,47	–	–	–	–	–
1 180,00 bis 1 189,99	94,47	–	–	–	–	–
1 190,00 bis 1 199,99	101,47	–	–	–	–	–
1 200,00 bis 1 209,99	108,47	–	–	–	–	–
1 210,00 bis 1 219,99	115,47	–	–	–	–	–
1 220,00 bis 1 229,99	122,47	–	–	–	–	–
1 230,00 bis 1 239,99	129,47	–	–	–	–	–
1 240,00 bis 1 249,99	136,47	–	–	–	–	–
1 250,00 bis 1 259,99	143,47	–	–	–	–	–
1 260,00 bis 1 269,99	150,47	–	–	–	–	–
1 270,00 bis 1 279,99	157,47	–	–	–	–	–
1 280,00 bis 1 289,99	164,47	–	–	–	–	–
1 290,00 bis 1 299,99	171,47	–	–	–	–	–
1 300,00 bis 1 309,99	178,47	–	–	–	–	–
1 310,00 bis 1 319,99	185,47	–	–	–	–	–
1 320,00 bis 1 329,99	192,47	–	–	–	–	–
1 330,00 bis 1 339,99	199,47	–	–	–	–	–

Lohnpfändungstabellen Erläuterungen

Pfändungstabellen bei Monatseinkommen

Nettolohn monatlich	Pfändbarer Betrag bei Unterhaltspflicht für ... Personen					
	0	1	2	3	4	5 und mehr
in Euro						
1 340,00 bis 1 349,99	206,47	–	–	–	–	–
1 350,00 bis 1 359,99	213,47	–	–	–	–	–
1 360,00 bis 1 369,99	220,47	–	–	–	–	–
1 370,00 bis 1 379,99	227,47	–	–	–	–	–
1 380,00 bis 1 389,99	234,47	–	–	–	–	–
1 390,00 bis 1 399,99	241,47	–	–	–	–	–
1 400,00 bis 1 409,99	248,47	–	–	–	–	–
1 410,00 bis 1 419,99	255,47	–	–	–	–	–
1 420,00 bis 1 429,99	262,47	–	–	–	–	–
1 430,00 bis 1 439,99	269,47	–	–	–	–	–
1 440,00 bis 1 449,99	276,47	0,83	–	–	–	–
1 450,00 bis 1 459,99	283,47	5,83	–	–	–	–
1 460,00 bis 1 469,99	290,47	10,83	–	–	–	–
1 470,00 bis 1 479,99	297,47	15,83	–	–	–	–
1 480,00 bis 1 489,99	304,47	20,83	–	–	–	–
1 490,00 bis 1 499,99	311,47	25,83	–	–	–	–
1 500,00 bis 1 509,99	318,47	30,83	–	–	–	–
1 510,00 bis 1 519,99	325,47	35,83	–	–	–	–
1 520,00 bis 1 529,99	332,47	40,83	–	–	–	–
1 530,00 bis 1 539,99	339,47	45,83	–	–	–	–
1 540,00 bis 1 549,99	346,47	50,83	–	–	–	–
1 550,00 bis 1 559,99	353,47	55,83	–	–	–	–
1 560,00 bis 1 569,99	360,47	60,83	–	–	–	–
1 570,00 bis 1 579,99	367,47	65,83	–	–	–	–
1 580,00 bis 1 589,99	374,47	70,83	–	–	–	–
1 590,00 bis 1 599,99	381,47	75,83	–	–	–	–
1 600,00 bis 1 609,99	388,47	80,83	–	–	–	–
1 610,00 bis 1 619,99	395,47	85,83	–	–	–	–
1 620,00 bis 1 629,99	402,47	90,83	–	–	–	–
1 630,00 bis 1 639,99	409,47	95,83	–	–	–	–
1 640,00 bis 1 649,99	416,47	100,83	–	–	–	–
1 650,00 bis 1 659,99	423,47	105,83	–	–	–	–
1 660,00 bis 1 669,99	430,47	110,83	1,02	–	–	–
1 670,00 bis 1 679,99	437,47	115,83	5,02	–	–	–
1 680,00 bis 1 689,99	444,47	120,83	9,02	–	–	–
1 690,00 bis 1 699,99	451,47	125,83	13,02	–	–	–
1 700,00 bis 1 709,99	458,47	130,83	17,02	–	–	–
1 710,00 bis 1 719,99	465,47	135,83	21,02	–	–	–
1 720,00 bis 1 729,99	472,47	140,83	25,02	–	–	–
1 730,00 bis 1 739,99	479,47	145,83	29,02	–	–	–

Pfändungstabellen bei Monatseinkommen

Nettolohn monatlich	Pfändbarer Betrag bei Unterhaltspflicht für ... Personen					
	0	1	2	3	4	5 und mehr
in Euro							
1 740,00 bis 1 749,99	486,47	150,83	33,02	–	–	–
1 750,00 bis 1 759,99	493,47	155,83	37,02	–	–	–
1 760,00 bis 1 769,99	500,47	160,83	41,02	–	–	–
1 770,00 bis 1 779,99	507,47	165,83	45,02	–	–	–
1 780,00 bis 1 789,99	514,47	170,83	49,02	–	–	–
1 790,00 bis 1 799,99	521,47	175,83	53,02	–	–	–
1 800,00 bis 1 809,99	528,47	180,83	57,02	–	–	–
1 810,00 bis 1 819,99	535,47	185,83	61,02	–	–	–
1 820,00 bis 1 829,99	542,47	190,83	65,02	–	–	–
1 830,00 bis 1 839,99	549,47	195,83	69,02	–	–	–
1 840,00 bis 1 849,99	556,47	200,83	73,02	–	–	–
1 850,00 bis 1 859,99	563,47	205,83	77,02	–	–	–
1 860,00 bis 1 869,99	570,47	210,83	81,02	–	–	–
1 870,00 bis 1 879,99	577,47	215,83	85,02	–	–	–
1 880,00 bis 1 889,99	584,47	220,83	89,02	1,03	–	–
1 890,00 bis 1 899,99	591,47	225,83	93,02	4,03	–	–
1 900,00 bis 1 909,99	598,47	230,83	97,02	7,03	–	–
1 910,00 bis 1 919,99	605,47	235,83	101,02	10,03	–	–
1 920,00 bis 1 929,99	612,47	240,83	105,02	13,03	–	–
1 930,00 bis 1 939,99	619,47	245,83	109,02	16,03	–	–
1 940,00 bis 1 949,99	626,47	250,83	113,02	19,03	–	–
1 950,00 bis 1 959,99	633,47	255,83	117,02	22,03	–	–
1 960,00 bis 1 969,99	640,47	260,83	121,02	25,03	–	–
1 970,00 bis 1 979,99	647,47	265,83	125,02	28,03	–	–
1 980,00 bis 1 989,99	654,47	270,83	129,02	31,03	–	–
1 990,00 bis 1 999,99	661,47	275,83	133,02	34,03	–	–
2 000,00 bis 2 009,99	668,47	280,83	137,02	37,03	–	–
2 010,00 bis 2 019,99	675,47	285,83	141,02	40,03	–	–
2 020,00 bis 2 029,99	682,47	290,83	145,02	43,03	–	–
2 030,00 bis 2 039,99	689,47	295,83	149,02	46,03	–	–
2 040,00 bis 2 049,99	696,47	300,83	153,02	49,03	–	–
2 050,00 bis 2 059,99	703,47	305,83	157,02	52,03	–	–
2 060,00 bis 2 069,99	710,47	310,83	161,02	55,03	–	–
2 070,00 bis 2 079,99	717,47	315,83	165,02	58,03	–	–
2 080,00 bis 2 089,99	724,47	320,83	169,02	61,03	–	–
2 090,00 bis 2 099,99	731,47	325,83	173,02	64,03	–	–
2 100,00 bis 2 109,99	738,47	330,83	177,02	67,03	0,86	–
2 110,00 bis 2 119,99	745,47	335,83	181,02	70,03	2,86	–
2 120,00 bis 2 129,99	752,47	340,83	185,02	73,03	4,86	–
2 130,00 bis 2 139,99	759,47	345,83	189,02	76,03	6,86	–

Pfändungstabellen bei Monatseinkommen

Nettolohn monatlich	Pfändbarer Betrag bei Unterhaltspflicht für ... Personen					
	0	1	2	3	4	5 und mehr
in Euro						
2 140,00 bis 2 149,99	766,47	350,83	193,02	79,03	8,86	–
2 150,00 bis 2 159,99	773,47	355,83	197,02	82,03	10,86	–
2 160,00 bis 2 169,99	780,47	360,83	201,02	85,03	12,86	–
2 170,00 bis 2 179,99	787,47	365,83	205,02	88,03	14,86	–
2 180,00 bis 2 189,99	794,47	370,83	209,02	91,03	16,86	–
2 190,00 bis 2 199,99	801,47	375,83	213,02	94,03	18,86	–
2 200,00 bis 2 209,99	808,47	380,83	217,02	97,03	20,86	–
2 210,00 bis 2 219,99	815,47	385,83	221,02	100,03	22,86	–
2 220,00 bis 2 229,99	822,47	390,83	225,02	103,03	24,86	–
2 230,00 bis 2 239,99	829,47	395,83	229,02	106,03	26,86	–
2 240,00 bis 2 249,99	836,47	400,83	233,02	109,03	28,86	–
2 250,00 bis 2 259,99	843,47	405,83	237,02	112,03	30,86	–
2 260,00 bis 2 269,99	850,47	410,83	241,02	115,03	32,86	–
2 270,00 bis 2 279,99	857,47	415,83	245,02	118,03	34,86	–
2 280,00 bis 2 289,99	864,47	420,83	249,02	121,03	36,86	–
2 290,00 bis 2 299,99	871,47	425,83	253,02	124,03	38,86	–
2 300,00 bis 2 309,99	878,47	430,83	257,02	127,03	40,86	–
2 310,00 bis 2 319,99	885,47	435,83	261,02	130,03	42,86	–
2 320,00 bis 2 329,99	892,47	440,83	265,02	133,03	44,86	0,52
2 330,00 bis 2 339,99	899,47	445,83	269,02	136,03	46,86	1,52
2 340,00 bis 2 349,99	906,47	450,83	273,02	139,03	48,86	2,52
2 350,00 bis 2 359,99	913,47	455,83	277,02	142,03	50,86	3,52
2 360,00 bis 2 369,99	920,47	460,83	281,02	145,03	52,86	4,52
2 370,00 bis 2 379,99	927,47	465,83	285,02	148,03	54,86	5,52
2 380,00 bis 2 389,99	934,47	470,83	289,02	151,03	56,86	6,52
2 390,00 bis 2 399,99	941,47	475,83	293,02	154,03	58,86	7,52
2 400,00 bis 2 409,99	948,47	480,83	297,02	157,03	60,86	8,52
2 410,00 bis 2 419,99	955,47	485,83	301,02	160,03	62,86	9,52
2 420,00 bis 2 429,99	962,47	490,83	305,02	163,03	64,86	10,52
2 430,00 bis 2 439,99	969,47	495,83	309,02	166,03	66,86	11,52
2 440,00 bis 2 449,99	976,47	500,83	313,02	169,03	68,86	12,52
2 450,00 bis 2 459,99	983,47	505,83	317,02	172,03	70,86	13,52
2 460,00 bis 2 469,99	990,47	510,83	321,02	175,03	72,86	14,52
2 470,00 bis 2 479,99	997,47	515,83	325,02	178,03	74,86	15,52
2 480,00 bis 2 489,99	1 004,47	520,83	329,02	181,03	76,86	16,52
2 490,00 bis 2 499,99	1 011,47	525,83	333,02	184,03	78,86	17,52
2 500,00 bis 2 509,99	1 018,47	530,83	337,02	187,03	80,86	18,52
2 510,00 bis 2 519,99	1 025,47	535,83	341,02	190,03	82,86	19,52
2 520,00 bis 2 529,99	1 032,47	540,83	345,02	193,03	84,86	20,52
2 530,00 bis 2 539,99	1 039,47	545,83	349,02	196,03	86,86	21,52

Pfändungstabellen bei Monatseinkommen

Nettolohn monatlich	Pfändbarer Betrag bei Unterhaltspflicht für ... Personen					
	0	1	2	3	4	5 und mehr
in Euro						
2 540,00 bis 2 549,99	1 046,47	550,83	353,02	199,03	88,86	22,52
2 550,00 bis 2 559,99	1 053,47	555,83	357,02	202,03	90,86	23,52
2 560,00 bis 2 569,99	1 060,47	560,83	361,02	205,03	92,86	24,52
2 570,00 bis 2 579,99	1 067,47	565,83	365,02	208,03	94,86	25,52
2 580,00 bis 2 589,99	1 074,47	570,83	369,02	211,03	96,86	26,52
2 590,00 bis 2 599,99	1 081,47	575,83	373,02	214,03	98,86	27,52
2 600,00 bis 2 609,99	1 088,47	580,83	377,02	217,03	100,86	28,52
2 610,00 bis 2 619,99	1 095,47	585,83	381,02	220,03	102,86	29,52
2 620,00 bis 2 629,99	1 102,47	590,83	385,02	223,03	104,86	30,52
2 630,00 bis 2 639,99	1 109,47	595,83	389,02	226,03	106,86	31,52
2 640,00 bis 2 649,99	1 116,47	600,83	393,02	229,03	108,86	32,52
2 650,00 bis 2 659,99	1 123,47	605,83	397,02	232,03	110,86	33,52
2 660,00 bis 2 669,99	1 130,47	610,83	401,02	235,03	112,86	34,52
2 670,00 bis 2 679,99	1 137,47	615,83	405,02	238,03	114,86	35,52
2 680,00 bis 2 689,99	1 144,47	620,83	409,02	241,03	116,86	36,52
2 690,00 bis 2 699,99	1 151,47	625,83	413,02	244,03	118,86	37,52
2 700,00 bis 2 709,99	1 158,47	630,83	417,02	247,03	120,86	38,52
2 710,00 bis 2 719,99	1 165,47	635,83	421,02	250,03	122,86	39,52
2 720,00 bis 2 729,99	1 172,47	640,83	425,02	253,03	124,86	40,52
2 730,00 bis 2 739,99	1 179,47	645,83	429,02	256,03	126,86	41,52
2 740,00 bis 2 749,99	1 186,47	650,83	433,02	259,03	128,86	42,52
2 750,00 bis 2 759,99	1 193,47	655,83	437,02	262,03	130,86	43,52
2 760,00 bis 2 769,99	1 200,47	660,83	441,02	265,03	132,86	44,52
2 770,00 bis 2 779,99	1 207,47	665,83	445,02	268,03	134,86	45,52
2 780,00 bis 2 789,99	1 214,47	670,83	449,02	271,03	136,86	46,52
2 790,00 bis 2 799,99	1 221,47	675,83	453,02	274,03	138,86	47,52
2 800,00 bis 2 809,99	1 228,47	680,83	457,02	277,03	140,86	48,52
2 810,00 bis 2 819,99	1 235,47	685,83	461,02	280,03	142,86	49,52
2 820,00 bis 2 829,99	1 242,47	690,83	465,02	283,03	144,86	50,52
2 830,00 bis 2 839,99	1 249,47	695,83	469,02	286,03	146,86	51,52
2 840,00 bis 2 849,99	1 256,47	700,83	473,02	289,03	148,86	52,52
2 850,00 bis 2 859,99	1 263,47	705,83	477,02	292,03	150,86	53,52
2 860,00 bis 2 869,99	1 270,47	710,83	481,02	295,03	152,86	54,52
2 870,00 bis 2 879,99	1 277,47	715,83	485,02	298,03	154,86	55,52
2 880,00 bis 2 889,99	1 284,47	720,83	489,02	301,03	156,86	56,52
2 890,00 bis 2 899,99	1 291,47	725,83	493,02	304,03	158,86	57,52
2 900,00 bis 2 909,99	1 298,47	730,83	497,02	307,03	160,86	58,52
2 910,00 bis 2 919,99	1 305,47	735,83	501,02	310,03	162,86	59,52
2 920,00 bis 2 929,99	1 312,47	740,83	505,02	313,03	164,86	60,52
2 930,00 bis 2 939,99	1 319,47	745,83	509,02	316,03	166,86	61,52

Pfändungstabellen bei Monatseinkommen

Nettolohn monatlich	Pfändbarer Betrag bei Unterhaltspflicht für ... Personen					
	0	1	2	3	4	5 und mehr
in Euro							
2 940,00 bis 2 949,99	1 326,47	750,83	513,02	319,03	168,86	62,52
2 950,00 bis 2 959,99	1 333,47	755,83	517,02	322,03	170,86	63,52
2 960,00 bis 2 969,99	1 340,47	760,83	521,02	325,03	172,86	64,52
2 970,00 bis 2 979,99	1 347,47	765,83	525,02	328,03	174,86	65,52
2 980,00 bis 2 989,99	1 354,47	770,83	529,02	331,03	176,86	66,52
2 990,00 bis 2 999,99	1 361,47	775,83	533,02	334,03	178,86	67,52
3 000,00 bis 3 009,99	1 368,47	780,83	537,02	337,03	180,86	68,52
3 010,00 bis 3 019,99	1 375,47	785,83	541,02	340,03	182,86	69,52
3 020,00 bis 3 029,99	1 382,47	790,83	545,02	343,03	184,86	70,52
3 030,00 bis 3 039,99	1 389,47	795,83	549,02	346,03	186,86	71,52
3 040,00 bis 3 049,99	1 396,47	800,83	553,02	349,03	188,86	72,52
3 050,00 bis 3 059,99	1 403,47	805,83	557,02	352,03	190,86	73,52
3 060,00 bis 3 069,99	1 410,47	810,83	561,02	355,03	192,86	74,52
3 070,00 bis 3 079,99	1 417,47	815,83	565,02	358,03	194,86	75,52
3 080,00 bis 3 089,99	1 424,47	820,83	569,02	361,03	196,86	76,52
3 090,00 bis 3 099,99	1 431,47	825,83	573,02	364,03	198,86	77,52
3 100,00 bis 3 109,99	1 438,47	830,83	577,02	367,03	200,86	78,52
3 110,00 bis 3 119,99	1 445,47	835,83	581,02	370,03	202,86	79,52
3 120,00 bis 3 129,99	1 452,47	840,83	585,02	373,03	204,86	80,52
3 130,00 bis 3 139,99	1 459,47	845,83	589,02	376,03	206,86	81,52
3 140,00 bis 3 149,99	1 466,47	850,83	593,02	379,03	208,86	82,52
3 150,00 bis 3 159,99	1 473,47	855,83	597,02	382,03	210,86	83,52
3 160,00 bis 3 169,99	1 480,47	860,83	601,02	385,03	212,86	84,52
3 170,00 bis 3 179,99	1 487,47	865,83	605,02	388,03	214,86	85,52
3 180,00 bis 3 189,99	1 494,47	870,83	609,02	391,03	216,86	86,52
3 190,00 bis 3 199,99	1 501,47	875,83	613,02	394,03	218,86	87,52
3 200,00 bis 3 203,67	1 508,47	880,83	617,02	397,03	220,86	88,52

Der Mehrbetrag über 3 203,67 Euro ist voll pfändbar.

Pfändungstabellen bei Wocheneinkommen

Nettolohn wöchentlich	Pfändbarer Betrag bei Unterhaltspflicht für ... Personen					
	0	1	2	3	4	5 und mehr
	in Euro					
bis 242,49	–	–	–	–	–	–
242,50 bis 244,99	1,40	–	–	–	–	–
245,00 bis 247,49	3,15	–	–	–	–	–
247,50 bis 249,99	4,90	–	–	–	–	–
250,00 bis 252,49	6,65	–	–	–	–	–
252,50 bis 254,99	8,40	–	–	–	–	–
255,00 bis 257,49	10,15	–	–	–	–	–
257,50 bis 259,99	11,90	–	–	–	–	–
260,00 bis 262,49	13,65	–	–	–	–	–
262,50 bis 264,99	15,40	–	–	–	–	–
265,00 bis 267,49	17,15	–	–	–	–	–
267,50 bis 269,99	18,90	–	–	–	–	–
270,00 bis 272,49	20,65	–	–	–	–	–
272,50 bis 274,99	22,40	–	–	–	–	–
275,00 bis 277,49	24,15	–	–	–	–	–
277,50 bis 279,99	25,90	–	–	–	–	–
280,00 bis 282,49	27,65	–	–	–	–	–
282,50 bis 284,99	29,40	–	–	–	–	–
285,00 bis 287,49	31,15	–	–	–	–	–
287,50 bis 289,99	32,90	–	–	–	–	–
290,00 bis 292,49	34,65	–	–	–	–	–
292,50 bis 294,99	36,40	–	–	–	–	–
295,00 bis 297,49	38,15	–	–	–	–	–
297,50 bis 299,99	39,90	–	–	–	–	–
300,00 bis 302,49	41,65	–	–	–	–	–
302,50 bis 304,99	43,40	–	–	–	–	–
305,00 bis 307,49	45,15	–	–	–	–	–
307,50 bis 309,99	46,90	–	–	–	–	–
310,00 bis 312,49	48,65	–	–	–	–	–
312,50 bis 314,99	50,40	–	–	–	–	–
315,00 bis 317,49	52,15	–	–	–	–	–
317,50 bis 319,99	53,90	–	–	–	–	–
320,00 bis 322,49	55,65	–	–	–	–	–
322,50 bis 324,99	57,40	–	–	–	–	–
325,00 bis 327,49	59,15	–	–	–	–	–
327,50 bis 329,99	60,90	–	–	–	–	–
330,00 bis 332,49	62,65	–	–	–	–	–
332,50 bis 334,99	64,40	0,75	–	–	–	–
335,00 bis 337,49	66,15	2,00	–	–	–	–
337,50 bis 339,99	67,90	3,25	–	–	–	–

Pfändungstabellen bei Wocheneinkommen

Nettolohn wöchentlich	Pfändbarer Betrag bei Unterhaltspflicht für ... Personen					
	0	1	2	3	4	5 und mehr
	in Euro					
340,00 bis 342,49	69,65	4,50	–	–	–	–
342,50 bis 344,99	71,40	5,75	–	–	–	–
345,00 bis 347,49	73,15	7,00	–	–	–	–
347,50 bis 349,99	74,90	8,25	–	–	–	–
350,00 bis 352,49	76,65	9,50	–	–	–	–
352,50 bis 354,99	78,40	10,75	–	–	–	–
355,00 bis 357,49	80,15	12,00	–	–	–	–
357,50 bis 359,99	81,90	13,25	–	–	–	–
360,00 bis 362,49	83,65	14,50	–	–	–	–
362,50 bis 364,99	85,40	15,75	–	–	–	–
365,00 bis 367,49	87,15	17,00	–	–	–	–
367,50 bis 369,99	88,90	18,25	–	–	–	–
370,00 bis 372,49	90,65	19,50	–	–	–	–
372,50 bis 374,99	92,40	20,75	–	–	–	–
375,00 bis 377,49	94,15	22,00	–	–	–	–
377,50 bis 379,99	95,90	23,25	–	–	–	–
380,00 bis 382,49	97,65	24,50	–	–	–	–
382,50 bis 384,99	99,40	25,75	0,42	–	–	–
385,00 bis 387,49	101,15	27,00	1,42	–	–	–
387,50 bis 389,99	102,90	28,25	2,42	–	–	–
390,00 bis 392,49	104,65	29,50	3,42	–	–	–
392,50 bis 394,99	106,40	30,75	4,42	–	–	–
395,00 bis 397,49	108,15	32,00	5,42	–	–	–
397,50 bis 399,99	109,90	33,25	6,42	–	–	–
400,00 bis 402,49	111,65	34,50	7,42	–	–	–
402,50 bis 404,99	113,40	35,75	8,42	–	–	–
405,00 bis 407,49	115,15	37,00	9,42	–	–	–
407,50 bis 409,99	116,90	38,25	10,42	–	–	–
410,00 bis 412,49	118,65	39,50	11,42	–	–	–
412,50 bis 414,99	120,40	40,75	12,42	–	–	–
415,00 bis 417,49	122,15	42,00	13,42	–	–	–
417,50 bis 419,99	123,90	43,25	14,42	–	–	–
420,00 bis 422,49	125,65	44,50	15,42	–	–	–
422,50 bis 424,99	127,40	45,75	16,42	–	–	–
425,00 bis 427,49	129,15	47,00	17,42	–	–	–
427,50 bis 429,99	130,90	48,25	18,42	–	–	–
430,00 bis 432,49	132,65	49,50	19,42	–	–	–
432,50 bis 434,99	134,40	50,75	20,42	0,19	–	–
435,00 bis 437,49	136,15	52,00	21,42	0,94	–	–
437,50 bis 439,99	137,90	53,25	22,42	1,69	–	–

Pfändungstabellen bei Wocheneinkommen

Nettolohn wöchentlich	Pfändbarer Betrag bei Unterhaltspflicht für ... Personen					
	0	1	2	3	4	5 und mehr
	in Euro					
440,00 bis 442,49	139,65	54,50	23,42	2,44	–	–
442,50 bis 444,99	141,40	55,75	24,42	3,19	–	–
445,00 bis 447,49	143,15	57,00	25,42	3,94	–	–
447,50 bis 449,99	144,90	58,25	26,42	4,69	–	–
450,00 bis 452,49	146,65	59,50	27,42	5,44	–	–
452,50 bis 454,99	148,40	60,75	28,42	6,19	–	–
455,00 bis 457,49	150,15	62,00	29,42	6,94	–	–
457,50 bis 459,99	151,90	63,25	30,42	7,69	–	–
460,00 bis 462,49	153,65	64,50	31,42	8,44	–	–
462,50 bis 464,99	155,40	65,75	32,42	9,19	–	–
465,00 bis 467,49	157,15	67,00	33,42	9,94	–	–
467,50 bis 469,99	158,90	68,25	34,42	10,69	–	–
470,00 bis 472,49	160,65	69,50	35,42	11,44	–	–
472,50 bis 474,99	162,40	70,75	36,42	12,19	–	–
475,00 bis 477,49	164,15	72,00	37,42	12,94	–	–
477,50 bis 479,99	165,90	73,25	38,42	13,69	–	–
480,00 bis 482,49	167,65	74,50	39,42	14,44	–	–
482,50 bis 484,99	169,40	75,75	40,42	15,19	0,04	–
485,00 bis 487,49	171,15	77,00	41,42	15,94	0,54	–
487,50 bis 489,99	172,90	78,25	42,42	16,69	1,04	–
490,00 bis 492,49	174,65	79,50	43,42	17,44	1,54	–
492,50 bis 494,99	176,40	80,75	44,42	18,19	2,04	–
495,00 bis 497,49	178,15	82,00	45,42	18,94	2,54	–
497,50 bis 499,99	179,90	83,25	46,42	19,69	3,04	–
500,00 bis 502,49	181,65	84,50	47,42	20,44	3,54	–
502,50 bis 504,99	183,40	85,75	48,42	21,19	4,04	–
505,00 bis 507,49	185,15	87,00	49,42	21,94	4,54	–
507,50 bis 509,99	186,90	88,25	50,42	22,69	5,04	–
510,00 bis 512,49	188,65	89,50	51,42	23,44	5,54	–
512,50 bis 514,99	190,40	90,75	52,42	24,19	6,04	–
515,00 bis 517,49	192,15	92,00	53,42	24,94	6,54	–
517,50 bis 519,99	193,90	93,25	54,42	25,69	7,04	–
520,00 bis 522,49	195,65	94,50	55,42	26,44	7,54	–
522,50 bis 524,99	197,40	95,75	56,42	27,19	8,04	–
525,00 bis 527,49	199,15	97,00	57,42	27,94	8,54	–
527,50 bis 529,99	200,90	98,25	58,42	28,69	9,04	–
530,00 bis 532,49	202,65	99,50	59,42	29,44	9,54	–
532,50 bis 534,99	204,40	100,75	60,42	30,19	10,04	–
535,00 bis 537,49	206,15	102,00	61,42	30,94	10,54	0,23
537,50 bis 539,99	207,90	103,25	62,42	31,69	11,04	0,48

Pfändungstabellen bei Wocheneinkommen

Nettolohn wöchentlich	Pfändbarer Betrag bei Unterhaltspflicht für ... Personen					
	0	1	2	3	4	5 und mehr
	in Euro					
540,00 bis 542,49	209,65	104,50	63,42	32,44	11,54	0,73
542,50 bis 544,99	211,40	105,75	64,42	33,19	12,04	0,98
545,00 bis 547,49	213,15	107,00	65,42	33,94	12,54	1,23
547,50 bis 549,99	214,90	108,25	66,42	34,69	13,04	1,48
550,00 bis 552,49	216,65	109,50	67,42	35,44	13,54	1,73
552,50 bis 554,99	218,40	110,75	68,42	36,19	14,04	1,98
555,00 bis 557,49	220,15	112,00	69,42	36,94	14,54	2,23
557,50 bis 559,99	221,90	113,25	70,42	37,69	15,04	2,48
560,00 bis 562,49	223,65	114,50	71,42	38,44	15,54	2,73
562,50 bis 564,99	225,40	115,75	72,42	39,19	16,04	2,98
565,00 bis 567,49	227,15	117,00	73,42	39,94	16,54	3,23
567,50 bis 569,99	228,90	118,25	74,42	40,69	17,04	3,48
570,00 bis 572,49	230,65	119,50	75,42	41,44	17,54	3,73
572,50 bis 574,99	232,40	120,75	76,42	42,19	18,04	3,98
575,00 bis 577,49	234,15	122,00	77,42	42,94	18,54	4,23
577,50 bis 579,99	235,90	123,25	78,42	43,69	19,04	4,48
580,00 bis 582,49	237,65	124,50	79,42	44,44	19,54	4,73
582,50 bis 584,99	239,40	125,75	80,42	45,19	20,04	4,98
585,00 bis 587,49	241,15	127,00	81,42	45,94	20,54	5,23
587,50 bis 589,99	242,90	128,25	82,42	46,69	21,04	5,48
590,00 bis 592,49	244,65	129,50	83,42	47,44	21,54	5,73
592,50 bis 594,99	246,40	130,75	84,42	48,19	22,04	5,98
595,00 bis 597,49	248,15	132,00	85,42	48,94	22,54	6,23
597,50 bis 599,99	249,90	133,25	86,42	49,69	23,04	6,48
600,00 bis 602,49	251,65	134,50	87,42	50,44	23,54	6,73
602,50 bis 604,99	253,40	135,75	88,42	51,19	24,04	6,98
605,00 bis 607,49	255,15	137,00	89,42	51,94	24,54	7,23
607,50 bis 609,99	256,90	138,25	90,42	52,69	25,04	7,48
610,00 bis 612,49	258,65	139,50	91,42	53,44	25,54	7,73
612,50 bis 614,99	260,40	140,75	92,42	54,19	26,04	7,98
615,00 bis 617,49	262,15	142,00	93,42	54,94	26,54	8,23
617,50 bis 619,99	263,90	143,25	94,42	55,69	27,04	8,48
620,00 bis 622,49	265,65	144,50	95,42	56,44	27,54	8,73
622,50 bis 624,99	267,40	145,75	96,42	57,19	28,04	8,98
625,00 bis 627,49	269,15	147,00	97,42	57,94	28,54	9,23
627,50 bis 629,99	270,90	148,25	98,42	58,69	29,04	9,48
630,00 bis 632,49	272,65	149,50	99,42	59,44	29,54	9,73
632,50 bis 634,99	274,40	150,75	100,42	60,19	30,04	9,98
635,00 bis 637,49	276,15	152,00	101,42	60,94	30,54	10,23
637,50 bis 639,99	277,90	153,25	102,42	61,69	31,04	10,48

Pfändungstabellen bei Wocheneinkommen

Nettolohn wöchentlich	Pfändbarer Betrag bei Unterhaltspflicht für ... Personen					
	0	1	2	3	4	5 und mehr
	in Euro					
640,00 bis 642,49	279,65	154,50	103,42	62,44	31,54	10,73
642,50 bis 644,99	281,40	155,75	104,42	63,19	32,04	10,98
645,00 bis 647,49	283,15	157,00	105,42	63,94	32,54	11,23
647,50 bis 649,99	284,90	158,25	106,42	64,69	33,04	11,48
650,00 bis 652,49	286,65	159,50	107,42	65,44	33,54	11,73
652,50 bis 654,99	288,40	160,75	108,42	66,19	34,04	11,98
655,00 bis 657,49	290,15	162,00	109,42	66,94	34,54	12,23
657,50 bis 659,99	291,90	163,25	110,42	67,69	35,04	12,48
660,00 bis 662,49	293,65	164,50	111,42	68,44	35,54	12,73
662,50 bis 664,99	295,40	165,75	112,42	69,19	36,04	12,98
665,00 bis 667,49	297,15	167,00	113,42	69,94	36,54	13,23
667,50 bis 669,99	298,90	168,25	114,42	70,69	37,04	13,48
670,00 bis 672,49	300,65	169,50	115,42	71,44	37,54	13,73
672,50 bis 674,99	302,40	170,75	116,42	72,19	38,04	13,98
675,00 bis 677,49	304,15	172,00	117,42	72,94	38,54	14,23
677,50 bis 679,99	305,90	173,25	118,42	73,69	39,04	14,48
680,00 bis 682,49	307,65	174,50	119,42	74,44	39,54	14,73
682,50 bis 684,99	309,40	175,75	120,42	75,19	40,04	14,98
685,00 bis 687,49	311,15	177,00	121,42	75,94	40,54	15,23
687,50 bis 689,99	312,90	178,25	122,42	76,69	41,04	15,48
690,00 bis 692,49	314,65	179,50	123,42	77,44	41,54	15,73
692,50 bis 694,99	316,40	180,75	124,42	78,19	42,04	15,98
695,00 bis 697,49	318,15	182,00	125,42	78,94	42,54	16,23
697,50 bis 699,99	319,90	183,25	126,42	79,69	43,04	16,48
700,00 bis 702,49	321,65	184,50	127,42	80,44	43,54	16,73
702,50 bis 704,99	323,40	185,75	128,42	81,19	44,04	16,98
705,00 bis 707,49	325,15	187,00	129,42	81,94	44,54	17,23
707,50 bis 709,99	326,90	188,25	130,42	82,69	45,04	17,48
710,00 bis 712,49	328,65	189,50	131,42	83,44	45,54	17,73
712,50 bis 714,99	330,40	190,75	132,42	84,19	46,04	17,98
715,00 bis 717,49	332,15	192,00	133,42	84,94	46,54	18,23
717,50 bis 719,99	333,90	193,25	134,42	85,69	47,04	18,48
720,00 bis 722,49	335,65	194,50	135,42	86,44	47,54	18,73
722,50 bis 724,99	337,40	195,75	136,42	87,19	48,04	18,98
725,00 bis 727,49	339,15	197,00	137,42	87,94	48,54	19,23
727,50 bis 729,99	340,90	198,25	138,42	88,69	49,04	19,48
730,00 bis 732,49	342,65	199,50	139,42	89,44	49,54	19,73
732,50 bis 734,99	344,40	200,75	140,42	90,19	50,04	19,98
735,00 bis 737,28	346,15	202,00	141,42	90,94	50,54	20,23

Der Mehrbetrag über 737,28 Euro ist voll pfändbar.

Pfändungstabellen bei Tageseinkommen

Nettolohn täglich	Pfändbarer Betrag bei Unterhaltspflicht für ... Personen					
	0	1	2	3	4	5 und meh
	in Euro					
bis 48,49	–	–	–	–	–	–
48,50 bis 48,99	0,28	–	–	–	–	–
49,00 bis 49,49	0,63	–	–	–	–	–
49,50 bis 49,99	0,98	–	–	–	–	–
50,00 bis 50,49	1,33	–	–	–	–	–
50,50 bis 50,99	1,68	–	–	–	–	–
51,00 bis 51,49	2,03	–	–	–	–	–
51,50 bis 51,99	2,38	–	–	–	–	–
52,00 bis 52,49	2,73	–	–	–	–	–
52,50 bis 52,99	3,08	–	–	–	–	–
53,00 bis 53,49	3,43	–	–	–	–	–
53,50 bis 53,99	3,78	–	–	–	–	–
54,00 bis 54,49	4,13	–	–	–	–	–
54,50 bis 54,99	4,48	–	–	–	–	–
55,00 bis 55,49	4,83	–	–	–	–	–
55,50 bis 55,99	5,18	–	–	–	–	–
56,00 bis 56,49	5,53	–	–	–	–	–
56,50 bis 56,99	5,88	–	–	–	–	–
57,00 bis 57,49	6,23	–	–	–	–	–
57,50 bis 57,99	6,58	–	–	–	–	–
58,00 bis 58,49	6,93	–	–	–	–	–
58,50 bis 58,99	7,28	–	–	–	–	–
59,00 bis 59,49	7,63	–	–	–	–	–
59,50 bis 59,99	7,98	–	–	–	–	–
60,00 bis 60,49	8,33	–	–	–	–	–
60,50 bis 60,99	8,68	–	–	–	–	–
61,00 bis 61,49	9,03	–	–	–	–	–
61,50 bis 61,99	9,38	–	–	–	–	–
62,00 bis 62,49	9,73	–	–	–	–	–
62,50 bis 62,99	10,08	–	–	–	–	–
63,00 bis 63,49	10,43	–	–	–	–	–
63,50 bis 63,99	10,78	–	–	–	–	–
64,00 bis 64,49	11,13	–	–	–	–	–
64,50 bis 64,99	11,48	–	–	–	–	–
65,00 bis 65,49	11,83	–	–	–	–	–
65,50 bis 65,99	12,18	–	–	–	–	–
66,00 bis 66,49	12,53	–	–	–	–	–
66,50 bis 66,99	12,88	0,15	–	–	–	–
67,00 bis 67,49	13,23	0,40	–	–	–	–
67,50 bis 67,99	13,58	0,65	–	–	–	–

Pfändungstabellen bei Tageseinkommen

Nettolohn täglich	Pfändbarer Betrag bei Unterhaltspflicht für ... Personen					
	0	1	2	3	4	5 und mehr
	in Euro					
68,00 bis 68,49	13,93	0,90	–	–	–	–
68,50 bis 68,99	14,28	1,15	–	–	–	–
69,00 bis 69,49	14,63	1,40	–	–	–	–
69,50 bis 69,99	14,98	1,65	–	–	–	–
70,00 bis 70,49	15,33	1,90	–	–	–	–
70,50 bis 70,99	15,68	2,15	–	–	–	–
71,00 bis 71,49	16,03	2,40	–	–	–	–
71,50 bis 71,99	16,38	2,65	–	–	–	–
72,00 bis 72,49	16,73	2,90	–	–	–	–
72,50 bis 72,99	17,08	3,15	–	–	–	–
73,00 bis 73,49	17,43	3,40	–	–	–	–
73,50 bis 73,99	17,78	3,65	–	–	–	–
74,00 bis 74,49	18,13	3,90	–	–	–	–
74,50 bis 74,99	18,48	4,15	–	–	–	–
75,00 bis 75,49	18,83	4,40	–	–	–	–
75,50 bis 75,99	19,18	4,65	–	–	–	–
76,00 bis 76,49	19,53	4,90	–	–	–	–
76,50 bis 76,99	19,88	5,15	0,08	–	–	–
77,00 bis 77,49	20,23	5,40	0,28	–	–	–
77,50 bis 77,99	20,58	5,65	0,48	–	–	–
78,00 bis 78,49	20,93	5,90	0,68	–	–	–
78,50 bis 78,99	21,28	6,15	0,88	–	–	–
79,00 bis 79,49	21,63	6,40	1,08	–	–	–
79,50 bis 79,99	21,98	6,65	1,28	–	–	–
80,00 bis 80,49	22,33	6,90	1,48	–	–	–
80,50 bis 80,99	22,68	7,15	1,68	–	–	–
81,00 bis 81,49	23,03	7,40	1,88	–	–	–
81,50 bis 81,99	23,38	7,65	2,08	–	–	–
82,00 bis 82,49	23,73	7,90	2,28	–	–	–
82,50 bis 82,99	24,08	8,15	2,48	–	–	–
83,00 bis 83,49	24,43	8,40	2,68	–	–	–
83,50 bis 83,99	24,78	8,65	2,88	–	–	–
84,00 bis 84,49	25,13	8,90	3,08	–	–	–
84,50 bis 84,99	25,48	9,15	3,28	–	–	–
85,00 bis 85,49	25,83	9,40	3,48	–	–	–
85,50 bis 85,99	26,18	9,65	3,68	–	–	–
86,00 bis 86,49	26,53	9,90	3,88	–	–	–
86,50 bis 86,99	26,88	10,15	4,08	0,04	–	–
87,00 bis 87,49	27,23	10,40	4,28	0,19	–	–
87,50 bis 87,99	27,58	10,65	4,48	0,34	–	–

Pfändungstabellen bei Tageseinkommen

Nettolohn täglich	Pfändbarer Betrag bei Unterhaltspflicht für ... Personen					
	0	1	2	3	4	5 und mehr
	in Euro					
88,00 bis 88,49	27,93	10,90	4,68	0,49	–	–
88,50 bis 88,99	28,28	11,15	4,88	0,64	–	–
89,00 bis 89,49	28,63	11,40	5,08	0,79	–	–
89,50 bis 89,99	28,98	11,65	5,28	0,94	–	–
90,00 bis 90,49	29,33	11,90	5,48	1,09	–	–
90,50 bis 90,99	29,68	12,15	5,68	1,24	–	–
91,00 bis 91,49	30,03	12,40	5,88	1,39	–	–
91,50 bis 91,99	30,38	12,65	6,08	1,54	–	–
92,00 bis 92,49	30,73	12,90	6,28	1,69	–	–
92,50 bis 92,99	31,08	13,15	6,48	1,84	–	–
93,00 bis 93,49	31,43	13,40	6,68	1,99	–	–
93,50 bis 93,99	31,78	13,65	6,88	2,14	–	–
94,00 bis 94,49	32,13	13,90	7,08	2,29	–	–
94,50 bis 94,99	32,48	14,15	7,28	2,44	–	–
95,00 bis 95,49	32,83	14,40	7,48	2,59	–	–
95,50 bis 95,99	33,18	14,65	7,68	2,74	–	–
96,00 bis 96,49	33,53	14,90	7,88	2,89	–	–
96,50 bis 96,99	33,88	15,15	8,08	3,04	0,01	–
97,00 bis 97,49	34,23	15,40	8,28	3,19	0,11	–
97,50 bis 97,99	34,58	15,65	8,48	3,34	0,21	–
98,00 bis 98,49	34,93	15,90	8,68	3,49	0,31	–
98,50 bis 98,99	35,28	16,15	8,88	3,64	0,41	–
99,00 bis 99,49	35,63	16,40	9,08	3,79	0,51	–
99,50 bis 99,99	35,98	16,65	9,28	3,94	0,61	–
100,00 bis 100,49	36,33	16,90	9,48	4,09	0,71	–
100,50 bis 100,99	36,68	17,15	9,68	4,24	0,81	–
101,00 bis 101,49	37,03	17,40	9,88	4,39	0,91	–
101,50 bis 101,99	37,38	17,65	10,08	4,54	1,01	–
102,00 bis 102,49	37,73	17,90	10,28	4,69	1,11	–
102,50 bis 102,99	38,08	18,15	10,48	4,84	1,21	–
103,00 bis 103,49	38,43	18,40	10,68	4,99	1,31	–
103,50 bis 103,99	38,78	18,65	10,88	5,14	1,41	–
104,00 bis 104,49	39,13	18,90	11,08	5,29	1,51	–
104,50 bis 104,99	39,48	19,15	11,28	5,44	1,61	–
105,00 bis 105,49	39,83	19,40	11,48	5,59	1,71	–
105,50 bis 105,99	40,18	19,65	11,68	5,74	1,81	–
106,00 bis 106,49	40,53	19,90	11,88	5,89	1,91	–
106,50 bis 106,99	40,88	20,15	12,08	6,04	2,01	–
107,00 bis 107,49	41,23	20,40	12,28	6,19	2,11	0,04
107,50 bis 107,99	41,58	20,65	12,48	6,34	2,21	0,09

Pfändungstabellen bei Tageseinkommen

Nettolohn täglich	Pfändbarer Betrag bei Unterhaltspflicht für ... Personen					
	0	1	2	3	4	5 und mehr
	in Euro					
108,00 bis 108,49	41,93	20,90	12,68	6,49	2,31	0,14
108,50 bis 108,99	42,28	21,15	12,88	6,64	2,41	0,19
109,00 bis 109,49	42,63	21,40	13,08	6,79	2,51	0,24
109,50 bis 109,99	42,98	21,65	13,28	6,94	2,61	0,29
110,00 bis 110,49	43,33	21,90	13,48	7,09	2,71	0,34
110,50 bis 110,99	43,68	22,15	13,68	7,24	2,81	0,39
111,00 bis 111,49	44,03	22,40	13,88	7,39	2,91	0,44
111,50 bis 111,99	44,38	22,65	14,08	7,54	3,01	0,49
112,00 bis 112,49	44,73	22,90	14,28	7,69	3,11	0,54
112,50 bis 112,99	45,08	23,15	14,48	7,84	3,21	0,59
113,00 bis 113,49	45,43	23,40	14,68	7,99	3,31	0,64
113,50 bis 113,99	45,78	23,65	14,88	8,14	3,41	0,69
114,00 bis 114,49	46,13	23,90	15,08	8,29	3,51	0,74
114,50 bis 114,99	46,48	24,15	15,28	8,44	3,61	0,79
115,00 bis 115,49	46,83	24,40	15,48	8,59	3,71	0,84
115,50 bis 115,99	47,18	24,65	15,68	8,74	3,81	0,89
116,00 bis 116,49	47,53	24,90	15,88	8,89	3,91	0,94
116,50 bis 116,99	47,88	25,15	16,08	9,04	4,01	0,99
117,00 bis 117,49	48,23	25,40	16,28	9,19	4,11	1,04
117,50 bis 117,99	48,58	25,65	16,48	9,34	4,21	1,09
118,00 bis 118,49	48,93	25,90	16,68	9,49	4,31	1,14
118,50 bis 118,99	49,28	26,15	16,88	9,64	4,41	1,19
119,00 bis 119,49	49,63	26,40	17,08	9,79	4,51	1,24
119,50 bis 119,99	49,98	26,65	17,28	9,94	4,61	1,29
120,00 bis 120,49	50,33	26,90	17,48	10,09	4,71	1,34
120,50 bis 120,99	50,68	27,15	17,68	10,24	4,81	1,39
121,00 bis 121,49	51,03	27,40	17,88	10,39	4,91	1,44
121,50 bis 121,99	51,38	27,65	18,08	10,54	5,01	1,49
122,00 bis 122,49	51,73	27,90	18,28	10,69	5,11	1,54
122,50 bis 122,99	52,08	28,15	18,48	10,84	5,21	1,59
123,00 bis 123,49	52,43	28,40	18,68	10,99	5,31	1,64
123,50 bis 123,99	52,78	28,65	18,88	11,14	5,41	1,69
124,00 bis 124,49	53,13	28,90	19,08	11,29	5,51	1,74
124,50 bis 124,99	53,48	29,15	19,28	11,44	5,61	1,79
125,00 bis 125,49	53,83	29,40	19,48	11,59	5,71	1,84
125,50 bis 125,99	54,18	29,65	19,68	11,74	5,81	1,89
126,00 bis 126,49	54,53	29,90	19,88	11,89	5,91	1,94
126,50 bis 126,99	54,88	30,15	20,08	12,04	6,01	1,99
127,00 bis 127,49	55,23	30,40	20,28	12,19	6,11	2,04
127,50 bis 127,99	55,58	30,65	20,48	12,34	6,21	2,09

Pfändungstabellen bei Tageseinkommen

Nettolohn täglich	Pfändbarer Betrag bei Unterhaltspflicht für ... Personen					
	0	1	2	3	4	5 und mehr
	in Euro					
128,00 bis 128,49	55,93	30,90	20,68	12,49	6,31	2,14
128,50 bis 128,99	56,28	31,15	20,88	12,64	6,41	2,19
129,00 bis 129,49	56,63	31,40	21,08	12,79	6,51	2,24
129,50 bis 129,99	56,98	31,65	21,28	12,94	6,61	2,29
130,00 bis 130,49	57,33	31,90	21,48	13,09	6,71	2,34
130,50 bis 130,99	57,68	32,15	21,68	13,24	6,81	2,39
131,00 bis 131,49	58,03	32,40	21,88	13,39	6,91	2,44
131,50 bis 131,99	58,38	32,65	22,08	13,54	7,01	2,49
132,00 bis 132,49	58,73	32,90	22,28	13,69	7,11	2,54
132,50 bis 132,99	59,08	33,15	22,48	13,84	7,21	2,59
133,00 bis 133,49	59,43	33,40	22,68	13,99	7,31	2,64
133,50 bis 133,99	59,78	33,65	22,88	14,14	7,41	2,69
134,00 bis 134,49	60,13	33,90	23,08	14,29	7,51	2,74
134,50 bis 134,99	60,48	34,15	23,28	14,44	7,61	2,79
135,00 bis 135,49	60,83	34,40	23,48	14,59	7,71	2,84
135,50 bis 135,99	61,18	34,65	23,68	14,74	7,81	2,89
136,00 bis 136,49	61,53	34,90	23,88	14,89	7,91	2,94
136,50 bis 136,99	61,88	35,15	24,08	15,04	8,01	2,99
137,00 bis 137,49	62,23	35,40	24,28	15,19	8,11	3,04
137,50 bis 137,99	62,58	35,65	24,48	15,34	8,21	3,09
138,00 bis 138,49	62,93	35,90	24,68	15,49	8,31	3,14
138,50 bis 138,99	63,28	36,15	24,88	15,64	8,41	3,19
139,00 bis 139,49	63,63	36,40	25,08	15,79	8,51	3,24
139,50 bis 139,99	63,98	36,65	25,28	15,94	8,61	3,29
140,00 bis 140,49	64,33	36,90	25,48	16,09	8,71	3,34
140,50 bis 140,99	64,68	37,15	25,68	16,24	8,81	3,39
141,00 bis 141,49	65,03	37,40	25,88	16,39	8,91	3,44
141,50 bis 141,99	65,38	37,65	26,08	16,54	9,01	3,49
142,00 bis 142,49	65,73	37,90	26,28	16,69	9,11	3,54
142,50 bis 142,99	66,08	38,15	26,48	16,84	9,21	3,59
143,00 bis 143,49	66,43	38,40	26,68	16,99	9,31	3,64
143,50 bis 143,99	66,78	38,65	26,88	17,14	9,41	3,69
144,00 bis 144,49	67,13	38,90	27,08	17,29	9,51	3,74
144,50 bis 144,99	67,48	39,15	27,28	17,44	9,61	3,79
145,00 bis 145,49	67,83	39,40	27,48	17,59	9,71	3,84
145,50 bis 145,99	68,18	39,65	27,68	17,74	9,81	3,89
146,00 bis 146,49	68,53	39,90	27,88	17,89	9,91	3,94
146,50 bis 146,99	68,88	40,15	28,08	18,04	10,01	3,99
147,00 bis 147,46	69,23	40,40	28,28	18,19	10,11	4,04

Der Mehrbetrag über 147,46 Euro ist voll pfändbar.

Erläuterungen zu vorstehenden Tabellen
Stand 1.7.2013

Die vorstehenden Tabellen, aufgestellt für die Nettolöhne bei monatlichen, wöchentlichen und täglichen Lohnzahlungen, ermöglichen das Ablesen der pfändbaren Beträge des Arbeitseinkommens unter Berücksichtigung der Zahl der vom Schuldner zu unterhaltenden Personen, sowie der Bestimmungen über die Abrundung sowohl des Nettoeinkommens wie auch der pfändbaren Beträge. Eine Abrundung des errechneten Nettolohnes vor Anwendung der Tabellen entfällt damit.

Gemäß § 20 EGZPO sind für eine vor dem In-Kraft-Treten des Art. 1 des Siebten Gesetzes zur Änderung der Pfändungsfreigrenzen (1.1.2002) ausgebrachte Pfändung hinsichtlich der nach diesem Zeitpunkt fälligen Leistungen die Vorschriften des § 850 a Nr. 4, § 850 b Abs. 1 Nr. 4, § 850 c und § 850 f Abs. 3 der Zivilprozessordnung in der ab diesem Zeitpunkt geltenden Fassung anzuwenden. Auf Antrag des Gläubigers, des Schuldners oder des Drittschuldners hat das Vollstreckungsgericht den Pfändungsbeschluss entsprechend zu berichtigen. Der Drittschuldner kann nach dem Inhalt des früheren Pfändungsbeschlusses mit befreiender Wirkung leisten, bis ihm der Berichtigungsbeschluss zugestellt wird.

Soweit die Wirksamkeit einer Verfügung über Arbeitseinkommen davon abhängt, dass die Forderung der Pfändung unterworfen ist, sind die Vorschriften des § 850 a Nr. 4, § 850 b Abs. 1 Nr. 4, § 850 c und § 850 f Abs. 3 der Zivilprozessordnung in der ab dem Datum des In-Kraft-Tretens des Art. 1 des Siebten Gesetzes zur Änderung der Pfändungsfreigrenzen geltenden Fassung (1.1.2002) hinsichtlich der Leistungen, die nach diesem Zeitpunkt fällig werden, auch anzuwenden, wenn die Verfügung vor diesem Zeitpunkt erfolgt ist. Der Drittschuldner kann nach den bis zum Datum des In-Kraft-Tretens des Art. 1 des Siebten Gesetzes zur Änderung der Pfändungsfreigrenzen geltenden Vorschriften solange mit befreiender Wirkung leisten, bis ihm eine entgegenstehende vollstreckbare gerichtliche Entscheidung zugestellt wird oder eine Verzichtserklärung desjenigen zugeht, an den der Schuldner nach den ab diesem Zeitpunkt geltenden Vorschriften weniger zu leisten hat.

Die vorstehenden Ausführungen gelten entsprechend für die Änderung der Pfändungsfreigrenzen ab dem 1.7.2005. Durch Beschluss vom 24.1.2006 – VII ZB 93/05 = InVo 2006, 143 = Rpfleger 2006, 202, hat der Bundesgerichtshof die Erhöhung der Pfändungsfreigrenzen zum 1.7.2005 für rechtswirksam erklärt.

Bekanntmachung zu § 850c der Zivilprozessordnung (Pfändungsfreigrenzenbekanntmachung 2005)

Vom 25.2.2005 (BGBl. I S. 493)

Auf Grund des § 850c Abs. 2a Satz 2 der Zivilprozessordnung, der durch Artikel 1 Nr. 4 Buchstabe c des Gesetzes vom 13.12.2001 (BGBl. I S. 3638) eingefügt worden ist, wird bekannt gemacht:

Die unpfändbaren Beträge nach § 850c Abs. 1 und 2 der Zivilprozessordnung erhöhen sich zum 1. Juli 2005
- in Absatz 1 Satz 1
    - von 930 auf 985,15 Euro monatlich,
    - von 217,50 auf 226,72 Euro wöchentlich,
    - von 43,50 auf 45,34 Euro täglich,
- in Absatz 1 Satz 2
    - von 2060 auf 2182,15 Euro monatlich,
    - von 478,50 auf 502,20 Euro wöchentlich,
    - von 96,50 auf 100,44 Euro täglich,
    - von 350 auf 370,76 Euro monatlich,
    - von 81 auf 85,32 Euro wöchentlich,
    - von 17 auf 17,06 Euro täglich,
    - von 195 auf 206,56 Euro monatlich,
    - von 45 auf 47,54 Euro wöchentlich,
    - von 9 auf 9,51 Euro täglich,
- in Absatz 2 Satz 2
    - von 2851 auf 3020,06 Euro monatlich,
    - von 658 auf 695,03 Euro wöchentlich,
    - von 131,58 auf 139,01 Euro täglich.

Die **Neuberechnung** der Pfändungsfreibeträge sowie der Pfändungstabellen gem. § 850c ZPO zum 1.7.2005 erfolgte nach Mitteilung des Bundesministeriums der Justiz durch eine Erhöhung der Monatsbeträge um 5,93 % gegenüber dem Stichtag 1.1.2002 gemäß § 32a Abs. 1 Nr. 1 EStG.

Die Anpassung der monatlichen Pfändungsfreibeträge sowie der monatlichen Obergrenze für die Berechnung des unpfändbaren Betrags erfolgte jeweils mit der gemäß § 32a Abs. 1 Nr. 1 Einkommensteuergesetz vorgegebenen prozentualen Erhöhung von 5,93 %. Anschließend wurden daraus spitz die jeweiligen Wochenbeträge, daraus wiederum die jeweiligen Tagesbeträge errechnet. Im Anschluss wurden die neu berechneten Pfändungsfreibeträge auf Cent-Beträge gerundet. Die Berechnung des jeweiligen Höchstwertes des Pfändungsfreibetrags (für Monat/Woche/Tag) erfolgte als Addition aus den bereits auf Cent-Beträge gerundeten Freibeträgen des Schuldners und der (fünf berücksichtigungsfähigen) unterhaltsberechtigten Personen.

Die wochenbezogenen Beträge ergeben sich als Division der monatsbezogenen durch 365/(7*12) also durch die jahresdurchschnittliche Wochenanzahl pro Monat. Die tagesbezogenen Pfändungsfreibeträge ergeben sich als Division des wochenbezogenen durch 5 (Arbeitstage je Woche).

Die Berechnung des unpfändbaren Einkommensanteils, der über den Freibetrag hinausgeht, erfolgte nach dem in § 850c Abs. 2 ZPO festgelegten Verfahren.

Bekanntmachung zu § 850c der Zivilprozessordnung (Pfändungsfreigrenzenbekanntmachung 2011)

Vom 9.5.2011

Auf Grund des § 850 c Absatz 2a Satz 2 der Zivilprozessordnung, der durch Art. 1 Nr. 4 Buchstabe c des Gesetzes v. 13. Dezember 2001 (BGBl. I S. 3638) eingefügt worden ist, wird bekannt gemacht:

1. Die unpfändbaren Beträge nach § 850c Absatz 1 und 2 Satz 2 der Zivilprozessordnung erhöhen sich zum 1. Juli 2011
   - in Absatz 1 Satz 1
     - von 985,15 auf 1.028,89 Euro monatlich,
     - von 226,72 auf 236,79 Euro wöchentlich,
     - von 45,34 auf 47,36 Euro täglich,
   - in Absatz 1 Satz 2
     - von 2 182,15 auf 2 279,03 Euro monatlich,
     - von 502,20 auf 524,49 Euro wöchentlich,
     - von 100,44 auf 104,90 Euro täglich,
     - von 370,76 auf 387,22 Euro monatlich,
     - von 85,32 auf 89,11 Euro wöchentlich,
     - von 17,06 auf 17,82 Euro täglich,
     - von 206,56 auf 215,73 Euro monatlich,
     - von 47,54 auf 49,65 Euro wöchentlich,
     - von 9,51 auf 9,93 Euro täglich,
   - in Absatz 2 Satz 2
     - von 3 020,06 auf 3 154,15 Euro monatlich,
     - von 695,03 auf 725,89 Euro wöchentlich,
     - von 139,01 auf 145,18 Euro täglich.

2. Die unpfändbaren Beträge nach § 850 f Absatz 3 Satz 1 und 2 der Zivilprozessordnung erhöhen sich
   - von 2 985,00 auf 3.117,53 Euro monatlich,
   - von 678,70 auf 708,83 Euro wöchentlich,
   - von 131,25 auf 137,08 Euro täglich.

Die ab 1. Juli 2011 geltenden Pfändungsfreibeträge ergeben sich im Übrigen aus den vorstehend abgedruckten Tabellen.

Bekanntmachung zu § 850c der Zivilprozessordnung (Pfändungsfreigrenzenbekanntmachung 2013)

Vom 26.3.2013

Auf Grund des § 850c Absatz 2a Satz 2 der Zivilprozessordnung in der Fassung der Bekanntmachung vom 5. Dezember 2005 (BGBl. I S. 3202; 2006 I S. 431; 2007 I S. 1781) wird bekannt gemacht:

1. Die unpfändbaren Beträge nach § 850c Absatz 1 und 2 Satz 2 der Zivilprozessordnung erhöhen sich zum 1. Juli 2013 in Absatz 1 Satz 1

von 1.028,89 auf 1.045,04 Euro monatlich,

von 236,79 auf 240,50 Euro wöchentlich,

von 47,36 auf 48,10 Euro täglich,

in Absatz 1 Satz 2

von 2.279,03 auf 2.314,82 Euro monatlich,

von 524,49 auf 532,73 Euro wöchentlich,

von 104,90 auf 106,55 Euro täglich,

von 387,22 auf 393,30 Euro monatlich,

von 89,11 auf 90,51 Euro wöchentlich,

von 17,82 auf 18,10 Euro täglich,

von 215,73 auf 219,12 Euro monatlich,

von 49,65 auf 50,43 Euro wöchentlich,

von 9,93 auf 10,09 Euro täglich,

in Absatz 2 Satz 2

von 3.154,15 auf 3.203,67 Euro monatlich,

von 725,89 auf 737,28 Euro wöchentlich,

von 145,18 auf 147,46 Euro täglich.

2. Die unpfändbaren Beträge nach § 850f Absatz 3 Satz 1 und 2 der Zivilprozessordnung erhöhen sich

von 3.117,53 auf 3.166,48 Euro monatlich,

von 708,83 auf 719,96 Euro wöchentlich,

von 137,08 auf 139,23 Euro täglich.

Die ab 1. Juli 2013 geltenden Pfändungsfreibeträge ergeben sich im Übrigen aus den abgedruckten Tabellen.

Pfändungsvorschriften betreffend Arbeitseinkommen (Auszug)

§ 833a ZPO Pfändungsumfang bei Kontoguthaben; Aufhebung der Pfändung; Anordnung der Unpfändbarkeit

(1) Die Pfändung des Guthabens eines Kontos bei einem Kreditinstitut umfasst das am Tag der Zustellung des Pfändungsbeschlusses bei dem Kreditinstitut bestehende Guthaben sowie die Tagesguthaben der auf die Pfändung folgenden Tage.

(2) Auf Antrag des Schuldners kann das Vollstreckungsgericht anordnen, dass

1. die Pfändung des Guthabens eines Kontos aufgehoben wird oder

2. das Guthaben des Kontos für die Dauer von bis zu zwölf Monaten der Pfändung nicht unterworfen ist,

wenn der Schuldner nachweist, dass dem Konto in den letzten sechs Monaten vor Antragstellung ganz überwiegend nur unpfändbare Beträge gutgeschrieben worden sind, und er glaubhaft macht, dass auch innerhalb der nächsten zwölf Monate nur ganz überwiegend nicht pfändbare Beträge zu erwarten sind. Die Anordnung kann versagt werden, wenn überwiegende Belange des Gläubigers entgegenstehen. Die Anordnung nach Satz 1 Nr. 2 ist auf Antrag eines Gläubigers aufzuheben, wenn ihre Voraussetzungen nicht mehr vorliegen oder die Anordnung den überwiegenden Belangen dieses Gläubigers entgegensteht.

§ 835 Abs. 3 bis 5 ZPO Überweisung der Geldforderung

(3) Die Vorschriften des § 829 Abs. 2, 3 sind auf die Überweisung entsprechend anzuwenden. Wird ein bei einem Kreditinstitut gepfändetes Guthaben eines Schuldners, der eine natürliche Person ist, dem Gläubiger überwiesen, so darf erst vier Wochen nach der Zustellung des Überweisungsbeschlusses an den Drittschuldner aus dem Guthaben an den Gläubiger geleistet oder der Betrag hinterlegt werden; ist künftiges Guthaben gepfändet worden, ordnet das Vollstreckungsgericht auf Antrag zusätzlich an, dass erst vier Wochen nach der Gutschrift von eingehenden Zahlungen an den Gläubiger geleistet oder der Betrag hinterlegt werden darf.

(4) Wird künftiges Guthaben auf einem Pfändungsschutzkonto im Sinne von § 850k Absatz 7 gepfändet und dem Gläubiger überwiesen, darf der Drittschuldner erst nach Ablauf des nächsten auf die jeweilige Gutschrift von eingehenden Zahlungen folgenden Kalendermonats an den Gläubiger leisten oder den Betrag hinterlegen. Das Vollstreckungsgericht kann auf Antrag des Gläubigers eine abweichende Anordnung treffen, wenn die Regelung des Satzes 1 unter voller Würdigung des Schutzbedürfnisses des Schuldners für den Gläubiger eine unzumutbare Härte verursacht.

(5) Wenn nicht wiederkehrend zahlbare Vergütungen eines Schuldners, der eine natürliche Person ist, für persönlich geleistete Arbeiten oder Dienste oder sonstige Einkünfte, die kein Arbeitseinkommen sind, dem Gläubiger überwiesen werden, so darf der Drittschuldner erst vier Wochen nach der Zustellung des Überweisungsbeschlusses an den Gläubiger leisten oder den Betrag hinterlegen.

§ 850 ZPO Pfändungsschutz für Arbeitseinkommen

(1) Arbeitseinkommen, das in Geld zahlbar ist, kann nur nach Maßgabe der §§ 850 a bis 850 i gepfändet werden.

(2) Arbeitseinkommen im Sinne dieser Vorschrift sind die Dienst- und Versorgungsbezüge der Beamten, Arbeits- und Dienstlöhne, Ruhegelder und ähnliche nach dem einstweiligen oder dauernden Ausscheiden aus dem Dienst- oder Arbeitsverhältnis gewährte fortlaufende Einkünfte, ferner Hinterbliebenenbezüge sowie sonstige Vergütungen für Dienstleistungen aller Art, die die Erwerbstätigkeit des Schuldners vollständig oder zu einem wesentlichen Teil in Anspruch nehmen.

(3) Arbeitseinkommen sind auch die folgenden Bezüge, soweit sie in Geld zahlbar sind:

a) Bezüge, die ein Arbeitnehmer zum Ausgleich für Wettbewerbsbeschränkungen für die Zeit nach Beendigung seines Dienstverhältnisses beanspruchen kann;

b) Renten, die aufgrund von Versicherungsverträgen gewährt werden, wenn diese Verträge zur Versorgung des Versicherungsnehmers oder seiner unterhaltsberechtigten Angehörigen eingegangen sind.

(4) Die Pfändung des in Geld zahlbaren Arbeitseinkommens erfasst alle Vergütungen, die dem Schuldner aus der Arbeits- oder Dienstleistung zustehen, ohne Rücksicht auf ihre Benennung oder Berechnungsart.

§ 850 a ZPO Unpfändbare Bezüge

Unpfändbar sind:
1. zur Hälfte die für die Leistung von Mehrarbeitsstunden gezahlten Teile des Arbeitseinkommens;
2. die für die Dauer eines Urlaubs über das Arbeitseinkommen hinaus gewährten Bezüge, Zuwendungen aus Anlass eines besonderen Betriebsergebnisses und Treugelder, soweit sie den Rahmen des Üblichen nicht übersteigen;
3. Aufwandsentschädigungen, Auslösungsgelder und sonstige soziale Zulagen für auswärtige Beschäftigungen, das Entgelt für selbstgestelltes Arbeitsmaterial, Gefahrenzulagen sowie Schmutz- und Erschwerniszulagen, soweit diese Bezüge den Rahmen des Üblichen nicht übersteigen;
4. Weihnachtsvergütungen bis zum Betrage der Hälfte des monatlichen Arbeitseinkommens, höchstens aber bis zum Betrage von 500 Euro;
5. Heirats- und Geburtsbeihilfen, sofern die Vollstreckung wegen anderer als der aus Anlass der Heirat oder der Geburt entstandenen Ansprüche betrieben wird;
6. Erziehungsgelder, Studienbeihilfen und ähnliche Bezüge;
7. Sterbe- und Gnadenbezüge aus Arbeits- oder Dienstverhältnissen;
8. Blindenzulagen.

§ 850 b ZPO Bedingt pfändbare Bezüge

(1) Unpfändbar sind ferner
1. Renten, die wegen einer Verletzung des Körpers oder der Gesundheit zu entrichten sind;
2. Unterhaltsrenten, die auf gesetzlicher Vorschrift beruhen, sowie die wegen Entziehung einer solchen Forderung zu entrichtenden Renten;

3. fortlaufende Einkünfte, die ein Schuldner aus Stiftungen oder sonst aufgrund der Fürsorge und Freigiebigkeit eines Dritten oder aufgrund eines Altenteils oder Auszugsvertrags bezieht;
4. Bezüge aus Witwen-, Waisen-, Hilfs- und Krankenkassen, die ausschließlich oder zu einem wesentlichen Teil zu Unterstützungszwecken gewährt werden, ferner Ansprüche aus Lebensversicherungen, die nur auf den Todesfall des Versicherungsnehmers abgeschlossen sind, wenn die Versicherungssumme 3579 Euro nicht übersteigt.

(2) Diese Bezüge können nach den für Arbeitseinkommen geltenden Vorschriften gepfändet werden, wenn die Vollstreckung in das sonstige bewegliche Vermögen des Schuldners zu einer vollständigen Befriedigung des Gläubigers nicht geführt hat oder voraussichtlich nicht führen wird und wenn nach den Umständen des Falles, insbesondere nach der Art des beizutreibenden Anspruchs und der Höhe der Bezüge die Pfändung der Billigkeit entspricht.

(3) Das Vollstreckungsgericht soll vor seiner Entscheidung die Beteiligten hören.

§ 850 c ZPO Pfändungsgrenzen für Arbeitseinkommen

(1) Arbeitseinkommen ist unpfändbar, wenn es, je nach dem Zeitraum, für den es gezahlt wird, nicht mehr als

930,00[1] Euro monatlich,
217,50* Euro wöchentlich oder
43,50* Euro täglich

beträgt.

Gewährt der Schuldner aufgrund einer gesetzlichen Verpflichtung seinem Ehegatten, einem früheren Ehegatten, seinem Lebenspartner, einem früheren Lebenspartner oder einem Verwandten oder nach §§ 1615 l, 1615 n des Bürgerlichen Gesetzbuchs einem Elternteil Unterhalt, so erhöht sich der Betrag, bis zu dessen Höhe Arbeitseinkommen unpfändbar ist, auf bis zu

2 060,00* Euro monatlich,
478,50* Euro wöchentlich oder
96,50* Euro täglich

und zwar um

350,00* Euro monatlich,
81,00* Euro wöchentlich oder
17,00* Euro täglich

für die erste Person, der Unterhalt gewährt wird, und um je

195,00* Euro monatlich,
45,00* Euro wöchentlich oder
9,00* Euro täglich

für die zweite bis fünfte Person.

[1] Werte ab 1.7.2013 vgl. S. 513 ff.

(2) Übersteigt das Arbeitseinkommen den Betrag, bis zu dessen Höhe es je nach der Zahl der Personen, denen der Schuldner Unterhalt gewährt, nach Absatz 1 unpfändbar ist, so ist es hinsichtlich des überschießenden Betrages zu einem Teil unpfändbar, und zwar in Höhe von

> drei Zehnteln, wenn der Schuldner keiner der in Absatz 1 genannten Personen Unterhalt gewährt,
>
> zwei weiteren Zehnteln für die erste Person, der Unterhalt gewährt wird,
>
> und je einem weiteren Zehntel für die zweite bis fünfte Person.

Der Teil des Arbeitseinkommens der 2 851[1] Euro monatlich (658* Euro wöchentlich, 131,58* Euro täglich) übersteigt, bleibt bei der Berechnung des unpfändbaren Betrags unberücksichtigt.

(2a) Die unpfändbaren Beträge nach Absatz 1 und Absatz 2 Satz 2 ändern sich jeweils zum 1. Juli eines Jahres, erstmalig zum 1. Juli 2003, entsprechend der im Vergleich zum jeweiligen Vorjahreszeitraum sich ergebenden prozentualen Entwicklung des Grundfreibetrages nach § 32 a Abs. 1 Nr. 1 des Einkommensteuergesetzes; der Berechnung ist die am 1. Januar des jeweiligen Jahres geltende Fassung des § 32 a Abs. 1 Nr. 1 des Einkommensteuergesetzes zugrunde zu legen. Das Bundesministerium der Justiz gibt die maßgebenden Beträge rechtzeitig im Bundesgesetzblatt bekannt.

(3) Bei der Berechnung des nach Absatz 2 pfändbaren Teils des Arbeitseinkommens ist das Arbeitseinkommen, gegebenenfalls nach Abzug des nach Absatz 2 Satz 2 pfändbaren Betrages, wie aus der Tabelle ersichtlich, die diesem Gesetz als Anlage beigefügt ist, nach unten abzurunden, und zwar bei Auszahlung für Monate auf einen durch 10 Euro, bei Auszahlung für Wochen auf einen durch 2,50 Euro oder bei Auszahlung für Tage auf einen durch 50 Cent teilbaren Betrag. Im Pfändungsbeschluss genügt die Bezugnahme auf die Tabelle.

(4) Hat eine Person, welcher der Schuldner aufgrund gesetzlicher Verpflichtung Unterhalt gewährt, eigene Einkünfte, so kann das Vollstreckungsgericht auf Antrag des Gläubigers nach billigem Ermessen bestimmen, daß diese Person bei der Berechnung des unpfändbaren Teils des Arbeitseinkommens ganz oder teilweise unberücksichtigt bleibt; soll die Person nur teilweise berücksichtigt werden, so ist Absatz 3 Satz 2 nicht anzuwenden.

§ 850 d ZPO Pfändbarkeit bei Unterhaltsansprüchen

(1) Wegen der Unterhaltsansprüche, die kraft Gesetzes einem Verwandten, dem Ehegatten, einem früheren Ehegatten, dem Lebenspartner, einem früheren Lebenspartner oder nach §§ 1615 l, 1615 n des Bürgerlichen Gesetzbuchs einem Elternteil zustehen, sind das Arbeitseinkommen und die in § 850 a Nr. 1, 2 und 4 genannten Bezüge ohne die in § 850 c bezeichneten Beschränkungen pfändbar. Dem Schuldner ist jedoch so viel zu belassen, als er für seinen notwendigen Unterhalt und zur Erfüllung seiner laufenden gesetzlichen Unterhaltspflichten gegenüber den dem Gläubiger vorgehenden Berechtigten oder zur gleichmäßigen Befriedigung der dem Gläubiger gleichstellenden Berechtigten bedarf; von den in § 850 a Nr. 1, 2 und 4 genannten Bezügen hat ihm mindestens die Hälfte des nach § 850 a unpfändbaren Betrages zu verbleiben.

Der dem Schuldner hiernach verbleibende Teil seines Arbeitseinkommens darf den Betrag nicht übersteigen, der ihm nach den Vorschriften des § 850 c gegenüber nicht bevor-

---

[1] Werte ab 1.7.2013 vgl. S. 513 ff.

rechtigten Gläubigern zu verbleiben hätte. Für die Pfändung wegen der Rückstände, die länger als ein Jahr vor dem Antrag auf Erlass des Pfändungsbeschlusses fällig geworden sind, gelten die Vorschriften dieses Absatzes insoweit nicht, als nach Lage der Verhältnisse nicht anzunehmen ist, daß der Schuldner sich seiner Zahlungspflicht absichtlich entzogen hat.

(2) Mehrere nach Absatz 1 Berechtigte sind mit ihren Ansprüchen in der Reihenfolge nach § 1609 des Bürgerlichen Gesetzbuches und § 16 des Lebenspartnerschaftsgesetzes zu berücksichtigen, wobei mehrere gleich nahe Berechtigte untereinander den gleichen Rang haben.

(3) Bei der Vollstreckung wegen der in Absatz 1 bezeichneten Ansprüche sowie wegen der aus Anlass einer Verletzung des Körpers oder der Gesundheit zu zahlenden Renten kann zugleich mit der Pfändung wegen fälliger Ansprüche auch künftig fällig werdendes Arbeitseinkommen wegen der dann jeweils fällig werdenden Ansprüche gepfändet und überwiesen werden.

§ 850 e ZPO Berechnung des pfändbaren Arbeitseinkommens

Für die Berechnung des pfändbaren Arbeitseinkommens gilt Folgendes:
1. Nicht mitzurechnen sind die nach § 850 a der Pfändung entzogenen Bezüge, ferner Beträge, die unmittelbar aufgrund steuerrechtlicher oder sozialrechtlicher Vorschriften zur Erfüllung gesetzlicher Verpflichtungen des Schuldners abzuführen sind. Diesen Beträgen stehen gleich die auf den Auszahlungszeitraum entfallenden Beträge, die der Schuldner
   a) nach den Vorschriften der Sozialversicherungsgesetze zur Weiterversicherung entrichtet oder
   b) an eine Ersatzkasse oder ein Unternehmen der privaten Krankenversicherung leistet, soweit sie den Rahmen des Üblichen nicht übersteigen.
2. Mehrere Arbeitseinkommen sind auf Antrag vom Vollstreckungsgericht bei der Pfändung zusammenzurechnen. Der unpfändbare Grundbetrag ist in erster Linie dem Arbeitseinkommen zu entnehmen, das die wesentliche Grundlage der Lebenshaltung des Schuldners bildet.
2a. Mit Arbeitseinkommen sind auf Antrag auch Ansprüche auf laufende Geldleistungen nach dem Sozialgesetzbuch zusammenzurechnen, soweit diese der Pfändung unterworfen sind. Der unpfändbare Grundbetrag ist, soweit die Pfändung nicht wegen gesetzlicher Unterhaltsansprüche erfolgt, in erster Linie den laufenden Geldleistungen nach dem Sozialgesetzbuch zu entnehmen. Ansprüche auf Geldleistungen für Kinder dürfen mit Arbeitseinkommen nur zusammengerechnet werden, soweit sie nach § 76 des Einkommensteuergesetzes oder nach § 54 Abs. 5 des Ersten Buches Sozialgesetzbuch gepfändet werden können.
3. Erhält der Schuldner neben seinem in Geld zahlbaren Einkommen auch Naturalleistungen, so sind Geld- und Naturalleistungen zusammenzurechnen. In diesem Falle ist der in Geld zahlbare Betrag insoweit pfändbar, als der nach § 850 c unpfändbare Teil des Gesamteinkommens durch den Wert der dem Schuldner verbleibenden Naturalleistungen gedeckt ist.
4. Trifft eine Pfändung, eine Abtretung oder eine sonstige Verfügung wegen eines der in § 850 d bezeichneten Ansprüche mit einer Pfändung wegen eines sonstigen Anspruchs zusammen, so sind auf die Unterhaltsansprüche zunächst die gemäß § 850 d der Pfändung in erweitertem Umfang unterliegenden Teile des Arbeitseinkommens zu

verrechnen. Die Verrechnung nimmt auf Antrag eines Beteiligten das Vollstreckungsgericht vor. Der Drittschuldner kann, solange ihm eine Entscheidung des Vollstreckungsgerichts nicht zugestellt ist, nach dem Inhalt der ihm bekannten Pfändungsbeschlüsse, Abtretungen und sonstigen Verfügungen mit befreiender Wirkung leisten

§ 850 f ZPO Änderung des unpfändbaren Betrages

(1) Das Vollstreckungsgericht kann dem Schuldner auf Antrag von dem nach den Bestimmungen der §§ 850 c, 850 d und 850 i pfändbaren Teil seines Arbeitseinkommens einen Teil belassen, wenn

a) der Schuldner nachweist, dass bei Anwendung der Pfändungsfreigrenzen entsprechend der Anlage zu diesem Gesetz (zu § 850 c) der notwendige Lebensunterhalt im Sinn des Dritten und Elften Kapitels des Zwölften Buches Sozialgesetzbuch oder nach Kapitel 3, Abschnitt 2 des Zweiten Buches Sozialgesetzbuch für sich und für die Personen, denen er Unterhalt zu gewähren hat, nicht gedeckt ist,

b) besondere Bedürfnisse des Schuldners aus persönlichen oder beruflichen Gründen oder

c) der besondere Umfang der gesetzlichen Unterhaltspflichten des Schuldners, insbesondere die Zahl der Unterhaltsberechtigten, dies erfordern und überwiegende Belange des Gläubigers nicht entgegenstehen.

(2) Wird die Zwangsvollstreckung wegen einer Forderung aus einer vorsätzlich begangenen unerlaubten Handlung betrieben, so kann das Vollstreckungsgericht auf Antrag des Gläubigers den pfändbaren Teil des Arbeitseinkommens ohne Rücksicht auf die in § 850 c vorgesehenen Beschränkungen bestimmen; dem Schuldner ist jedoch so viel zu belassen, wie er für seinen notwendigen Unterhalt und zur Erfüllung seiner laufenden gesetzlichen Unterhaltspflichten bedarf.

(3) Wird die Zwangsvollstreckung wegen anderer als der in Absatz 2 und in § 850 d bezeichneten Forderungen betrieben, so kann das Vollstreckungsgericht in den Fällen, in denen sich das Arbeitseinkommen des Schuldners auf mehr als monatlich 2 815* Euro (wöchentlich 641* Euro, täglich 123,50* Euro) beläuft, über die Beträge hinaus, die nach § 850 c pfändbar wären, auf Antrag des Gläubigers die Pfändbarkeit unter Berücksichtigung der Belange des Gläubigers und des Schuldners nach freiem Ermessen festsetzen. Dem Schuldner ist jedoch mindestens so viel zu belassen, wie sich bei einem Arbeitseinkommen von monatlich 2 815* Euro (wöchentliche 641* Euro, täglich 123,50* Euro) aus § 850 c ergeben würde. Die Beträge nach den Sätzen 1 und 2 werden entsprechend der in § 850 c Abs. 2 a getroffenen Regelung jeweils zum 1. Juli eines jeden zweiten Jahres, erstmalig zum 1. Juli 2003, geändert.

§ 850 g ZPO Änderung der Unpfändbarkeitsvoraussetzungen

Ändern sich die Voraussetzungen für die Bemessung des unpfändbaren Teils des Arbeitseinkommens, so hat das Vollstreckungsgericht auf Antrag des Schuldners oder des Gläubigers den Pfändungsbeschluss entsprechend zu ändern. Antragsberechtigt ist auch ein Dritter, dem der Schuldner kraft Gesetzes Unterhalt zu gewähren hat. Der Drittschuldner kann nach dem Inhalt des früheren Pfändungsbeschlusses mit befreiender Wirkung leisten, bis ihm der Änderungsbeschluss zugestellt wird.

---

* Werte ab 1.7.2013 vgl. S. 513 ff.

§ 850 h ZPO Verschleiertes Arbeitseinkommen

(1) Hat sich der Empfänger der vom Schuldner geleisteten Arbeiten oder Dienste verpflichtet, Leistungen an einen Dritten zu bewirken, die nach Lage der Verhältnisse ganz oder teilweise eine Vergütung für die Leistung des Schuldners darstellen, so kann der Anspruch des Drittberechtigten insoweit aufgrund des Schuldtitels gegen den Schuldner gepfändet werden, wie wenn der Anspruch dem Schuldner zustände. Die Pfändung des Vergütungsanspruchs des Schuldners umfaßt ohne weiteres den Anspruch des Drittberechtigten. Der Pfändungsbeschluß ist dem Drittberechtigten ebenso wie dem Schuldner zuzustellen.

(2) Leistet der Schuldner einem Dritten in einem ständigen Verhältnis Arbeiten oder Dienste, die nach Art und Umfang üblicherweise vergütet werden, unentgeltlich oder gegen eine unverhältnismäßig geringe Vergütung, so gilt im Verhältnis des Gläubigers zu dem Empfänger der Arbeits- und Dienstleistungen eine angemessene Vergütung als geschuldet. Bei der Prüfung, ob diese Voraussetzungen vorliegen, sowie bei der Bemessung der Vergütung ist auf alle Umstände des Einzelfalles, insbesondere die Art der Arbeits- und Dienstleistung, die verwandtschaftlichen oder sonstigen Beziehungen zwischen dem Dienstberechtigten und dem Dienstverpflichteten und die wirtschaftliche Leistungsfähigkeit des Dienstberechtigten Rücksicht zu nehmen.

§ 850 i ZPO Pfändungsschutz für sonstige Einkünfte

(1) Werden nicht wiederkehrend zahlbare Vergütungen für persönlich geleistete Arbeiten oder Dienste oder sonstige Einkünfte, die kein Arbeitseinkommen sind, gepfändet, so hat das Gericht dem Schuldner auf Antrag während eines angemessenen Zeitraums so viel zu belassen, als ihm nach freier Schätzung des Gerichts verbleiben würde, wenn sein Einkommen aus laufendem Arbeits- oder Dienstlohn bestünde. Bei der Entscheidung sind die wirtschaftlichen Verhältnisse des Schuldners, insbesondere seine sonstigen Verdienstmöglichkeiten, frei zu würdigen. Der Antrag des Schuldners ist insoweit abzulehnen, als überwiegende Belange des Gläubigers entgegenstehen.

(2) Die Vorschriften des § 27 des Heimarbeitsgesetzes vom 14. März 1951 (BGBl. I S. 191) bleiben unberührt.

(3) Die Bestimmungen der Versicherungs-, Versorgungs- und sonstigen gesetzlichen Vorschriften über die Pfändung von Ansprüchen bestimmter Art bleiben unberührt.

§ 850 k ZPO Pfändungsschutzkonto

(1) Wird das Guthaben auf dem Pfändungsschutzkonto des Schuldners bei einem Kreditinstitut gepfändet, kann der Schuldner jeweils bis zum Ende des Kalendermonats über Guthaben in Höhe des monatlichen Freibetrages nach § 850c Abs. 1 Satz 1 in Verbindung mit § 850c Abs. 2a verfügen; insoweit wird es nicht von der Pfändung erfaßt. Zum Guthaben im Sinne des Satzes 1 gehört auch das Guthaben, das bis zum Ablauf der Frist des § 835 Absatz 4 nicht an den Gläubiger geleistet oder hinterlegt werden darf. Soweit der Schuldner in dem jeweiligen Kalendermonat nicht über Guthaben in Höhe des nach Satz 1 pfändungsfreien Betrages verfügt hat, wird dieses Guthaben in dem folgenden Kalendermonat zusätzlich zu dem nach Satz 1 geschützten Guthaben nicht von der Pfändung erfaßt. Die Sätze 1 bis 3 gelten entsprechend, wenn das Guthaben auf einem Girokonto des Schuldners gepfändet ist, das vor Ablauf von vier Wochen seit der Zustellung

des Überweisungsbeschlusses an den Drittschuldner in ein Pfändungsschutzkonto umgewandelt wird.

(2) Die Pfändung des Guthabens gilt im Übrigen als mit der Maßgabe ausgesprochen, dass in Erhöhung des Freibetrages nach Absatz 1 folgende Beträge nicht von der Pfändung erfasst sind:
1. die pfändungsfreien Beträge nach § 850c Abs. 1 Satz 2 in Verbindung mit § 850c Abs. 2a Satz 1, wenn
   a) der Schuldner einer oder mehreren Personen aufgrund gesetzlicher Verpflichtung Unterhalt gewährt oder
   b) der Schuldner Geldleistungen nach dem Zweiten oder Zwölften Buch Sozialgesetzbuch für mit ihm in einer Gemeinschaft im Sinne des § 7 Abs. 3 des Zweiten Buches Sozialgesetzbuch oder der §§ 19, 20, 36 Satz 1 oder 43 des Zwölften Buches Sozialgesetzbuch lebende Personen, denen er nicht aufgrund gesetzlicher Vorschriften zum Unterhalt verpflichtet ist, entgegennimmt;
2. einmalige Geldleistungen im Sinne des § 54 Abs. 2 des Ersten Buches Sozialgesetzbuch und Geldleistungen zum Ausgleich des durch einen Körper- oder Gesundheitsschaden bedingten Mehraufwandes im Sinne des § 54 Abs. 3 Nr. 3 des Ersten Buches Sozialgesetzbuch;
3. das Kindergeld oder andere Geldleistungen für Kinder, es sei denn, dass wegen einer Unterhaltsforderung eines Kindes, für das die Leistungen gewährt oder bei dem es berücksichtigt wird, gepfändet wird.

Für die Beträge nach Satz 1 gilt Absatz 1 Satz 3 entsprechend.

(3) An die Stelle der nach Absatz 1 und Absatz 2 Satz 1 Nr. 1 pfändungsfreien Beträge tritt der vom Vollstreckungsgericht im Pfändungsbeschluss belassene Betrag, wenn das Guthaben wegen der in § 850d bezeichneten Forderungen gepfändet wird.

(4) Das Vollstreckungsgericht kann auf Antrag einen von den Absätzen 1, 2 Satz 1 Nr. 1 und Absatz 3 abweichenden pfändungsfreien Betrag festsetzen. Die §§ 850a, 850b, 850c, 850d Abs. 1 und 2, die §§ 850e, 850f, 850g und 850i sowie die §§ 851c und 851d dieses Gesetzes sowie § 54 Abs. 2, Abs. 3 Nr. 1, 2 und 3, Abs. 4 und 5 des Ersten Buches Sozialgesetzbuch, § 17 Abs. 1 Satz 2 des Zwölften Buches Sozialgesetzbuch und § 76 des Einkommensteuergesetzes sind entsprechend anzuwenden. Im Übrigen ist das Vollstreckungsgericht befugt, die in § 732 Abs. 2 bezeichneten Anordnungen zu erlassen.

(5) Das Kreditinstitut ist dem Schuldner zur Leistung aus dem nach Absatz 1 und 3 nicht von der Pfändung erfassten Guthaben im Rahmen des vertraglich Vereinbarten verpflichtet. Dies gilt für die nach Absatz 2 nicht von der Pfändung erfassten Beträge nur insoweit, als der Schuldner durch eine Bescheinigung des Arbeitgebers, der Familienkasse, des Sozialleistungsträgers oder einer geeigneten Person oder Stelle im Sinne von § 305 Abs. 1 Nr. 1 der Insolvenzordnung nachweist, dass das Guthaben nicht von der Pfändung erfasst ist. Die Leistung des Kreditinstituts an den Schuldner hat befreiende Wirkung, wenn ihm die Unrichtigkeit einer Bescheinigung nach Satz 2 weder bekannt noch infolge grober Fahrlässigkeit unbekannt ist. Kann der Schuldner den Nachweis nach Satz 2 nicht führen, so hat das Vollstreckungsgericht auf Antrag die Beträge nach Absatz 2 zu bestimmen. Die Sätze 1 bis 4 gelten auch für eine Hinterlegung.

(6) Wird einem Pfändungsschutzkonto eine Geldleistung nach dem Sozialgesetzbuch oder Kindergeld gutgeschrieben, darf das Kreditinstitut die Forderung, die durch die Gutschrift entsteht, für die Dauer von 14 Tagen seit der Gutschrift nur mit solchen Forderun-

gen verrechnen und hiergegen nur mit solchen Forderungen aufrechnen, die ihm als Entgelt für die Kontoführung oder aufgrund von Kontoverfügungen des Berechtigten innerhalb dieses Zeitraums zustehen. Bis zur Höhe des danach verbleibenden Betrages der Gutschrift ist das Kreditinstitut innerhalb von 14 Tagen seit der Gutschrift nicht berechtigt, die Ausführung von Zahlungsvorgängen wegen fehlender Deckung abzulehnen, wenn der Berechtigte nachweist oder dem Kreditinstitut sonst bekannt ist, dass es sich um die Gutschrift einer Geldleistung nach dem Sozialgesetzbuch oder von Kindergeld handelt. Das Entgelt des Kreditinstituts für die Kontoführung kann auch mit Beträgen nach den Absätzen 1 bis 4 verrechnet werden.

(7) In einem der Führung eines Girokontos zugrunde liegenden Vertrag können der Kunde, der eine natürliche Person ist, oder dessen gesetzlicher Vertreter und das Kreditinstitut vereinbaren, dass das Girokonto als Pfändungsschutzkonto geführt wird. Der Kunde kann jederzeit verlangen, dass das Kreditinstitut sein Girokonto als Pfändungsschutzkonto führt. Ist das Guthaben des Girokontos bereits gepfändet worden, so kann der Schuldner die Führung als Pfändungsschutzkonto zum Beginn des vierten auf seine Erklärung folgenden Geschäftstages verlangen.

(8) Jede Person darf nur ein Pfändungsschutzkonto unterhalten. Bei der Abrede hat der Kunde gegenüber dem Kreditinstitut zu versichern, dass er kein weiteres Pfändungsschutzkonto unterhält. Das Kreditinstitut darf Auskunfteien mitteilen, dass es für den Kunden ein Pfändungsschutzkonto führt. Die Auskunfteien dürfen diese Angabe nur verwenden, um Kreditinstituten auf Anfrage zum Zwecke der Überprüfung der Richtigkeit der Versicherung nach Satz 2 Auskunft darüber zu erteilen, ob die betroffene Person ein Pfändungsschutzkonto unterhält. Die Erhebung, Verarbeitung und Nutzung zu einem anderen als dem in Satz 4 genannten Zweck ist auch mit Einwilligung der betroffenen Person unzulässig.

(9) Unterhält ein Schuldner entgegen Absatz 8 Satz 1 mehrere Girokonten als Pfändungsschutzkonten, ordnet das Vollstreckungsgericht auf Antrag eines Gläubigers an, dass nur das von dem Gläubiger in dem Antrag bezeichnete Girokonto dem Schuldner als Pfändungsschutzkonto verbleibt. Der Gläubiger hat die Voraussetzungen nach Satz 1 durch Vorlage entsprechender Erklärungen der Drittschuldner glaubhaft zu machen. Eine Anhörung des Schuldners unterbleibt. Die Entscheidung ist allen Drittschuldnern zuzustellen. Mit der Zustellung der Entscheidung an diejenigen Kreditinstitute, deren Girokonten nicht zum Pfändungsschutzkonto bestimmt sind, entfallen die Wirkungen nach den Absätzen 1 bis 6.

§ 850 I ZPO Pfändungsschutz für Kontoguthaben aus wiederkehrenden Einkünften

(1) Werden die in den §§ 850 bis 850b sowie die in den §§ 851c und 851d bezeichneten wiederkehrenden Einkünfte auf ein Konto des Schuldners, das vom Kreditinstitut nicht als Pfändungsschutzkonto im Sinne von § 850k Abs. 7 geführt wird, überwiesen, so ist eine Pfändung des Guthabens auf Antrag des Schuldners vom Vollstreckungsgericht insoweit aufzuheben, als das Guthaben dem der Pfändung nicht unterworfenen Teil der Einkünfte für die Zeit von der Pfändung bis zum nächsten Zahlungstermin entspricht.

(2) Das Vollstreckungsgericht hebt die Pfändung des Guthabens für den Teil vorab auf, dessen der Schuldner bis zum nächsten Zahlungstermin dringend bedarf, um seinen notwendigen Unterhalt zu bestreiten und seine laufenden gesetzlichen Unterhaltspflichten gegenüber den dem Gläubiger vorgehenden Berechtigten zu erfüllen oder die dem Gläu-

biger gleichstehenden Unterhaltsberechtigten gleichmäßig zu befriedigen. Der vorab freigegebene Teil des Guthabens darf den Betrag nicht übersteigen, der dem Schuldner voraussichtlich nach Absatz 1 zu belassen ist. Der Schuldner hat glaubhaft zu machen, dass wiederkehrende Einkünfte der in den §§ 850 bis 850 b, § 851 c oder § 851d bezeichneten Art auf das Konto überwiesen worden sind und dass die Voraussetzungen des Satzes 1 vorliegen. Die Anhörung des Gläubigers unterbleibt, wenn der damit verbundene Aufschub dem Schuldner nicht zuzumuten ist.

(3) Im Übrigen ist das Vollstreckungsgericht befugt, die in § 732 Abs. 2 bezeichneten Anordnungen zu erlassen.

(4) Der Antrag des Schuldners ist nur zulässig, wenn er kein Pfändungsschutzkonto im Sinne von § 850k Abs. 7 bei einem Kreditinstitut unterhält. Dies hat er bei seinem Antrag glaubhaft zu machen.

§ 851 ZPO Nicht übertragbare Forderungen

(1) Eine Forderung ist in Ermangelung besonderer Vorschriften der Pfändung nur insoweit unterworfen, als sie übertragbar ist.

(2) Eine nach § 399 des Bürgerlichen Gesetzbuchs nicht übertragbare Forderung kann insoweit gepfändet und zur Einziehung überwiesen werden, als der geschuldete Gegenstand der Pfändung unterworfen ist.

§ 851 a ZPO Pfändungsschutz für Landwirte

(1) Die Pfändung von Forderungen, die einem die Landwirtschaft betreibenden Schuldner aus dem Verkauf von landwirtschaftlichen Erzeugnissen zustehen, ist auf seinen Antrag vom Vollstreckungsgericht insoweit aufzuheben, als die Einkünfte zum Unterhalt des Schuldners, seiner Familie und seiner Arbeitnehmer oder zur Aufrechterhaltung einer geordneten Wirtschaftsführung unentbehrlich sind.

(2) Die Pfändung soll unterbleiben, wenn offenkundig ist, dass die Voraussetzungen für die Aufhebung der Zwangsvollstreckung nach Absatz 1 vorliegen.

§ 851 b ZPO Pfändungsschutz bei Miet- und Pachtzinsen

(1) Die Pfändung von Miete und Pacht ist auf Antrag des Schuldners vom Vollstreckungsgericht insoweit aufzuheben, als diese Einkünfte für den Schuldner zur laufenden Unterhaltung des Grundstücks, zur Vornahme notwendiger Instandsetzungsarbeiten und zur Befriedigung von Ansprüchen unentbehrlich sind, die bei einer Zwangsvollstreckung in das Grundstück dem Anspruch des Gläubigers nach § 10 des Gesetzes über die Zwangsversteigerung und die Zwangsverwaltung vorgehen würden. Das Gleiche gilt von der Pfändung von Barmitteln und Guthaben, die aus Miet- oder Pachtzahlungen herrühren und zu den in Satz 1 bezeichneten Zwecken unentbehrlich sind.

(2) Wird der Antrag nicht binnen einer Frist von zwei Wochen gestellt, so ist er ohne sachliche Prüfung zurückzuweisen, wenn das Vollstreckungsgericht der Überzeugung ist, dass der Schuldner den Antrag in der Absicht der Verschleppung oder aus grober Nachlässigkeit nicht früher gestellt hat. Die Frist beginnt mit der Pfändung.

(3) Anordnungen nach Absatz 1 können mehrmals ergehen und, soweit es nach Lage der Verhältnisse geboten ist, auf Antrag aufgehoben oder abgeändert werden.

(4) Vor den in den Absätzen 1 und 3 bezeichneten Entscheidungen ist, soweit dies ohne erhebliche Verzögerung möglich ist, der Gläubiger zu hören. Die für die Entscheidung wesentlichen tatsächlichen Verhältnisse sind glaubhaft zu machen. Die Pfändung soll unterbleiben, wenn offenkundig ist, dass die Voraussetzungen für die Aufhebung der Zwangsvollstreckung nach Absatz 1 vorliegen.

§ 851 c ZPO Pfändungsschutz bei Altersrenten

(1) Ansprüche auf Leistungen, die auf Grund von Verträgen gewährt werden, dürfen nur wie Arbeitseinkommen gepfändet werden, wenn

1. die Leistung in regelmäßigen Zeitabständen lebenslang und nicht vor Vollendung des 60. Lebensjahres oder nur bei Eintritt der Berufsunfähigkeit gewährt wird,
2. über die Ansprüche aus dem Vertrag nicht verfügt werden darf,
3. die Bestimmung von Dritten mit Ausnahme von Hinterbliebenen als Berechtigte ausgeschlossen ist und
4. die Zahlung einer Kapitalleistung, ausgenommen eine Zahlung für den Todesfall, nicht vereinbart wurde.

(2) Um dem Schuldner den Aufbau einer angemessenen Alterssicherung zu ermöglichen, kann er unter Berücksichtigung der Entwicklung auf dem Kapitalmarkt, des Sterblichkeitsrisikos und der Höhe der Pfändungsfreigrenze, nach seinem Lebensalter gestaffelt, jährlich einen bestimmten Betrag unpfändbar auf der Grundlage eines in Absatz 1 bezeichneten Vertrags bis zu einer Gesamtsumme von 256.000 Euro ansammeln. Der Schuldner darf vom 18. bis zum vollendeten 29. Lebensjahr 2.000 Euro, vom 30. bis zum vollendeten 39. Lebensjahr 4.000 Euro, vom 40. bis zum vollendeten 47. Lebensjahr 4.500 Euro, vom 48. bis zum vollendeten 53. Lebensjahr 6.000 Euro, vom 54. bis zum vollendeten 59. Lebensjahr 8.000 Euro und vom 60. bis zum vollendeten 67. Lebensjahr 9.000 Euro jährlich ansammeln. Übersteigt der Rückkaufwert der Alterssicherung den unpfändbaren Betrag, sind drei Zehntel des überschießenden Betrags unpfändbar. Satz 3 gilt nicht für den Teil des Rückkaufwerts, der den dreifachen Wert des in Satz 1 genannten Betrags übersteigt.

(3) § 850e Nr. 2 und 2a gilt entsprechend.

§ 851 d ZPO Pfändungsschutz bei steuerlich gefördertem Altersvorsorgevermögen

Monatliche Leistungen in Form einer lebenslangen Rente oder monatlicher Ratenzahlungen im Rahmen eines Auszahlungsplans nach § 1 Abs. 1 Satz 1 Nr. 4 des Altersvorsorgeverträge-Zertifizierungsgesetzes aus steuerlich gefördertem Altersvorsorgevermögen sind wie Arbeitseinkommen pfändbar.

EZB-Zinssätze für ständige Fazilitäten

Gültig ab	Zinssätze für die					
	Einlagefazilität		Spitzenrefinanzierungsfazilität		Hauptrefinanzierungsgeschäfte[1]	
2013–05	ab 08.	0,00	ab 08.	1,00	ab 08.	0,50
2012–07	ab 11.	0,00	ab 11.	1,50	ab 11.	0,75
2011–12	ab 14.	0,25	ab 14.	1,75	ab 14.	1,00
2011–11	ab 09.	0,50	ab 09.	2,00	ab 09.	1,25
2011–07	ab 13.	0,75	ab 13.	2,25	ab 13.	1,50
2011–04 bis 2011–05	ab 13.4.	0,50	ab 13.4.	2,00	ab 13.4.	1,25
2009–06 bis 2011–03		0,25		1,75		1,00
2009–05 bis 2009–07		0,25	ab 13.5.	1,75	ab 13.5.	1,00
2009–04	ab 08.	0,25	ab 08.	2,25	ab 08.	1,25
2009–03	ab 11.	0,50	ab 11.	2,50	ab 11.	1,50
2009–02		1,00		3,00		2,00
2009–01	ab 21.	1,00	ab 21.	3,00	ab 21.	2,00
2008–12	ab 10.	2,00	ab 10.	3,00	ab 10.	2,50
2008–11	ab 12.	2,75	ab 12.	3,75	fest ab 12.	3,25
2008–10	ab 08.	3,25	ab 08.	4,25	fest ab 15.	3,75
2008–09		3,25		5,25		4,25
2008–08		3,25		5,25		4,25
2008–07	ab 09.	3,25	ab 09.	5,25	ab 09.	4,25
2008–01 bis 2008–06		3,00		5,00		4,00
2007–07 bis 2007–12		3,00		5,00		4,00
2007–06	ab 13.	3,00	ab 13.	5,00	ab 13.	4,00
2007–05		2,75		4,75		3,75
2007–04		2,75		4,75		3,75
2007–03	ab 14.	2,75	ab 14.	4,75	ab 14.	3,75
2007–02		2,50		4,50		3,50
2007–01		2,50		4,50		3,50
2006–12	ab 13.	2,50	ab 13.	4,50	ab 13.	3,50
2006–11		2,25		4,25		3,25
2006–10	ab 11.	2,25	ab 11.	4,25	ab 11.	3,25
2006–09		2,00		4,00		3,00
2006–08	ab 9.	2,00	ab 9.	4,00	ab 9.	3,00

1 Der Zinssatz für Hauptrefinanzierungsgeschäfte ist gem. Art. 16c EuVTVO von Bedeutung für den europäischen Vollstreckungstitel.

Zins- und Lombardsätze
Zins- und Diskont-Tabellen

Gültig ab	Zinssätze für die		
	Einlagefazilität	Spitzenrefinanzierungsfazilität	Hauptrefinanzierungsgeschäfte[1]
2006–07	1,75	3,75	2,75
2006–06	ab 15. 1,75	ab 15. 3,75	ab 15. 2,75
2006–05	1,50	3,50	2,50
2006–04	1,50	3,50	2,50
2006–03	ab 8. 1,50	ab 8. 3,50	ab 8. 2,50
2006–02	1,25	3,25	2,25
2006–01	1,25	3,25	2,25

Basiszinssatz nach § 247 BGB

Gültig ab	Aktueller Stand
1. Juli 2013	- 0,38 %
1. Januar 2013	- 0,13 %
1. Juli 2012	0,12 %
1. Januar 2012	0,12 %
1. Juli 2011	0,37 %
1. Juli 2009	0,12 %
1. Januar 2009	1,62 %
1. Juli 2008	3,19 %
1. Januar 2008	3,32 %
1. Juli 2007	3,19 %
1. Januar 2007	2,70 %
1. Juli 2006	1,95 %
1. Januar 2006	1,37 %
1. Juli 2005	1,17 %
1. Januar 2005	1,21 %
1. Juli 2004	1,13 %
1. Januar 2004	1,14 %
1. Juli 2003	1,22 %
1. Januar 2003	1,97 %
1. Juli 2002	2,47 %

[1] Der Zinssatz für Hauptrefinanzierungsgeschäfte ist gem. Art. 16c EuVTVO von Bedeutung für den europäischen Vollstreckungstitel.

Zins- und Diskont-Tabellen

Aufgabe. Es sollen die Zinsen nach einem gegebenen Satze für gegebene Tage von einem Darlehenskapital oder von einer Urteilsforderung berechnet werden. Wenn der Zinssatz 1, 1 1/2, 2, 2 1/2, 3, 3 1/2 usw. % beträgt (also nicht 1/4, 3/4 usw.) und wenn ferner die Dauer der Laufzeit runde Zahlen (10, 20, 30 usw. Tage) beträgt, liest man die Euro-Zinsen aus der Tabelle A wie folgt ab:

Urteilsforderung 630 Euro zuzüglich 4 % Zinsen auf 180 Tage.

Lösung. Aus der Tabelle A liest man nach den Gegebenheiten 4 % und 180 Tage die Zahl 2 ab. Diese multipliziere ich mit dem Hundertsatz des Kapitals (Komma um 2 Stellen nach links gerückt). Also 2 mal 6,30 = 12,60 Euro Zinsen.

Wenn die Zinssätze auf 1/4, 3/4 % gehen, nimmt man die Universaltabelle B, die bei jedem Prozentsatz und für jede Zeit und bei jedem Kapital angewandt werden kann.

Aufgabe. Wie viel Zinsen bringt ein Kapital von 1 200 Euro in 108 Tagen bei einem Zinssatz von 4 1/4 (4,25) %?

Lösung. Man findet in Tabelle B bei 108 die Zahl 0,3. Diese multipliziert man mit dem Zinssatz 4,25 und weiter mit dem Hundertsatz des Kapitals 12.

Also 0,3 mal 4,25 = 1,275 mal 12 = 15,30 Euro Zinsen.

Die Zinstabellen können auch zur Berechnung des Diskonts (Skontos) verwandt werden.

Zinstabelle A

Tage	1%	1½%	2%	2½%	3%	3½%	4%	4½%	5%
10	0,02777	0,04166	0,05555	0,06955	0,08333	0,09722	0,11111	0,125	0,13888
20	0,05555	0,08333	0,11111	0,13888	0,16666	0,19444	0,22222	0,25	0,27777
30	0,08333	0,125	0,16666	0,20833	0,25	0,29166	0,33333	0,375	0,41666
40	0,11111	0,16666	0,22222	0,27777	0,33333	0,38888	0,44444	0,50	0,55555
50	0,13888	0,20833	0,27777	0,34722	0,41666	0,48611	0,55555	0,625	0,69444
60	0,16666	0,25	0,33333	0,41666	0,50	0,58333	0,66666	0,75	0,83333
70	0,19444	0,29166	0,38888	0,48611	0,58333	0,68055	0,77777	0,875	0,97222
80	0,22222	0,33333	0,44444	0,55555	0,66666	0,77777	0,88888	1,00	1,11111
90	0,25	0,375	0,50	0,625	0,75	0,875	1,00	1,125	1,250
100	0,27777	0,41666	0,55555	0,69444	0,83333	0,97222	1,11111	1,25	1,38888
110	0,30555	0,45833	0,61111	0,76388	0,91666	1,06944	1,22222	1,375	1,52777
120	0,33333	0,50	0,66666	0,83333	1,00	1,16666	1,33333	1,50	1,66666
130	0,36111	0,54166	0,72222	0,90277	1,08333	1,26388	1,44444	1,625	1,80555
140	0,38888	0,58333	0,77777	0,97222	1,16666	1,36111	1,55555	1,75	1,94444
150	0,41666	0,625	0,83333	1,04166	1,25	1,45833	1,66666	1,875	2,08333
160	0,44444	0,66666	0,88888	1,11111	1,33333	1,55555	1,77777	2,00	2,22222
170	0,47222	0,70833	0,94444	1,18055	1,41666	1,65277	1,88888	2,125	2,36111
180	0,50	0,75	1,00	1,25	1,50	1,75	2,00	2,25	2,50
190	0,52777	0,79166	1,05555	1,31944	1,58333	1,84722	2,11111	2,375	2,63888
200	0,55555	0,83333	1,11111	1,38888	1,66666	1,94444	2,22222	2,50	2,77777
210	0,58333	0,875	1,16666	1,45833	1,75	2,04166	2,33333	2,625	2,91666
220	0,61111	0,91666	1,22222	1,52777	1,83333	2,13888	2,44444	2,75	3,05555
230	0,63888	0,95833	1,27777	1,59722	1,91666	2,23611	2,55555	2,875	3,19444
240	0,66666	1,00	1,33333	1,66666	2,00	2,33333	2,66666	3,00	3,33333
250	0,69444	1,04166	1,38888	1,73611	2,08333	2,43055	2,77777	3,125	3,47222
260	0,72222	1,08333	1,44444	1,80555	2,16666	2,52777	2,88888	3,35	3,61111
270	0,75	1,125	1,50	1,875	2,25	2,625	3,00	3,375	3,75
280	0,77777	1,16666	1,55555	1,94444	2,33333	2,72222	3,11111	3,50	3,88888
290	0,80555	1,20833	1,61111	2,01388	2,41666	2,81944	3,22222	3,625	4,02777
300	0,83333	1,25	1,66666	2,08333	2,50	2,91666	3,33333	3,75	4,16666
310	0,86111	1,29166	1,72222	2,15277	2,58333	3,01388	3,44444	3,875	4,30555
320	0,88888	1,33333	1,77777	2,22222	2,66666	3,11111	3,55555	4,00	4,44444
330	0,91666	1,375	1,83333	2,29166	2,75	3,20833	3,66666	4,125	4,58333
340	0,94444	1,41666	1,88888	2,36111	2,83333	3,30555	3,77777	4,25	4,72222
350	0,97222	1,45833	1,94444	2,43055	2,91666	3,40277	3,88888	4,375	4,86111
360	1,00	1,50	2,00	2,50	3,00	3,50	4,00	4,50	5,00

Tage	5½%	6%	6½%	7%	7½%	8%	8½%	9%	9½%
10	0,15277	0,16666	0,18055	0,19444	0,20833	0,22222	0,23611	0,25	0,26388
20	0,30555	0,33333	0,36111	0,38888	0,41666	0,44444	0,47222	0,50	0,52777
30	0,45833	0,50	0,54166	0,58333	0,625	0,66666	0,70833	0,75	0,79166
40	0,61111	0,66666	0,72222	0,77777	0,83333	0,88888	0,94444	1,00	1,05555
50	0,76388	0,83333	0,90277	0,97222	1,04166	1,11111	1,18055	1,25	1,31944

Tage	5½%	6%	6½%	7%	7½%	8%	8½%	9%	9½%
60	0,91666	1,00	1,08333	1,16666	1,25	1,33333	1,41666	1,50	1,58333
70	1,06944	1,16666	1,26388	1,36111	1,45833	1,55555	1,65277	1,75	1,8472
80	1,22222	1,33333	1,44444	1,55555	1,66666	1,77777	1,88888	2,00	2,1111
90	1,375	1,50	1,625	1,75	1,875	2,00	2,125	2,25	2,375
100	1,52777	1,66666	1,80555	1,94444	2,08333	2,22222	2,36111	2,50	2,63888
110	1,68055	1,83333	1,98611	2,13888	2,29166	2,44444	2,59722	2,75	2,90277
120	1,83333	2,00	2,16666	2,33333	2,50	2,66666	2,83333	3,00	3,16666
130	1,98611	2,16666	2,34722	2,52777	2,70833	2,88888	3,06944	3,25	3,43055
140	2,13888	2,33333	2,52777	2,72222	2,91666	3,11111	3,30555	3,50	3,69444
150	2,29166	2,50	2,70833	2,91666	3,125	3,33333	3,54166	3,75	3,95833
160	2,44444	2,66666	2,88888	3,11111	3,33333	3,55555	3,77777	4,00	4,22222
170	2,59722	2,83333	3,06944	3,30555	3,54166	3,77777	4,01388	4,25	4,48611
180	2,75	3,00	3,25	3,50	3,75	4,00	4,25	4,50	4,75
190	2,90277	3,16666	3,43055	3,69444	3,95833	4,22222	4,48611	4,75	5,01388
200	3,05555	3,33333	3,61111	3,88888	4,16666	4,44444	4,72222	5,00	5,27777
210	3,20833	3,50	3,79166	4,08333	4,375	4,66666	4,95833	5,25	5,54166
220	3,36111	3,66666	3,97222	4,27777	4,58333	4,88888	5,19444	5,50	5,80555
230	3,51388	3,83333	4,15277	4,47222	4,79166	5,11111	5,43055	5,75	6,06944
240	3,66666	4,00	4,33333	4,66666	5,00	5,33333	5,66666	6,00	6,33333
250	3,81944	4,16666	4,51388	4,86111	5,20833	5,55555	5,90277	6,25	6,59722
260	3,97222	4,33333	4,69444	5,05555	5,41666	5,77777	6,13888	6,50	6,86111
270	4,125	4,50	4,875	5,25	5,625	6,00	6,375	6,75	7,125
280	4,27777	4,66666	5,05555	5,44444	5,83333	6,22222	6,61111	7,00	7,38888
290	4,43055	4,83333	5,23611	5,63888	6,04166	6,44444	6,84722	7,25	7,65277
300	4,58333	5,00	5,41666	5,83333	6,25	6,66666	7,08333	7,50	7,91666
310	4,73611	5,16666	5,59722	6,02777	6,45833	6,88888	7,31944	7,75	8,18055
320	4,88888	5,33333	5,77777	6,22222	6,66666	7,11111	7,55555	8,00	8,44444
330	5,04166	5,50	5,95833	6,41666	6,875	7,33333	7,79166	8,25	8,70833
340	5,19444	5,66666	6,13888	6,61111	7,08333	7,55555	8,02777	8,50	8,97222
350	5,34722	5,83333	6,31944	6,80555	7,29166	7,77777	8,26388	8,75	9,23611
360	5,50	6,00	6,50	7,00	7,50	8,00	8,50	9,00	9,50

Zinstabelle B

Tage	1%	Tage	1%	Tage	1%	Tage	1%	Tage	1%
1	0,00277	19	0,05277	37	0,10277	55	0,15277	73	0,20277
2	0,00555	20	0,05555	38	0,10555	56	0,15555	74	0,20555
3	0,00833	21	0,05833	39	0,10833	57	0,15833	75	0,20833
4	0,01111	22	0,06111	40	0,11111	58	0,16111	76	0,21111
5	0,01388	23	0,06388	41	0,11388	59	0,16388	77	0,21388
6	0,01666	24	0,06666	42	0,11666	60	0,16666	78	0,21666
7	0,01944	25	0,06944	43	0,11944	61	0,16944	79	0,21944
8	0,02222	26	0,07222	44	0,12222	62	0,17222	80	0,22222
9	0,025	27	0,075	45	0,125	63	0,175	81	0,225
10	0,02777	28	0,07777	46	0,12777	64	0,17777	82	0,22777
11	0,03055	29	0,08055	47	0,13055	65	0,18055	83	0,23055
12	0,03333	30	0,08333	48	0,13333	66	0,18333	84	0,23333

Tage	1 %	Tage	1 %	Tage	1 %	Tage	1 %	Tage	1 %
13	0,03611	31	0,08611	49	0,13611	67	0,18611	85	0,23611
14	0,03888	32	0,08888	50	0,13888	68	0,18888	86	0,23888
15	0,04166	33	0,09166	51	0,14166	69	0,19166	87	0,24166
16	0,04444	34	0,09444	52	0,14444	70	0,19444	88	0,24444
17	0,04722	35	0,09722	53	0,14722	71	0,19722	89	0,24722
18	0,05	36	0,10	54	0,15	72	0,20	90	0,25
91	0,25277	145	0,40277	199	0,55277	253	0,70277	307	0,85277
92	0,25555	146	0,40555	200	0,55555	254	0,70555	308	0,85555
93	0,25833	147	0,40833	201	0,55833	255	0,70833	309	0,85833
94	0,26111	148	0,41111	202	0,56111	256	0,71111	310	0,86111
95	0,26388	149	0,41388	203	0,56388	257	0,71388	311	0,86388
96	0,26666	150	0,41666	204	0,56666	258	0,71666	312	0,86666
97	0,26944	151	0,41944	205	0,56944	259	0,71944	313	0,86944
98	0,27222	152	0,42222	206	0,57222	260	0,72222	314	0,87222
99	0,275	153	0,425	207	0,575	261	0,725	315	0,875
100	0,27777	154	0,42777	208	0,57777	262	0,72777	316	0,87777
101	0,28055	155	0,43055	209	0,58055	263	0,73055	317	0,88055
102	0,28333	156	0,43333	210	0,58333	264	0,73333	318	0,88333
103	0,28611	157	0,43611	211	0,58611	265	0,73611	319	0,88611
104	0,28888	158	0,43888	212	0,58888	266	0,73888	320	0,88888
105	0,29166	159	0,44166	213	0,59166	267	0,74166	321	0,89166
106	0,29444	160	0,44444	214	0,59444	268	0,74444	322	0,89444
107	0,29722	161	0,44722	215	0,59722	269	0,74722	323	0,89722
108	0,30	162	0,45	216	0,60	270	0,75	324	0,9
109	0,30277	163	0,45277	217	0,60277	271	0,75277	325	0,90277
110	0,30555	164	0,45555	218	0,60555	272	0,75555	326	0,90555
111	0,30833	165	0,45833	219	0,60833	273	0,75833	327	0,90833
112	0,31111	166	0,46111	220	0,61111	274	0,76111	328	0,91111
113	0,31388	167	0,46388	221	0,61388	275	0,76388	329	0,91388
114	0,31666	168	0,46666	222	0,61666	276	0,76666	330	0,91666
115	0,31944	169	0,46944	223	0,61944	277	0,76944	331	0,91944
116	0,32222	170	0,47222	224	0,62222	278	0,77222	332	0,92222
117	0,325	171	0,475	225	0,625	279	0,775	333	0,925
118	0,32777	172	0,47777	226	0,62777	280	0,77777	334	0,92777
119	0,33055	173	0,48055	227	0,63055	281	0,78055	335	0,93055
120	0,33333	174	0,48333	228	0,63333	282	0,78333	336	0,93333
121	0,33611	175	0,48611	229	0,63611	283	0,78611	337	0,93611
122	0,33888	176	0,48888	230	0,63888	284	0,78888	338	0,93888
123	0,34166	177	0,49166	231	0,64166	285	0,79166	339	0,94166
124	0,34444	178	0,49444	232	0,64444	286	0,79444	340	0,94444
125	0,34722	179	0,49722	233	0,64722	287	0,79722	341	0,94722
126	0,35	180	0,50	234	0,65	288	0,80	342	0,95
127	0,35277	181	0,50277	235	0,65277	289	0,80277	343	0,95277
128	0,35555	182	0,50555	236	0,65555	290	0,80555	344	0,95555
129	0,35833	183	0,50833	237	0,65833	291	0,80833	345	0,95833
130	0,36111	184	0,51111	238	0,66111	292	0,81111	346	0,96111
131	0,36388	185	0,51388	239	0,66388	293	0,81388	347	0,96388
132	0,36666	186	0,51666	240	0,66666	294	0,81666	348	0,96666

Tage	1 %	Tage	1 %	Tage	1 %	Tage	1 %	Tage	1 %
133	0,36944	187	0,51944	241	0,66944	295	0,81944	349	0,96944
134	0,37222	188	0,52222	242	0,67222	296	0,82222	350	0,97222
135	0,375	189	0,525	243	0,675	297	0,825	351	0,975
136	0,37777	190	0,52777	244	0,67777	298	0,82777	352	0,97777
137	0,38055	191	0,53055	245	0,68055	299	0,83055	353	0,98055
138	0,38333	192	0,53333	246	0,68333	300	0,83333	354	0,98333
139	0,38611	193	0,53611	247	0,68611	301	0,83611	355	0,98611
140	0,38888	194	0,53888	248	0,68888	302	0,83888	356	0,98888
141	0,39166	195	0,54166	249	0,69166	303	0,84166	357	0,99166
142	0,39444	196	0,54444	250	0,69444	304	0,84444	358	0,99444
143	0,39722	197	0,54722	251	0,69722	305	0,84722	359	0,99722
144	0,40	198	0,55	252	0,70	306	0,85	360	1,00

Amortisationstabelle

Die Amortisationstabelle setzt uns in den Stand, bei einem Tilgungsdarlehen (Tilgungshypothek) zu errechnen, wie lange der Schuldner Zinsen und Tilgungssatz zahlen muss, um den Gläubiger wegen Kapital und Zinsen zu befriedigen. Das Wesen der Tilgungsschuld besteht darin, dass der Schuldner an jedem Zahlungstermin den gleichen Betrag, die sog. Annuität, bezahlt. Mit jeder Rate wird die Kapitalschuld geringer; der Zinsbetrag (Anteil der Zinsen) an der Annuität verringert sich mehr und mehr, während sich gleichzeitig der Tilgungsbetrag ständig erhöht.

Zinssatz	Tilgungssatz													
	½	¾	1	1¼	1½	1¾	2	2¼	2½	2¾	3	3¼	3½	3¾	4
2	81,27	65,60	55,47	48,25	42,77	38,48	35,00	32,12	29,67	27,59	25,78	24,81	22,81	21,58	20,47
2¼	76,60	62,30	52,95	46,27	41,18	37,15	33,86	31,15	28,83	26,85	25,15	23,63	22,31	21,12	20,06
2½	72,55	59,38	50,73	44,48	39,71	35,91	32,82	30,26	28,07	26,18	24,55	23,10	21,81	20,67	19,65
2¾	68,97	56,76	48,71	42,85	38,38	34,80	31,86	29,42	27,34	25,54	23,96	22,59	21,37	20,27	19,28
3	65,81	54,44	46,87	41,39	37,17	33,76	30,97	28,65	26,66	24,93	23,44	22,12	20,92	19,86	18,91
3¼	62,97	52,33	45,24	40,05	36,04	32,80	30,17	27,92	26,04	24,38	22,92	21,65	20,52	19,50	18,58
3½	60,44	50,41	43,70	38,78	34,96	31,90	29,40	27,27	25,44	23,84	22,46	21,24	20,15	19,16	18,27
3¾	58,13	48,65	42,32	37,64	34,03	31,10	28,67	26,62	24,86	23,36	22,03	20,81	19,76	18,80	17,93
4	56,02	47,06	41,03	36,57	33,12	30,32	28,01	26,05	24,35	22,86	21,58	20,44	19,42	18,49	17,65
4¼	54,09	45,56	39,81	35,58	32,28	29,58	27,37	25,47	23,83	22,43	21,20	20,09	19,10	18,20	17,38
4½	52,30	44,20	38,70	34,65	31,48	28,88	26,75	24,92	23,38	22,02	20,78	19,72	18,75	17,87	17,12
4¾	50,65	42,89	37,67	33,77	30,72	28,27	26,21	24,44	22,90	21,60	20,44	19,40	18,46	17,61	16,83
5	49,14	41,72	36,69	32,94	30,05	27,64	25,65	23,94	22,50	21,23	20,10	19,09	18,18	17,36	16,60
5½	46,40	39,58	34,91	31,48	28,74	26,53	24,66	23,10	21,69	20,50	19,43	18,48	17,61	16,82	16,15
6	44,02	37,67	33,38	30,16	27,59	25,51	23,75	22,29	21,00	19,82	18,81	17,90	17,13	16,38	15,69

Anwendung: Beispiel: 4 % Zinsen und 1 % Tilgung. Dann ist die Annuität, d.h. der Betrag, den der Schuldner alljährlich insgesamt zu zahlen hat, 5 %. Aus der Tabelle liest man die Zahl 41,03 ab. Das bedeutet, der Schuldner muss die Annuität von 5 % 41 Jahre lang zahlen, mit der letzten Rate muss er noch den Kapitalrest von 0,03 mal 5 % = 0,15 % zahlen.

Hebegebühr (Nr. 1009 RVG-VV)

Die Mindestgebühr beträgt 1 EUR, § 13 Abs. 2 gilt nicht. Die Hebegebühr ist bis auf den Cent genau zu berechnen. Lediglich Beträge unter einem Cent werden auf einen vollen Cent angehoben; ab 0,5 Cent wird aufgerundet (§ 2 Abs. 2 S. 2 RVG).

Die Höhe der Hebegebühren errechnet sich nach Nr. 1 bis 3 wie folgt:

- Nr. 1: Bei Auszahlungen bis zu 2.500 Euro einschließlich erhält der Anwalt
  - aus dem Auszahlungsbetrag 1,0 %, mindestens 1 Euro.
- Nr. 2: Bei einem Betrag über 2.500 Euro bis zu 10.000 Euro einschließlich erhält er
  - 1,0 % aus 2.500 Euro = 25,00 Euro
  - aus dem darüber hinausgehenden Wert weitere 0,5 %.
- Nr. 3: Bei Zahlungen über 10.000 Euro steht ihm zu:
  - 1,0 % aus 2.500 Euro = 25,00 Euro
  - zuzüglich 0,5 % aus 7.500 Euro = 37,50 Euro
  - aus dem Mehrwert über 10.000 Euro weitere 0,25 %.

Berechnungsbeispiele nach Nr. 1009 VV	Nr. 1: 1 %	Nr. 2: 0,5 %	Nr. 3: 0,25 %	Summe
Beispiel 1: 50,00 € Lösung: Die Gebühr beträgt 1 € (Mindestgebühr).	0,50 €			**1,00 €**
Beispiel 2: 2.000,00 € Lösung: Die Gebühr beträgt 20 € (1 % von 2.000 €).	20,00 €			**20,00 €**
Beispiel 3: 4.000,00 € Lösung: Die Gebühr beträgt 32,50 € (1 % von 2.500 € und 0,5 % von 1.500 €).	25,00 €	7,50 €		**32,50 €**
Beispiel 4: 15.000,00 € Lösung: Die Gebühr beträgt 75,00 € (1 % von 2.500 €, 0,5 % von 7.500 € und 0,25 % von 5.000 €).	25,00 €	37,50 €	12,50 €	**75,00 €**

Gebührenrecht

Gebührenabrechnung kinderleicht – 2. KostRMoG inklusive!

Neu

AnwaltKommentar RVG
Hrsg. von RA Norbert Schneider
und RiOLG a.D. Hans-Joachim Wolf
7. Auflage 2013, ca. 2.850 Seiten,
gebunden, Subskriptionspreis
(bis 3 Monate nach Erscheinen)
ca. 129,00 €, danach ca. 139,00 €
ISBN 978-3-8240-1244-2
Erscheint Dezember 2013

Mehr Honorar in 2013? Kein Problem – mit dem neuen AnwaltKommentar RVG!

Das 2. KostRMoG hat gravierende Änderungen in der Gebührenabrechnung gebracht, größtenteils zu Ihren Gunsten. Verschaffen Sie sich daher mit der aktuellen Neuauflage des bewährten „AnwaltKommentar RVG" den erforderlichen Durchblick beim reformierten Gebührenrecht. Die 7. Auflage der Gebührenrechtsspezialisten Schneider/Wolf bietet Ihnen alles, was Sie brauchen, um optimal nach neuem Recht abzurechnen.

Die umfassenden Änderungen der Neuauflage sind u.a.:

- Einarbeitung des 2. KostRMoG
- Einarbeitung des Gesetzes zur Änderung des Prozesskostenhilfe- und Beratungshilferechts
- Einarbeitung des Gesetzes zur Reform der Sachaufklärung in der Zwangsvollstreckung
- Einarbeitung der aktuellen Rechtsprechung
- Zwei neue renommierte Autoren verstärken das kompetente Autorenteam: RA und FA für Arbeitsrecht und für Sozialrecht Martin Schafhausen sowie RAin und FAin für Familienrecht Lotte Thiel

Bestellen Sie im Buchhandel oder beim Verlag:
Telefon 02 28 9 19 11 -0 · Fax 02 28 9 19 11 -23
www.anwaltverlag.de · info@anwaltverlag.de

perfekt beraten

Deutscher**Anwalt**Verlag

iAnwaltVerlag

Alle wichtigen Bücher des Deutschen Anwaltverlags
jetzt auch im ePUB-Format auf **anwaltverlag.de**

www.anwaltverlag.de

perfekt beraten

Beim Deutschen Anwaltverlag sprechen wir die Sprache unserer Zielgruppe. Hier arbeiten Anwälte für ihre Anwaltskollegen. So sind wir in der Lage, schnell und flexibel mit intelligenter Praxisliteratur auf aktuelle Veränderungen in allen Rechtsgebieten zu reagieren.

Zwanzig Jahre Zusammenarbeit mit Anwälten, Richtern und Professoren als Autoren garantieren Ihnen die **optimale Verbindung** von **hohem praktischen Nutzen** und **wissenschaftlicher Solidität**.

In **über 300 lieferbaren Titeln, elf Zeitschriften** sowie **attraktiven Online-Angeboten** findet jeder Anwalt das **richtige Werkzeug** für seine Arbeit und kann seiner Mandantschaft als **kompetenter Partner** zur Seite stehen.

Das meinen wir, wenn wir sagen: **perfekt beraten.**

perfekt beraten

ISBN 978-3-8240-1258-9